Der Discounted Cash Flow als Maß
der Unternehmenswertsteigerung

T0316482

Betriebswirtschaftliche Studien Rechnungs- und Finanzwesen, Organisation und Institution

Herausgegeben von
Prof. Dr. Wolfgang Ballwieser, München
Prof. Dr. Dr. h.c. Dieter Ordelheide, Frankfurt

Band 26

Peter Lang

Frankfurt am Main · Berlin · Bern · Bruxelles · New York · Oxford · Wien

Dirk Hachmeister

Der Discounted Cash Flow als Maß der Unternehmens- wertsteigerung

4., durchgesehene Auflage

Peter Lang
Europäischer Verlag der Wissenschaften

Die Deutsche Bibliothek - CIP-Einheitsaufnahme

Hachmeister, Dirk:

Der Discounted Cash Flow als Maß der Unternehmens-
wertsteigerung / Dirk Hachmeister. - 4., durchges. Auflage. -
Frankfurt am Main ; Berlin ; Bern ; Bruxelles ; New York ;
Oxford ; Wien : Lang, 2000
(Betriebswirtschaftliche Studien. Rechnungs- und
Finanzwesen, Organisation und Institution ; Bd. 26)
Zugl.: München, Univ., Diss., 1994
ISBN 3-631-37030-X

Gedruckt auf alterungsbeständigem,
säurefreiem Papier.

ISSN 1176-716X
ISBN 3-631-37030-X
© Peter Lang GmbH
Europäischer Verlag der Wissenschaften
Frankfurt am Main 1995
4., durchgesehene Auflage 2000
Alle Rechte vorbehalten.

Printed in Germany 1 2 4 5 6 7

Geleitwort

In jüngerer Zeit haben Unternehmensberater - wie *Rappaport* und *Copeland/Koller/Murrin* - diverse Konzepte zur Wertsteigerung von Unternehmen vorgelegt, die sich an der Maximierung des Discounted Cash Flow (DCF) orientieren. Dabei wurden Rechenverfahren vorgeschlagen, die z.B. bezüglich der Fremdkapitalarten und der Besteuerung von amerikanischen Verhältnissen ausgingen.

Die vorliegende Arbeit von *Dirk Hachmeister* ist dem Discounted Cash Flow als Maß der Wertsteigerung gewidmet und erfüllt insofern eine systematisierende Funktion, als sie die zahlreichen Varianten des Discounted Cash Flow - auch unabhängig von der Beratungsliteratur - voneinander trennt und systematisiert. Darüber hinaus setzt sich der Verfasser mit der These auseinander, daß der Brutto- und Netto-Ansatz ("entity"- und "equity"-approach) des DCF zu identischen Rechenergebnissen führen. Wie er zeigt, ist dies - z.B. entgegen *Copeland/Koller/Murrin* - nur unter bestimmten, im allgemeinen in der Realität nicht erfüllten Bedingungen gegeben. Schließlich geht er auf die Übertragungsschwierigkeiten der vorgeschlagenen Kalküle in Deutschland ein, die sich aus der Bedeutung der Pensionsrückstellungen und des gegenüber den USA anderen Steuersystems ergeben.

Die Arbeit enthält zahlreiche neue Erkenntnisse und trägt zur Verbindung von Investitionstheorie und Beratungspraxis vor dem Hintergrund deutscher Verhältnisse bei. Sie warnt indirekt davor, die in der Beratungsliteratur dargestellten Kalküle unreflektiert zu übernehmen, und weist - trotz oder gerade wegen ihrer stets grundsätzlichen Diskussion - eine starke Anwendungsorientierung auf.

Prof. Dr. Wolfgang Ballwieser

Dank des Verfassers zur vierten Auflage

Wenn die eigene Dissertation eine vierte Auflage erfährt, freut dies den Verfasser. Der Dank gilt erneut den Lesern.

Da die Vielzahl der Quellen seit 1994 dem Leser die Orientierung erschweren, sollen kurze Hinweise am Ende der Arbeit die Leser auf neuere Entwicklungen aufmerksam machen.

München, den 29. Mai 2000   Dirk Hachmeister

Erneuter Dank des Verfassers

Wenn eine Dissertation eine dritte Auflage erfährt, freut dies den Verfasser, da er mit seinen Ausführungen offensichtlich auf viel Interesse bei den Lesern gestoßen ist. Der Dank des Verfassers gilt daher wiederum denn Lesern. Eine kurze Fallstudie und Bemerkungen zur Entwicklung der Unternehmensbewertung sollen das Verständnis vertiefen und auf neuere Entwicklungen aufmerksam machen.

München, den 25. August 1999   Dirk Hachmeister

Dank des Verfassers

Diesmal gilt mein Dank den Lesern und ihren vielfältigen Kommentaren. Sie haben mein Verständnis für die Thematik weiter reifen lassen. Um den Charakter dieser Arbeit aber nicht zu verändern, die in einem bestimmten zeitlichen Umfeld geschrieben wurde, habe ich mich darauf beschränkt, kleinere formale Fehler zu korrigieren und einige unklare Bemerkungen hoffentlich verständlicher zu formulieren.

München, den 29. März 1998   Dirk Hachmeister

Dank des Verfassers

Die vorliegende Arbeit entstand während meiner Tätigkeit als wissenschaftlicher Mitarbeiter am Seminar für Rechnungswesen und Prüfung der Ludwig-Maximilians-Universität München. Sie wurde im Sommersemester 1994 in leicht geänderter Form von der Fakultät für Betriebswirtschaft dieser Universität als Dissertation angenommen. Promotionsabschlußberatung war am 27. Juli 1994.

Herr Professor Dr. Wolfgang Ballwieser hat diese Arbeit als Doktorvater mit besonderem Interesse gefördert und mir durch Anregungen, Ratschläge und Ermutigungen geholfen, ohne dabei die Freiheit der Darstellung in irgendeiner Weise einzuschränken. Durch das offene Klima und die guten Arbeitsbedingungen an seinem Seminar hat er maßgeblich zum Gelingen der Arbeit beigetragen. Hierfür danke ich ihm sehr herzlich. Herrn Professor Dr. Bernd Rudolph danke ich für eine Reihe von Hinweisen und die Übernahme des Zweitgutachtens.

Bedanken möchte ich mich auch bei meinen Kolleginnen und Kollegen am Seminar für ihre konstruktiven Diskussionsbeiträge und nicht zuletzt für ihre freundschaftliche Aufmunterung in schwierigen Phasen. Die wissenschaftlichen Hilfskräfte haben mich bei der Literaturbeschaffung in vielfältiger Weise unterstützt; auch ihnen danke ich.

Bei Susanne bedanke ich mich für ihr Engagement bei der Literatursuche und der Drucklegung, insbesondere aber für ihre Geduld und ihren Rückhalt während des Schreibens. Vor allen anderen gilt der Dank aber meinen Eltern. Ihnen habe ich diese Arbeit gewidmet.

Dirk Hachmeister

IX

Inhaltsverzeichnis

Gliederung IX
Abkürzungsverzeichnis XIII
Symbolverzeichnis XV
Literaturabkürzungen XIX
Abbildungsverzeichnis XXI

1. Problemstellung 1

2. Konzeption der Wertsteigerungsanalyse 6

   2.1. Wertsteigerungsanalyse als Verbindung von Unternehmensplanung
      und Finanzierungstheorie 6

   2.2. Zur Zielsetzung der Marktwertmaximierung des Eigenkapitals 11

      2.2.1. Steigerung des Marktwertes des Eigentümeranteils als unternehmeri-
            sches Ziel der Wertsteigerungsanalyse 11

            2.2.1.1. Marktwertmaximierung als Mittel zur Finanzierung des
                   Konsums 11
            2.2.1.2. Marktwertmaximierung und Managementanreize 19
            2.2.1.3. Marktwertmaximierung und Gläubigerinteressen 26
            2.2.1.4. *Shareholder-* versus *Stakeholder-*Orientierung 29

      2.2.2. Der Börsenkurs: Eine sinnvolle Umsetzung des Ziels der Markt-
            wertmaximierung? 37

   2.3. Ausgangspunkte der Wertsteigerungsanalyse 48

      2.3.1. Strategische Analyse: Die Suche nach verborgenen Werten 48
      2.3.2. Wertgeneratoren als Schlüssel der Wertsteigerung 53
      2.3.3. Cash-flow als Basisgröße der Wertsteigerungsanalyse 59

            2.3.3.1. Cash-flow-Abgrenzung 59
            2.3.3.2. Einbindung des Rechnungswesens in die Cash-flow-
                   Ermittlung 61
            2.3.3.3. Projektion der zukünftigen Einzahlungsüberschüsse 72

                 2.3.3.3.1. Zukunftsorientierte Erfolgsermittlung: Verbin-
                          dung von Planung und Prognose 72
                 2.3.3.3.2. Kennzahlengestützte Cash-flow-Ermittlung mit
                          Hilfe von Wertgeneratoren 74
                 2.3.3.3.3. Überprüfung der Finanzierbarkeit der Strategie-
                          vorschläge auf der Unternehmensebene 82
                 2.3.3.3.4. Risikoberücksichtigung 83
                 2.3.3.3.5. Phasenkonzept 85

      2.3.4. Kritische Stimmen aus der Literatur zur Unternehmensplanung 89

3. Der *Discounted Cash Flow* als operationales Meßkonzept der Wertsteigerungsanalyse 91

  3.1. Charakterisierung des *Discounted Cash Flow* 91

    3.1.1. Der Kapitalwert als Bewertungsfunktion 91

    3.1.2. Cash-flow-Abgrenzung, Einfluß der Finanzierung und alternative
    Kapitalwertmodelle 94

  3.2. Würdigung des *Discounted Cash Flow*..101

    3.2.1. *Discounted Cash Flow* als Partialkalkül 101

    3.2.2. Implikationen der Kapitalwertmodelle 105

      3.2.2.1. Finanzierungsimplikationen im Rentenmodell 105

      3.2.2.2. Vergleich von Kapitalkostenkonzept und Total Cash Flow-
      Verfahren...108

      3.2.2.3. Vergleich von Kapitalkostenkonzept und *Adjusted- Present
      Value*-Verfahren im Rentenmodell...109

      3.2.2.4. Vergleich von Kapitalkostenkonzept und *Adjusted- Present
      Value*-Verfahren im Endlichkeitsmodell..112

      3.2.2.5. Vergleich der *Equity*- und *Entity*-Ansätze im Renten- und
      Endlichkeitsmodell..118

      3.2.2.6. Einfluß alternativer Finanzierungsmodalitäten 123

      3.2.2.7. Abwägung der Vorteilhaftigkeit der Methoden 125

    3.2.3 Erfassung der Besteuerung 131

    3.2.4 Risikobewertung 137

  3.3. *Discounted Cash Flow* und Wertsteigerungsanalyse..140

    3.3.1. *Discounted Cash Flow* auf Basis von Wertgeneratoren 140

    3.3.2. *Economic Value Added* als Maß der Wertsteigerung 148

    3.3.3. Auswahlentscheidungen mit Hilfe des *Value Return on Investment*...........151

  3.4. Die Eigenkapitalkostenermittlung beim *Discounted Cash Flow* 153

    3.4.1. Konzept der Eigenkapitalkosten...153

    3.4.2. Die Verwendung von Kapitalmarktmodellen zur Bestimmung
    der Eigenkapitalkosten...156

      3.4.2.1. Traditionelle Kapitalkostentheorie 156

      3.4.2.2. *Capital Asset Pricing Model*..160

      3.4.2.3. *Arbitrage Pricing Theory*...164

    3.4.3. Möglichkeiten und Grenzen von Gleichgewichtsmodellen
    zur Bestimmung der Eigenkapitalkosten 171

    3.4.4. Die pragmatische Bestimmung des Risikozuschlags
    aufgrund von Kapitalmarktmodellen 176

      3.4.4.1. Methode der internen Zinsfüße zur Bestimmung risikoan-
      gepaßter Zinsfüße...176

3.4.4.2.   Ermittlung des Risikozuschlags für börsennotierte Unternehmen mit Hilfe des CAPM 178

    3.4.4.2.1.   Bestimmung des risikolosen Zinsfußes, der Marktrendite und der Beta-Faktoren 178
    3.4.4.2.2.   Empirische Bewährung 185
    3.4.4.2.3.   Problembereiche der Datenermittlung 190

3.4.4.3.   Ermittlung von Beta-Faktoren für nicht notierte Unternehmen und Geschäftsbereiche: Möglichkeiten und Grenzen 195

    3.4.4.3.1.   Vergleichsunternehmen und Branchenbetas 195
    3.4.4.3.2.   Buchwert-Betas als Approximation kapitalmarktbestimmter Beta-Faktoren 198

3.4.4.4.   Bestimmung der Beta-Faktoren auf der Basis fundamentaler Einflußfaktoren: Vorschläge und Probleme 202

    3.4.4.4.1.   Synthetische Ermittlung und Vorhersagen von Beta-Faktoren mit fundamentalen Faktoren 202
    3.4.4.4.2.   Wirkung der Verschuldung und der Auslastung 205
    3.4.4.4.3.   Einfluß der Ausschüttung, des Wachstums, der Größe, der Diversifizierung und der Marktmacht 213
    3.4.4.4.4.   Fazit 223

3.4.4.5.   Bestimmung der Eigenkapitalkosten auf der Basis der *Arbitrage Pricing Theory* 225

    3.4.4.5.1.   Vorgehensweise und Probleme 225
    3.4.4.5.2.   Empirische Bewährung der APT 227

3.5.   Spezielle Fragen der Fremdfinanzierung beim *Discounted Cash Flow* 233

    3.5.1.   Kosten der Fremdfinanzierung 233
    3.5.2.   Sonderformen der Finanzierung 236

        3.5.2.1.   Lieferantenverbindlichkeiten 236
        3.5.2.2.   Leasingfinanzierung 240
        3.5.2.3.   Pensionsrückstellungen 243
        3.5.2.4.   Fazit 251

3.6.   *Discounted Cash Flow* und Unternehmensbewertung in Deutschland 252

    3.6.1.   Ansatzpunkte eines Vergleichs 252
    3.6.2.   Bewertungsaufgabe und -perspektive 254
    3.6.3.   Markterwartungen versus individuelle Alternativrendite 255
    3.6.4   Eine Fallstudie 262
    3.6.5.   Neuere Entwicklungen 267

4.   Thesenförmige Zusammenfassung 269

Literaturverzeichnis 275

Abkürzungsverzeichnis

a.A.	anderer Ansicht
a.a.O.	am angegebenen Ort
Abb.	Abbildung
APT	Arbitrage Pricing Theory
APV	Adjusted Present Value
ARCH	Autoregressive Conditional Heteroscedasticity
Ass.	Associates
Aufl.	Auflage
Bd.	Band
bspw.	beispielsweise
bzw.	beziehungsweise
CAPM	Capital Asset Pricing Model
CFROI	Cash Flow Return on Investment
d.h.	das heißt
DAX	Deutscher Aktienindex
DCF	Discounted Cash Flow
ders.	derselbe
dies.	dieselben
Diss.	Dissertation
DVFA	Deutsche Vereinigung für Finanzanalyse und Anlageberatung
e.V.	eingetragener Verein
EBIT	Earnings before Interest and Taxes
EStG	Einkommensteuergesetz
et al.	et alteri, et alii
etc.	et cetera
EVA	Economic Value Added
f.	folgende
FASB	Financial Accounting Standards Board
Fn.	Fußnote
FRN	Floating Rate Notes
FS	Festschrift
FTE	Flow to Equity
GARCH	General Autoregressive Conditional Heteroscedasticity
GE	Geldeinheit
GewStG	Gewerbesteuergesetz
GFL	Grad des finanziellen Leverage
GOL	Grad des operativen Leverage
GuV	Gewinn- und Verlustrechnung
HFA	Hauptfachausschuß
HGB	Handelsgesetzbuch
Hrsg.	Herausgeber
i.d.R.	in der Regel
i.S.d.	im Sinne des
i.S.v.	im Sinne von
Ill.	Illinois
incl.	inklusive
insb.	insbesondere
Jg.	Jahrgang
Jr.	Junior
KGV	Kurs-Gewinn-Verhältnisse

KStG	Körperschaftsteuergesetz
Lifo	Last-in-first-out
m.w.N.	mit weiteren Nachweisen
M/B-Relation	Marktwert-Buchwert-Relation
Mass.	Massachusetts
ML	Merrill Lynch
MVA	Market Value Added
N.J.	New Jersey
NOPAT	Net Operating Profit after Taxes, Betriebsergebnis vor Zinsen nach Steuern
NOPLAT	Net Operating Profit less Adjusted Taxes (siehe auch NOPAT)
Nr., No.	Nummer
NYSE	New York Stock Exchange
o.V.	ohne Verfasser
Ont.	Ontario
PIMS	Profit Impact of Market Strategy
ROA	Return on Asset, Gesamtkapitalrendite
ROCE	Return on Capital Employed, Durchschnittskapitalrendite des eingesetzten Kapitals (nach Abzug der nicht verzinslichen Verbindlichkeiten)
ROE	Return on Equity, Eigenkapitalrendite
ROI	Return on Investment, Investitionsrendite
ROIC	Return on Invested Capital, Grenzkapitalrendite des eingesetzten Kapitals (nach Abzug der nicht verzinslichen Verbindlichkeiten)
ROS	Return on Sales, Umsatzrendite
Rz.	Randziffer
S.	Seite
s.o.	siehe oben
Schriftltg.	Schriftleitung
SFAC	Statement of Financial Accounting Concepts
SFAS	Statement of Financial Accounting Standards
SG	Schmalenbach-Gesellschaft - Deutsche Gesellschaft für Betriebswirtschaft
SN	Signifikanzniveau
Sp.	Spalte
Tab.	Tabelle
TCF	Total Cash Flow
u.a.	unter anderem
u.E.	unseres Erachtens
u.U.	unter Umständen
UK	Vereinigtes Königreich
USA	Vereinigte Staaten von Amerika
usw.	und so weiter
Vgl.	Vergleiche
VL	Value Line
Vol.	Volume
VROI	Value Return on Investment
WACC	Weighted Average Cost of Capital
Wisc.	Wisconsin
z.B.	zum Beispiel
z.T.	zum Teil

Symbolverzeichnis

A	Auszahlung
a	Erwartungswert der Rendite, wenn alle Faktoren den Erwartungswert Null haben
Afa	Abschreibungen
B	Buchwert des Eigenkapitals
b	Thesaurierungsquote
b_{ij}	Faktorsensitivitäten des i-ten Wertpapiers in bezug auf den j-ten Faktor
B_{RA}	Barwert der Rentenzahlungen am Beschäftigungsende
B_{Ei}	Barwert der Rentenzahlungen bei Beschäftigungsantritt
C	Konsum
Cf	Cash-flow
Cf^{WACC}	Cash-flow ohne Tax Shield
Cf^{TCF}	Cash-flow incl. Tax Shield
Cov(.)	Kovarianzoperator
Div	Dividende
DR	Dividendenrendite
E	Einzahlung
E(.)	Erwartungswertoperator
EBIT	Earnings before Interest and Taxes
EBT	Earnings before Taxes
Ei	Eintrittsdatum
Einl	Einlagen
EK	Marktwert des Eigenkapitals
Ent	Entnahmen
EVA	Economic Value Added
FK	Marktwert des Fremdkapitals
GB	Geldbestand
g_{Cf}	Wachstumsrate des Cash-flows
g_{Div}	Wachstumsrate der Dividenden
g_{NOPLAT}	Wachstumsrate des Ergebnisses
$g_{SÄ}$	Wachstumsrate des Sicherheitsäquivalentes
g_U	Wachstumsrate des Umsatzes
g_{Umax}	maximale Umsatzwachstumsrate, die noch finanzierbar ist
Gew	Gewinn
Gew_{nZt}	Gewinn nach Zinsen der Periode t
Gew_{vZt}	Gewinn vor Zinsen der Periode t
GK^B	Marktwert des verschuldeten Unternehmens incl. Lieferantenverbindlichkeiten
GK^L	Marktwert des verschuldeten Unternehmens
$GK^{L, APV}$	Marktwert des Unternehmens nach dem Adjusted Present Value
$GK^{L, TCF}$	Marktwert des Unternehmens nach dem Total Cash Flow
$GK^{L, WACC}$	Marktwert des Unternehmens nach dem WACC-Verfahren
GK^N	Marktwert des verschuldeten Unternehmens ohne Lieferantenverbindlichkeiten
GV	gebundenes Vermögen
h	Sicherheitsäquivalenzfaktor
I	Investitionsauszahlungen
i	Kalkulationszinsfuß
i_{bil}	bilanzieller Kalkulationszinsfuß der Rückstellungen

in	Kapitalintensität des Umsatzes
k	Kapitalkosten
k^*	Eigenkapitalkosten bei vollständiger Eigenfinanzierung
k^{ADR}	angepaßte Kapitalkosten
k^{APV}	risikoäquivalente Kapitalkosten zur Diskontierung des *Tax Shield*
k_{EK}	Eigenkapitalkosten
k_{FK}	Fremdkapitalkosten
$k_{FK,K}$	Kosten der Kreditfinanzierung
$k_{FK,L}$	Kosten der Lieferantenkredite
$k_{FK,RS}$	Kosten der Pensionsrückstellungen
k^{TCF}	gewogene durchschnittliche Kapitalkosten ohne Steueranpassung
k^{WACC}	gewogene durchschnittliche Kapitalkosten
$k^{WACC, B}$	gewogene durchschnittliche Kapitalkosten incl. Lieferanten-verbindlichkeiten
$k^{WACC, N}$	gewogene durchschnittliche Kapitalkosten ohne Lieferanten-verbindlichkeiten
K	Kapitalbedarf
K_0	aktueller Aktienkurs
K_{fix}	fixe Kosten
KB	Kapitalbindung
Krp	Kreditpotential
LL	Bestandsveränderung an fertigen und unfertigen Erzeugnissen
LR	Leasingrate
LV	Lieferantenverbindlichkeiten
M	Marktwert des Eigenkapitals, Kapitalwert der Dividenden
MA	Materialaufwand
MI	Marktindexrendite
MPR	Marktpreis des Risikos
NE	Nettoergebnis
NOPAT	Net Operating Profit after Taxes
NOPLAT	Net Operating Profit less adjusted Taxes
NMC	Net Working Capital
P	Prämie für die Absicherung der Altersversorgung des Unternehmens
PA	Personalaufwand
PR	Bestand des Rentenfonds
R	Rentenzahlung
r_a	Renditemittel, arithmetisches
r_g	Renditemittel, geometrisches
RA	Beginn der Rentenzahlung
RE	Ende der Rentenzahlung
R_a	Risikoaversion, absolute
R_f	risikoloser Zinsfuß
R_i	Rendite des Wertpapiers i
R_m	Rendite des Marktportefeuilles
R_r	Risikoaversion, relativ
ROA	Return on Asset, Gesamtkapitalrendite
ROCE	Return on Capital Employed, Durchschnittskapitalrendite des eingesetzten Kapitals (nach Abzug der nicht verzinslichen Verbindlichkeiten)
ROE	Return on Equity, Eigenkapitalrendite
ROI	Return on Investment, Investitionsrendite
ROIC	Return on Invested Capital, Grenzkapitalrendite des eingesetzten Kapitals (nach Abzug der nicht verzinslichen Verbindlichkeiten)

$ROIC^{vSt}$	Grenzkapitalrendite des eingesetzten Kapitals vor Steuern
ROS	Return on Sales, Umsatzrendite
ROS_{min}	Mindestumsatzrendite, die noch eine Wertsteigerung sichert
ROS_{max}	Umsatzwachstum, das maximal finanziert werden kann
RP	Risikoprämie
RS	Rückstellungen
Rück	Rückzahlungsbetrag von Krediten
s	Steuersatz
S	Steuerzahlungen
S(.)	Operator für die Standardabweichung
SÄ(.)	Sicherheitsäquivalent
sonst. A	sonstige Aufwendungen
T	Planungshorizont
TW	Teilwert
t	Zeitindex
u(.)	Nutzenfunktion
U	Umsatz
UW	Unternehmenswert
v	variable Kosten
V	Vermögen
Var(.)	Varianzoperator
VROI	Value Return on Investment
W	Anteil des Geschäftsfeld-Betas am Unternehmensbeta
WM	Wert zukünftiger Investitionsmöglichkeiten
X	Zahlungsstrom
z	Risikozuschlag
zPR	Zuführung zum Rentenfonds
$\varnothing$	durchschnittliche(r)
α	Alpha-Faktor, Durchschnitt der unsystematischen Renditen
β	Beta-Faktor
β_{Acc}	Beta-Faktor einer Buchwertrendite
β_{Asset}	Beta-Faktor eines unverschuldeten Unternehmens
β_{EK}	Beta-Faktor des Eigenkapitals
β_{FK}	Beta-Faktor des Fremdkapitals
ε	Störterm
ϕ	Kapitalstruktur FK:GK des Budgets
γ_0	Ordinatenabschnitt der Regressionsgleichung
γ_j	Steigungsmaß der Regressionsgleichung
φ_0	absoluter Parameter der Risikoaversionsfunktion
φ_1	Steigungsparameter der Risikoaversionsfunktion
κ	gewogene durchschnittliche Kapitalkosten
λ	Vektor der Faktorrisikoprämien
π	Zielkapitalstruktur FK:EK
θ	Zielkapitalstruktur FK:GK
ρ	Korrelationskoeffizient
Ω	Brancheneinfluß
ψ	Kapitalstruktur FK:EK des Budgets

Literaturabkürzungen

A & F	Accounting & Finance
ABR	Accounting and Business Research
AER	American Economic Review
AER - P & P	American Economic Review - Papers & Proceedings
AG	Die Aktiengesellschaft
AJM	Australian Management Journal
AMJ	Academy of Management Journal
AMR	Academy of Management Review
AR	Accounting Review
BB	Betriebs-Berater
BFuP	Betriebswirtschaftliche Forschung und Praxis
BJE	Bell Journal of Economics
BJEconMSc	Bell Journal of Economics and Management Science
BuW	Betrieb und Wirtschaft
CMR	California Management Review
DB	Der Betrieb
DBW	Die Betriebswirtschaft
DStR	Deutsches Steuerrecht
DSWR	Datenverarbeitung in Steuer, Wirtschaft und Recht
DU	Die Unternehmung
EJ	Economic Journal
FAJ	Financial Analysts Journal
FE	Financial Executive
FM	Financial Management
FR	Financial Review
HBM	Harvard Business Manager
HBR	Harvard Business Review
HM	Harvard Manager
HWB	Handwörterbuch der Betriebswirtschaft
HWBF	Handwörterbuch des Finanz- und Bankwesens
HWF	Handwörterbuch der Finanzwirtschaft
HWO	Handwörterbuch der Organisation
HWP	Handwörterbuch der Planung
HWR	Handwörterbuch des Rechnungswesens
HWRev	Handwörterbuch der Revision
io	Industrielle Organisation - Management Zeitschrift
JAAF	Journal of Accounting, Auditing and Finance
JACF	Journal of Applied Corporate Finance
JAE	Journal of Accounting and Economics
JAL	Journal of Accounting Literature
JAPP	Journal of Accounting and Public Policy
JAR	Journal of Accounting Research
JBankF	Journal of Banking and Finance
JBF	Journal of Business Finance
JBFA	Journal of Business Finance and Accounting
JBR	Journal of Business Research
JBSt	Journal of Business Strategy
JEB	Journal of Economics and Business
JEL	Journal of Economic Literature
JEP	Journal of Economic Perspectives

JET	Journal of Economic Theory
JfB	Journal für Betriebswirtschaft
JFE	Journal of Financial Economics
JFQA	Journal of Financial and Quantitative Analysis
JFR	Journal of Financial Research
JIE	Journal of Industrial Economics
JIFMA	Journal of International Financial Management & Accounting
JITE	Journal of Institutional and Theoretical Economics
JLE	Journal of Law and Economics
JoB	Journal of Business
JoF	Journal of Finance
JoM	Journal of Marketing
JoR	Journal of Retailing
JPE	Journal of Political Economy
JPM	Journal of Portfoliomanagement
KuK	Kredit und Kapital
LRP	Long Range Planning
M&A	Mergers & Acquisitions, The Journal of Corporate Venture
MA	Management Accounting
MCFJ	Midland Corporate Finance Journal
MF	Managerial Finance
MM	Manager-Magazin
MSc	Management Science
OBES	Oxford Bulletin of Economics and Statistics
OEP	Oxford Economic Papers
ORDO	ORDO Jahrbuch für die Ordnung von Wirtschaft und Gesellschaft
PR	Planning Review
QJE	Quarterly Journal of Economics
QREB	Quarterly Review of Economic and Business
RBER	Review of Business & Economic Research
REconStat	Review of Economics and Statistics
RESt	Review of Economic Studies
RiF	Research in Finance
RiM	Research in Marketing
RQFA	Review of Quantitative Finance and Accounting
SMJ	Strategic Management Journal
STH	Der Schweizer Treuhänder
WiSt	Wirtschaftswissenschaftliches Studium
WISU	Das Wirtschaftsstudium
WPg	Die Wirtschaftsprüfung
ZBB	Zeitschrift für Bankrecht und Bankwirtschaft
ZfB	Zeitschrift für Betriebswirtschaft
ZfbF	Zeitschrift für betriebswirtschaftliche Forschung
ZfgStW	Zeitschrift für die gesamte Staatswissenschaft
ZfhF (N.F.)	Zeitschrift für handelswissenschaftliche Forschung (Neue Folge)
ZfP	Zeitschrift für Planung
ZGR	Zeitschrift für Unternehmens- und Gesellschaftsrecht
ZHR	Zeitschrift für das gesamte Handels- und Wirtschaftsrecht
ZWS	Zeitschrift für Wirtschafts- und Sozialwissenschaften

XXI

Abbildungs- und Tabellenverzeichnis

Nr.: 1   Anknüpfungspunkte von Unternehmensplanung und
          Finanzierungstheorie   7

Nr.: 2   Quellen der Wertsteigerung   52

Nr.: 3   Finanzierungsrechnung Typ II A (Gesamtkostenverfahren)   64

Nr.: 4   Finanzierungsrechnung Typ II B   69

Nr.: 5   Aufstellung der verwandten Bewertungsformeln   100

Nr.: 6   Unternehmenswert nach APV bei endlichem Planungshorizont   117

Nr.: 7   Unternehmenswert nach FTE bei endlichem Planungshorizont   121

Nr.: 8   Alternative Tilgungspläne   123

Nr.: 9   Einfluß alternativer Tilgungspläne auf den Flow to Equity   124

Nr.: 10   Wert des Fremdkapitals   124

Nr.: 11   Unternehmenswert nach WACC bei inkonsistenten Finanzierungs-
          annahmen   124

Nr.: 12   Unternehmenswert nach FTE-Verfahren und Nettogewinn-Ansatz 125

Nr.: 13   Unternehmensendwert   132

Nr.: 14   Empirische Arbeiten zum CAPM auf dem deutschen Kapitalmarkt 187

Nr.: 15   Beta-Faktoren unterschiedlicher Anbieter   195

Nr.: 16   Verhältnis Buchwert- zu Markt-Beta   199

Nr.: 17   Einfluß der Auslastung auf den Beta-Faktor   212

Nr.: 18   Einfluß der Ausschüttung, der Größe und des Wachstums auf
          den Beta-Faktor   215

Nr.: 19   Einfluß der Diversifikation auf den Beta-Faktor   220

Nr.: 20   Empirische Arbeiten zur APT auf dem deutschen Kapitalmarkt 231

Nr.: 21   Schematische Darstellung der Finanzierungsbeziehung aus
          Pensionszusagen   245

Nr.: 22   Einordnung des Ertragswertverfahrens in Modelle der
          Unternehmensbewertung   262

Nr.: 23   Ausgangsdaten   264

Nr.: 24   Ertragswert   264

Nr. 25:   Kapitalkostenkonzept, Discounted Free Cash Flow   265

Nr.: 26   Alternative Free Cash Flow-Ermittlung   265

Nr.: 27   Discounted Total Cash Flow   266

Nr.: 28   Adjusted Present Value   267

Nr. 29   Ergebnisgegenüberstellung   267

1.   Problemstellung

Die Steigerung des Eigentümerwertes (Shareholder Value) - von Unternehmensberatern propa-
giert und in populären Managerzeitschriften[1] lanciert - wird mittlerweile auch von deutschen
Unternehmen als unternehmerisches Ziel akzeptiert. Auslöser sind zum einen die Liberalisierung
der Kapitalmärkte, die zunehmende Bedeutung des Marktes für Unternehmenskontrolle und die
Veränderung auf den Finanzmärkten, zum anderen eine veränderte Einschätzung über die Rolle
der Unternehmenszentrale.[2] Gleichzeitig wird eine Strategiebeurteilung nur nach qualitativen
Kriterien als unzureichend angesehen: Zeit- und Risikokomponenten werden zu wenig beachtet.[3]

Eingesetzt werden kann die Wertsteigerungsanalyse sowohl für eine interne Planungsrechnung,
bei der die Geschäftsleitung im vorhinein den Marktwertbeitrag von Projekten bestimmen und
zwischen verschiedenen Aktionen auswählen kann, als auch zur Kontrolle über den Wertbeitrag
realisierter Strategien in einer abgelaufenen Periode. Darüber hinaus kann die Wertsteigerungsanalyse auch für eine externe Unternehmensbeurteilung herangezogen werden: Sie führt zu einer
an Wertsteigerungsüberlegungen orientierten Akquisitionsentscheidung oder eine fundamentalen
Aktienanalyse, um unterbewertete Aktien zu erkennen.[4]

Grundgedanke der wertorientierten Planung (*Value Based Planning*) ist die Verbindung von Finanzierungstheorie und Planungslehre, um die Auswirkungen unternehmerischer Handlungen auf
den Unternehmenswert zu bestimmen.[5] Die Wertsteigerungsanalyse ist durch folgende Eigenschaften gekennzeichnet:[6]

*   Die Erfolgsgröße ist der Saldo aus Ein- und Auszahlungen und keine periodisierte, buch-
    halterische Größe.

---

[1]   Vgl. Baden, Kay, Ihr Auftritt, [AI], in: MM, 24. Jg. (1994), Nr. 5, S. 159-170; Deutsch, Christian, Unterneh-
      mensbewertung: Pi mal Daumen, in: Wirtschaftswoche, 47. Jg. (1993), Nr. 45, S. 68, S. 71; Baden, Kay/ Bal-
      zer, Arno, Gute Besserung, in: MM, 23. Jg. (1993), Nr. 5, S. 166-185; Baden, Kay, [Shareholder] Value. Im
      Banne der Werte, in: MM, 22. Jg. (1992), Nr. 5, S. 186-202; Hillebrand, Walter, Die Cash-flow-Strategen, in:
      MM, 21. Jg. (1991), Nr. 5, S. 128-135.
[2]   Vgl. Henzler, Herbert, Von der strategischen Planung zur strategischen Führung: Versuch einer Positionie-
      rung, in: ZfB, 58. Jg. (1988), S. 1286-1307, hier S. 1295, S. 1297; Timmermann, Armin, Evolution des strategi-
      schen Managements, in: Henzler, Herbert (Hrsg.), Handbuch Strategische Führung, Wiesbaden 1988, S. 85-
      105, hier S. 100-102; Mills, Roger/ Robertson, John, Measuring and Managing Strategic Value, in: MA, Vol. 69
      (1991), Nr. 10, S. 50-53, hier S. 50; Knyphausen, Dodo zu, Wertorientiertes Strategisches Management, in:
      ZfP, 4. Jg. (1992), S. 331-352, hier S. 331f.; Freygang, Winfried, Kapitalallokation in diversifizierten Unter-
      nehmen, Wiesbaden 1993, S. 14-43; Bühner, Rolf, [Shareholder] Value. Eine Analyse von 50 großen Aktienge-
      sellschaften in der Bundesrepublik Deutschland, in: DBW, 53. Jg. (1993), S. 749-769, hier S. 749;
[3]   Vgl. Ballwieser, Wolfgang, Unternehmensbewertung und [Komplexitätsreduktion], 3. Aufl., Wiesbaden 1990,
      S. 156-158, bezugnehmend auf die Portfoliokonzepte der Planung.
[4]   Vgl. Ellis, John/ Williams, David, Corporate Strategy and Financial Analysis, London 1993, S. 350f.; Schmidt,
      Reinhart, Das [Shareholder] Value-Konzept, in: Fritsch, Ulrich/ Liener, Gerhard/ Schmidt, Reinhart (Hrsg.),
      Die deutsche Aktie, FS zum vierzigjährigen Bestehen des Deutschen Aktieninstituts e.V., Stuttgart 1993, S.
      277-296, hier S. 290-293.
[5]   Vgl. Henzler, H., a.a.O., S. 1296f.
[6]   Vgl. Gomez, Peter/ Weber, Bruno, [Akquisitionsstrategie], Stuttgart 1989, S. 29f., für die ersten vier Aspekte.

2

- Das Verfahren ist zukunftsorientiert, berücksichtigt den Zeiteffekt, gewährt einen Einblick in die Risikostruktur der Zahlungen und erfaßt das Risiko bei der Bewertung.
- Die Auswirkungen alternativer Pläne, Maßnahmen und Szenarien auf den Unternehmenswert werden aufgezeigt.
- Die operationalen Faktoren, die maßgeblichen Einfluß auf den Unternehmenswert haben, werden ermittelt.
- Die qualitativen Konzeptionen aus der strategischen Planung werden unmittelbar mit der Bestimmung der Cash-flows verbunden.[7]

Unternehmerische Aktivitäten an der Steigerung des Unternehmenswertes auszurichten,[8] ist nicht unumstritten: Die Kritik richtet sich gegen die einseitige Fixierung auf die finanziellen Ziele der Eigentümer und die Vernachlässigung weiterer Interessenten (*Stakeholder*); der Rückfall in eine monistische Zielkonzeption[9] und in eine an kurzfristigen Zielen orientierte Unternehmenspolitik wird beklagt.[10] Darüber hinaus werde die "Machbarkeit" unternehmerischen Handelns überschätzt.[11] Auch innerhalb der Finanzierungstheorie wird das Ziel der Marktwertmaximierung kontrovers diskutiert. Zudem wird der Börsenkurs - ein realisierter Marktwert - als Zielgröße abgelehnt. Die vermeintliche Irrationalität der Bewertung an den Börsen begründet die Ablehnung. Mit diesen Einwänden gilt es sich auseinanderzusetzen.

Den Anwender der Wertsteigerungsanalyse interessieren zunächst die Hilfestellungen bei der Bestimmung von Wertsteigerungsaktivitäten und der Projektion der Einzahlungsüberschüsse. Welche Vorschläge unterbreitet die Literatur, um die Wertlücken zu identifizieren und zu schließen? Eine systematische Darstellung der zahlreichen Vorschläge der Literatur erscheint sinnvoll. Wichtig bei der Bestimmung der Wertsteigerungsaktivitäten sind auch die Wertgeneratoren. Es soll sich um operationale Faktoren handeln, die wesentlichen Einfluß auf den Unternehmenswert haben. Um welche Faktoren handelt es sich? Stehen strategische Analysen hinter diesen Überlegungen? Wenn ja, welche?

Im Rahmen der Cash-flow-Ermittlung muß zum einen die Bedeutung des Rechnungswesens für die Anwendung der wertorientierten Planung untersucht werden. Welche Probleme können auftreten, wenn eine Periodenerfolgs- in eine Finanzierungsrechnung transformiert werden soll?

---

7   Vgl. Henzler, H., a.a.O., S. 1297.
8   Vgl. zu diesem Ziel bereits Lutz, Friedrich/ Lutz, Vera, The Theory of Investment of the Firm, Princeton 1951, S. 43.
9   Vgl. Janisch, Monika, Das strategische Anspruchsgruppenmanagement vom Shareholder Value zum Stakeholder Value, Bern, Stuttgart, Wien 1993, S. 103-108; Näther, Christian, Erfolgsmaßstäbe in der Theorie der strategischen Unternehmensführung, Diss. München 1993, S. 294-306; Bleicher, Knut, Das Konzept Integriertes Management, 2. Aufl., Frankfurt, New York 1992, S. 197; Wagenhofer, Alfred, Share Holder Value-Konzept, in: Busse von Colbe, Walther (Hrsg.), Lexikon des Rechnungswesens, 3. Aufl., München, Wien 1994, S. 560-562, hier S. 562.
10 Vgl. Bleicher, K., a.a.O., S. 105f.
11 Vgl. Janisch, M., a.a.O., S. 100.

Problembereiche liegen z.B. in der Behandlung der auszahlungslosen Abschreibungen, der Bestandsveränderungen oder der Pensionszusagen. Zum anderen interessiert, wie Überlegungen der strategischen Planung in die Analyse einbezogen werden können, insbesondere wie man von den qualitativen Überlegungen zur Schätzung der Zahlungsreihe gelangt und welche methodischen Hilfestellungen angeboten werden. Darüber hinaus soll untersucht werden, wie ungewisse Erwartungen über zukünftige Umweltzustände im Wertsteigerungsansatz erfaßt, insbesondere wie die Interdependenzen zwischen Umweltunsicherheit und den unternehmerischen Handlungen berücksichtigt werden.

Wichtig für eine Orientierung am Unternehmenswert sind die Verfahren, die den Wertbeitrag unternehmerischer Aktionen messen. In der Literatur existieren zahlreiche Vorschläge, die das Wertsteigerungskonzept operational umsetzen; gleichzeitig werden Softwarepakete zur Planungsunterstützung angeboten.[12] Untersuchungsgegenstand dieser Arbeit ist der *Discounted Cash Flow* als Maßstab der Wertsteigerung.[13] Als operationale Meßgröße für die Steigerung des Eigentümerwertes wird das aus der Investitionsrechnung bekannte Kapitalwertkriterium herangezogen. Da es in der Literatur eine Vielzahl von Bewertungsvorschlägen gibt, die zwar auf dem Kapitalwertkriterium aufbauen, aber Unterschiede im Detail aufweisen - die weitgehend auf die Abbildung von Finanzierungseinflüssen zurückzuführen sind - liegt ein Vergleich dieser Kapitalwertmodelle deshalb nahe. Darüber hinaus gibt es einige spezielle Vorschläge zur Wertsteigerungsanalyse, die auf dem Kapitalwertkalkül aufbauen; auch diese Ansätze gilt es zu würdigen.

Ein weiterer Schwerpunkt der Untersuchung ist die Ermittlung der Kapitalkosten. Sie sollen nach den Bewertungsvorschlägen aufgrund des Geschehens auf dem Aktienmarkt ermittelt werden. Besonderes Augenmerk gilt dem *Capital Asset Pricing Model* (CAPM) und der *Arbitrage Pricing Theory*, aber auch traditionelle Vorschläge, auf der Grundlage prognostizierer Dividenden und beobachteter Aktienkurse, sollen diskutiert werden. Da in Deutschland wenige Unternehmen börsennotiert sind[14] bzw. projektspezifische Kapitalkosten im Rahmen einer internen Bewertung nicht durch Rückgriff auf den Aktienmarkt bestimmt werden können, müssen auch die Ersatzgrößen - Betas vergleichbarer Unternehmen und Buchwert-Betas - berachtet werden. Darüber hinaus werden in der Literatur und von der Beratungspraxis sog. Fundamental-Betas, mit denen

---

12   Vgl. Reimann, Bernard C., Decision Support [Software] for Value-Based Planning, in: PR, Vol. 16 (1988), Nr. 2, S. 22-24, S. 29-32; ders., [Managing] for Value, Oxford (U.K.), Cambridge (Mass.), Oxford (Ohio) 1987, S. 202-214.

13   Einen Überblick alternativer Verfahren geben Reimann, B. C., [Managing], a.a.O., S. 16-35; ders., Managing for the Shareholders: An Overview of Value-Based [Planning], in: PR, Vol. 16 (1988), Nr. 1, S. 10-22, hier S. 12-19; ders., [Shareholder] and Executive Compensation, in: PR, Vol. 19 (1991), Nr. 3, S. 41-48; Mills, Roger W., Shareholder Value Analysis and Key Value Drivers, in: MA, Vol. 68 (1990), Nr. 4, S. 30-33, hier S. 30f.; Strategic Planning Association, Inc., Strategy and Shareholder Value: The Value Curve, in: Lamb, Robert Boyden (Hrsg.), Competitive Strategic Management, Englewood Cliffs (N.J.) 1984, S. 571-596.

14   Am Jahresende 1993 waren an deutschen Börsen 664 Inlandsgesellschaften notiert. Vgl. Deutsche Börsen, Jahresbericht 1993, Frankfurt am Main 1994, S. 152.

die Kapitalkosten an veränderte Rahmenbedingungen angepaßt werden, vorgeschlagen.[15] Die Empfehlungen müssen auf ihre Tauglichkeit überprüft werden.

Den Risikozuschlag durch Rückgriff auf die neoklassische Kapitalmarkttheorie zu ermitteln, ist jedoch umstritten. Zum einen wird die grundsätzliche Frage gestellt, ob und wie Gleichgewichtsüberlegungen in die Wertsteigerungsanalyse übertragen werden können. Zum anderen sollen die empirische Bewährung und die praktischen Probleme bei der Umsetzung betrachtet werden. Bei der letzten Betrachtungsebene wird neben Meß- und Schätzproblemen auch untersucht, ob und wie die Datenauswahl das Ergebnis beeinflussen kann. Hintergrund dieser Betrachtung ist der mit dem Rückgriff auf eine Marktbewertung verbundene Hinweis auf die Objektivität der Bewertung.

Transferprobleme der aus den USA stammenden Bewertungsformeln bei veränderten institutionellen Gegebenheiten sind ein weiterer Problembereich: Es handelt sich zum einen um die Körperschaftsteuer nach deutschem Recht. Im Gegensatz zum amerikanischen Steuerrecht erfolgt grundsätzlich keine Doppelbelastung der in einer Kapitalgesellschaft erwirtschafteten Einkommen, da bei Ausschüttung die vom Unternehmen gezahlten Steuern auf die Einkünfte und die Steuerlast beim Anteilseigner angerechnet werden (§ 20 Abs. 1 Nr. 3 i.V.m. § 36 Abs. 2 Nr. 3 EStG). Zum anderen müssen die Zahlungen für die betriebliche Altersversorgung und damit verbundener Finanzierungsbeziehungen zwischen Unternehmen und Arbeitnehmer im Kalkül erfaßt werden. Als weiteres Finanzierungsproblem muß die Abbildung von (zinslosen) Lieferantenkrediten und Leasingverträgen im Bewertungskalkül betrachtet werden.

Schließlich sollen die Unterschiede zwischen den *Discounted Cash Flow*-Verfahren amerikanischer Beratungsgesellschaften und dem in Deutschland verwandten Verfahren der Unternehmensbewertung untersucht werden.[16] Mit beiden Verfahren werden unternehmerische Projekte auf der Grundlage von Zahlungen bewertet. Werden nur unreflektiert Begriffe aus dem Englischen übernommen oder bestehen inhaltliche Unterschiede; ergeben sich daraus Vor- und Nachteile?

---

[15] Vgl. Rappaport, Alfred, [Creating] Shareholder Value, New York, London 1986, S. 58f.; Stewart, G. Bennett, III., The Quest for Value, New York 1991, S. 449; Herter, Ronald N., Unternehmenswertorientiertes Management, München 1994.

[16] Der Abgrenzung von Aeberhard, Kurt, Beispiel einer Akquisition: AMI-Kliniken Schweiz, in: Spremann, Klaus/ Zur, Eberhard (Hrsg.), Controlling, Wiesbaden 1992, S. 395-412, hier S. 401, der mit der *Discounted Cash Flow*-Methode zukünftige Zahlungen, hingegen mit der Ertragswertmethode vergangenheitsorientierte Buchwertgrößen verbindet, wird nicht gefolgt. Ähnlich auch Börsig, Clemens, Unternehmenswert und Unternehmensbewertung, in: ZfbF, 45. Jg. (1993), S. 79-91, hier S. 84; Sewing, Peter, Kauf von kleinen und mittleren Unternehmen durch aktive Privatinvestoren, Baden-Baden 1992, S. 221f.; Suckut, Stefan, Unternehmensbewertung für internationale Akquisitionen, Wiesbaden 1992, S. 19, S. 29, die von zukünftigen Gewinnen sprechen. Siehe dagegen unser Verständnis des Ertragswertverfahrens bei Münstermann, Hans, Wert und Bewertung [Bewertung] der Unternehmung, 3. Aufl., Wiesbaden 1970, S. 29-39; Moxter, Adolf, [Grundsätze] ordnungsmäßiger Unternehmensbewertung, 2. Aufl., Wiesbaden 1983, S. 75, S. 80f.; Ballwieser, Wolfgang, [Methoden] der Unternehmensbewertung, in: Gebhardt, Günther/ Gerke, Wolfgang/ Steiner, Manfred (Hrsg.), Handbuch des Finanzmanagements, München 1993, S. 151-176, insb. S. 153-162; Ballwieser, Wolfgang, [Ertragswert], in: Busse von Colbe, Walther (Hrsg.), Lexikon des Rechnungswesens, 3. Aufl., München, Wien 1994, S. 210-213.

Die Fragestellungen der Arbeit lassen einen Schwerpunkt bei Bewertungsproblemen erkennen. Der Grund liegt erstens darin, daß die Wertsteigerungsanalyse in der Literatur weitgehend im Rahmen strategischer Fragestellungen diskutiert wird. Eine Darstellung der Grundlagen ihrer Bewertungsmethodik erfolgte dort nur rudimentär; insbesondere werden finanzierungstheoretische Probleme verdrängt, die in der Spezialliteratur diskutiert werden. Zweitens besteht beim Verfasser der Eindruck, daß keineswegs Einmütigkeit besteht, was der *Discounted Cash Flow* ist, wie er berechnet wird und wo die Unterschiede oder Gemeinsamkeiten zu den in Deutschland bisher verwandten Verfahren liegen. Drittens existieren mittlerweile zahlreiche Bewertungsvorschläge, so daß es ratsam erscheint, sie zu vergleichen und gegenüberzustellen. Die folgende Arbeit versucht, diese Lücken zu schließen. Der Problematik der Marktwertorientierung, des Kapitalwertkriteriums unter Beachtung der Finanzierung und Besteuerung sowie der Bestimmung der Kapitalkosten wird daher ein relativ breiter Raum gewidmet. Ausgeklammert werden die Probleme der Geldentwertung und einer grenzüberschreitenden Bewertung ebenso wie der Vorwurf, daß der Kapitalwertkalkül bei sog. strategischen Investitionen nicht zu einer sinnvollen Beurteilung führt.[17]

---

[17] Vgl. Day, George S., Market Driven Strategy, New York et al. 1990, S. 349-353; McCallum, John S., The Net Present Value Method: Part of Our Investment Problem, in: Business Quarterly, o.Jg. (1987), Herbst, S. 7-9; Pearson, Gordon, The Strategic Discount - Protecting New Business Projects Against DCF, in: LRP, Vol. 19 (1986), Nr. 1, S. 18-24; Hayes, Robert H./ Garwin, David A., Managing as if Tomorrow Mattered, in: HBR, Vol. 60 (1982), Nr. 3, S. 70-79; Pinches, George E., Myopia, Capital Budgeting and Decision Making, in: FM, Vol. 11 (1982), Nr. 3, S. 6-19; Gold, Bela, The Shaky Foundations of Capital Budgeting, in: CMR, Vol. 19 (1976), Winter, S. 51-60; Myers, Stewart C., [Finance] Theory and Financial Strategy, in: Hax, Arnoldo C. (Hrsg.), Readings on Strategic Management, Cambridge (Mass.) 1984, S. 177-188, hier S. 185-187; Laux, Christian, Handlungsspielräume im Leistungsbereich des Unternehmens: Eine Anwendung der Optionspreistheorie, in: ZfbF, 45. Jg. (1993), S. 933-958, insb. S. 934-937; Cheung, Joseph K., Managerial Flexibility in Capital Investment Decisions: Insights from the Real-Options Literature, in: JAL, Vol. 12 (1993), S. 29-66, insb. S. 29-34; Möser, Heinz Dieter, Sind Investitionsrechnungen obsolet geworden? - Investitionsplanung als operative und strategische Aufgabe, in: DB, 40. Jg. (1987), S. 2953-2956; Sieben, Günter/ Diedrich, Ralf, Aspekte der Wertfindung bei strategisch motivierten Unternehmensakquisitionen, in: ZfbF, 42. Jg. (1990), S. 794-809; Valcárcel, Sylvia, Ermittlung und Beurteilung des "strategischen Zuschlags" als Brücke zwischen Unternehmenswert und Marktpreis, in: DB, 45. Jg. (1992), S. 589-595; Ruhnke, Klaus, Unternehmensbewertung: Ermittlung der Preisobergrenze bei strategisch motivierten Akquisitionen, in: DB, 44. Jg. (1991), S. 1889-1894; Havermann, Hans, Aktuelle Grundsatzfragen aus der Praxis der Unternehmensbewertung, in: Wirtschaft und Wissenschaft im Wandel, FS für Carl Zimmerer, Frankfurt am Main 1986, S. 157-170, insb. S. 167-170; Hafner, Ralf, [Grenzpreisermittlung] bei mehrfacher Zielsetzung, Bergisch-Gladbach, Köln 1989, S. 7-15; Löhr, Dirk, Die Grenzen des Ertragswertverfahrens, Frankfurt am Main 1993, S. 403-434.

2.   Konzeption der Wertsteigerungsanalyse

2.1.   Wertsteigerungsanalyse als Verbindung von Unternehmensplanung und Finanzierungstheorie

Die Verbindung von Finanzierungstheorie[18] und Unternehmensplanung erscheint sinnvoll,[19] da unternehmerische Aktionen zu Ein- und Auszahlungen im Zeitablauf führen. Um Verbindungen, aber auch Probleme aufzuzeigen, wird nicht pauschal vorgegangen, sondern bestimmte Teilbereiche gesondert betrachtet. Zum einen wird von den Phasen des Planungsprozesses - Zielbildung, Problemanalyse, Alternativensuche, Prognose und Bewertung - ausgegangen.[20] Zum anderen wird nach den Anwendungsmöglichkeiten der Finanzierungstheorie

- als Kalkül,
- als Technologie, die Vorhersagen über den Unternehmenswert aufgrund empirisch-gesetzmäßiger oder technologischer Aussagen erlaubt, oder
- als Orientierung, die eine Strukturierung und Argumentation ermöglicht,

unterschieden.[21] Folgende Anknüpfungspunkte zwischen Finanzierungstheorie und Unternehmensplanung lassen sich erkennen:

[18] Unter dem Begriff der Finanzierungstheorie werden die betriebswirtschaftliche Kapitaltheorie, die neoklassische Kapitalmarkttheorie und der neoinstitutionalistische Ansatz der Finanzierungstheorie verstanden. Zum Verhältnis der ersten beiden Äste vgl. Rudolph, Bernd, Zur [Theorie] des Kapitalmarktes. Grundla-gen, Erweiterungen und Anwendungsbereiche des 'Capital Asset Pricing Model (CAPM)', in: ZfB, 49. Jg. (1979), S. 1034-1067, hier S. 1035. Zum neoinstitutionalistischen Ansatz vgl. Schmidt, Reinhard H., [Property Rights-Analysen] in der Finanzierungstheorie, in: Budäus, Dietrich/ Gerum, Elmar/ Zimmermann, Gebhard (Hrsg.), Betriebswirtschaftslehre und Theorie der Verfügungsrechte, Wiesbaden 1988, S. 239-267.

[19] Zur Diskussion der Verbindung von Unternehmensplanung und Finanzierungstheorie vgl. Duhaime, Irene M./ Thomas, Howard, Financial Analysis and Strategic Management, in: JEB, Vol. 35 (1983), S. 413-440; Bettis, Richard A., Modern Financial Theory, Corporate Strategy and Public Policy: Three Conundrums, in: AMR, Vol. 8 (1983), S. 406-415; Peavy, John W., III., Modern Financial Theory, Corporate Strategy and Public Policy: Another Perspective, in: AMR, Vol. 9 (1984), S. 152-157; Myers, S. C., [Finance], a.a.O.; Barwise, Patrick/ Marsh, Paul/ Wensley, Robin, [Strategic] Investment Decisions, in: RiM, Vol. 9 (1987), S. 1-57; dies., Must Finance and Strategy Clash?, in: HBR, Vol. 67 (1989), Nr. 5, S. 85-90; Day, George S./ Fahey, Liam, Putting Strategy into Shareholder Value Analysis, in: HBR, Vol. 68 (1990), Nr. 2, S. 156-162; Chakravarthy, Balaji S./ Singh, Harbir, Value Based Planning: Applications and Limitations, in: Advances in Strategic Management, Vol. 6 (1990), S. 169-181; Bromiley, Philip, On the Use of Financial Theory in Strategic Management, in: Advances in Strategic Management, Vol. 6 (1990), S. 71-98; Ganz, Matthias, Die Erhöhung des Unternehmenswertes durch die Strategie der externen Diversifikation, Bern, Stuttgart 1991, S. 37-41; Breid, Volker, Erfolgspotentialrechnung im System einer finanzierungstheoretisch fundierten, strategischen Erfolgsrechnung, Diss. München 1994, S. 46-53.

[20] Vgl. Wild, Jürgen, Grundlagen der Unternehmensplanung, Hamburg 1974, S. 39. Je nach Abgrenzung wird z.T. die Zielbildung nicht zur Planung gerechnet, z.T. werden die Entscheidung und Realisation als weitere Phasen hinzugerechnet.

[21] Vgl. Schmidt, Reinhard H., Zum [Praxisbezug] der Finanzwirtschaftslehre, in: Ordelheide, Dieter/ Rudolph, Bernd/ Büsselmann, Elke (Hrsg.), Betriebswirtschaftslehre und ökonomische Theorie, Stuttgart 1991, S. 197-224, hier S. 207f.

	Kalkül	Technologie	Orientierung
Zielbildung			finanzielle Ziele der Eigentümer
Problemanalyse			Wertsteigerungspotentiale, Wertgeneratoren
Alternativensuche			Wertsteigerungspotentiale, Wertgeneratoren
Prognose		Fundamental-Betas	Wertgeneratoren
Bewertung	*Discounted Cash Flow*	Kapitalmarkttheorie	

Nr. 1: Anknüpfungspunkte von Unternehmensplanung und Finanzierungstheorie

Ziele sind die zentralen Größen der Unternehmensführung und des Planungsprozesses.[22] Sie bestimmen die Maßstäbe zur Bewertung zukünftiger Handlungen. Entscheidungen können nur dann als rational bezeichnet werden, wenn sie zielorientiert sind und die durch sie ausgelösten Handlungen der Zielerreichung dienen.[23] Die in der älteren oder "praxisorientierten" Literatur vorgegebenen Ziele der "Unternehmung an sich"[24] sind nicht sachgerecht, da ein Unternehmen keine Bedürfnisse oder Ziele haben kann;[25] es dient vielmehr natürlichen Personen, ihre Ziele zu erreichen.[26] Unternehmensziele sind immer derivative Ziele.[27] Während die Literatur zum strategischen Management die Interessen einer Vielzahl Anspruchsberechtigter (*Stakeholders*) betrachtet,[28] orientiert sich die Wertsteigerungsanalyse an den Eigenkapitalgebern;[29] sie greift auf den

---

[22] Vgl. Heinen, Edmund, [Grundlagen] betriebswirtschaftlicher Entscheidungen, 3. Aufl., Wiesbaden 1976, S. 17; Wilde, Klaus, Bewertung von Produkt-Markt-Strategien, Berlin 1989, S. 52; Wild, J., a.a.O., S. 52.

[23] Vgl. Süchting, Joachim, Theorie und Politik der Unternehmensfinanzierung, Nachdruck der 5. Aufl., Wiesbaden 1991, S. 249.

[24] Vgl. z. B. Seidel, Eberhard, Unternehmensverfassung und Unternehmensraison - Zur Frage einer Spannungslinie zwischen betrieblicher Gewaltenteilung und betrieblicher Effizienz, in: Heigl, Anton/ Uecker, Peter (Hrsg.), Betriebswirtschaftslehre und Recht, Wiesbaden 1979, S. 173-191, insb. S. 177-180.

[25] Vgl. Jensen, Michael C., [Organization] Theory and Methodology, in: AR, Vol. 58 (1983), S. 319-339, hier S. 327; "Organizations do not have preferences, and they do not choose in the conscious and rational sense that we attribute to people."

[26] Vgl. Schmidt, Reinhard H., [Grundzüge] der Investitions- und Finanzierungstheorie, Nachdruck der 2. Aufl., Wiesbaden 1992, S. 26f.

[27] Vgl. Hamel, Winfried, Zielsysteme, in: Frese, Erich (Hrsg.), HWO, 3. Aufl., Stuttgart 1992, Sp. 2634-2652, hier Sp. 2636.

[28] Vgl. Kirsch, Werner, [Unternehmensführung], in: Kirsch, Werner, Betriebswirtschaftslehre, München 1993, S. 205-330, hier S. 224-228; Näther, C, a.a.O., S. 293; Bleicher, K., a.a.O., S. 105; Macharzina, Klaus, Unternehmensführung, Wiesbaden 1993, S. 8; Freeman, R. Edward, Strategic Management. A Stakeholder Approach, Boston et al. 1984, S. 31-42; Steinmann, Horst/ Schreyögg, Georg, [Management], 3. Aufl., Wiesbaden 1993, S. 75f.; Ulrich, Peter/ Fluri, Edgar, Management, 6. Aufl., Bern, Stuttgart 1992, S. 77-81; Staehle, Wolfgang H., Management, 6. Aufl., München 1991, hier S. 394-396, S. 407.

[29] Vgl. Fruhan, William E., Jr., [Financial] Strategy, Homewood (Ill.), Georgetown (Ont.) 1979, S. 1; Rappaport, A., [Creating], a.a.O., S. 1; Reimann, B. C., [Managing], a.a.O., S. 2; Clarke, Roger G./ Wilson, Brent/ Daines, Robert H./ Nadauld, Stephen D., Strategic Financial Management, Homewood (Ill.) 1988, S. 5; Copeland, Tom/ Koller, Tim/ Murrin, Jack, Valuation, New York et al. 1991, S. 3; Stewart, G. Bennett, a.a.O., S. 1; McTaggert, James M./ Kontes, Peter W./ Mankins, Michael C., The Value Imperative, New York et al. 1994, S. 1f.; Spremann, Klaus, [Projekt-Denken] versus Perioden-Denken, in: Spremann, Klaus/ Zur, Eberhard (Hrsg.), Controlling, Wiesbaden 1992, S. 363-380, hier S. 364f.

8

mikroökonomisch-investitionstheoretischen Denkansatz von FISHER[30] zurück und erklärt die finanziellen Ziele der Eigentümer zum Unternehmensziel.

Die Existenz nicht finanzieller Zielgrößen wird keineswegs geleugnet. Die von der Finanzierungstheorie postulierte Orientierung an finanziellen Zielen ist lediglich eine Grundlage, auf die sich Entscheidungen stützen können.[31] Werden soziale und ethische Ziele, Unabhängigkeit, Macht, Prestige etc.[32] beachtet, kann die Entscheidung von der durch die Wertsteigerungsanalyse nahegelegten abweichen.[33] Einerseits können finanzielle und nicht finanzielle Ziele kollidieren; man denke nur an die Freizeitwünsche.[34] Andererseits sind beide nicht überschneidungsfrei, da nicht finanzielle Ziele mit dem Verbrauch von Gütern einhergehen können.[35] Wird diesen Zielen ein eigenständiger Charakter zugebilligt, muß ein Entscheidungsmodell unter Berücksichtigung von Mehrfachzielsetzungen formuliert werden. Dazu müssen die als relevant angesehenen Zielkomponenten operational gemessen und die Austauschbeziehungen zwischen den einzelnen Zielkomponenten für jeden zukünftigen Zeitpunkt genau quantifiziert werden können.[36] Für praktische Entscheidungsrechnungen treten hier unüberwindbare Hindernisse auf, die es gerechtfertigt erscheinen lassen, sich bei der Entscheidung nur auf finanzielle Ziele zu beschränken.

Eine Problemerkenntnis setzt die Kenntnis des verfolgten Ziels und des gegenwärtigen oder zukünftigen Zustands voraus.[37] Bei der Alternativensuche sollen Lösungen gefunden werden, die geeignet erscheinen, erkannte Probleme zu lösen.[38] Die Problemanalyse und insbesondere die Alternativensuche sind schöpferische Prozesse, die aber durch die Theorie angeregt und strukturiert werden. Probleme und Alternativen werden nicht unmittelbar und voraussetzungslos erfaßt, es ist vielmehr eine begrifflich konzeptionelle Vororientierung vorhanden, die eine Problemerkenntnis erst ermöglicht, ordnet und prägt.[39] Ein Gerüst von Denkstrukturen und Erfahrungen - Deutungsmuster - bestimmt die Wahrnehmung und engt die Problemerkenntnis und die Suche

30 Vgl. Fisher, Irving, Die [Zinstheorie], Jena 1932.
31 Vgl. Hax, Herbert, [Investitionstheorie], 5. Aufl., Würzburg, Wien 1985, S. 9; Schmidt, Reinhard H., [Grundzüge], a.a.O., S. 26.
32 Vgl. zu den weiteren Zielen Heinen, E., [Grundlagen], a.a.O., S. 77-82; Schmidt, Reinhard H., [Grundzü-ge], a.a.O., S. 29f.
33 Vgl. Hax, Herbert, [Investitionstheorie], a.a.O., S. 9.
34 Vgl. Wenger, Ekkehard, Allgemeine Betriebswirtschaftslehre und ökonomische [Theorie], in: Kirsch, Werner/ Picot, Arnold (Hrsg.), Die Betriebswirtschaftslehre im Spannungsfeld zwischen Generalisierung und Spezialisierung, FS für Edmund Heinen, Wiesbaden 1989, S. 155-181, hier S. 166.
35 Vgl. Moxter, Adolf, [Präferenzstruktur] und Aktivitätsfunktion des Unternehmers, in: ZfbF, 16. Jg. (1964), S. 6-35, hier S. 17; Wenger, Ekkehard, [Unternehmenserhaltung] und Gewinnbegriff, Wiesbaden 1981, S. 45.
36 Vgl. Sieben, Günter, Die [Bewertung] von Unternehmen auf Grund von Erfolgsplänen bei heterogenen Zielen, in: Busse von Colbe, Walther/ Meyer-Dohm, Peter (Hrsg.), Unternehmerische Planung und Entscheidung, FS für Hans Münstermann, Bielefeld 1969, S. 71-100; Hafner, R., [Grenzpreisermittlung], a.a.O., S. 95-230; ders., Unternehmensbewertung bei mehrfacher [Zielsetzung], in: BFuP, 40. Jg. (1988), S. 485-504.
37 Vgl. Wild, J., a.a.O., S. 65f.; Bretzke, Wolf-Rüdiger, Der [Problembezug] von Entscheidungsmodellen, Tübingen 1980, S. 72.
38 Vgl. Wild, J., a.a.O., S. 70.
39 Vgl. Bretzke, W.-R., [Problembezug], a.a.O., S. 40.

9

nach Ideen ein; die Deutungsmuster sind Voraussetzung für problemorientiertes und innovatives Denken,[40] die aber auch Verständigungsbarrieren aufbauen.[41] Hinter einem Deutungsmuster steht "eine bestimmte Art und Weise, die Dinge zu sehen."[42] Es enthält Wertbindungen und ein gedankliches "Vorurteil" über die zu betrachtende Erfahrungswelt.[43]

Ausgangspunkt von Problemanalyse und Alternativensuche ist die Identifikation von Wertsteigerungspotentialen (Wertlücken). Sie sind heuristischer Ansatzpunkt für schöpferische Prozesse und ergeben sich aus Chancen, die von anderen Marktteilnehmern noch nicht erkannt werden, oder aus anderen Marktunvollkommenheiten.[44] Fragen der Informationsverarbeitung auf Kapitalmärkten werden üblicherweise mit dem Konstrukt des informationseffizienten Marktes verbunden.[45] Ein Kapitalmarkt ist informationseffizient, wenn sich ein gegebener Informationsstand in den Preisen der Finanzierungstitel spiegelt. Der Umfang des Informationsstandes kann unterschiedlich definiert werden.[46] Gemäß den Annahmen der halbstrengen Informationseffizienz sind in den Kursen alle öffentlich verfügbaren Informationen - insbesondere Jahresabschluß- und Zwischenberichtsinformationen, aber auch Pressemitteilungen[47] - reflektiert. Sind hingegen im Kurs auch Informationen enthalten, die nur Insidern bekannt sind, wird von der strengen Form der Informationseffizienz gesprochen. Während die Finanzierungstheorie weitgehend von informationseffizienten Märkten ausgeht, bei denen alle öffentlich verfügbaren Informationen im Marktpreis reflektiert werden, betrachtet die strategische Planung Wettbewerbsvorteile, die weitgehend auf privaten Informationsvorsprüngen basieren und daher noch nicht im Kurs enthalten sind.[48]

Mit der Identifikation mutmaßlicher Wertsteigerungspotentiale ist das Problem der Wertsteigerung noch nicht gelöst. Die Wertlücken müssen geschlossen werden, wobei wertorientierte Planungstechniken den Planer unterstützen sollen. Als bedeutsamer Teil dieser Techniken gelten die Wertgeneratoren, die die Zahlungsströme und die Risikosituation des Unternehmens beeinflus-

9

---

[40] Vgl. Reichert, Rainer, Entwurf und Bewertung von Strategien, Thun, Frankfurt am Main 1983, S. 161.
[41] Vgl. Bretzke, W.-R., [Problembezug], a.a.O., S. 53-55.
[42] Bretzke, W.-R., [Problembezug], a.a.O., S. 42, im Original hervorgehoben.
[43] Vgl. Bretzke, W.-R., [Problembezug], a.a.O., S. 43, S. 46.
[44] Vgl. Shapiro, Alan C., Modern [Corporate] Finance, New York 1991, S. 308; Shaw, Humphrey, Strategic Financial Management, Vol. 1, Huntingdon 1993, S. 41; Martin, John/ Kensinger, John, The Evolving Role of Strategy Considerations in the Theory and Practice of Finance, in: MF, Vol. 14 (1988), Nr. 2/3, S. 9-15, hier S. 10f. Die Überlegungen korrespondieren grundsätzlich mit den Thesen von Porter, Michael E., [Wettbewerbsstrategie], 6. Aufl., Frankfurt 1990.
[45] Vgl. Milgrom, Paul/ Roberts, John, Economics, Organization and Management, Englewood Cliffs (N.J.) 1992, S. 467; Drukarczyk, Jochen, [Theorie] und Politik der Finanzierung, 2. Aufl. München 1993, S. 84-89; Franke, G./ Hax, Herbert, [Finanzwirtschaft], a.a.O., S. 315-318; Huemer, F., a.a.O., S. 23-25; Röttger, B., a.a.O., S. 8.
[46] Als gebräuchlichste Klassifikation vgl. Fama, Eugene F., Efficient [Capital Markets]: A Review of Theory and Empirical Work, in: JoF, Vol. 25 (1970), S. 383-417, hier S. 388.
[47] Auf die Unbestimmtheit des Informationsbegriffs weist Schneider, Dieter, [Besteuerung], a.a.O., S. 543f., hin, da definiert werden muß, was öffentlich zugänglich ist.
[48] Vgl. zu diesem Problem Breid, Volker, a.a.O., S. 50; Ganz, Matthias, a.a.O., S. 41; Porter, M. E., [Wettbewerbsvorteile], a.a.O., S. 149f.; Bettis, Richard A., a.a.O., S. 409f.; Peavy, John W., a.a.O., S. 154f.

sen sollen. Insgesamt ergibt sich aus der Perspektive der Wertsteigerungsanalyse eine rationale Sicht des Unternehmensgeschehens, die kennzeichnend für die Finanzierungstheorie ist.

Die Bewertung bestimmt, ob ein Objekt den Zielvorstellungen entspricht.[49] Der Wert ist keine absolute Größe, sondern die Relation zwischen dem Ziel und dem Bewertungsobjekt.[50] Bewertet werden die unternehmerischen Aktionen mit der *Discounted Cash Flow*-Methode (Kalkül), unterstützt von der Kapitalmarkttheorie zur Erklärung des Kapitalmarkts (Technologie). Weitere Maßstäbe sind die Differenz zwischen den Kapitalkosten und der Rendite[51] oder der *Cash Flow Return on Investment;*[52] neuere Ansätze verweisen auf die Theorie der Realoptionen.[53]

Die Einbindung der Finanzierungstheorie in die Unternehmensplanung dürfte auf den verschiedenen Planungsstufen u.E. unterschiedliche Einsichten bringen:

1. Sinnvoll erscheint die Integration auf der Ebene der Zielbildung und der Bewertung. Zum einen werden Anreize des Marktes bei der Zielbildung berücksichtigt, zum anderen werden Zeit- und Risikoaspekte bei der Bewertung erfaßt; hier muß aber auf die technische Umsetzung der *Discounted Cash Flow*-Methode im Detail geachtet werden.

2. Bei der Problemanalyse und Alternativensuche liefert die Finanzierungstheorie ein Denkgerüst. Zu untersuchen ist, welche Hinweise gegeben werden, die Wertlücken zu identifizieren und zu schließen. Wie werden die Wertgeneratoren in die Analyse einbezogen?

---

49 Vgl. Wild, J., a.a.O., S. 101, der vom Wert als der "Meßgröße für die Zielwirksamkeit" spricht.

50 Vgl. Wild, J., a.a.O., S. 100f.

51 Kritik an der Verwendung von Buchwertrenditen üben Solomon, Ezra, [Return] on Investment: The Relation of Book-Yield to True Yield, in: Jaedicke, Robert A./ Ijiri, Yuji/ Nilsen, Oswald/ American Accounting Association (Hrsg.), Research in Accounting Measurements, Menasha (Wisc.) 1966, S. 232-244; Stauffer, Thomas R., The Measurement of Corporate Rates of Return: A Generalized Formulation, in: BJEconMSc, Vol. 2 (1971), S. 434-469; Rappaport, A., [Creating], a.a.O., S. 31-45; Drukarczyk, Jochen, [Finanzie-rung], 6. Aufl., Stuttgart, Jena 1993, S. 59-61; weniger skeptisch Peasnell, K. V., Some Formal Connections Between Economic Values and Yields and Accounting Numbers, in: JBFA, Vol. 9 (1982), S. 361-381; Kay, J. A./ Mayer, C. P., On the Application of Accounting Rates of Return, in: EJ, Vol. 96 (1986), S. 199-207.

52 Vgl. Lewis, Thomas G. und Mitarbeiter, Steigerung des Unternehmenswertes, Landsberg/ Lech 1994, insb. S. 38-72; Lewis, Thomas G./ Lehmann, Steffen, Überlegene Investitionsentscheidungen durch CFROI, in: BFuP, 44. Jg. (1992), S. 1-13; Haeseler, Herbert R., Ergiebigkeitskennzahlen und Cash-flow Return on Investment, in: Seicht, Gerhard (Hrsg.), Jahrbuch für Controlling und Rechnungswesen '93, Wien 1993, S. 53-81, hier S. 68-78. Kritik üben: Hagemann, Helmut/ Meyersiek, Dietmar, Vorwort zur deutschen Ausgabe von Copeland, Tom/ Koller, Tim/ Murrin, Jack, Unternehmenswert, Frankfurt am Main, New York 1993, S. 9-14, hier S. 11; Herter, R. N., a.a.O., S. 81f.; Bühner, R., [Shareholder], a.a.O., S. 752.

53 Vgl. Herter, R. N., a.a.O:, S. 82-87; Copeland, T./ Koller, T./ Murrin, J., a.a.O., S. 343-373; Sautter, Michael T., Strategische Analyse von Unternehmensakquisitionen, Frankfurt am Main et al. 1989, S. 327-353. Zum Konzept der Realoptionen vgl. Myers, S. C., [Finance], a.a.O., S. 185-187; Brealey, Richard A./ Myers, S. C., Principles of Corporate Finance, 4. Aufl., New York et al. 1991, S. 511-533; Laux, Christian, a.a.O., S. 933-958; Cheung, Joseph K., a.a.O., S. 29-66.

2.2. Zur Zielsetzung der Marktwertmaximierung des Eigenkapitals

2.2.1. Steigerung des Marktwertes des Eigentümeranteils als unternehmerisches Ziel der Wertsteigerungsanalyse

2.2.1.1. Marktwertmaximierung als Mittel zur Finanzierung des Konsums

Unternehmensziel der Wertsteigerungsanalyse ist der für Konsumzwecke vorgesehene Einkommensstrom der Eigentümer.[54] Die Zielvorstellungen werden damit an den letzten finanziellen Werten - den Konsumausgaben - orientiert.[55] Die Eigentümer verfolgen mit der Überlassung des Kapitals finanzielle Ziele, deren Realisierung sie durch das Unternehmen erhoffen.[56] Die Manager müssen das Unternehmen nach den Zielvorstellungen der Kapitalgeber führen, weil diese sonst kein Kapital bereit stellen.[57]

Wer sich an den Konsumzielen orientiert, für den sind bilanziell ermittelte Gewinne irrelevant.[58] Bilanzgewinne ergeben sich formell aus der Differenz des Netto-Buchvermögens am Ende und zu Beginn einer Periode oder als Überschuß der Periodenerträge über die Periodenaufwendungen.[59] Materiell wird die Höhe des Gewinns von den Wertansätzen des Vermögens und der Schulden bzw. von den Periodisierungsregeln[60] für die Ein- und Auszahlungen bestimmt. Ohne die Kenntnis dieser Abgrenzungsregeln ist der Bilanzgewinn eine undefinierte Größe. Durch gesetzlich erlaubte Wahl der Abgrenzungsregeln kann der Bilanzgewinn verändert werden, ob-

---

54   Vgl. Fisher, Irving, [Zinstheorie], a.a.O., S. 5f.; Schmidt, Reinhard H., [Grundzüge], a.a.O., S. 33; Süchting, J., a.a.O., S. 250f. Es ist üblich, im Zeitpunkt der Konsumausgabe die Bedürfnisbefriedigung anzunehmen. Vgl. Schneider, Dieter, [Investition] und Finanzierung, 5. Aufl., Wiesbaden 1980, S. 159.
55   Vgl. Moxter, Adolf, Grundsätze ordnungsmäßiger Bilanzierung und Stand der [Bilanztheorie], in: ZfbF, 18. Jg. (1966), S. 29-58, hier S. 39.
56   Vgl. Moxter, A., [Bilanztheorie], a.a.O., S. 37.
57   Vgl. Franke, Günter/ Hax, Herbert, [Finanzwirtschaft] des Unternehmens und Kapitalmarkt, 2. Aufl., Berlin et al. 1990, S. 7.
58   Zur Kritik vom Bilanzgewinn als finanzielle Zielgröße vgl. Moxter, A., [Präferenzstruktur], a.a.O., S. 13; Moxter, A., [Bilanztheorie], a.a.O., S. 43; Schmidt, Reinhard H., [Grundzüge], a.a.O., S. 39-42. Daß Entnahmen aufgrund gesetzlicher oder vertraglicher Regelungen an einen bilanziell ermittelten Gewinn gebunden sein können, bleibt unberührt. Zur Kritik am Gewinn pro Aktie vgl. auch Rappaport, A., [Creating], a.a.O., S. 19-31; Copeland, T./ Koller, T./ Murrin, J., a.a.O., S. 75-78. Überlegungen, die einen bilanziell ermittelten Gewinn als heuristischen ökonomischen Gewinn bestimmen wollen, werden an dieser Stelle nicht verfolgt. Vgl. Ordelheide, Dieter, Kaufmännischer [Periodengewinn] als ökonomischer Gewinn - Zur Unsicherheitsrepräsentation bei der Konzeption von Erfolgsgrößen, in: Domsch, Michel et al. (Hrsg.), Unternehmenserfolg, FS für Walther Busse von Colbe, Wiesbaden 1988, S. 275-302.
59   Es handelt sich nicht um den Bilanzgewinn i.S.v. § 268 Abs. 1 i.V.m. § 272 HGB oder § 58 Abs. 3, 4 AktG, sondern um einen Gewinn, der durch den Vergleich des zu Beginn und zum Ende der Periode vorhandenen Buchreinvermögens ermittelt wird.
60   Die Wertansätze und Periodisierungsregeln orientieren sich in Deutschland traditionell am Grundsatz des Gläubigerschutzes. Vgl. Moxter, Adolf, Zum [Sinn und Zweck] des handelsrechtlichen Jahresabschlusses nach neuem Recht, in: Havermann, Hans (Hrsg.), Bilanz- und Konzernrecht, FS für Reinhard Goerdeler, Düsseldorf 1987, S. 361-374, hier S. 368. Zu unterschiedlichen Vermögenskonzeptionen vgl. Moxter, Adolf, Betriebswirtschaftliche [Gewinnermittlung], Tübingen 1982, S. 43-141.

wohl die Ein- und Auszahlungen (steuerliche Konsequenzen der veränderten Ansatz- und Bewertungsregeln sind vernachlässigt) sich nicht verändert haben.

Darüber hinaus bildet der Bilanzgewinn die Konsummöglichkeiten der Eigentümer nur verfälscht ab:[61] Auszahlungen für Investitionen mindern tendenziell die Konsummöglichkeiten im Geschäftsjahr, sie werden jedoch nur zu einem Teil als Aufwand dieser Periode verrechnet. Daher werden die Konsummöglichkeiten im Jahr der Anschaffung überschätzt. Während der übrigen Nutzungsdauer kehrt sich der Sachverhalt um, und die Konsummöglichkeiten werden unterschätzt, wenn die Gewinne betrachtet werden. Bei einer Orientierung an Bilanzgewinnen wird zudem die Ausschüttungsentscheidung des Unternehmens vernachlässigt, was zum Problem der Doppelzählung führen kann:[62] Unterstellen wir für thesaurierte Gewinne (ΔG_t) eines Geschäftsjahres t = 1 eine unendliche, konstante Rendite (ROE), dann wird für die folgenden Zeitpunkte die ursprüngliche Gewinnreihe um $ROE\Delta G_t$ erhöht. Orientiert sich der Bewerter am Bilanzgewinn, werden neben den $ROE\Delta G_t$ auch der thesaurierte Gewinn (ΔG_t) als Erfolgsgröße erfaßt. Ausgeschüttet werden jedoch nur die Überschüsse aus der Investition in Höhe von $ROE\Delta G_t$ ab dem Zeitpunkt t > 1, nicht hingegen ΔG_1. Gewinngrößen bieten nur einen verzerrten Maßstab für unternehmerische Handlungen, da sie keine adäquate Abbildung der Konsummöglichkeiten im Zeitablauf erlauben.

Vielmehr werden die Eigentümer bestrebt sein, zur Deckung ihrer Konsumausgaben den Zahlungsstrom aus dem Unternehmen in Form von Entnahmen oder Dividenden im Zeitablauf zu optimieren. Unternehmerische Handlungen sind so zu gestalten, daß ein hinsichtlich seiner Breite, seiner zeitlichen Struktur und seiner Unsicherheit gewünschter Konsumstrom erwirtschaftet wird.[63] Mit dem Ziel der Konsumstrommaximierung wird ein reines Individualkalkül verfolgt, da es nur bei einem Eigentümer möglich ist, sich an dessen Konsum- und Risikopräferenzen auszurichten. Gibt es mehrere Eigentümer mit unterschiedlichen Präferenzen über die zeitliche Struktur und die Unsicherheit eines gewünschten Ausschüttungsstromes, ergeben sich Probleme, da die Geschäftsleitung weder die Präferenzen aller Anteilseigner kennt, noch davon auszugehen ist, daß diese Präferenzen identisch sind; es ist unklar, wessen Ziele verfolgt werden sollen.[64] In der amerikanischen Literatur zur *Corporate Finance* wird dem Entscheider empfohlen, sich am Kriterium der Marktwertmaximierung zu orientieren.[65]

[61] Vgl. Schmidt, Reinhard H., [Grundzüge], a.a.O., S. 40f.
[62] Vgl. Moxter, A., [Grundsätze], a.a.O., S. 79; Hieber, Otto L., Der Einfluß der betrieblichen Altersversorgung auf den Unternehmenswert, Frankfurt am Main, Bern, New York 1986, S. 14f.
[63] Vgl. Fisher, Irving, [Zinstheorie], a.a.O., S. 76; Moxter, A., [Präferenzstruktur], a.a.O., S. 11; Moxter, A., [Bilanztheorie], a.a.O., S. 38; Wilhelm, Jochen, [Marktwertmaximierung] - Ein didaktisch einfacher Zugang zu einem Grundlagenproblem der Investitions- und Finanzierungstheorie, in: ZfB, 53. Jg. (1983), S. 516-534, hier S. 518.
[64] Vgl. Drukarczyk, J., [Theorie] a.a.O., S. 46-48; Hax, Herbert/ Laux, Helmut, Einleitung, in: Hax, Herbert/ Laux, Helmut (Hrsg.), Die Finanzierung der Unternehmung, Köln 1975, S. 11-33, hier S. 22; Saelzle, Rainer,

Der Marktwert eines Wertpapiers ist der Preis, zu dem man den mit diesem Papier verbundenen Zahlungsstrom kaufen kann.[66] Wenn der Einfluß unternehmerischer Entscheidungen und daraus resultierender Zahlungsströme durch die Veränderung des Marktwertes gemessen werden soll, muß ein Markt für ungewisse zukünftige Zahlungen existieren und bekannt sein, wie sich die Preise für Zahlungsströme unterschiedlicher Höhe und Unsicherheit bilden.[67] Der Marktwert des Unternehmens wird nicht nur von seinen unternehmerischen Handlungen bestimmt, sondern ergibt sich durch das Zusammenspiel von Angebot an und Nachfrage nach den Anteilen am Unternehmen, wobei auch die Interdependenzen mit dem Restkapitalmarkt berücksichtigt werden müssen.[68] Benötigt wird eine Bewertungsfunktion, die die Preisbildung auf dem Markt für unsichere, zukünftige Zahlungsströme beschreibt;[69] "... die operationale Formulierung des Ziels 'Marktwertmaximierung' setzt eine positive Theorie voraus, die den Marktwert mit den Aktionsparametern der Unternehmensleitung funktional verknüpft".[70] Die Hypothesen über die Funktionsweise von Kapitalmärkten sind Element der neoklassischen Kapitalmarkttheorie.[71] Das Ziel der Marktwertmaximierung ist keineswegs unumstritten, daher ist es unbefriedigend, Marktwertmaximierung einfach zu postulieren,[72] wie es von der Wertsteigerungsanalyse getan wird.

Von den Eigentümern werden die unternehmerischen Aktionen bevorzugt, die den Marktwert des Eigenkapitals maximieren, da es den Eigentümern möglich ist, durch Kauf und Verkauf von Anteilen den gewünschten Konsumstrom außerhalb des Unternehmens zu realisieren. Durch die Orientierung am Marktwert können Interessenkonflikte zwischen den Eigentümern gelöst wer-

---

Investitionsentscheidungen und Kapitalmarkttheorie, Wiesbaden 1976, S. 27; Schmidt, Reinhard H., [Grundzüge], a.a.O., S. 42-44.

[65] Vgl. Porterfield, James T. S., Investment Decisions and Capital Cost, Englewood Cliffs 1965, S. 16f.; Robichek, Alexander A./ Myers, Stewart C., Optimal Financing Decisions, Englewood Cliffs 1965, S. 2f.; Fama, Eugene F./ Miller, Merton H., The Theory of Finance, Hinsdale (Ill.) 1972, S. 69; Haley, Charles W./ Schall, Lawrence D., The [Theory] of Financial Decisions, 2. Aufl., New York et al. 1979, S. 4; Franks, Julian R./ Broyles, John E./ Carleton, Willard T., Corporate Finance, Boston (Mass.) 1985, S. 11; Copeland, T. E./ Weston, J. F., a.a.O., S. 18, S. 20; Ross, Stephen A./ Westerfield, Randolph W./ Jaffe, Jeffrey F., Corporate Finance, 3. Aufl., Homewood (Ill.), Boston (Mass.) 1993, S. 18; Levy, Haim/ Sarnat, Marshall, Capital Investment and Financial Decisions, 5. Aufl., New York et al. 1994, S. 9f.; Brigham, Eugene F./ Gapinski, Louis C., Intermediate Financial Management, 4. Aufl., Fort Worth et al. 1993, S. 19; Shapiro, Alan C., [Corporate], a.a.O., S. 14; Rao, Ramesh K. S., Financial Management, 2. Aufl., New York et al. 1992, S. 17; Brealey, R. A./ Myers, S. C., a.a.O., S. 5; Weston, J. Fred/ Copeland, Thomas E., Managerial Finance, 9. Aufl., Fort Worth 1992, S. 10. Aus der deutschsprachigen Finanzierungsliteratur vgl. Drukarczyk, J., [Theorie], a.a.O., S. 49; Hax, Herbert/ Laux, Helmut, a.a.O., S. 22; Saelzle, R., a.a.O., S. 34; Schmidt, Reinhard H., [Grundzüge], a.a.O., S. 44f.; Wilhelm, J., [Marktwertmaximierung], a.a.O., S. 517; Rudolph, Bernd, [Kapitalkosten] bei unsicheren Erwartungen, Berlin, Heidelberg, New York 1979, S. 129; Volpert, Verena, Kapitalwert und Ertragsteuern, Wiesbaden 1989, S. 7.
[66] Vgl. Franke, G./ Hax, Herbert, [Finanzwirtschaft], a.a.O., S. 108.
[67] Vgl. Saelzle, R., a.a.O., S. 18f.; Hax, Herbert, [Investitionstheorie], a.a.O., S. 146; Franke, G./ Hax, Herbert, [Finanzwirtschaft], a.a.O., S. 265; Schmidt, Reinhard H., [Grundzüge], a.a.O., S. 46, S. 48.
[68] Vgl. Saelzle, R., a.a.O., S. 19.
[69] Vgl. Franke, G./ Hax, Herbert, [Finanzwirtschaft], a.a.O., S. 265.
[70] Wilhelm, J., [Marktwertmaximierung], a.a.O., S. 517.
[71] Vgl. Abschnitt 3.4.2.
[72] Vgl. Wilhelm, J., [Marktwertmaximierung], a.a.O., S. 517.

den, da die Kenntnis der subjektiven Konsum- und Zeitpräferenzen für die Ausschüttung nicht erforderlich ist. Notwendige Voraussetzung ist ein vollkommener Markt; verlangt wird, daß (1) der Handel von finanziellen zukünftigen Ansprüchen ohne Transaktionskosten erfolgt und die Transaktionen nicht behindert werden, (2) Unternehmen und Investoren gleichen Zugang zum Kapitalmarkt haben, (3) die Marktteilnehmer keinen Einfluß auf die Preise haben (Mengenanpasser), (4) Unternehmen und Investoren die gleichen Informationen haben, die ihnen kostenlos zugehen, und homogene Erwartungen vorliegen und (5) alle Investoren rational handelnde Nutzenmaximierer sind.[73] Auf einem vollkommenen Markt sind Konsum-, Finanzierungs- und Investitionsentscheidungen voneinander unabhängig (FISHER-Separationstheorem).[74]

Das bei Sicherheit geltende Separationstheorem von FISHER wurde von ARROW und DEBREU[75] um unsichere Erwartungen erweitert. Neben dem Problem einer optimalen Konsum-Spar-Entscheidung ist bei Unsicherheit auch eine optimale Risikoallokation erforderlich. Gelöst wird dieses Problem durch sog. *Contingent Claims*, durch sie werden zukünftige Güter nicht nur zeitabhängig, sondern auch zustandsabhängig definiert.[76] Der Investor hat das Recht auf eine bestimmte Anzahl von Konsumgütern bei Eintritt eines bestimmten Zustands. Einkommens- und Konsummöglichkeiten werden für jeden Umweltzustand gehandelt, bevor bekannt ist, welcher Zustand eintritt.[77] Der Markt ist vollständig, wenn für jeden zukünftigen Zustand zustandsabhängige Verträge geschlossen werden können. Bei Vollständigkeit existieren Märkte für finanzielle Ansprüche, die es den Marktteilnehmern erlauben, durch Kauf und Verkauf einen ihren persönlichen Zeit- und Risikopräferenzen entsprechenden Konsumstrom zu erreichen. Die Formulierung bedingter Ansprüche ist nicht erforderlich, wenn die Anzahl der Wertpapiere mit linear unabhängigen Erträgen der Zahl der Umweltzustände entspricht.[78] Bei Sicherheit ist der Transfer von Einkommen zwischen den Zeitpunkten mit einem Wertpapier möglich. Bei Unsicherheit wird der Transfer über unterschiedliche Zeitpunkt-Zustands-Kombinationen ermöglicht. "Da zu einem Zeitpunkt mehrere Zustände möglich sind, sind auch vermutlich mehrere Finanztitel erforderlich, um einen analogen Transfer zu ermöglichen."[79]

---

[73] Vgl. Fama, E. F./ Miller, M. H., a.a.O., S. 176f.; Haley, C. W./ Schall, L. D., [Theory], a.a.O., S. 469; Copeland, T. E./ Weston, J. F., a.a.O., S. 331.

[74] Vgl. Fisher, Irving, [Zinstheorie], a.a.O., S. 222-224; Fama, E. F./ Miller, M. H., a.a.O., S. 178; Rudolph, Bernd, Zur [Bedeutung] der kapitaltheoretischen Separationstheoreme für die Investitionsplanung, in: ZfB, 53. Jg. (1983), S. 261-287, hier S. 264-273; Wilhelm, J., [Marktwertmaximierung], a.a.O., S. 523-527; Ballwieser, Wolfgang/ Schmidt, Reinhard H., Unternehmensverfassung, Unternehmensziele und Finanztheorie, in: Bohr, Kurt/ Drukarczyk, Jochen/ Drumm, Hans-Jürgen/ Scherrer, Gerhard (Hrsg.), Unternehmungsverfassung als Problem der Betriebswirtschaftslehre, Berlin 1981, S. 645-682, hier S. 656f.

[75] Vgl. Arrow, Kenneth J., The [Role] of Securities in the Optimal Allocation of Risk Bearing, in: RESt, Vol. 31 (1964), S. 91-96; Debreu, Gerald, Theory of Value, New Haven, London 1959, S. 89-102.

[76] Vgl. Arrow, K. J., [Role], a.a.O., S. 91f.

[77] Vgl. Schmidt, Reinhard H., [Finanzierung] und unsichere Erwartungen, in: Wittmann, Waldemar et al. (Hrsg.), HWB, Teilband 1, 5. Aufl., Stuttgart 1993, Sp. 1038-1050, hier Sp. 1041f.

[78] Vgl. Arrow, K. J., [Role], a.a.O., S. 92.

[79] Wilhelm, J., [Marktwertmaximierung], a.a.O., S. 527.

Aber auch auf unvollständigen Märkten kann eine Einmütigkeit unter den Investoren erreicht werden.[80] So müssen die durch unternehmerische Entscheidungen hervorgerufenen Vermögenspositionen am Kapitalmarkt durch die vorhandenen Wertpapiere dupliziert werden können. Neue Investitionsprogramme dürfen die Risikoallokationsmöglichkeiten des Marktes nicht verändern.[81] Diese *Spanning*-Eigenschaft ist eine schwächere Anforderung als die Vollständigkeit; sie liegt bereits vor, wenn Entscheidungen nicht zu neuen Zahlungsstrukturen auf dem Markt führen.[82] Zum anderen dürfen die Handlungen einzelner Marktteilnehmer - sowohl die Investitions- und Finanzierungsentscheidungen der Unternehmen als auch die Konsum- und Anlageentscheidungen der Investoren - die Marktpreise nicht verändern. Insbesondere werden externe Effekte ausgeschlossen, da Investitionsentscheidungen einzelner Unternehmen nicht die Zahlungsströme anderer verändern. Die Unternehmen agieren als Mengenanpasser (*Competitivity*).[83] Zudem müssen alle Marktteilnehmer im vorhinein Kenntnis über die zu treffenden unternehmerischen Aktionen haben. Nur dann können sie die individuell präferierte Position erreichen.[84] Diese Bedingung ist erfüllt, wenn rationale Erwartungen bestehen.[85]

In einer ARROW-DEBREU-Welt kann jeder Eigentümer durch Ausschüttungen, Kauf und Verkauf von Aktien oder Kreditaufnahmen seinen persönlich gewünschten Konsumstrom optimieren.[86] Damit kann die Unternehmensleitung ihre Investitions- und Finanzierungsentscheidungen unabhängig von den Entnahme- und Konsumwünschen der Eigentümer treffen, wobei sie mit dem Kriterium der Marktwertmaximierung über einen Bewertungsmaßstab verfügt, der eine Beurteilung unternehmerischer Handlungen mit den Augen der Eigentümer erlaubt. Das Unternehmen ist aus der Sicht der Eigentümer dann erfolgreich, wenn es auf dem Markt hoch bewer-

---

[80] Vgl. Grossman, S. J./ Stiglitz, J. E., On [Value] Maximation and Alternative Objectives of the Firm, in: JoF, Vol. 32 (1977), S. 389-402, hier S. 390.

[81] Vgl. Wilhelm, J., [Marktwertmaximierung], a.a.O., S. 529; Wilhelm, Jochen, [Spurensuche]: Neoklassische Elemente in der "neuen" Finanzierungstheorie, in: Ordelheide, Dieter/ Rudolph, Bernd/ Büsselmann, Elke (Hrsg.), Betriebswirtschaftslehre und ökonomische Theorie, Stuttgart 1991, S. 173-196, hier S. 176f.

[82] Vgl. Baron, David P., Investment Policy, Optimality, and the Mean-Variance Model, in: JoF, Vol. 34 (1979), S. 207-232, S. 213f.; Wilhelm, J., [Marktwertmaximierung], a.a.O., S. 533, Fn. 45; Wilhelm, J., [Spurensuche], a.a.O., S. 177; Neus, Werner, Ökonomische Agency-Theorie und Kapitalmarktgleichgewicht, Wiesbaden 1989, S. 152; Ewert, Ralf, [Rechnungslegung], Gläubigerschutz und Agency-Probleme, Wiesbaden 1986, S. 39. In der Literatur wird auch diskutiert, ob man die *Spanning*-Eigenschaft noch abschwächen kann. Auf diese Fragestellung soll im Rahmen dieser Arbeit aber nicht näher eingegangen werden, weil sie zur eigentlichen Themenstellung nicht beiträgt. Vgl. Makowski, Louis, Competition and Unanimity Revisited, in: AER, Vol. 73 (1983), S. 329-339; Krouse, Clement G., Competition and Unanimity Revisited, Again, in: AER, Vol. 75 (1985), S. 1109-1114; Makowski, Louis/ Pepall, Lyne, Easy Proofs of Unanimity and Optimality without Spanning: A Pedagogical Note, in: JoF, Vol. 40 (1985), S. 1245-1250.

[83] Vgl. Wilhelm, J., [Marktwertmaximierung], a.a.O., S. 528; Wilhelm, J., [Spurensuche], a.a.O., S. 176; Franke, Günter, Kapitalmarkt und [Separation], in: ZfB, 53. Jg. (1983), S. 239-260, hier S. 254.

[84] Vgl. Wilhelm, Jochen, On [Stakeholder] Unanimity, in: Bamberg, Günter/ Spremann, Klaus (Hrsg.), Agency Theory, Information, and Incentives, Nachdruck der 1. Aufl., Berlin et al. 1989, S. 179-204, hier S. 187; De-Angelo, Herbert, Competition and Unanimity, in: AER, Vol. 71 (1981), S. 18-27, hier S. 22.

[85] Vgl. Neus, W., a.a.O., S. 152.

[86] Vgl. Porterfield, J. T. S., a.a.O., S. 16; Fama, E. F./ Miller, M. H., a.a.O., S. 71; Ballwieser, W./ Schmidt, Reinhard H., a.a.O., S. 657.

tet wird. Mit der Orientierung am Marktwert wird gleichzeitig eine Entscheidung über eine Entnahmeregel und den Fortbestand des Unternehmens getroffen: Nur wenn durch unternehmerische Aktionen eine Marktwertsteigerung möglich ist, sind diese durchzuführen, andernfalls muß das Projekt abgelehnt, das zu investierende Kapital ausgeschüttet und, auf lange Sicht, das Unternehmen liquidiert werden.[87] Unter Beachtung des Ziels der Marktwertmaximierung wird die Unternehmenserhaltung als Problem einer optimalen Allokation aufgefaßt.[88]

Sind die Unternehmen keine Mengenanpasser, stimmt die Orientierung am Marktwert nicht ohne weiteres mit den Präferenzen der Eigentümer überein.[89] Die Wohlstandsmaximierung der Aktionäre wird verfehlt, wenn die Rendite der investierten Mittel abhängig vom Marktzins ist.[90] Erlöse aus dem Verkauf der Aktien und Ausschüttungen können unter diesen Bedingungen nicht problemlos mit Hilfe des Marktzinses über die Zeit transformiert werden. Ein optimales Investitions- und Finanzierungsprogramm läßt sich nur für einzelne Anleger finden.[91] Die Orientierung am Marktwert ist nicht geeignet, eine einmütige Entscheidung zu sichern.

Wird bei Unsicherheit der Marktpreis des Risikos durch die Investitionen einzelner Unternehmen beeinflußt, ohne daß Anpassungsmaßnahmen der Marktteilnehmer erfolgen, ist Marktwertmaximierung auch dann nicht haltbar, wenn das Investitionsvolumen einer Gesellschaft keinen Einfluß auf das Investitionsverhalten aller anderen Gesellschaften hat. Es wird i.d.R ein geringeres Investitionsvolumen realisiert als bei einer Orientierung am Erwartungswert des Nutzens der Eigentümer. Für einen Investor, der nicht alle Aktien verkaufen will, führt eine Marktwertmaximierung nicht zu einer Maximierung des Erwartungsnutzens.[92] Sind die Investitionsprogramme der einzelnen Unternehmen voneinander abhängig, kann ein sinnvolles Ziel nur die Maximierung des Gesamtvermögens sein. Orientiert sich die Geschäftsleitung am Ziel einer Marktwertmaximierung, liegt das realisierte Investitionsvolumen über dem Volumen bei einer Orientierung am Gesamtvermögen bzw. unter dem bei einer Orientierung am Erwartungsnutzen.[93] Das Kriterium der Marktwertmaximierung ist mit den Präferenzen der Gesellschafter nicht kompatibel, wenn das einzelne Unternehmen kein Mengenanpasser ist und den Marktpreis

---

[87] Vgl. Wenger, E., [Theorie], a.a.O., S. 167.
[88] Vgl. Wenger, E., [Unternehmenserhaltung], a.a.O., S. 7.
[89] Vgl. Laux, Helmut, [Nutzenmaximierung] und finanzwirtschaftliche Unterziele, in: Hax, Herbert/ Laux, Helmut (Hrsg.), Die Finanzierung der Unternehmung, Köln 1975, S. 65-84; Laux, Helmut, [Marktwertmaximierung], Kapitalkostenkonzept und Nutzenmaximierung, in: ZfgStw, 131. Jg. (1975), S. 113-133. Zur Diskussion in Amerika vgl. den Überblick bei Baron, D. P., a.a.O.
[90] Vgl. Laux, Helmut, [Kapitalkosten] und Ertragsteuern, Köln et al. 1969, S. 20; Porterfield, J. T. S., a.a.O., S. 73.
[91] Vgl. Laux, Helmut, [Kapitalkosten], a.a.O., S. 20-27.
[92] Vgl. Laux, Helmut, [Nutzenmaximierung], a.a.O., S. 81. Siehe auch Rudolph, B., [Kapitalkosten], a.a.O., S. 243; Ballwieser, W./ Schmidt, Reinhard H., a.a.O., S. 660; Hax, Herbert/ Laux, Helmut, a.a.O., S. 22.
[93] Vgl. Laux, Helmut, [Nutzenmaximierung], a.a.O., S. 82f.; siehe auch Rudolph, B., [Kapitalkosten], a.a.O., S. 244f.; Ballwieser, W./ Schmidt, Reinhard H., a.a.O., S. 660f.

des Risikos verändern kann. Unterstellt man Mengenanpassung, ist Marktwertmaximierung ein einmütiges Ziel.[94]

Umstritten ist, welche Reichweite dem Ziel der Marktwertmaximierung, aufgrund der rigorosen Annahmen über das Marktregime, bei unternehmerischen Entscheidungen in der Realität zugebilligt werden kann.[95] Bei real existierenden Kapitalmärkten - auch organisierten wie der Börse - sind die Annahmen über Vollkommenheit und Vollständigkeit, aber auch *Competitivity* und *Spanning* nicht erfüllt.[96] Der Hinweis auf Arbitragemöglichkeiten bei einer nicht marktwertmaximierenden Politik unterstellt implizit, daß außerhalb des Unternehmens die von den Eigentümern gewünschte Risikostruktur noch einmal erreicht werden kann. "Der Marktwert von Vermögen ist nur insofern eine präferenzrelevante Größe, als er realisierbar ist und in einer Situation zur Verfügung steht, in der, reinvestiert, zur gewünschten Zeit-/Risikoallokation führt."[97] Besteht diese Möglichkeit nicht, wird ein Wohlfahrtsverlust aufgrund geringerer Ausschüttungen nicht ohne weiteres durch einen höheren Verkaufspreis kompensiert. Die Eigentümer sind nicht in der Lage, durch private Transaktionen auf dem Kapitalmarkt einen ihren Zeit- und Risikopräferenzen entsprechenden Konsumstrom zu verwirklichen.[98]

In einer Welt unvollkommener und unvollständiger Märkte bei Unsicherheit sind die Märkte nicht mehr reich genug, um die individuellen Erwartungs- und Präferenzunterschiede auffangen zu können. Unter real existierenden Bedingungen ist das Ziel einer Marktwertmaximierung nicht mehr ohne weiteres geeignet, die Interessenkonflikte zwischen den Investoren zu lösen.[99] Um unter solchen Bedingungen die Interessen der Anteilseigner verfolgen zu können, müßten deren Konsumpläne bekannt sein.[100] Da es aber der Unternehmensleitung insbesondere bei Publi-

---

[94] Zu der Auflösung der Kritik siehe Rudolph, B., [Kapitalkosten], a.a.O., S. 246-259. Ballwieser, W./ Schmidt, Reinhard H., a.a.O., S. 659-662. Zur Diskussion amerikanischer Ansätze vgl Mossin, Jan, The [Economic] Efficiency of Financial Markets, Lexington (Mass.), Toronto 1977, S. 97-142, m.w.N.; Baron, D. P., a.a.O., m.w.N.

[95] Vgl. Hax, Herbert, [Finanzierungs- und Investitionstheorie], in: Koch, Helmut (Hrsg.), Neuere Entwicklungen in der Unternehmenstheorie, FS für Erich Gutenberg, Wiesbaden 1982, S. 49-68, hier S. 54, S. 66f.; Schmidt, Reinhard H., [Praxisbezug], a.a.O., insb. S. 198-201; Schneider, Dieter, Investition, Finanzierung und [Besteuerung], 7. Aufl., Wiesbaden 1992, S. 643f.

[96] Vgl. Süchting, J., a.a.O., S. 328-331.

[97] Wilhelm, J., [Spurensuche], a.a.O., S. 177. Ähnlich auch Schmidt, Reinhard H., [Grundzüge], a.a.O., S. 46; Hax, Herbert, [Finanzierungs- und Investitionstheorie], a.a.O., S. 54; Haley, C. W./ Schall, L. D., [Theory], a.a.O., S. 471f.

[98] Bei unvollständigen Märkten ist die zentrale Annahme für eine optimale Allokation verletzt; auf unvollständigen Märkten kann ein Pareto-Optimum nur unter weiteren Annahmen erreicht werden. Wenn man die trivialen Lösungen außer acht läßt, die risikoneutrale oder vollkommen identische Investoren unterstellen, vgl. Huber, Bernd, Staatsverschuldung und Allokationseffizienz, Baden-Baden 1990, S. 140, müssen die Investoren eine HARA-Nutzenfunktion aufweisen. HARA-Nutzenfunktionen umfassen alle Funktionen u(C), für die gilt: $-u'(C)/u''(C) = \varphi_0 + \varphi_1 C$. Zusätzlich muß unterstellt werden, daß die Nutzenfunktionen bis auf den Parameter φ_0 identisch sind. Vgl. Franke, G., [Separation], a.a.O., S. 252f.

[99] Vgl. Ballwieser, Wolfgang, Die [Entwicklung] der Theorie der Rechnungslegung in den USA, in: Wagner, Franz W. (Hrsg.), Ökonomische Analyse des Bilanzrechts, Düsseldorf, Frankfurt 1993, S. 107-138, hier S. 114; Milgrom, P./ Roberts, J., a.a.O., S. 40; Schneider, Dieter, [Besteuerung], a.a.O., S. 643f. Siehe auch Standop, Dirk, Optimale [Unternehmensfinanzierung], Berlin 1975, S. 165-169.

[100] Vgl. Schmidt, Reinhard H., [Grundzüge], a.a.O., S. 38.

18

kumsgesellschaften unmöglich sein dürfte, die Zeit- und Risikopräferenzen festzustellen, geschweige denn, Konsens über die Ausschüttungspolitik herzustellen, bleibt lediglich die Möglichkeit, einen hohen Kurswert zu schaffen, um so - auch auf einem nicht friktionslosen Markt - durch Kauf und Verkauf der Anteile einen gewünschten Konsumstrom zu erreichen.[101]

Im allgemeinen können organisierte Kapitalmärkte als eine hinreichende Annäherung an vollkommene und vollständige Märkte eingeschätzt werden.[102] Darüber hinaus sind in den letzten Jahren durch Finanzinnovationen die Möglichkeiten erweitert worden, *Contingent Claims* zu handeln, ohne damit streng genommen die Forderung nach Vollständigkeit zu erfüllen.[103] "Für die breite Masse gewissermaßen konventioneller Investitionsentscheidungen, die in Hinsicht auf die Risikoallokationsmöglichkeiten nicht in Neuland vorstoßen, ist mit der Marktwertmaximierung eine theoretisch gerechtfertigte konfliktfreie Zielfunktion gegeben."[104] Da einzelne Zusatzprojekte im Vergleich zu den realisierten Projekten sehr klein sind, kann ein Einfluß von Investitionsentscheidungen einzelner Unternehmer auf die Zahlungsströme anderer vernachlässigt werden. Die Unternehmen agieren als Mengenanpasser.[105]

Für PICOT und SCHNEIDER ist die Marktwertsteigerung auch im dynamischen Wettbewerb ein erstrebenswertes Ziel.[106] Damit setzen sie sich vom neoklassischen Gleichgewichtsdenken ab, und argumentieren auf der Grundlage, der von der Neo-Österreichischen Schule verwandten Marktprozesse. Den Marktpreisen wird dabei eine Informationsfunktion zugewiesen, durch die eine Planrevision der individuellen Anleger erfolgen kann. Über die Marktpreise werden die dezentral vorhandenen Informationen für alle Marktteilnehmer nutzbar gemacht. Durch Wettbewerbsprozesse und Marktpreise kann die Allokation knapper Mittel verbessert werden.[107]

101 Vgl. Süchting, J., a.a.O., S. 282; Porterfield, J. T. S., a.a.O., S. 65; Standop, D., [Unternehmensfinanzie-rung], a.a.O., S. 169; Schmidt, Reinhard H., [Grundzüge], a.a.O., S. 46. Drukarczyk, J., [Theorie], a.a.O., S. 74.

102 Vgl. Brealey, R. A./ Myers, S. C., a.a.O., S. 21; Schmidt, Reinhard H., [Grundzüge], a.a.O., S. 46; Schörner, Peter, Gesetzliches Insiderhandelsverbot, Wiesbaden 1991, S. 201.

103 Vgl. Schmidt, Reinhard H., [Praxisbezug], a.a.O., S. 204; Richter, Wolfram F./ Wiegard, Wolfgang, Zwanzig Jahre "Neue Finanzwissenschaft". Teil I: Überblick und Theorie des Marktversagens, in: ZWS, 113. Jg. (1993), S. 169-224, hier S. 181; Wilhelm, J., [Marktwertmaximierung], a.a.O., S. 530, S. 531, der ausführt, daß sich neue Finanzierungsinstrumente z.t. aus der Aufgabe, den Finanzmarkt der *Spanning*-Eigenschaft näher zu bringen, rechtfertigen. Zu modelltheoretischen Überlegungen vgl. Ross, Stephen A., [Options] and Efficiency, in: QJE, Vol. 90 (1976), S. 75-89, hier S. 78; Arditti, Fred D./ John, Kose, Spanning the State Space with Options, in: JFQA, Vol. 15 (1980), S. 1-9, hier S. 1; John, Kose, Market Resolution and Valuation in Incomplete Markets, in: JFQA, Vol. 19 (1984), S. 29-44, hier S. 35f.

104 Wilhelm, J., [Marktwertmaximierung], a.a.O., S. 531. Skeptischer in: Wilhelm, Jochen, [Finanztitel-märkte] und Unternehmensfinanzierung, Berlin, Heidelberg, New York 1983, S. 244.

105 Vgl. Wilhelm, J., [Marktwertmaximierung], a.a.O., S. 528; Wilhelm, Jochen, [Spurensuche]: a.a.O., S. 176; Neus, Werner, a.a.O., S. 152; Franke, Günter, [Separation], a.a.O., S. 254.

106 Vgl. Picot, Arnold/ Schneider, Dietram, Unternehmerisches Innovationsverhalten, Verfügungsrechte und Transaktionskosten, in: Budäus, Dietrich/ Gerum, Elmar/ Zimmermann, Gebhard (Hrsg.), Betriebswirtschaftslehre und Verfügungsrechte, Wiesbaden 1988, S. 91-118, hier S. 94.

107 Vgl. Hayek, Friedrich August von, die [Verwertung] des Wissens in der Gesellschaft, in: Hayek, Friedrich August von: Individualismus und wirtschaftliche Ordung, 2. Aufl., Salzburg 1976, S. 103-121, hier S. 113-117.

Marktwertmaximierung kann unter realen Bedingungen als eine angemessene Vereinfachung akzeptiert werden, die hilfreich ist, praktische Probleme zu lösen,[108] zumal keine operationalen, theoretisch fundierten Alternativen geboten werden.[109] Zudem wird mit der Marktwertmaximierung ein sinnvolles analytisches Instrument verwandt.[110] Auf unvollkommenen und unvollständigen Märkten können zwar mit dem Ziel der Marktwertmaximierung nicht die Konflikte zwischen den Aktionären über den Markt gelöst werden, sie können aber aus der Sicht der Unternehmensleitung vernachlässigt werden.[111] Die Unternehmensleitung tut alles, was unter den gegebenen Umständen in ihrer Macht steht, um den Zielen der Eigentümer gerecht zu werden.[112] Darüber hinaus werden über die Marktwerte Informationen über ertragreiche Investitionen verbreitet, so daß die Allokation knapper Ressourcen verbessert wird.

Dem Einwand, eine kapitalmarktorientierte Unternehmensplanung sei nur bei börsennotierten Unternehmen sinnvoll,[113] wird widersprochen; auch personenbezogene Unternehmen können sich so verhalten, als ob sie den "Marktwert" des Eigenkapitals maximieren wollen, wenn nicht Sonderinteressen - z. B. aus steuerlichen Gründen - dagegen sprechen, da ein sinnvolles und grundsätzlich akzeptiertes Kriterium verwandt wird.[114] Zudem haben nicht notierte Unternehmen die gleichen Probleme wie börsennotierte: Sie müssen die Leistungsfähigkeit messen, profitable Investitionen erkennen und Kapital für die Expansion beschaffen.[115] Eine Orientierung am Marktwert des Eigenkapitals kann darüber hinaus das Vermögen der Eigentümer sichern.

2.2.1.2.   Marktwertmaximierung und Managementanreize

Im vorherigen Abschnitt wurde zwar die Marktwertmaximierung als sinnvolles Ziel beschrieben, das die Manager verfolgen sollten, unklar bleibt aber, ob sie dieses Ziel verfolgen werden. Ist in Unternehmen, die durch eine Trennung von Eigentum und Verfügungsmacht an den Produkti-

---

108 Vgl. Schmidt, Reinhard H., [Grundzüge], a.a.O., S. 16, S. 269; Haley, C. W./ Schall, L. D., [Theory], a.a.O., S. 473; Drukarczyk, J., [Theorie], a.a.O., S. 78; Bolenz, Gerhard, Sequentielle Investitions- und Finanzierungsentscheidungen, Berlin 1978, S. 61.
109 Vgl. Volpert, Verena, a.a.O., S. 8.
110 Vgl. Haley, C. W./ Schall, L. D., [Theory], a.a.O., S. 473.
111 Vgl. Bolenz, G., a.a.O., S. 59.
112 Vgl. Standop, D., [Unternehmensfinanzierung], a.a.O., S. 169; Porterfield, J. T. S., a.a.O., S. 65.
113 Vgl. Volpert, V., a.a.O., S. 8, Fn. 4; Hartmann-Wendels, Thomas, [Venture Capital] aus finanzierungstheoretischer Sicht, in: ZfbF, 39. Jg. (1987), S. 16-30, hier S. 26; Hax, Herbert, [Finanzierungs- und Investitionstheorie], a.a.O., S. 67; Süchting, J., a.a.O., S. 285; Drukarczyk, J., [Theorie], a.a.O., S. 78; Schmidt, Reinhard H., [Grundzüge], a.a.O., S. 46; Niedernhuber, Günter, Ausschüttungsregelungen für Aktiengesellschaften, Hamburg 1988, S. 81.
114 Vgl. Rudolph, Bernd, Kapitalmarktorientierte [Investitionsplanung], in: Der langfristige Kredit, 39. Jg. (1988), S. 680-685, hier S. 680; Schemann, Gert, Zielorientierte Unternehmensfinanzierung, Köln, Opladen 1970, S. 50.
115 Vgl. Finegan, Patrick, Maximizing Shareholder Value at the Private Company, in: JACF, Vol. 4 (1991), Nr. 1, S. 30-45, hier S. 30.

onsmitteln gekennzeichnet sind,[116] die Geschäftsleitung überhaupt bereit, die Ziele der Eigentümer zu verfolgen?[117] Wäre sie in der Lage, sich von den Vorstellungen der Eigentümer zu emanzipieren, wäre die Diskussion der Eigentümerorientierung überflüssig. Die Geschäftsleitung würde vielmehr versuchen, ihre eigenen Ziele durchzusetzen.[118] Die neoklassische Finanzierungstheorie läßt offen, warum sich Manager an den Signalen des Kapitalmarktes orientieren sollten.[119]

Bei der Frage, ob sich die Geschäftsleitung der Kontrolle der Eigentümer entziehen kann, wurde in der älteren Literatur[120] überwiegend mit der Streuung des Aktienkapitals argumentiert: Der einzelne Kleinaktionär habe wegen seiner Machtlosigkeit keine Möglichkeit, Kontrolle auszuüben. Das Zustandebringen einer Koalition zur Ablösung des Managements sei für einen einzelnen zu teuer, als daß es sich lohne, dahingehend aktiv zu werden.[121] Als mögliche Ziele der Unternehmensleitung werden von der managerialistischen Theorie das umsatzmaximierende[122], das wachstumsorientierte[123] oder das stabsausgabenmaximierende[124] Unternehmen diskutiert.[125]

---

[116] Zu Untersuchungen über die Relevanz der Trennungsthese, die allerdings nicht nur unterschiedliche Zeiträume und Grundgesamtheiten, sondern auch verschiedene Kontrollkategorien zugrunde legen, vgl. Thonet, P. J./ Poensgen, O. H., Managerial Control and Economic Performance in Western Germany, in: JIE, Vol. 28 (1979), S. 23-37; Schreyögg, Georg/ Steinmann, Horst, Zur Trennung von Eigentum und Verfügungsgewalt. Eine empirische Analyse der Beteiligungsverhältnisse in deutschen Großunternehmen, in: ZfB, 51. Jg. (1981), S. 533-558, insb. S. 539-553; Schreyögg, Georg, Managerkontrolle als Problem der Unternehmensverfassung, in: Kießler, Otfried/ Kittner, Michael/ Nagel, Bernhard (Hrsg.), Unternehmensverfassung - Recht und Betriebswirtschaftslehre, Köln et al. 1983, S. 153-166; Steinmann, Horst/ Schreyögg, Georg/ Dütthorn, Carola, Managerkontrolle in deutschen Großunternehmen - 1972 und 1979 im Vergleich, in: ZfB, 53. Jg. (1983), S. 4-25; Iber, Bernhard, Entwicklung der Aktionärsstruktur börsennotierter deutscher Aktiengesellschaften, Kiel 1987, S. 87-223, insb. S. 205-223; Schmitz, Rudolf, Kapitaleigentum, Unternehmensführung und interne Organisation, Wiesbaden 1988, S. 43-64.

[117] Vgl. Berle, Adolf A./ Means, Gardiner C., The Modern Corporation and Private Property, 17. Nachdruck des Werkes von 1932, New York 1950, S. 119-125. Siehe schon bei Adam Smith: "Von den Direktoren einer solchen Gesellschaft, die bei weitem eher das Geld anderer Leute als ihr eigenes verwalten, kann man daher nicht gut erwarten, daß sie es mit der gleichen Sorgfalt einsetzen und überwachen würden, wie es die Partner einer privaten Handelsgesellschaft mit dem eigenen zu tun pflegen. Wie die Verwalter eines reichen Mannes halten sie Sorgfalt in kleinen Dingen für etwas, was sich mit dem Ansehen ihres Herren nicht verträge, so daß sie es damit auch nicht sehr genau nehmen. Daher müssen Nachlässigkeit und Verschwendung in der Geschäftsführung einer solchen Gesellschaft stets mehr oder weniger vorherrschen." Smith, Adam, Der Wohlstand der Nationen, München 1978, S. 629f.

[118] Vgl. Berle, A. G./ Means, G. C., a.a.O., S. 121; Schredelseker, Klaus, Eigentümerkontrolle in der großen Aktiengesellschaft, Bern, Frankfurt am Main 1975, S. 63.

[119] Vgl. Schmidt, Reinhard H., [Unternehmensfinanzierung] und Kapitalmarkt, in: Ott, Claus/ Schäfer, Hans-Bernd (Hrsg.), Ökonomische Analyse des Unternehmensrechts, Heidelberg 1993, S. 170-191, hier S. 178.

[120] Zum Überblick über die Theorien der Unternehmung mit der Einordnung der hier vorgestellten Ansätze vgl. Williamson, Oliver E., A [Comparison] of Alternative Approaches to Economic Organization, in: JITE, Vol. 146 (1990), S. 61-71, hier S. 62f. Siehe auch Machlup, Fritz, Theories of the Firm: Marginalist, Behavioral, Managerial, in: AER, Vol. 57 (1967), S. 1-33.

[121] Vgl. Berle, A. A./ Means, G. C., a.a.O., S. 83; Schmitz, Rudolf, a.a.O., S. 67.

[122] Vgl. Baumol, William J., Business Behavior, Value and Growth, New York 1959, insb. S. 46-55. Siehe auch Wildsmith J. R., Managerial Theories of the Firm, London 1973, S. 42-67; Curven, P. J., The Theory of the Firm, London, Basingstoke 1976, S. 112-117.

[123] Vgl. Marris, Robin, A Model of "Managerial" Enterprise, in: QJE, Vol. 77 (1963), S. 185-209. Siehe auch Wildsmith, J. R., a.a.O., S. 84-103; Curven, P. J., a.a.O., S. 118-122.

[124] Vgl. Williamson, Oliver E., A [Model] of Rational Managerial Behaviour, in: Cyert, Richard M./ March, James G. (Hrsg.), A Behavioral Theory of the Firm, Englewood Cliffs (N.J.) 1963, S. 237-252.

Mikroökonomisch orientierte Überlegungen[126] interpretieren die Trennungsproblematik von Eigentum und Verfügungsmacht neu.[127] Zum einen greifen sie auf die Theorie der Verfügungsrechte zurück, bei der die Trennung von Eigentum und Verfügungsmacht einem Nutzenkalkül entspringt, durch den eine effiziente Zuordnung der Verfügungsrechte erreicht wird; Sachverhalte wie Spezialisierung und Arbeitsteilung, aber auch Risikoaufteilung werden hier angesprochen.[128] Zum anderen greifen sie auf die Theorie der Auftragsbeziehungen (*Principal-Agent-Theory*) zurück.[129] Kennzeichnend für die Willensbildung in Unternehmen ist eine Delegationsbeziehung - mit der Einbringung ihres Kapitals ist i.d.R. ein Wechsel des Entscheidungsträgers verbunden - und eine asymmetrische Informationsverteilung zwischen der Geschäftsleitung und den Eigentümern. Delegationsbeziehungen liegen vor, wenn eine ausführende Instanz (Agent) von einer übergeordneten Instanz (Prinzipal) mit der Übernahme einer Aufgabe beauftragt wird. Aufgrund einer asymmetrischen Informationsverteilung verbleiben dem Agenten gewisse Handlungsspielräume. Der Prinzipal kann vielleicht das Ergebnis beobachten, die Eigenschaften und Handlungen des Agenten bleiben ihm jedoch verborgen. Aus dem Ergebnis lassen sich nur begrenzte Rückschlüsse auf die Aktivitäten des Agenten ziehen, da das Ergebnis auch von einer nicht beobachtbaren, stochastischen Umweltgröße bestimmt wird. Der Agent beeinflußt mit seinen Handlungen aber nicht nur seinen eigenen Zielerreichungsgrad, sondern auch den des Prinzipals.

Werden Eigennutzüberlegungen der Geschäftsleitung unterstellt, wird sie bei Aktionen grundsätzlich ihre eigenen Ziele berücksichtigen. Die Ansprüche aus den Verträgen zur Kapitalüberlas-

---

[125] Vgl. Kaulmann, Thomas, Managerialism versus the Property Rights Theory of the Firm, in: Bamberg, Günter/ Spremann, Klaus (Hrsg.), Agency Theory, Information, and Incentives, verbesserter Nachdruck der 1. Auflage, Berlin et al. 1989, S. 439-459, hier S. 441-443; Ridder-Aab, Christa-Maria, Die moderne Aktiengesellschaft im Lichte der Theorie der Verfügungsrechte, Frankfurt am Main, New York 1980, S. 27-32; Schmitz, Rudolf, a.a.O., S. 69-75; Machlup, F., a.a.O., S. 11-13.

[126] Die mikroökonomischen Ansätze sehen Unternehmen aus vertragstheoretischer Sicht als Netzwerk impliziter und expliziter Kontrakte, die zwischen den Beteiligten geschlossen werden. Über diese Verträge werden die Interessen abgestimmt. Vgl. Jensen, Michael C./ Meckling, William H., Theory of the Firm, Managerial Behavior, Agency Costs and Ownership Structure, in: JFE, Vol. 3 (1976), S. 305-360, hier S. 310; Fama, Eugene F., [Agency Problems] and the Theory of the Firm, in: JPE, Vol. 88 (1980), S. 288-307, hier S. 289; Fama, Eugene F./ Jensen, Michael C., [Separation] of Ownership and Control, in: JLE, Vol. 26 (1983), S. 301-325, hier S. 302; Jensen, Michael C., [Organization], a.a.O., S. 326; Richter, Rudolf, Sichtweise und Fragestellungen der Neuen Institutionenökonomik, in: ZWS, 110. Jg. (1990), S. 571-591, hier S. 578, m.w.N.; Picot, Arnold, [Ökonomische] Theorien der Organisation - Ein Überblick über neuere Ansätze und deren betriebswirtschaftliches Anwendungspotential, in: Ordelheide, Dieter/ Rudolph, Bernd/ Büsselmann, Elke (Hrsg.), Betriebswirtschaftslehre und ökonomische Theorie, Stuttgart 1991, S. 143-170, hier S. 146.

[127] Vgl. Schmitz, Rudolf, a.a.O., S. 77-79; Meier-Schatz, Christian, Managermacht und Marktkontrolle, in: ZHR, 149. Jg. (1985), S. 76-108, hier S. 91f.

[128] Vgl. Fama, E. F., [Agency Problems], a.a.O., S. 290; Fama, E. F./ Jensen, M. C., [Separation], a.a.O., S. 301; Fama, Eugene F./ Jensen, Michael C., [Agency Problems] and Residual Claims, in: JLE, Vol. 26 (1983), S. 327-349, hier S. 328; Picot, Arnold/ Michaelis, Elke, Verteilung von Verfügungsrechten in Großunternehmungen und Unternehmensverfassung, in: ZfB, 54. Jg. (1984), S. 253-273, hier S. 267. Kritisch hierzu Steinmann, H./ Schreyögg, G./ Dütthorn, C., a.a.O., S. 20; Steinmann, Horst/ Schreyögg, Georg, Zur Bedeutung des Arguments der "Trennung von Eigentum und Verfügungsgewalt" - Eine [Erwiderung], in: ZfB, 54. Jg. (1984), S. 273-283.

[129] Vgl. Hartmann-Wendels, Thomas, [Agency Theorie], in: Frese, Erich (Hrsg.), HWO, 3. Aufl., Stuttgart 1992, Sp. 72-79, hier Sp. 72f.

22

sung unterliegen der Unsicherheit über das Verhalten der Geschäftsleitung.[130] Der diskretionäre Handlungsspielraum ermöglicht es ihr, eigene Interessen auf Kosten der Eigentümer durchzusetzen; die Position der Eigentümer ist ausbeutungsoffen. Insgesamt bestehen bei managergeleiteten Unternehmen, die durch eine Trennung von Eigentum und Verfügungsmacht gekennzeichnet sind, vielfältige diskretionäre Spielräume für das Management, die eigenen Ziele zu verfolgen.[131] Die Orientierung an den Zielen der Eigentümer (Prinzipal) scheint durch die asymmetrische Informationsverteilung und eigennütziges Verhalten unwahrscheinlich zu sein.

Im Gegensatz zu den älteren, managerialistischen Ansätzen werten die jüngeren Ansätze die Einbindung der Unternehmen in Faktor- und Absatzmärkte als Regulativ, so daß die Eigentümerinteressen - die Maximierung des Marktwerts des Eigenkapitals - trotz der Verdünnung ihrer Verfügungsrechte gewahrt bleiben.[132] Durch die Übernahmedrohung anderer Unternehmen (*Market for Corporate Control*),[133] den Wettbewerb auf den Kapitalmärkten, die Vereinbarung anreizverträglicher Entlohnungssysteme, verbunden mit dem Wettbewerb auf dem Markt für Managementleistungen (Managerreputation)[134], den Wettbewerb auf Produkt- und Faktormärkten[135]

---

[130] Insgesamt lassen sich im Rahmen der Vertragsbeziehungen folgende Arten der Unsicherheit erkennen: über die Eigenschaften einer Leistung, eines Produkts oder eines Beauftragten vor Abschluß eines Vertrages ("hidden characteristics" oder Qualitätsunsicherheit), die Unsicherheit über die Sorgfalt des Vertragsvollzugs ("hidden action" oder Moral Hazard) und die Unsicherheit über die Einhaltung zugesicherter Vereinbarungen ("hidden intention" oder Fairness). Vgl. Spremann, Klaus, Asymmetrische [Information], in: ZfB, 60. Jg. (1990), S. 565-572, hier S. 564-572.

[131] Vgl. Picot, A./ Michaelis, E., a.a.O., S. 257. Die Beweggründe, diese Spielräume auszunutzen, sind vielfältig: (1) Im Gegensatz zu den Eigentümern haben Manager kaum die Möglichkeit, zu diversifizieren und Risiken zu vernichten. Daher haben sie ein Interesse daran, eine risikoärmere Unternehmenspolitik zu betreiben, um ihre Haupterwerbsquelle nicht zu gefährden (Unterinvestition). Vgl. Ballwieser, W./ Schmidt, Reinhard H., a.a.O., S. 670f.; Schildbach, Thomas, Jahresabschluß und [Markt], Berlin et al. 1986, S. 73f.; Pfaff, Dieter, Gewinnverwendungsregelungen als Instrument zur Lösung von Agency Problemen, Frankfurt am Main et al. 1989, S. 43f. (2) Orientiert sich die Entlohnung der Manager am Umsatz oder Bilanzgewinn, könnten die Manager bestrebt sein, diese Größen zu steigern, auch wenn keine marktübliche Rendite erzielt wird; es ist vorteilhafter für den Manager, Geld unrentabel zu investieren, als es an die Eigentümer auszuschütten. Der Manager könnte aus dem gleichen Grund auch besonders risikoreiche Investitionen bevorzugen, wenn er am Erfolg partizipiert, aber keine Verluste trägt und der Bestand des Unternehmens nicht gefährdet ist (Überinvestition). Vgl. Swoboda, Peter, [Kapitalmarkt] und Unternehmensfinanzierung - Zur Kapitalstruktur des Unternehmens, in: Schneider, Dieter (Hrsg.), Kapitalmarkt und Finanzierung, Berlin 1987, S. 49-68, hier S. 53f.; Jensen, Michael C., [Agency Costs] of Free Cash Flow, Corporate Finance, and Takeovers, in: AER P&P, Vol. 76 (1986), S. 323-329, hier S. 323; Pfaff, Dieter, a.a.O., S. 42f. (3) Konsum am Arbeitsplatz ist ein weiteres Problem. Die Nachteile zu Lasten des Marktwertes haben die Manager nicht (voll) zu tragen, die Vorteile kommen nur ihnen zu Gute. Aus dem gleichen Grund ist eine Verminderung seines Arbeitseinsatzes für den Manager lohnenswert. Vgl. Jensen, M. C./ Meckling, W. H., a.a.O., S. 312-319; Swoboda, P., [Kapitalmarkt], a.a.O., S. 53; Schildbach, T., [Markt], a.a.O., S. 73; Pfaff, D., a.a.O., S. 42.

[132] Vgl. Huemer, Friedrich, Mergers & Acquisitions, Frankfurt am Main 1990, S. 37; Picot, A./ Michaelis, E., a.a.O., S. 260-265; Ridder-Aab, C.-M., a.a.O., S. 91-131.

[133] Vgl. Katz, Wilber G., Responsibility and the Modern Corporation, in: JLE, Vol. 3 (1960), S. 75-85; Manne, Henry G., Mergers and the Market for Corporate Control, in: JPE, Vol. 73 (1965), S. 110-120; Jensen, Michael C./ Ruback, Richard S., The Market for Corporate Control, in: JFE, Vol. 11 (1983), S. 5-50.

[134] Vgl. Fama, E. F., [Agency Problems], a.a.O., S. 292, S. 297f.; Furubotn, Eirik G./ Pejovich, Svetozar, Property Rights and Economic Theory: A Survey of Recent Literature, in: JEL, Vol. 10 (1972), S. 1137-1162, hier S. 1150f.; Picot, A./ Michaelis, E., a.a.O., S. 260f. Kritisch Hirschey, Mark, Mergers, Buyouts and Fakeouts, in: AER P&P, Vol. 76 (1986), S. 317-322, hier S. 318f.

sowie Ausschüttungs- und Kapitalentzugsregeln in Verbindung mit der Rechnungslegung[136] und durch Eigentümerrepräsentationsorgane (Aufsichtsrat und Wirtschaftsprüfer)[137] sollen die Freiräume der Unternehmensleitung beschnitten werden. Insbesondere die Steuerung des Managements durch den "Markt für Unternehmenskontrolle", den Kapitalmarkt und durch Anreizsysteme werden im Rahmen der Wertsteigerungsanalyse diskutiert.

Überlegungen, die eine Steuerung des Managements durch den "Markt für Unternehmenskontrolle" in den Mittelpunkt stellen, sehen das Wertpapier als Vermögensrecht zur Kontrolle des Unternehmens, für das ein Markt besteht. Eigentümer wird das Wirtschaftssubjekt, das die mit dem Vermögensrecht verbundenen Ressourcen einer effizienten Nutzung zuführen will.[138] Ähnlich argumentieren JENSEN und RUBACK, die unterstellen, daß Manager um die Führung der Unternehmen konkurrieren. Die Unternehmensleitung wird von den Eigentümern den Managern übertragen, die ihnen die höchste Prämie versprechen.[139] Auslöser der Transaktionen ist in jedem Fall die Entscheidung unzufriedener Aktionäre, ihr Engagement an dem Unternehmen durch Verkauf ihrer Anteile zu kündigen, wenn die Geschäftsleitung andere Zielvorstellungen verfolgt. "Kündigen" zahlreiche Aktionäre auf diese Art, sinkt der Marktwert des Unternehmens unter einen potentiell möglichen Unternehmenswert. Investoren, die über Kapital verfügen, können dieses Wertsteigerungspotential nutzen, indem sie das Unternehmen unter seinem wahren Wert kaufen und restrukturieren, um den Marktwert zu steigern. Die Gefahr einer Übernahme hängt von der Größe der Wertsteigerungspotentiale ab.[140] Übernahmedrohungen sind zwar für Aktiengesellschaften in Deutschland zur Zeit noch ohne Bedeutung, da die fehlende Streuung der Aktien, die ablehnende Haltung der Banken gegenüber Übernahmestrategien und gesetzliche Regelungen wie Mitbestimmung, Kartellgesetzgebung oder Kapitalerhaltungsnormen Übernahmen erschweren.[141] Wenn auch die praktische Bedeutung für deutsche Unternehmen noch wenig relevant ist, sollte die potentielle Drohung nicht außer acht gelassen werden.

Die These einer effizienten Überwachung durch den Markt für Unternehmenskontrolle ist jedoch nicht ohne Widerspruch geblieben. Ein effizientes Management kann durchaus den Charakter eines öffentlichen Gutes haben: Der einzelne Anleger hat kein Interesse daran, seinen Anteil an jemanden zu verkaufen, der ein effizientes Management des Unternehmens verspricht.

---

135 Vgl. Fama, E. F., [Agency Problems], a.a.O., S. 289; Picot, A./ Michaelis, E., a.a.O., S. 265; Kaufer, Erich, Industrieökonomik, München 1980, S. 444f.
136 Vgl. Ordelheide, Dieter, [Institutionelle] Theorie und Unternehmung, in: Wittmann, Waldemar et al. (Hrsg.), HWB, Teilband 2, 5. Auflage, Stuttgart 1993, Sp. 1838-1855, hier Sp. 1849f.
137 Vgl. Schredelseker, K., a.a.O., S. 169-197, S. 198-225; Jehle, Egon, Reformvorschläge zur Verstärkung der eigentümerbezogenen Managementkontrolle in Publikumsgesellschaften, in: ZfbF, 34. Jg. (1982), S. 1065-1084, hier S. 1078f.
138 Vgl. Manne, H. M., a.a.O., S. 112; Ridder-Aab, C.-M., a.a.O., S. 112f.; Picot, A./ Michaelis, E., a.a.O., S. 263.
139 Vgl. Jensen, M. C./ Ruback, R. S., a.a.O., S. 6.
140 Zur Entwicklung des Marktes für Unternehmenskontrolle vgl. Ganz, M., a.a.O., S. 170-174.
141 Vgl. Drukarczyk, J., [Theorie], a.a.O., S. 647; Niedernhuber, G., a.a.O., S. 183f.

Er wird vielmehr hoffen, daß andere Aktionäre ihre Anteile verkaufen, während er den Vorteil aus dem besseren Management ziehen kann. Da alle Anteilseigner so denken, könnte niemand bereit sein, die Anteile zu verkaufen; die Übernahme erfolgt nicht.[142]

Für SCHNEIDER ist Marktwertmaximierung nur bei gleichem Informationsstand ein konsensfähiges Ziel, dann aber sind Übernahmen sinnlos.[143] Auch andere Autoren stellen auf Informationsunterschiede ab: Für Externe ist es schwer möglich, Fehlverhalten der Manager zu erkennen; die Situationen sind durch eine hohe Informationsasymmetrie gekennzeichnet.[144] Fehler führen nicht zwangsläufig zu einem deutlichen Preisverfall, der eine Übernahme akut werden läßt. Andere Autoren mißtrauen der Informationseffizienz der Märkte, da sie vom Kapitalmarkt spontan erzeugte, von der Effizienz des Managements unabhängige Bewertungsdifferenzen vermuten, die nicht die langfristigen Zukunftsaussichten spiegeln. Durch Bewertungsdifferenzen können zeitweilig Unternehmen mit gutem Management für Aufkäufer attraktiv werden; zeitweilig überbewertete Unternehmen mit schlechtem Management können hingegen unterbewertete zu günstigen Konditionen aufkaufen.[145]

Die Übernahmedrohung ist also kein effizientes Instrument der Managerkontrolle, kann aber u.E. trotzdem das Verhalten der Geschäftsleitung zum Nutzen der Aktionäre beeinflussen.[146] Die Informationsversorgung durch Analysten oder die Wirtschaftspresse ist nicht zu unterschätzen.[147] Auch Transaktionskosten rechtfertigen nicht, von einem ineffizienten Kontrollinstrument zu sprechen.[148]

---

[142] Vgl. Grossman, Sanford/ Hart, Oliver, Take-over bids, the Free Rider Problem and the Theory of the Corporation, in: BJE, Vol. 11 (1980), S. 42-64.

[143] Vgl. Schneider, Dieter, [Besteuerung], a.a.O., S. 643-645.

[144] Vgl. Ballwieser, W./ Schmidt, Reinhard H., a.a.O., S. 672f.; Williamson, Oliver E., Markets and [Hierarchies]: Analysis and Antitrust Implications, New York, London 1975, S. 142f.; Schmidt, Reinhard H., [Property Rights-Analysen], a.a.O., S. 187f.; Schwartze, Andreas, Europäische Regelungen für Unternehmensübernahmen - eine kapitalmarktorientierte Betrachtung -, in: Ott, Claus/ Schäfer, Hans-Bernd (Hrsg.), Ökonomische Analyse des Unternehmensrechts, Heidelberg 1993, S. 264-284, hier S. 276; Schneider, Dieter, Märkte für [Unternehmenskontrolle] und Kapitalstrukturrisiko, in: Gröner, Helmut (Hrsg.), Der Markt für Unternehmenskontrollen, Berlin 1992, S. 39-62, hier S. 39; er stellt Informationsdefizite hinsichtlich des Kapitalstrukturrisikos besonders heraus. Siehe auch Jehle, E., a.a.O., S. 1072f.; Tirole, Jean, The Theory of Industrial Organization, Cambridge (Mass.), London 1989, S. 43; Coffee, John, Regulating the Market for Corporate Control: A Critical Assessment of Tender Offer's Role in Corporate Governance, Columbia Law Review, Vol. 84 (1984), S. 1145-1296, hier S. 1200-1206; Mayer-Schatz, C., a.a.O., S. 95-102.

[145] Vgl. Röpke, Jochen, Externes [Unternehmenswachstum] im ökonomischen Evolutionsprozeß, in: ORDO, 41. Bd. (1990), S. 151-172, hier S. 166f., S. 168, der daraus den Schluß zieht, daß der Wettbewerb mit den Aktionsparametern Innovation und Kompetenzaufbau auf dem Gütermarkt sich nur aufrecht erhalten läßt, wenn der Markt für Unternehmenskontrolle begrenzt wird.

[146] Vgl. Picot, A./ Michaelis, E., a.a.O., S. 264; Samuelson, Paul A./ Nordhaus, William D., Economics, 12. Aufl., New York et al. 1985, S. 444.

[147] Vgl. Picot, A./ Michaelis, E., a.a.O., S. 262.

[148] Vgl. Ridder-Aab, C.-M., a.a.O., S. 125. In einer Würdigung einiger empirischer Untersuchungen führt sie aus: "Alle bisherigen Überlegungen legen den Schluß nahe, daß diese Ergebnisse noch nicht belegen, daß es einen Markt für Unternehmenskontrolle nicht gibt oder daß keine Wirkungen von ihm ausgehen." Ebenda, S. 124.

Es lassen sich auch weniger spektakuläre Kapitalmarkteinflüsse erkennen: Der Kapitalmarkt als Markt für Investitionskapital bestimmt, zu welchen Konditionen ein Unternehmen Aktien ausgeben kann. Ist der Kurs einer Aktie aufgrund eines ineffizienten Managements gering, wird es für ein Unternehmen teuer, Aktien zu emittieren und Investitionen durchzuführen. Darüber hinaus könnte eine Kreditfinanzierung teurer werden, wenn aus einem niedrigen Kurs auf eine mangelhafte Bonität geschlossen wird.[149] Im Extremfall versiegen alle externen Quellen, das Unternehmen ist auf Selbstfinanzierung angewiesen.[150] Ist das Unternehmen in einer wachsenden Branche tätig, sind diese Quellen mittelfristig begrenzt;[151] bei reifen Branchen sind die Spielräume für das Management höher.[152] Da für deutsche Unternehmen der Kapitalmarkt als Emissionsmarkt nur wenig Bedeutung hat,[153] ist der Einfluß nur gering.

Mit dem Ziel der Marktwertmaximierung haben die Eigentümer ein Kriterium, mit dem sie die Leistung des Managements beurteilen können. Mit der Schaffung eines an den Zielen der Eigentümer orientierten Anreizsystems für die Führungskräfte soll das Management motiviert werden, die Interessen der Eigentümer zu berücksichtigen; es werden marktwertorientierte Anreizsysteme implementiert.[154] Auf die Möglichkeiten und Probleme von Anreizsystemen wird an dieser Stelle nicht näher eingegangen.[155]

---

[149] Vgl. Picot, A./ Michaelis, E., a.a.O., S. 263.

[150] Vgl. Schömer, P., a.a.O., S. 201-203; Ridder-Aab, C.-M., a.a.O., S. 110-112; Franke, G./ Hax, Herbert, [Finanzwirtschaft], a.a.O., S. 292f.; Picot, A./ Michaelis, E., a.a.O., S. 262; Pümpin, Cuno, Der [Unternehmenswert] als Herausforderung, in: ATAG Allgemeine Treuhand AG (Hrsg.), Der Unternehmenswert als Herausforderung, Zürich 1990, S. 7-29, hier S. 21; Curven, P. J., a.a.O., S. 108f.

[151] Vgl. Jehle, E., a.a.O., S. 1073.

[152] Vgl. Kropp, Matthias, Management Buy-Outs und die Theorie der Unternehmung, Wiesbaden 1992, S. 64.

[153] Vgl. Schmidt, Reinhard H., [Unternehmensfinanzierung], a.a.O., S. 173.

[154] Vgl. Copeland, T. E./ Weston, J. F., a.a.O., S. 665-672; Rappaport, A., [Creating], a.a.O., S. 171-197; Stewart, G. Bennett, a.a.O., S. 223-249; Stern, Joel M., One Way to Build Value in Your Firm, à la [Execu-tive Compensation] als Herausforderung, in: FE, Vol. 6 (1990), Nov./Dez., S. 51-54; Reimann, B. C., [Managing], a.a.O., S. 157-170; Zent, Charles H., Using Shareholder Value to Design Business-Unit Manager Incentive Plans, in: PR, Vol. 16 (1988), März/April, S. 40-44; Lambert, Richard A./ Larcker, David F., Executive Compen-sation, Corporate Decisi-on-Making and Shareholder Wealth: A Review of the Evidence, in: MCFJ, Vol. 2 (1985), Winter, S. 6-22; Brindisi, Louis J., Jr., Creating Shareholder Value: A New Mission for Executive Compensation, in: MCFJ, Vol. 2 (1985), Winter, S. 56-66; Ubelhart, Mark C., Business Strategy, Perfor-mance Measurement and Compensation, in: MCFJ, Vol. 2 (1985), Winter, S. 67-75; Jensen, Michael C./ Murphy, Kevin J., CEO Incentives - It's Not How Much You Pay, But How, in: HBR, Vol. 68 (1990), Mai/ Juni, S. 138-153; Bühner, Rolf, [Möglichkeiten] der unternehmerischen Gehaltsvereinbarung für das Top Management, in: DB, 42. Jg. (1989), S. 2181-2186; Elschen, Rainer, Shareholder Value und Agency Theorie - Anreiz- und Kontrollsysteme für die Zielsetzungen der Anteilseigner, in: BFuP, 43. Jg. (1991), S. 209-220.

[155] So sind die Bemessungsgrundlage (Aktienkurse, Kapitalwerte) und die Prämienfunktion zu bestimmen. Vgl. Laux, Helmut, [Anreizsysteme], ökonomische Dimension, in: Frese, Erich (Hrsg.), HWO, 3. Aufl., Stuttgart 1992, Sp. 112-122, hier Sp. 113f. Von diesen Entlohnungsvereinbarungen gehen aber nicht nur Anreize aus, sie bestimmen auch die Risikoverteilung zwischen Anteilseigner und Managern. Vgl. Hartmann-Wendels, Thomas, [Agency Theorie], a.a.O., Sp. 75; Ballwieser, W./ Schmidt, Reinhard H., a.a.O., S. 664-671. Zudem läßt sich zeigen, daß Entlohnungsvereinbarungen mit freiem Zutritt auf den Kapitalmärkten ihre Wirksamkeit verlieren können. Vgl. Neus, Werner, a.a.O., S. 169-196; Laux, Helmut, Die Irrelevanz erfolgsorientierter Anreizsysteme bei bestimmten Kapitalmarktbedingungen. Der [Ein-periodenfall], in: ZfB, 60. Jg. (1990), S. 1341-1358; Laux, Helmut, Zur Irrelevanz erfolgsorientierter Anreizsysteme bei bestimmten Kapitalmarktbedingungen: Der [Mehrperiodenfall], in: ZfB, 61. Jg. (1991), S. 477-488.

Der Handlungsspielraum des Managements wird durch die Markt- und Wettbewerbskräfte sicherlich nicht vollständig eingeschränkt. Allerdings verringert die zunehmende Globalisierung der Kapitalmärkte auch den Spielraum für große deutsche Unternehmen, so daß eine marktwertorientierte Unternehmensführung wichtiger wird. Im übrigen spricht der Verweis auf die tatsächlich verfolgten Ziele der Unternehmensleitung nicht gegen ein sinnvolles unternehmerisches Ziel.

2.2.1.3. Marktwertmaximierung und Gläubigerinteressen

Die Eigentümer sind nicht die einzigen, die finanzielle Ziele mit dem Engagement am Unternehmen verbinden. Auch Gläubiger haben dem Unternehmen Kapital zur Verfügung gestellt, das mit im vorhinein vertraglich fest vereinbarten Zins- und Tilgungsleistungen versehen ist. Im Rahmen der neoklassischen Finanzierungstheorie werden Finanzierungsentscheidungen lediglich als Partenteilungen eines durch das Investitionsprogramm gegebenen Einzahlungsüberschusses gesehen. Die Art der Finanzierung hat bei einem vollkommenen Kapitalmarkt keinen Einfluß auf den Wert des gesamten Unternehmens. Diese Irrelevanz gilt auch dann, wenn das Fremdkapital durch Einführung des Konkursrisikos als risikobehaftet anzusehen ist.[156] Unternehmensziel ist dann aber - da die Wirtschaftssubjekte sowohl Eigentümer als auch Gläubiger sind - die Maximierung des Unternehmensgesamtwertes, nicht des Eigentümerwertes.[157] Jedes Abweichen vom Ziel der Unternehmensgesamtwertmaximierung würde durch Transaktionen auf dem (nicht segmentierten) Kapitalmarkt ausgeglichen. Das Ziel der gemeinsamen Maximierung von Eigentümer- und Gläubigerwert ist die einzige Entscheidungsregel, die mit einem stabilen Gleichgewicht vereinbar ist.[158] Das Ziel einer Eigenkapitalmaximierung ist bei Existenz eines nicht segmentierten Kapitalmarkts nur sinnvoll, wenn das Unternehmen vollständig mit Eigenkapital finanziert ist oder Fremdkapital als risikolos angesehen werden kann bzw. durch andere Regelungen geschützt wird.[159]

Die Diskussion im Rahmen der neoklassischen Finanzierungstheorie ist (auch unter Einbezug des Konkursrisikos) unvollständig, da die Kapitalnehmer kaum die Interessen der Gläubiger immer beachten werden. Eine Kreditbeziehung ist daher nicht nur von exogenen Risiken betroffen. Wie bei der Eigentümer-Manager-Beziehung entstehen aufgrund asymmetrischer Informationen Spielräume, die von den Eigentümern und Managern - aus analytischen Gründen beste-

---

156 Vgl. Fama, Eugene F., The [Effects] of a Firm's Investment and Financing Decisions and the Welfare of Its Security Holders, in: AER, Vol. 68 (1978), S. 272-284, hier S. 274f.

157 Vgl. Fama, E. F., [Effects], a.a.O., S. 282f.; Haley, C. W./ Schall, L. D., [Theory], a.a.O., S. 480f.; Wilhelm, J., [Stakeholder], a.a.O., S. 191.

158 Vgl. Fama, E. F., [Effects], a.a.O., S. 282f.

159 Vgl. Fama, E. F., [Effects], a.a.O., S. 275, S. 284; Haley, C. W./ Schall, L. D., [Theory], a.a.O., S. 481f.

hen zwischen beiden keine Interessengegensätze - zu Lasten der Gläubiger ausgenutzt werden können.

Anreize zu gläubigerschädigendem Verhalten ergeben sich neben einer fremdfinanzierten Ausschüttung[160] durch eine Erhöhung des Investitionsrisikos, die Nichtrealisierung vorteilhafter Investitionsprojekte oder durch suboptimale Investitionsentscheidungen.[161] Risikoreiche Investitionen, die den Marktwert des Eigenkapitals steigern, können zu Reichtumsverlagerungen vom Kreditgeber hin zu den Eigentümern führen, da die Eigentümer im Erfolgsfall den vollen Ertrag der Investition erhalten, bei Mißerfolg und begrenzter Haftung hingegen einen Teil des Risikos auf die Gläubiger abwälzen können.[162] Kreditgeber mit Festbetragsansprüchen können aus den Chancen dieser Politik nur den vertraglich zugesicherten Nutzen ziehen. Sie haben deshalb ein Interesse, Investitionen mit einem niedrigen Risiko durchzuführen, die ihre Zins- und Tilgungsansprüche nicht gefährden.[163] Eine Orientierung am Marktwert des Eigenkapitals ist nicht ohne weiteres im Interesse der Gläubiger. Finanzierung ist schließlich auch Risikoverteilung.[164]

Gegen die Betonung des Interessenkonflikts sprechen zwei Überlegungen, die auf der neoklassischen und der neo-institutionalistischen Finanzierungstheorie[165] beruhen. Sie betonen die Marktkräfte und Vorsorgemaßnahmen. FAMA zeigt,[166] daß bei vollkommenem Kapitalmarkt, gegebener Investitionsstrategie, homogenen Erwartungen und gleichem Zugang zum Kapitalmarkt, auch ohne Gläubigersicherheiten ausbeutungsoffene Positionen der Gläubiger zu keinen Schädigungen führen. Die Gläubiger antizipieren derartige Schädigungen und verlangen höhere Zinsen für Risiken, die aus Sicht der Eigentümer vermieden werden könnten. Entscheidend ist, woher die Gläubiger ihr Wissen erhalten, um die Schädigungen korrekt zu antizipieren: FAMA unterstellt implizit vollständige Kreditverträge.[167] Wegen der homogenen Erwartungen können die Überlegungen nicht auf reale Märkte übertragen werden, da die Verschlechterungen der Positionen nicht zutreffend antizipiert und vertraglich festgehalten werden können.[168] Selbst binsollen daher die Gläubiger davon zu überzeugen, daß keine Schädigung ihrer Position erfolgt.[169]

---

160 Fama, E. F., [Effects], a.a.O., S. 275; Fama, E. F./ Miller, M. H., a.a.O., S. 178; Haley, C. W./ Schall, L. D., [Theory], a.a.O., S. 281; Drukarczyk, J., [Theorie], a.a.O., S. 305-307.

161 Vgl. Drukarczyk, J., [Theorie], a.a.O., S. 307-312; Smith, Clifford W./ Warner, Jerold B., On Financial Contracting: An Analysis of Bond Covenants, in: JFE, Vol. 7 (1979), S. 117-161, hier S. 118f.

162 Vgl. Milgrom, P./ Roberts, J., a.a.O., S. 40f.; Gavish, Bezalel/ Kalay, Avner, On the Asset Substitution Problem, in: JFQA, Vol. 18 (1983), S. 21-30.

163 Vgl. Franke, G./ Hax, Herbert, [Finanzwirtschaft], a.a.O., S. 438.

164 Vgl. Franke, G./ Hax, Herbert, [Finanzwirtschaft], a.a.O., S. 423.

165 Zum neoinstitutionalistischen Ansatz vgl. Schmidt, Reinhard H., [Property Rights-Analysen], a.a.O.

166 Vgl. Fama, E. F., [Effects], a.a.O., S. 277f.

167 Vgl. Drukarczyk, J., [Theorie], a.a.O., S. 319. Innerhalb dieses Marktregimes spricht auch gegen einen Interessenkonflikt, daß die Gläubiger, die eine Schädigung ihrer Ansprüche befürchten, wenn die Unternehmensleitung den *Shareholder Value* maximiert, die Anteile des Unternehmens übernehmen können (s.o).

168 Vgl. Drukarczyk, J., [Theorie], a.a.O., S. 319f.; Niedernhuber, G., a.a.O., S. 69.

169 Vgl. Fama, E. F., [Effects], a.a.O., S. 284.

In der Realität sind Kreditverträge mit Einwirkungs-, Gestaltungs- und Informationspflichten versehen. Die Gläubiger sind ferner bestrebt, ihre Ansprüche durch Sicherungsübereignung und Forderungszession, Grundpfandrechte und Hypotheken zu sichern. Auch der Gesetzgeber hat sich auf die negativen Anreize risikoreicher Kredite eingestellt. So wurden Sanktionsdrohungen in Form des Insolvenzrechts entwickelt und Gläubigerschutzbestimmungen im Handels- und Gesellschaftsrecht - Ausschüttungssperren und Regelungen zur Kapitalherabsetzung - geschaffen.[170] Den Gläubigern steht ein umfangreiches Repertoire von Sicherungsmöglichkeiten offen, die jedoch keineswegs vollständig sind, um ihre ausbeutungsoffenen Positionen abzusichern. Zum einen kann es an Signalen fehlen, die eine Risikoverlagerung von den Eigentümern zu den Gläubigern anzeigen; entsprechende Vertragsklauseln können nicht formuliert werden.[171] Zum anderen muß die Einhaltung der Bedingungen von den Gläubigern überwacht werden; die Kontrolltechnologie der Gläubiger ist jedoch nicht vollständig, und neue *Agency*-Probleme zwischen den Gläubigern untereinander oder zwischen Gläubigern und deren Beauftragten können auftreten. In jedem Fall helfen Institutionen, die Interessen der Gläubiger zu schützen.

Eine weitere Vertragsbedingung könnte ein Umwandlungsrecht der Kreditgeber vorsehen, das es ihnen erlaubt, ihre Gläubiger- in eine Eigentümerstellung umzuwandeln. Durch diese Konstruktion - in Form von Wandelschuldverschreibungen - können die Kreditgeber an einem Erfolg hochrentabler Investitionen teilhaben, gleichzeitig vermindern sich die Anreize der Alt-Eigentümer, die Gläubiger (und künftigen Eigentümer) zu schädigen, da sie an den Vorteilen nur unvollständig partizipieren.[172] Dieser Vertragsgestaltung könnten risikopolitische Erwägungen der Kreditgeber entgegenstehen.[173]

Wenn das Ziel einer Maximierung des Eigenkapitalwertes in einem Marktkontext postuliert wird, muß unterstellt werden, daß die Interessen der Gläubiger durch Nebenbedingungen geschützt werden. Den Gläubigern steht dazu ein umfangreiches Arsenal von Sicherungsmöglichkeiten zur Verfügung, die zwar keine vollständige Lösung der *Agency*-Probleme bringen, die aber die Gläubiger auch nicht schutzlos lassen. Diese Sicherungsmöglichkeiten müssen als Nebenbedingung vom Management und den Eigenkapitalgebern beachtet werden. Der Nutzen der Marktwertsteigerung würde ohne Beachtung der Nebenbedingung durch die Sicherungs- und Strafkosten aufgewogen.[174]

---

[170] Vgl. Smith, C. W./ Warner, J. B., a.a.O., S. 125-154; Swoboda, Peter, [Betriebliche] Finanzierung, 2. Aufl., Heidelberg 1991, S. 183; Franke, G./ Hax, Herbert, [Finanzwirtschaft], a.a.O., S. 437f.; Drukarczyk, J., [Theorie], a.a.O., S. 314, S. 328-342; Hartmann-Wendels, T., [Venture Capital], a.a.O., S. 22; Rudolph, Bernd, [Kreditsicherheiten] als Instrumente zur Umverteilung und Begrenzung von Kreditrisiken, in: ZfbF, 36. Jg. (1984), S. 16-43.

[171] Vgl. Drukarczyk, J., [Theorie], a.a.O., S. 335.

[172] Vgl. Franke, G./ Hax, Herbert, [Finanzwirtschaft], a.a.O., S. 438.

[173] Vgl. Franke, G./ Hax, Herbert, [Finanzwirtschaft], a.a.O., S. 439.

[174] Vgl. Haley, C. W./ Schall, L. D., [Theory], a.a.O., S. 477.

2.2.1.4.   *Shareholder-* versus *Stakeholder-*Orientierung

Die Forderung nach Marktwertmaximierung ist in der Literatur nicht ohne Widerspruch geblieben. Bemängelt werden die Konzentration auf eine Gruppe von Entscheidungsträgern und die Vernachlässigung der Ansprüche anderer Interessengruppen an einem Unternehmen (pluralistische Zielkonzeption).[175] Bezweifelt wird, ob durch die Eigentümerorientierung eine angemessene Bewertung unternehmerischer Handlungen vorgenommen werden kann, da noch andere Gruppen - die Geschäftsleitung und Kreditgeber, aber auch Arbeitnehmer, Lieferanten, Kunden, Fiskus, Öffentlichkeit etc. - an den Vorgängen und Handlungen des Unternehmens interessiert sind. Eine verantwortungsvolle Unternehmensführung verlange, "daß langfristig die Interessen der Partner des Unternehmens berücksichtigt und gewahrt werden."[176] Die Beziehungen zwischen einzelnen Interessengruppen ließen sich nicht nur anhand marktlicher Austauschbeziehungen - Leistung und Gegenleistung - beschreiben. Insbesondere bei langfristigen Beziehungen haben die Personen bestimmte Erwartungen an das künftige Verhalten der Partner.[177] Das Unternehmen agiere in der Realität in einem Netz von *Stakeholders*[178], deren Interessen nicht vernachlässigt werden dürften.[179] "Die Zielsetzung, Werte zugunsten der *Shareholder* zu schaffen, wäre demnach zu ersetzen durch die Zielsetzung, Werte zugunsten der *Stakeholder* zu schaffen."[180] Darüber hinaus können bei unternehmerischen Entscheidungen in der Realität keine Maximierungsüberlegungen getroffen werden. Im Mittelpunkt der Überlegungen stehen vielmehr Satisfizierungsüberlegungen, um Ansprüche verschiedener Interessengruppen zu koordinieren.[181]

---

[175] Vgl. Janisch, M., a.a.O., S. 105f.; Gomez, Peter, [Wertmanagement], Düsseldorf et al. 1993, S. 102f.; Knyphausen, D. zu, a.a.O., S. 349; Kirsch, W., [Unternehmensführung], a.a.O., S. 224-228; Bleicher, K., a.a.O., S. 105; Macharzina, K., a.a.O., S. 8; Näther, C., a.a.O., S. 293; Milgrom, P./ Roberts, J., a.a.O., S. 116-118; Haspeslagh, P. C./ Jemison, D. B., a.a.O., S. 33; Piltz, Klaus, Akquisitions- und Desinvestitionspolitik vor dem Hintergrund des Shareholder-Value-Konzepts, in: Fritsch, Ulrich/ Liener, Gerhard/ Schmidt, Reinhart (Hrsg.), Die deutsche Aktie, FS zum vierzigjährigen Bestehen des Deutschen Aktieninstituts e.V., Stuttgart 1993, S. 297-307, hier S. 298, S. 304; Kretna, Georg, Die verwaltungsrätliche Verantwortung für den Unternehmenswert, in: ATAG Allgemeine Treuhand AG (Hrsg.), Der Unternehmenswert als Herausforderung, Zürich 1990, S. 31-47, hier S. 36; Schmidt, Reinhart, [Shareholder], a.a.O., S. 279; Wagenhofer, A., a.a.O., S. 562.

[176] Schwab, Klaus, Verlust der Moral, Wirtschaftswoche, 46. Jg. (1992), Nr. 34, S. 45.

[177] Vgl. Spremann, K., [Projekt-Denken], a.a.O., S. 365; Heinen, E., [Grundlagen], a.a.O., S. 204, zum Einfluß der Lieferanten und Abnehmer bei langfristigen Vertragsbeziehungen.

[178] Zu der Entwicklung und den Quellen des Stakeholder-Begriffs vgl. Freeman, R. E., a.a.O., S. 31-42. Nach Spremann, K., [Projekt-Denken], a.a.O., S. 379, sind *Stakeholder* Personen oder Gruppen, die mit dem Unternehmen in der einen oder anderen Form verbunden sind und für die etwas auf dem Spiel steht. Janisch, M., a.a.O., S. 127, zählt zu den Stakeholder jene Gruppen, die ihre Interessen in Form von konkreten Erwartungen formulieren und die auf die Unternehmensziele Einfluß nehmen. Freeman, R. E., a.a.O., S. 25, S. 46; Kirchner, Martin, Strategisches Akquisitionsmanagement im Konzern, Wiesbaden 1991, S. 122f.; Steinmann, H./ Schreyögg, G., [Management], a.a.O., S. 75f., definieren *Stakeholder* als Personen oder Gruppen, die Einfluß auf Unternehmensziele ausüben können oder deren Ziele durch das Unternehmen berührt werden.

[179] Vgl. Kirchner, M., a.a.O., S. 122; Weston, J. Fred/ Chung, Kwang S./ Hoag, Susan E., Mergers, Restructuring, and Corporate Control, Englewood Cliffs (N.J.) 1990, S. 57.

[180] Spremann, K., [Projekt-Denken], a.a.O., S. 365. Vgl. auch Janisch, M., a.a.O., S. 117f.; Gomez, P., [Wertmanagement], a.a.O., S. 23.

[181] Vgl. Cyert, Richard M./ March, James G., A Behavioral Theory of the Firm, Englewood Cliffs (N.J.) 1963, S. 28; Curven, J. P., S. 135-139.

Die vorgebrachten Kritikpunkte sind eng mit den Ideen der Koalitionstheorie[182] und der Anreiz-Beitrags-Theorie[183] verbunden.[184] In den Überlegungen werden u.a. Interessenkonflikte zwischen den Unternehmensbeteiligten bei der Zielbildung erfaßt. Das Unternehmen wird als Koalition von verschiedenen Interessengruppen interpretiert.[185] Den Eigentümern wird zwar aufgrund der Eigentumsordnung eine herausragende Position zugestanden,[186] sie sind allerdings nur eine Interessengruppe neben vielen anderen.[187] Die Sichtweise eines Unternehmens als Koalition "schließt vorgegebene Organisationsziele grundsätzlich aus."[188] Vielmehr werden die Individualziele der Koalitionsmitglieder als Ziele für die Unternehmung eingebracht und in einem Verhandlungsprozeß zu Zielen der Organisation transformiert.[189] Unternehmerische Handlungen können nicht mehr isoliert unter eindimensionalen Gesichtspunkten bewertet werden, da unternehmerische Entscheidungen viele Interessen beachten müssen.[190]

Die Interessenten werden Partner der Koalition, um ihre Ziele zu erreichen. Die Zielvorstellungen sind nicht fest, sondern werden durch Anspruchsanpassung verändert.[191] Bei abweichenden Zielen der Interessenten(-gruppen) muß die Zielbildung als ein Verhandlungsprozeß gesehen werden, bei dem alle Gruppen untereinander kalieren und konkurrieren.[192] Wessen Ansprüche durchgesetzt werden, hängt von den jeweiligen Verhandlungs-, Macht- und Koalitionspositionen im Unternehmen ab.[193] Die *Stakeholder* werden aber nur solange zum Erreichen übergeordneter Ziele beitragen (Beitrag), wie die eigenen Mindestansprüche durchgesetzt werden (Anreize).[194] Nur wenn die Summe der Anreize und Beiträge nach Art und Menge übereinstimmen, kann die

---

182 Vgl. Cyert, R. M./ March, J. G., insb. S. 26-43, S. 114-127.

183 Vgl. Barnard, Chester J., The Functions of the Executive, 20. Aufl., Cambridge (Mass.) 1971, insb. S. 139-160; Simon, Herbert A., Entscheidungsverhalten in Organisationen, Übersetzung der 3., stark erweiterten und mit einer Einführung versehenen englischsprachigen Aufl., Landsberg am Lech 1981, S. 141-152.

184 Diese wurden im deutschen Sprachraum von der entscheidungsorientierten Betriebswirtschaftslehre HEINENs übernommen. Vgl. Heinen, Edmund, Die [Zielfunktion] der Unternehmung, in: Koch, Helmut (Hrsg.), Zur Theorie der Unternehmung, FS für Erich Gutenberg, Wiesbaden 1962, S. 9-71; Heinen, E., [Grundlagen], a.a.O., insb. S. 187-249.

185 Vgl. Cyert, R. M./ March, J. G., a.a.O., S. 27; Heinen, E., [Grundlagen], a.a.O., S. 200.

186 Vgl. Heinen, E., [Grundlagen], a.a.O., S. 203f.; Hamel, W., a.a.O., Sp. 2645.

187 Zu den Koalitionspartnern vgl. Janisch, M., a.a.O., S. 147-189, Übersicht auf S. 190f.; Freeman, R. E., a.a.O., S. 179; Kirsch, W., [Unternehmensführung], a.a.O., S. 227; Marr, Rainer, Betrieb und Umwelt, in: Bitz, Michael et al. (Hrsg.), Vahlens Kompendium der Betriebswirtschaftslehre, Bd. 1, 3. Aufl., München 1993, S. 47-114, hier S. 63; Ulrich, P./ Fluri, E., a.a.O., S. 79.

188 Kupsch, Peter Uwe/ Marr, Rainer, Personalwirtschaft, in: Heinen, Edmund (Hrsg.), Picot, Arnold (Schriftltg.), Industriebetriebslehre, 9. Aufl., Wiesbaden 1991, S. 729-896, hier S. 744; Marr, R., a.a.O., S. 58.

189 Vgl. Kirsch, Werner, Die [Unternehmensziele] in organisationstheoretischer Sicht, in: ZfbF, 39. Jg. (1969), S. 665-675, hier S. 668; Kirsch, W., [Unternehmensführung], a.a.O., S. 268-271.

190 Vgl. Heinen, E., [Grundlagen], a.a.O., S. 192.

191 Vgl. Cyert, R. M./ March, J. G., a.a.O., S. 34-36; Heinen, E., [Grundlagen], a.a.O., S. 239-247; Kupsch, P./ Marr, R., a.a.O., S. 745.

192 Vgl. Cyert, R. M./ March, J. G., a.a.O., S. 29-32; Heinen, E., [Grundlagen], a.a.O., S. 200, S. 201, S. 209-215.

193 Vgl. Heinen, E., [Grundlagen], a.a.O., S. 206f., S. 211; Kappler, E./ Rehkugler, H., a.a.O., S. 905; Staehle, W. H., a.a.O., S. 401; Ulrich, P./ Fluri, E., a.a.O., S. 78; Busse von Colbe, Walther/ Laßmann, Gert, Betriebswirtschaftstheorie, Bd. 1: [Grundlagen], Produktions- und Kostentheorie, 4. Aufl., Berlin et al. 1988, S. 27.

194 Vgl. Kupsch, P./ Marr, R., a.a.O., S. 747-749; Busse von Colbe, W./ Laßmann, G., [Grundlagen], a.a.O., S. 19.

Koalition überleben.[195] Konflikte zwischen den Individualzielen werden über Ausgleichsleistungen - Beförderungschancen, Statussymbole - gelöst. Interessengegensätze werden so ausgeglichen und einige Interessenten verzichten auf eine Mitwirkung am Zielbildungsprozeß.[196] Vermutlich erfolgt kein vollständiger Interessenausgleich, da die Zielformulierung vage und global ausfallen wird, um die Flexibilität für die Zukunft nicht zu gefährden.[197] Das erreichte Abkommen stellt die gemeinsame Präferenzordnung der Koalition dar.[198] Welche Gruppen am Entscheidungsprozeß teilnehmen, läßt sich nur für einen kurzen Zeitraum und für eine einzelne Entscheidung bestimmen.[199] Um die Anspruchsgruppen zu identifizieren, wird nach ihrem vorhandenen Machtpotential und der Bereitschaft es einzusetzen, differenziert.[200]

Die Kritik am *Shareholder*-Ansatz aus der Sicht der Koalitionstheorie greift zu kurz: Die "Koalitionstheorie" kann als eine erklärende Theorie gesehen werden, die Zusammenhänge aufdeckt und Einflüsse auf beobachtbare einzelwirtschaftliche Handlungen erklären will, um dadurch das Entscheidungsverhalten zu prognostizieren. Sie untersucht, wie Entscheidungsprämissen zustande kommen und beobachtete Abweichungen vom Rationalverhalten erklärt werden können. Der *Shareholder Value*-Ansatz hingegen postuliert ein rationales Entscheidungsverhalten und geht von gegebenen Wert- und Verhaltensprämissen aus; Ziel ist es, zur Verbesserung unternehmerischen Handelns beizutragen.[201] Auch wenn unternehmerische Handlungen in der Realität anders ablaufen, spricht dies nicht gegen ein ökonomisch sinnvolles Unternehmensziel und dessen Umsetzung.

Darüber hinaus helfen die Koalitionstheorie und die Anreiz-Beitrags-Theorie nicht, unternehmerische Ziele und Entscheidungsregeln zu präzisieren. Es sind nur qualitative Aussagen möglich, welche Einflüsse auf ein Zielsystem wirken können. Die Theorien liefern keine Aussagen darüber, wer zum Einflußbereich des Unternehmens gehört, also Mitglied der Koalition ist, welche Ziele von den Individuen vertreten und wie Ziele von Individuen zu einem Kollektivziel aggregiert werden können;[202] auch neuere Ansätze[203] bringen kaum einen Fortschritt. Die Koalition-

---

195 Vgl. Simon, H. A., a.a.O., S. 142, S. 148-150; Barnard, C., a.a.O., S. 56-59, S. 139-149, S. 153-160.
196 Vgl. Cyert, R. M./ March, J. G., a.a.O., S. 29, S. 30; Kupsch, P./ Marr, R., a.a.O., S. 744.
197 Vgl. Cyert, R. M./ March, J. G., a.a.O., S. 117; Heinen, E., [Grundlagen], a.a.O., S. 201, S. 202, S. 222f.; Schanz, Günther, Grundlagen der verhaltenstheoretischen Betriebswirtschaftslehre, Tübingen 1977, S. 277; Kupsch, P./ Marr, R., a.a.O., S. 744.
198 Vgl. Schanz, G., a.a.O., S. 277.
199 Vgl. Cyert, R. M./ March, J., a.a.O., S. 27; Marr, R., a.a.O., S. 58; Staehle, W. H., a.a.O., S. 394.
200 Vgl. Janisch, M., a.a.O., S. 125-130; Näther, C., a.a.O., S. 296-299.
201 Vgl. Kirchner, M., a.a.O., S. 116f., Sautter, M. T., a.a.O., S. 62f.
202 Vgl. Schneider, Dieter, [Allgemeine] Betriebswirtschaftslehre, 3. Aufl., München, Wien 1987, S. 62, S. 565-567; Schörner, P., a.a.O., S. 198. Zur Kritik siehe aber auch Staehle, W. H., a.a.O., S. 402; Steinmann, Horst, Die Unternehmung als Interessenverbund, in: BFuP, 28. Jg. (1976), S. 1-12, hier S. 6f. Im Zusammenhang mit der Zielbildung sei auch auf das Arrowsche Unmöglichkeitstheorem verwiesen: Arrow, Kenneth J., Social Choice and Individual [Value], Nachdruck der 2. Aufl., New York, London, Sydney 1966, S. 46-60, wies nach, daß es selbst unter restriktiven Annahmen unmöglich ist, aus den unterschiedlichen Präferenzen aller Beteiligten eine konsistente Zielfunktion für eine Gruppe zu entwickeln.
203 Vgl. Janisch, M., a.a.O., S. 125-130; Näther, C., a.a.O., S. 296-299.

stheorie beschreibt nur, daß unternehmerische Entscheidungen aufgrund bestimmter Regeln zustande kommen; wie diese Regeln selbst bestimmt werden, wird nicht erklärt.[204] Weiterhin hat sich das verhaltenstheoretische Koalitionsmodell nicht von Harmonievorstellungen gelöst, da von gleichberechtigten Partnern ausgegangen wird.[205] Kritisch ist die Rolle der Kernorgane (Unternehmensleitung) zu werten: Sie dürften bemüht sein, ihre Ausgleichs- und Koordinationsaufgabe herauszustellen, gleichzeitig aber ihren aus Informationsunterschieden resultierenden Handlungsspielraum zu nutzen.[206] Zudem ist das Überleben eines Unternehmens in einer Wettbewerbswirtschaft per se kein Ziel.

Stakeholder-Überlegungen werden auch von der neueren (amerikanischen) Managementlehre popularisiert.[207] Das Management soll eine Verständigung zwischen den Interessen der Beteiligten herbeiführen. "Als Problemlösung wird ein Moralkodex für Manager ins Auge gefaßt, demgemäß es berufliche Aufgabe der Unternehmensführung sein soll, Kunden, Mitarbeitern, Geldgebern und der Gesellschaft zu **dienen** und diese Interessen im Rahmen der unternehmerischen Entscheidungen zum Ausgleich zu bringen."[208] Die Unternehmensführung soll treuhänderisch die Interessen aller Beteiligten wahrnehmen; der Begriff der sozialen Verantwortung ist der Schlüssel für das Managementverständnis.[209]

Ob ethische Normen diese Aufgabe erfüllen können, hängt von zwei Bedingungen ab: Erstens muß erkennbar sein, welches Handeln in einer konkreten Situation ethisch geboten ist, und zweitens muß gewährleistet sein, daß die Verantwortlichen diesem Postulat auch tatsächlich entsprechen.[210] Diese Problematik, insbesondere die erste, kann an dieser Stelle nicht diskutiert werden. Fraglich bleibt aber, ob Wertorientierungen des Managements deren Eigennutzüberlegungen zurückdrängen können. Es sei hier nur auf das Stichwort der Grenzmoral verwiesen: Das Management könnte gezwungen sein, seine Einstellungen an eine Grenzmoral anzupassen, weil genutzte Freiräume von anderen ausgenutzt werden; das "moralische Niveau" in der Gesellschaft sinkt, eine neue, gerade noch tragbare Grenzmoral wird möglich und der Prozeß beginnt erneut. Wenngleich dies kein zwingender Prozeß ist,[211] sollte man skeptisch sein, ob durch ein verständi-

---

[204] Vgl. Baumol, William J./ Stewart, Maco, On the Behavioral Theory of the Firm, in: Marris, Robin/ Wood, Arian (Hrsg.), The Corporate Economy, London et al. 1971, S. 118-143; Schanz, G., a.a.O., S. 286f.

[205] Vgl. Kupsch, P. U./ Marr, R., a.a.O., S. 752; ähnlich auch Staehle, W. H., a.a.O., S. 402.

[206] Vgl. Wenger, E., [Theorie], a.a.O., S. 165, S. 176f.

[207] Vgl. Freeman, E. R., a.a.O.; Steinmann, H./ Schreyögg, G., [Management], a.a.O., S. 75f., S. 95-110.

[208] Steinmann, H./ Schreyögg, G., [Management], a.a.O., S. 103, Hervorhebung im Original. Erinnert sei in diesem Zusammenhang an das Davoser Manifest.

[209] Vgl. Steinmann, H./ Schreyögg, G., [Management], a.a.O., S. 103, S. 104; Kirchner, M., a.a.O., S. 124; Milgrom, P./ Roberts, J., a.a.O., S. 316.

[210] Vgl. Hax, Herbert, [Unternehmensethik] - Ordnungselement der Marktwirtschaft?, in: ZfbF, 45. Jg. (1993), S. 769-779, hier S. 770.

[211] Vgl. Jehle, E., a.a.O., S. 1070f.

gungsorientiertes Handeln die Interessen der *Stakeholder* beachtet werden. Anreize, ein bestimmtes Moralniveau anzustreben, werden nicht problematisiert.[212]

Großes Manko der *Stakeholder*-Ansätze ist das Fehlen einer Bewertungstheorie, die - unter Berücksichtigung der Interessenlage aller Beteiligten - Empfehlungen für unternehmerische Handlungen gibt.[213] JANISCH greift auf die Nutzwertanalyse zurück, um eine Beurteilung aus der Sicht aller Anspruchsgruppen zu ermöglichen.[214] Die ermittelten Nutzwerte der einzelnen *Stakeholder* werden anschließend in einem Anspruchsprofil (Polardiagramm) mit den gewünschten Anspruchsniveaus verglichen.[215]

Eine Nutzwertanalyse erfolgt in fünf Schritten: Der Bewerter muß ein Zielsystem und die Zielerreichungsgrade bestimmen, eine Aggregationsfunktion festlegen und den Nutzen ermitteln, evtl. wird er eine Sensitivitätsanalyse durchführen.[216] Kriterien für die Bestimmung des Zielsystems gibt es nicht; wünschenswerte Eigenschaften sind die Vollständigkeit, Operationalität, Dekomposierbarkeit, Redundanzfreiheit und Minimalität.[217] Da zur Aggregation auf das additive Wertmodell zurückgegriffen wird, müssen (bei mehr als zwei Zielen) die Ziele wechselseitig präferenzunabhängig sein.[218] Werden - wie in den Beispielen - monetäre Größen (Einkommen, Preisgestaltung, Spenden)[219] und qualitative Faktoren verwandt, ist eine Abhängigkeit nicht auszuschließen.[220] Darüber hinaus werden der zeitliche Bezug der Ziele und das Risiko der Zielerreichung

---

[212] Die Einstellung des Verfassers zu Fragen der Unternehmensethik belegt ein Zitats von Herbert Hax, [Unternehmensethik], a.a.O., S. 777: "Wer die Marktwirtschaft befürwortet, achtet ein an ethischen Normen orientiertes Handeln nicht gering; aber er weiß, daß die Bereitschaft zu diesem Handeln nicht in beliebigem Umfang vorhanden und verfügbar ist."

[213] Vgl. Schmidt, Reinhard H., [Grundzüge], a.a.O., S. 27.

[214] Vgl. Janisch, M., a.a.O., S. 399-403. Zu Überlegungen, die keineswegs den Anspruch erheben, ein fertiges Modell zu präsentieren, siehe schon Sieben, Günter, [Investitionstheorie unter Berücksichtigung pluralistischer Interessen, in: Albach, Horst/ Simon, Hermann (Hrsg.), Investitionstheorie und Investitionspolitik privater und öffentlicher Unternehmen, Wiesbaden 1976, S. 195-217; Sieben, Günter/ Goetzke, Wolfgang, Investitionskalküle unter Berücksichtigung pluralistischer Interessen, in: BFuP, 28. Jg. (1976), S. 27-52. Chakravarthy, Balaji S., Measuring Strategic Performance, in: SMJ, Vol. 7 (1986), S. 437-458, insb. S. 447, schlägt einen gewichteten Durchschnitt von acht Kennzahlen vor, über den die Interessen der Stakeholder erfaßt werden sollen. Wegen der Theorielosigkeit des Vorgehens wird auf diesen Vorschlag nicht zurückgegriffen.

[215] Vgl. Janisch, M., a.a.O., S. 404-407.

[216] Vgl. Weber, Martin, [Nutzwertanalyse], in: Frese, Erich (Hrsg.), HWO, 3. Aufl., Stuttgart 1992, Sp. 1435-1448, hier Sp. 1436; Blohm, Hans/ Lüder, Klaus, Investition, 7. Aufl., München 1991, S. 17.

[217] Vgl. Weber, Martin, [Nutzwertanalyse], a.a.O., Sp. 1437; Hafner, R., [Grenzpreisermittlung], a.a.O., S. 95.

[218] Vgl. Ballwieser, W., [Methoden], a.a.O., S. 173; Weber, Martin, [Nutzwertanalyse], a.a.O., Sp. 1439; Hafner, R., [Grenzpreisermittlung], a.a.O., S. 116, S. 144f.; Blohm, H./ Lüder, K., a.a.O., S. 176, S. 194; Eisenführ, Franz/ Weber, Martin, Rationales Entscheiden, Berlin et al. 1993, S. 113f. Zu den Eigenschaften einer wechselseitigen Präferenzunabhängigkeit vgl. Weber, Martin, [Nutzwertanalyse], a.a.O., Sp. 1440; Hafner, R., [Grenzpreisermittlung], a.a.O., S. 117-122. Ist die Bedingung einer wechselseitigen Unabhängigkeit nicht erfüllt, sind komplexere Aggregationsregeln erforderlich. Vgl. Hafner, R., [Grenzpreisermittlung], a.a.O., S. 151-226.

[219] Vgl. Janisch, M., a.a.O., S. 401, S. 402, S. 403.

[220] Vgl. Ballwieser, W., [Methoden], a.a.O., S. 173; Hafner, R., [Grenzpreisermittlung], a.a.O., S. 57; Hafner, R., [Zielsetzung], a.a.O., S. 493f.; Blohm, H./ Lüder, K., a.a.O., S. 176.

vernachlässigt. Freiräume (für den Bewerter) ergeben sich bei der Ermittlung der Wertfunktion für die Teilziele[221] und der Zielgewichte[222].

Nicht nur die Bestimmung des Ist-Nutzenwertes der Anspruchsgruppen ist subjektiv, auch die Vorgabe der Anspruchsniveaus für die einzelnen Gruppen unterliegt der Willkür des Bewerters.[223] Darüber hinaus bleibt unklar, wie man vom *Stakeholder*-Profil zur Entscheidung gelangt. Eindeutige Empfehlungen lassen sich nur treffen, wenn eine Aktion für alle *Stakeholder* den höchsten Anspruchsnutzen bedeutet (Dominanzkriterium). Ist das Dominanzkriterium nicht anwendbar, wird eine Aggregationsregel benötigt, um von den Anspruchsnutzen der *Stakeholder* zu einem Entscheidungswert zu gelangen; hierzu vermerkt JANISCH nichts.

Durch Rückgriff auf die mikroökonomisch-institutionell orientierte Sichtweise läßt sich zeigen, daß die Wertsteigerungsanalyse die Ziele anderer Interessengruppen nicht vernachlässigt: Das Unternehmen wird als Geflecht von impliziten und expliziten Verträgen interpretiert, die zwischen den Beteiligten geschlossen werden, um die Beziehungen zu regeln. Diese Verträge regeln in verbindlicher Weise die Rechte, Pflichten und Zuständigkeiten der Tauschpartner sowie die Verteilung der Erträge.[224] Über die Verträge werden die Interessen abgestimmt; von einer interessenmonistischen Ausrichtung kann nicht die Rede sein.[225] Im Unterschied zur "Koalitionstheorie", bei der die Interessen durch die Schaffung eines Zielsystems der Unternehmung koordiniert werden, nachdem eine Koalition entstanden ist, erfolgt im Rahmen der vertragstheoretischen Rekonstruktion der Unternehmung die Interessenkoordination im Austausch von Vertragsregelungen, wenn die Koalition begründet wird.[226] Der Markt sorgt für den Ausgleich der Interessen. Während die Koalitionstheorie verhaltenstheoretische Denkmuster in die Diskussion bringt und die Stellung des Unternehmens im Markt fast vollständig verdrängt,[227] ist die vertragstheoretische Rekonstruktion des Unternehmens von der neoklassischen Theorie geprägt; es wird vom methodologischen Individualismus[228] und konsistenten und stabilen rationalen Präfe-

---

[221] Zu den Möglichkeiten, die Wertfunktion festzulegen, vgl. Eisenführ, F./ Weber, Martin, a.a.O., S. 99-106; Blohm, H./ Lüder, K., a.a.O., S. 181-185.

[222] Zu den Möglichkeiten, die Zielgewichte zu bestimmen, vgl. Eisenführ, F./ Weber, Martin, a.a.O., S. 118-127; Hafner, R., [Grenzpreisermittlung], a.a.O., S. 127-138.

[223] Vgl. Eisenführ, F./ Weber, Martin, a.a.O., S. 83.

[224] Vgl. Fama, E. F., [Agency Problems], a.a.O., S. 289; Jensen, M. C., [Organizations], a.a.O., S. 326; Hax, Herbert, Unternehmung und [Wirtschaftsordnung], in: Issing, Otmar (Hrsg.), Zukunftsprobleme der sozialen Marktwirtschaft, Berlin 1981, S. 421-440, hier S. 424; Richter, R., a.a.O., S. 578; Picot, A., [Ökonomische], a.a.O., S. 146; Schneider, Dieter, [Allgemeine], a.a.O., S. 568f.

[225] Vgl. Schneider, Dieter, [Allgemeine], a.a.O., S. 568f.; a.A. Macharzina, K., a.a.O., S. 7f.

[226] Ähnlich Ballwieser, W./ Schmidt, Reinhard H., a.a.O., S. 654.

[227] Kritisch zur Übernahme verhaltenswissenschaftlicher Ansätze in die Betriebswirtschaftslehre äußern sich Schneider, Dieter, [Allgemeine], a.a.O., S. 190-194; Hax, Herbert, Theorie der Unternehmung - Information, Anreize und [Vertragsgestaltung], in: Ordelheide, Dieter/ Rudolph, Bernd/ Büsselmann, Elke (Hrsg.), Betriebswirtschaftslehre und ökonomische Theorie, Stuttgart 1991, S. 51-72, hier S. 54.

[228] Der methodologische Individualismus führt soziale Phänomene auf das individuelle Verhalten zurück. Die Ausrichtung am Individuum wird als Ausgangspunkt der Erklärung genommen. Daher wird nur das Handeln von Individuen, nicht aber Kollektiven (Unternehmungen) untersucht. Kollektive Entscheidungen werden ge-

renzen ausgegangen sowie der Idealtyp ökonomisch-zweckrationalen Verhaltens der Individuen unterstellt.

Durch die Besinnung auf den methodologischen Individualismus ist es kein Ziel des vertragstheoretischen Ansatzes, eigenständige Zielsetzungen für Unternehmen zu postulieren.[229] Eine Präferenzfunktion eines Interessenverbundes "Unternehmen" müßte sich aus den individuellen Präferenzen begründen lassen. Dies erfordert ein Verfahren, mit dem die individuellen Vorstellungen zu einer gemeinschaftlichen Präferenzfunktion zusammengefaßt werden können. Da dies unmöglich ist,[230] werden das individuelle Verhalten beschränkende Organisationsregeln (Kontraktdesigns) untersucht, die die Entscheider veranlassen, ein im Lichte individueller Präferenzen pareto-optimales Ergebnis zu erreichen.[231]

Auch auf weniger perfekten Märkten erfüllt das private Gewinnstreben seine Allokationsfunktion, wenn die Marktunvollkommenheiten Freiräume für die Organisation von Unternehmen, Kooperationen und vertragliche Beziehungen (Kontraktdesigns) lassen.[232] Die Organisationsformen regeln, bei welcher Gruppe bestimmte Ansprüche und Einwirkungsmöglichkeiten liegen.[233] Der Preismechanismus auf Märkten wirkt in zweifacher Hinsicht: Zum einen fördert er die Suche nach neuen transaktionskostensenkenden Normen, die dem Verwender Vorteile bringen, weil durch sie ein Vertragsabschluß ermöglicht wird, zum anderen wird eine Allokation über den Preis möglich, wenn diese Normen allgemein durchgesetzt werden.[234]

Die *Stakeholder* stehen den Interessenkonflikten keineswegs naiv und hilflos gegenüber, sondern werden die Gefahren bei Vertragsabschluß berücksichtigen; im Extremfall werden sie auf den Vertragsabschluß verzichten.[235] Alle *Stakeholder* werden versuchen, die Vertragsbeziehungen so zu gestalten, daß die beschriebenen Probleme minimiert werden, da alle an der Beziehung interessiert sind. Die Forderungen der *Stakeholder* werden als Nebenbedingungen in den Kalkül eingehen.[236] Damit wird die Vertragsgestaltung zu einem zentralen Problem, da durch sie Anreize

---

danklich auf individuelle zurückgeführt. Vgl. Schumpeter, Joseph, Das Wesen und der Hauptinhalt der Nationalökonomie, Berlin 1908, Nachdruck 1970, S. 88-96; Gerum, Elmar, Property Rights, in: Frese, Erich (Hrsg.), HWO, 3. Aufl., Stuttgart 1992, Sp. 2116-2128, hier Sp. 2120.

[229] Vgl. Wenger, E., [Theorie], a.a.O., S. 166.

[230] Vgl. den Hinweis zum Arrowschen Unmöglichkeitstheorem.

[231] Vgl. Wenger, E., [Theorie], a.a.O., S. 166.

[232] Vgl. Wenger, E., [Theorie], a.a.O., S. 167.

[233] Vgl. Franke, G./ Hax, Herbert, [Finanzwirtschaft], a.a.O., S. 2; Hax, Herbert, [Wirtschaftsordnung], a.a.O., S. 423f.

[234] Vgl. Loy, Claudia, Marktsystem und Gleichgewichtstendenz, Tübingen 1988, S. 119; Kunz, Harald, Marktsystem und Information, Tübingen 1985, S. 26, S. 151f.; Röpke, Jochen, Die Strategie der [Innovation], Tübingen 1977, S. 54-57. Diesen evolutorischen Charakter des Marktes betont auch Schmidt, Reinhard H., [Unternehmensfinanzierung], a.a.O., S. 182.

[235] Vgl. Hax, Herbert, [Vertragsgestaltung], a.a.O., S. 59.

[236] Vgl. Franke, G./ Hax, Herbert, [Finanzwirtschaft], a.a.O., S. 2; Hax, Herbert, [Vertragsgestaltung], a.a.O., S. 58; Copulsky, William, Balancing the Needs of Customers and Shareholders, in: JBSt, Vol. 12 (1991), Nr. 6, S. 44-47, hier S. 47.

gegeben werden und eine Risikoaufteilung vorgenommen wird.[237] Diese Art der Interessenabsicherung über Verträge ist u.E. einer einheitlichen Zielbildung vorzuziehen.[238]

Jede vertragliche Regelung verkörpert ein Bündel an Rechenschaftspflichten, Informations- und Mitwirkungsrechten, Kontrollmöglichkeiten und Genehmigungsvorbehalten, Selbstbindungen und Verhaltensbeschränkungen, Kündigungsmöglichkeiten und sonstigen Sanktionen.[239] WILLIAMSON spricht von *Governance Structure*, der Beherrschungsstruktur von Verträgen.[240] Insbesondere langfristige Verträge bedürfen aufgrund der asymmetrischen Informationsverteilung und des eigennützigen Verhaltens der Vertragspartner solcher Regelungen.[241] Durch eine kurzsichtige Orientierung an den Zielen der Eigentümer werden mittel- und langfristig die Finanzierungs- und Absatzmöglichkeiten des Unternehmens verringert. "Die eine Vertragspartei, die ohne Zustimmung der anderen beliebig Verträge abschließen und ändern darf, kann es daher nicht mehr geben, da viele Vertragsänderungen andere Verträge tangieren."[242]

Wie die Kontraktdesigns einer vertraglichen Beziehung im Einzelfall zu gestalten sind, muß offenbleiben.[243] Art und Umfang der vertraglichen Beziehung sind nicht immer vollständig festzuschreiben. Darüber hinaus können externe Effekte und Vermachtungsprozesse die Möglichkeiten der Vertragsgestaltung behindern.[244] Die Absicherung der Interessen über die Verträge ist keine vollkommene Interessenregelung. Gesetzliche Regelungen - Mitbestimmungsrechte, Verbraucherschutzvorschriften, Insolvenzregelungen - sollen ergänzend dazu anhalten, die Interessen anderer Vertragspartner zu beachten.[245]

Auch wenn das Unternehmen ein Netz von teils gesetzlich, teils vertraglich gesicherten *Stakeholders* ist, die Ansprüche an das Unternehmen haben, ist letztendlich von Bedeutung, welche Gruppe die Entscheidungsbefugnis für die Unternehmenspolitik hat. In marktwirtschaftlich organisierten Gesellschaften liegt diese Kompetenz weitgehend in den Händen der Eigentümer; man spricht von kapitalgeleiteten Unternehmen.[246] Die Eigentümer haben bei diesem Unter-

---

237 Vgl. Hax, Herbert, [Vertragsgestaltung], a.a.O., S. 58.

238 Vgl. Williamson, Oliver E., Die ökonomischen [Institutionen] des Kapitalismus, Tübingen 1990, S. 265.

239 Vgl. Hax, Herbert, [Vertragsgestaltung], a.a.O., S. 58f. Spremann, K., [Information], a.a.O., S. 577, unterscheidet zwischen harten und weichen Kontraktdesigns. Harte Designs sind formalisiert und präzise geregelt, an nachprüfbare Bedingungen geknüpft und werden stets durchgesetzt. Weiche Designs sind weniger formal und eindeutig, die Anwendungsgrundlage ist nicht intersubjektiv nachprüfbar und kann daher nicht immer durchgesetzt werden. Harte Designs wirken wie Kontingenzverträge. Sie müssen ex ante getroffen und präzise geregelt werden. Ihre Anwendung ist daher eingeschränkt. Weiche Designs dürften trotz der verschwommenen Formulierung eine große Bedeutung haben.

240 Vgl. Williamson, O. E., [Institutionen], a.a.O., S. 2, S. 20.

241 Vgl. Hax, Herbert, [Vertragsgestaltung], a.a.O., S. 59.

242 Swoboda, P., [Betriebliche], a.a.O., S. 184.

243 Vgl. Spremann, K., [Information], a.a.O., S. 584; Hax, Herbert, [Vertragsgestaltung], a.a.O., S. 60.

244 Skeptisch daher Steinmann, H./ Schreyögg, G., [Management], a.a.O., S. 77-82; Stehle, W. M., a.a.O., S. 392f.; Bleicher, K., a.a.O., S. 126-128; Milgrom, P./ Roberts, J., a.a.O., S. 316.

245 Vgl. Franke, G./ Hax, Herbert, [Finanzwirtschaft], a.a.O., S. 3.

246 Vgl. Franke, G./ Hax, Herbert, [Finanzwirtschaft], a.a.O., S. 2; Staehle, W. H., a.a.O., S. 402.

nehmenstyp das Recht auf den Residualerfolg und die Veräußerung der Anteile. Insbesondere das erstere Recht wäre ohne Bedeutung, wenn die Eigentümer nicht in der Lage sind, Entscheidungen über die Entwicklung des Unternehmens direkt oder über Beauftragte zu treffen.[247] Als Grund wird z.T. die hohe Spezifität des eingebrachten Sachkapitals angeführt, das erheblichen Entwertungsrisiken unterliegt.[248] Die grundsätzliche Eigentümerorientierung wird von der rechtlichen Betrachtung gestützt, da die Eigentümer unter der geltenden Unternehmensverfassung das Recht haben, die Geschäftsleitung zu bestellen, zu kontrollieren und abzuberufen. Die Orientierung an den Eigentümern ist legitim und notwendig;[249] nach WENGER sogar einzig gebotenen Orientierung, da Marktwertmaximierung die Effizienz der Unternehmen steigert und zu einer Wohlstandssteigerung führt.[250] Darüber hinaus unterbreiten auch *Stakeholder*-Ansätze, die auf der vertragstheoretischen Konstruktion des Unternehmens beruhen, keine Finanzierungstheorie, die eine Bewertung operational umsetzt.[251]

2.2.2. Der Börsenkurs: Eine sinnvolle Umsetzung des Ziels der Marktwertmaximierung?

Maßstab der Wertsteigerungsanalyse ist der Marktwert des Unternehmens. Bei an der Börse notierten Unternehmen stellt der Börsenkurs einen aktuellen, realisierten Marktpreis dar. Das Unternehmen ist an der Börse einer dauernden Bewertung und einem stetigen Preisbildungsprozeß ausgesetzt.[252] Im Börsenkurs spiegeln sich zukünftige Erfolge, so daß einerseits das Management die Möglichkeit hat, sich bei der Bewertung von Strategien direkt am Börsenkurs zu orientieren, andererseits die Fähigkeiten des Managements einer laufenden Bewertung durch den Markt unterzogen werden können.[253]

Trotzdem wird der Börsenkurs als Maßstab für den Wert eines Unternehmens auch kritisiert: So müssen der "innere Wert" einer Aktie und die Kursnotiz nicht übereinstimmen. Während der

---

[247] Vgl. Franke, G./ Hax, Herbert, [Finanzwirtschaft], a.a.O., S. 4; Wenger, E., [Theorie], a.a.O., S. 178; Wenger, Ekkehard, [Verfügungsrechte], in: Wittmann, Waldemar et al. (Hrsg.), HWB, Teilband 3, 5. Aufl., Stuttgart 1993, Sp. 4495-4508, hier Sp. 4502.

[248] Vgl. Wenger, E., [Verfügungsrechte], a.a.O., Sp. 4502f. Dieses Argument gilt auch für das Humankapital der Belegschaft. Vgl. ebenda, Sp. 4503.

[249] Vgl. Schmidt, Reinhard H., [Grundzüge], a.a.O., S. 27.

[250] Vgl. Wenger, E., [Theorie], a.a.O., S. 177; ders., [Unternehmenserhaltung], a.a.O., S. 31-35, in bezug auf die Unternehmenserhaltung.

[251] Vgl. die Ansätze von Cornell, Bradford/ Shapiro, Alan C., Corporate [Stakeholders] and Corporate Finance, in: FM, Vol. 16, (1987), Frühjahr, S. 5-14; dies., [Financing], Corporate Growth, in: JACF, Vol. 1 (1988), Sommer, S. 6-22; Coyne, Kevin P./ Ferguson, Roger W., Jr., Real Wealth, in: McKinsey Quarterly, o.Jg. (1991), Nr. 4, S. 69-80.

[252] Vgl. Gutenberg, Erich, Grundlagen der Betriebswirtschaftslehre, Dritter Band: Die Finanzen, 8. Aufl., Berlin et al. 1980, S. 200; Röttger, Bernhard, Das Konzept des Added Value als Maßstab für die finanzielle Performance, Kiel 1994, S. 7.

[253] Vgl. Süchting, J., a.a.O., S. 280f.

"innere Wert" die Ertragskraft des Unternehmens reflektiert, sei der Börsenkurs von spekulativen, markttechnischen und allgemeinwirtschaftlichen Einflüssen bestimmt. Zudem seien im Börsenkurs nicht alle Informationen reflektiert, da der Zeithorizont des Marktes zu kurz sei ("Kurzsichtigkeit des Marktes); Gewinnkennzahlen aus Quartalsberichten würden auf Kosten der Informationen über zukunftssichernde Investitionen überbewertet.[254] Fundamentaler ist die Kritik der Unternehmensbewertungslehre: Aus dem an der Börse festgestellten Kurs einer einzelnen Aktie könne nicht auf den Wert des Unternehmens geschlossen werden.

Im folgenden werden einige Börsenkurstheorien vorgestellt die Erklärungsansätze zur Kursbildung bieten. Vorgestellt werden zunächst Erklärungen nicht fundamentaler Kursbildung - wirtschaftspsychologische Ansätze, *Noise Trader*-Ansätze und die Theorie spekulativer Blasen -, bevor die fundamentale Kursbildung betrachtet wird. Abschließend werden einige Ergebnisse über die emprische Fundierung der Kursbildung präsentiert.

Kritikpunkt am Börsenkursen sind nicht zuletzt spekulative Übertreibungen, wenn ein Kursaufschwung bei den Anlegern die Erwartung auf weitere Kurssteigerungen - zumindest auf kurze Sicht - auslöst. Durch diese Erwartungshaltung wird ein sich verstärkender Prozeß in Gang gesetzt;[255] bei Kursrückgängen läßt sich analog argumentieren. Es müssen nicht das Ertragspotential richtig eingeschätzt, sondern die Einschätzung der übrigen Marktteilnehmer richtig vorausgesehen werden: "Denn es hat keinen Sinn, für eine Investition 25 zu zahlen, von der man glaubt,

---

254 Vgl. Paul, Walter, Umfang und Bedeutung der [Investor Relations], in: BFuP, 45. Jg. (1993), S. 133-162, hier S. 139; Florin, Gerhard, Strategiebewertung auf Ebene der strategischen Geschäftseinheiten, Frankfurt am Main 1988, S. 89f.; Porter, Michael E., [Diversifikation] - Konzerne ohne Konzept, in: Busse von Colbe, Walther/ Coenenberg, Adolf G. (Hrsg.), Unternehmensakquisition und Unternehmensbewertung, Stuttgart 1992, S. 5-31, hier S. 6; Helbling, Carl, [Unternehmensbewertung] und Steuern, 7. Aufl., Düsseldorf 1993, S. 118. Insbesondere institutionellen Anlegern in den USA wird vorgeworfen, sie seien mehr an den Quartalsberichten interessiert, als an langfristigen Entwicklungsmöglichkeiten des Unternehmens. Ablehnend: Rappaport, A., [Creating], a.a.O., S. 160f.; Stewart, G. Bennett, a.a.O., S. 56-62; Ganz, M., a.a.O., S. 191; Hax, Arnoldo C./ Majluf, Nicolas S., Strategisches Management, Frankfurt am Main, New York 1988, S. 227. Einige empirische Arbeiten in den USA konnten diese Kurzsichtigkeit des Marktes nicht bestätigen. Sie ergaben, daß der Kapitalmarkt positiv auf Ankündigungen über verstärkte Forschungs- und Entwicklungsaufwendungen, Joint Ventures und ähnlich langfristige Investitionen reagierte. Vgl. McConnell, John J./ Muscarella, Chris J., Corporate Capital Expenditure Decisions and the Market Value of the Firm, in: JFE, Vol. 14 (1985), S. 399-422; McConnell, John J./ Nantell, T., Corporate Combinations and Common Stock Returns: The Case of Joint Ventures, in: JoF, Vol. 40 (1985), S. 519-536; Wooldridge, J. Randall/ Snow, Charles C., Stock Market Reaction to Strategic Investment Decisions, in: SMJ, Vol. 11 (1990), S. 353-363; Wooldridge, J. Randall, Competitive Decline and Corporate Restructuring: Is a Myopic Stock Market to Blame?, in: JACF, Vol. 1 (1988), Frühjahr, S. 26-36; Chan, Su Han/ Martin, John/ Kensinger, John, Corporate Research and Development Expenditures and Share Value, in: JFE, Vol. 26 (1990), S. 255-276. In einer Untersuchung von Graves, Samuel B., Institutional Ownership and Corporate R&D in the Computer Industry, in: AMJ, Vol. 31 (1988), S. 417-428, hier S. 424f., konnte hingegen ein negativer Zusammenhang zwischen institutionellen Eigentümern, denen eine kurzfristige Orientierung vorgeworfen wird, und den Ausgaben für Forschung und Entwicklung nicht verworfen werden.

255 Vgl. Bank für Internationalen Zahlungsausgleich, 58. Jahresbericht, 1. April 1987 - 31. März 1988, Basel 13. Juni 1988, S. 98; Dinauer, Josef W., Psychologische Einflußfaktoren bei der Kursbildung am Aktienmarkt, in: DVFA (Hrsg.), Beiträge zur Aktienanalyse, 15. Jg. (1976), S. 19-29, hier S. 28; Geiger, Helmut, Entstehung und Auswirkungen besonderer Börsenentwicklungen am Beispiel des Börsencrashs 1987, in: Maas, Peter/ Weibler, Jürgen (Hrsg.), Börse und Psychologie, Köln 1990, S. 213-237, hier S. 222.

daß ihr voraussichtliches Erträgnis einen Wert von 30 rechtfertigt, wenn man gleichzeitig glaubt, daß der Markt sie nach drei Monaten mit 20 bewertet."[256]

Irrationalitäten werden von den psychologischen "Börsenkurstheorien" betrachtet: Als Folge psychologischen Einflüsse ergeben sich wiederkehrende Übertreibungen in optimistischer und pessimistischer Richtung.[257] Ursache dieser z.T. massenpsychologischen Ansteckung ist die Art der Erwartungsbildung über die wirtschaftliche Entwicklung; Erwartungen bilden sich vor dem Hintergrund gewisser Stimmungen. Diese Stimmungslagen führen dazu, daß das Publikum gegenüber bestimmten Informationen besonders anfällig, gegenüber anderen unempfindlich reagiert. Sie verleihen allen als kursbeeinflussend angesehenen Umständen eine bestimmte Färbung; ob zutreffend oder nicht, sei dahingestellt.[258] Neben der allgemeinen Börsenstimmung wird insbesondere das Vertrauen auf die gleichen Informationsquellen ("Börsen-Gurus") als Ursache derartiger Kurseinflüsse gesehen. Aufgrund dieser Faktoren kann sich der einzelne Anbieter kaum den kollektiven Erwartungen entziehen; es existiert ein hoher Konformitätsdruck.[259] Wenngleich psychologische Einflüsse auf den Kurs nicht vernachlässigt werden sollten, ist die Kritik wenig fundiert. Die Ausführungen der psychologischen "Börsenkurstheorien" bleiben vage. Sie stützen sich auf eine veraltete Massenpsychologie.[260]

In jüngerer Zeit gibt es sog. *Noise Trader*-Ansätze, die eine Modellierung individueller Erwartungsbildung (unter Beachtung psychologischer Einflüsse) erlauben, und "Irrationalitäten" und Spekulationstendenzen abbilden. Sie modellieren verhaltenswissenschaftliche Erklärungen und ersetzen die strenge Annahme eines ständig rationalen Verhaltens. Wirtschaftspsychologische Erklärungen dienen ihnen als Anhaltspunkt, über die Modellierung wird aber ein Marktzusammenhang hergestellt.[261] Dabei werden sowohl gegenseitige Beeinflussungen der Marktteilnehmer

---

[256] Keynes, John Maynard, Allgemeine Theorie der Beschäftigung, des Zinses und des Geldes, unveränderter Nachdruck der 1. Aufl., Berlin 1952, S. 130f.; vgl. auch Trenner, Dieter, Aktienanalyse und Anlegerverhalten, Wiesbaden 1988, S. 173; Kiehling, Hartmut, Eine Einführung in die Kapitalmarkttheorien, in: DStR, 30. Jg. (1992), S. 476-482, hier S. 477.

[257] Vgl. Büschgen, H. E., a.a.O., S. 38; Trenner, D., a.a.O., S. 229; Gutenberg, E., a.a.O., S. 204; Steinöcker, Reinhard, Akquisitionscontrolling: Strategische Planung von Firmenübernahmen, Berlin, Bonn, Regensburg 1993, S. 89; Loehr, Helmut, Bewertung von Unternehmen an Kapitalmärkten, in: Gebhardt, Günther/ Gerke, Wolfgang/ Steiner, Manfred (Hrsg.), Handbuch des Finanzmanagements, München 1993, S. 177-195, hier S. 188.

[258] Vgl. Büschgen, H. E., a.a.O., S. 39; Groth, John C., Corporate Communications and Firm Value, in: MF, Vol. 14 (1988), Nr. 1, S. 1-5, hier S. 5; Dinauer, J. a.a.O., S. 26; Frey, Dieter/ Stahlberg, Dagmar, Erwartungsbildung und Erwartungsveränderung bei Börsenakteuren, in: Maas, Peter/ Weibler, Jürgen (Hrsg.), Börse und Psychologie, Köln 1990, S. 102-139, insb. S. 108-121; Schwarz, Norbert/ Bohner, Gerd, Stimmungseinflüsse auf Denken und Entscheiden, in: Maas, Peter/ Weibler, Jürgen (Hrsg.), Börse und Psychologie, Köln 1990, S. 162-189, hier S. 166-168; Kiehling, H. a.a.O., S. 477.

[259] Vgl. Dinauer, J. W., a.a.O., S. 29; Frey, D./ Stahlberg, D., a.a.O., S. 123f., S. 129-131; Kiehling, H., a.a.O., S. 477. Ähnlich auch Milgrom, P./ Roberts, J., a.a.O., S. 469.

[260] Vgl. Schmidt, Reinhard H., [Aktienkursprognose], a.a.O., S. 107, m.w.N.

[261] Vgl. Menkhoff, Lukas/ Röckemann, Christian, Noise Trading auf Aktienmärkten. Ein Überblick zu verhaltensorientierten Erklärungsansätzen nicht fundamentaler Kursbildung, in: ZfB, 64. Jg. (1994), S. 277-295, hier S. 280f.

als auch individuell irrationales Verhalten erfaßt.[262] Unterstellt wird im Rahmen der *Noise Trader*-Ansätze, daß keine Gruppe am Markt in der Lage ist, Kurse, die den fundamentalen Daten entsprechen, durchzusetzen; damit wird in den Ansätzen die Arbitrage rationaler Anleger begrenzt.[263] Ursachen sind, Kursabweichungen, die falsch eingeschätzt werden können und weiter fort setzen oder der kurze Zeithorizont der Akteure, aufgrund einer alle drei bis zwölf Monate stattfindenden Performance-Messung, verhindert eine Langfriststrategie.[264]

Zur Erklärung der Spekulationsanfälligkeit wird in jüngerer Zeit auch auf die Theorie spekulativer Blasen zurückgegriffen.[265] Im Gegensatz zu den Noise Trader-Ansätze wird jedoch eine strenge Rationalität der Marktteilnehmer unterstellt. Marktpreise werden in den Modellen nicht durch fundamentale Daten erklärt, sondern basieren allein auf den Erwartungen über zukünftige Kurssteigerungen. Diese "Irrationalität" wird von den Anlegern durchaus erkannt. Bei der Einschätzung über den Kurs ist es jedoch durchaus rational, sich an Größen zu orientieren, von denen man annimmt, daß sie die anderen Marktteilnehmer als kursbestimmend ansehen. Die Gründe dafür sind ohne Belang und benötigen keine fundamentalen Ursachen.[266]

Bubbles können sich daher auch bei rationalen Marktteilnehmern bilden. Unterstellt wird in den Modellen eine für jede Periode bekannte Wahrscheinlichkeit, daß die "Blase" platzt; zusätzlich müssen mehrere Generationen auf dem Markt vorhanden sein, die nacheinander ihren Ein- und Ausstieg planen. Die rationalen Marktteilnehmer sind durchaus bereit in eine ihnen bekannte "Blase" zu investieren; es muß lediglch der erwartete Verlust beim Platzen der durch den erwarteten Gewinn beim Fortbestehen kompensiert werden. Das Verhalten wird also nicht beeinflußt durch das Wissen, daß der *Bubble* endlich ist, durch exogene Ereignisse platzen kann und die Wahrscheinlichkeit des Platzens mit der Zeit steigt.[267] In den Modellen sind die Steigerungsraten umso höher, je größer die "Crash-Gefahr" auf dem Markt ist, da die Anleger für die Wahrscheinlichkeit entschädigt werden wollen, daß die 'Blase platzt'.[268] Im Lauf der Zeit kommt es zu einem sich selbstverstärkenden exponentiellen Anstieg der Kurse. Die exponentiellen Kursentwicklungen halten an, solange die Anleger nicht systematisch getäuscht werden; ist dies der Fall,

---

[262] Vgl. Shleifer, Andrei/ Summers, Lawrence H., The Noise Trader Approach to Finance, in: JEP, Vol. 4 (1990), Nr. 2, S. 19-33, hier S. 23-25; Menkhoff, L./ Röckemann, C., a.a.O., S. 281; siehe auch die Zusammenstellung der Ansätze ebenda, S. 285, S. 288.

[263] Vgl. Menkhoff, L./ Röckemann, C., a.a.O., S. 281; Shleifer, A./ Summers, L. H., a.a.O., S. 20.

[264] Vgl. Menkhoff, L./ Röckemann, C., a.a.O., S. 281; Shleifer, A./ Summers, L. H., a.a.O., S. 20f.

[265] Vgl. Heri, Erwin W., Irrationalitäten rational gesehen: Eine Übersicht über die Theorie der "Bubbles", in: Schweizerische Zeitschrift für Volkswirtschaft und Statistik, 122. Jg. (1986), S. 163-186, insb. S. 163f., S. 169-174; Bank für Internationalen Zahlungsausgleich, a.a.O., S. 97f.; Jüttner, D. Johannes, Fundamentals, Bubbles, Trading Strategies: Are they the Causes of Black Monday?, in: KuK, 22. Jg. (1989), S. 470-486, hier S. 474; Santoni, Gary J./ Dwyer, Gerald P., Jr., Bubbles or Fundamentals: New Evidence from the Great Bull Markets, in: White, Eugene N. (Hrsg.), Crashes and Panics: The Lessons from History, New York 1990, S. 188-232.

[266] Vgl. Heri, E. W., a.a.O., S. 171, S. 172.

[267] Vgl. Gruber, Andreas, Signale, Bubbles und rationale Anlagestrategien, Wiesbaden 1988, S. 9.

[268] Vgl. Heri, E. W., a.a.O., S. 172; Santoni, G. J./ Dwyer, G. P., a.a.O., S. 192.

sinkt der Kurs schlagartig auf den fundamentalen Wert.[269] Empirische Tests sind nicht unproblematisch, die Validität der Theorie damit ungewiß.[270]

Wird eine weitgehende Übereinstimmung von Kurs und fundamentalem Wert unterstellt, interessieren insbesondere die Anpassungen des Marktes. Diese Anpassung der Börsenkurse an die fundamentalen Werte ergeben sich, weil rational handelnde Investoren Unter- und Überbewertungen erkennen und entsprechend handeln. Auf informationseffizienten Märkten erfolgt die Anpassung ohne Zeitverlust. Bei einer unendlichen Anpassungsgeschwindigkeit im Modell informationseffizienter Märkte ergibt sich aber ein Paradoxon: Die einzelnen Marktteilnehmer erkennen zwar Unter- und Überbewertungen, sind aber nicht in der Lage, diese Vorteile auf dem Kapitalmarkt umzusetzen. Damit verlieren die Marktteilnehmer den Anreiz, die Informationen zu sammeln, die benötigt werden, um eine Anpassung an den jeweiligen Informationsstand herbeizuführen; niemand hat ein Interesse, Wertdifferenzen zu entdecken.[271]

Um Informationsdiffusion und ein Marktgleichgewicht zu modellieren, muß ein gewisser Grad an Informationsineffizienz gegeben sein, da sonst niemand einen Vorteil aus seiner Informationsbeschaffung ziehen könnte. Der Kurs darf kein unverfälschter Indikator für den fundamentalen Wert darstellen. Wäre dies der Fall, würde niemand bereit sein, die Information auf eigene Kosten zu beschaffen. Ob Kursbewegungen 'verrauscht' (*White Noise*) sind oder auf neuen bewertungsrelevanten Informationen basieren, ist nicht zu erkennen. Weil die anderen Marktteilnehmer durch die Kurse nur unvollständig über den Wert der Aktie informiert sind, können die Informationsvorteile genutzt werden. Es wird zwar ein Marktgleichgewicht erreicht, das aber nur bedingt informationseffizient ist.[272] Kurs und fundamentaler Wert fallen auseinander.

Das Ergebnis wird jedoch aus einem statischen Kalkül abgeleitet, weil die nicht "privatinformierten" Anleger ihre Informationen aus den sich erst einstellenden Gleichgewichtspreisen ermitteln können. In diesem Fall besteht kein Anlaß, die Privatinformationen einzuholen, da die Anleger die Informationen kostenlos dem Gleichgewichtspreis entnehmen können. Wird ein dynamisches Modell unterstellt, bei dem die uninformierten Anleger ihre Informationen aus Gleichgewichtspreisen vergangener Perioden ermitteln, stehen ihnen diese Informationen erst mit einer gewissen Verzögerung zur Verfügung. Es besteht ein Anreiz, die Privatinformationen zu beschaffen, weil man einen zeitlichen Vorsprung erreichen kann. Dies gilt auch, wenn der Kapitalmarkt annähernd informationseffizient ist. Festzuhalten bleibt, daß der Markt nicht vollkommen informationseffizient ist, weil die Informationen zwar in jeder Periode im Preis enthal-

---

[269] Vgl. Heri, E. W., a.a.O., S. 171.

[270] Vgl. Heri, E. W., a.a.O., S. 173, S. 179f.; Bank für Internationalen Zahlungsausgleich, a.a.O., S. 98.

[271] Vgl. Franke, G./ Hax, Herbert, [Finanzwirtschaft], a.a.O., S. 318.

[272] Vgl. Grossman, Sanford J./ Stiglitz, Joseph E., [Information] and Competitive Price Systems, in: AER, Vol. 66 (1976), S. 246-253; dies., On the Impossibility of Informationally [Efficient] Markets, in: AER, Vol. 70 (1980), S. 393-408.

ten sind, jedoch von den Anlegern erst mit Verzögerung wahrgenommen werden. Sind die Perioden kurz, ist der Markt beinahe informationseffizient, weil der Informationsvorsprung einzelner Anleger nur klein ist. In jedem Fall bestehen auch ohne Störgrößen Anreize, Privatinformationen gegen Kosten zu beschaffen. [273]

Informationsverarbeitung anhand von Gleichgewichtsüberlegungen zu betrachten, ist nicht unumstritten; der Preisbildungsprozeß läßt sich in diesen Modellen nicht adäquat erklären.[274] Handel findet auf Kapitalmärkten nur zu Ungleichgewichtspreisen statt.[275] Wird auf den Marktprozeß abgestellt, konzentriert sich im Börsenkurs das bei den einzelnen Marktteilnehmern nur teilweise vorhandene und ungleich verteilte Wissen. "Ohne daß jemand das Gesamtgeschehen überblicken müßte, wird ... Wissen verarbeitet und durch Preise und Preisänderungen in kodierter Form weitergegeben ..."[276]. Im Aktienkurs werden die vielfältigen, individuellen Erwartungen über die Entwicklung des Unternehmens auf einen gemeinsamen, objektiven Nenner gebracht;[277] "[i]m Aktienkurs kann immer nur ein 'Durchschnitt' vielfältiger und mit unterschiedlichen Wahrscheinlichkeitsempfindungen verknüpfter Erwartungen zum Ausdruck kommen ...".[278] Der Informationsstand einzelner, noch so gut informierter Marktteilnehmer spiegelt sich in den Marktpreisen nicht vollständig wider. Schwankungen der Bewertung von einem Tag auf den anderen sind kein Zeichen einer mangelnden Funktionsfähigkeit, sondern ergeben sich aus der Diffusion der Informationen. Auch beim Denken in Marktprozessen wird aber grundsätzlich von der Effizienz des Kapitalmarktes ausgegangen.[279] "Die Informationsqualität der Preise wird durch die Suche nach und die Verwendung von möglichen Informationsvorteilen seitens der Marktteilnehmer bestimmt sowie von der Geschwindigkeit, mit der diese durch den Wettbewerb zunicht gemacht werden."[280] Es sind aber auch Situationen möglich, in denen der Wert eines Unternehmens von seinen Zukunftsaussichten unabhängig ist, weil die Marktteilnehmer Einflüssen ausge-

---

[273] Vgl. Hellwig, Martin, Zur Informationseffizienz des Kapitalmarktes, in: ZWS, 102. Jg. (1982), S. 1-27.

[274] Vgl. Schneider, Dieter, Betriebswirtschaftslehre. Bd. 2: [Rechnungswesen], München, Wien 1994, S. 246-254; Streit, Manfred E., Heterogene Erwartungen, Preisbildung und [Informationseffizienz] auf spekulativen Märkten, in: ZfgStW, 139. Jg. (1983), S. 67-79. Der Kritik von Maas, Peter/ Weibler, Jürgen, Anmerkungen zur Theorie des effizienten Marktes, in: Maas, Peter/ Weibler, Jürgen (Hrsg.), Börse und Psychologie, Köln 1990, S. 203-212, hier S. 206, die das gesamte ökonomisch-rationale Weltbild aufgeben wollen und psychologische Faktoren beachten wollen, kann nicht gefolgt werden.

[275] Vgl. Schneider, Dieter, [Rechnungswesen], a.a.O., S. 251, S. 254; Lachmann, Ludwig M., Methodological Individualism and the [Market Economy], in: Grinder, Walter E. (Hrsg.), Capital, Expectations, and the Market Process. Essays on the Theory of Market Economy by Ludwig M. Lachmann, Kansas City 1977, S. 149-165, hier S. 161.

[276] Streit, Manfred, Theorie der [Wirtschaftspolitik], 4. Aufl., Düsseldorf 1991, S. 84.

[277] Vgl. Gutenberg, E., a.a.O., S. 200f., S. 206; Uhlir, Helmut, Finanz- und [Wertpapieranalyse], in: Wittmann, Waldemar et al. (Hrsg.), HWB, Teilband 1, 5. Aufl., Stuttgart 1993, Sp. 1011-1023, hier Sp. 1012; Lachmann, Ludwig M., [Marktwirtschaft] und Modellkonstruktion, in: ORDO, Bd. 17 (1966), S. 261-279, hier S. 275f.

[278] Trenner, D., a.a.O., S. 162.

[279] Vgl. Lachmann, L. M., [Marktwirtschaft], a.a.O., S. 275; Schmidtchen, Dieter, Evolutorische Ordnungstheorie oder: Die Transaktionskosten und das Unternehmen, in: ORDO, Bd. 40 (1989), S. 161-182, hier S. 177f.

[280] Streit, M. [Informationseffizienz], a.a.O., S. 78.

setzt sind, die zyklische Unter- oder Überbewertungen ermöglichen.[281] Insgesamt bleiben die Ausführungen über die Marktprozesse und die Effizienz in der angeführten Literatur vage, da die Schwierigkeit besteht die individuellen Informationslagen auf die Marktebene zu aggregieren.[282]

Inwieweit spekulative oder andere irrationale Einflußfaktoren den Börsenkurs beeinflussen, kann nicht abschließend beurteilt werden.[283] Selbst unter dem Regime reräsentativer, homogener Erwartungen lassen sich gleichgewichtige und informationseffiziente Märkte kaum erreichen. Gleichzeitig kann durch die Theorie spekulativer Blasen gezeigt werden, daß bei streng rationalem Verhalten Abweichungen vom fundamentalen Wert nicht ausgeschlossen sind. *Noise Trader*-Ansätze modellieren das Geschehen auf dem Kapitalmarkt bei begrenzter Arbitrage und *Investor Sentiments*,[284] was nicht nicht unrealistisch sein dürfte. Prozeßorientierte Ansätze haben Probleme, den Schritt vom Marktteilnehmer zum gesamten Markt zu modellieren. Die theoretischen Ansätze lassen keine eindeutige Aussagen zu.

Welche Ergebnisse zeigen empirische Tests über die Informationsverarbeitung auf Kapitalmärkten?[285] Relevant erscheint insbesondere die Annahme der halbstrengen Informationseffizienz. Gilt sie nicht, werden nicht alle öffentlich zugänglichen Informationen ausgewertet ("Kurzsichtigkeit" des Marktes). Marktteilnehmer, die diese Informationen auswerten, können auf Dauer zusätzliche, sichere Gewinne erzielen. Die Arbeiten beruhen jedoch auf einem selbst nicht isoliert testbaren Modell, da sie ein Preisbildungs- oder Kapitalmarktmodell unterstellen müssen.[286] Wird die These der Informationseffizienz abgelehnt, kann es an dem unterstellten Preisbildungsmodell liegen, das die Realität nicht sachgerecht beschreibt, oder an der mangelhaften Informationsverarbeitung des Marktes (Problem des Tests verbundener Hypothesen). Zudem können Abweichungen auf einer Fehlspezifikation der Modellparameter beruhen.[287]

Empirische Tests können (1) die Vorhersagekraft von Wertpapierrenditen aufgrund vergangener Kursinformationen, (2) die Preisreaktionen auf Informationsveränderungen (Ereignisstudien)

[281] Vgl. Röpke, J., [Unternehmenswachstum], a.a.O., S. 168.

[282] Vgl. Streit, M. [Informationseffizienz], a.a.O., S. 76f.

[283] Vgl. Gutenberg, E., a.a.O., S. 204; Bank für Internationalen Zahlungsausgleich, a.a.O., S. 98.

[284] Diesen Begriff verwenden Shleifer, A./ Summers, L. H., a.a.O., S. 19, S. 23-25.

[285] Bei den aus Gleichgewichtsmodellen abgeleiteten Informationseffizienz handelt es sich um zukunftsbezogene Aussagen. Die empirischen Tests setzten die Aussagen mit realisierten Aktienkursen gleich. Vgl. Schneider, Dieter, [Rechnungswesen], a.a.O., S. 255.

[286] Vgl. Fama, Eugene F., [Efficient] Markets: II, in: JoF, Vol. 46 (1991), S. 1575-1617, hier S. 1575f.; Schneider, Dieter, [Rechnungswesen], a.a.O., S. 254; Möller, Hans Peter, Die [Informationseffizienz] des deutschen Aktienmarktes - eine Zusammenfassung und Analyse empirischer Untersuchungen, in: ZfbF, 37. Jg. (1985), S. 500-518, hier S. 504; Grünwald, Leonhard, Optionsmarkt und Kapitalmarkteffizienz, München 1980, S. 206.

[287] Vgl. Hecker, Renate, Informationsgehalt von Optionspreisen, Heidelberg 1993, S. 34. Zu den Schwierigkeiten bei statistischen Tests der Informationseffizienz vgl. Summers, Lawrence H., Does Stock Market Rationally Reflect Fundamental Values?, in: JoF, Vol. 41 (1986), S. 591-602, insb. S. 593-598.

und (3) die Nutzlosigkeit von Informationsauswertungen untersuchen.[288] Die Tests sind unüberschaubar; die Ergebnisse widersprüchlich:[289]

Während die frühen Untersuchungen keine Prognosemöglichkeiten für Renditen sahen, sind nach den jüngeren Arbeiten durchaus Vorhersagen lohnenswert,[290] so daß die schwache Informationseffizienz verworfen werden müßte. Auch Beobachtungen, daß für Aktien nach einer Phase mit unterdurchschnittlichen Renditen eine mit überdurchschnittlichen folgt,[291] widersprechen der Effizienzthese, wurden aber in anderen Arbeiten nicht bestätigt.[292] Weitere Einwände gegen die Informationseffizienz werden aus den Volatilitätstests gezogen, nach denen die veröffentlichten fundamentalen Daten weniger schwanken als die Aktienkurse.[293] Diese scheinen damit Faktoren zu reflektieren, die über die veröffentlichten Informationen hinausgehen. Die Volatilitätstests können jedoch keine Erklärung liefern, ob eine Erwartungsänderung auf rationalen Gründen basiert.[294] Zweifel an der Informationseffizienz ergeben sich auch aus den festgestellten Anomalien auf den Kapitalmärkten.[295]

---

288 Vgl. Fama, E. F., [Efficient], a.a.O., S. 1576f. Siehe auch Möller, H. P., [Informationseffizienz], a.a.O., S. 502-504, der die beiden letzten Formen unterscheidet.

289 Vgl. die Überblicke von Fama, E. F., [Efficient], a.a.O.; Malkiel, Burton G., [Efficient] Market Hypothesis, in: Newman, Peter et al. (Hrsg.), The New Palgrave Dictionary of Money & Finance, London, New York 1992, S. 739-744. Für den deutschen Kapitalmarkt vgl. Möller, H. P., [Informationseffizienz], a.a.O., S. 506, S. 508f., S. 515; Uhlir, Helmut, The German Stock Market: A Review of the [Efficiency] Literature, in: Hawawini, Gabriel A./ Michel, Pierre A. (Hrsg.), European Equity Markets. Risk, Return and Efficiency, New York, London 1984, S. 317-332, hier S. 320, S. 323, S. 325, S. 328.

290 Vgl. Fama, E. F., [Efficient], a.a.O., S. 1578, S. 1580, m.w.N. Zeitreihenuntersuchungen zu dem gleichen Aspekt können nicht zwischen irrationalen Bubbles und rationalen, im Zeitablauf sich ändernden erwarteten Renditen differenzieren. Vgl. ebenda, S. 1581.

291 Vgl. DeBondt, Werner F. M./ Thaler, Richard H., A Mean-reverting Walk down Wall Street, in: JEP, Vol. 3 (1989), S. 173-193.

292 Vgl. Fama, E. F., [Efficient], a.a.O., S. 1582, m.w.N.

293 Vgl. Shiller, Robert J., The Use of Volatility Measures in Assessing Market Efficiency, in: JoF, Vol. 36 (1981), S. 291-304. Einen Überblick über die Tests liefern LeRoy, Stephen F., Efficient Capital Markets and Martingales, in: JEL, Vol. 27 (1989), S. 1583-1621, hier S. 1595-1603; West, Kenneth D., Bubbles, Fads and Stock Price Volatility Tests: A Partial Evaluation, in: JoF, Vol. 43 (1988), S. 639-660, hier S. 640-644, Tab. I auf S. 641.

294 Vgl. Fama, E. F., [Efficient], a.a.O., S. 1586.

295 Einen Überblick geben Fama, E. F., [Efficient], a.a.O., S. 1586-1589, m.w.N.; Frantzmann, Hans-Jörg, [Saisonalitäten] und Bewertung am deutschen Aktien- und Rentenmarkt, Frankfurt am Main 1989, S. 72-84, m.w.N.; Beiker, Hartmut, Überrenditen und Risiken kleiner Aktiengesellschaften, Köln 1993, S. 26-28, S. 33f., S. 37-39, m.w.N. Kalenderanomalien auf dem deutschen Kapitalmarkt wurden in den Arbeiten von Schmittke, Jürgen, Überrenditeeffekte am deutschen Aktienmarkt, Köln 1989, S. 133-149, S. 149-170; Frantzmann, H.-J., [Saisonalitäten], a.a.O., S. 113-149, S. 155-162, festgestellt. Darüber hinaus wurde in Arbeiten von Domke, Hans-Martin, Rendite und Risiko von Aktien kleiner Aktiengesellschaften, Frankfurt am Main 1987, S. 129-190, insb. S. 188-190; Schmittke, J., a.a.O., S. 170-177; Beiker, H., a.a.O., S. 321-324, S. 369f., S. 428-432, S. 458, S. 463-469, ein Klein-Firmen-Effekt festgestellt; uneinheitlich waren die Ergebnisse bei Oertmann, Peter, Firm-Size-Effekt am deutschen Aktienmarkt. Eine empirische Untersuchung, in: ZfbF, 46. Jg. (1994), S. 229-259, hier S. 245-252.

Aus den Ergebnissen der Ereignisstudien[296] werden weitgehend positive Rückschlüsse über die Informationseffizienz des Kapitalmarktes gezogen.[297] Der Test verbundener Hypothesen wird für die Ereignisstudien als relativ unproblematisch angesehen.[298] Aussagen über die Informationseffizienz des Marktes aufgrund dieser Untersuchungen können aber nur bedingt gemacht werden, da nicht empirisch überprüft werden kann, ob sämtliche öffentlich-verfügbaren Informationen im Börsenkurs enthalten sind, sondern nur zu welchem Zeitpunkt und wie schnell einige Ereignisse im Kurs reflektiert werden.[299]

Positive Hinweise für die Effizienz der Börse ergeben sich, wenn Investmentfonds und ähnliche Institutionen in der Vergangenheit keine Überrenditen erzielen konnten. Derartige Untersuchungen unterliegen in hohem Maße dem Problem des Tests verbundener Hypothesen,[300] worauf auch die widersprüchlichen Testergebnisse zurückzuführen sind.[301]

Die Einschätzung über die Informationseffizienz aus allen Tests bleibt insgesamt widersprüchlich.[302] Einerseits sollte der aktuelle Börsenkurs nicht überbewertet werden, andererseits aber sollte ein Auseinanderfallen von Kursnotiz und fundamentalem Wert nicht mit den Irrationalitäten der Börse abgetan werden, es sollte vielmehr nach Anhaltspunkten für die Unterschiede gesucht werden. U.E. ist die Börsenbewertung mittelfristig durchaus effizient, und die fundamentalen Daten der Unternehmen werden korrekt bewertet, da die Informationen diffundieren und in der Kursentwicklung reflektiert werden.[303]

Die Effizienz des Kapitalmarktes muß u.E. differenziert betrachtet werden. Neben der angesprochenen Informationseffizienz sollten folgende Bedingungen erfüllt sein:[304]

---

[296] Eine Übersicht über Ereignisstudien gibt May, Axel, Zum Stand der empirischen Forschung über Informationsverarbeitung am Aktienmarkt - Ein Überblick, in: ZfbF, 43. Jg. (1991), S. 313-335, hier S. 315-319. Siehe auch Fama, E. F., [Efficient], a.a.O., S. 1600f.

[297] Vgl. Fama, E. F., [Efficient], a.a.O., S. 1601f., S. 1607.

[298] Vgl. Fama, E. F., [Efficient], a.a.O., S. 1602.

[299] Vgl. auch Grünwald, L., a.a.O., S. 197, S. 204. Auf die Bedeutung der korrekten Widerspiegelung der Informationen weist auch Schmidt, Reinhard H., [Aktienkursprognose], Wiesbaden 1976, S. 400, hin.

[300] Vgl. Fama, E. F., [Efficient], a.a.O., S. 1608.

[301] Vgl. Fama, E. F., [Efficient], a.a.O., S. 1607, m.w.N. In der Untersuchung von Lerbinger, Paul, Die Leistungsfähigkeit deutscher [Aktieninvestmentfonds] - Eine empirische Untersuchung zur Informationseffizienz des deutschen Aktienmarktes, in: ZfbF, 36. Jg. (1984), S. 60-73, hier S. 67f., ergaben sich keine Überrenditen der Fonds im Vergleich zu einem Zufallsportefeuille.

[302] Verhalten optimistisch äußern sich Drukarczyk, J., [Theorie], a.a.O., S. 89; Schmidt, Reinhard H., [Unternehmensfinanzierung], a.a.O., S. 176; ders., [Finanzierung], a.a.O., Sp. 1045; Huemer, F., a.a.O., S. 24; skeptischer Kropp, M., a.a.O., S. 108; Loistl, Otto, Zur neueren Entwicklung der [Finanzierungs-theorie], in: DBW, 50. Jg. (1990), S. 47-84, hier S. 68f.; Gerke, Wolfgang/ Rapp, Heinz-Werner, Struktur-veränderungen im internationalen Börsenwesen, in: DBW, 54. Jg. (1994), S. 5-23, hier S. 12; Hecker, Renate, a.a.O., S. 55, die ausdrücklich den deutschen Aktienmarkt anführt. Die skeptische Einschätzung teilen in der amerikanischen Literatur Milgrom, P./ Roberts, J., a.a.O., S. 470f.

[303] Vgl. Büschgen, H. E., a.a.O., S. 38; Ridder-Aab, C.-M., a.a.O., S. 107.

[304] Vgl. Gerke, W./ Rapp, H.-W., a.a.O., S. 11-13.

- Preisbildungseffizienz, d.h. eine geringe Volatilität der Kurse bei außerordentlichem Transaktionsvolumen.
- Kosteneffizienz, d.h. geringe Transaktionskosten für alle Marktteilnehmer.
- Abwicklungseffizienz, d.h. Transaktionssicherheit und technische Zuverlässigkeit.

Markttechnische Einflüsse auf den Kursverlauf einer Aktie ergeben sich aus den quantitativen und qualitativen Gegebenheiten des Aktionärskreises, wie der Höhe des Aktienkapitals, den Festbesitzanteilen sowie der Struktur, Motivation und Finanzkraft bisheriger und potentieller Aktionärsgruppen.[305] So können hohe Mittelrückflüsse bei Investmentfonds für Aktien mit hohen Fondsanteilen zu einem Sinken der Kurse führen, weil sich die Fonds von ihren Anteilen trennen.[306] Als besonderes Problem muß darüber hinaus das Phänomen der Marktenge angesehen werden. In "engen" Märkten genügt schon eine kleine Anzahl von Transaktionen, um den Börsenkurs zu beeinflussen.[307] Bei marktengen Wertpapieren ist es darüber hinaus eher möglich, die Kurse zu pflegen.[308] Auch die Entwicklung der Kommunikationssysteme und die Professionalität der Börsenteilnehmer werden als strukturelle Faktoren angeführt, die die Funktionsfähigkeit des Kapitalmarktes bestimmen.[309] Institutionelle und administrative Rahmenbedingungen sind maßgeblich für eine hohe Kapitalmarkteffizienz.[310] Von besonderer Bedeutung ist die Preisbildungseffizienz, die auftretende Orderungleichgewichte mit geringen Veränderungen der Marktpreise absorbieren kann (Liquidität des Marktes)[311]. Auf dem deutschen Kapitalmarkt kann eine Effizienz bestenfalls beim amtlichen Handel unterstellt werden; bei den anderen Marktsegmenten und den Nebenwerten fällt die Einschätzung weniger positiv aus.[312]

Im börsentäglichen Kurs einer Aktie spiegeln sich nicht nur das langfristige Ertragspotential des Unternehmens, sondern auch gesamtwirtschaftliche und politische Einflüsse.[313] So wird das Kursniveau eines Unternehmens, einer Branche oder des gesamten Marktes von der allgemeinen Entwicklung am Geld- und Kapitalmarkt bestimmt.[314] Die absolute Höhe des Börsenkurses kann nur von untergeordnetem Interesse sein, wenn die Leistungsfähigkeit des Managements oder die Unternehmenspolitik ex post bewertet werden soll. Die Kursentwicklung muß immer vor dem Hintergrund der Gesamtmarktentwicklung betrachtet werden, d.h. als relative Veränderung im

---

305 Vgl. Trenner, D., a.a.O., S. 229; Steinöcker, R., a.a.O., S. 89; Süchting, J., a.a.O., S. 281; auch Loehr, H., a.a.O., S. 181.
306 Vgl. Trenner, D., a.a.O., S. 234.
307 Vgl. Moxter, A., [Gewinnermittlung], a.a.O., S. 31; Trenner, D., a.a.O., S. 229; Gaughan, Patrick A., Mergers & Acquisitions, New York 1991, S. 536f.; Schredelseker, K., a.a.O., S. 229; ähnlich Röttger, B., a.a.O., S. 8.
308 Vgl. Trenner, D., a.a.O., S. 232; ähnlich Sautter, M. T., a.a.O., S. 108.
309 Vgl. Sautter, M. T., a.a.O., S. 108.
310 Vgl. Steiner, Manfred/ Bruns, Christoph, Wertpapiermanagement, 2. Aufl., Stuttgart 1994, S. 41.
311 Vgl. Gerke, W./ Rapp, H.-W., a.a.O., S. 12.
312 Vgl. Röttger, B., a.a.O., S. 8.
313 Vgl. Münstermann, H., [Bewertung], a.a.O., S. 137; Gutenberg, E., a.a.O., S. 203; Schredelseker, K., a.a.O., S. 231f.; Buchner, R., [Finanzanalyse], a.a.O., S. 221; Sewing, P., a.a.O., S. 221; Röttger, B., a.a.O., S. 8f.
314 Vgl. Gutenberg, E., a.a.O., S. 203; Büschgen, H. E., a.a.O., S. 38.

Vergleich zu einem Aktienindex. Der Aktionär erkennt daran, ob sich der Börsenwert seines Unternehmens günstiger entwickelt hat als der Durchschnitt der Aktien.[315]

Die Literatur sieht bei großen Differenzen zwischen dem Börsenkurs und fundamentalem Wert das *Shareholder Value*-Konzept z.T. kritisch, da Marktwerte dann nur eingeschränkte Orientierungsgrößen seien.[316] Ob aber der Börsenkurs als relevanter Marktwert zu sehen ist, wird bezweifelt. Den Bewerter interessiert nicht der realisierte Kurs einer Aktie, sondern der erzielbare Marktwert des Unternehmens.[317] Der Schluß von einem realisierten Marktpreis am Bewertungsort zum Bewertungsstichtag auf einen erzielbaren Marktwert setzt ein identisches Bewertungsobjekt voraus. Der Börsenkurs stellt aber nur einen realisierten Marktpreis für eine Aktie dar, aus dem nicht auf einen erzielbaren Marktwert für ein Aktienpaket oder ein gesamtes Unternehmen geschlossen werden kann.[318] Der Börsenkurs ist vielmehr ein Marktpreis für Anleger, die nur einen Bruchteil des Unternehmens erwerben und denen keine aktiven Gestaltungsrechte[319] im Unternehmen eingeräumt werden. Wird hingegen die Mehrheit der Eigentumsrechte an einem Unternehmen erworben, bestehen Gestaltungsrechte, die es erlauben, die Unternehmenspolitik zu bestimmen; schon bei einer qualifizierten Minderheit kann ein Erwerber bestimmte, seinen Interessen widersprechende Aktionen verhindern.[320]

Unterschiede zwischen Unternehmens- und Anteilswert können an gezahlten Paketzu- oder -abschlägen gesehen werden.[321] Aber auch der realisierte Marktpreis für ein Aktienpaket ist nicht ohne weiteres maßgeblich für den erzielbaren Marktpreis eines Aktienpakets gleicher Größe am Bewertungsstichtag.[322] Aus individueller Sicht können sich andere Werte ergeben, da einzelne Investoren eigene Pläne mit dem Unternehmen verfolgen, andere Risikoeinstellungen aufweisen

---

[315] Vgl. Büschgen, H. E., a.a.O., S. 254.

[316] Vgl. Krahnen, Jan Pieter, Finanzwirtschaftslehre zwischen Markt und Institution. Ein Essay, in: DBW, 53. Jg. (1993), S. 793-805, hier S. 803.

[317] Vgl. Moxter, A., [Gewinnermittlung], a.a.O., S. 31. Weniger differenzierend scheinen die amerikanischen Bewertungsvorschläge zu sein. Vgl. Gerling, Claus, Unternehmensbewertung in den USA, Bergisch Gladbach, Köln 1985, S. 45; Sanfleber-Decher, Martina, Unternehmensbewertung in den USA, in: WPg, 45. Jg. (1992), S. 597-603, hier S. 598.

[318] Vgl. Ballwieser, W., [Komplexitätsreduktion], a.a.O., S. 165; Moxter, A., [Gewinnermittlung], a.a.O., S. 31f.; Schneider, Jörg, Strategische Unternehmensbewertung als Teil der Akquisitionsplanung, in: Riekhof, Hans-Christian (Hrsg.), Strategieentwicklung, Konzepte und Erfahrungen, Stuttgart 1991, S. 213-234, hier S. 216; Shannon, P. Pratt, Valuing a Business, Homewood (Ill.) 1989, S. 61.

[319] Zur Bedeutung der Hauptversammlung vgl. Hueck, Götz, Gesellschaftsrecht, 19. Aufl., München 1991, S. 236-254. Zur Rechtsstellung der Aktionäre vgl. ebenda, S. 254-267.

[320] Vgl. Ballwieser, W., [Komplexitätsreduktion], a.a.O., S. 175f.; Schmidt, Reinhard H., [Aktienkursprog-nose], a.a.O., S. 58; Drukarczyk, Jochen, Management [Buyouts], in: WiSt, 19. Jg. (1990), S. 545-549, hier S. 547; Münstermann, Hans, [Börsenkurswert], in: ZfB, 32. Jg. (1962), S. 693-701, hier S. 700f. Hier liegt der Unterschied zur fundamentalen Aktienanalyse, bei der eine Einflußnahme auf die zukünftige Entwick-lung verneint wird. Vgl. Schmidt, Reinhard H., [Aktienkursprognose], a.a.O., S. 60.

[321] Vgl. Münstermann, H., [Bewertung], a.a.O., S. 14; Jung, Willi, Praxis des Unternehmenskaufs, 2. Aufl., Stuttgart 1993, S. 293, S. 325; Helbling, C., [Unternehmensbewertung], a.a.O., S. 119, S. 482; Kromschröder, Bernhard, Unternehmensbewertung und Risiko, Berlin, Heidelberg, New York 1979, S. 13; Müller, Martin, Aktienpaket und Paketzuschlag, Diss. Frankfurt am Main 1972.

[322] Vgl. Moxter, A., [Gewinnermittlung], a.a.O., S. 32.

und über unterschiedliche Alternativanlagen verfügen können.[323] Diese Einwände sollten beachtet werden, wenn auf den Börsenkurs als Maß für den Unternehmenswert verwiesen wird.

Zudem kann der aktuelle Kurs kein Beurteilungsmaßstab für Manager sein, die bessere Informationen über die Investitionsalternativen haben als der Markt.[324] Sie hätten nur geringen Anreiz, den Informationsvorsprung bei der Auswahl der Strategien zu nutzen, da diese Informationen sich nicht unverzüglich in der Kursentwicklung spiegeln. Die Manager sollten angehalten werden, den nach ihrem Insiderwissen fundamentalen Wert des Unternehmens zu maximieren.[325] Nur bei Gültigkeit der strengen Informationseffizienz führen die Maximierung des Börsenkurses und des fundamentalen Wertes zu äquivalenten Ergebnissen.[326]

Wertorientierte Planung sollte keineswegs mit einer Börsenkursorientierung gleichgesetzt werden, vielmehr kann auch ein fundamentaler Unternehmenswert als Zielgröße maximiert werden.[327] Eine wertorientierte Unternehmensführung kann daher auch für nicht notierte Unternehmen und Geschäftsbereiche verwendet werden. Wo allerdings ein Börsenkurs vorhanden ist, sollte dieser beachtet und Unterschiede zum fundamentalen Wert analysiert werden.

2.3. Ausgangspunkte der Wertsteigerungsanalyse

2.3.1. Strategische Analyse: Die Suche nach verborgenen Werten

Mit der Wertsteigerungsanalyse wird nicht nur die Forderung verbunden, unternehmerische Handlungen am Marktwert zu messen, sondern gleichzeitig verlangt, den Unternehmenswert zu erhöhen. Wertsteigerungspotentiale gibt es nur bei vorhandenen Wertlücken, wenn der aktuelle Unternehmenswert nicht einem potentiell erreichbaren, subjektiven Unternehmenswert entspricht.[328] Auf dem Kapitalmarkt können Wertlücken nur bestehen und entdeckt werden, wenn Informationsvorsprünge genutzt werden.[329] Gründe für Wertlücken dürfen nicht klar auf der Hand liegen; wenn alle Marktteilnehmer diese Wertsteigerungspotentiale kennen, würden sie

[323] Vgl. Ballwieser, W., [Komplexitätsreduktion], a.a.O., S. 166f.; Schmidt, Reinhard H., [Aktienkursprog-nose], a.a.O., S. 59.
[324] Vgl. Florin, G., a.a.O., S. 90.
[325] Vgl. Milgrom, P./ Roberts, J., a.a.O., S. 471-473.
[326] Vgl. Milgrom, P./ Roberts, J., a.a.O., S. 477, auch schon S. 436.
[327] Vgl. Guatri, Luigi, Theorie der Unternehmenswertsteigerung, Wiesbaden 1994, S. 22.
[328] Vgl. Fruhan, William E., Jr., Corporate [Raiders]: Head'em Off at Value Gap, in: HBR, Vol. 66 (1988), Nr. 4, S. 63-68, hier S. 63; McTaggart, James, The Ultimate Takeover Defense: Closing the [Value Gap], in: PR, Vol. 16 (1988), Nr. 1, S. 27-32, hier S. 27; Weber, Bruno/ Gomez, Peter, Wertsteigerung durch [Unternehmenskauf], in: io Management Zeitschrift, 58. Jg. (1989), Nr. 5, S. 86-90, hier S. 88; Gomez, Peter/ Weber, Bruno, Akquisitionsstrategie zur [Steigerung] des Unternehmenswertes, in: Siegwart, Hans et al. (Hrsg.), Meilensteine im Management: Mergers & Acquisitions, Basel, Frankfurt am Main, Stuttgart 1990, S. 181-202, hier S. 193.
[329] Vgl. Kuhn, Robert Lawrence, How Strategic Management Builds Company Value, in: JBSt, Vol. 10 (1989), Nr. 6, S. 57-59, hier S. 58.

49

entsprechend handeln, um sie umgehend zu schließen. Wie man vorhandene Wertlücken identifiziert, wird zum Ausgangspunkt unternehmerischen Handelns.

Im folgenden Abschnitt werden die Aussagen über die Existenz von Wertlücken geordnet dargelegt. Insbesondere interessieren die Hinweise, wie Wertlücken identifiziert werden, ihre Ursachen und - damit verbunden - mögliche Arten. Um die Wertlücken zu entdecken, werden strategische Analysen mit finanziellen Bewertungsmethoden kombiniert.[330] Das Konzept der Wertlücke ähnelt der bekannten Potential- und Lückenanalyse.[331] In beiden Konzepten werden die gegenwärtige Situation, die Entwicklung des Ist- und des Sollgeschäfts betrachtet. Ausgangspunkt der Wertsteigerungsanalyse sind folgende drei Unternehmenswerte:

• der aktuelle Börsenwert[332] des Unternehmens,

• der rechnerische oder Ist-Unternehmenswert (*Prestrategy-value*[333]), der sich ergibt, wenn das Unternehmen seine bisherigen Aktivitäten unverändert in die Zukunft fortschreibt (Trägheitsprojektion[334], Nullstrategie[335]), und

• ein potentieller oder Soll-Unternehmenswert (*Poststrategy-value*), von dem vermutet wird, daß er vom Unternehmen erreicht werden könnte.[336]

Der Begriff der Wertlücke wird in der Literatur zum einen als die Differenz zwischen der Börsenkapitalisierung und einem rechnerischen Ist-Unternehmenswert,[337] zum anderen als Differenz zwischen dem Börsenwert (Ist-Unternehmenswert) und einem potentiellen Soll-Unternehmenswert verstanden.[338] Diese Art von Wertlücken beruht auf Managementfehlern.[339]

---

330 Vgl. Reimann, B. C., [Managing], a.a.O., S. 6; Ganz, M., a.a.O., S. 270.

331 Vgl. Kreikebaum, Hartmut, Strategische Unternehmensplanung, 4. Aufl., Stuttgart, Berlin, Köln 1991, S. 41-44.

332 Zur Problematik des Börsenkurses als Marktpreis sei auf Abschnitt 2.2.2. verwiesen; zur Problematik anderer Transaktionspreise vgl. Ballwieser, W., [Komplexitätsreduktion], a.a.O., S. 162-165, S. 166f.

333 Zu den Begriffen *Prestrategy-* und auch *Poststrategy-value* vgl. Rappaport, A., [Creating], a.a.O., S. 65, S. 68.

334 Vgl. Ballwieser, W., [Komplexitätsreduktion], a.a.O., S. 79f., m.w.N.

335 Vgl. Hanssmann, Friedrich, Quantitative [Betriebswirtschaftslehre], 3. Aufl., München, Wien 1990, S. 279.

336 Im Vorgehen von McKinsey werden drei Soll-Unternehmenswerte unterschieden: potentieller Wert nach internen Verbesserungen, potentieller Wert nach externen Verbesserungen und ein optimierter Wert nach Restrukturierung. Wir werden im folgenden das dreistufige Vorgehen beibehalten, da hinter dem Vorgehen von McKinsey bereits bestimmte Ursachen von Wertlücken stehen. Vgl. Copeland, T./ Koller, T./ Murrin, J., a.a.O., S. 35; Emans, Hartmut, Konzepte der strategischen Planung, in: Henzler, Herbert A. (Hrsg.), Handbuch Strategische Führung, Wiesbaden 1988, S. 109-131, hier S. 118.

337 Vgl. Piper, Thomas R./ Fruhan, William E., Jr., Is Your Stock Worth its Market Price?, in: HBR, Vol. 59 (1981), Nr. 3, S. 124-131, hier S. 124, S. 131; Rappaport, A., [Creating], a.a.O., S. 166f.; Copeland, T./ Koller, T./ Murrin, J., a.a.O., S. 250.

338 Einige Ansätze gehen von der Differenz zwischen dem Börsenwert und dem potentiellen Soll-Unternehmenswert aus. Vgl. McTaggart, J., a.a.O., S. 27; Fruhan, W. E., [Raiders], a.a.O., S. 63; Young, D./ Sutcliffe, B., a.a.O., S. 20. RAPPAPORT hingegen betrachtet die Differenz zwischen dem rechnerischen Ist-Unternehmenswert und dem potentiellen Soll-Unternehmenswert. Vgl. Rappaport, A., [Creating], a.a.O., S. 68. Probleme sieht er für die Bewertung der Strategien, wenn eine Wertlücke nach dieser Berechnung vorliegt, der Börsenwert aber über dem rechnerischen Prestrategy-Wert liegt. In diesem Fall kann der Markt bereits einen Teil des Wertsteigerungspotentials in seinen Ertragserwartungen antizipiert haben. Vgl. ebenda, S. 158.

Sollen Wertunterschiede zwischen Börsenkapitalisierung und Ist-Unternehmenswert analysiert werden, muß das im Markt vorhandene Wissen approximiert werden; dabei wird häufig auf die Veröffentlichungen der Wertpapieranalysten zurückgegriffen.[340] Ein Informationsgefälle zwischen der internen Bewertung und der Einschätzung des Marktes über aktuelle Entwicklungsmöglichkeiten kann zwei Ursachen haben: Zum einen kann die Unternehmensleitung über Insiderinformationen verfügen; die Informationsunterschiede entstehen aufgrund einer mangelnden Informationstransparenz. Die "Wertlücke" ist durch eine glaubhafte Informationspolitik des Unternehmens (*Investors Relations*) zu schließen.[341] Zum anderen können die Entwicklungschancen von der Geschäftsleitung überschätzt werden, und die Bewertung geht auf ein Wunschdenken der Geschäftsleitung zurück. Das Management kann seine Erwartungen mit denen des Marktes vergleichen.[342]

Kennzeichnend für Wertlücken sind Informationsunterschiede, die (bei einer positiven Einschätzung der Zukunft) durch eine glaubwürdige Informationspolitik geschlossen werden könnten. Der Manager steht bei einer solchen Konstellation vor einem Dilemma: Informationen, die er den Aktionären liefert, werden auch von der Konkurrenz (frühzeitig) wahrgenommen; der Aufbau von Wettbewerbsvorteilen wird möglicherweise verhindert. Bei ihrer Informationspolitik muß die Unternehmensleitung beachten, daß einerseits zwar die Projektionssicherheit der Cashflows verbessert und die Kapitalkosten gesenkt werden können, andererseits aber die Informationspolitik nicht die Grundlage der Cash-flows zerstören darf.[343] Diese Problematik wird in der Literatur zur Wertsteigerungsanalyse zu wenig beachtet.

Im folgenden werden Wertlücken i.S.e. Differenz zwischen dem aktuellen Börsenkurs und einem potentiellen Soll-Unternehmenswert betrachtet, um Ansatzpunkte einer Wertsteigerung zu identifizieren. Dabei wird zwischen einmaligen und dauerhaften Wertpotentialen und finanz- und leistungswirtschaftlichen Wertpotentialen differenziert. Bei letzteren wird zwischen Wertpotentialen auf der Geschäftsfeld- und der Unternehmensebene unterschieden.[344] In den Geschäfts-

---

339 Vgl. Young, D./ Sutcliffe, B., a.a.O., S. 31f.; McTaggart, J., a.a.O., S. 27.

340 Vgl. Piper, T. R./ Fruhan, W. E., a.a.O., S. 125; Rappaport, A., [Creating], a.a.O., S. 156.

341 Vgl. Copeland, T./ Koller, T./ Murrin, J., a.a.O., S. 63f., S. 248; Piper, T. R./ Fruhan, W. E., a.a.O., S. 125; Young, David/ Sutcliffe, Brigid, Value Gaps - Who is right? The Raiders, the Market or the Managers?, in: LRP, Vol. 23 (1990), Nr. 4, S. 20-34, hier S. 32; Paul, Walter, Investors Relations-[Management] - demonstriert am Beispiel der BASF, in: ZfbF, 43. Jg. (1991), S. 923-945.

342 Vgl. Rappaport, A., [Creating], a.a.O., S. 160; Copeland, T./ Koller, T./ Murrin, J., a.a.O., S. 250f.; Wenner, David L./ LeBer, Richard W., Managing for Shareholder Value - From Top to Bottom, in: HBR, Vol. 67 (1989), Nr. 6, S. 52-54, S. 58, S. 60, S. 64f., hier S. 54.

343 Vgl. Bettis, R. A., a.a.O., S. 410; Peavy, J. W., a.a.O., S. 155.

344 In Anlehnung an Gerpott, Torsten J., Integrationsgestaltung und Erfolg von Unternehmensakquisitionen, Stuttgart 1993, S. 77. Zu anderen Systematisierungen vgl. Coenenberg, Adolf G./ Sautter, Michael T., Strategische und finanzielle Bewertung von Unternehmensakquisitionen, in: DBW, 48. Jg. (1988), S. 691-710, hier S. 699; Baetge, Jörg/ Krumbholz, Marcus, Überblick über Akquisition und Unternehmensbewertung, in: Baetge, Jörg (Hrsg.), Akquisition und Unternehmensbewertung, Düsseldorf 1991, S. 1-30, hier S. 21f.; Porter, M. E., [Diversifikation], a.a.O., S. 14.

feldern werden die Wettbewerbsvorteile erkannt, geschaffen und erhalten (externe Wertlücken), während die Unternehmensleitung die Aufgabe hat, die Organisation zu gestalten und die Ressourcenallokation festzulegen (interne, organisatorische Wertlücken).

Auf der Geschäftsfeldebene sollen alle unternehmerischen Aktionen Wettbewerbsvorteile gewinnen und erhalten. Auf der Unternehmensebene sollte die Unternehmensleitung versuchen,

- ein geeignetes Portfolio von Geschäftsfeldern durch interne Diversifikation, strategische Allianzen und Akquisitionen, aber auch durch Desinvestitionen zu schaffen, das die gemeinsame Nutzung von Ressourcen oder einen Know-how-Transfer ermöglicht;
- die Beschaffung von finanziellen Mitteln und deren Zuweisung auf die Geschäftsfelder zu optimieren;
- eine effiziente, "schlanke" Verwaltungs- und Organisationsstruktur zu schaffen.

Auffällig ist der Schwerpunkt bei den Vorschlägen für eine kurzfristige Wertmitnahme; Empfehlungen für eine dauerhafte Wertsteigerung sind weniger konkret. Hieraus kann allerdings nicht abgeleitet werden, daß die Wertsteigerungsanalyse nur aus der *Raider*-Perspektive argumentiert und die langfristige unternehmerische Entwicklung vernachlässigt. Das Schwergewicht resultiert daraus, daß bei den Konglomeraten, die während der 60-er und 70-er Jahre gebildet wurden, hohe Wertsteigerungspotentiale verdeckt sind, die relativ einfach realisiert werden können; hier können Normstrategien einen Beitrag leisten. Bei der langfristigen Wertschaffung kann die Suche nach Wertsteigerungspotentialen bestenfalls angeregt werden; ein Rezeptbuch kann nicht geliefert werden. Darüber hinaus sind die Ansatzpunkte keineswegs gleichgewichtig: In einer McKinsey Studie wurde der Anteil der finanziellen Reorganisation auf 16 % und der realen Verbesserungen auf 84 % an beobachtbaren Wertsteigerungen bei Übernahmen beziffert.[345]

---

[345] Vgl. Gluck, F. W., a.a.O., S. 8; Murrin, Jack, Beating Raiders at Their Own Game, in: McKinsey Quarterly, o.Jg. (1989), Sommer, S. 88-91, hier S. 88. Siehe auch Bühner, R., [Management-Wert-Konzept], a.a.O., S. 68; Weber, Bruno, [Unternehmungsbewertung] heisst heute Wertsteigerungsanalyse, in: io Management Zeitschrift, 59. Jg. (1990), Nr. 11, S. 31-35, hier S. 34, die davor warnen, finanzielle Wertsteigerungspotentiale zu überschätzen.

Kurzfristige Wertpotentiale			Langfristige Wertpotentiale		
finanzwirtschaftlich	leistungswirtschaftlich		finanzwirtschaftlich	leistungswirtschaftlich	
	Geschäftsfeldebene	Unternehmensebene		Geschäftsfeldebene	Unternehmensebene
• Ausschüttung von überschüssiger Liquidität[a]	• Verkauf des nicht betriebsnotwendigen Vermögens[b]	• Verkauf von Unternehmensteilen (Konzentration auf das Kerngeschäft)[c] • "Lean Management" in der Zentrale[d]	• Verbesserung des Cash-Managements (Aktivgeschäft)[e] • *Financial Engineering*[f] • Kapitalstrukturmanagement (Passivgeschäft)[g]	• effizientes Management vorhandener Aktiva[h]	• Synergien (Know-how-Transfer zwischen Geschäftsfeldern und Leistungszentralisation)[i] • effiziente Organisationsstruktur[j]

Nr. 2: Quellen der Wertsteigerung

a Vgl. McTaggart, J., a.a.O., S. 27; Wenner, D. L./ LeBer, R. W., a.a.O., S. 58f.; Seed, Allen H., III., Winning Strategies for Shareholder Value Creation, in: JBS, Vol. 6 (1985), Herbst, S. 44-51, hier S. 49.

b Vgl. McTaggart, J., a.a.O., S. 27; Clarke, Christopher J./ Brennan, Kieron, Defensive Strategies Against Takeovers: Creating Shareholder Value, in: LRP, Vol. 23 (1990), Nr. 1, S. 95-101, hier S. 99f.; Gomez, P., [Wertmanagement], a.a.O., S. 245; Coenenberg, A. G./ Sautter, M. T., a.a.O., S. 699.

c Vgl. Fruhan, W. E., [Raider], a.a.O., S. 63; Bühner, Rolf, Das [Management-Wert-Konzept], Stuttgart 1990, S. 72-74; Weber, Bruno/ Gomez, P., [Unternehmenskauf], a.a.O., S. 88; Gomez, P., [Wertmanagement], a.a.O., S. 245; Reimann, Bernard C., Creating Value to Keep the [Raiders] at Bay, in: LRP, Vol. 22 (1989), Nr. 2, S. 17-27, hier S. 19; McTaggart, J., a.a.O., S. 27; Gluck, Frederick W., The Real Takeover Defense, in: McKinsey Quarterly, o.Jg. (1988), Winter, S. 2-16, hier S. 8; Clarke, C. J./ Brennan, K., a.a.O., S. 99f.; Parsons, Andrew J., Hidden Value: Key to Successful Acquisition, in: McKinsey Quarterly, o.Jg. (1984), Sommer, S. 21-34, hier S. 24f.; Bergsma, Ennius E., Managing Value: The New Corporate Strategy, in: McKinsey Quarterly, o.Jg. (1989), Winter, S. 57-72, hier S. 68; Wenner, D. L./ LeBer, R. W., a.a.O., S. 58f.; Young, D./ Sutcliffe, B., a.a.O., S. 32; Timmermann, A., a.a.O., S. 99; Coenenberg, A. G./ Sautter, M. T., a.a.O., S. 699; Ellis, J./ Williams, D., a.a.O., S. 78-82.

d Vgl. McTaggart, J., a.a.O., S. 27; Gluck, F. W., a.a.O., S. 8; Clarke, C. J./ Brennan, C. J./ Brennan, K., a.a.O., S. 99f.; Parsons, A. J., a.a.O., S. 24f.; Bergsma, E. E., a.a.O., S. 68; Young, D./ Sutcliffe, B., a.a.O., S. 32.

e Schmitz, Ronaldo H., Finanzierung als strategischer Hebel, in: Henzler, Herbert A. (Hrsg.), Handbuch Strategische Führung, Wiesbaden 1988, S. 295-311, hier S. 309f.; Coenenberg, A. G./ Sautter, M. T., a.a.O., S. 699.

f Vgl. Fruhan, W. E., [Raider], a.a.O., S. 63; Bühner, R., [Management-Wert-Konzept], a.a.O., S. 67, S. 145-148; Weber, Bruno/ Gomez, P., [Unternehmenskauf], a.a.O., S. 88; Wenner, D. L./ LeBer, R. W., a.a.O., S. 58f.; Seed, A. H., a.a.O., S. 49; Coenenberg, A. G./ Sautter, M. T., a.a.O., S. 699; Ellis, J./ Williams, D., a.a.O., S. 82-85.

g Vgl. Bühner, R., [Management-Wert-Konzept], a.a.O., S. 67, S. 159-163.

h Vgl. Fruhan, W. E., [Raider], a.a.O., S. 63; Bühner, R., [Management-Wert-Konzept], a.a.O., S. 67; Weber, Bruno/ Gomez, P., [Unternehmenskauf], a.a.O., S. 88; Gluck, F. W., a.a.O., S. 8; Parsons, A. J., a.a.O., S. 24f; Bühner, R., [Management-Wert-Konzept], a.a.O., S. 24 f.; Young, D./ Sutcliffe, B., a.a.O., S. 32; Timmermann, A., a.a.O., S. 101; Coenenberg, A. G./ Sautter, M. T., a.a.O., S. 699; Ellis, J./ Williams, D., a.a.O., S. 77f.

i Vgl. Reimann, B. C., [Raiders], a.a.O., S. 19; Gluck, F., a.a.O., S. 8; Parsons, A. J., a.a.O., S. 24 f.; Coenenberg, A. G./ Sautter, M. T., a.a.O., S. 699.

j Vgl. Bühner, R., [Management-Wert-Konzept], a.a.O., S. 108-110, S. 116-119; Timmermann, A., a.a.O., S. 102-104.

2.3.2. Wertgeneratoren als Schlüssel zur Wertsteigerung

Wertgeneratoren zählen neben den Wertlücken zu den Schlüsselbegriffen der *Shareholder Value*-Analyse. Sie werden in vereinfachten *Discounted Cash Flow*-Ansätzen,[346] bei der Cash-flow-Projektion[347] und zur Analyse vergangener und Plausibilitätskontrolle zukünftiger Cash-flows[348] verwandt. In der Literatur existieren zwei Gruppen von Wertgeneratoren. Diese sollen vorgestellt und verglichen werden; anschließend werden ihre Verwendungsmöglichkeiten beurteilt. RAPPAPORT definiert für sein Bewertungsmodell folgende sechs Wertgeneratoren[349]:

- die Umsatzwachstumsrate (g_U),
- die Umsatzrentabilität (ROS, *Return on Sales*),
- die Kapitalintensität des Umsatzwachstums, definiert als Erweiterungs-Investitionen bezogen auf den zusätzlichen Umsatz (in),[350]
- den pagatorischen Steuersatz (s),
- die Wirkungsdauer der Strategie (T) und
- die Kapitalkosten (k).

Die Auswahl der Wertgeneratoren verdeutlicht, daß mit der wertorientierten Planung eine "Horizonterweiterung" stattgefunden hat.[351] Im Vokabular der Strategieplaner waren weitgehend nur die Größen Umsatz, Umsatzwachstum und -rendite enthalten, während Investitionen und Kapitalkosten von Finanzfachleuten verwandt wurden.[352]

Die Wertgeneratoren werden im allgemeinen dem laufenden operativen Geschäft, dem Investitions- sowie dem Finanzierungs- und Steuerbereich zugeordnet.[353] Der Steuersatz und damit entsprechend die Steuerpolitik sollten - im Gegensatz zu RAPPAPORT[354] - nicht dem operativen Bereich zugeordnet werden. Fragen der Besteuerung sind i.d.R. nicht einem einzelnen Geschäftsbereich zuzuordnen, sondern werden in Verbindung mit den Fragen der Finanzierung und Kapitalzuweisung von der Unternehmensleitung zentral koordiniert. Die steuerlichen Gestaltungsmaß-

---

[346] Vgl. Stern, Joel M., [Earnings] Per Share Don't Count, in: FAJ, Vol. 30 (1974), S. 39f., S. 42f., S. 67-75, hier S. 70-73; Fruhan, W. E., [Financial], a.a.O., S. 13; Hax, Arnoldo C./ Majluf, N. S., a.a.O., S. 231, S. 236; Weston, J. F./ Chung, K. S./ Hoag, S. E., a.a.O., S. 149; Weston, J. F./ Copeland, T. E., a.a.O., S. 715-720; Stewart, G. Bennett, a.a.O., S. 288.

[347] Vgl. Rappaport, A., [Creating], a.a.O., S. 96-99.

[348] Vgl. Copeland, T./ Koller, T./ Murrin, J., a.a.O., S. 131, S. 150-154.

[349] Vgl. Rappaport, A., [Creating], a.a.O., S. 50. Die gleichen Wertgeneratoren verwenden auch Gomez, P./ Weber, Bruno, [Akquisitionsstrategie], a.a.O., S. 31; Mills, Roger/ Robertson, John/ Ward, Tim, Why Financial Economics is Vital in Measuring [Business Value], in: MA, Vol. 70 (1992), Nr. 1, S. 39-42, hier S. 39; Reis, Judson P./ Cory, Charles R., The Fine Art of Valuation, in: Rock, Milton L. (Hrsg.), The Mergers and Acquisitions Handbook, New York 1987, S. 183-192, hier S. 184.

[350] Vgl. Rappaport, A., [Creating], a.a.O., S. 54. Bei der Kapitalintensität handelt es sich um den Kehrwert der Kapitalumschlagshäufigkeit.

[351] Vgl. Gomez, P., [Wertmanagement], a.a.O., S. 76. "Das bedeutet unter anderem, daß das strategische Denken auch in Bereiche vordringt, die früher die Domäne der Finanzverantwortlichen waren."

[352] Vgl. Gomez, P., [Wertmanagement], a.a.O., S. 77.

[353] Ähnlich Rappaport, A., [Creating], a.a.O., S. 76. Sewing, P., a.a.O., S. 241, unterscheidet nicht zwischen dem operativen und dem investiven Bereich. Er klassifiziert beide als betriebliche Wertgeneratoren.

[354] Vgl. Rappaport, A., [Creating], a.a.O., S. 76.

nahmen und die Steuerzahlungen fallen kaum in den Einflußbereich eines Geschäftsbereichs. Bei der Kapitalintensität des Umsatzes ist zu beachten, daß aufgrund kürzerer Produktlebenszyklen keine eigentlichen Ersatzinvestitionen erfolgen; Erweiterungsinvestitionen werden nicht unbedingt proportional zum Umsatz getätigt, sie sollten der vom Unternehmen verfolgten strategischen Stoßrichtung folgen.[355] Schematisch sollte nur bei der Analyse fremder Unternehmen vorgegangen werden.[356]

Isolierte Wirkungsaussagen unternehmerischer Aktionen auf den Cash-flow mit Hilfe einzelner Wertgeneratoren können nicht gemacht werden: Wenn eine Umsatzsteigerung durch eine verringerte Umsatzrentabilität oder durch Investitionen ermöglicht wird, ist der Zusammenhang zwischen Umsatzwachstum und Wertsteigerung nicht mehr gegeben. Ebenso kann die Umsatzrentabilität gesteigert werden, wenn laufende Auszahlungen aufgrund einer erhöhten Kapitalintensität sinken. Der Schluß von einer gesteigerten Umsatzrendite auf einen erhöhten Unternehmenswert ist nur bei unverändertem Umsatz und konstanter Kapitalintensität möglich.

Andere Bewertungsvorschläge sind stärker von der Finanzierungstheorie geprägt, da Kapitalrenditen im Mittelpunkt stehen. Bezugsgröße für den Erfolg und die Investitionserfordernisse ist nicht der Umsatz, sondern das Kapital. Betrachtet werden sowohl die Eigenkapitalrendite (ROE, *Return on Equity*)[357] als auch eine Gesamtkapitalrendite.[358] Letztere ist bestimmt vom operativen Ergebnis vor Zinsen und Steuern (NOPLAT, *Net Operating Profit Less Adjusted Taxes*) und vom eingesetzten Kapital, das der Aktivseite der Bilanz abzüglich nicht verzinslicher Verbindlichkeiten entspricht.[359]

Die Renditen sind mit den Mängeln periodisierter, buchwertorientierter Größen behaftet. Außerdem kann ein Teil der Aufwendungen und der Kapitaleinsatz aufgrund der Inflation verzerrt sein.[360] In jedem Fall werden Verzerrungen durch die Fremdfinanzierung, wie sie bei der Eigenkapitalrendite auftreten, vermieden. Inkonsistenzen der Gesamtkapitalrendite (ROA, *Return on Asset*) werden verhindert, weil die nicht zinstragenden Verbindlichkeiten ebenso wie deren implizite Kapitalkosten - die beispielsweise für ein Zahlungsziel in den Einkaufspreisen enthalten sind - abgezogen werden. Würde man auf den Abzug des nicht zinstragenden Kapitals verzichten,

---

[355] Vgl. Gomez, P./ Weber, Bruno, [Steigerung], a.a.O., S. 190.

[356] Vgl. Rappaport, A., [Creating], a.a.O., S. 54.

[357] Vgl. Fruhan, W. E., [Financial], a.a.O., S. 13.

[358] Vgl. Copeland, T./ Koller, T./ Murrin, J., a.a.O., S. 123-126; Weston, J. F./ Copeland, T. E., a.a.O., S. 720; Stewart, G. Bennett, a.a.O., S. 85f.

[359] Vgl. Copeland, T./ Koller, T./ Murrin, J., a.a.O., S. 110, S. 114; Stewart, G. Bennett, a.a.O., S. 92, die Erfolgsgröße wird bei ihm als NOPAT (*Net Operating Profit After Taxes*) bezeichnet.

[360] Vgl. Copeland, T./ Koller, T./ Murrin, J., a.a.O., S. 125; Lewis, T. G./ Lehmann, S., a.a.O., S. 7f. Stewart, G. Bennett, a.a.O., S. 90-92, S. 112-117, ist bemüht, sowohl NOPAT als auch den Kapitaleinsatz zu bereinigen, so werden beispielsweise quasi-permanente latente Steuern herausgerechnet, die Reserven einer Lifo-Bewertung im Vorratsvermögen bestimmt, Goodwillabschreibungen neutralisiert, nicht aktivierungsfähige Vermögensgegenstände des Anlagevermögens erfaßt.

wären Zähler und Nenner nicht äquivalent, da die impliziten Kapitalkosten in den Aufwendungen enthalten sind.[361] Weitere Wertgeneratoren sind die Kapitalkosten (k) und die Wirkungsdauer der Strategie (T).[362]

Wichtigster Wertgenerator ist die Kapitalrendite, wobei zwischen der Rendite des gesamten eingesetzten Kapitals (ROCE, *Return on Capital Employed*) als Maßstab für die Leistungsfähigkeit des gesamten Unternehmens und der Investitionsrendite (ROIC, *Return on Invested Capital*) unterschieden wird. Dies ist nur möglich, wenn alle Veränderungen des NOPLAT durch Neuinvestitionen verursacht werden.[363] Nur wenn die Renditen über den Kapitalkosten liegen, kann eine Wertsteigerung erreicht werden.

$$ ROCE_t = \frac{NOPLAT_t}{Kapitaleinsatz_{t-1}} \qquad\qquad 2.3.2.-1 $$

$$ ROIC_t = \frac{\Delta NOPLAT_t}{I_{t-1}} \qquad\qquad 2.3.2.-2 $$

Der Erfolg des investierten Kapitals wird von der Umschlagshäufigkeit des Kapitals und der Umsatzrentabilität vor Steuern und dem Steuersatz bestimmt.[364] Es können Iso-Rentabilitätskurven gebildet werden, die den geometrischen Ort aller Umsatzrenditen und Kapitalumschlagshäufigkeiten mit gleicher Kapitalrentabilität abbilden; eine sinkende Umsatzrente läßt sich durch einen erhöhten Kapitalumschlag kompensieren.

Der zweite wichtige Wertgenerator ist die Investitionsrate des Unternehmens:

$$ b_t = \frac{Nettoinvestition_t}{NOPLAT_t} \qquad\qquad 2.3.2.-3 $$

Die Investitionsrendite und die -rate bestimmen die Höhe des Ergebniszuwachses:[365]

$$ g_{NOPLAT,t} = \frac{\Delta NOPLAT_t}{NOPLAT_{t-1}} \cdot \frac{I_{t-1}}{I_{t-1}} $$

$$ g_{NOPLAT,t} = \frac{\Delta NOPLAT_t}{I_{t-1}} \cdot \frac{I_{t-1}}{NOPLAT_{t-1}} \qquad\qquad 2.3.2.-4 $$

$$ g_{NOPLAT,t} = ROIC_t \cdot b_{t-1} $$

---

[361] Vgl. Copeland, T./ Koller, T./ Murrin, J., a.a.O., S. 125; Stewart, G. Bennett, a.a.O., S. 93.
[362] Vgl. Copeland, T./ Koller, T./ Murrin, J., a.a.O., S. 126-130; Weston, J. F./ Copeland, T. E., a.a.O., S. 720; Stewart, G. Bennett, a.a.O., S. 119f.
[363] Vgl. Copeland, T./ Koller, T./ Murrin, J., a.a.O., S. 125.
[364] Vgl. Copeland, T./ Koller, T./ Murrin, J., a.a.O., S. 127.
[365] Siehe auch Stewart, G. Bennett, a.a.O., S. 121.

Das Ergebniswachstum ist ein unzureichender Indikator für die Wertsteigerung des Unternehmens. Es kann bei einer geringen Rendite durch ein hohes Investitionsvolumen erreicht werden.

Es stellt sich die Frage, warum unterschiedliche Wertgeneratoren verwandt werden. Die finanzierungsorientierten Wertgeneratoren sollen benutzt werden, weil bei unterschiedlichen Kapitalintensitäten in den Unternehmen eine Umsatzrendite wenig hilfreich ist.[366] Zudem seien die Umsätze und das Umsatzwachstum nur als abgeleitete Größen, die einen Kapitalstock bzw. Investitionen erfordern.[367] Auf der anderen Seite sollen Umsatzrenditen und -wachstum aber die Wertgeneratoren sein, mit denen Manager üblicherweise arbeiten und mit denen sie vertraut sind.[368] So vehement die Vorteile der eigenen Wertgeneratoren auch vertreten werden, lassen sie sich unter bestimmten Annahmen ineinander überführen.[369] Ausgangspunkt ist das Verhältnis der Nettoinvestitionen (I) zur Umsatzausweitung (ΔU) mit Hilfe der Kapitalintensität (in):

$$I_t = in \cdot \Delta U_t$$
$$I_t = in \cdot \left(g_U \cdot U_{t-1}\right) \qquad 2.3.2.-5$$

Unterstellt man konstantes Umsatzwachstum zwischen den Perioden und erweitert die Gleichung mit dem Faktor (1+g_U), so gilt:

$$I_t = \frac{in \cdot g_U \cdot U_t}{1 + g_U} \qquad 2.3.2.-6$$

Der Umsatz einer Periode läßt sich darstellen als Produkt einer Erfolgsgröße - beispielsweise NOPLAT - und dem Kehrwert der Umsatzrendite ROS (bezogen auf diese Erfolgsgröße):

$$U_t = \frac{NOPLAT_t}{ROS_t} \qquad 2.3.2.-7$$

Wird diese Gleichung in die obere eingesetzt und durch NOPLAT dividiert, so gilt:

[366] Vgl. Weston, J. F./ Chung, K. S./ Hoag, S. E., a.a.O., S. 141.
[367] Vgl. Weston, J. F./ Chung, K. S./ Hoag, S. E., a.a.O., S. 142; Lewis, T. G./ Lehmann, S., a.a.O., S. 6.
[368] Vgl. Rappaport, A., [Creating], a.a.O., S. 69; Balachandran, Bala V./ Nagarajan, Nandu J./ Rappaport, Alfred, Threshold Margins for Creating Economic Value, in: FM, Vol. 15 (1986), Frühjahr, S. 68-77, hier S. 69; Mills, Roger/ Robertson, John/ Ward, Tim, [Strategic Value] Analysis: Trying to Run before you can Walk, in: MA, Vol. 70 (1992), Nr. 10, S. 48f., hier S. 49; Woo, Carolyn Y, [Strategic] Valuation: Discussion of Emergent Need and Appraisal of Current Frameworks, in: Lamb, Robert/ Shrivastave, Paul (Hrsg.), Advances in Strategic Management, Vol. 4 (1986), S. 155-175, hier S. 162, S. 164, die von operativer Leistungsfähigkeit spricht im Gegensatz zu finanzieller Produktivität. Reichmann, Thomas, Controlling mit Kennzahlen und Managementberichten, 3. Aufl., München 1993, S. 32, führt an, daß Kapitalrenditen kurzfristig schwerer zu bestimmen sind als Umsatzrenditen. Die Orientierung am Umsatz hat aber auch ihre Gefahren: Den Umsatz als Ansatzpunkt zu verwenden, ist nicht unproblematisch, da er wieder als Ziel unternehmerischer Handlungen angesehen werden könnte. Vgl. Koch, Helmut, Integrierte [Unternehmens-planung], Wiesbaden 1982, S. 113f.
[369] Vgl. Weston, J. F./ Chung, K. S./ Hoag, S. E., a.a.O., S. 159-161.

$$b_t = \frac{I_t}{NOPLAT_t} = \frac{in \cdot g_U}{(1 + g_U) \cdot ROS_t} \qquad\qquad 2.3.2.\text{-}8$$

Die Reinvestitionsrate (b_t) läßt sich mit Hilfe der Umsatzrendite, der Umsatzwachstumsrate und der Kapitalintensität des Umsatzwachstums bestimmen. Ebenso läßt sich auch die Investitionsrendite umformen:

$$ROIC_t = \frac{\Delta NOPLAT_t}{I_{t-1}} = \frac{\Delta NOPLAT_t}{\Delta U_t} \cdot \frac{\Delta U_t}{I_{t-1}} \qquad\qquad 2.3.2.\text{-}9$$

Da ΔU_t dem Produkt aus Umsatzwachstumsrate und Vorjahresumsatz entspricht und I_{t-1} dem Produkt aus Kapitalintensität und Vorjahresumsatzzuwachs, folgt:

$$ROIC_t = ROS_t \cdot \frac{g_U \cdot U_{t-1}}{in \cdot \Delta U_{t-1}} \qquad\qquad 2.3.2.\text{-}10$$

Da das Verhältnis $U_{t-1} / \Delta U_{t-1}$ dem Verhältnis $1 + g_U / g_U$ entspricht, gilt:

$$ROIC_t = ROS_t \cdot \frac{1 + g_U}{in} \qquad\qquad 2.3.2.\text{-}11$$

Die Investitionsrendite ist das Produkt aus der Umsatzrendite und dem Wachstumsfaktor dividiert durch die Kapitalintensität des Umsatzwachstums.

Mit Hilfe dieser Formel kann auch der Zusammenhang zwischen der Umsatzrendite und der Wertsteigerung mit Hilfe einer *Break-even*-Analyse hergestellt werden; es wird die Schwellen-Umsatzrendite (*Threshold Margin*) ermittelt, die ceteris paribus zu einer Wertsteigerung führt.[370] Eine Wertsteigerung wird nur erreicht, wenn die Investitionsrendite (ROIC) die Kapitalkosten (k) überschreitet:[371]

$$ROIC_t = k = ROS_t \cdot \frac{1 + g_U}{in}$$
$$ROS_t = \frac{k \cdot in}{1 + g_U} \qquad\qquad 2.3.2.\text{-}12$$

Die erforderliche Umsatzrendite, die zu einer Wertsteigerung führt, steigt, wenn das Risiko der Investition - erfaßt durch die risikoangepaßten Kapitalkosten - und der Kapitalbedarf - erfaßt durch die Kapitalintensität des Umsatzwachstums und die Umsatzwachstumsrate - steigt.[372]

---

[370] Vgl. Rappaport, A., [Creating], a.a.O., S. 69-75; Balachandran, B. V./ Nagarajan, N. J./ Rappaport, A., a.a.O., S. 70-76.
[371] Vgl. auch Rappaport, A., [Creating], a.a.O., S. 69-75.
[372] Vgl. Rappaport, A., [Creating], a.a.O., S. 74.

Der Nutzen der Wertgeneratoren wird unterschiedlich beurteilt: Neben positiven Einschätzungen - "Der wesentliche Nutzen der wertorientierten Planung liegt darin, daß die Aufmerksamkeit der Unternehmensleitung direkt auf die wichtigsten Hebel zur Steigerung des Unternehmenswertes gelenkt wird ..."[373]; "Mit den Wertgeneratoren wird eine überschaubare Anzahl sehr 'griffiger' Orientierungsgrößen zur Unternehmenssteuerung vorgeschlagen ..."[374]; oder "Value drivers are the specific, easily tracked metrics, that link micro-level decisions to capital efficiency."[375] - sind die Meinungen in der Literatur auch weniger freundlich: Wertgeneratoren seien "keine Kausalfaktoren der Wertsteigerung, sondern lediglich tautologische Aufspaltungen"[376], "Value drivers' may sound very attractive from a consultancy marketing perspective ..."[377]. Die Wertgeneratoren werden auch weniger extrem gesehen: Sie sollen helfen, einen Pauschaleffekt auf den Unternehmenswert in differenzierte Größen aufzuspalten,[378] sachlich zusammengehörende Zahlungsströme aggregieren[379] oder die Zahlungsgröße in strategisch relevante Komponenten zu zerlegen, mit denen Manager vertraut sind.[380]

Wertgeneratoren haben u.E. ihren Nutzen, wenn es erforderlich ist, über quantifizierbare Sachverhalte in konzentrierter Form zu informieren; die Kommunikationsfunktion der Wertgeneratoren sollte nicht unterschätzt werden. Sie offerieren ein didaktisches Konzept, durch das die Zusammenhänge zwischen unternehmerischem Handeln und dem Unternehmenswert vereinfacht dargestellt werden.[381] Über das Konzept der Wertgeneratoren kann dem Management der Einstieg in wertorientierte Planungstechniken erleichtert werden. Darüber hinaus können die Wertgeneratoren helfen, die finanzwirtschaftlichen Auswirkungen strategischer Planungen in Mehrjahresplanungen umzusetzen, indem eine kennzahlenorientierte Projektion der Cash-flows erfolgt;[382] dabei handelt es sich um ein bekanntes Konzept, das reißerisch verkauft wird. Als Ansatzpunkt für Wertsteigerungsüberlegungen scheinen Wertgeneratoren kaum geeignet, laufen doch die Empfehlungen darauf hinaus, die Auszahlungen zu senken und die Einzahlungen zu

---

373 Henzler, H., a.a.O., S. 1296f.; vgl. Timmermann, A., a.a.O., S. 96, der von Schlüsselvariablen spricht.
374 Grünewald, Hans-Günther, Meinungen zum Thema: [Shareholder] Value als Zielgröße der Unternehmensführung, in: BFuP, 43. Jg. (1991), S. 241-253, hier S. 243.
375 Copeland, Thomas E./ Ostrowski, Kenneth J., The Hidden Value of Capital Efficiency, in: McKinsey Quarterly, o.Jg. (1993), Nr. 3, S. 45-58, hier S. 55.
376 Eichelberger, Dirk, "Wertsteigerung durch Akquisition" - eine Kritik, in: DU, 44. Jg. (1990), S. 67f., hier S. 67.
377 Gregory, Alan, Strategic Value Analysis: The Danger of Over [Simplification], in: MA, Vol. 70 (1992), Nr. 8, S. 42, S. 46, hier S. 46.
378 Vgl. Kirchner, M., a.a.O., S. 208.
379 Vgl. Bühner, Rolf, [Lean Management] und Shareholder Value, in: Gabler's Magazin, 8. Jg. (1994), S. 21-25, hier S. 21.
380 Vgl. Fickert, Reiner, [Cash Flow] - Quo vadis?, in: Zünd, André/ Schultz, Günther/ Glauss, Bruno U., Bewertung, Prüfung und Beratung in Theorie und Praxis, FS für Carl Helbling, Zürich 1992, S. 141-165, hier S. 149; Bühner, R., [Management-Wert-Konzept], a.a.O., S. 53.
381 Vgl. Mills, R. W./ Robertson, J./ Ward, T., [Strategic Value], a.a.O., S. 48, S. 49.
382 Vgl. Koch, H., [Unternehmensplanung], a.a.O., S. 116-120; Hanssmann, F., [Betriebswirtschaftslehre], a.a.O., S. 308-310; Wilde, K., a.a.O., S. 248-250.

steigern. Abgesehen von der formalen Unterstützung über die kennzahlengestützte Projektion, bieten sie keine materielle Unterstützung im Hinblick auf Planungsaspekte.

2.3.3. Cash-flow als Basisgröße der Wertsteigerung

2.3.3.1. Cash-flow-Abgrenzung

Der Begriff Cash-flow stammt aus den USA, wo er bei der Analyse von Wertpapieren eingeführt wurde.[383] Er hat sich im Lauf der Zeit auch in Deutschland zu einer populären Kennziffer im Rahmen der Jahresabschlußanalyse entwickelt. Dennoch existiert weder eine einheitliche Terminologie noch übereinstimmende Definitionen hinsichtlich der Abgrenzung der relevanten Bestandteile und des Berechnungsschemas.[384] Dadurch wird der Aussagegehalt einer Cash-flow-Rechnung verschleiert, was ihrer Beliebtheit aber keinen Abbruch getan hat. Als Ursache für diese Begriffs- und Sprachverwirrung wird die pragmatische Handhabung der Cash-flow-Berechnung angeführt, die nicht aus einer geschlossenen, theoretischen Konzeption im Hinblick auf bestimmte, vorgegebene Ziele systematisch entwickelt wurde.[385] Vielmehr steht hinter der Cash-flow-Rechnung einerseits der Wunsch, den bilanzpolitischen Spielraum der Rechnungslegung bei der Erfolgsermittlung zurückzudrängen, andererseits das Bestreben, finanzielle Aspekte stärker in das Blickfeld zu rücken.[386]

Bei der Definition des Cash-flows im Rahmen der Wertsteigerungsanalyse ist zweckmäßigerweise auf die Ziele der Berechnung zurückzugreifen.[387] Der Begriff und die inhaltliche Abgrenzung des Cash-flows müssen sich an den in dieser Arbeit postulierten Zielen unternehmerischen Handelns orientieren. Der Cash-flow kann also nicht als ein Erfolgsindikator i.S. der Bilanzanalyse, der weniger Bewertungs- und Manipulationsspielräume aufweist als der nach handelsrechtlichen Vorschriften ermittelte Gewinn, sondern muß als Zahlungsstromgröße verstanden werden. Zur besseren Abgrenzung der relevanten Zahlungsvorgänge werden sie im folgenden gedanklich einem Leistungs- und einem Finanzbereich zugeordnet.[388] Zahlungen resultieren zum einen aus der Erstellung und Verwertung der Leistungen des Unternehmens, zum anderen ergeben sie sich

---

[383] Vgl. Lachnit, Laurenz, Wesen, Ermittlung und Aussage des Cash Flow, in: ZfbF, 28. Jg. (1973), S. 59-77, hier S. 59; Küting, Karlheinz/ Weber, Claus-Peter und Mitarbeiter, Die Bilanzanalyse, Stuttgart 1993, S. 123; Schwarzecker, Josef, Cash-flow, Gewinn und Eigenkapital: Analyse der Finanzkraft und Liquidität; FASB Statement No. 95, Wien 1992, S. 148.

[384] Vgl. Siener, Friedrich, Der Cash Flow als Instrument der Bilanzanalyse, Stuttgart 1991, S. 34-36, S. 47; Schwarzecker, J., a.a.O., S. 149.

[385] Vgl. Wagner, Jürgen, Die Aussagefähigkeit von cash-flow-Ziffern für die Beurteilung der finanziellen Lage einer Unternehmung, in: DB, 38. Jg. (1985), S. 1601-1607, S. 1649-1653, hier S. 1602.

[386] Vgl. Lachnit, L., a.a.O., S. 59; Siener, F., a.a.O., S. 41, S. 55; Küting, K./ Weber, Claus-Peter und Mitarbeiter, a.a.O., S. 124f.

[387] Vgl. Küting, K./ Weber, Claus-Peter und Mitarbeiter, a.a.O., S. 124.

[388] Vgl. Franke, G./ Hax, Herbert, [Finanzwirtschaft], a.a.O., S. 9-13.

60

aus den Beziehungen zu den Kapitalgebern. Der Bereich der Leistungserstellung erfaßt die Zahlungen, die mit der Beschaffung der notwendigen Produktionsfaktoren verbunden sind; die Leistungsverwertung umfaßt die Zahlungen aus dem Verkauf der Produkte. Zahlungen innerhalb des Finanzbereichs ergeben sich aus Kapitaleinlagen und Krediten (Zuflüsse) oder Kapitalrückzahlungen und Ausschüttungen sowie Zins- und Tilgungsleistungen (Abflüsse).[389]

Der Cash-flow wird als Saldo der Ein- und Auszahlungen des Unternehmens mit seiner Umwelt auf Absatz- und Beschaffungsmärkten (Leistungsbereich) während einer Periode verstanden. Er ist frei von Zinszahlungen und bestimmt die Innenfinanzierungskraft des Unternehmens, die anzeigt, über welchen Betrag das Unternehmen in der Periode verfügen kann, um Zinsen zu zahlen, Schulden zu tilgen oder Ausschüttungen an die Eigentümer vorzunehmen.[390] Ein positiver Zahlungsüberschuß ist nicht zwingend; ergibt sich eine negative Zahlungsgröße, ist dieser Betrag im Finanzbereich zu beschaffen.[391] Die Cash-flow-Abgrenzung unterscheidet sich damit von der im deutschen Schrifttum üblichen Abgrenzung.[392] Die betrachteten Ansätze zur Wertsteigerungsanalyse errechnen den Cash-flow anhand der folgenden Basisgleichung:

(Umsatz)-Einzahlungen
./. laufende operative Auszahlungen
= operativer oder betrieblicher Cash-flow
./. Steuerzahlungen bezogen auf den operativen Cash-flow
./. Investitionsauszahlungen für das *Net Working Capital*[393]
./. Investitionsauszahlungen für das Anlagevermögen
= freier Cash-flow

Der freie Cash-flow erfaßt die Zahlungen an Eigentümer und Gläubiger (*Entity*-Konzept).[394] Da im Rahmen der Wertsteigerungsanalyse die Eigentümer betrachtet werden, müßten die Zins- und Tilgungszahlungen aus dem Cash-flow herausgerechnet werden. Weil die Cash-flows nicht zwischen den Festbetragsansprüchen der Gläubiger und den Restbetragsansprüchen der Gesell-

[389] Vgl. auch Haley, C. W./ Schall, L. D., [Theory], a.a.O., S. 10; Reis, J. P./ Cory, C. R., a.a.O., S. 186.
[390] Vgl. Copeland, T./ Koller, T./ Murrin, J., a.a.O., S. 100f.; Schmidt, Reinhart, [Shareholder], a.a.O., S. 283.
[391] Vgl. Gerling, C., a.a.O., S. 198.
[392] Vgl. Drukarczyk, J., [Finanzierung], a.a.O., S. 85; Küting, K./ Weber, Claus-Peter und Mitarbeiter, a.a.O., S. 129f.; Busse von Colbe, Walther, [Cash Flow], in: Büschgen, Hans E. (Hrsg.), HWF, Stuttgart 1976, Sp. 241-252, hier Sp. 244; Kommission für die Methodik der Finanzanalyse der Deutschen Vereinigung für Finanzanalyse und Anlageberatung (DVFA)/ Arbeitskreis "Externe Unternehmensrechnung" der Schmalenbach-Gesellschaft - Deutsche Gesellschaft für Betriebswirtschaft (SG), Cash Flow nach DVFA/SG, Gemeinsame Empfehlung, in: WPg, 46. Jg. (1993), S. 599-602, hier S. 599, die alle zwar die Auszahlungen für das Umlaufvermögen, nicht aber für das Anlagevermögen berücksichtigen.
[393] Investitionsauszahlungen ins *Net Working Capital* und auch ins Anlagevermögen können negativ sein (Desinvestitionen). Das *Net Working Capital* umfaßt das Umlaufvermögen abzüglich der nicht zinstragenden Verbindlichkeiten wie Lieferantenkredite, erhaltene Anzahlungen oder Rückstellungen.
[394] Diesen Begriff verwenden Lawson, Gerald H., The Valuation of a Business as a Going Concern, in: Gaugler, Eduard/ Meissner, Hans Günther/ Thom, Norbert (Hrsg.), Zukunftsaspekte der anwendungsorientierten Betriebswirtschaftslehre, FS für Erwin Grochla, Stuttgart 1986, S. 161-173, hier S. 163; Weston, J. F./ Copeland, T. E., a.a.O., S. 720; Copeland, T./ Koller, T./ Murrin, J., a.a.O., S. 377; Hendrikson, Eldon S./ Breda, Michael F. van, Accounting Theory, 5. Aufl., Homewood (Ill.), Boston 1992, S. 266, S. 269f.

schafter differenzieren, wird die Ermittlung der Zahlungsströme vereinfacht.[395] Teilweise wird auf eine Trennung von Leistungs- und Finanzierungsbereich verzichtet und die Zinsen und Tilgung als Auszahlungen erfaßt. Auf diese Weise werden die potentiellen Zahlungen an die Eigentümer bestimmt (*Equity*-Konzept).

2.3.3.2. Die Einbindung des Rechnungswesens in die Cash-flow-Ermittlung

Untersucht werden soll, wie das vorhandene Rechnungswesen bei der Cash-flow-Ermittlung eingesetzt werden kann. Grundsätzlich lassen sich die freien Cash-flows im Rahmen unterschiedlicher Finanzierungsrechnungen ermitteln. Es wird zwischen einer Finanzierungsrechnung I, die direkt Ein- und Auszahlungen plant, einer Finanzierungsrechnung II A, die Zahlungsströme durch periodisierte Größen der Gewinn- und Verlustrechnung und Veränderungen der Bilanzposten ermittelt, und einer Finanzierungsrechnung II B, die den Jahresüberschuß mit den Veränderungen der Bilanzposten verknüpft, unterschieden.[396] Ein Teil der Literatur zur Wertsteigerungsanalyse empfiehlt, die Cash-flows auf der Grundlage von Planjahresabschlüssen (Finanzierungsrechnung II) zu ermitteln.[397] Aus dieser Empfehlung ergeben sich zwei Fragestellungen:[398]

---

[395] Vgl. Copeland, T. E./ Weston, J. F., a.a.O., S. 41; Harris, Robert S./ O'Brien, Thomas J./ Wakeman, Doug, Divisional Cost-of-Capital Estimation for Multi-Industry Firms, in: FM, Vol. 18 (1989), Nr. 2, S. 74-84, hier S. 76.

[396] Vgl. Buchmann, Ruth/ Chmielewicz, Klaus (Hrsg.), Finanzierungsrechnung. Empfehlungen des Arbeitskreises Finanzierungsrechnung der Schmalenbach-Gesellschaft - Deutsche Gesellschaft für Betriebswirtschaft e.V., ZfbF Sonderheft 26, Düsseldorf, Frankfurt am Main 1990, S. 5f.

[397] Vgl. Copeland, T./ Koller, T./ Murrin, J., a.a.O., S. 130f.; Weston, J. F./ Copeland, T. E., a.a.O., S. 130f.; Gregory, Alan, [Valuing] Companies, Analysing Business Worth, New York et al. 1992, S. 72; Kontes, Peter W./ McTaggart, James M., Measuring Value Contribution. A Key to Profitable Strategic Management, in: Commentary. A Quarterly Publication of Marakon Ass., o.Jg. (1986), Herbst, S. 1-12, hier S. 7.

[398] Sehr reizvoll wäre es, in diesem Zusammenhang die These Henzlers zu untersuchen, daß die deutschen Rechnungslegungsvorschriften im Vergleich zu den amerikanischen eine wertorientierte Unternehmensbeurteilung erschwerten. Vgl. Henzler, H., a.a.O., S. 1297. Auf den ersten Blick scheint einiges dafür zu sprechen: (1) Während bei den deutschen Normen die vorsichtige Gewinnermittlung im Vordergrund steht, soll nach amerikanischen Vorstellungen der ermittelte Periodengewinn eine Performance-Beurteilung des abgelaufenen Geschäftsjahres ermöglichen. Vgl. FASB, SFAC Nr. 1, Statement of Financial Reporting by Business Enterprises (Nov. 1978), in: Original Pronouncements, Accounting Standards as of June 1, 1993, Vol. II, S. 1003-1020, hier S. 1015f., Ziffer 41, siehe auch S. 1014, Ziffer 37. (2) Die Vorschriften über eine Segmentpublizität sind weitergehender als im deutschen Recht, wo bestenfalls die Umsatzerlöse aufzugliedern sind (§ 285 Nr. 4 HGB). Vgl. FASB, SFAS Nr. 14, Financial Reporting for Segments of a Business Enterprise (dec. 1979), in: Original Pronouncements, Accounting Standards as of June 1, 1993, Vol. I, S. 146-168. (3) Amerikanische Normen fordern die Aufstellung und Veröffentlichung einer Kapitalflußrechnung, die eine externe zahlungsstromorientierte Beurteilung erlauben soll. Vgl. FASB, SFAS Nr. 95, Statement of Cash Flow (Nov. 1987), in: Original Pronouncements, Accounting Standards as of June 1, 1993, Vol. I, S. 1045-1088. Auf dieser Ebene argumentiert auch Jehle, E., a.a.O., S. 1082, der fordert, daß Kapitalflußrechnungen und Bereichsrechnungslegungen gesetzlich vorgeschrieben werden sollten, damit der Aktionär seiner Kontrollaufgabe wirksam nachkommen kann. Einschränkend muß gesagt werden, daß in der Praxis amerikanische Unternehmen die indirekte Form der Kapitalflußrechnung bevorzugen, die aus dem Jahresabschluß und der GuV abgeleitet wird; vgl. Schwarzecker, J., a.a.O., S. 186; dies kann bei einem deutschen Abschluß grundsätzlich auch extern vor-

(1) Es sind die Transformationsschritte zu betrachten, die einen (Plan-)Jahresabschluß in eine (Plan-)Finanzierungsrechnung überleiten. Auf die Lebensdauer eines Unternehmens verteilt, stimmen zwar Ein- und Auszahlungen mit den Aufwendungen und Erträgen überein, innerhalb der einzelnen Perioden trifft dies aber nicht zu. Es wird zunächst ein Referenzvorschlag entwickelt, an dem die Empfehlungen zur Wertsteigerungsanalyse zu messen sind. Fehler in der Überleitungsrechnung verzerren die geplanten Cash-flows und die Analyse vergangener Jahresabschlüsse, aus denen Anhaltspunkte für die Cash-flows in der Zukunft gewonnen werden.

(2) Warum erfolgt die Analyse eines Ist-Abschlusses nicht direkt anhand der Bewegungen der Bank- und Kassekonten oder warum werden keine Ein- und Auszahlungen projiziert? Am fragwürdigsten wird die Transformation bei der Analyse der laufenden Periode als Ausgangspunkt für die Zahlungsprojektion. Für einen internen Bewerter scheint kein Grund zu bestehen, den Umweg über den Jahresabschluß zu gehen. Den Finanzplan aus einer integrierten Finanz- und Erfolgsplanung abzuleiten, ist eine theoretisch bessere Lösung, als ihn aus einem Abschluß sukzessiv zu bestimmen.[399]

ad 1) Bei der Transformation muß über die Fondsabgrenzung und die Zahlungen aus Finanzierungsbeziehungen entschieden werden. Der Geldfonds kann unterschiedlich definiert sein. Folgt man einer engen Fondsabgrenzung, sind nur der Kassenbestand und die Guthaben bei den Kreditinstituten einbezogen. Sind im Einzelfall große Beträge kurzfristig in Wertpapieren "geparkt", kann es sinnvoll sein, die sonstigen Wertpapiere in den Geldfonds einzubeziehen. Der spätere Verkauf dieser Papiere ist dann nicht als Zahlungseingang, sondern als Umschichtung des Fonds zu verstehen.[400] Da der Cash-flow frei von Finanzierungseinflüssen sein soll, dürfen zum einen die Zinsen und ähnliche Aufwendungen nicht als Aufwandsbestandteil, zum anderen die Veränderungen des gezeichneten Kapitals, der Kapital- und Gewinnrücklagen, eines Gewinn- oder Verlustvortrags sowie der Verbindlichkeiten bei der Überleitung nicht berücksichtigt werden. Zielverkäufe werden dem Leistungsbereich zugeordnet und beim *Working Capital* abgezogen;

---

genommen werden. (4) Außerordentliche *Gains* und *Losses* werden differenzierter interpretiert, so daß eine Erfolgsspaltung zur Ermittlung extrapolationsfähiger Gewinne gefördert wird. Vgl. Kuhlewind, Andreas-M., Die amerikanische Gewinn- und Verlustrechnung: Ermittlung und Darstellung des Unternehmenserfolgs im amerikanischen Jahresabschluß, in: Ballwieser, Wolfgang (Hrsg.), US-amerikanische Rechnungslegung, 3. Aufl., Stuttgart 1998, S. 189-221, hier S. 203-211.

399 Vgl. Chmielewicz, Klaus, Integrierte Finanz-, Bilanz- und Erfolgsrechnung, in: Gebhardt, Günther/ Gerke, Wolfgang/ Steiner, Manfred (Hrsg.), Handbuch des Finanzmanagements, München 1993, S. 43-66, hier S. 59. Siehe auch Dellmann, Klaus, Finanzplanung, in: Chmielewicz, Klaus/ Schweitzer, Marcell (Hrsg.), HWR, 3. Aufl., Stuttgart 1993, Sp. 636-646, hier Sp. 643; Buchmann, R./ Chmielewicz, K. (Hrsg.), a.a.O., S. 17. Statt der Buchung aller Zahlungsbewegungen im Geschäftsjahr über die Zahlungsmittelkonten (Kasse, Bank) der Bilanz werden die Ein- und Auszahlungen auf differenzierten Ein- und Auszahlungskonten gebucht, diese Konten werden am Periodenende über die Finanzrechnung abgeschlossen und der ermittelte Liquiditätssaldo ist als Geldkonto der Bilanz zu interpretieren. Damit läßt sich auch die Auswertung am Schluß der Periode oder die doppelte Kontierung der Zahlungsvorgänge über Geldkonto und Finanzierungsrechnung umgehen. Vorteil des Verfahrens ist die differenzierte Erfassung und Abbildung der Zahlungsströme im Unternehmen.

400 Vgl. Buchmann, R./ Chmielewicz, K. (Hrsg.), a.a.O., S. 10f.

zinstragende, kurzfristige Verbindlichkeiten werden dem Finanzierungsbereich zugeordnet. Das durch die Fremdfinanzierung aufgebaute *Tax Shield* ist im Zahlungsstrom erfaßt (*Total Cash Flow*-Konzept).

Die Abschlüsse können durch zwei Verfahren aufbereitet werden: ein retrogrades, ausgehend vom Jahresüberschuß bzw. -fehlbetrag, der um auszahlungswirksame Aufwendungen und nicht einzahlungswirksame Erträge verändert wird, oder ein progressives, bei dem einzelne Posten der Gewinn- und Verlustrechnung auf ihre Zahlungswirksamkeit untersucht werden. Bei einer einheitlichen Abgrenzung führen beide Verfahren zum gleichen Ergebnis.[401] Aufwands- und ertragslose Zahlungen werden ebenso wie die aus- und einzahlungsfreien Aufwendungen und Erträge durch die Veränderung der Bilanzbestände erfaßt bzw. neutralisiert; die Bilanz wird als Zahlungsspeicher interpretiert.[402] Der Cash-flow wird über eine kombinierte Strom- und Bestandsänderungsrechnung ermittelt. Veränderungen der Bestände können entweder passivisch als Veränderung des Eigenkapitals und der verzinslichen Verbindlichkeiten oder aktivisch als Veränderung des *Net Working Capital* und des Anlagevermögens berechnet werden.

Veränderungen der Bilanzbestände können sowohl auf reine Zahlungsvorgänge als auch auf aus- und einzahlungslose Aufwands- und Ertragsposten zurückzuführen sein. Es besteht daher die Gefahr, diese Posten doppelt zu erfassen. Die folgende Überleitungsrechnung ist an die gesetzliche GuV-Gliederung und die Bezeichnung der Posten angelehnt. Es wird das Gesamtkostenverfahren und eine progressive Berechnung unterstellt. Da eine Projektion des Cash-flows für zukünftige Perioden erfolgt, erscheint diese Form vorteilhaft, weil sie einen Einblick in die Komponenten des Cash-flows erlaubt; Einflüsse auf die Cash-flow-Entwicklung lassen sich differenziert abbilden.[403] Die Zuordnung einzelner Bilanzveränderungen zu den Posten der GuV erfolgt, soweit das möglich erscheint: Veränderungen der Pensions- und Steuerrückstellungen, der Vorräte und der Sonderposten werden den entsprechenden Posten zugeordnet. Erscheint eine Zuordnung der Veränderung von Forderungen, Anzahlungen, Verbindlichkeiten und der sonstigen Rückstellungen sowie der Rechnungsabgrenzungsposten nicht mehr im einzelnen möglich, wird versucht, sie den Zwischensummen zuzuordnen. Ist eine solche Zuordnung der Posten nicht möglich, müssen sie beim Sammelposten 22 berücksichtigt werden. Je größer dieser Posten ist, desto ungenauer ist die korrekte Ermittlung der einzelnen Komponenten des Zahlungsstromes.[404]

---

[401] Vgl. Siener, F., a.a.O., S. 61; Küting, K./ Weber, Claus-Peter und Mitarbeiter, a.a.O., S. 154, S. 126f.; Coenenberg, A. G. und Mitarbeiter, a.a.O., S. 515.

[402] Vgl. Drukarczyk, J., [Finanzierung], a.a.O., S. 85.

[403] Vgl. Siener, F., a.a.O., S. 64f.; Bretzke, Wolf-Rüdiger, Das [Prognoseproblem] bei der Unternehmungsbewertung, Düsseldorf 1975, S. 122f.; Hendriksen, E. S./ Breda, M. F. van, a.a.O., S. 274; Buchmann, R./ Chmielewicz, K., a.a.O., S. 31. Peemöller, Volker H./ Hüttche, Tobias, Unternehmensbewertung und funktionale Bilanzanalyse (Teil II), in: DStR, 31. Jg. (1993), S. 1344-1348, hier S. 1344.

[404] Vgl. Buchmann, R./ Chmielewicz, K. (Hrsg.), a.a.O., S. 25.

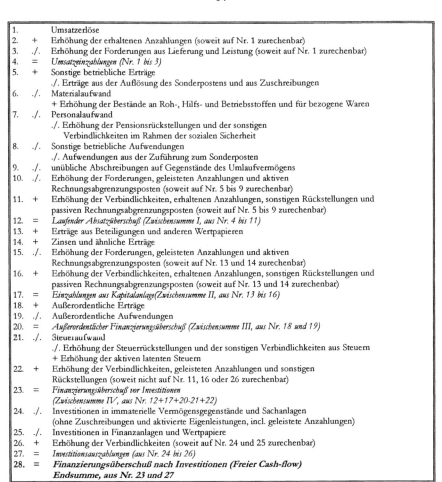

1.		Umsatzerlöse
2.	+	Erhöhung der erhaltenen Anzahlungen (soweit auf Nr. 1 zurechenbar)
3.	./.	Erhöhung der Forderungen aus Lieferung und Leistung (soweit auf Nr. 1 zurechenbar)
4.	=	*Umsatzeinzahlungen (Nr. 1 bis 3)*
5.	+	Sonstige betriebliche Erträge
	./.	Erträge aus der Auflösung des Sonderpostens und aus Zuschreibungen
6.	./.	Materialaufwand
		+ Erhöhung der Bestände an Roh-, Hilfs- und Betriebsstoffen und für bezogene Waren
7.	./.	Personalaufwand
	./.	Erhöhung der Pensionsrückstellungen und der sonstigen Verbindlichkeiten im Rahmen der sozialen Sicherheit
8.	./.	Sonstige betriebliche Aufwendungen
	./.	Aufwendungen aus der Zuführung zum Sonderposten
9.	./.	unübliche Abschreibungen auf Gegenstände des Umlaufvermögens
10.	./.	Erhöhung der Forderungen, geleisteten Anzahlungen und aktiven Rechnungsabgrenzungsposten (soweit auf Nr. 5 bis 9 zurechenbar)
11.	+	Erhöhung der Verbindlichkeiten, erhaltenen Anzahlungen, sonstigen Rückstellungen und passiven Rechnungsabgrenzungsposten (soweit auf Nr. 5 bis 9 zurechenbar)
12.	=	*Laufender Absatzüberschuß (Zwischensumme I, aus Nr. 4 bis 11)*
13.	+	Erträge aus Beteiligungen und anderen Wertpapieren
14.	+	Zinsen und ähnliche Erträge
15.	./.	Erhöhung der Forderungen, geleisteten Anzahlungen und aktiven Rechnungsabgrenzungsposten (soweit auf Nr. 13 und 14 zurechenbar)
16.	+	Erhöhung der Verbindlichkeiten, erhaltenen Anzahlungen, sonstigen Rückstellungen und passiven Rechnungsabgrenzungsposten (soweit auf Nr. 13 und 14 zurechenbar)
17.	=	*Einzahlungen aus Kapitalanlage(Zwischensumme II, aus Nr. 13 bis 16)*
18.	+	Außerordentliche Erträge
19.	./.	Außerordentliche Aufwendungen
20.	=	*Außerordentlicher Finanzierungsüberschuß (Zwischensumme III, aus Nr. 18 und 19)*
21.	./.	Steueraufwand
	./.	Erhöhung der Steuerrückstellungen und der sonstigen Verbindlichkeiten aus Steuern
		+ Erhöhung der aktiven latenten Steuern
22.	+	Erhöhung der Verbindlichkeiten, geleisteten Anzahlungen und sonstigen Rückstellungen (soweit nicht auf Nr. 11, 16 oder 26 zurechenbar)
23.	=	*Finanzierungsüberschuß vor Investitionen* *(Zwischensumme IV, aus Nr. 12+17+20-21+22)*
24.	./.	Investitionen in immaterielle Vermögensgegenstände und Sachanlagen (ohne Zuschreibungen und aktivierte Eigenleistungen, incl. geleistete Anzahlungen)
25.	./.	Investitionen in Finanzanlagen und Wertpapiere
26.	+	Erhöhung der Verbindlichkeiten (soweit auf Nr. 24 und 25 zurechenbar)
27.	=	*Investitionsauszahlungen (aus Nr. 24 bis 26)*
28.	=	**Finanzierungsüberschuß nach Investitionen (Freier Cash-flow)** **Endsumme, aus Nr. 23 und 27**

Nr. 3: Finanzierungsrechnung Typ II A (Gesamtkostenverfahren)

Wenn die Abschreibungen auf das Anlagevermögen als auszahlungsloser Aufwand bei einer progressiven Ermittlung nicht abgezogen und die Anlageinvestitionen als Veränderung des Anlagevermögens aus einer Bilanz ermittelt werden, sind die Investitionsauszahlungen zu gering berechnet. Ist der Bestand gleich geblieben, haben Reinvestitionen im Umfang der Abschreibungen stattgefunden. Werden die Abschreibungen aufgrund der fehlenden Zahlungswirksamkeit nicht abgezogen, ist der Cash-flow in Höhe der Reinvestitionsauszahlungen zu hoch ausgewiesen. Erfolgt die Bestimmung des Investitionsvolumens über eine Veränderung der entsprechenden Aktivkonten der (Plan-)Bilanz, handelt es sich um einen Wert nach Abschreibungen. Entsprechend müssen in diesem Fall die Abschreibungen als Auszahlungsäquivalente für Erhaltungsinvestitionen erfaßt werden.[405] Für die Abschreibungen im Umlaufvermögen gelten die Anmerkungen analog. Ist ein Anlagengitter gemäß § 268 Abs. 2 HGB vorhanden, können die Zugangswerte der Investitionen des Geschäftsjahres ermittelt werden. In diesem Fall dürfen die Abschreibungen nicht als Auszahlungsäquivalente qualifiziert werden.[406] Bei Finanzanlagen lassen sich die Zugangswerte dem Anlagengitter entnehmen, bei den sonstigen Wertpapieren des Umlaufvermögens ergeben sich die Investitionen aus der Veränderung des entsprechenden Bilanzpostens und den Abschreibungen auf diese Wertpapiere.[407]

Die Bestandsveränderungen und Eigenleistungen sind weitere Punkte, die zu Mißverständnissen führen können. Bei dem in Deutschland üblichen Gesamtkostenverfahren werden sämtliche Aufwendungen des Geschäftsjahres erfaßt, auch jene, die zu einer Erhöhung des *Net Working Capital* und des Anlagevermögens durch Bestandserhöhungen an Erzeugnissen und Eigenleistungen geführt haben. Diese Veränderungen an fertigen oder unfertigen Erzeugnissen bzw. im Anlagevermögen dürfen nicht als Investitionsauszahlungen interpretiert werden, da die Posten sonst zweimal als Auszahlung erfaßt werden.[408] Die Investitionen im Anlagevermögen sind um die Eigenleistungen zu bereinigen und die Bestandsveränderung der Erzeugnisse darf nicht aufgenommen werden.

Der Sonderposten mit Rücklageanteil umfaßt steuerliche Sonderabschreibungen und unversteuerte ("steuerfreie") Rücklagen. In ihm werden Bewertungs-, keine Zahlungsvorgänge erfaßt. Bei einer progressiven Ermittlung kann auf diesen Posten verzichtet werden, wenn Informationen über die Höhe der Sonderabschreibung dem Jahresabschluß entnommen werden können (vgl. § 281 II 2 HGB). Die steuerlich erlaubten Wertberichtigungen durch eine Zuführung zum Sonderposten mit Rücklageanteil werden nicht als Abschreibungen, sondern als sonstige betriebliche Aufwendungen verbucht; diese sind entsprechend zu korrigieren. Analog sollten die sonstigen betrieblichen Erträge bei der Auflösung des Sonderpostens verringert werden. Ist der Sonderposten beispielsweise durch § 6 b EStG begründet,[409] werden mit dem Sonderposten stille Reser-

---

[405] Siehe auch das Vorgehen bei Buchmann, R./ Chmielewicz, K. (Hrsg.), a.a.O., S. 70.

[406] Bei Bühner, R., [Management-Wert-Konzept], a.a.O., S. 55f., sind die Abschreibungen beim Umsatzkostenverfahren in den Herstellungskosten des Umsatzes enthalten, beim Gesamtkostenverfahren werden sie explizit abgezogen. Da Abschreibungen nicht zu Auszahlungen führen, gelten sie als reinvestiert. Um sie nicht doppelt zu erfassen, dürfen nur die Investitionsauszahlungen, die über die Reinvestition hinausgehen, als Abfluß abgezogen werden. In dem Berechnungsvorschlag von Bühner, R., [Strategie], a.a.O., S. 225, werden die Abschreibungen als Auszahlungsäquivalent nicht abgezogen, obwohl Bühner dies unterstellt; die Tabelle ist diesbezüglich fehlerhaft.

[407] Die Abschreibungen für Wertpapiere des Umlaufvermögens ergeben sich aus der Summe der Abschreibungen auf Finanzanlagen und Wertpapiere des Umlaufvermögens (§ 275 II Nr. 12 HGB) abzüglich der Abschreibungen auf Finanzanlagen, die dem Anlagengitter entnommen werden können.

[408] Vgl. Drukarczyk, J., [Finanzierung], a.a.O., S. 71f. i.V.m. S. 77.

[409] Weitere Rücklagentatbestände des Steuerrechts sind z.B. § 6 d, § 52 XIII EStG, §§ 1, 3 AuslInvG, Ersatzbeschaffung nach Abschn. 35 EStR. Vgl. Schmidt, Ludwig, Kommentierung zu § 5 EStG, Rz 52, in: Schmidt, Ludwig (Hrsg.), Einkommensteuergesetz, 13. Aufl., München 1994.

ven auf neu anzuschaffende Vermögensgegenstände übertragen. Die Zuführung erfolgt über den Posten sonstige betriebliche Aufwendungen. Eine Auflösung wird als sonstiger betrieblicher Ertrag gebucht.[410] Bei den sonstigen betrieblichen Aufwendungen bzw. Erträgen sind die Zuführung bzw. die Auflösung des Sonderpostens abzuziehen.

Mit den sonstigen betrieblichen Aufwendungen und Erträgen werden Problemposten angesprochen: Eine Aufteilung dieses Sammelkontos in zahlungswirksame und -unwirksame Posten gelingt externen Analysten nicht. Auf die Posten, die sich aus der Veränderung des Sonderpostens mit Rücklageanteil ergeben, wurde bereits hingewiesen. Sonstige betriebliche Erträge aus Zuschreibungen lassen sich dem Anlagengitter entnehmen.[411] Andere Geschäftsvorfälle - wie die Erträge aus der Auflösung von Rückstellungen oder Verluste aus dem Abgang von Vermögensgegenständen - lassen sich nur erkennen, wenn sie aperiodisch und nicht von untergeordneter Bedeutung sind; dies ergibt sich aus § 277 IV 3 HGB. Sind diese Informationen vorhanden, sollten die sonstigen betrieblichen Aufwendungen und Erträge sowie die korrespondierenden Bilanzposten bereinigt werden. Wenn eine Identifikation nicht möglich ist, gelten die Aufwendungen und Erträge als Zahlungsäquivalente; sie werden über die Veränderung der Bilanzbestände korrigiert. Eine Ausnahme besteht: In den sonstigen betrieblichen Aufwendungen wird die Zuschreibung aufgrund des Höchstwertprinzips für Schulden verbucht. Wird eine Verbindlichkeit aufgewertet, kann die Korrektur nicht erfolgen, weil Veränderungen der Verbindlichkeiten aus dem Cash-flow abgegrenzt werden.

Aktive und passive Rechnungsabgrenzungsposten sowie Rückstellungen sind weitere Posten, die Zahlungen im Jahresabschluß periodisieren. Da Zahlungen interessieren, müssen diese Posten neutralisiert werden. Bei der Transformation muß deshalb eine Erhöhung (Verringerung) der passiven Rechnungsabgrenzung addiert (subtrahiert) werden. Aktive Rechnungsabgrenzungsposten sind abzuziehen (zu addieren), wenn sich der Bestand erhöht (verringert) hat.[412] Erhöhungen (Verringerungen) der Rückstellungen werden subtrahiert (addiert), da es sich um einen Zahlungsantizipationsposten handelt.[413]

---

410 Dies ist unabhängig davon, ob die Brutto- oder die Nettomethode verwandt wird. Bei der Bruttomethode werden die Abschreibungen von den ungekürzten Anschaffungskosten des Vermögensgegenstandes planmäßig vorgenommen und der Sonderposten korrespondierend aufgelöst. Bei der Nettomethode wird der Sonderposten sofort vollständig über die GuV aufgelöst, beim Vermögensgegenstand erfolgt die außerplanmäßige Abschreibung. Vgl. Haeger, Bernd, Bildung, Übertragung und Auflösung der § 6 b EStG-Rücklage nach neuem Bilanzrecht (Teil I), in: DB, 40. Jg. (1987), S. 445-450, hier S. 446-450. Bei der Bruttomethode wird noch diskutiert, ob eine erfolgswirksame Umgliederung, die die sonstigen betrieblichen Aufwendungen und Erträge korrespondierend aufbläht, oder die erfolgsunwirksame vorteilhafter ist. Da die Buchungen lediglich Bewertungsvorgänge umfassen, wäre eine erfolgsunwirksame Umgliederung vorzuziehen.
411 In diesem Fall muß der Betrag bei den Veränderungen des Anlagevermögens abgezogen werden, da keine Zahlungen vorliegen.
412 Vgl. Bühner, R., [Strategie], a.a.O., S. 225.
413 Auf diese Weise werden nicht nur die sonstigen Rückstellungen behandelt, sondern auch der für deutsche Unternehmen wichtige Posten der Pensionsrückstellungen. Vgl. Börsig, C., a.a.O., S. 86; Schmidt, Reinhart,

Aktive und passive latente Steuern (§ 274 HGB) dienen der Abgrenzung des Steueraufwands, wenn sich handels- und steuerrechtliches Ergebnis zeitweilig unterscheiden. Aktive latente Steuern können gebildet werden, falls das steuerliche Ergebnis größer als der handelsrechtliche Jahresüberschuß ist: Für die Periode sind die Steueraufwendungen - gemessen am handelsrechtlichen Ergebnis - zu hoch und müssen entsprechend angepaßt werden ("Per aktive latente Steuern an Steueraufwand"). Passive latente Steuern müssen angesetzt werden, wenn das steuerliche Ergebnis unter dem handelsrechtlichen Jahresüberschuß liegt; in diesem Fall sind die Steueraufwendungen - gemessen am handelsrechtlichen Ergebnis - zu gering. Die Anpassung erfolgt über eine passive latente Steuerrückstellung ("Per Steueraufwand an passive latente Steuern"); die Posten für latente Steuern resultieren aus einer unterschiedlichen Periodisierung in der Handels- und Steuerbilanz. Da die Cash-flow-Rechnung auf Zahlungsströmen beruht, interessiert nicht der fiktive handelsrechtliche Steueraufwand, sondern die tatsächliche Zahlung: Die Periodisierung ist rückgängig zu machen: Erhöht (verringert) sich der Bestand an aktiven latenten Steuern, muß diese Veränderung zum Steueraufwand in der Gewinn- und Verlustrechnung addiert (subtrahiert) werden. Bei einer erhöhten (verringerten) latenten Steuerrückstellung muß diese Veränderung subtrahiert (addiert) werden.[414]

Grundlage der obigen Überleitungsrechnung war eine GuV nach dem Gesamtkostenverfahren. Welche Veränderungen ergeben sich, wenn das Umsatzkostenverfahren unterstellt wird? Die Posten Material- und Personalaufwand sowie Abschreibungen verschwinden und werden durch die Posten Herstellungs-, Verwaltungs- und Vertriebskosten ersetzt. Die übrigen Posten bleiben als solche bestehen, sind aber wertmäßig verändert. Aufgrund von Freiheitsgraden bei der Ermittlung von Herstellungskosten, ist die Erfassung der Abschreibungen beim komplex:

1. Wird in der GuV und in der Bilanz zu Vollkosten bewertet, sind die Abschreibungen für die abgesetzten Produkte in den Herstellungskosten[415], für die nicht abgesetzten Produkte in den Bestandsänderungen der fertigen und unfertigen Erzeugnisse erfaßt.
2. Erfolgt die Bewertung in der GuV zu Teil- und in der Bilanz zu Vollkosten, sind die Abschreibungen für die abgesetzten Produkte in den sonstigen betrieblichen Aufwendungen, für nicht abgesetzte Produkte in den Bestandsänderungen enthalten.
3. Wird in der GuV und der Bilanz zu Teilkosten bewertet, sind die Abschreibungen für alle produzierten Produkte in den sonstigen betrieblichen Aufwendungen erfaßt.

[Shareholder], a.a.O., S. 283; Bühner, R., [Strategie], a.a.O., S. 225. Die Abzinsungs- und Finanzierungsproblematik dieses Postens wird nicht berücksichtigt. Eine genaue Diskussion dieses Punktes erfolgt in Abschnitt 3.5.2.3.

[414] So auch Bühner, R., [Strategie], a.a.O., S. 225, bei passiven Steuerrückstellungen.

[415] Handelt es sich um Abschreibungen für Vermögensgegenstände, die den Verwaltungskostenstellen zugeordnet werden, gilt die Argumentation analog.

4. Erfolgt in der GuV die Bewertung zu Voll-, hingegen in der Bilanz zu Teilkosten, sind die Abschreibungen für die abgesetzten Produkte in den Herstellungskosten und für die nicht abgesetzten Produkte in den sonstigen betrieblichen Aufwendungen berücksichtigt.[416]

Um die Abschreibungen nicht doppelt zu erfassen, dürfen die Investitionen im Anlagevermögen nicht brutto aus dem Anlagengitter, sondern müssen netto durch die Veränderung der Bilanzposten ermittelt werden.[417]

Neben der Abschreibungsproblematik können beim Umsatzkostenverfahren aus der Gewinn- und Verlustrechnung keine vollständigen Anhaltspunkte für wichtige Auszahlungen - beispielsweise für Löhne und Gehälter - entnommen werden.[418] Diese Auszahlungen werden indirekt über die Bilanzveränderung der Erzeugnisse (*Net Working Capital*) und des Anlagevermögens ermittelt.[419] Würden die Investitionen wie beim Gesamtkostenverfahren um die Veränderung der Bestände an fertigen und unfertigen Erzeugnissen bereinigt, wäre das Ergebnis fehlerhaft; die Bestandsänderungen der Erzeugnisse sind Bestandteil der Überleitungsrechnung. Die Auszahlungserfassung variiert mit der Bewertung der Herstellungskosten. Beim Teilkostenansatz werden die nicht aktivierten Bestandteile über die sonstigen Aufwendungen (oder Verwaltungskosten), beim Vollkostenansatz über die Veränderung der Erzeugnisse erfaßt. Im übrigen gelten die gleichen Fallgestaltungen wie bei den Abschreibungen.

Wenngleich eine Finanzierungsrechnung Typ II B weniger aussagekräftig ist als Typ II A - sie zeigt keine Umsätze und Zahlungsstromstrukturen -, ist sie in der Praxis weit verbreitet. Bei der retrograden Bewertung sind die Abschreibungen als Auszahlungsäquivalente bereits abgezogen worden. Die Veränderung des Anlagevermögens muß aufgrund der Nettowerte der Bilanz, nicht der Bruttowerte aus dem Anlagengitter, bestimmt werden. Addiert man die Abschreibungen als nicht auszahlungswirksamen Bestandteil, müssen die Veränderungen der korrespondierenden Aktivkonten brutto ermittelt werden. Informationen über die Abschreibungen des Geschäftsjahres und der Zugangswerte der Vermögensgegenstände im Anlagevermögen können dem Anlagengitter entnommen werden. Die Bestandsmehrungen der Erzeugnisse sind beim retrograden Vorgehen als Abzugsposten zu erfassen, da sie entweder nicht als Aufwand/ Auszahlung berück-

---

[416] Alternativ wird auch bei Lageraufbau ein Ausweis unter den Herstellungskosten erlaubt. Vgl. Sonderausschuß Bilanzrichtlinie-Gesetz, Entwurf einer Verlautbarung: Probleme des Umsatzkostenverfahrens, in: WPg, 39. Jg. (1986), S. 534-536, hier S. 535.

[417] Beim retrograden Vorgehen nach GOMEZ und WEBER, KNÜSEL oder AEBERHARD werden die Abschreibungen als nicht auszahlungswirksamer Bestandteil hinzugefügt. Eine Trennung in Reinvestitionen und Erweiterungsinvestitionen darf daher nicht erfolgen; der Begriff "Netto" beim Umlaufvermögen und insbesondere bei den Investitionen darf nicht als "nach Abschreibungen" aufgefaßt werden, sondern als Investitionen abzüglich Desinvestitionen. Vgl. Gomez, P./ Weber, Bruno, [Akquisitionsstrategie], a.a.O., S. 31. Siehe auch Aeberhard, K., a.a.O., S. 402; Knüsel, Daniel, Unternehmensbewertung in der Schweiz, in: STH, 66. Jg. (1992), S. 309-314, hier S. 311.

[418] Bei mindestens mittelgroßen Kapitalgesellschaften kann auf die Anhangsinformation nach § 285 Nr. 8 i.V.m. § 288 HGB zurückgegriffen werden.

[419] Vgl. Drukarczyk, J., [Finanzierung], a.a.O., S. 81f.

sichtigt (Umsatzkostenverfahren) oder durch die Posten der Bestandsmehrungen bei Erzeugnissen und den Eigenleistungen neutralisiert werden (Gesamtkostenververfahren). Die folgende Abbildung verdeutlicht die grundsätzlichen Transformationsschritte bei einem retrograden Vorgehen:

1.		Jahresüberschuß vor Steuern
2.	+	Zinsaufwand
3.	+	Zunahme der passiven Rechnungsabgrenzungsposten
4.	./.	Zunahme der aktiven Rechnungsabgrenzungsposten
5.	+	Zunahme der Sonderposten mit Rücklageanteil
6.	./.	Zunahme der Vorräte an Roh-, Hilfs- und Betriebsstoffen
7.	./.	Zunahme der eigenen Anzahlungen
8.	./.	Bestandserhöhungen an fertigen und unfertigen Erzeugnissen
9.	+	Zunahme der Verbindlichkeiten aus Lieferung und Leistung
10.	+	Zunahme der Pensionsrückstellungen
11.	./.	Zunahme der Forderungen aus Lieferung und Leistung
12.	+	Zunahme der Kundenanzahlungen
13.	+	Zunahme der sonstigen Verbindlichkeiten
14.	+	Zunahme der sonstigen Rückstellungen
15.	./.	Zunahme der sonstigen Forderungen und Vermögensgegenstände
16.	./.	Zunahme der Wertpapiere des Umlaufvermögens
17.	./.	Zunahme des Anlagevermögens
18.	./.	Steueraufwand
		./. Zunahme der Steuerrückstellungen und sonstigen Verbindlichkeiten aus Steuern
		+ Zunahme der aktiven latenten Steuern
19.	**=**	**Finanzierungsüberschuß nach Investitionen (Freier Cash-flow)**

Nr. 4: Finanzierungsrechnung Typ II B

Die Literatur zur Wertsteigerungsanalyse[420] legen nur eine rudimentäre Überleitungsrechnung vor. Entweder wird der Cash-flow verfälscht oder es sind eine Vielzahl von Annahmen getroffen, die nicht ohne weiteres erkennbar sind. Der Einwand SUCKUTs, der die Veränderung des *Net Working Capital* nicht berücksichtigen möchte, weil diese Veränderungen in den erfolgsrechnerischen Stromgrößen bereits erfaßt werden, ist nicht ganz korrekt.[421] Auch im Umlaufvermögen können aufgrund von Ein- und Auszahlungen Bestandsänderungen eintreten. Sein Einwand betrifft allerdings die Bestandsveränderung an Erzeugnissen, wenn (1) das Gesamtkostenverfahren unterstellt und (2) bei einer progressiven Berechnung die Erhöhung des Bestands laut GuV nicht als Einzahlungsäquivalent gewertet wird. Beim Umsatzkostenverfahren oder einer retrograden Berechnung gilt dieser Einwand gegen die Berücksichtigung der Bestandsänderungen nicht.

---

[420] Vgl. Bühner, R., [Management-Wert-Konzept], a.a.O., S. 55; Bühner, R., [Strategie], a.a.O., S. 225; Schmidt, Reinhart, [Shareholder], a.a.O., S. 283; Börsig, C., a.a.O., S. 85; Gomez, P./ Weber, Bruno, [Akquisitionsstrategie], a.a.O., S. 31; Meyersiek, Dietmar, Unternehmenswert und Branchendynamik, in: BFuP, 43. Jg. (1991), S. 233-240, hier S. 235; Suckut, S., a.a.O., S. 29; Hafner, Ralf, [Unternehmensbe-wertungen] als Instrumente zur Durchsetzung von Verhandlungspositionen, in: BFuP, 45. Jg. (1993), S. 84.

[421] Vgl. Suckut, S., a.a.O., S. 27f.

BÜHNER zieht in einem jüngeren Vorschlag auf der Grundlage des Gesamtkostenverfahrens den Material- und Personalaufwand als Auszahlungsäquivalent von den Umsatzerlösen ab.[422] Um korrekt zu rechnen, dürfen die Investitionen in das *Net Working Capital* nicht auf Bestandserhöhungen und Eigenleistungen beruhen. In einem älteren Vorschlag wollte BÜHNER nur die Auszahlungen für Material, das in den Umsatz eingegangen ist, abziehen; bei den Zahlungen an das Personal traf er diese Unterscheidung nicht. Werden die Investitionsauszahlungen durch die Veränderung der Bilanzbestände im Anlagevermögen und *Net Working Capital* erfaßt, ist sein Vorgehen insoweit angemessen, da er nur die Auszahlungen für Material, das in den Umsatz eingegangen ist, abzieht; der andere Teil der Materialauszahlungen wird über die Veränderung der Bestandserhöhungen bzw. Eigenleistungen berücksichtigt. Sein Vorgehen ist aber nicht umfassend genug, da Bestandserhöhungen und Eigenleistungen nicht nur zu Materialeinzel- und -gemeinkosten ermittelt werden, sondern zusätzlich noch andere Kostenbestandteile enthalten, die ebenfalls im Hinblick auf ihre Umsatzzuordnung korrigiert werden müßten (beispielsweise Personalauszahlungen).[423] Erfaßt er jedoch die Investitionen ohne Bestandsänderungen und Eigenleistungen, sind die Materialauszahlungen nicht vollständig berücksichtigt.

ad 2) Die Überleitungsrechnung von einem Planjahresabschluß in eine Cash-flow-Rechnung ist problematisch. Der Anwender muß mit der Technik der Periodisierung und der Buchführung vertraut sein, um die Periodisierung rückgängig zu machen; damit werden Sprachbarrieren aufgebaut.[424] Warum greift man auf die Methode zurück? Das Argument einer höheren Unsicherheit einer Einzahlungsüberschußrechnung im Vergleich zu Jahresabschlüssen ist nicht stichhaltig.[425] Projektionsprobleme bestehen unabhängig von der Art der Rechnung. Ob Projektionsfehler bei den originären Zahlungsströmen auftreten oder bei den Aufwendungen, Erträgen und Bilanzbeständen, ist kein grundsätzlicher Unterschied.[426] "Insofern kann die Wahl ... nicht mit unterschiedlichen Prognoseproblemen dieser Rechnungen begründet werden."[427] Zudem wird die Entwicklung des Eigenkapitals in einer Planbilanz auch von den Ausschüttungen bestimmt.

Zur Analyse aktueller Zahlungsvorgänge hat eine integrierte Finanzierungsrechnung wesentliche Vorteile. Für mehrperiodige, zukunftsbezogene Planungen wird jedoch die Eignung skeptisch beurteilt. Auch der Arbeitskreis Finanzierungsrechnung der Schmalenbach-Gesellschaft nimmt in seinen Empfehlungen für eine mehrjährige Finanzierungsrechnung von einer direkten Projek-

---

422 Vgl. Bühner, R., [Strategie], a.a.O., S. 225.
423 Erfolgt die Bewertung der Bestandsänderungen und Eigenleistungen an der Herstellungskostenobergrenze, dürfen auch nur die Gemeinkosten, die in den Umsatz eingegangen sind, abgezogen werden.
424 Vgl. Buchmann, R./ Chmielewicz, K. (Hrsg.), a.a.O., S. 27.
425 So argumentieren Dörner, Wolfgang, Die [Unternehmensbewertung], in: Institut der Wirtschaftsprüfer in Deutschland e. V. (Hrsg.), Wirtschaftsprüfer-Handbuch 1992, Band 2, Düsseldorf 1992, S. 1-136, hier, S. 42f. (Tz. 80), S. 46 (Tz. 85); Ramsauer, Helmut, Konzeption und Aussagekraft des erweiterten Finanzierungs-cash flow, in: BFuP, 38. Jg. (1986), S. 269-285, hier S. 280.
426 Vgl. Buchmann, R./ Chmielewicz, K. (Hrsg.), a.a.O., S. 8.
427 Buchmann, R./ Chmielewicz, K. (Hrsg.), a.a.O., S. 8.

tion der Zahlungsströme (Finanzierungsrechnung Typ I) Abstand.[428] Eine integrierte Erfolgs- und Finanzplanung ist in der Praxis nicht die Regel.[429]

Ein Grund für den Verweis auf Jahresabschlüsse bei der Cash-flow-Analyse und -Ermittlung liegt sicherlich auch in der Verwendung von Wertsteigerungstechniken zur Bewertung von Akquisitionsobjekten. Externe Bewerter haben i.d.R. keinen Zugang zur Buchführung und sind auf die Analyse öffentlich zugänglicher Informationsquellen angewiesen.

Weiterhin werden Planbilanzen und Plangewinn- und Verlustrechnungen aufgestellt, um eine Plausibilitätskontrolle für den Cash-flow vorzunehmen: Beispielsweise soll mit ihnen die Relation zwischen Umsatz und dem in der Bilanz gebundenen Vermögen überprüft werden. Veränderungen können auf veränderte reale Gegebenheiten, aber auch auf unplausible Cash-flow-Projektionen zurückzuführen sein; durch die Planabschlüsse soll die Konsistenz der Cash-flow-Projektion sichergestellt werden. Mit Hilfe der Planbilanz sollen darüber hinaus die Implikationen für die Finanzierungsstruktur des Unternehmens offengelegt werden.[430]

Darüber hinaus kann ein Finanzplan nicht ohne Planbilanzen und -GuV aufgestellt werden. Der Bewerter benötigt Informationen über die Steuerzahlungen, die nur mit Hilfe eines Betriebsvermögensvergleichs ermittelt werden können. Außerdem werden kapitalbindende (Lagerbestände, Forderungen aus Lieferung und Leistung) und -freisetzende Positionen (erhaltene Anzahlungen, Verbindlichkeiten aus Lieferung und Leistung, Rückstellungen) mit Hilfe von Planbilanzen berechnet.[431]

Der Rückgriff auf einen Planjahresabschluß hat vermutlich noch weitere praktische Gründe: Zum einen haben Kapitalflußrechnungen über vergangene Perioden insbesondere in den USA einen anerkannten Platz innerhalb des Rechnungswesens von Unternehmen. Insoweit greifen die Bewertungsvorschläge auf bekannte Analyseinstrumente zurück. Zum anderen sind zukünftige Planungen und Budgetierungen aufgrund von Planbilanzen in Unternehmen verbreitet.[432] Die Wertsteigerungsanalyse kann auf bekannten Planungs- und Steuerungsinstrumenten aufbauen. Diese dürfen jedoch nicht auf der Unternehmensgesamtebene stehen bleiben, sondern müssen Geschäftsbereiche erfassen (Segmentbilanzierung). Allerdings sind die Probleme nicht zu vernachlässigen. Sie resultieren aus der Unmöglichkeit, die Zahlungswirksamkeit einzelner Posten zu

---

[428] Vgl. Chmielewicz, K., a.a.O., S. 60; Buchmann, R./ Chmielewicz, K. (Hrsg.), a.a.O., S. 40. Die gleiche Einschätzung hat auch Schwarzecker, J., a.a.O., S. 234.
[429] Vgl. Dellmann, K., a.a.O., Sp. 643.
[430] Vgl. Copeland, T./ Koller, T./ Murrin, J., a.a.O., S. 130.
[431] Vgl. Drukarczyk, J., [Theorie], a.a.O., S. 401; Drukarczyk, J., [Finanzierung], a.a.O., S. 90.
[432] Vgl. Scheffler, Eberhard, Bilanzen als Prognose- und Steuerungsinstrument, in: DStR, 31. Jg. (1993), S. 1569-1574, insb. S. 1571-1574.

überprüfen. Das Endergebnis stimmt zwar, eine genaue Ermittlung der einzelnen Zahlungskomponenten ist aber nicht möglich.[433]

Das Vorgehen anhand von Plangewinn- und -verlustrechnung und Planbilanz ist nicht mit der modifizierten Ertragsüberschußrechnung des WP-Handbuches zu verwechseln.[434] Dort werden die Erträge und Aufwendungen als Ausgangspunkt genommen, wobei die Abschreibungen der Vermögensgegenstände, bewertet zu Wiederbeschaffungskosten, als Auszahlungsäquivalent erfaßt werden;[435] die Vorgehensweise resultiert aus dem Grundsatz der Substanzerhaltung. Durch diese Bereinigung erfolgt keine Transformation einer Erfolgs- in eine Finanzrechnung. Abgesehen davon soll durch die Ertragsüberschußrechnung ein nachhaltiger, entnahmefähiger Gewinn ermittelt werden.[436]

2.3.3.3.   Projektion zukünftiger Einzahlungsüberschüsse

2.3.3.3.1.   Zukunftsorientierte Erfolgsermittlung: Verbindung von Planung und Prognose

Erfolgsbegriff und Ermittlungsperspektive sind mit den zukünftigen Einzahlungsüberschüssen (Cash-flows) aus der Leistungstätigkeit des Unternehmens hinreichend bestimmt. Offen bleibt, in welchem Ausmaß die erfolgsbestimmenden Faktoren differenziert werden.[437] Diese Differenzierungen bestimmen den Grad der Komplexität der Ertragsschätzung. Der Grad der Differenzierung der erfolgsbestimmenden Faktoren hängt davon ab,[438]

1)   ob und wie die Erfolgsfaktoren der Erfolgskomponenten ermittelt werden,

2)   wie die Unsicherheit im Rahmen der Erfolgsschätzung berücksichtigt wird und

3)   ob eine zeitliche Differenzierung der Periodenerfolge erfolgt.

ad 1): "Projektionen der künftigen Unternehmenserträge stellen eine gedankliche Antizipation von Unternehmerdispositionen und Umwelt-, insbesondere Marktverhältnissen dar; jede Ertragsprojektion verkörpert explizit oder implizit einen bestimmten Unternehmensplan"[439]; die

---

433   Vgl. Schwarzecker, J., a.a.O., S. 168; Buchmann, R./ Chmielewicz, K. (Hrsg.), a.a.O., S. 27.

434   Vgl. Dörner, W., [Unternehmensbewertung], a.a.O., S. 45 (Tz. 84).

435   Vgl. Dörner, W., [Unternehmensbewertung], a.a.O., S. 47 (Tz. 88); Helbling, C., [Unternehmungs-bewertung], a.a.O., S. 95; Peemöller, V. H./ Hüttche, T., a.a.O., S. 1347, begründen das Vorgehen damit, daß Abschreibungen auf Wiederbeschaffungskosten, insbesondere bei langfristigen Investitionszyklen, ein genaueres Rechnen ermöglichen. Dieser These kann nicht gefolgt werden. In jedem Fall müssen auch hier die Investitionen geschätzt werden, um die Abschreibungen berechnen zu können.

436   Vgl. Dörner, W., [Unternehmensbewertung], a.a.O., S. 48 (Tz. 89). Kritisch zur Wirtschaftsprüfermethode Dirrigl, Hans, Die Bewertung von Beteiligungen an Kapitalgesellschaften, Hamburg 1988, S. 146-148.

437   Zu diesen Fragekomplexen im Rahmen der Erfolgsermittlung vgl. Dirrigl, H., [Bewertung], a.a.O., S. 136.

438   Vgl. Dirrigl, H., [Bewertung], a.a.O., S. 138.

439   Moxter, A., [Grundsätze], a.a.O., S. 102.

Rede ist auch vom Ertragsfaktorenprinzip.[440] Durch die Analyse der Erfolgsfaktoren wird versucht, die Voraussetzungen künftiger Erfolge zu ermitteln und die wichtigen Erfolgsfaktoren zu bestimmen,[441] wobei auch Komponenten des Cash-flows herangezogen werden können, um eine differenzierte Analyse zu erreichen.

Bei der Projektion der Zahlungsströme müssen die Zusammenhänge der meisten unternehmerischen Entscheidungen mit früheren, gegenwärtigen und zukünftigen Projekten beachtet werden: Die zeitlich-horizontalen Interdependenzen resultieren aus der Einbettung der zu bewertenden Aktionen in das gesamte Unternehmensgeschehen. Die Auswirkungen unternehmerischer Aktionen auf die Zahlungsströme sind davon abhängig, mit welchen anderen Projekten sie durchgeführt werden können (Synergieeffekte). Bei zeitlich vertikalen Interdependenzen hängt die Erfolgswirksamkeit bestimmter gegenwärtiger Projekte davon ab, welche Entscheidungen zu einem späteren Zeitpunkt getroffen werden: Der Erfolg eines Projektes kann von zukünftig geplanten Aktivitäten abhängen (Folgeinvestitionen).

ad 2): Die Wirkungen zukünftiger unternehmerischer Entscheidungen auf den Zahlungsstrom können naturgemäß nur geschätzt werden. Diese Unsicherheit gilt es im Rahmen der Projektion zu berücksichtigen. Dabei müssen bei der Erfolgsschätzung sowohl zukünftig nicht beeinflußbare Umweltentwicklungen prognostiziert als auch beeinflußbare Unternehmensvariablen geplant werden.[442] Planung und Prognose sind nicht unabhängig: Wer die zukünftigen Erfolge schätzen möchte, muß die zukünftig erwarteten Umweltentwicklungen prognostizieren. Um die relevanten Ereignisse aus der Vielzahl der Umweltentwicklungen herauszuarbeiten, müssen Annahmen über die geplanten Aktionen vorliegen. Diese wiederum werden von der Prognose nicht beeinflußbarer Umweltfaktoren bestimmt.[443] Eine mehrwertige Projektion der Cash-flows sollte grundsätzlich versuchen, diese Abhängigkeiten zu berücksichtigen.

ad 3): Im Rahmen einer zukunftsorientierten Erfolgsprojektion muß auch die zeitliche Differenzierung geklärt werden. Die Prognose der Umweltentwicklungen und die Planung unternehmerischer Aktionen lassen sich - zumindest innerhalb eines begrenzten Abschnitts des Bewertungszeitraums - periodenspezifisch erfassen.[444] Werden hingegen periodendurchschnittliche Einzahlungsüberschüsse ermittelt, gehen Informationen verloren. Welche Anforderungen lassen sich für die Cash-flow-Projektion ableiten?

---

[440] Vgl. Moxter, A., [Grundsätze], a.a.O., S. 102f.
[441] Vgl. Moxter, A., [Grundsätze], a.a.O., S. 103, S. 106.
[442] Vgl. Ballwieser, W., [Komplexitätsreduktion], a.a.O., S. 23; Moxter, A., [Grundsätze], a.a.O., S. 102; Dirrigl, H., [Bewertung], a.a.O., S. 155, S. 159. Die Begriffe Projektion, Prognose und Planung werden analog zu Ballwieser, W., [Komplexitätsreduktion], a.a.O., S. 23; Schneider, Dieter, [Grundlagen], a.a.O., S. 7, verwandt.
[443] Vgl. Bretzke, W.-R., [Prognoseproblem], a.a.O., S. 87-90; Ballwieser, W., [Komplexitätsreduktion], a.a.O., S. 155.
[444] Vgl. Dirrigl, H., [Bewertung], a.a.O., S. 165.

- In der Cash-flow-Projektion muß die Prognose nicht beeinflußbarer Ereignisse mit der Planung unternehmerischer Aktionen verbunden werden; die Unsicherheiten über erwartete Umweltentwicklungen (Fragenkomplex 2) und die Abhängigkeiten der wertbestimmenden Determinanten (Fragenkomplex 1) sind offenzulegen.[445]

- Ein besonderes Augenmerk gilt der Frage, wie qualitative Konzepte der Unternehmensplanung in ein quantitatives Kalkül umgesetzt werden. Eckpfeiler einer Quantifizierung sind die Wertgeneratoren. Wie wird ihre Ausprägung bestimmt?

- Die Überlegungen sollten einen langen Planungshorizont aufweisen.[446] Es ist sinnvoll, ein Phasenkonzept zu verwenden: In der ersten Phase werden die Erfolge periodenspezifisch ermittelt, nach dieser Planungsphase werden periodendurchschnittliche Zahlungen angenommen, denen eine unendliche Laufzeit unterstellt wird. Welche Hilfestellungen werden bei der Bestimmung des Planungshorizonts gegeben?

Aufgrund dieses Anforderungsprofils werden statistische Projektionsmodelle[447] von vornherein als ungeeignet abgelehnt. Sie verbinden weder Planung und Prognose noch werden die unternehmenswertbestimmenden Determinanten offengelegt.[448] Zudem werden konstante Strukturen (Umweltbedingungen und unternehmerische Aktionen) unterstellt, Strukturbrüche werden negiert. Der Bewerter hat vielmehr eine Ursachenanalyse durchzuführen, um Anhaltspunkte zukünftiger Erfolgsgrößen zu erhalten.

2.3.3.3.2.   Kennzahlengestützte Cash-flow-Ermittlung mit Hilfe von Wertgeneratoren

Bei Cash-flow-Projektionen werden z.T. (einfache) Unternehmensmodelle verwandt, die eine EDV-gestützte Bewertung erleichtern. In diesen Modellen wird das gesamte Unternehmen und seine Entwicklung formal abgebildet.[449] Planungsmodelle lassen sich danach differenzieren, (1) ob es sich um ein Simulations- oder Optimierungsmodell handelt,[450] (2) ob es als Partialmodell oder als Gesamtmodell formuliert wird und (3) wie die Unsicherheit erfaßt wird.[451]

---

[445] Vgl. zum Anforderungsprofil Ballwieser, W., [Komplexitätsreduktion], a.a.O., S. 23.

[446] Vgl. Ballwieser, W., [Komplexitätsreduktion], a.a.O., S. 23.

[447] Vgl. zum Überblick Opitz, Otto, Modelle und Verfahren der Prognose, in: DBW, 45. Jg. (1985), S. 83-95; Mertens, Peter, Prognoserechnung - ein Überblick, in: BFuP, 35. Jg. (1983), S. 469-483.

[448] Vgl. auch Bretzke, W.-R., [Prognoseproblem], a.a.O., S. 126-180.

[449] Vgl. Schmidt, Reinhart, Investitions- und Finanzierungsprozesse im Rahmen von [Unternehmens-modellen], in: Kistner, Klaus-Peter/ Schmidt, Reinhart (Hrsg.), Unternehmensdynamik, FS für Horst Albach, Wiesbaden 1991, S. 89-109, hier S. 91. Nach Hanssmann, Friedrich, Wertorientiertes strategisches Management - eine [Revolution]?, in: Strategische Planung, Bd. 4 (1988), S. 1-10, hier S. 3, wird durch wertorientierte Unternehmensplanung der Weg für mathematisch- quantitative Modelle bereitet.

[450] Vgl. Dirrigl, H., [Bewertung], a.a.O., S. 177.

[451] Vgl. Wilde, K., a.a.O., S. 247; Dirrigl, H., [Bewertung], a.a.O., S. 175.

In Simulationsmodellen wird die Entwicklung des Unternehmens auf der Basis unterschiedlicher unternehmerischer Handlungen und erwarteter Umweltzustände durch veränderte Parameterkonstellationen erfaßt (*What-if*-Modelle).[452] Die Auswahl der unternehmerischen Aktionen wird nicht im Modell getroffen, sondern erfolgt in einem zusätzlichen Bewertungsschritt.[453] Zielsystem und Entscheidungsregel sind nicht Bestandteil des Objektmodells.[454] Bei Simulationsmodellen ergeben sich keine analytischen Grenzen, sie sind bei der Lösung komplexer Planungsprobleme flexibel einsetzbar und relativ leicht verständlich.[455] Optimale Entscheidungen können nicht getroffen werden.[456]

Die von der Wertsteigerungsanalyse verwandten Simulationsmodelle erfassen die finanziellen Wirkungen der unternehmerischen Aktionen vereinfachend durch grobe Kennziffern und einfache Wirkungsrelationen (Wertgeneratoren). Die hinter den Zahlungsströmen verborgenen Erfolgsfaktoren und Wirkungsrelationen werden nur rudimentär erfaßt.[457] In die Finanzmodelle können andere Partialmodelle integriert werden, um die Aussagefähigkeit der Unternehmensplanung zu erhöhen.

Bei deterministischen Unternehmensmodellen werden bekannte Erfolgsfaktoren und Wirkungsrelationen unterstellt, die Unsicherheit wird lediglich über Alternativrechnungen erfaßt. Verteilungsfreie Modelle schätzen Erfolgsfaktoren und Wirkungsrelationen in Bandbreiten. Bei stochastischen Modellen bestehen Verteilungsannahmen über diese Bandbreiten.[458] Durch die Verarbeitung der unsicheren Eingangsgrößen werden in den verteilungsfreien und stochastischen Modellen mehrwertige Ergebnisgrößen ermittelt.

Bei der Wertsteigerungsanalyse werden reine Ermittlungsmodelle verwandt, die den Wert der endogenen Variable durch vorgegebene Koeffizienten und exogene Variablen berechnen.[459] Die Ansätze verwenden einfache lineare, deterministische und zeitdiskrete Unternehmensmodelle. Mit Hilfe veränderter Koeffizienten lassen sich alternative unternehmerische Aktionen oder

---

[452] Vgl. Rosenkranz, Friedrich, Corporate Modelling, in: Szyperski, Norbert (Hrsg.), mit Unterstützung von Winand, Udo, HWP, Stuttgart 1989, Sp. 228-241, hier Sp. 229f.; Alvano, Wolfgang, Unternehmensbewertung auf der Grundlage der Unternehmensplanung, Köln 1988, S. 135; Baetge, Jörg/ Fischer, Thomas, Simulationstechniken, in: Szyperski, Norbert (Hrsg.), mit Unterstützung von Winand, Udo, HWP, Stuttgart 1989, Sp. 1782-1796, hier Sp. 1782.

[453] Vgl. Schmidt, Reinhart, [Unternehmensmodellen], a.a.O., S. 92; Lehner, Ulrich, Modelle für das Finanzmanagement, Darmstadt 1976, S. 120.

[454] Vgl. Busse von Colbe, W./ Laßmann, G., [Grundlagen], a.a.O., S. 62.

[455] Vgl. Alvano, W., a.a.O., S. 132; Schug, Christoph, Integrierte finanzielle Unternehmensplanung, Frankfurt am Main, Bern, Cirencester (U.K.) 1980, S. 18; Schreiber, Ulrich, Unternehmensbewertung auf der Grundlage von Entnahmen und Endvermögen: Ein Beitrag zur Nutzung von [Simulationsmodellen] bei der Bewertung ganzer Unternehmen, in: DBW, 43. Jg. (1983), S. 79-93, hier S. 85; Lehner, U., a.a.O., S. 120.

[456] Vgl. Schug, C., a.a.O., S. 19.

[457] Vgl. Wilde, K., a.a.O., S. 247.

[458] Vgl. Wilde, K., a.a.O., S. 247.

[459] Vgl. Schmidt, Reinhart, [Unternehmensmodellen], a.a.O., S. 92.

nicht beeinflußbare Erfolgsfaktoren in die Cash-flow-Ermittlung einbeziehen. Ein einfaches Modell verwendet RAPPAPORT: Die Definitionsgleichung des Cash-flows bildet die Basis des Modells. Ausgangswert ist der Vorjahresumsatz; Koeffizienten sind die Wertgeneratoren. Sie sind Eckpfeiler der Cash-flow-Projektion und werden bis zum Planungshorizont periodenspezifisch bestimmt. Die Projektion mit Hilfe von Kennzahlen ist leicht überschaubar[460] und insbesondere bei Alternativrechnungen hilfreich: (2.3.3.3.2.-1)[461]

$$\text{Cash-flow}_t = \text{Umsatz}_t - \text{laufende Auszahlungen}_t - \text{Steuern}_t - \text{Investition}_t$$

$$= U_{t-1} \, (1 + g_{U,t}) \, ROS_t \, (1 - s) - U_{t-1} \, g_{U,t} \, (in_{NWC,t} + in_{AV,t})$$

mit $\quad U_{t-1} \quad$ = Umsatz der Vorperiode

$\qquad g_{U,t} \quad$ = Umsatzwachstum in der Periode t; $[g_U=(U_t-U_{t-1})/U_{t-1}]$

$\qquad ROS_t \quad$ = Umsatzüberschußrate der Periode t; $[ROS_t = (U_t\text{-lfd. Ausz.}_t)/U_t]$

$\qquad s \qquad$ = Steuersatz

$\qquad in_t \quad$ = Kapitalbedarf (K) je Umsatzeinheit in der Periode t; $[in = K_t/U_t]$

$\qquad NWC \quad$ = Net Working Capital

$\qquad AV \quad$ = Anlagevermögen

Ähnlich aufgebaut sind auch Vorschläge, die Planbilanzen und -Erfolgsrechnungen projizieren.[462] Ausgangspunkt sind auch hier in der Regel die erwarteten Umsätze der nächsten Perioden (U_t).[463] An dieser Größe orientieren sich die Aufwendungen und auch der Kapitalbedarf. Darüber hinaus werden noch die Bestandsänderungen an fertigen und unfertigen Erzeugnissen (LL_t) als Erfolgsbestandteil erfaßt. Im nächsten Schritt werden die Aufwendungen für Material (MA_t), Personal (PA_t) und die sonstigen Aufwendungen (sonst. A_t), die sich proportional zum Umsatz verhalten, ermittelt; die Abschreibungen (Afa_t) sollten gesondert ermittelt werden. Der Gewinn (Gew_t) beträgt:

$$Gew_t = U_t + LL_t - Afa_t - MA_t - PA_t - \text{sonst.} A_t \qquad\qquad 2.3.3.3.2.-2$$

[460] Vgl. Lehner, U., a.a.O., S. 207-209.

[461] Vgl. Rappaport, A., [Creating], a.a.O., S. 52. Siehe auch Stewart, G. Bennett, a.a.O., S. 312, der den verfügbaren Cash-flow auf die gleiche Art ermittelt wie Rappaport, obwohl diese Kennzahlen bei ihm nicht als Wertgeneratoren bezeichnet werden.

[462] Vgl. Koch, H., [Unternehmensplanung], a.a.O., S. 115-121. Die Aufstellung von Plan-Bilanzen erfolgt dort innerhalb der strategischen Rahmenplanung. Diese Plan-Bilanzen werden aufgestellt, weil zur Aufstellung eines Cash-flow-Plans die zu realisierenden Projekte bekannt sein müssen. Da dies nicht unbedingt der Fall sei, müsse man sich mit Plan-Bilanzen begnügen. Vgl. ebenda, S. 115. Das kann nicht überzeugen, da die Plan-Bilanz nur begründet aufgestellt werden kann, wenn die Projekte des Unternehmens ebenfalls bekannt sind. Alternative Vorschläge bei Weston, J. F./ Copeland, T. E., a.a.O., S. 260-265; Brealey, R. A./ Myers, S. C., a.a.O., S. 707-712; Ross, S. A./ Westerfield, R. W./ Jaffe, J. F., a.a.O., S. 737-740; Brigham, E. F./ Gapinski, L. C., a.a.O., S. 724-731; Shapiro, Alan C., [Corporate], a.a.O., S. 776-780; Rao, R. K. S., a.a.O., S. 671-680.

[463] Vgl. Koch, H., [Unternehmensplanung], a.a.O., S. 112-114.

Das gebundene Vermögen (GV$_t$) kann zum einen mit Hilfe der Kapitalumschlagshäufigkeit (Umsatz/ durchschnittlich gebundenes Kapital),[464]

$$GV_t = U_t \cdot \frac{1}{\text{Kapitalumschlagshäufigkeit}},$$
2.3.3.3.2.-3

zum anderen mit Hilfe der Rentabilität (Gewinn/durchschnittlich gebundenes Kapital),[465]

$$GV_t = Gew_t \cdot \frac{1}{\text{Gesamtkapitalrentabilität}},$$
2.3.3.3.2.-4

ermittelt werden. Die Aktivposten der Planbilanz werden mit Hilfe der durchschnittlichen, vergangenen Relationen dieser Posten und dem periodenspezifisch ermittelten Kapitalbedarf bestimmt. Strukturverschiebungen aufgrund konjunktureller oder sonstiger Einflüsse können allerdings nicht erfaßt werden. Alternativ kann das Anlagevermögen gesondert fortgeschrieben und vom periodenspezifischen Kapitalbedarf abgezogen werden; der Restbetrag - das Umlaufvermögen - wird anhand der durchschnittlichen vergangenen Relation der Posten zueinander aufgegliedert. Auf der Passivseite lassen sich die lang- und kurzfristigen Rückstellungen sowie die erhaltenen Anzahlungen mit Hilfe einer umsatzbezogenen Kennziffer feststellen.[466]

Die Überlegungen basieren auf dem Gesamtkostenverfahren, das gebundene Vermögen wird inklusive der Veränderungen des Bestands der fertigen und unfertigen Leistungen (Lagerleistung) berechnet. Um keine Auszahlungen zweimal zu erfassen, muß die Lagerleistung, obwohl nicht auszahlungswirksam, als Erfolgsgröße einbezogen werden. Entsprechend werden die Abschreibungen, obwohl sie nicht auszahlungswirksam sind, abgezogen, weil über die Veränderung des Bilanzpostens die Investitionsauszahlungen nur unvollständig erfaßt werden.

Beide Projektionsmodelle können auch Abhängigkeiten zwischen den Wertgeneratoren erfassen. So lassen sich beispielsweise die Kapitalintensität und die Umsatzrentabilität in Abhängigkeit vom erwarteten Umsatzwachstum bestimmen:[467] Aufgrund von Reibungsverlusten können steigende Kapitalintensität und sinkende Umsatzrenditen aus höheren Umsatzwachstumsraten folgen. Darüber hinaus können die Wertgeneratoren weiter differenziert werden, indem beispielsweise die Umsatzentwicklung durch das erwartete Marktvolumen und den Marktanteil abgebildet wird oder statt einer Umsatzprofitrate die einzelnen Ausgabenbestandteile differenziert ermittelt werden.[468]

---

[464] Vgl. Koch, H., [Unternehmensplanung], a.a.O., S. 116.
[465] Vgl. Koch, H., [Unternehmensplanung], a.a.O., S. 116.
[466] Vgl. Koch, H., [Unternehmensplanung], a.a.O., S. 117f.
[467] Vgl. Koch, H., [Unternehmensplanung], a.a.O., S. 126-130.
[468] Vgl. Hanssmann, F., [Quantitative], a.a.O., S. 363f.; Wilde, K., a.a.O., S. 248-250; Hahn, Dietger, PuK, 4. Aufl., Wiesbaden 1994, S. 582-598.

Mit diesen definitionslogischen Planungsmodellen hat man jedoch nur den Rahmen. Ihr Nutzen hängt von der "Qualität" der Parameter - der Wertgeneratoren - ab. Um sie zu quantifizieren, müssen die untergeordneten Erfolgsfaktoren unternehmerischer Aktionen, ihre funktionalen Beziehungen zueinander und ihre Wirkungsrelationen auf den Unternehmenswert identifiziert und bestimmt werden.[469] Wertgeneratoren bilden die Erfolgsfaktoren und Wirkungsrelationen abstrakt und in konzentrierter Form ab.

Der Unternehmenswert hängt von verschiedenen Erfolgsfaktoren und von vielfältigen Wirkungsrelationen ab, die aus der Sicht des Unternehmens als exogene, nicht vom Unternehmen beeinflußbare, oder als endogene, beeinflußbare Größen anzusehen sind; zudem liegt eine multidimensionale Kausalstruktur von Effekten vor, die sich verstärken oder kompensieren können.[470] Werden multikausale Beziehungen vermutet, besteht immer ein Zurechnungsproblem auf die einzelnen Erfolgsfaktoren.[471] Darüber hinaus können aufgestellte Ursache-Wirkungs-Zusammenhänge nicht nur aufgrund der betrachteten Erfolgsfaktoren bestehen, sondern durch vorgelagerte oder intervenierende Faktoren erzeugt werden.[472] Zudem sind die Erfolgsfaktoren selten unabhängig: Es bestehen regelmäßig Zusammenhänge zwischen den Erfolgsfaktoren und Zahlungsströmen verschiedener Geschäftsbereiche (Interdependenzprobleme).[473] Zusätzlich ist die langfristige Entwicklung der Erfolgsfaktoren und Wirkungsrelationen zu schätzen.[474]

Aufgrund dieser geschilderten Unwägbarkeiten ist es nur möglich, Bandbreiten der Wertgeneratoren zu bestimmen. Die Forderung nach Vollständigkeit[475] ist irreal, da die gesamten Einflußfaktoren bekannt sein müßten. Schon die Erfassung vieler Erfolgsfaktoren verteuert die Datenbeschaffung, ohne die Qualität der Projektion zu erhöhen, da mit einer zunehmenden Anzahl von Erfolgsfaktoren Zurechnungsprobleme zunehmen werden.[476] Plausibler scheint hier die Forderung nach Wesentlichkeit zu sein,[477] wobei aber das Wesentlichkeitskriterium unbestimmt bleibt. Letztlich wird die Entscheidung, welche Erfolgsfaktoren relevant sind, immer ein Kompromiß bleiben; Relevanzkriterien bleiben offen.

Die Erfolgsfaktoren und Wirkungsrelationen lassen sich aufgrund von Plausibilitätsüberlegungen, Erfahrungen der Bewerter, empirischen Ergebnissen oder modelltheoretischen Überlegungen

---

[469] Vgl. Sewing, P., a.a.O., S. 246; Rick, Josef, Bewertung und Abgeltungskonditionen bei der Veräußerung mittelständischer Unternehmen, Berlin 1985, S. 83.

[470] Vgl. Wilde, K., a.a.O., S. 54; Welge, Klaus/ Al-Laham, Andreas, Planung, Wiesbaden 1992, S. 364-368.

[471] Vgl. Wilde, K., a.a.O., S. 60; Lange, Bernd, Bestimmung strategischer Erfolgsfaktoren und Grenzen ihrer empirischen Fundierung. Dargestellt am Beispiel der PIMS-Studie, in: DU, 36. Jg. (1982), S. 27-42, hier S. 29.

[472] Vgl. Lange, B., a.a.O., S. 28.

[473] Vgl. Wilde, K., a.a.O., S. 54.

[474] Vgl. Wilde, K., a.a.O., S. 55, S. 68; Lange, B., a.a.O., S. 28.

[475] Vgl. Rick, J., a.a.O., S. 83, S. 88.

[476] Vgl. Lange, B., a.a.O., S. 29.

[477] Vgl. Rick, J., a.a.O., S. 83, S. 89; Wilde, K., a.a.O., S. 56; Jacobs, Siegfried, Strategische Erfolgsfaktoren der Diversifikation, Wiesbaden 1991, S. 34f.

ermitteln;[478] die Vorschläge zur Wertsteigerungsanalyse greifen zum Teil auf die Konzepte von PORTER zurück.[479] Erfolgsfaktoren sind die Marktattraktivität und die Wettbewerbsvorteile, die sich ein Unternehmen aufbauen kann. Als Wirkungsrelation wird PORTERs Theorie des Wettbewerbsverhaltens herangezogen. Einen anderen Weg gehen GOMEZ und WEBER, die ihre Strategieplanung auf Nutzenpotentialen aufbauen (Valcor Matrix);[480] auch Portfoliomatrizen können einen Beitrag zur Cash-flow-Projektion leisten.[481]

Bei der Quantifizierung der zu bewertenden Strategien bleibt der Bewerter aber ohne methodische Unterstützung.[482] Die Wertgeneratoren werden nicht im Projektionsmodell endogen ermittelt, sondern aufgrund exogener Planungen vorgegeben. Die aufgestellten Wirkungsketten[483] erwecken zwar den Eindruck absoluter Gültigkeit, trotzdem sind Richtung und vor allem Stärke der Wirkung weitgehend unbestimmt. Die aufgestellten, inhaltlichen Hypothesen sind höchstens mehr oder minder plausibel, sie werden weder schlüssig aus den Modellen abgeleitet noch sind sie durch empirische Untersuchungen gestützt. Die überwiegend qualitativen Aussagen PORTERs müssen präzisiert werden, um brauchbare Erklärungen und Prognosen zu erhalten.[484] Darüber hinaus haben die Strategien mehr den Charakter von Normstrategien, von einer Entwicklung der Strategien kann keine Rede sein.[485] Die Ergebnisse der Quantifizierung können nur schwer nachvollzogen werden. Sie beruhen im wesentlichen auf subjektiven Erfahrungen, Erwartungen und Meinungen der Bewerter. Die Kommunizierbarkeit der Quantifizierung scheint aufgrund plausibler Erfolgsfaktoren und Wirkungsrelationen zwar gegeben, die Ergebnisse sind wegen fehlender Modellierung und empirischer Überprüfung nicht nachvollziehbar.

Um Erfolgsfaktoren und Wirkungsrelationen im Rahmen der Quantifizierung explizit zu erfassen, könnte das Finanzmodell entweder durch weitere Partialmodelle erweitert[486] oder zu einem Globalmodell ausgebaut werden, das auf statistisch fundierte Zusammenhänge zwischen Erfolgsfaktoren und Cash-flow zurückgreift.[487] Dem zweiten Vorschlag stehen wir skeptisch gegenüber.

---

[478] Vgl. Jacobs, S., a.a.O., S. 30.

[479] Vgl. Rappaport, A., [Creating], a.a.O., S. 81-99; Copeland, T./ Koller, T./ Murrin, J., a.a.O., S. 132.

[480] Vgl. Gomez, P./ Weber, Bruno, [Akquisitionsstrategie], a.a.O., S. 53f. Zum Konzept der Nutzenpotentiale vgl. Pümpin, Cuno, [Strategische] Unternehmensbewertung, in: STH, 64. Jg. (1990), S. 553-556, hier S. 555.

[481] Vgl. Ballwieser, W., [Komplexitätsreduktion], a.a.O., S. 90-110, insb. S. 147-158; Kraus-Grünewald, Marion, Ertragsermittlung bei Unternehmensbewertung - dargestellt am Beispiel der Brauindustrie, Wiesbaden 1982, S. 114-151; Ballwieser, Wolfgang/ Leuthier, Rainer, Grundprinzipien, Verfahren und Probleme der Unternehmensbewertung, in: DStR, 24. Jg. (1986), S. 545-551, S. 604-610, hier S. 605f.

[482] Vgl. auch Wilde, K., a.a.O., S. 251, mit seiner Kritik an Finanzsimulationsmodellen.

[483] Vgl. Rappaport, A., [Creating], a.a.O., S. 97f.

[484] Vgl. Kreikebaum, H., a.a.O., S. 66; Eschenbach, Rolf/ Kunesch, Hermann, Strategische Konzepte, Stuttgart 1993, S. 166. Zur empirischen Überprüfung von Porters Überlegungen vgl. die Aufstellung bei Welge, M. K./ Al-Laham, A., a.a.O., S. 240-245, m.w.N.

[485] Vgl. Kirsch, Werner/ Haberl, Sabine, Das strategische Manövrieren von Unternehmen, in: Kirsch, Werner (Hrsg.), Beiträge zum strategischen Management, München 1991, S. 411-458, hier S. 433. Der an der gleichen Stelle geäußerten Kritik an der Rationalitätsannahme Porters wird nicht gefolgt.

[486] Vgl. Wilde, K., a.a.O., S. 251.

[487] Vgl. Wilde, K., a.a.O., S. 255; Hanssmann, F., [Betriebswirtschaftslehre], a.a.O., S. 320f.

Insgesamt steckt die empirische Fundierung zur strategischen Planung noch weitgehend in den Kinderschuhen. Empfehlungen aufbauend auf der PIMS-Datenbank werden aus unterschiedlichen Gründen kritisiert.[488]

Hintergedanke des ersten Vorschlags ist es, für einzelne oder alle Wertgeneratoren ein weiteres Planungsmodell zu formulieren. Es werden Marketing-, Kapazitäts-, Produktions- oder Beschaffungsmodelle als Erklärungsmodelle für die einzelnen Wertgeneratoren aufgebaut;[489] die Erfahrungs-[490] oder die Industriekostenkurve[491] sind Beispiele für derartige Überlegungen.[492] Werden die Wertgeneratoren durch die Submodelle ersetzt, kann sich der Planer bei der Strategiebewertung auf die identifizierten Erfolgsfaktoren beschränken, da die Wertgeneratoren endogen berechnet werden.[493]

Durch weitere Partialmodelle ist das Quantifizierungsproblem nur eine Ebene verschoben worden, da der Bewerter die unabhängigen Variablen der Funktionen bestimmen muß. Problematisch ist zudem die Modellierung der einzelnen Submodellfunktionen. Bestehen lineare oder nicht-lineare Zusammenhänge zwischen dem Erfolgsfaktor und dem Wertgenerator, wie sind die Parameter der Funktion zu quantifizieren? Um kausale Wirkungsrelationen zu modellieren, werden modell-theoretische Aussagen benötigt, die aufzeigen, wie bestimmte Erfolgsfaktoren auf einen Wertgenerator wirken; hier hat die strategische Planung noch wenig zu bieten. Weiterhin werden die Funktionen und Parameter weitgehend zeitunabhängig bestimmt;[494] Strukturbrüche werden so vernachlässigt.

Die Funktionalmodelle wegen dieser Mängel abzulehnen, wäre aber voreilig. Vorhersagen sind nun einmal durch fehlendes Wissen gekennzeichnet. Die funktional erweiterten Finanzsimulationsmodelle bieten einige Vorteile: Sie zwingen die Bewerter, ihre strukturellen Annahmen über den Einfluß einer Strategie offenzulegen.[495] Die Modelle liefern darüber hinaus einen Argumentationsrahmen, der eine klare Formulierung der Probleme fördert.[496] Insgesamt dürfte zwar für

---

[488] Vgl. Venohr, Bernd, "Marktgesetze" und strategische Unternehmensführung, Wiesbaden 1988, S. 184-192, S. 231-233; Kreikebaum, H., a.a.O., S. 100f.

[489] Vgl. Hanssmann, F., [Betriebswirtschaftslehre], a.a.O., S. 304-319; Wilde, K., a.a.O., S. 254; Florin, G., a.a.O., S. 101; Mertens, Peter/ Griese, Joachim, Integrierte Informationsverarbeitung 2: Planungs- und Kontrollsysteme in der Industrie, 6. Aufl., Wiesbaden 1991, S. 236-245; Larréché, Jean-Claude/ Srinivasan, V., STRATPORT: A [Decision] Support System for Strategic Planning, in: JoM, Vol. 45 (1981), Nr. 3, S. 39-52, hier S. 46; Larréché, Jean-Claude/ Srinivasan, V., STRATPORT: A [Model] for the Evaluation and Formulation of Business Portfolio Strategies, in: MSc, Vol. 28 (1982), S. 979-1001, insb. S. 983-990.

[490] Vgl. Ballwieser, W., [Komplexitätsreduktion], a.a.O., S. 127-145.

[491] Vgl. Meyersiek, D., a.a.O., S. 236-240. Siehe auch Hanssmann, F., [Betriebswirtschaftslehre], a.a.O., S. 316f.; Emans, H., a.a.O., S. 128-130.

[492] Weitere funktionale Zusammenhänge könnten auf den Wirkungen der Preispolitik aufbauen. Vgl. Simon, Hermann, Preismanagement, 2. Aufl., Wiesbaden 1992, insb. S. 237-588.

[493] Vgl. Wilde, K., a.a.O., S. 255.

[494] Vgl. die Marktanteilsmodelle bei Wilde, K., a.a.O., S. 252f.

[495] Vgl. Wilde, K., a.a.O., S. 270.

[496] Vgl. Wilde, K., a.a.O., S. 271.

externe Bewerter der Planungsaufwand zur Bestimmung der Funktionalmodelle vermutlich zu hoch sein, für den internen Gebrauch werden aber durchaus positive Möglichkeiten gesehen.

Abschließend sollen einige Probleme angeführt werden, die allen hier vorgestellten Planungsmodellen gemeinsam sind: Zum einen werden Abstimmungsprobleme zwischen den Teilbereichen der Unternehmensplanung durch die kennzahlengestützte Cash-flow-Ermittlung verdeckt. Die Bewertungsgleichungen im Unternehmensmodell werden sequentiell gelöst, was Unabhängigkeit unterstellt. Um die Kennzahlen zu bestimmen, werden die Interdependenzen zwischen den Planungsbereichen aber bereits bei der Quantifizierung der Wertgeneratoren oder der Parameter für die Submodelle erfaßt.

Zum anderen unterstellt die Orientierung an projizierten Kennzahlen eine implizite Anpassung unternehmerischer Aktionen an die Umweltentwicklung, wobei beide Einflüsse nicht trennbar in den Kennziffern oder den dahinter stehenden Funktionen verwoben sind; die Konsequenzen eigener Handlungen, Reaktionen der Umwelt und neuer Aktionen werden in diesen Parametern verdichtet. Die Plausibilität einer Anpassung unternehmerischer Handlungen ist damit nicht mehr zu überprüfen und Planungsalternativen werden nur verdeckt behandelt.[497] Konsistenzprüfungen, die widersprüchliche Annahmen aufdecken, sind damit nicht möglich.[498] Aufgrund der impliziten Planung lassen sich Planungsalternativen mit Hilfe der Kennzahlen kaum begründen.[499] Der Verweis auf die Wertgeneratoren als Hebel, die dazu dienen, den Unternehmenswert durch unternehmerische Aktionen zu steigern, kann noch weniger überzeugen, da unklar bleibt, wer die Hebel betätigt: die Umwelt oder der Unternehmer.

Die Vorschläge, die Kennziffernanalyse durch die Erfassung von Abhängigkeiten der Wertgeneratoren zu verfeinern,[500] sind nicht ohne Mängel: Eine sinkende Umsatzrentabilität und Kapitalumschlagshäufigkeit bei Umsatzsteigerungen wird mit Reibungsverlusten begründet. Durch verbesserte Fertigungsverfahren, Lern- und Erfahrungskurveneffekte könnten die Umsatzrentabilität und der Kapitalumschlag bei einer gestiegenen Produktions- oder Absatzmenge aber auch gesteigert werden.

Es wäre jedoch unsinnig, das Kind mit dem Bade auszuschütten. Die Vorteile liegen in einer vereinfachten, "handlichen" Cash-flow-Projektion, die auf wenigen Parametern aufbaut.[501] Sie dürfte insbesondere für einen externen Bewerter vorteilhaft sein, der über keine detaillierten Informationsquellen verfügt.

---

[497] Vgl. Ballwieser, W., [Komplexitätsreduktion], a.a.O., S. 49.
[498] Vgl. Ballwieser, W., [Komplexitätsreduktion], a.a.O., S. 49f.
[499] Vgl. Ballwieser, W., [Komplexitätsreduktion], a.a.O., S. 61.
[500] Vgl. Koch, H., a.a.O., S. 126-130.
[501] Vgl. Mills, R./ Robertson, J./ Ward, T., [Strategic Value], a.a.O., S. 49.

2.3.3.3.3.   Überprüfung der Finanzierbarkeit der Strategievorschläge auf der Unternehmensebene

In den Bewertungsvorschlägen wird die Finanzierbarkeit der Strategien z.T. durch Planbilanzen und deren Kennzahlen erfaßt.[502] Alternativ können Finanzierungsbeschränkungen der Strategievorschläge durch das Konstrukt des maximal erlaubten Umsatzwachstums erfaßt werden. Bei konstantem Grundkapital, gegebener Umsatzrentabilität (ROS), Kapitalintensität bezogen auf den Umsatz (in), Zielkapitalstruktur (π = FK/EK) und Ausschüttungsquote (1-b) wird das maximale Umsatzwachstum (g_U^{max}) bestimmt.[503] Das projizierte Umsatzwachstum sollte nicht von diesem finanzierbaren Wachstum ausgehen, sondern das Ergebnis planerischer Überlegungen und vermuteter Wertsteigerungspotentiale sein.[504] Ausgehend von folgender Definitionsgleichung wird die maximal mögliche Umsatzwachstumsrate bestimmt:

Zahlungseingang (E_t)   = Zahlungsausgang (A_t)

Zahlungseingang (E_t)   = Nettoergebnis (NOPAT)
                          + ΔKreditpotential (ΔKrp)

NOPAT   = ROS·(1+g_U)·U_{t-1} 2.3.3.3.3.-1

ΔKrp   = π·(NOPAT - Div)   2.3.3.3.3.-2

Zahlungsausgang (A_t)   = Erweiterungsinvestitionen (I_t)
                          + Dividenden (Div)

I_t = in·g_U·U_{t-1} 2.3.3.3.3.-3

Div   = (1-b)·NOPAT   2.3.3.3.3.-4

Werden die Gleichungen ineinander eingesetzt und umgestellt, so folgt:

$$\left(1 + g_U^{max}\right)\cdot ROS \cdot \left[\pi \cdot b + b\right] = g_U^{max}\cdot in \qquad 2.3.3.3.3.-5$$

Wird nach g_U^{max} aufgelöst, ergibt sich:

$$g_U^{max} = \frac{ROS\cdot\left[\pi \cdot b + b\right]}{in - ROS\left[\pi \cdot b + b\right]} \qquad 2.3.3.3.3.-6$$

---

[502]   Vgl. Copeland, T./ Koller, T./ Murrin, J., a.a.O., S. 131.

[503]   Vgl. Rappaport, A., [Creating], a.a.O., S. 143f.; Ross, S. A./ Westerfield, R. W./ Jaffe, J. F., a.a.O., S. 741f.; Brigham, E. F./ Gapinski, L. C., a.a.O., S. 737-739; Shapiro, Alan C., [Corporate], a.a.O., S. 783-785. Alternativ kann die maximale Ausschüttungsquote bei gegebener Umsatzrendite, Kapitalintensität und Zielkapitalstruktur sowie bekanntem Umsatzwachstum ermittelt werden. Vgl. Rappaport, Alfred, [Select-ing] Strategies that Create Shareholder Value, in: HBR, Vol. 59 (1981), Nr. 3, S. 139-149, hier S. 146.

[504]   Vgl. Rappaport, A., [Creating], a.a.O., S. 144.

Sollten die Schätzungen für das Umsatzwachstum über dieser maximal zulässigen Wachstumsrate liegen, müssen entweder zusätzliches Eigenkapital beschafft oder die Parameter - Zielkapitalstruktur, Ausschüttungsrate, Gewinnrentabilität oder Kapitalintensität - verändert werden, da sonst das geplante Wachstum nicht finanzierbar ist.[505]

Die Finanzierbarkeit der Strategien wird unter dem Gesichtspunkt einer begrenzten Zuführung von Eigenkapital gesehen. Dies steht im Widerspruch zur Kapitalmarktorientierung, durch die amerikanische Bewertungsvorschläge geprägt sind. Neben diesem konzeptionellen Einwand ergeben sich noch weitere Probleme: Erstens muß das Nettoergebnis mit den laufenden Einzahlungsüberschüssen (ohne Investitionsauszahlungen) übereinstimmen. Zweitens orientiert sich Fremdfinanzierung nicht an Markt-, sondern an Buchwerten, da die Veränderung des Kreditvolumens nicht an der Veränderung des Eigentümerwertes, sondern an der Veränderung der Rücklagen (Nettoergebnis - Ausschüttung) festgemacht wird. Bei den noch vorzustellenden Kapitalwertmodelle wird jedoch unterstellt, daß sich die Fremdfinanzierung am Unternehmenswert orientiert; hier ergeben sich Widersprüche.

2.3.3.3.4. Risikoberücksichtigung durch Szenarien

RAPPAPORT berücksichtigt die Unsicherheit auf zwei Ebenen: Zum einen versucht er, auf der Grundlage von PORTERs Wettbewerbsanalyse die Faktoren zu erfassen, die die Variabilität des Cash-flows bestimmen, zum anderen soll die Unsicherheit des Cash-flows durch Szenarien abgebildet werden. Wichtige Risikoeinflußfaktoren sind die Gefahr von Nachfrage- und Erlösschwankungen, die Möglichkeit, erhöhte Beschaffungspreise auf die Abnehmer abzuwälzen, die Gefahr von Kostenschwankungen und der Anteil von fixen Kosten am Kostenblock (*Operating Leverage*).[506] Die ersten drei Risikofaktoren bestimmen die Stabilität des Wertgenerators Umsatzerlöse, alle fünf Einflußfaktoren den Wertgenerator Umsatzrentabilität, während der *Operating Leverage* die Austauschbeziehung zwischen der Umsatzrentabilität und der Investitionsrate im Anlagevermögen bestimmt. Die Kapitalkosten werden von allen Einflußgrößen bestimmt.[507]

Bei der Projektion der Cash-flows wird die Unsicherheit mit Hilfe von plausiblen und begründeten Szenarien über die Zukunft erfaßt (*What-if*-Analysen). Die erwarteten Szenarien stellen komplexe Zukunftsbilder dar,[508] die von mehreren Faktoren beeinflußt und durch Wertgeneratoren beschrieben werden. Zur Bandbreitenschätzung werden die zunächst fixen, ursprünglichen

---

[505] Vgl. Rappaport, A., [Creating], a.a.O., S. 145, S. 147.
[506] Vgl. Rappaport, A., [Creating], a.a.O., S. 90f.
[507] Vgl. Rappaport, A., [Creating], a.a.O., S. 91.
[508] Vgl. Götze, Uwe, Szenario-Technik in der strategischen Unternehmensplanung, Wiesbaden 1991, S. 37.

Parameter für die Schätzung verändert, um jeweils ein optimistisches, pessimistisches und das wahrscheinlichste Szenario zu entwickeln (Dreipunktschätzung).[509]

Die Szenarien dürfen nicht über pauschale Ab- oder Zuschläge der Wertgeneratoren des wahrscheinlichsten Szenarios gebildet werden; diesen Eindruck gewinnt man allerdings in den Beispielrechnungen.[510] Der Bewerter sollte versuchen, Umweltentwicklungen und unternehmerische Aktionen in den Szenarien zu verbinden. Wie die drei Szenarien gebildet werden, bleibt weitgehend offen. Die Probleme der Datengewinnung und -auswahl werden von der Wertsteigerungsanalyse nicht behandelt.

Die Wirkungen der Unsicherheit auf die Wertgeneratoren werden ohne theoretisch-begründete Hypothesen ermittelt. Die Wirkungsrelationen, die sich aufgrund der Risikoeinflußgrößen ergeben, erscheinen zwar plausibel, lassen sich aber nicht modelltheoretisch oder empirisch untermauern; es gelten die gleichen Einwendungen, wie sie oben bei der Quantifizierung der Wertgeneratoren gemacht wurden.

Bei der Projektion wird weitgehend vernachlässigt, daß die Entwicklung der Parameter nicht nur von den nicht beeinflußbaren Umweltfaktoren, sondern auch von der Geschäftspolitik des Bewerters bestimmt wird. Mehr noch, unternehmerische Handlungen und Umweltsituation bedingen sich: So machen Unternehmen ihre Entscheidungen von der Entwicklung der Umwelt abhängig.[511] Szenarien aufzustellen, bedeutet nicht, die Wertgeneratoren einfach um einen bestimmten Prozentsatz zu variieren, sondern über die Szenarien soll eine Verknüpfung der Umweltunsicherheit mit den Dispositionen des Unternehmens erfolgen.[512] Hinter einer betont optimistischen oder pessimistischen Einschätzung der Cash-flow-Entwicklung stehen nicht nur externe, nicht beeinflußbare Faktoren, sondern auch Aktionen des Unternehmens. Der Bewerter reagiert auf erwartete Umweltveränderungen mit veränderten Planungen der Unternehmensaktivitäten. Der Ansatz erfaßt auf diese Art eine Anpassung der Geschäftspolitik an veränderte Umweltbedingungen. Veränderungen der unternehmerischen Handlungen aufgrund veränderter Umweltbedingungen werden aber mit Hilfe der Szenariobildung nicht offengelegt, sondern es

---

[509] Vgl. Rappaport, A., [Creating], a.a.O., S. 110f., der sein wahrscheinlichstes, optimistisches und pessimistisches Szenario durch Variation der Umsatzwachstums- und -überschußrate sowie der Investitionsraten bestimmt. Alle Wertgeneratoren einer Periode sind vollständig positiv korreliert, da eine optimistische Umsatzwachstumsrate mit der höchsten Umsatzüberschußrate und der geringsten Investitionsrate verbunden wird. Die vollständige positive Korrelation läßt sich auch in zeitlicher Hinsicht feststellen. Diese Abhängigkeiten zwischen den Wertgeneratoren lassen sich nur den Beispielen entnehmen, konkretere Hinweise, wie die Szenarien formuliert wurden, werden nicht gegeben. Vgl. ebenda, S. 110.

[510] Vgl. Rappaport, A., [Creating], a.a.O., S. 110.

[511] Vgl. Ballwieser, W., [Komplexitätsreduktion], a.a.O., S. 24; Ballwieser, W./ Leuthier, R., a.a.O., S. 604; Bretzke, W.-R., [Prognoseproblem], a.a.O., S. 87-90.

[512] Vgl. Rappaport, A., [Creating], a.a.O., S. 118, S. 223; Copeland, T./ Koller, T./ Murrin, J., a.a.O., S. 131. A.A. Suckut, S., a.a.O., S. 91, der die Ursache unterschiedlicher Geschäftsentwicklungen typischerweise außerhalb der Kontrolle der Unternehmensleitung sieht.

wird eine implizite Anpassung an die Umweltveränderungen unterstellt.[513] Es bleibt im Grund unklar, ob sich die Mehrwertigkeit auf Umweltentwicklungen, unternehmerische Aktionen oder beides bezieht.[514]

Lediglich flexible Pläne, deren Realisierung vom Eintreten bestimmter, erwarteter Umweltzustände abhängt, ermöglichen eine Trennung von Umweltentwicklung und unternehmerischen Dispositionen.[515] Die Anwendung von flexiblen Plänen in der Praxis dürfte aber aufgrund der Komplexität ausscheiden.[516] "Man wird sich daher mit der Aufstellung starrer Pläne zufrieden geben müssen, deren Auswirkungen auf die Entnahmen beispielsweise aufgrund der Betrachtung von 'optimistischen', 'pessimistischen' und (zwischen diesen liegenden) 'wahrscheinlichen' Umweltentwicklungen abzuschätzen sind."[517] Diese werden als *What-if*-Rechnungen im Rahmen der Planungsmodelle erfaßt. Damit wird die Bandbreite möglicher Cash-flows ermittelt. Im Gegensatz zur flexiblen Planung werden unternehmerische Aktionen zur Wertsteigerung als Information, nicht als Ergebnis eines simultanen Ermittlungs- und Bewertungsprozesses angesehen.[518]

2.3.3.3.5. Phasenkonzept

Die Vorschläge zur Cash-flow-Schätzung gehen von einem Zwei-Phasenschema aus: Eine explizite Planung erfolgt nur in der ersten Phase, die zweite wird durch vereinfachte Annahmen global erfaßt.[519] Der Bestimmung des Endwertes kommt eine große Bedeutung zu, da ein großer Teil des Zukunftserfolgs nach dem Planungshorizont anfällt.[520] Maßgeblich für die Länge des Planungszeitraums sind die[521]

• (durchschnittliche) Dauer der Produktinnovation;

• Dauer, über die die Ergebniswirkungen des Objekts einigermaßen sicher angegeben werden können;

• Dauer, in der ein Projekt (direkte) Ergebniswirkungen hat;

• Dauer, in der der Kredit zurückgezahlt wird, mit dem das Objekt finanziert wurde;

• Dauer, in der durch das Objekt Kapital gebunden ist;

[513] Vgl. Ballwieser, W., [Komplexitätsreduktion], a.a.O., S. 56, S. 59.
[514] Vgl. Ballwieser, W., [Komplexitätsreduktion], a.a.O., S. 59.
[515] Vgl. Ballwieser, W., [Komplexitätsreduktion], a.a.O., S. 24; Ballwieser, W./ Leuthier, R., a.a.O., S. 604.
[516] Vgl. Ballwieser, W., [Komplexitätsreduktion], a.a.O., S. 24f.; Ballwieser, W./ Leuthier, R., a.a.O., S. 604; Gerling, C., a.a.O., S. 25.
[517] Ballwieser, W./ Leuthier, R., a.a.O., S. 604; vgl. Ballwieser, W., [Komplexitätsreduktion], a.a.O., S. 25.
[518] Vgl. Kraus-Grünewald, M., a.a.O., S. 129.
[519] Vgl. Rappaport, A., [Creating], a.a.O., S. 59; Copeland, T./ Koller, T./ Murrin, J., a.a.O., S. 207; Gomez, P./ Weber, Bruno, [Akquisitionsstrategie], a.a.O., S. 30, S. 34.
[520] Vgl. Gomez, P./ Weber, Bruno, [Akquisitionsstrategie], a.a.O., S. 34; Rappaport, A., [Creating], a.a.O., S. 59; Copeland, T./ Koller, T./ Murrin, J., a.a.O., S. 208f.
[521] Vgl. Teichmann, Heinz, Der optimale Planungshorizont, in: ZfB, 45. Jg. (1975), S. 295-312, hier S. 299.

- Dauer der (technischen/wirtschaftlichen) Nutzung des Objekts.

Bei anderen Vorschlägen ist die Länge des Planungsprozesses abhängig vom Ergebnis der Planung: Eine detaillierte Planung wird für den Zeitraum vorgenommen, in dem das Unternehmen eine über den Kapitalkosten liegende Verzinsung erwartet.[522] Bestimmt wird dieser Zeitrahmen von der Möglichkeit, Wettbewerbsvorteile gegenüber den Wettbewerbern aufrechtzuhalten.[523]

Die Länge des Planungshorizonts soll auch von der erreichten Phase im Produktlebenszyklus bestimmt werden.[524] Der Grund für diese Orientierung liegt auf der Hand: Gibt man für alle Produkte bzw. Geschäftsbereiche einen identischen Planungshorizont vor, werden "junge" Produkte bzw. Geschäftsbereiche, für deren Aufbau relativ viel Cash-flow benötigt wird, gegenüber "reifen" benachteiligt.[525] Nicht nur die Phase, sondern auch die Stabilität der Produktlebenszyklen einer Branche sollen den Planungshorizont bestimmen. Nur bei stabilen, langfristigen Zyklen sei es möglich, einen langen Planungshorizont anzunehmen. Bei Unternehmen in Branchen mit kurzen Lebenszyklen könne man aufgrund der hohen Unsicherheit ohnehin nur wesentlich kürzer planen.[526] Aufgrund der Unbestimmtheit des Konzepts - die Identifikation der aktuellen Phase oder Beeinflußbarkeit des Verlaufs sind hier nur einige Stichpunkte[527] - sind die Vorschläge jedoch wenig hilfreich.

Andere Vorschläge orientieren sich an gesamtwirtschaftlichen Kriterien wie der Länge oder der Phase eines Konjunkturzyklus:[528] Die Empfehlung ist zwar grundsätzlich richtig, die aktuellen Phasen zu identifizieren, dürfte aber ebenso schwierig sein wie beim Lebenszyklus.[529]

Die Vorschläge zur Bestimmung des Planungshorizonts sind relativ vage gehalten, was angesichts der Probleme nicht verwundert. Konkrete Zeitangaben sehen Planungshorizonte von 5-10 Jahren vor,[530] vereinzelt werden Zeiträume von nur drei Jahren[531] oder mindestens 20 Jahren ver-

---

522 Vgl. Rappaport, A., [Strategic], a.a.O., S. 102; Stewart, G. Bennett, a.a.O., S. 289; Copeland, T./ Koller, T./ Murrin, J., a.a.O., S. 139; Gomez, P./ Weber, Bruno, [Akquisitionsstrategie], a.a.O., S. 31.
523 Vgl. Copeland, T./ Koller, T./ Murrin, J., a.a.O., S. 129; Gomez, P./ Weber, Bruno, [Akquisitionsstrategie], a.a.O., S. 31; Herter, R. N., a.a.O., S. 54.
524 Vgl. Rappaport, A., [Selecting], a.a.O., S. 141; Stewart, G. Bennett, a.a.O., S. 293f.
525 Vgl. Rappaport, A., [Selecting], a.a.O., S. 141; Weber, Bruno, [Akquisitionen], a.a.O., S. 228.
526 Vgl. Suckut, S., a.a.O., S. 98f.; Stewart, G. Bennett, a.a.O., S. 298.
527 Zur Kritik am Lebenszykluskonzept vgl. Ballwieser, W., [Komplexitätsreduktion], a.a.O., S. 112-127; Crubasik, Bodo/ Zimmermann, Hans-Jürgen, Evaluierung der Modelle zur Bestimmung strategischer Schlüsselfaktoren, in: DBW, 47. Jg. (1987), S. 426-450, hier S. 429-431.
528 Vgl. Stewart, G. Bennett, a.a.O., S. 298; Copeland, T./ Koller, T./ Murrin, J., a.a.O., S. 139; Teichmann, H., a.a.O., S. 299.
529 Vgl. bereits Busse von Colbe, Walther, Der [Zukunftserfolgswert], Wiesbaden 1957, S. 157.
530 Vgl. Rappaport, A., [Selecting], a.a.O., S. 141; Rappaport, A., [Creating], a.a.O., S. 59; Copeland, T./ Koller, T./ Murrin, J., a.a.O., S. 139; Gomez, P./ Weber, Bruno, [Akquisitionsstrategie], a.a.O., S. 31; Jung, W., a.a.O., S. 268, S. 316f.; Stöckli, Erich, Die Bewertung ausländischer Unternehmungen, in: STH, 64. Jg. (1990), S. 563-566, hier S. 565; Studer, Tobias, Unternehmensbewertung im Umbruch? Cash Flow-basierte Verfahren im Vormarsch, in: STH, 66. Jg. (1992), S. 303-308, hier S. 306.
531 Vgl. Day, G. S., a.a.O., S. 336.

langt.[532] Die Entscheidung über die Länge des Planungszeitraums sollte nicht schematisch, sondern nach den Gegebenheiten flexibel getroffen werden.

Um die Cash-flows nach dem Planungshorizont zu bestimmen, verzichten die vorgestellten Bewertungsvorschläge auf detaillierte Projektionen. Es werden vereinfachende Annahmen über die Cash-flows in der ferneren Zukunft getroffen und ein Rentenmodell mit einer uniformen, unendlichen Zahlungsreihe oder ein Gordon-Wachstumsmodell mit einer konstanten Wachstumsrate für alle Zeiten unterstellt.[533] Der im Rentenmodell unterstellte uniforme Zahlungsstrom entspricht zwar nicht dem tatsächlich erwarteten, kann aber aus Vereinfachungsgründen die tatsächliche Zahlungsreihe verdrängen:[534] Auf wettbewerbsoffenen Märkten werden sich langfristig die Investitionsrenditen der durchschnittlichen Branchenrendite und schließlich den Kapitalkosten nähern.[535] Durch diese Überlegung wird die Ermittlung der Cash-flows vereinfacht: Erweiterungsinvestitionen nach dem Planungshorizont bringen keine Wertsteigerung, da die Rendite den Kapitalkosten entspricht.[536] Bei dem Wachstumsmodell wird eine konstante Reinvestitionsrate (b) der Einzahlungsüberschüsse in jeder Periode unterstellt. Konsum jetzt wird zugunsten von Konsum später verschoben; eine Wertsteigerung ist aber nur möglich, wenn die Rendite dauerhaft über den Kapitalkosten liegt.[537]

Die Einzahlungsüberschüsse nach dem Planungshorizont sind abhängig von den Wirkungen der Strategien innerhalb des Planungshorizonts. Der Einzahlungsüberschuß einer Wachstumsstrategie wird in den ersten Jahren wegen der hohen Investitionen geringer ausfallen, wodurch aber ceteris paribus die Zukunftsaussichten des Unternehmens nach dem Planungshorizont verbessert werden.[538] Der Ausgangswert der Wachstumsreihe bzw. der uniforme Einkommensstrom sollte normalisiert werden; sie dürfen insbesondere nicht durch Konjunktureinflüsse verzerrt sein.[539] Wird der verfügbare Cash-flow der letzten Periode im Planungshorizont als Ausgangswert einer Wachstumsreihe genommen, muß die Reinvestitionsannahme für diese Periode mit der Zeit nach dem Planungshorizont übereinstimmen.[540] Im Unendlichkeitskalkül ist es zudem

---

[532] Vgl. Gooch, Lawrence B./ Grabowski, Roger J., Advanced Valuation Methods in Mergers and Acquisitions, in: M&A, Vol. 11 (1976), Nr. 2, S. 15-30, hier S. 29.

[533] Vgl. Copeland, T./ Koller, T./ Murrin, J., a.a.O., S. 210-212; Gregory, A., [Valuing], a.a.O., S. 162f.

[534] Vgl. Moxter, A., [Grundsätze], a.a.O., S. 80.

[535] Vgl. Rappaport, A., [Creating], a.a.O., S. 60; Stewart, G. Bennett, a.a.O., S. 289; Bühner, R., [Manage-ment-Wert-Konzept], a.a.O., S. 60f; Sewing, P., a.a.O., S. 312f.; Moxter, A., [Grundsätze], a.a.O., S. 81. Nur wenn es gelingt, Wettbewerbsvorteil auf Dauer zu erhalten, lassen sich "Überrenditen" auf den Märkten erzielen. Vgl. Shapiro, Alan C., [Corporate], a.a.O., S. 308; Shaw, H., a.a.O., S. 41; Rappaport, A., [Creating], a.a.O., S. 60.

[536] Vgl. Rappaport, A., [Creating], a.a.O., S. 65, S. 247; Stewart, G. Bennett, a.a.O., S. 290; Copeland, T./ Koller, T./ Murrin, J., a.a.O., S. 213f.; Gregory, A., [Valuing], a.a.O., S. 165; Hanssmann, F., [Revolution], a.a.O., S. 6.

[537] Vgl. Copeland, T./ Koller, T./ Murrin, J., a.a.O., S. 210; Gregory, A., [Valuing], a.a.O., S. 162f.; Reis, J. P./ Cory, C. R., a.a.O., S. 187.

[538] Vgl. Rappaport, A., [Creating], a.a.O., S. 59f.; Sewing, P., a.a.O., S. 307. Umgekehrt gilt die Argumentation analog.

[539] Vgl. Copeland, T./ Koller, T./ Murrin, J., a.a.O., S. 225.

[540] Vgl. Copeland, T./ Koller, T./ Murrin, J., a.a.O., S. 228.

nicht logisch, wenn die langfristige Wachstumsrate des Unternehmens über der langfristig erwarteten Wachstumsrate der Volkswirtschaft liegt.[541]

Statt der Projektion der Cash-flows nach dem Planungshorizont, sehen einige Verfahren vor, den Verkaufspreis des Unternehmens am Ende des Planungshorizonts mit Hilfe von Multiplikatoren zu schätzen.[542] Der fiktive Marktpreis wird mit Hilfe des am Planungsende erwarteten Gewinnmultiplikators (bei Aktien das Kurs-Gewinn-Verhältnis[543]) oder der Marktwert-Buchwert-Relationen[544] bestimmt. Multiplikatoren lassen sich nur in Bandbreiten ermitteln, wobei oft von Vergangenheitswerten ausgegangen wird. Für Projekte und nicht notierte Unternehmen werden hilfsweise Multiplikatoren vergleichbarer Unternehmen herangezogen, um einen Branchendurchschnitt ermitteln zu können.[545]

Die Verwendung von Kurs-Gewinn-Verhältnissen ist jedoch problematisch: Eine Erklärung, warum ein Kurs so und nicht anders ist, wird von den aus der Vergangenheit fortgeschriebenen Multiplikatoren nicht geliefert.[546] Um eine Einschätzung über den Aussagegehalt der Multiplikatoren zu erhalten, müßte eine Unternehmensbewertung durchgeführt werden. Dann aber erübrigt sich ein Umweg über die Kurs-Gewinn-Verhältnisse. Zudem sind die Multiplikatoren fragwürdig, weil es kaum gelingt, eine stabile Relation zwischen dem Kaufpreis und einer Bezugsgröße herzustellen.[547] Eine pauschale Ermittlung zukünftiger Kurs-Gewinn-Verhältnisse durch Zu- und Abschläge zum aktuellen Wert ist unsachgemäß.[548] Darüber hinaus wird durch Kurs-Gewinn-Verhältnisse die Unsicherheit über den Fortführungswert verdeckt; die Gewinne erfassen die zukünftigen Ausschüttungserwartungen nur unzureichend.

Auf die vorhandene Substanz zu Buchwerten oder Wiederbeschaffungspreisen (Teilreproduktionswerte) zu verweisen, ist nicht sachgerecht.[549] Werden die Restwerte mit Hilfe von Substanzwerten bestimmt, können nur Liquidationswerte ökonomisch sinnvoll sein.[550] Diese sollten aber nur herangezogen werden, wenn das Projekt oder der Unternehmensteil nach dem Ende

541 Vgl. Copeland, T./ Koller, T./ Murrin, J., a.a.O., S. 226; Gregory, A., [Valuing], a.a.O., S. 162.
542 Vgl. Börsig, C., a.a.O., S. 87; Graham, Michael D., Gordon Growth Model. A Useful Tool or Just Another Formula?, in: Business Valuation Review, Vol. 12 (1993), Nr. 2, S. 72-75, hier S. 74f.
543 Vgl. Börsig, C., a.a.O., S. 87; Copeland, T./ Koller, T./ Murrin, J., a.a.O., S. 217; Rappaport, A., [Creating], a.a.O., S. 63; Gooch, L. B./ Grabowski, R. J., a.a.O., S. 25; Reis, J. P./ Cory, C. R., a.a.O., S. 189f. Grundsätzlich sind auch andere Multiplikatoren denkbar, wenn sie eine gute Approximation zukünftiger Marktpreise darstellen.
544 Vgl. Copeland, T./ Koller, T./ Murrin, J., a.a.O., S. 217; Rappaport, A., [Creating], a.a.O., S. 63; Mills, R. W., [Value Driver], a.a.O., S. 31; Day, G. S., a.a.O., S. 340; Reis, J. P./ Cory, C. R., a.a.O., S. 190f.
545 Vgl. Copeland, T./ Koller, T./ Murrin, J., a.a.O., S. 217; Gerling, C., a.a.O., S. 103f.
546 Vgl. Ballwieser, Wolfgang, Unternehmensbewertung mit Hilfe von [Multiplikatoren], in: Rückle, Dieter (Hrsg.), Aktuelle Fragen der Finanzwirtschaft und der Unternehmensbesteuerung, FS für Erich Loitlsberger, Wien 1991, S. 47-66, hier S. 62.
547 Vgl. Moxter, A., [Grundsätze], a.a.O., S. 134; Ballwieser, W., [Multiplikatoren], a.a.O., S. 62.
548 Vgl. Copeland, T./ Koller, T./ Murrin, J., a.a.O., S. 217.
549 Vgl. Copeland, T./ Koller, T./ Murrin, J., a.a.O., S. 215-218; Moxter, A., [Grundsätze], a.a.O., S. 42-45.
550 Vgl. Copeland, T./ Koller, T./ Murrin, J., a.a.O., S. 215.

der Planungsphase nicht fortgesetzt wird;[551] in diesem Fall ist auch eine entsprechende Strategie während des Planungszeitraums gewählt worden. Einen Liquidationswert zu propagieren, weil die Ermittlung eines Fortführungswertes mit einer zu großen Unsicherheit behaftet sei, ist zum einen kein ökonomisch sinnvolles Verfahren, mit der Unsicherheit umzugehen, zum anderen ein Scheinargument, da Liquidationswerte keineswegs sicher bestimmt werden können: Bei Liquidation müssen die Zerschlagungsgeschwindigkeit, die Zerschlagungsintensität und die damit verbundenen Auszahlungen ermittelt werden.[552] Für die Vermögensgegenstände kann vermutlich ein höherer Wert erreicht werden, wenn die Zerschlagung nicht unter Zeitdruck erfolgt. Außerdem dürfte der Zerschlagungswert für ein Unternehmensteil höher sein, wenn es gelingt, ganze Bereiche en bloc zu veräußern. Darüber hinaus darf die Unsicherheit über die Kosten der Liquidation nicht unterschätzt werden: Abbruchkosten, Altlastensanierung und Sozialpläne sind nicht sicher festzustellen. All diese Probleme werden noch potenziert, da die Wertermittlung nicht auf den Bewertungsstichtag, sondern auf einen späteren Zeitpunkt erfolgt.

2.3.4. Kritische Stimmen aus der Literatur zur Unternehmensplanung

Bei der Wertsteigerungsanalyse fällt die Rationalität des Vorgehens ins Auge. Strategiefindung und -durchsetzung folgen einem weitgehend strukturierten Prozeß. Mit Hilfe einer zweckgerichteten Planung und einem Ordnungssystem wird die Komplexität der Umwelt grundsätzlich beherrscht; der Glaube an die Machbarkeit ist kennzeichnend.[553] Die Wertsteigerungsanalyse läßt sich einer konstruktivistischen Sichtweise zuordnen.[554]

Dieser Glaube an die Machbarkeit sei aber aufgrund der Komplexität von Unternehmen und ihren Beziehungen zur Umwelt sowie der beschränkten Wahrnehmungsfähigkeit der Wirtschaftssubjekte fehl am Platz. Die Entwicklung von Unternehmen (oder Volkswirtschaften) sei nicht das Ergebnis bewußten, rationalen Handelns, sondern das Ergebnis eines Evolutionsprozesses;[555] hervorgehoben wird fehlende Information für Prognosen und Planungen.[556] Statt Planung und Entscheidung stehen Regeln zur Beeinflussung des individuellen Verhaltens innerhalb des Evolutionsprozesses sowie das Verständnis des Managements für diese Prozesse im Mittel-

---

[551] Vgl. Copeland, T./ Koller, T./ Murrin, J., a.a.O., S. 215.

[552] Vgl. Ballwieser, W., [Methoden], a.a.O., S. 169.

[553] Vgl. Janisch, M., a.a.O., S. 100.

[554] Zum konstruktivistischen Paradigma vgl. Malik, Fredmund, Strategie des Managements komplexer Systeme, Bern, Stuttgart 1984, S. 37f., S. 255-259; Pümpin, Cuno, Management strategischer [Erfolgsposi-tionen], 3. Aufl., Bern, Stuttgart 1986, S. 17.

[555] Vgl. Malik, F., a.a.O., S. 38-41; Kirsch, W., [Unternehmensführung], a.a.O., S. 237-239; Steinmann, H./ Schreyögg, G., [Management], a.a.O., S. 124-132. Zu einem solchen Verständnis vgl. auch Hayek, Friedrich August von, Die [Anmaßung] von Wissen, in: Ordo, Bd. 26. (1975), S. 12-21.

[556] Vgl. Malik, F., a.a.O., S. 64. Weitere Mängel der konstruktivistischen Methode vgl. ebenda, S. 259f.

punkt des Interesses.[557] Ein derartiges Managementverständnis hat keinen Raum für Handlungsempfehlungen wie zur Wertsteigerung des Unternehmens. Ein am Konstruktivismus ausgerich-
tetes Managementverständnis könne vielmehr die Anpassungsfähigkeit des Systems zerstören.[558]
Traditionelle Managementmethoden - und damit die Wertsteigerungsanalyse - können lediglich
die Kommunikation anregen.[559]

Der Rat suchende Manager kann von einem solchen Managementverständnis keine Hilfen erwarten, was ein großes Manko ist. Eindeutige Vorteile der rationalen Sicht der Dinge liegen darin, daß sie einen Einblick in die Entscheidungslogik der Wertermittlung ermöglicht, aus der
Handlungsempfehlungen gewonnen werden können. Die evolutorische Sichtweise kann aber
hilfreich sein, bestimmte Probleme zu erfassen. Empfehlungen, sie zu lösen, werden hingegen
nicht geliefert und können aus dem Verständnis heraus auch nicht geliefert werden. Grundsätzlich ist die Sichtweise, allzu eingängigen Empfehlungen kritisch gegenüber zu stehen, u.E. durchaus positiv zu sehen.[560]

Als weiterer Kritikpunkt wird der Wertsteigerungsanalyse vorgeworfen, eine kurzfristige Zielaus-
richtung zu verfolgen: Die unternehmenspolitischen Möglichkeiten werden von den vorhandenen Möglichkeiten bestimmt, wobei die Nutzen- und Erfolgspotentiale ausgebeutet werden.[561]
Dieses Verständnis ist keineswegs zutreffend. Beim *Discounted Cash Flow* handelt es sich vielmehr
um einen an langfristigen Zielen ausgerichteten Bewertungsmaßstab. Ein Ausbeuten der Erfolgs-
und Nutzenpotentiale vernichtet zukünftige Zahlungen, was im Planungskalkul erfaßt wird. Darüber hinaus werden die Nutzen- und Erfolgspotentiale keineswegs vernachlässigt. Wer die Cash-
flows begründet projizieren möchte, wird die hinter den Cash-flows verborgenen Erfolgsfaktoren und Wirkungsrelationen nicht vernachlässigen. Im Gegenteil, er wird sie als Instrumentarium
verwenden, wenn die Zahlungen fundiert geschätzt werden sollen. Der Vorwurf einer quartals-
bezogenen Planung ist unsachgemäß,[562] da erst durch den Rückgriff auf die Finanzierungstheorie
der (langfristige) Zeitbezug in den Planungsüberlegungen konkretisiert wird.

---

[557] Vgl. Malik, F., a.a.O., S. 57-61, der das konstruktivistische Managementverständnis auf der Objekt-, das evo-
       lutionäre Management hingegen auf der Meta-Ebene angesiedelt sieht. Siehe auch Steinmann, Horst/
       Schreyögg, Georg, [Management], a.a.O., S. 132-137.
[558] Vgl. Malik, Fredmund, a.a.O., S. 347f.
[559] Vgl. Kieser, Alfred, Evolutionstheoretische Ansätze, in: Kieser, Alfred (Hrsg.), Organisationstheorien, Stutt-
       gart, Berlin, Köln 1993, S. 243-276, hier S. 275.
[560] Vgl. Kieser, A., a.a.O., S. 271.
[561] Vgl. Bleicher, K., a.a.O., S. 106.
[562] Vgl. Bleicher, K., a.a.O., S. 106.

3.	Der *Discounted Cash Flow* als operationales Meßkonzept der Wertsteigerungsanalyse

3.1.	Charakterisierung des *Discounted Cash Flow*

3.1.1.	Der Kapitalwert als Bewertungsfunktion

Bisher wurde der Marktwert als nicht ganz widerspruchfreies, aber brauchbares Kriterium angeführt, an dem sich die Unternehmensleitung orientieren kann, wenn unternehmerische Handlungen beurteilt werden sollen. Wenngleich die Orientierung am Marktwert des Eigenkapitals bei der Bewertung unternehmerischer Aktionen, zumindest in den USA, allgemein anerkannt ist, besteht bei der praktischen Anwendung große Unsicherheit über die Maßstäbe, die Marktwertveränderungen zuverlässig anzeigen.[563] Diese Maßstäbe sind erforderlich, weil die Unternehmensleitung die Auswirkung ihrer Aktionen vorhersagen oder ex-post einen realisierten Marktpreis beurteilen können möchte.[564] Die gleichen Probleme bestehen auch für nachgeordnete Instanzen. Ihre Aktionen beeinflussen zwar insgesamt den Marktwert, sie lassen sich aber nicht den einzelnen Sparten und ihren Leitern zurechnen; hier werden Bewertungsregeln benötigt, die mit dem Oberziel der Gesellschaft konsistent sind.[565] Gesucht wird ein Maßstab, mit dem die Entwicklung des Marktwertes geschätzt werden kann.[566] Von einem solchen Verfahren verlangen HALEY und SCHALL, daß es (1) von vielen Personen innerhalb eines Unternehmens verstanden wird und angewandt werden kann, (2) für die Manager nicht erforderlich ist, sich mit der Bewertung auf dem Kapitalmarkt auseinanderzusetzen, und (3) begründete und sinnvolle Ergebnisse liefert.[567]

Aus dem Ziel der Marktwertmaximierung läßt sich eine einfache Entscheidungsregel ableiten: "Der Beitrag einer Investition zum Marktwert der Unternehmung wird durch ihren Kapitalwert, den diskontierten Wert der aus ihr resultierenden Zahlungsüberschüsse, angegeben."[568] Der Marktwert eines Unternehmens wird maximiert, wenn jedes Investitionsprojekt, dessen diskontierte Einzahlungsüberschüsse größer als die Anfangsauszahlung sind, realisiert wird.[569] Es ist die

---

563	Vgl. Rappaport, A., [Creating], a.a.O., S. XIII.
564	Vgl. Stewart, G. Bennett, a.a.O., S. 250.
565	Vgl. Süchting, J., a.a.O., S. 285; Woo, Carolyn Y., An [Empirical] Test of Value-Based Planning Models and Implication, in: MSc, Vol. 30 (1984), S. 1031-1050, hier S. 1031.
566	Vgl. Schmidt, Reinhart, [Shareholder], a.a.O., S. 280.
567	Vgl. Haley, C. W. /Schall, L. D., [Theory], a.a.O., S. 317.
568	Hax, Herbert/ Hartmann-Wendels, Thomas/ Hinten, Peter von, Moderne Entwicklung der Finanzierungstheorie, in: Christians, Friedrich Wilhelm (Hrsg.), Finanzierungshandbuch, 2. Aufl., Wiesbaden 1988, S. 689-713, hier S. 694. Vgl. auch Hax, Herbert/ Laux, Helmut, a.a.O., S. 23; Hax, Herbert, [Investitions-theorie], a.a.O., S. 111, S. 146, S. 148; Rudolph, B., [Investitionsplanung], a.a.O., S. 680; Wilhelm, J., [Marktwertmaximierung], a.a.O., S. 516; Laux, Christian, a.a.O., S. 934f.; Elton, Edwin J./ Gruber, Martin J., Modern Portfolio Theory and Investment Analysis, 4. Aufl., New York et al. 1991, S. 450; Hendrikson, E. S./ Breda, M. F. van, a.a.O., S. 270; Brealey, R. A./ Myers, S. C., a.a.O., S. 22.
569	Vgl. Hax, Herbert/ Laux, Helmut, a.a.O., S. 23; Hax, Herbert, [Investitionstheorie], a.a.O., S. 148.

Aufgabe der Geschäftsleitung, "in jeder Periode nach zusätzlichen, vorteilhaften Aktionsmöglichkeiten zu suchen und dann dasjenige Bündel von Projekten mit dem höchsten Kapitalwert ins Programm aufzunehmen (und im Zeitablauf ordnungsgemäß zu realisieren)."[570] Um die Auswirkungen von unternehmerischen Handlungen auf den Marktwert des Unternehmens ex ante zu erfassen, aber auch zur Analyse des aktuellen Börsenkurses, wird ein sogenannter *Discounted Cash Flow* (DCF) ermittelt.[571] Er ergibt sich als:

$$DCF = \sum_{t=1}^{T} \frac{E(\widetilde{X}_t)}{\prod_{t'=1}^{t}(1+k_{t'})} \qquad 3.1.1.-1$$

mit DCF = *Discounted Cash Flow*
$E(\widetilde{X}_t)$ = Erwartungswert der periodenspezifischen Cash-flows
$k_{t'}$ = periodenspezifische Kapitalkosten

Werden mit dem DCF intern Projekte bewertet, um den Beitrag zum Marktwert des Unternehmens zu ermitteln, wird die Anschaffungsauszahlung abgezogen, um den Kapitalwert zu erhalten. Dient die Bewertung hingegen der Wertfindung für einen Unternehmensanteil oder ein Unternehmen im Rahmen einer Akquisitions- oder Desinvestitionsentscheidung, wird ein Brutto-Kapitalwert ermittelt, da die Anfangsauszahlung (-einzahlung) nicht bekannt ist. Referenzpunkt ist ein unveränderter Marktpreis. Wird der Grenzpreis beim Kauf unter- bzw. beim Verkauf überschritten, wird der Unternehmenswert des kaufenden bzw. verkaufenden Unternehmens steigen, und umgekehrt.

Um das Kapitalwertkriterium anzuwenden, muß neben den Einzahlungsüberschüssen der Kapitalisierungszins bestimmt werden. Er soll nicht nur die zeitliche Dimension unterschiedlicher Zahlungsströme über die Barwertermittlung neutralisieren, sondern auch einen Vergleichsmaßstab für diesen Zahlungsstrom liefern; dem zu bewertenden Projekt wird ein Vergleichsmaßstab in Form der internen Rendite einer alternativen Geldverwendungsmöglichkeit gegenüberge-

[570] Laux, Helmut/ Liermann, Felix, Grundfragen der [Erfolgskontrolle], Berlin et al. 1986, S. 84. Vgl. auch Hax, Herbert/ Laux, Helmut, a.a.O., S. 23; Haley, C. W./ Schall, L. D., [Theory], a.a.O., S. 317.
[571] Vgl. Rappaport, A., [Creating], a.a.O., S. 12; Reimann, B., [Managing], a.a.O., S. 9, S. 33; Clarke, Roger G./ Wilson, B./ Daines, R. H./ Nadauld, S. D., a.a.O., S. 41; Copeland, T./ Koller, T./ Murrin, J., a.a.O., S. 97; McTaggart, J. M./ Kontes, P. W./ Mankins, M. C., a.a.O., S. 318; Gomez, P./ Weber, Bruno, [Akquisitionsstrategie], a.a.O., S. 30; Bühner, R., [Management-Wert-Konzept], a.a.O., S. 35; Herter, R. N., a.a.O., S. 40; Helbling, Carl, [DCF-Methode] und Kapitalkostensatz in der Unternehmensbewertung, in: STH, 67. Jg. (1993), Nr. 4, S. 157-164, insb. S. 157; Peemöller, V. H., Stand und Entwicklung der Unternehmensbewertung - Eine kritische Bestandsaufnahme -, in: DStR, 31. Jg. (1993), S. 409-416, hier S. 412f.; Peemöller, V. H./ Hüttche, T., a.a.O., S. 1347; Knüsel, D., a.a.O., S. 311f.; Volkart, Rudolf, [Unternehmensbewertung], Strategieevaluation und Discounted Cash Flow, in: STH, 66. Jg. (1992), S. 815-822, hier S. 815; Steinöcker, R., a.a.O., S. 87; Hafner, R., [Unternehmensbewertungen], a.a.O., S. 79-89, hier S. 83f.; Rosenbaum, Dirk, Alternative Bewertungsansätze zur Ermittlung von Ertragswerten, in: DB, 46. Jg. (1993), S. 1988-1991, hier S. 1991; Eilenberger, Guido, Betriebliche Finanzwirtschaft, 4. Aufl., München, Wien 1991, S. 149f.

stellt.[572] Gleichzeitig gibt der Kalkulationszins auch an, mit welchem Zins sich die Zahlungssalden in einer zwischenzeitlichen Geldanlage oder -aufnahme verzinsen.[573]

Um bewerten zu können, muß die beste Alternative bestimmt werden.[574] Der Bewerter muß wählen zwischen dem internen Zinsfuß der besten, nicht realisierten Investition innerhalb bzw. außerhalb des Unternehmens, dem Zinssatz, zu dem die zur Durchführung der Investition benötigten Mittel beschafft werden können, oder der marginalen Konsum- oder Zeitpräferenzrate. Auf einem vollkommenen Kapitalmarkt stimmen alle Zinssätze überein.[575] Auf einem unvollkommenen Kapitalmarkt kennt der Bewerter die beste Alternative hingegen erst, wenn sämtliche Investitions-, Finanzierungs- und Konsumentscheidungen simultan bestimmt werden; dann benötigt er aber den Zinsfuß nicht mehr, um sein Bewertungsproblem zu lösen.[576] Auf unvollkommenen Märkten kann der Bruttokapitalwert nicht als konsumierbares Vermögen i.S.d. Fisherschen Kapitalwertkonzeption interpretiert werden, sondern nur als Preis der relevanten Alternative;[577] der Kapitalwert entspricht der Preisänderung dieser Alternative.

Der im Rahmen des Kapitalwertkriteriums verwandte Kalkulationszinsfuß ist zwangsläufig unvollkommen. In der deutschen Literatur wird er unterschiedlich interpretiert:[578] als Durchschnittsrendite des Unternehmens oder der Branche, als Reinvestitionsrendite, völlig subjektive Mindestrendite oder als Kapitalkostensatz. Werden Kapitalkosten verwandt, hat die Finanzierung einen Einfluß auf die Höhe des Kalkulationszinses. Soll der Kapitalwert den Beitrag zum Marktwert des Unternehmens angeben, "muß im Kalkulationszins zum Ausdruck kommen, zu welchem Preis und somit welcher Rendite der Markt Finanzierungstitel mit bestimmten zukünftigen Zahlungen aufnimmt."[579] Ein einzelner Anleger wird einen Finanzierungstitel nur dann in sein Portefeuille nehmen, wenn die aus dem Preis und den erwarteten Zahlungen abzuleitende Rendite mindestens so hoch ist wie bei vergleichbaren Anlagealternativen auf dem Markt.[580] "Für die praktische Investitionsplanung verkörpert der Kalkulationszinsfuß eine vereinfachende Pauscha-

---

572 Vgl. Ballwieser, W., [Komplexitätsreduktion], a.a.O., S. 168.
573 Vgl. Schmidt, Reinhard H., [Grundzüge], a.a.O., S. 68f.; Schulte, Karl-Werner, Wirtschaftlichkeitsrechnung, 3. Aufl., Würzburg, Wien 1984, S. 66, S. 68-70.
574 Vgl. Schmidt, Reinhard H., [Grundzüge], S. 272.
575 Vgl. Schmidt, Reinhard H., [Grundzüge], S. 103; Spremann, Klaus, [Investition] und Finanzierung, 4. Aufl., München, Wien 1991, S. 415.
576 Vgl. Schmidt, Reinhard H., [Grundzüge], a.a.O., S. 103; Ballwieser, W., [Komplexitätsreduktion], a.a.O., S. 169, m.w.N.; Blohm, H./ Lüder, K., a.a.O., S. 147.
577 Vgl. Schmidt, Reinhard H., [Aktienanalyse], a.a.O., S. 57f., Fn. 29.
578 Vgl. die Aufstellungen bei Schulte, K.-W., a.a.O., S. 72-75; Kloster, Ulrich, Kapitalkosten und Investitionsentscheidungen, Frankfurt am Main et al. 1988, S. 41-46; Grob, Heinz Lothar, Investitionsrechnung mit vollständigen Finanzplänen, München 1989, S. 188-191; Rolfes, Bernd, Moderne Investitionsrechnung, München, Wien 1992, S. 23-28
579 Hax, Herbert/ Hartmann-Wendels, T./ von Hinten, P., a.a.O., S. 694.
580 Vgl. Hax, Herbert/ Hartmann-Wendels, T./ von Hinten, P., a.a.O., S. 694; Rudolph, B., [Investitions-planung], a.a.O., S. 682; Gutenberg, E., a.a.O., S. 201, S. 350, spricht vom Angebotspreis des Kapitals.

lannahme über die Finanzierungskosten und Erträge aus möglichen Geldanlagen."[581] Der Kapitalkostensatz gibt die Untergrenze der Verzinsung an, die beim Einsatz des Kapitals erreicht werden muß; wird diese Untergrenze nicht erreicht, lohnt sich der Einsatz des Kapitals für den Investor nicht und der Marktwert des Unternehmens sinkt.[582] Zwischen Kapitalkosten und Marktwert besteht ein funktionaler, reziproker Zusammenhang.

Über die Kapitalkosten soll das Geschehen auf dem Kapitalmarkt erfaßt werden.[583] Hierbei sollte klar sein, "daß die Vorstellung der Diskontierung erwarteter Erfolge mit einem Satz (k) ein überaus stark vereinfachtes Bild, ein heroisches Kürzel für einen weit komplizierteren Bewertungsprozeß im Markt ist"[584]; oder "In general we cannot be certain that the discount model is the basis for the valuation in the capital market."[585] Der *Discounted Cash Flow* sollte jedoch nicht mit einem Marktpreis gleichgesetzt werden, da bei der Berechnung ein vollkommener und vollständiger Kapitalmarkt unterstellt wird. Innerhalb dieses Modells kann es keinen vom *Discounted Cash Flow* abweichenden Marktpreis geben, außerhalb kann der *Discounted Cash Flow* nicht als Marktpreis verstanden werden,[586] sondern nur als vermutlicher Wert des Unternehmens.[587] Pragmatisch gesehen "verallgemeinert der Kapitalwert das Konzept des Marktwertes, indem auch bei unvollkommenem Kapitalmarkt die Existenz eines Kalkulationszinsfußes k postuliert wird ..."[588]

3.1.2. Cash-flow-Abgrenzung, Einfluß der Finanzierung und Kapitalwertmodelle

Bei der Cash-flow-Abgrenzung gab es Konzepte, die sich in der Verrechnung der Fremdkapitalzinsen unterschieden. Werden die Zinsen nicht aus dem Cash-flow herausgerechnet, müssen die Finanzierungsentscheidungen bei der Bestimmung der Kapitalkosten berücksichtigt werden; die relevante Diskontierungsgröße muß nicht nur die Renditeforderung der Eigentümer, sondern auch die der Gläubiger enthalten. Entscheidend für eine richtige Rechnung ist, daß der Diskontierungssatz mit der Cash-flow-Abgrenzung korrespondiert:[589]

---

[581] Schneider, Dieter, [Besteuerung], a.a.O., S. 102.
[582] Vgl. Hax, Herbert, [Finanzierung], in: Bitz, Michael et al. (Hrsg.), Vahlens Kompendium der Betriebswirtschaftslehre, Bd. 1, 3. Aufl., München 1993, S. 397-455, hier S. 434; Drukarczyk, Jochen, [Kapitalkosten], in: Busse von Colbe, Walther (Hrsg.), Lexikon des Rechnungswesens, 3. Aufl., München, Wien 1994, S. 355-358, hier S. 356; Rudolph, B., [Kapitalkosten], a.a.O., S. 137.
[583] Vgl. Saelzle, R., a.a.O., S. 19; Haley, C.W./ Schall, L. D., [Theory], a.a.O., S. 317; Volpert, V., a.a.O., S. 89.
[584] Drukarczyk, Jochen, [Finanzierungstheorie], München 1980, S. 140.
[585] Haley, C. W./ Schall, L. D., [Theory], a.a.O., S. 317.
[586] Vgl. Schneider, Dieter, Betriebswirtschaftslehre, Bd. 1: [Grundlagen], München, Wien 1993, S. 268; Wagenhofer, A., a.a.O., S. 561; beide argumentieren mit dem Ertragswert.
[587] Vgl. Schneider, Dieter, [Grundlagen], a.a.O., S. 281, der allerdings mit dem Ertragswert argumentiert.
[588] Franke, G./ Hax, Herbert, [Finanzwirtschaft], a.a.O., S. 116.
[589] Vgl. Rappaport, A., [Creating], a.a.O., S. 56; Copeland, T./ Koller, T./ Murrin, J., a.a.O., S. 171; Bühner, R., [Management-Wert-Konzept], a.a.O., S. 41; Weston, J. F./ Chung, K. S./ Hoag, S. E., a.a.O., S. 181; Stewart, G. Bennett, a.a.O., S. 434; Haley, C. W./ Schall, L. D., [Theory], a.a.O., S. 345.

$$k_{EK}\frac{EK}{GK^L}+k_{FK}\frac{FK}{GK^L}\,{}^{590}$$

3.1.2.-1

mit $\quad$ k_{EK}, (k_{FK}) $\quad$ = Renditeforderung der Eigentümer (Gläubiger)
$\quad\quad$ EK, (FK) $\quad\quad$ = Marktwert des Eigenkapitals (Fremdkapitals)
$\quad\quad$ GK^L $\quad\quad\quad$ = Marktwert des Gesamtkapitals

Die Kapitalkosten werden von der Kapitalstruktur bestimmt. Investitionsentscheidungen können daher nicht ohne Beachtung der Finanzierung getroffen werden; die Kapitalkosten müssen die Auswirkungen der Finanzierung widerspiegeln und sind entsprechend den Finanzierungseffekten anzupassen. Ausnahmen ergeben sich bei identischen Eigen- und Fremdkapitalkosten oder bei einer Irrelevanz der Kapitalstruktur für die Höhe der gewichteten Kapitalkosten. Wenn gewichtete Kapitalkosten ermittelt werden sollen, besteht ein Zirkularitätsproblem: Der Bewerter benötigt Informationen über den Marktwert des Eigenkapitals, um die gewichteten durchschnittlichen Kapitalkosten zu ermitteln. Mit Hilfe dieser gewichteten Kapitalkosten wird dann der Wert des Unternehmens und, daraus abgeleitet, der Wert des Eigenkapitals bestimmt. Zur Ermittlung des Eigenkapitalwerts wird dessen Wert vorab benötigt.[591] Der Bewerter muß iterativ vorgehen[592] oder eine im Zeitablauf konstante Zielkapitalstruktur festlegen.[593] Als Gewichtungsfaktoren dürfen keine Buch-, sondern müssen Marktwerte verwendet werden,[594] weil "... die zu ermittelnden Kapitalkosten als Opportunitätskosten den Kapitalmarktbezug herzustellen haben ..."[595] und Buchwerte oder Anschaffungsausgaben historische Kosten darstellen.[596] Zudem muß die zukünftig erwartete Kapitalstruktur betrachtet werden.[597]

Verwendet der Bewerter gewichtete Kapitalkosten und einen korrespondierenden Cash-flow, errechnet er einen Unternehmensgesamtwert. Da im Rahmen einer *Shareholder Value*-Analyse der Eigentümerwert ermittelt werden soll, muß der Marktwert der anderen Kapitalgeberpositionen

---

[590] Es können mehr als zwei Finanzierungstitel explizit einbezogen sein; vgl. Copeland, T./ Koller, T./ Murrin, J., a.a.O., S. 172f., die auch Kapitalkosten für *Preferred Stocks* erfassen.

[591] Vgl. Ballwieser, W., [Methoden], a.a.O., S. 165; Copeland, T./ Koller, T./ Murrin, J., a.a.O., S. 174; Haley, Charles W./ Schall, Lawrence D., [Problems] with the Concept of the Cost of Capital, in: JFQA, Vol. 13 (1978), S. 847-868, hier S. 850.

[592] Vgl. Weber, Bruno, [Akquisitionen] auf der Grundlage des Shareholder Values, in: BFuP, 41. Jg. (1990), S. 221-232, hier S. 231; Copeland, T./ Koller, T./ Murrin, J., a.a.O., S. 182.

[593] Vgl. Drukarczyk, J., [Theorie], a.a.O., S. 159, S. 206f.; Rappaport, A., [Creating], a.a.O., S. 56; Copeland, T./ Koller, T./ Murrin, J., a.a.O., S. 174; Bühner, R., [Management-Wert-Konzept], a.a.O., S. 41; Weston, J. F./ Chung, K. S./ Hoag, S. E., a.a.O., S. 181. Zur Entwicklung einer Zielkapitalstruktur vgl. Copeland, T./ Koller, T./ Murrin, J., a.a.O., S. 174-183.

[594] Vgl. Brennan, Michael J., A New Look at [Weighted] Average Cost of Capital, in: JBF, Vol. 5 (1973), S. 24-30, hier S. 28f.; Freygang, Winfried, Kapitalallokation in diversifizierten Unternehmen, Wiesbaden 1993, S. 192.

[595] Weber, Bruno, [Akquisitionen], a.a.O., S. 231.

[596] Vgl. Rappaport, A., [Creating], a.a.O., S. 56; Copeland, T./ Koller, T./ Murrin, J., a.a.O., S. 172; Bühner, R., [Management-Wert-Konzept], a.a.O., S. 41.

[597] Vgl. Rappaport, A., [Creating], a.a.O., S. 56; Copeland, T./ Koller, T./ Murrin, J., a.a.O., S. 174; Bühner, R., [Management-Wert-Konzept], a.a.O., S. 41; Weston, J. F./ Chung, K. S./ Hoag, S. E., a.a.O., S. 181.

abgezogen werden.[598] Der Anspruch der Gläubiger entspricht dem Barwert der geschätzten Zahlungen für Zins und Tilgung, diskontiert mit einem risikoäquivalenten Zinsfuß.[599] Da zukünftige Ausleihungen einen Kapitalwert von Null haben, wenn die Zinsfüße konstant bleiben, reicht es aus, nur den Barwert der am Bewertungsstichtag bestehenden Schulden abzuziehen.

Nachteil dieser Vorgehensweise ist die komplizierte Kapitalkostenermittlung und die Zweistufigkeit der Rechnung. Vorteile der zweistufigen Ermittlung werden gesehen,[600] weil

1. alle Quellen - auch die Finanzierungspotentiale - für eine Wertsteigerung des Eigenkapitals sichtbar werden;

2. die Umstände und Ansatzpunkte für die Wertsteigerung aufgezeigt werden;

3. auf der Ebene der Geschäftseinheiten die Cash-flow-Ermittlung vereinfacht wird;

4. die Finanzierungsentscheidungen den Unternehmenswert nicht verfälschen[601].

Als Alternative zum *Entity*-Ansatz kann man einen sog. *Equity*-Ansatz[602] wählen. Zinsen und Kreditrückzahlungen werden als Auszahlungen erfaßt, und der Wert für die Eigentümer direkt errechnet. Die Diskontierungsrate entspricht den Kapitalkosten der Eigentümer.

Steuerzahlungen wurden bisher vernachlässigt. Eine direkte Erfassung der Steuerzahlungen erfolgt nur für die Ertragsteuern. Grund- und Umsatzsteuer sollen ebenso wie die Gewerbekapital- und die Vermögensteuer in den laufenden Auszahlungen erfaßt werden.[603] Auf die private Einkommensteuer wird verzichtet, es werden nur die Steuerzahlungen des Unternehmens betrachtet; die im amerikanischen Steuersystem vorliegende Doppelbesteuerung der Dividenden wird im Modell nicht erfaßt.[604] Ein Problem ergibt sich bei der Abbildung der Steuern im *Entity*-Konzept. Finanzierungsentscheidungen haben einen Einfluß auf die Höhe der Steuerzahlungen, da Zinsen i.d.R. als abzugsfähige Betriebsausgaben gelten und damit die Bemessungsgrundlage einer Ertragsteuer verringern. Die Fremdfinanzierung des Unternehmens ist aus steuerlicher Sicht vorteilhaft, weil ein *Tax Shield* ($s k_{FK} FK_{t-1}$) aufgebaut wird. Besteuerungs- und Finanzie-

---

[598] Vgl. Rappaport, A., [Creating], a.a.O., S. 51; Copeland, T./ Koller, T./ Murrin, J., a.a.O., S. 99; Bühner, R., [Management-Wert-Konzept], a.a.O., S. 36.

[599] Vgl. Copeland, T./ Koller, T./ Murrin, J., a.a.O., S. 103; Rappaport, A., [Creating], a.a.O., S. 51; Weston, J. F./ Chung, K. S./ Hoag, S. E., a.a.O., S. 181.

[600] Vgl. Copeland, T./ Koller, T./ Murrin, J., a.a.O., S. 100, S. 104.

[601] Als Beispiel angeführt werden steigende Ausschüttungen ohne zusätzliche Leistungsüberschüsse, die eine erhöhte Fremdfinanzierung erfordern, die dann aber die Eigenkapitalkosten durch das gesteigerte Finanzierungsrisiko erhöhen; vgl. Copeland, T./ Koller, T./ Murrin, J., a.a.O., S. 104.

[602] Vgl. Brigham, E. F./ Gapinski, L. C., a.a.O., S. 299f.; Ross, S. A./ Westerfield, R. W., a.a.O., S. 496f.; Copeland, T./ Koller, T./ Murrin, J., a.a.O., S. 104, S. 377-379; Herter, R. N., a.a.O., S. 40; McTaggart, J. M./ Kontes, P. W./ Mankins, M. C., a.a.O., S. 301-304; Mirow, Michael, Shareholder Value als Instrument zur Bewertung von Strategischen [Allianzen], in: Schulte, Christof (Hrsg.), Beteiligungscontrolling, Wiesbaden 1994, S. 43-59, S. 53; Shannon, P. P., a.a.O., S. 83; Sanfleber-Decher, M., a.a.O., S. 601.

[603] Vgl. Bühner, R., [Management-Wert-Konzept], a.a.O., S. 57.

[604] Vgl. Brealey, R. A./ Myers, S. C., a.a.O., S. 426f.

rungsfragen können nicht unabhängig voneinander gesehen werden. In der Literatur werden unterschiedliche Vorschläge unterbreitet, wie das *Tax Shield* zu bewerten ist.

Soll die Trennung von Leistungs- und Finanzierungsbereich konsequent durchgehalten werden, darf der Einfluß der Finanzierung auf die Steuerzahlungen nicht berücksichtigt werden. Die Steuerzahlungen werden daher auf der Grundlage des operativen Gewinns vor Zinsen ermittelt; damit werden Steuerzahlungen auf die abzugsfähigen Zinsen fingiert und die "Steuergutschrift" (*Tax Shield*), die durch die Fremdfinanzierung aufgebaut wird, ist im Cash-flow nicht erfaßt:[605]

$$Cf_t^{WACC} = (E_t - A_t) \cdot (1\text{-}s) - I_t \qquad\qquad 3.1.2.\text{-}2$$

mit Cf_t^{WACC} = freier Cash-flow nach dem WACC-Konzept
        E_t, A_t = Ein- bzw. Auszahlungen (incl. Ersatzinvestitionen) der Periode t
        s   = Steuersatz
        I_t = Erweiterungsinvestitionen der Periode t

Fiktive Steuerzahlungen auf Zinsen erscheinen widersinnig und verkehrt, haben aber den Vorteil, die Projektion des Cash-flows von den Einflüssen der Finanzierung über die Steuerzahlungen freizuhalten. Dieser Ansatz basiert auf einer finanzierungsneutralen Cash-flow-Abgrenzung.

Die durch Abzugsfähigkeit der Zinsen erreichte Steuersubvention wird durch eine Modifikation der gewichteten, durchschnittlichen Kapitalkosten erfaßt, indem mit den Fremdkapitalzinsen nach Steuern diskontiert wird;[606] k^{WACC} verringert sich durch die Besteuerung. Durch den Steuersatz (s) wird die Wirkung des *Tax Shield* rechnerisch (indirekt) erfaßt:

$$k^{WACC} = k_{EK} \frac{EK}{GK^L} + k_{FK}(1\text{-}s)\frac{FK}{GK^L} \qquad\qquad 3.1.2.\text{-}3$$

Zum Teil werden die durch die Fremdfinanzierung ersparten Steuerzahlungen im Cash-flow erfaßt und die effektiv gezahlten Steuern ermittelt [$Cf_t^{TCF} = (E_t - A_t) \cdot (1\text{-}s) - I_t + s \cdot k_{FK}FK_{t-1}$].[607]

---

[605] Vgl. Copeland, T. E./ Weston, J. F., a.a.O., S. 40; Reis, J. P./ Cory, C. R., a.a.O., S. 186; Weston, J. F./ Chung, K. S./ Hoag, S. E., a.a.O., S. 136; Weston, J. F./ Copeland, T. E., a.a.O., S. 336; Copeland, T./ Koller, T./ Murrin, J., a.a.O., S. 113f.; Day, G. S., a.a.O., S. 337; Rappaport, Alfred, [Strategic] Analysis for More Profitable Acquisitions, in: HBR, Vol. 57 (1979), S. 99-110, hier S. 101; Ballwieser, W., [Methoden], a.a.O., S. 164; Gomez, P./ Weber, Bruno, [Akquisitionsstrategie], a.a.O., S. 31; Suckut, S., a.a.O., S. 29; Hafner, R., [Unternehmensbewertungen], a.a.O., S. 84.

[606] Vgl. Drukarczyk, J., [Theorie], a.a.O., S. 211; Copeland, T. E./ Weston, J. F., a.a.O., S. 40; Brigham, E. F./ Gapinski, L. C., a.a.O., S. 298; Volpert, V., a.a.O., S. 43, m.w.N., S. 64, S. 93, S. 119, S. 129; Schweitzer, Roger, Leasingentscheidungen in Kapitalgesellschaften. Eine theoretische und empirische Analyse, Wiesbaden 1992, S. 25; Stüber, Peter, PC-unterstützte Rendite/Risiko-Analysen in der Praxis, in: Zünd, André/ Schultz, Günter/ Glaus, Bruno U. (Hrsg.), Bewertung, Prüfung und Beratung in Theorie und Praxis, FS für Carl Helbling, Zürich 1992, S. 415-426, hier S. 423.

[607] Vgl. Arditti, Fred D./ Levy, Haim, The Weighted Average Cost of Capital as a Cutoff Rate: A Critical Analysis of the Classical Textbook Weighted Average, in: FM, Vol. 6 (1977), Nr. 3, S. 24-34; Aeberhard, K., a.a.O., S. 402; Knüsel, D., a.a.O., S. 311; Hax, Arnoldo C./ Majluf, N. C., a.a.O., S. 271; Schmidt, Reinhart, [Shareholder], a.a.O., S. 282; Volkart, Rudolf, Integrierte [Projektevaluation]. Investitionsanalyse als Instrument der finanziellen Führung und der Unternehmenssteuerung, in: STH, 67. Jg. (1993), S. 730-740, hier S. 739, Fn. 23.

Dabei werden jedoch sowohl steuerangepaßte gewogene durchschnittliche Kapitalkosten[608] als auch nicht angepaßte verwandt.[609]

STEWART präsentiert ein weiteres Kapitalwertkalkül. Er ermittelt einen *Adjusted Present Value* (APV)[610] Basierend auf dem Wertadditivitätsprinzip handelt es sich um einen Gesamtunternehmenswert auf der Grundlage isoliert ermittelter Kapitalwerte. Der operative Cash-flow vor Zinsen wird mit den Kapitalkosten bei vollständiger Eigenfinanzierung diskontiert (Basiswert); das *Tax Shield* aus der Fremdfinanzierung diskontiert er mit den ihnen risikoadäquaten, periodenspezifischen Kapitalkosten $(k_{t'}^{APV})$ (Steuerwert).[611]

$$GK^{L,APV} = \sum_{t=0}^{T} \frac{(E_t - A_t)(1-s) - I_t}{(1+k^*)^t} + \sum_{t=0}^{T} \frac{sk_{FK}FK_{t-1}}{\prod_{t'=0}^{t}(1+k_{t'}^{APV})} \qquad 3.1.2.-4$$

Im Rentenmodell läßt sich daraus die MODIGLIANI-MILLER-Formel ableiten, die den Unternehmenswert als Marktwert eines unverschuldeten Unternehmens und den Barwert des *Tax Shield* bestimmt:[612]

$$GK^{L,APV} = \frac{(E-A)(1-s)}{k^*} + sFK \qquad 3.1.2.-5$$

mit   k*   = Eigenkapitalkosten bei vollständiger Eigenfinanzierung
      sFK   = Barwert des *Tax Shield*

Sollen die Eigenkapitalkosten bei fiktiver Eigenfinanzierung ermittelt werden, muß der Einfluß der Fremdfinanzierung auf die Eigenkapitalkosten quantifizierbar sein.[613] "Da das Kapitalkostenkonzept nicht auf einem expliziten Modell der Preisbildung von Finanztiteln aufbaut, ist die finanzierungstheoretische Literatur von bestimmten Hypothesen über die Veränderung des Kapitalkostensatzes bei unterschiedlichen Eigen- und Fremdkapitalanteilen ausgegangen und hat aus diesen Reaktionshypothesen auf die Veränderung der durchschnittlichen Kapitalkosten ge-

---

[608] Vgl. Aeberhard, K., a.a.O., S. 408; Schmidt, Reinhart, [Shareholder], a.a.O., S. 286.
[609] Vgl. Volkart, R., [Projektevaluation], a.a.O., S. 739, Fn. 23; Hax, Arnoldo C./ Majluf, N. S., a.a.O., S. 271.
[610] Vgl. Stewart, G. Bennett, a.a.O., S. 262; Hax, Arnoldo C./ Majluf, N. S., a.a.O., S. 257f.; Copeland, T. E./ Weston, J. F., a.a.O., S. 442f.; Ross, S. A./ Westerfield, R. W./ Jaffe, J. F., a.a.O., S. 493-495; Brealey, R. A./ Myers, S. C., a.a.O., S. 458-460; Brigham, E. F./ Gapinski, L. C., a.a.O., S. 300-302; Busse von Colbe, Walther/ Laßmann, Gert, Betriebswirtschaftstheorie, Bd. 3: [Investitionstheorie], 3. Aufl., Berlin et al. 1990, S. 248-250; Mrotzek, Rüdiger, Bewertung direkter Auslandsinvestitionen mit Hilfe betrieblicher Investitionskalküle, Wiesbaden 1989, S. 199f. Entwickelt wurde der Ansatz von Myers, Stewart C., [Interactions] of Corporate Financing and Investment Decisions - Implications for Capital Budgeting, in: JoF, Vol. 29 (1974), S. 1-25, auf der Grundlage der linearen Programmierung. Siehe auch Haley, C. W./ Schall, L. D., [Theory], a.a.O., S. 428-433.
[611] Vgl. Volpert, V., a.a.O., S. 172.
[612] Vgl. Modigliani, Franco/ Miller, Merton H., Corporate [Income Taxes] and Cost of Capital: A Correction, in: AER, Vol. 53 (1963), S. 433-443, hier S. 436.
[613] Vgl. Volpert, V., a.a.O., S. 119; Schweitzer, R., a.a.O., S. 3; Inselbag, Isik/ Kaufold, Howard, How to Value Recapitalization and Leveraged Buyouts, in: JACF, Vol. 2 (1989), Nr. 2, S. 87-96, hier S. 87.

schlossen."[614] Es werden zum einen der Nettogewinn-Ansatz (*Net Income Approach*), zum anderen der Bruttogewinn-Ansatz (*Net Operating Income Approach*) unterstellt.[615]

Beim Bruttogewinn-Ansatz werden zwei Effekte unterschieden: Zum einen wirkt der Substitutionseffekt zwischen Eigen- und Fremdkapitalkosten. Durch einen höheren Anteil des billigen Fremdkapitals im Vergleich zum teuren Eigenkapital können die gewichteten Kapitalkosten gesenkt werden. Zum anderen wird die Renditeforderung der Eigentümer nicht nur vom leistungswirtschaftlichen Risiko bestimmt, sondern bei teilweiser Fremdfinanzierung auch vom finanzwirtschaftlichen; mit steigendem Verschuldungsgrad werden die Eigenkapitalkosten steigen. Bewerter, die das Leveragerisiko vernachlässigen, unterschätzen die Kapitalkosten.[616]

Beim Nettogewinn-Ansatz sind die Eigen- und Fremdkapitalkosten von der Kapitalstruktur des Unternehmens unabhängig. Bei unterschiedlichen Renditeforderungen der Eigentümer und der Gläubiger kann die Unternehmensleitung durch die Substitution von Eigen- durch Fremdkapital die durchschnittlichen Kapitalkosten senken. Das (rechnerische) Minimum ist bei einer vollständigen Fremdfinanzierung erreicht.[617] STEWART unterstellt den Bruttogewinn-Ansatz.[618]

---

[614] Rudolph, B., [Klassische], a.a.O., S. 614. Volpert, V., a.a.O., S. 158, verwendet statt des Begriffs Reaktionshypothesen den Begriff Kapitalstrukturtheorie.

[615] Vgl. Rudolph, B., [Klassische], a.a.O., S. 614f.; Büschgen, H. E., a.a.O., S. 184-190, S. 387-390; Solomon, Ezra, The [Theory] of Financial Management, 3. Nachdruck, New York, London 1963, S. 79-88.

[616] Vgl. Süchting, J., a.a.O., S. 389f.; Schmidt, Reinhard H., [Grundzüge], a.a.O., S. 218-222; Volpert, V., a.a.O., S. 93f.

[617] Vgl. Süchting, J., a.a.O., S. 387f.; Rudolph, B., [Klassische], a.a.O., S. 615.

[618] Vgl. Stewart, G. Bennett, a.a.O., S. 281. Siehe auch Busse von Colbe, W./ Laßmann, G., [Investitionstheorie], a.a.O., S. 248; Volpert, V., a.a.O., S. 160, m.w.N.

Modell	Cash-flow-Abgrenzung	Kapitalkosten	Bewertungsformel
Flows to Equity-Ansatz	$Cf_t^{FTE} = (E_t - A_t) - (E_t - A_t - k_{FK}FK_{t-1})s - k_{FK}FK_{t-1} - (FK_{t-1} - FK_t) - I_t$	k_{EK}	$EK^L = \sum_{t=0}^{T} \frac{Cf_t^{FTE}}{(1+k_{EK})^t}$
Kapitalkostenkonzept (Lehrbuch-Formel)	$Cf_t^{WACC} = (E_t - A_t)(1-s) - I_t$	$k^{WACC} = k_{EK}\dfrac{EK}{GK^L} + (1-s)k_{FK}\dfrac{FK}{GK^L}$	$GK^{L,WACC} = \sum_{t=0}^{T} \frac{Cf_t^{WACC}}{(1+k^{WACC})^t}$
Total Cash Flow-Ansatz	$Cf_t^{TCF} = (E_t - A_t)(1-s) + sk_{FK}FK_{t-1} - I_t$	$k^{TCF} = k_{EK}\dfrac{EK}{GK^L} + k_{FK}\dfrac{FK}{GK^L}$	$GK^{L,TCF} = \sum_{t=0}^{T} \frac{Cf_t^{TCF}}{(1+k^{TCF})^t}$
Adjusted Present Value	Basisstrom (Cf_t^{WACC}): $(E_t - A_t)(1-s) - I_t$ Steuerwert in t: $sk_{FK}FK_{t-1}$	$k^* =$ Eigenkapitalkosten bei vollständiger Eigenfinanzierung $k^{APV} =$ risikoäquivalenter Zins des Steuerwerts	$GK^{L,APV} = \sum_{t=0}^{T} \frac{Cf_t^{WACC}}{(1+k^*)^t} + \sum_{t=0}^{T} \frac{sk_{FK}FK_{t-1}}{\prod\limits_{t=0}^{t}(1+k_t^{APV})^t}$

Nr. 5: Aufstellung der verwandten Bewertungsformeln[619]

---

619 Vgl. auch Martin, John D., Alternative Net Present Value Models, in: Advances in Financial Planning and Forecasting, Vol. 2 (1987), S. 51-66.

Die Behandlung der Finanzierung und der Steuerzahlungen erscheint insofern befremdlich als vier unterschiedliche Vorschläge im Rahmen des *Entity*-Konzepts unterbreitet werden. Die Verfahren müssen auf ihre Äquivalenz und Überführbarkeit untersucht werden; einserseits zeigen Beispielsrechnungen von CLARKE et al. verschiedene Unternehmenswerte,[620] andererseits wird aber behauptet, daß die direkte Ermittlung des *Discounted Cash Flow* über die Zahlungen an die Eigentümer und deren Kapitalkosten zum gleichen Ergebnis führen soll wie die "Lehrbuch"-Formel der gewogenen durchschnittlichen Kapitalkosten.[621] Außerdem wurde auch die Anwendbarkeit der *Entity*-Konzepte bei einem endlichen Planungskalkül in Frage gestellt.[622] Um diese beiden Probleme zu analysieren, müssen die Annahmen, die hinter den Bewertungsvorschlägen stehen, herausgearbeitet werden; nur auf diese Weise lassen sich die Anwendungsgrenzen der Verfahren erkennen. Daneben sollte die grundsätzliche Verwendung des *Entity*-Konzepts betrachtet werden. Ist es nicht sinnvoller, die Zahlungen an die Eigentümer direkt zu diskontieren?

3.2.   Würdigung des *Discounted Cash Flow*

3.2.1.   *Discounted Cash Flow* als Partialkalkül

Bewertungsprobleme im Rahmen der Wertsteigerungsanalyse sind durch Erfolgs- und Risikoverbundeffekte gekennzeichnet. "Die Zielbeiträge der Einzelmaßnahmen sind somit nicht additiv: Das mit einem Handlungsprogramm erreichbare Zielniveau kann wesentlich höher oder niedriger sein als die Summe der Zielbeiträge der Einzelmaßnahmen bei jeweils isolierter Durchführung."[623] Bei einem Erfolgsverbund wird der Zahlungsstrom aus einem Projekt von der Realisation anderer Projekte beeinflußt.[624] Liegt ein Risikoverbund vor, so ist die Bewertung der in den mehrwertigen Erfolgen erfaßten Ungewißheit davon abhängig, welche weiteren Aktionen durchgeführt werden und wie die stochastischen Beziehungen zwischen diesen einzelnen Aktionen aussehen.[625] Darüber hinaus besteht ein Restriktionsverbund, da Kapital nur begrenzt vor-

---

[620] Vgl. Clarke, Roger G./ Wilson, B./ Daines, R. H./ Nadauld, S. D., a.a.O., S. 46f.

[621] Vgl. Copeland, T./ Koller, T./ Murrin, J., a.a.O., S. 99.

[622] Vgl. Arditti, Fred D., The Weighted Cost of Capital: Some Questions on Its Definition, Interpretation and Use, in: JoF, Vol. 28 (1973), S. 1001-1008; Brick, John R./ Thompson, Howard E., The Economic Life of an Investment and the Appropriate Discount Rate, in: JFQA, Vol. 13 (1978), S. 831-846; Reilly, Raymond R./ Wecker, William E., On the Weighted Average Cost of Capital, in: JFQA, Vol. 8 (1973), S. 123-126.

[623] Leuthier, R., [Interdependenzproblem], a.a.O., S. 57.

[624] Vgl. Leuthier, R., [Interdependenzproblem], a.a.O., S. 57f., S. 181-185; Laux, Helmut/ Liermann, Felix, Grundlagen der [Organisation], 2. Aufl., Berlin et al. 1990, S. 210.

[625] Vgl. Leuthier, R., [Interdependenzproblem], a.a.O., S. 58f., S. 185f.; Laux, Helmut/ Liermann, F., [Organisation], a.a.O., S. 211; Schneider, Dieter, [Investition], a.a.O., S. 428f.

handen ist und die Projekte untereinander konkurrieren.[626] Die Interdependenzen bestehen darüber hinaus nicht nur innerhalb einer Periode, sondern auch zwischen den Perioden.

Eine Vernachlässigung der Interdependenzen ist nur bei einer erlaubten Separation der einzelnen Entscheidungen möglich.[627] Mit Hilfe der Gleichgewichtstheorien können die Annahmen für eine widerspruchsfreie Bewertung mit Hilfe von Partialmodellen aufgezeigt werden.[628] Darüber hinaus erlauben erst die Denkstrukturen der Gleichgewichtstheorien, den *Discounted Cash Flow* als quantitatives Modell für die Unternehmensbewertung zu benutzen, um Planungs- und Kontrollhandlungen in Unternehmen zu analysieren.[629] Erfolgsverbundeffekte werden bei der folgenden Betrachung jedoch per definitionem ausgeschlossen.

Risikoverbundeffekte können durch den Rückgriff auf ein volldiversifiziertes Marktportefeuille vernachlässigt werden. Unternehmerische Aktionen können in diesem Fall unabhängig von den bereits realisierten oder geplanten Objekten bewertet werden. Interne Risikoverbundeffekte zwischen diesen Projekten sind irrelevant,[630] da alle Anleger das Marktportefeuille halten. Es werden nicht allein die im Unternehmen vorhandenen Diversifikationsmöglichkeiten, sondern sämtliche auf dem Markt existierenden betrachtet.[631] Dadurch wird eine Partialisierung des Bewertungskalküls möglich.

Ein Restriktionsverbund besteht nicht, wenn ein vollkommener und vollständiger Markt mit unbeschränkten Finanzierungsmöglichkeiten bei einem einheitlichen Marktzins vorliegt. Unter diesen Bedingungen sind Investitions-, Finanzierungs- und Konsumentscheidungen voneinander unabhängig. Noch enger sind die Annahmen in einem Mehrperiodenkalkül. Stationäre Erwartungen der Investoren allein sind keine hinreichende Bedingung; vielmehr dürfen die erwarteten Umweltbedingungen in späteren Perioden keinen Einfluß auf die Planung der aktuellen Periode haben.[632] Diese Planungsunabhängigkeit erscheint fragwürdig, da

- der Nutzen des Konsums der Periode nicht unabhängig vom Konsum vorhergehender und kommender Perioden sein dürfte;

---

[626] Vgl. Laux, Helmut/ Liermann, F., [Organisation], a.a.O., S. 209f.
[627] Vgl. Ballwieser, Wolfgang, [Aggregation], Komplexion und Komplexitätsreduktion, in: Wittmann, Waldemar et al. (Hrsg.), HWB, Teilband 1, 5. Aufl., Stuttgart 1993, Sp. 49-57, hier Sp. 53f.; Schneider, Dieter, [Grundlagen], a.a.O., S. 271.
[628] Vgl. Schneider, Dieter, [Grundlagen], a.a.O., S. 280.
[629] Vgl. Schneider, Dieter, [Grundlagen], a.a.O., S. 281, der allerdings vom Ertragswert spricht.
[630] Vgl. Ewert, Ralf, [Finanzwirtschaft] und Leistungswirtschaft, in: Wittmann, Waldemar et al. (Hrsg.), HWB, Teilband 1, 5. Aufl., Stuttgart 1993, Sp. 1150-1161, hier Sp. 1159.
[631] Vgl. Ball, Ray/ Brown, Philip, [Portfolio Theory] and Accounting, in: JAR, Vol. 7 (1969), S. 300-323, hier S. 310; Ross, S. A., [Current Status], a.a.O., S. 886; Rudolph, B., [Neuere], a.a.O., S. 895; Drukarczyk, J., [Finanzierungstheorie], a.a.O., S. 345; Weber, Martin/ Schiereck, Dirk, Marktbezogene Bestimmung der Kapitalkosten, in: Gebhardt, Günther/ Gerke, Wolfgang/ Steiner, Manfred (Hrsg.), Handbuch des Finanzmanagements, München 1993, S. 131-150, hier S. 146; Weigel, W., a.a.O., S. 104.
[632] Vgl. Schneider, Dieter, [Besteuerung], a.a.O., S. 496.

- Sparentscheidungen in einer Periode die Konsummöglichkeiten in späteren Perioden bestimmen (intertemporale Budgetrestriktion);
- die erwarteten Einzahlungsüberschüsse der Perioden vermutlich voneinander stochastisch abhängig sind;
- sich Konsummöglichkeiten bei einem ungewissen zukünftigen Zins nicht risikolos zwischen den Perioden transferieren lassen; der Zinssatz dürfte darüber hinaus stochastisch von den Einzahlungsüberschüssen der zukünftigen Perioden abhängen.[633]

Die Separation der Konsum-, Spar- und Investitionsentscheidungen einzelner Perioden ist nur erlaubt, wenn es gelingt, diesen Verbund aufzulösen. Im folgenden sollen die Annahmen herausgestellt werden, unter denen ein Investor intertemporale Zusammenhänge vernachlässigen und "kurzsichtige" Entscheidungen treffen kann.[634] Ein Investor, der seine mehrperiodigen Investitions- und Konsumentscheidungen plant und zu einem Startzeitpunkt über ein Ausgangsvermögen verfügt, muß zu diesem Zeitpunkt entscheiden, wieviel er konsumiert, in das Marktportefeuille investiert und risikolos anlegt. In späteren Perioden ist das Vermögen nicht mehr gegeben, sondern zustandsabhängig; die Höhe des Finanzierungsspielraums ist unsicher.

Die erste Form der Periodenverknüpfung über den Konsumnutzen wird regelmäßig ausgeblendet, da entweder am Planungsende das vorhandene Vermögen konsumiert[635] oder eine über die Zeit additiv verknüpfte Nutzenfunktion unterstellt wird.[636] Die Unabhängigkeit des risikobehafteten Investitionsprogramms von der Finanzierung ist bei folgenden Annahmen gegeben:

1. Ist die Höhe des risikolosen Marktzinses nur als Wahrscheinlichkeitsverteilung bekannt und bestehen stochastische Abhängigkeiten zwischen den Wahrscheinlichkeitsverteilungen der einzelnen Perioden, ist eine Separation nur möglich, wenn der Entscheider über eine Risikonutzenfunktion der Form $u(V) = \ln V$ verfügt.[637]
2. Wird ein zeitlicher Risikoverbund ausgeschlossen, ist eine Risikonutzenfunktion mit einer konstanten relativen Risikoaversion erforderlich;[638] nur Potenz- oder Logarithmusfunktionen führen zu optimalen Entscheidungen.
3. Besteht kein zeitlicher Risikoverbund, haben die Investoren sichere Erwartungen über den risikolosen Marktzins in späteren Perioden und sind proportionale Verschuldungsgrenzen

---

[633] Vgl. Schmidt, Reinhard H., [Grundzüge], a.a.O., S. 138f.

[634] Vgl. Mossin, Jan, Optimal [Multiperiod] Portfolio Policies, in: JoB, Vol. 41 (1968), S. 215-229; Hakansson, Nils H., Optimal [Investment] and Consumption Strategies under Risk for a Class of Utility Functions, in: Econometrica, Vol. 38 (1970), S. 587-607; Hakansson, Nils H., On Optimal [Portfolio] Policies, with and without Serial Correlation of Yields, in: JoB, Vol. 44 (1971), S. 324-334.

[635] Vgl. Mossin, J., [Multiperiod], a.a.O., S. 220; Hakansson, N. H., [Portfolio], a.a.O., S. 325.

[636] Vgl. Hakansson, N. H., [Investment], a.a.O., S. 588. Die Annahme additiv verknüpfter Nutzenfunktionen über die Zeit "bagatellisiert die aus der Bewertung folgende Verknüpfung zwischen den Perioden". Schmidt, Reinhard H., [Grundzüge], a.a.O., S. 138.

[637] Vgl. Hakansson, N. H., [Portfolio], a.a.O., S. 333. Siehe auch Ballwieser, Wolfgang, [Kassendisposition] und Wertpapieranlage, Wiesbaden 1978, S. 243; Schneider, Dieter, [Besteuerung], a.a.O., S. 498.

[638] Vgl. Schneider, Dieter, [Besteuerung], a.a.O., S. 497f.

vom Anfangsvermögen vorhanden, dann ist die Zusammensetzung des Investitionsprogramms vom Finanzierungsspielraum bei unterstellter konstanter relativer Risikoaversion unabhängig; wiederum führen nur Logarithmus- oder Potenzfunktionen zu optimalen Entscheidungen.[639]

4. Herrschen ideale Bedingungen am Kapitalmarkt dergestalt, daß keine stochastischen Abhängigkeiten vorliegen, die Zinsfüße für alle Perioden bekannt sind und keine Beschränkungen
der Verschuldungsmöglichkeiten bestehen, dann ist die Zusammensetzung des Investitionsprogramms unabhängig vom Finanzierungsspielraum, wenn die Risikoneigung eines Investors einem linearen Risikopfad folgt.[640] Die Risikotoleranzfunktion ist durch folgende Ei-
genschaft gekennzeichnet:[641]

$$1/R_a = -\frac{u'(V)}{u''(V)} = \phi + \phi V \qquad\qquad 3.2.1.-1$$

mit R_a = absolute Risikoaversionsfunktion
ϕ, ϕ = Parameter der Risikoaversionsfunktion
V = Vermögen

In der Realität existierende Unvollkommenheiten begrenzen die Möglichkeiten der Partialisierung der Bewertungsobjekte. Der *Discounted Cash Flow* einer unternehmerischen Aktion ist nicht
unabhängig von der Durchführung anderer Maßnahmen.

Will die Unternehmensleitung die Auswirkungen von Erfolgsverbundeffekten erfassen, dürfen
die Interdependenzen zwischen den Aktionen, die bewertet werden sollen, nicht vernachlässigt
werden. Damit soll keineswegs eine Totalplanung empfohlen werden,[642] sondern die Unternehmensleitung sollte versuchen, hierarchische Planungssysteme, Planungssequenzen oder iterative
Abstimmungsmechanismen zwischen den Aktionen aufzubauen, um die Verbundeffekte zu erfassen.[643] Einer plausiblen Erfassung von Erfolgseffekten stehen keine konzeptionellen Probleme entgegen, allerdings wird die Komplexität der Zahlungsschätzung erhöht.

Entmutigender für die Beurteilung der Brauchbarkeit des *Discounted Cash Flow* sind Probleme des
Restriktions- und Risikoverbundes. Auf diese Methode zu verzichten, ist keine Lösung, da prak-
tikable Alternative nicht existieren. So wird versucht den Restriktionsverbund beispielsweise mit
Hilfe des Konstrukts des maximal finanzierbaren Wachstums (2.3.3.3.3.) oder des *Value Return on
Investment* (3.3.4.) außerhalb des Kalküls zu erfassen. Der Anwender sollte sich dieser Mängel
bewußt sein, wenn er mit Hilfe des *Discounted Cash Flow* die Wertsteigerung bestimmen möchte.

639 Vgl. Hakansson, N. H., [Portfolio], a.a.O., S. 328.
640 Vgl. Schneider, Dieter, [Besteuerung], a.a.O., S. 497; Ballwieser, W., [Kassendisposition], a.a.O., S. 242.
641 Vgl. Mossin, J., [Optimal], a.a.O., S. 226f.; Ballwieser, W., [Kassendisposition], a.a.O., S. 242; Huber, B., a.a.O.,
     S. 141. Die Risikotoleranzfunktion ist die Umkehrfunktion der Risikoaversionsfunktion.
642 Zum Problem der Totalplanung vgl. Ballwieser, W., [Komplexitätsreduktion], a.a.O., S. 26-31.
643 Vgl. Ballwieser, W., [Komplexitätsreduktion], a.a.O., S. 31-39; Leuthier, R., [Interdependenzproblem], a.a.O., S.
     202-205.

3.2.2.   Implikationen der Kapitalwertmodelle

3.2.2.1.   Finanzierungsimplikationen des Kapitalkostenkonzepts

Vertreter der Wertsteigerungsanalyse verwenden unterschiedliche Bewertungsformeln. Der folgende Abschnitt

- arbeitet zunächst die impliziten Finanzierungsprämissen heraus, die mit dem Kapitalkostenkonzept (WACC oder auch *Free Cash Flow*-Ansatz) verbunden sind;
- untersucht die Bewertung des *Tax Shield* im Kapitalkostenkonzept und im *Total Cash Flow*-Ansatz (TCF);
- vergleicht das Konzept der Kapitalkosten mit dem *Adjusted Present Value* (APV) im Hinblick auf ihre Finanzierungsprämissen;
- vergleicht das Konzept der Kapitalkosten mit dem *Flow to Equity*-Ansatz (FTE),[644] auf dem das in Deutschland verwandte Verfahren zur Unternehmensbewertung basiert;[645]
- gibt situationsabhängige Anwendungsempfehlungen.

Die Diskussion erfolgt zweistufig. Sie beginnt mit Überlegungen im Rentenmodell, bevor ein endlicher Bewertungshorizont unterstellt wird. Die gewogenen Kapitalkosten des Unternehmens oder des Geschäftsbereichs sind bekannt; der Einzahlungsüberschuß nach Zinsen und vor Erweiterungsinvesitionen[646] entspricht der steuerlichen Bemessungsgrundlage; der Steuersatz und die Kosten der Fremdfinanzierung bleiben konstant; die Kosten der Eigenfinanzierung werden nur von der Kapitalstruktur beeinflußt; das Geschäftsrisiko bleibt konstant. Zudem sind alle Strom- und Bestandsgrößen als Erwartungswerte zu interpretieren.

Um die Kapitalkosten zu ermitteln, müssen Finanzierungsentscheidungen in die Analyse einbezogen werden. Beim WACC-Ansatz wird die Wirkung einer Fremdfinanzierung bei der Ermittlung der gewogenen Kapitalkosten einbezogen; wie die Fremdfinanzierung auf die Eigenkapitalkosten wirkt, ist nicht erkennbar. Die in den gewogenen durchschnittlichen Kapitalkosten implizit enthaltene Finanzierungsprämisse ist jedoch nicht unproblematisch: Damit das finanzwirtschaftliche Risiko konstant bleibt, darf die Zielkapitalstruktur durch eine Investition nicht verändert werden.[647] Wie muß sich die Fremdfinanzierung entwickeln, damit dies erfüllt wird?

---

[644] Üblich sind auch die Begriffe *Equity Residual Method*, vgl. Chambers, Donald R./ Harris, Robert S./ Pringle, John C., Treatment of Financing Mix in Analysing Investment Opportunities, in: FM, Vol. 11 (1982), Nr. 2, S. 24-41, hier S. 25; Brigham, E. F./ Gapinski, L. C., a.a.O., S. 299; oder *Equity Residual Income Method*, vgl. Franks, J. R./ Broyles, J. E./ Carleton, W. T., a.a.O., S. 621.

[645] Vgl. Moxter, A., [Grundsätze], a.a.O., insb. S. 79f.; Ballwieser, W., [Methoden], a.a.O., S. 153; Leuthier, R., [Interdependenzproblem], a.a.O., S. 26.

[646] Um die Darstellung zu vereinfachen, wird der Einzahlungsüberschuß vor Erweiterungsinvestitionen $(E_t - A_t)$ vereinfacht mit X_t bezeichnet.

[647] Vgl. Franks, J. R. / Broyles, J. E./ Carleton, W. T., a.a.O., S. 610; Schweitzer, R., a.a.O., S. 25; Volpert, V., a.a.O., S. 105.

$$\frac{FK_t + \Delta FK_t}{GK_t^L + \Delta GK_t^L} = \frac{FK_t}{GK_t^L} = konst.$$ 3.2.2.1.-1

$$\Delta FK_t = \frac{FK_t}{GK_t^L}(GK_t^L + \Delta GK_t^L) - FK_t$$

mit FK_t = Fremdkapitalbestand vor Investition in Periode t

          GK_t^L = Gesamtunternehmenswert des Unternehmens vor Investition in Periode t

          ΔFK_t = Zunahme des Fremdkapitals in Periode t

          ΔGK_t^L = Zunahme des Gesamtunternehmenswertes in Periode t

Der Fremdkapitalanteil, mit dem eine Investition finanziert wird, darf sich nicht an der Investitionsauszahlung, sondern muß sich am Beitrag dieses Projekts zum Unternehmenswert orientieren $(FK/GK^L \neq FK/I)$,[648] da der Reichtumszuwachs aufgrund des positiven Kapitalwerts aus der Investition zu berücksichtigen ist.[649] Mit Hilfe der langfristig angestrebten Zielkapitalstruktur kann die Zusammensetzung des Investitionsbudgets lediglich approximiert werden: "If B^*/V^* $(FK/GK^L$, D.H.) denotes the firms long run 'target' debt ratio ... then the firm can assume, **to be a first approximation at least,** that for any particular investment $dB/dI = B^*/V^*$ $(\Delta FK/I =$ FK/GK^L, D.H.)."[650] Überträgt der Bewerter die Zielkapitalstruktur auf die Struktur des Investitionsbudgets, vernachlässigt er den Kapitalwert des Projekts, der den Wert des Eigenkapitals und damit die Eigenkapitalquote verändert; bei unterstellter Relevanz der Kapitalstruktur verändern sich damit auch die gewogenen Kapitalkosten.[651] Ist keine am Unternehmenswert orientierte Fremdfinanzierung vorgesehen, so müssen Investitions- und Finanzierungsentscheidungen gemeinsam getroffen werden.[652] Es bestehen zwei Ausnahmen: Zum einen wenn die Investition keinen Beitrag zum Aktionärsvermögen leistet, ihr Kapitalwert also Null ist; zum anderen wenn von der Irrelevanz der Kapitalstruktur auf die Kapitalkosten ausgegangen wird.[653]

---

648   Vgl. Haley, C. W./ Schall, L. D., [Theory], a.a.O., S. 349; Volpert, V., a.a.O., S. 108; Schweitzer, R., a.a.O., S. 26; Ross, S. A./ Westerfield, R. W./ Jaffe, J. F., a.a.O., S. 501.

649   Vgl. Brigham, Eugene F./ Tapley, T. Craig, Financial Leverage and Use of Net Present Value Investment Criterion: A Reexamination, in: FM, Vol. 24 (1985), Nr. 2, S. 48-52, hier S. 49.

650   Modigliani, F./ Miller, M. H., [Income Tax], a.a.O., S. 441, (Hervorhebung D.H). Vgl. Haley, C. W./ Schall, L. D., [Theory], a.a.O., S. 352-354; Copeland, T. E./ Weston, J. F., a.a.O., S. 446f.; Schweitzer, R., a.a.O., S. 27; Drukarczyk, Jochen, [Theorie], a.a.O., S. 206.

651   Vgl. Greenfield, Robert L./ Randall, Maury R./ Woods, John C., Financial Leverage and the Use of the Net Present Value Investment Criterion, in: FM, Vol. 12 (1983), Nr. 3, S. 40-44, hier S. 41; Golbe, Devra L./ Schachter, Barry, The Net Present Value Rule and an Algorithm for Maintaining a Constant Debt-Equity Ratio, in: FM, Vol. 14 (1985), Nr. 2, S. 53-58, hier S. 55; Mrotzek, R., a.a.O., S. 203; Ben-Horim, Moshe, Comment on the "Weighted Average Cost of Capital as a Cutoff Rate", in: FM, Vol. 8 (1979), Nr. 2, S. 18-21, hier S. 21; Shapiro, Alan C., In [Defense] of the Traditional Average Cost of Capital as a Cutoff Rate, in: FM, Vol. 8 (1979), Nr. 2, S. 22f., hier S. 23; Ezzell, John R./ Porter, R. Burr, Correct Specification of Cost of Capital and Net Present Value, in: FM, Vol. 8 (1979), Nr. 2, S. 15-17, hier S. 16.

652   Vgl. Volpert, V., a.a.O., S. 108; Drukarczyk, J., [Theorie], a.a.O., S. 159; Copeland, T. E./ Weston, J. F., a.a.O., S. 447f.

653   Vgl. Mrotzek, R., a.a.O., S. 206.

Damit die Kapitalstruktur FK:EK = π auch nach der (erfolgreichen) Investition konstant bleibt, muß Fremdkapital (ΔFK_0) in Höhe von $\pi \cdot DCF$ aufgenommen werden; mit DCF als Wertsteigerung der Investition.[654] Gleichzeitig ist neues Fremdkapital (ΔFK_1) im Verhältnis zur Eigenkapitalerhöhung (ΔEK) aufzunehmen ($\Delta FK_1 = \pi \cdot \Delta EK$). Um die Investitionen (I) zu finanzieren, wird Kapital aufgenommen in Höhe von:

$$I = \pi \cdot \Delta EK + \pi \cdot DCF + \Delta EK$$
$$\Delta EK = (I - \pi \cdot DCF) / (1 + \pi)$$

3.2.2.1.-2

Daraus folgt $\Delta FK_1 = \pi \cdot \left[(I - \pi \cdot DCF) / (1 + \pi) \right]$. Damit lautet die Kapitalstruktur für die Investitionen $\Delta FK : \Delta EK = \psi$:

$$\psi = (\Delta FK_0 + \Delta FK_1) / \Delta EK$$

$$\psi = \left[\pi \cdot DCF + \pi \frac{I - \pi \cdot DCF}{1 + \pi} \right] / \frac{I - \pi \cdot DCF}{1 + \pi}$$

$$\psi = \frac{\pi \cdot DCF(1 + \pi) + \pi(I - \pi \cdot DCF)}{I - \pi \cdot DCF}$$

$$\psi = \frac{\pi \cdot (DCF + I)}{I - \pi \cdot DCF}$$

3.2.2.1.-3

Beispiel: Das Unternehmen möchte seine Kapitalstruktur von Fremd- zu Eigenkapital von 1:2 auch in Zukunft beibehalten. Die Eigenkapitalkosten betragen 10%, die Fremdkapitalkosten 6%; der Unternehmenssteuersatz liegt bei 40%. Eine Investition von 1000 GE verspricht einen unendlichen Zahlungsstrom nach Steuern von 100 GE pro Jahr. Die gewogenen durchschnittlichen Kapitalkosten (k^{WACC}) betragen $10\% \cdot 2/3 + 6\% \cdot (1-0,4) \cdot 1/3 = 7,86\%$. Der *Discounted Cash Flow* (netto) beträgt 271,19 GE. Die Kapitalstruktur der Investition beträgt:

$$\frac{\Delta FK}{\Delta EK} = \psi = \frac{0,5 \cdot 1271,19}{1000 - 0,5 \cdot 271,19} \cong 0,735$$

3.2.2.1.-3

Orientiert sich die Fremdfinanzierung am Unternehmenswert, wird die Investition bei der unterstellten Zielkapitalstruktur mit 423,73 GE Fremdkapital (1271,19·1/3) und 576,27 GE Eigenkapital durch Kapitalerhöhung (1000 - 423,73) finanziert. Das Verhältnis von Fremdkapitalaufnahme zu Kapitalerhöhung (ψ) beträgt 0,735. Der Betrag von 271,19 GE entspricht der Wertsteigerung für die Eigentümer. Durch die Einzahlungsüberschüsse aus der Investition von 100 GE und das *Tax Shield* von 10,17 GE (423,73·6%·0,4) werden die jährlichen Ansprüche der Gläubiger in Höhe von 25,42 GE (423,73·6%), der Alteigentümer in Höhe von 27,12 GE (271,19·10%) und aus der Eigenkapitalzuführung in Höhe von 57,63 GE (576,27·10%) erfüllt.

---

654 Vgl. zum folgenden Greenfield, R. L./ Randall, M. R./ Woods, J. C., a.a.O., S. 42.

Unterstellen wir einen bisherigen Unternehmenswert von 3000 GE, dann beträgt der Eigentümerwert nach Investition 2847,46 GE (2000 + 271,19 + 526,27), der Wert des Fremdkapitals ist 1423,73 (1000 + 423,73); die Kapitalstruktur hat sich nicht verändert.

Wer mit gewogenen durchschnittlichen Kapitalkosten rechnet, unterstellt implizit eine am Unternehmensgesamtwert orientierte Fremdfinanzierung des Projekts, da nur in diesem Fall die gewogenen Kapitalkosten durch den positiven Kapitalwert nicht verändert werden und die Investition von der Finanzierung separiert werden kann.

3.2.2.2. Vergleich Kapitalkostenkonzept und *Total Cash Flow*-Verfahren

Im folgenden wird der *Total Cash Flow*-Ansatz mit dem Kapitalkostenkonzept oder *Free Cash Flow-Ansatz* verglichen; dabei soll, da beim TCT mit zwei Kapitalkostensätzen in der Literatur gerechnet wird, die sachgerechte Lösung gefunden werden. Es gilt beim WACC-Ansatz:[655]

$$\frac{EK}{GK^L} k_{EK} + \frac{FK}{GK^L} k_{Fk}(1-s) = k^{WACC} \qquad \text{3.2.2.2.-1}$$

Wird die rechte Seite durch $k^{WACC} = X(1-s)/GK^L$ substituiert, so gilt:

$$GK^L \left[\frac{EK}{GK^L} k_{EK} + \frac{FK}{GK^L} k_{FK}(1-s) \right] = X(1-s)$$

Wird GK^L gekürzt und das *Tax Shield* addiert, folgt

$$EK \cdot k_{EK} + FK \cdot k_{FK} = X(1-s) + sk_{FK} \cdot FK$$
$$EK \cdot k_{EK} + FK \cdot k_{FK} = X - s \cdot (X - k_{FK} \cdot FK)$$

Dividiert durch GK^L, ergibt sich

$$\frac{EK}{GK^L} k_{EK} + \frac{FK}{GK^L} k_{FK} = \frac{X - s \cdot (X - k_{FK} FK)}{GK^L}$$

$$GK^L = \frac{X - s \cdot (X - k_{FK} FK)}{\dfrac{EK}{GK^L} k_{EK} + \dfrac{FK}{GK^L} k_{FK}}$$

$$GK^L = GK^{L,TCF} = \frac{X - s \cdot (X - k_{FK} FK)}{k^{TCF}} \qquad \text{3.2.2.2.-2}$$

---

655 Vgl. zum folgenden Haley, C. W./ Schall, L. D., [Problems], a.a.O., S. 854-856; Volpert, V., a.a.O., S. 132, aber auch schon S. 61f.; Shapiro, Alan C., [Defense], a.a.O., S. 23.

Der Zähler auf der rechten Seite entspricht dem gesamten Zahlungsstrom nach Steuern aus dem Objekt, inclusive *Tax Shield*. Da sich der Gesamtwert nicht verändern darf, entsprechen die Kapitalkosten für den *Total Cash Flow*-Ansatz (k^{TCF}) dem Wert:

$$k^{TCF} = \frac{EK}{GK^L} k_{EK} + \frac{FK}{GK^L} k_{FK}$$

3.2.2.2.-3

Wird die steuerliche Abzugsfähigkeit der Fremdkapitalzinsen im Zahlungsstrom erfaßt, dürfen die gewichteten durchschnittlichen Kapitalkosten steuerlich nicht angepaßt werden.[656]

Beispiel: Aus dem Ergebnis des WACC-Ansatzes kennen wir den Fremdkapitalbestand von 423,7 GE. Das *Tax Shield* beläuft sich auf 10,17 GE (423,7·6%·04) je Periode, der gesamte Zahlungsstrom aus dem Unternehmen beträgt damit 110,71 GE. Wird dieser Zahlungsstrom mit den nicht steuerangepaßten gewogenen durchschnittlichen Kapitalkosten von 8,66% (10%·2/3+6%·1/3) diskontiert, ergibt sich der schon bekannte Wert von 1271,2 GE.

Der *Total Cash Flow*-Ansatz kann für die praktische Anwendung nicht empfohlen werden: Er unterstellt die gleiche Finanzierungsprämisse einer am Unternehmenswert orientierten Verschuldung wie das Kapitalkostenkonzept, hat aber den Nachteil, daß die Cash-flow-Projektion nicht mehr vom Projektzahlungsstrom ausgehen kann, sondern Finanzierungsentscheidungen erfassen muß. Um eine konsistente Fremdkapitalaufnahme zu gewährleisten, muß der Bestand des Fremdkapitals am Unternehmenswert orientiert sein; dieser soll jedoch erst errechnet werden. Die Unternehmensbewertung muß bereits vollzogen sein, um im *Total Cash Flow*-Ansatz die Fremdfinanzierung korrekt zu berücksichtigen.[657]

3.2.2.3.   Vergleich des Kapitalkostenkonzepts und des *Adjusted Present Value*-Modells im Rentenmodell

Betrachten wir den *Adjusted Present Value*-Ansatz, so muß eine Reaktionshypothese unterstellt werden, um die Eigenkapitalkosten bei vollständiger Eigenfinanzierung ermitteln zu können. Wir folgen STEWART, der den Bruttogewinn-Ansatz unterstellt (vgl S. 99 f.), und können mithilfe der gewogenen, durchschnittlichen Kapitalkosten (k^{WACC}) und der Steuergutschrift auf Fremdkapi-

---

[656]   Bei dem unterstellten Steuersystem ist das Vorgehen von Aeberhard, K., a.a.O., S. 402, S. 408, und Schmidt, Reinhart, [Shareholder], a.a.O., S. 282, S. 286, falsch, weil sie mit den steuerangepaßten gewichteten Kapitalkosten rechnen, gleichzeitig aber die Steuerzahlungen im Zähler um das *Tax Shield* bereinigen. Korrekt ist das Vorgehen von Volkart, R., [Projektevaluation], a.a.O., S. 739, Fn. 23; Hax, Arnoldo C./ Majluf, N. S., a.a.O., S. 271, die das *Tax Shield* im Zahlungsstrom erfassen und die gewichteten Kapitalkosten nicht steuerlich anpassen.

[657]   Vgl. Volpert, V., a.a.O., S. 140, S. 184; Boudreaux, Kenneth/ Long, Hugh W., The Weighted Average Cost of Capital as a Cutoff Rate: A Further Analysis, in: FM, Vol. 8 (1979), Nr. 2, S. 7-14, hier S. 7f.; Ezzell, J. R./ Porter, R. B., a.a.O., S. 16.

tal die Kapitalkosten bei vollständiger Eigenfinanzierung (k*) ermitteln. Da das Rentenmodell gilt, wird das risikolose *Tax Shield* mit den Fremdkapitalkosten diskontiert.[658]

$$GK^L = \frac{X(1-s)}{k*} + \frac{sk_{FK}FK}{k_{FK}} \qquad \text{3.2.2.3.-1}$$

$$\left(GK^L - sFK\right)k* = X(1-s)$$

$$k* \cdot \left[\frac{GK^L - sFK}{GK^L}\right] = \frac{X(1-s)}{GK^L} = k^{WACC}$$

$$k^{WACC} = k* \cdot \left[1 - s\frac{FK}{GK^L}\right] \Leftrightarrow k* = \frac{k^{WACC}}{\left[1 - s\dfrac{FK}{GK^L}\right]} \qquad \text{3.2.2.3.-2}$$

Im folgenden wird zunächst von einer am Unternehmenswert orientierten Fremdkapitalaufnahme (FK/GK^L = θ) ausgegangen.[659] Das dem Unternehmen zurechenbare Fremdkapitalvolumen beläuft sich dann auf

$$FK = \theta \cdot \frac{X(1-s)}{k^{WACC}}. \qquad \text{3.2.2.3.-3}$$

mit   θ   = Zielkapitalstruktur

       $X(1-s)/k^{WACC}$ = *Discounted Cash Flow* des Unternehmens (DCF)

Setzt man 3.2.2.3.-3 und 3.2.2.3.-3 in 3.2.2.3.-1 ein, so ergibt sich

$$GK^{L,APV} = \frac{X(1-s)}{\left(\dfrac{k^{WACC}}{1-s\theta}\right)} + s\frac{X(1-s)}{k^{WACC}} \cdot \theta$$

$$GK^{L,APV} = \frac{X(1-s)}{k^{WACC}} \cdot \left(1 - s\theta\right) + \frac{X(1-s)}{k^{WACC}} \cdot s\theta$$

$$GK^{L,APV} = \frac{X(1-s)[1 - s\theta + s\theta]}{k^{WACC}}$$

$$GK^{L,APV} = \frac{X(1-s)}{k^{WACC}} = GK^{L,WACC} \qquad \text{3.2.2.3.-4}$$

[658] Vgl. auch Volpert, V., a.a.O., S. 108f., 163.
[659] Vgl. auch Volpert, V., a.a.O., S. 163.

Bei einer am Unternehmenswert orientierten Fremdfinanzierung führen WACC- und APV-Ansatz zum gleichen Ergebnis.[660] Sollte die tatsächliche Finanzierung des Unternehmens davon abweichen, ergeben sich unterschiedliche Ertragswerte, da der WACC-Ansatz implizit eine am Unternehmenswert orientierte Fremdfinanzierung unterstellt.

Beispiel: Es gelten die Daten des obigen Beispiels. Die Kapitalkosten bei reiner Eigenfinanzierung (k*) belaufen sich auf:

$$k^* = \frac{7,86\%}{(1-0,40\cdot 0,3\overline{3})} = 9,077\% \qquad\qquad 3.2.2.3.-2$$

Der Basiswert beläuft sich auf 1101,69 GE (100/0,09077). Wie sieht der Wert bei einer am Unternehmenswert (GK^L = 1271,19 GE) orientierten Fremdfinanzierung aus? Der Gesamtkapitalwert ergibt sich aus dem Basiswert und dem Wertbeitrag der Fremdfinanzierung:

$$GK^{L,APV} \qquad = 1101,69 + 0,4\ FK$$

Da eine Kapitalstruktur (FK:EK = π) von 1:2 unterstellt wurde, ist der Unternehmensgesamtwert das dreifache des Fremdkapitalbestands: $GK^L = 3\ \Delta FK$. Daher gilt:

$$FK \qquad = 423,73$$

Nach dem *Adjusted Present Value*-Verfahren ergibt sich ein Basiswert von 1101,69 GE (100/0,09077), das *Tax Shield* pro Periode ist 10,17 GE (423,73·6%·0,4) und der Wert der Steuereffekte beträgt 169,49 GE (0,4·423,73). Bei einer am Unternehmenswert orientierten Finanzierung ergibt sich ein Unternehmensgesamtwert nach APV in Höhe von 1271,18 GE. Wird die Zielkapitalstruktur auf das Budget übertragen, d.h. die Investition wird mit 333,3 GE Fremd- und 666,7 GE Eigenkapital finanziert, beträgt das *Tax Shield* pro Periode 8 GE (333,3·6%·0,4) und der Wert der Steuereffekte 133,3 GE. Zusammen mit dem Basiswert von 1101,7 GE ergibt sich ein *Discounted Cash Flow* von 1235 GE. Bei einer nicht am Unternehmenswert orientierten Fremdfinanzierung unterscheiden sich WACC- und APV-Ansatz.

Wird das Fremdkapitalvolumen anhand anderer Kriterien, beispielsweise den Auszahlungen für die Investition, bestimmt, dann verzerrt der WACC-Ansatz den Beitrag des Projekts zum Unternehmenswert. Mit Hilfe des WACC-Ansatzes könnte nur dann der korrekte Beitrag ermittelt werden, wenn die Einflüsse der veränderten Kapitalstruktur antizipiert und in den gewogenen durchschnittlichen Kapitalkosten neutralisiert werden.[661] Um bei nicht am Unternehmenswert orientierter Fremdfinanzierung mit Hilfe des WACC-Ansatzes richtig zu rechnen, müßten die

---

[660] Die Beispielrechnung von Hax, Arnoldo C./ Majluf, N. S., a.a.O., S. 272f., geht implizit von dieser Annahme aus, so daß die Berechnungen zum gleichen Ergebnis führen.

[661] Zum formalen Beweis vgl. Volpert, V., a.a.O., S. 165.

Auswirkungen der Kapitalstrukturänderungen bereits mit Hilfe des APV berechnet sein. Die Berechnung der gewogenen Kapitalkosten ist dann überflüssig.[662]

3.2.2.4.   Vergleich des Kapitalkostenkonzepts und des *Adjusted Present Value*-Modells im Endlichkeitsmodell

Im folgenden wird die Annahme des Rentenmodells aufgegeben. Kredittilgungen und Einlagen der Eigentümer werden berücksichtigt. Die gewogenen durchschnittlichen Kapitalkosten sollen weiterhin periodenunabhängig sein. Für den Gesamtkapitalwert nach dem WACC-Modell gilt:[663]

$$GK_0^{L,WACC} = \sum_{t=1}^{T} \frac{\tilde{X}_t \cdot (1-s) - I_t}{(1+k^{WACC})^t} \qquad 3.2.2.4.-1$$

mit $GK_t^{L,WACC}$ = Wert des verschuldeten Unternehmens zum Zeitpunkt t
      I_t = Erweiterungsinvestitionen zum Zeitpunkt t

$$GK_0^{L,WACC} = \frac{X_1 \cdot (1-s) - I_1}{1+k^{WACC}} + \frac{1}{1+k^{WACC}} \sum_{t=2}^{T} \frac{X_t \cdot (1-s) - I_t}{(1+k^{WACC})^{t-1}}$$

$$GK_0^{L,WACC} = \frac{X_1 \cdot (1-s) - I_1}{(1+k^{WACC})} + \frac{GL_1^{L,WACC}}{(1+k^{WACC})}$$

Wird die Gleichung mit $(1+k^{WACC})$ multipliziert, anschließend $GK_0^{L,WACC}$ abgezogen und durch $GK_0^{L,WACC}$ dividiert, so ergibt sich:

$$k^{WACC} = \frac{X_1(1-s) - I_1 + GK_1^{L,WACC} - GK_0^{L,WACC}}{GK_0^{L,WACC}} \qquad 3.2.2.4.-2$$

Die Zahlungen an Gläubiger und Eigentümer, wobei auch die Kapitalveränderungen durch Einlagen und Rückzahlungen bzw. Tilgung berücksichtigt werden können, entsprechen dem gesamten Zahlungsstrom aus dem Unternehmen $[X_1(1-s) + sk_{FK}FK_0 - I_1]$:

$$X_1(1-s) + sk_{FK}FK_0 - I_1 =$$
$$k_{EK}EK_0 + (EK_0 - EK_1) + k_{FK}FK_0 + (FK_0 - FK_1) \qquad 3.2.2.4.-3$$

Zieht man $sk_{FK}FK_0$ (*Tax Shield*) von beiden Seiten der Gleichung ab und setzt den rechten (unteren) Term in Gleichung 3.2.2.4.-2 ein, so folgt:

---

[662] Vgl. Myers, S. C., [Interactions], a.a.O., S. 19; Volpert, V., a.a.O., S. 166.
[663] Vgl. Haley, C. W./ Schall, L. D., [Problems], a.a.O., S. 861f.; Volpert, V., a.a.O., S. 116-118; Bar-Yossef, Sasson, Interactions of Corporate Financing and Investment Decisions - Implications for Capital Budgeting: Comment, in: JoF, Vol. 32 (1977), S. 211-217, hier S. 216f., 213f.

$$k^{WACC} = \frac{k_{EK}EK_0 + (EK_0 - EK_1) + k_{FK}(1-s)FK_0 + (FK_0 - FK_1) + GK_1^{L,WACC} - GK_0^{L,WACC}}{GK_0^{L,WACC}}$$

Werden die Veränderungen des Eigen-, Fremd- und Gesamtkapitals für jede Periode verrechnet, so ergibt sich für die Kapitalkosten folgende Gleichung:

$$k^{WACC} = \frac{EK_0}{GK_0^L}k_{EK} + \frac{FK_0}{GK_0^L}k_{FK}(1-s) \qquad 3.2.2.4.-4$$

Auch im Nichtrentenmodell kann bei konstantem Verschuldungs**grad** der relevante Kapitalkostensatz aus den gewogenen Kapitalkosten der Komponenten ermittelt werden.[664] Wie im Rentenmodell muß in jeder Periode der Bestand an Fremdkapital am Unternehmensgesamtwert orientiert werden. Dies impliziert nicht nur eine bestimmte Zusammenstellung des Investitionsbudgets, sondern auch eine besondere Tilgungsstruktur des Fremdkapitals.

Rechnet man mit dem APV, belaufen sich der Basiszahlungsstrom aus dem Objekt auf $X_t(1-s) - I_t$ und der Zahlungsstrom der Steuerwerte auf $sk_{FK}FK_{t-1}$. Im Gegensatz zum Rentenmodell können diese Steuereffekte auch bei risikoloser Fremdfinanzierung nicht mehr mit dem risikolosen Fremdkapitalzinsfuß diskontiert werden, da bei unterstellter konstanter Kapitalstruktur im Zeitablauf die Höhe des Fremdkapitals von der Höhe des Unternehmenswertes im Zeitablauf abhängt.[665] Darüber hinaus besteht das Problem, die Kapitalkosten bei reiner Eigenfinanzierung festzulegen, da Formel (3.2.2.3.-2) nur im Rentenmodell gültig ist.[666]

Die APV-Formel im endlichen Mehrperiodenfall lautet:

$$GK_0^{L,APV} = \sum_{t=1}^{T}\frac{X_t(1-s) - I_t}{(1+k^*)^t} + \sum_{t=1}^{T}\frac{sk_{FK}\theta GK_{t-1}^{L,APV}}{\prod_{t'=1}^{t}(1+k_{t'}^{APV})} \qquad 3.2.2.4.-5$$

mit $\quad k_{t'}^{APV}$ = periodenspezifische, risikoangepaßte Zinsfüße zur Diskontierung des *Tax Shield*

$\quad\theta$ = periodenunabhängiger Verschuldungsgrad (FK/GK^L)

---

[664] Vgl. Volpert, V., a.a.O., S. 118; Miles, James A./ Ezzell, John R., The Weighted Average Cost of Capital, Perfect Capital Markets, and Project Life: A Clarification, in: JFQA, Vol. 15 (1980), S. 719-730, hier S. 720f.; Bar-Yossef, S., a.a.O., S. 214. A.A. Myers, Stewart C., [Reply], in: JoF, Vol. 32 (1977), S. 218-220, hier S. 219, der die aus einem Rentenmodell abgeleiteten gewogenen Kapitalkosten des Unternehmens nicht ohne weiteres auf die Bewertung befristeter Projekte übertragen will, weil die Struktur der Cash-flows die Kapitalkosten beeinflußt. Der WACC-Ansatz unterstellt nicht zwingend, daß die gewichteten Kapitalkosten des Unternehmens auf Projekte übertragen wird. Die Eigen- und Fremdkapitalkosten sowie die gewünschte Kapitalstruktur können für jedes Projekt direkt festgelegt werden. Diese Interpretation unterscheidet sich allerdings von dem klassischen Lehrbuch-WACC-Ansatz. Vgl. auch Strong, Norman C./ Appleyard, Tony R., Investment Appraisal, Taxes and the Security Market Line, in: JBFA, Vol. 19 (1992), S. 1-24, hier S. 6.

[665] Vgl. Miles, J. A./ Ezzell, J. R., a.a.O., S. 721; Volpert, V., a.a.O., S. 173.

[666] Vgl. Schweitzer, R., a.a.O., S. 31; Brealey, R. A./ Myers, S. C., a.a.O., S. 463.

Der Wert des *Tax Shield* je Periode hängt vom Wert des verschuldeten Unternehmens der Vorperiode ab, der Wert des Unternehmens kann nicht einfach durch Addition des Basis- und des Steuerwertes errechnet werden (Zirkularitätsproblem). Gelöst wird die Gleichung mit Hilfe eines *Roll-Back*-Verfahrens.[667] Da das *Tax Shield* in der Periode T noch sicher ist, kann es mit den Kosten des Fremdkapitals diskontiert werden. Der Wert des Zahlungstroms (ohne Erweiterungsinvestitionen) der Periode T in der Periode T-1 lautet:

$$GK_{T-1}^{L,APV} = \frac{X_T(1-s)}{(1+k^*)} + \frac{sk_{FK}\theta GK_{T-1}^{L,APV}}{(1+k_{FK})} \qquad 3.2.2.4.-6$$

Wird diese Gleichung nach $GK_{T-1}^{L,APV}$ aufgelöst, ergibt sich:

$$GK_{T-1}^{L,APV} = \frac{X_T(1-s)}{(1+k^*)(1-\dfrac{sk_{FK}\theta}{1+k_{FK}})} \qquad 3.2.2.4.-7$$

Der Barwert für die Periode T-1 ergibt sich aus dem Wert der Zahlungen am Ende dieser Periode und dem um eine Periode abgezinsten Barwert der letzten Periode:

$$GK_{T-2}^{L,APV} = \frac{X_{T-1}(1-s)-I_{T-1}}{1+k^*} + \frac{sk_{FK}\theta GK_{T-2}^{L,APV}}{1+k_{FK}} + \frac{GK_{T-1}^{L,APV}}{1+k_{T-1,T-2}} \qquad 3.2.2.4.-8$$

Der Diskontierungssatz $k_{T-1,T-2}$ diskontiert den Gesamtunternehmenswert der Periode T-1 auf die Periode T-2. Um den Diskontierungssatz zu substituieren, wird auf das Verhältnis der Marktwerte mit und ohne Fremdkapital zurückgegriffen. Wird $X_T(1-s)$ in Gleichung 3.2.2.2.-7 ersetzt durch: $GK_{T-1}^{U}(1+k^*)$, so ergibt sich folgende Beziehung zwischen dem verschuldeten und unverschuldeten Wert:

$$GK_{T-1}^{L,APV} = GK_{T-1}^{U} \frac{1}{1-\dfrac{sk_{FK}\theta}{1+k_{FK}}} \qquad 3.2.2.4.-9$$

Die Unternehmenswerte des unverschuldeten und verschuldeten Unternehmens sind vollständig miteinander korreliert, daher wird auch $GK_{T-1}^{L,APV}$ mit den Kapitalkosten eines unverschuldeten Unternehmens (k^*) diskontiert. Wird diese Beziehung und Gleichung 3.2.2.4.-7 in 3.2.2.4.-8 eingesetzt, ergibt sich:

$$GK_{T-2}^{L,APV} = \frac{X_{T-1}(1-s)-I_{T-1}}{(1+k^*)(1-\dfrac{sk_{FK}\theta}{(1+k_{FK})})} + \frac{X_T(1-s)}{\left[(1+k^*)(1-\dfrac{sk_{FK}\theta}{(1+k_{FK})})\right]^2}$$

---

[667] Vgl. zum folgenden Miles, J. A./ Ezzell, J. R., a.a.O., S. 725f.

Wird dieser *Roll-Back*-Prozeß bis zur Periode Null fortgeführt, ergibt sich:[668]

$$GK_0^{L,APV} = \sum_{t=0}^{T} \frac{X_t(1-s)-I_t}{(1+\kappa)^t},$$

3.2.2.4.-10

mit $\quad 1+\kappa = (1+k^*)\left[1 - \frac{sk_{FK}(FK/GK^L)}{(1+k_{FK})}\right]$ und $\theta = FK/GK^L$

$$\kappa = k^* - sk_{FK}(FK/GK^L)\frac{1+k^*}{1+k_{FK}}[669]$$

3.2.2.4.-11

Den relevanten Kapitalkostensatz für ein vollständig eigenfinanziertes Unternehmen bei endlichem Horizont (k*) erhält man durch Umstellen der obigen Formel:

$$\kappa = k^* - (1+k^*)\frac{sk_{FK}(FK/GK^L)}{(1+k_{FK})}$$

$$\kappa + \frac{sk_{FK}(FK/GK^L)}{(1+k_{FK})} = k^*\left(1 - \frac{sk_{FK}(FK/GK^L)}{(1+k_{FK})}\right)$$

$$k^* = \frac{\kappa + \dfrac{sk_{FK}(FK/GK^L)}{(1+k_{FK})}}{1 - \dfrac{sk_{FK}(FK/GK^L)}{(1+k_{FK})}}$$

3.2.2.4.-12

Die Kapitalkosten bei vollständiger Eigenfinanzierung (k*) im Mehrperiodenfall sind der relevante Diskontierungssatz für die Projektzahlungsreihe, um den Basiswert zu ermitteln. Wird das *Tax Shield* einer Periode T diskontiert, muß beachtet werden, daß es vom Standpunkt der Periode T-1 sicher ist, also mit den Kapitalkosten des Fremdkapitals (k_{FK}) abgezinst wird. Wird es hingegen vom Standpunkt der Periode T-2, T-3, ..., t = 0 betrachtet, so muß der Barwert (T-1) mit den risikoangepaßten Zinsfüßen bei vollständiger Eigenfinanzierung (k*) diskontiert werden.

Unterstellt wird bei der Herleitung von Eigenkapitalkosten bei fehlender Fremdfinanzierung in jeder Periode eine am Unternehmenswert orientierte Fremdfinanzierung ($FK/GK^L \cdot GK_{T-t}^{L,APV}$). Damit werden gleichzeitig konstante gewogene durchschnittliche Kapitalkosten sichergestellt.

---

[668] Vgl. Miles, J. A./ Ezzell, J. R., a.a.O., S. 726.

[669] Bei stetiger Verzinsung vereinfacht sich dieser Ausdruck auf: $\kappa = k^* - sk_{FK}(FK/GK^L)$. Vgl. Taggart, Robert A., Jr., Consistent Valuation and Cost of Capital Expressions With Corporate and Personal Taxes, in: FM, Vol. 20 (1991), Nr. 3, S. 8-20, hier S. 12.

Die Identität von WACC-und APV-Ansatz im endlichen Rechenkalkül ist gegeben. Der erwartete Wert des Eigentümerzahlungsstroms am Ende einer Periode t (0< t <T) beträgt:[670]

$$X_t(1-s)-I_t+sk_{FK}FK_{t-1}-k_{FK}FK_{t-1}+(FK_t-FK_{t-1})+(EK/GK^L)GK_t^{L,APV}$$

Wird FK_{t-1} durch $(FK/GK^L)GK_{t-1}^{L,APV}$ und (FK_t) durch $(FK/GK^L)GK_t^{L,APV}$ ersetzt, so gilt

$$X_t(1-s)-I_t+GK_t^{L,APV}-\left[1+k_{FK}(1-s)\right]\frac{FK}{GK^L}GK_{t-1}^{L,APV}$$

Dividiert man den Wert des Zahlungsstroms am Ende der Periode t durch den Wert am Beginn der Periode t, ergeben sich die Eigenkapitalkosten (k_{EK}) für die abgelaufene Periode:

$$1+k_{EK}=\frac{X_t(1-s)-I_t+GK_t^{L,APV}}{(EK/GK^L)GK_{t-1}^{L,APV}}-\frac{\left[1+k_{FK}(1-s)\right](FK/GK^L)GK_{t-1}^{L,APV}}{(EK/GK^L)GK_{t-1}^{L,APV}}$$

Da der mit den Kapitalkosten aufgezinste Wert des Unternehmens am Beginn der Periode dem Wert des Unternehmens zum Schluß der Periode plus dem Einzahlungsüberschuß entspricht,

$$(1+\kappa)\cdot GK_{t-1}^{L,APV}=X_t(1-s)-I_t+GK_t^{L,APV},$$

kann der erste Term der rechten Seite durch $(1 + \kappa)/(EK/GK^L)$ ersetzt werden:

$$1+k_{EK}=\frac{(1+\kappa)}{(EK/GK^L)}-\frac{\left[1+k_{FK}(1-s)\right](FK/GK^L)}{(EK/GK^L)}$$

Nach κ umgestellt, folgt

$$1+\kappa=\left(1+k_{EK}\right)\frac{EK}{GK^L}+\left[1+k_{FK}(1-s)\right]\frac{FK}{GK^L}$$

$$\kappa=k_{EK}\frac{EK}{GK^L}+k_{FK}(1-s)\frac{FK}{GK^L}$$

Beispiel: Die Projektzahlungsreihe nach Steuern aus einem Objekt lautet: -1000; 500; 500; 500. Die Eigenkapitalkosten betragen 10%, die Fremdkapitalkosten 6% vor Steuern, der Steuersatz liegt bei 40% und das Verhältnis Fremd- zu Eigenkapital beträgt 1:2. Die gewogenen durchschnittlichen Kapitalkosten - die aufgrund der Annahmen periodenunabhängig sind - betragen 7,86%. Der Gesamtkapitalwert dieser Investition ist

$$GK_0^{L,WACC}=\sum_{t=1}^{3}\frac{500}{(1,0786)^t}=1291,66 \qquad 3.2.2.4.-1$$

---

[670] Vgl. zum folgenden Miles, J. A./ Ezzell, J. R., a.a.O., S. 726f.

Wie sieht das Ergebnis nach dem APV-Ansatz aus? Der relevante Kalkulationszinsfuß für den Basiswert berechnet sich nach:

$$k^* = \frac{0,0786 + \dfrac{0,4 \cdot 0,06 \cdot (1/3)}{1,06}}{1 - \dfrac{0,4 \cdot 0,06 \cdot (1/3)}{1,06}} = 0,08687 \qquad \text{3.2.2.4.-12}$$

	t = 0	t = 1	t = 2	t = 3
Cash-flows der Periode t	-1000,00	500,00	500,00	500,00
Basiswert der Periode t	1272,75	883,31	460,04	0,00
Fremdkapital der Periode t	424,25	294,44	153,35	0,00
Zinsen der Periode t	0,00	25,46	17,67	9,20
Tax Shield der Periode t	0,00	10,18	7,07	3,68
Steuereffekte der Periode t	18,68	9,86	3,47	0,00
Wert nach 1. Iterationsschritt	1291,43	893,17	463,51	0,00
Fremdkapital der Periode t	430,47	297,73	154,50	0,00
Zinsen der Periode t	0,00	25,83	17,86	9,27
tax shield der Periode t	0,00	10,33	7,14	3,71
Steuereffekte der Periode t	18,91	9,95	3,50	0,00
Wert nach 2. Iterationsschritt	1291,66	893,26	463,54	0,00

Nr. 6: Unternehmenswert nach APV bei endlichem Planungshorizont

Es muß iterativ vorgegangen werden, da das Fremdfinanzierungspotential simultan mit den Kapitalwerten der Perioden t bestimmt wird. Der Barwert der Steuereffekte der Periode t = 0 ergibt sich aus:

$$\frac{10,33}{(1,06)} + \frac{7,14}{(1,06)(1,08687)} + \frac{3,71}{(1,06)(1,08687)^2} = 18,91$$

Der WACC- und der APV-Ansatz führen bei einer am Unternehmenswert orientierten Verschuldung und bei Gültigkeit des Bruttogewinn-Ansatzes - zur Ermittlung der Eigenkapitalkosten bei vollständiger Eigenfinanzierung - zu identischen Ergebnissen.[671] Entscheidend für die Überführbarkeit sind nicht eine unendliche Lebensdauer, sondern die Finanzierungsprämisse und die Reaktionshypothese der Eigenkapitalkosten. Der Steuerwert ist iterativ zu bestimmen, was die Praktikabilität des Verfahrens bei einem begrenzten Kalkül einschränkt.

---

[671] Keine Äquivalenz von APV- und WACC-Ansatz im Endlichkeitskalkül sehen dagegen Chambers, D. R./ Harris, R. S./ Pringle, J. J., a.a.O., S. 27.

3.2.2.5.   Vergleich von *Equity-* und *Entity*-Ansätzen im Renten- und Endlichkeitsmodell

Wie sind der WACC- und der APV-Ansatz gegenüber dem *Flow to Equity*-Ansatz (FTE) einzuschätzen? Sind auch hier die Ergebnisse identisch?[672]

$$GK^{L,WACC} = \frac{[X - k_{FK}FK)](1-s)}{k_{EK}} + FK \qquad \text{3.2.2.5.-1}$$

Da weiterhin ein Bruttogewinn-Ansatz unterstellt wird, muß bei unterstellten konstanten Eigenkapitalkosten die Kapitalstruktur konstant gehalten werden. Dies ist nur bei einer am Unternehmenswert orientierten Fremdkapitalaufnahme möglich:

$$FK = \theta \cdot \frac{X(1-s)}{k^{WACC}} \qquad \text{3.2.2.3.-3}$$

mit θ $= FK/GK^{L}$

Setzt man den Fremdkapitalbestand in 3.2.2.5.-1 ein, folgt:

$$GK^{L,WACC} = \frac{\left[X - k_{FK}\theta \cdot \frac{X(1-s)}{k^{WACC}})\right](1-s)}{k_{EK}} + \theta \frac{X(1-s)}{k^{WACC}}$$

$$GK^{L,WACC} = X(1-s)\frac{1 - k_{FK}\theta \cdot \frac{1-s}{k^{WACC}}}{k_{EK}} + X(1-s)\frac{\theta}{k^{WACC}}$$

$$GK^{L,WACC} = X(1-s)\frac{\frac{k^{WACC} - k_{FK}\theta(1-s)}{k^{WACC}}}{k_{EK}} + X(1-s)\frac{\theta}{k^{WACC}}$$

$$GK^{L,WACC} = X(1-s)\frac{k^{WACC} - k_{FK}\theta(1-s)}{k^{WACC} \cdot k_{EK}} + X(1-s)\frac{\theta}{k^{WACC}} \qquad \text{3.2.2.5.-2}$$

Den Zähler des ersten Terms kann man mit der Formel für die gewogenen Kapitalkosten ersetzen:

$$k^{WACC} = k_{EK}(1-\theta) + k_{FK}(1-s)\theta$$

$$k^{WACC} - k_{FK}(1-s)\theta = k_{EK}(1-\theta)$$

Diese Gleichung in 3.2.2.5.-2 eingesetzt und k_{EK} gekürzt, führt zu folgender Gleichung:

---

[672] Vgl. Volpert, V., a.a.O., S. 147f. Siehe auch die Überführung bei Busse von Colbe, W./ Laßmann, G., [Investitionstheorie], a.a.O., S. 246, bei der jedoch die Finanzierungsprämisse der unternehmenswertorientierten Fremdfinanzierung nicht explizit herausgestellt wird.

$$GK^{L,WACC} = X(1-s)\frac{1-\theta}{k^{WACC}} + X(1-s)\frac{\theta}{k^{WACC}}$$

$$GK^{L,WACC} = \frac{X(1-s)}{k^{WACC}} \qquad\qquad 3.2.2.3.-4$$

Bei der unterstellten am Unternehmenswert orientierten Fremdfinanzierung lassen sich das Kapitalkostenkonzept und der *Flow to Equity*-Ansatz ineinander überführen.[673] Die Identität von WACC- und FTE-Ansatz gilt nicht nur im Rentenmodell, sondern auch bei einem endlichen Planungshorizont. Der Eigentümerbarwert im Zeitpunkt t = 0 (EK_0) für einen Zahlungsstrom bis zum Zeitpunkt T lautet:

$$EK_0 = \sum_{t=1}^{T} \frac{X_t(1-s) - I_t - k_{FK}FK_{t-1} - \Delta FK_t + sk_{FK}FK_{t-1}}{(1+k_{EK})^t} \qquad\qquad 3.2.2.5.-3$$

Der Bestand an Fremdkapital orientiert sich am Unternehmens- bzw. Eigentümerwert. FK_t beträgt $[\theta/(1-\theta)]EK_t$ mit $\theta = FK/GK^L$:

$$EK_0 = \sum_{t=1}^{T} \frac{X_t(1-s) - I_t - k_{FK}\dfrac{\theta}{1-\theta}EK_{t-1} - \dfrac{\theta}{1-\theta}(EK_{t-1} - EK_t) + sk_{FK}\dfrac{\theta}{1-\theta}EK_{t-1}}{(1+k_{EK})^t}$$

Um die Gleichung zu lösen, wird rekursiv vom Eigentümerwert der Zahlungen (ohne Erweiterungsinvestitionen) der Periode T (EK_{T-1}) ausgegangen.

$$EK_{T-1} = \frac{X_T(1-s) - k_{FK}\dfrac{\theta}{1-\theta}EK_{T-1} - \dfrac{\theta}{1-\theta}EK_{T-1} + sk_{FK}\dfrac{\theta}{1-\theta}EK_{T-1}}{1+k_{EK}}$$

$$EK_{T-1} = \frac{X_T(1-s) - \dfrac{\theta}{1-\theta}EK_{T-1}(1+k_{FK}-sk_{FK})}{1+k_{EK}}$$

Der Barwert der Zahlungen an die Eigentümer zum Zeitpunkt T (EK_T) ist Null. Nach EK_{T-1} aufgelöst, folgt

$$EK_{T-1} + EK_{T-1}\frac{\theta}{(1-\theta)}\frac{[1+k_{FK}(1-s)]}{(1+k_{EK})} = \frac{X_T(1-s)}{1+k_{EK}}$$

$$EK_{T-1} = \frac{X_T(1-s)}{(1+k_{EK})\left\{1 + \dfrac{\theta}{(1-\theta)}\dfrac{[1+k_{FK}(1-s)]}{(1+k_{EK})}\right\}} \qquad\qquad 3.2.2.5.-4$$

673 Vgl. Volpert, V., a.a.O., S. 147; Franks, J. R./ Broyles, J. E./ Carleton, W. T., a.a.O., S. 621.

Weiter voranschreitend wird der Wert für den Zahlungsstrom der Periode T-2 ermittelt. Er ergibt sich aus dem Barwert der in T-1 anfallenden Zahlungen und dem abgezinsten EK_{T-1}.

$$EK_{T-2} = \frac{X_{T-1}(1-s) - I_{T-1} - \dfrac{\theta}{1-\theta}k_{FK}EK_{T-2} - \dfrac{\theta}{1-\theta}(EK_{T-2} - EK_{T-1}) + sk_{FK}\dfrac{\theta}{1-\theta}EK_{T-2}}{1+k_{EK}} + \frac{EK_{T-1}}{1+k_{EK}}$$

$$EK_{T-2} = \frac{X_{T-1}(1-s)-I_{T-1}}{1+k_{EK}} + \frac{\dfrac{\theta}{1-\theta}EK_{T-1} + EK_{T-1}}{1+k_{EK}} - \frac{\dfrac{\theta}{1-\theta}EK_{T-2}[1+k_{FK}(1-s)]}{1+k_{EK}}$$

$$EK_{T-2} \cdot \left\{1 + \frac{\theta}{(1-\theta)}\frac{[1+k_{FK}(1-s)]}{(1+k_{EK})}\right\} = \frac{X_{T-1}(1-s)-I_{T-1}}{1+k_{EK}} + \frac{\dfrac{\theta}{1-\theta}EK_{T-1} + EK_{T-1}}{1+k_{EK}}$$

$$EK_{T-2} = \frac{X_{T-1}(1-s)-I_{T-1}}{(1+k_{EK})\left\{1+\dfrac{\theta}{(1-\theta)}\dfrac{[1+k_{FK}(1-s)]}{(1+k_{EK})}\right\}} + \frac{\dfrac{1}{1-\theta}EK_{T-1}}{(1+k_{EK})\left\{1+\dfrac{\theta}{(1-\theta)}\dfrac{[1+k_{FK}(1-s)]}{(1+k_{EK})}\right\}}$$

Wird für EK_{T-1} der Wert aus 3.2.2.5.-4 eingesetzt, folgt

$$EK_{T-2} = \frac{X_{T-1}(1-s)-I_{T-1}}{(1+k_{EK})\left\{1+\dfrac{\theta}{(1-\theta)}\dfrac{[1+k_{FK}(1-s)]}{(1+k_{EK})}\right\}} + \frac{\dfrac{1}{1-\theta}X_T(1-s)}{\left[(1+k_{EK})\left\{1+\dfrac{\theta}{(1-\theta)}\dfrac{[1+k_{FK}(1-s)]}{(1+k_{EK})}\right\}\right]^2}$$

Wird dieser Prozeß bis zum Bewertungszeitpunkt t = 0 fortgesetzt, folgt

$$EK_0 = \sum_{t=1}^{T} \frac{X_t(1-s)-I_t}{\left[(1+k_{EK})\left\{1+\dfrac{\theta}{(1-\theta)}\dfrac{[1+k_{FK}(1-s)]}{(1+k_{EK})}\right\}\right]^t [1-\theta]^{t-1}}$$

$$EK_0 = \sum_{t=1}^{T} \frac{[X_t(1-s)-I_t](1-\theta)}{\left[(1+k_{EK})(1-\theta)\left\{1+\dfrac{\theta}{(1-\theta)}\dfrac{[1+k_{FK}(1-s)]}{(1+k_{EK})}\right\}\right]^t}$$

Da der Nenner den gewogenen Kapitalkosten entspricht:

$$(1+k_{EK})(1-\theta)\left\{1+\frac{\theta}{(1-\theta)}\frac{[1+k_{FK}(1-s)]}{(1+k_{EK})}\right\} = 1 + k^{WACC}$$

$$(1+k_{EK})(1-\theta) + \theta(1+k_{FK}(1-s)) = 1 + k^{WACC}$$

$$1 + k_{EK}(1 - \theta) + \theta k_{FK}(1 - s) = 1 + k^{WACC},$$

folgt aus:

$$EK_0 = (1 - \theta)\sum_{t=1}^{T}\frac{X_t(1 - s) - I_t}{(1 + k^{WACC})^t}$$

$$\frac{EK_0}{1 - \theta} = \sum_{t=1}^{T}\frac{X_t(1 - s) - I_t}{(1 + k^{WACC})^t} = GK_0^{L,WACC}.$$

Damit ist die Identität im Nicht-Rentenmodell von WACC- und FTE-Ansatz gezeigt, wenn eine am Unternehmenswert orientierte Fremdfinanzierung unterstellt wird. Dies wird auch an dem bekannten Beispiel im 3-Perioden-Modell deutlich, das wir später variieren werden, um die Auswirkungen unterschiedlicher Finanzierungen zu erkennen:

	t = 0	t = 1	t = 2	t = 3
Cash-flow	-1000,00	500,00	500,00	500,00
Gesamtunternehmenswert	1291,66	893,27	463,54	0,00
Wert des Fremdkapitals	430,55	297,76	154,51	0,00
Wert des Eigenkapitals	861,11	595,51	309,03	0,00
Kapitalstruktur (EK/FK)	2	2	2	2
Tilgung	0,00	132,79	143,25	154,51
Zinsen	0,00	25,83	17,87	9,27
Zinsen und Tilgung	0,00	158,62	161,12	163,78
Wert des Fremdkapitals	430,55	297,76	154,51	0,00
Tax Shield	0,00	10,33	7,15	3,71
Zahlungen an die Eigentümer	0,00	351,71	346,03	339,93
Wert des Eigenkapitals	861,11	595,51	309,03	0,00

Nr. 7: Unternehmenswert als FTE bei endlichem Planungshorizont

Das Konzept der gewogenen durchschnittlichen Kapitalkosten, der *Adjusted Present Value*- und der *Flow to Equity*-Ansatz führen zum gleichen Ergebnis, wenn eine am Unternehmenswert orientierte Fremdfinanzierung und der Bruttogewinn-Ansatz unterstellt werden; die Annahme des Rentenmodells ist nicht erforderlich. Unterschiede ergeben sich, wenn andere Finanzierungsannahmen gesetzt werden.[674]

Da die mit Hilfe der gewogenen durchschnittlichen Kapitalkosten oder des *Adjusted Present Value*-Ansatzes gewonnenen Unternehmenswerte den Gesamtkapitalwert erfassen, muß der Wert des Fremdkapitals abgezogen werden, um zum Eigentümerwert zu gelangen. Der Barwert der

---

[674] Siehe die Berechnungen von Robichek, Alexander A./ McDonald, John G., The Cost of Capital Concept: Potential Use of Risk-adjusted Discount Rates, in: FE, (1965), Juni, S. 20f., 24, 26, 29f., 35, 49, hier S. 26; und die Analyse der Finanzierungsprämisse bei Volpert, V., a.a.O., S. 149-155. Die Beispielrechnung von Hax, Arnoldo C./ Majluf, N. S., a.a.O., S. 270, unterstellt implizit eine am Unternehmenswert orientierte Fremdfinanzierung, so daß die Autoren zum gleichen Ergebnis gelangen wie beim WACC-Ansatz.

Zahlungsströme an die Gläubiger entspricht dem Marktpreis, wenn der rechnerische Zins dem Marktzins entspricht:

$$FK_0 = \frac{158,62}{1,06} + \frac{161,12}{1,06^2} + \frac{163,78}{1,06^3} = 430,55$$

Erfolgt die Bewertung nach der WACC-Methode, ist der Wert des Fremdkapitals bereits durch die unterstellte Finanzierungsprämisse determiniert.[675] Der Bewerter hat keinen Freiraum, wenn er den Wert der Gläubigeransprüche bestimmen möchte, da mit dem WACC-Ansatz ein reines Proportionalprinzip unterstellt wird. Werden die gewogenen durchschnittlichen Kapitalkosten unter der Annahme einer bestimmten Kapitalstruktur errechnet, so muß der ermittelte Unternehmensgesamtwert nur noch mit dem Eigenkapitalanteil multipliziert werden, um den Eigentümerwert zu bestimmen. Dieses Ergebnis folgt aus der im WACC-Ansatz implizit enthaltenen Finanzierungsprämisse. **Mit der Vorgabe der gewogenen Kapitalkosten hat der Bewerter keinen Freiheitsgrad bei der Bestimmung des Fremdkapitalanteils; er ist eindeutig determiniert.**

Wie stimmt das Vorgehen von COPELAND et al. in einem Beispiel mit dieser Aussage überein. COPELAND et al. ermitteln dort einen Unternehmensgesamtwert von 2.374 Mio US-$, davon ziehen sie Fremdkapital in Höhe von 254 Mio US-$ ab, was einen Eigentümerwert von 2.120 Mio US-$ ergibt. Gleichzeitig ermitteln sie ihre gewogenen durchschnittlichen Kapitalkosten auf der Basis eines Eigen-Fremdkapital-Verhältnisses von 3 zu 1.[676] Mit dieser Zielkapitalstruktur wäre nach der obigen Aussage ein Eigentümerwert von 1.780,5 Mio US-$ das Ergebnis.[677] Das Vorgehen ist konsistent, wenn die Autoren im Bewertungszeitpunkt implizit eine Umfinanzierung unterstellen. Im konkreten Beispiel unterstellen sie eine einmalige Sonderausschüttung von 339,5 Mio US-$, die sie fremdfinanzieren, um die gewünschte Zielkapitalstruktur zu erhalten. Im umgekehrten Fall müßte man eine einmalige Einlage, die zur Kredittilgung eingesetzt wird, unterstellen. Inwieweit die tatsächliche Finzierungsplanung mit den impliziten Finanzierungsprämisse kompatibel ist, wird allerdings in dem Beispiel nicht geprüft.

---

[675] Vgl. Volpert, V., a.a.O., S. 125; Fama, E. F./ Miller, M. H., a.a.O., S. 182f.; Mossin, Jan, [Theory] of Financial Markets, Englewood Cliffs 1973, S. 119f.

[676] Vgl. Copeland, T./ Koller, T./ Murrin, J., a.a.O., S. 101, 103.

[677] Ob andere Autoren diese implizite Finanzierungsprämisse konsistent berücksichtigen, ist nicht zu erkennen, da sie ihre Berechnungsbeispiele immunisieren, indem sie auf gegebenen Kapitalkosten aufbauen, die keine Gewichtung erkennen lassen. Vgl. Bühner, R., [Management-Wert-Konzept], a.a.O., S. 58-61; Rappaport, A., [Creating], a.a.O., S. 66.

3.2.2.6.   Einfluß alternativer Finanzierungsmodalitäten auf die Wertermittlung

Im folgenden wird von einer unternehmenswertabhängigen Fremdfinanzierung abgewichen.[678] Ausgangsbetrag des Fremdkapitals sind zwar weiterhin 430,55 GE, die Tilgung erfolgt jedoch alternativ a) in gleichen Raten, b) gleichen Annuitäten[679] und c) am Ende des Planungszeitraums; der verfügbare Cash-flow nach Steuern beträgt 500 GE. Es ergeben sich folgende Zahlungsreihen an Eigentümer und Gläubiger:

		t = 1	t = 2	t = 3
Ratentilgung	Tilgung	143,52	143,51	143,52
	Zinsen	25,83	17,22	8,61
	Gläubiger-Cash-flow	169,35	160,73	152,13
	Tax Shield	10,33	6,89	3,44
	Eigentümer-Cash-flow	340,98	346,16	351,31
Annuitätentilgung	Tilgung	135,24	143,35	151,96
	Zinsen	25,83	17,72	9,11
	Gläubiger-Cash-flow	161,07	161,07	161,07
	Tax Shield	10,33	7,09	3,64
	Eigentümer-Cash-flow	349,26	346,02	342,57
Endtilgung	Tilgung	0,00	0,00	430,55
	Zinsen	25,83	25,83	25,83
	Gläubiger-Cash-flow	25,83	25,83	456,38
	Tax Shield	10,33	10,33	10,33
	Eigentümer-Cash-flow	484,50	484,50	33,29

Nr. 8: Alternative Tilgungspläne

Damit wir mit dem FTE-Ansatz rechnen können, muß die Unabhängigkeit der Eigenkapitalkosten von der Kapitalstruktur - der Nettogewinnansatz - unterstellt werden; ansonsten erfordert eine variierende Kapitalstruktur periodenindividuelle Eigenkapitalkosten. Zu den mit den Eigenkapitalkosten von 10% diskontierten Ausschüttungen wird der Wert des Fremdkapitals von 430,55 GE hinzugezählt, um einen Unternehmensgesamtwert zu erhalten.

Um den APV zu errechnen, bestimmen wir die Eigenkapitalkosten bei vollständiger Eigenfinanzierung nach der MILES-EZZELL-Formel (3.2.2.4.-12; k* = 8,687%), wohlwissend, daß diese unter der Annahme einer unternehmenswertorientierten Fremdfinanzierung entwickelt wurde. Der Wert ergibt sich aus dem Basisstrom von

$$\frac{500}{(1,08687)^1} + \frac{500}{(1,08687)^2} + \frac{500}{(1,08687)^3} = 1272,74 \,.$$

---

[678] Simulationen über den Einfluß von Buch- statt Marktwerten finden sich bei Brick, Ivar/ Weaver, Daniel, G., A Comparison of Capital Budgeting Techniques in Identifying Profitable Investments, in: FM, Vol. 13 (1984), Nr. 4, S. 29-39, hier S. 33-39; Chambers, D. R./ Harris, Robert S./ Pringle, J. J., a.a.O., S. 31-36.

[679] $\left\{ An = FK_0 * (1 + k_{FK})^n \left[k_{FK} \left((1 + k_{FK})^n - 1 \right) \right] \right\} = 161,07$ GE

Zusätzlich wird das *Tax Shield* mit den Kosten für das sichere Fremdkapital diskontiert. Der wegen der Verletzung der Prämissen nicht korrekte Wert nach WACC-Ansatz beträgt

$$\frac{500}{(1,0786)^1} + \frac{500}{(1,0786)^2} + \frac{500}{(1,0786)^3} = 1291,66.$$

Die Annuitätentilgung führt - wegen der konstanten Cash-flows - zu einer guten Approximation einer am Unternehmenswert orientierten Fremdfinanzierung:

	DCF bei Ratentilgung	DCF bei Annuitätentilgung	DCF bei Endtilgung
FTE plus Fremd-kapital	1290,56	1291,40	1296,43
APV	1291,51	1291,85	1300,35

Nr. 9: Einfluß alternativer Tilgungspläne auf den *Flow to Equity*

Beim WACC-Ansatz werden die Zahlungen an die Gläubiger implizit in den gewogenen Kapitalkosten erfaßt. Diese Zahlungen werden jedoch nicht anhand von Marktwerten, sondern von Buchwerten bestimmt. Unterstellen wir für unser bekanntes Beispiel, daß der Marktzins für Fremdkapital auf 5% gefallen ist, stimmen Buch- und Marktwert des Fremdkapitals nicht mehr überein. Die Tilgungsstruktur orientiert sich am Unternehmenswert vor Zinssenkung.

	t = 0	t = 1	t = 2	t = 3
Buchwert des Fremd-kapitals	430,55	297,76	154,51	0
Zins und Tilgung	0	158,62	161,12	163,78
Marktwert des Fremd-kapitals	438,69	302,00	155,98	0

Nr. 10: Wert des Fremdkapitals

Rechnen wir mit den aktuellen Kapitalkosten von 7,66% [10%·2/3 + 5%·(1-0,4)·1/3], so ergibt sich ein Gesamtunternehmenswert von 1.296,43 GE. Wird der Marktwert des Fremdkapitals abgezogen, der anhand der Zins- und Tilgungszahlungen explizit bestimmt werden kann, stimmt die realisierte Kapitalstruktur nicht mit der Zielkapitalstruktur überein.

	t = 0	t = 1	t =2	t = 3
Cash-flow	0	500	500	500
Wert des Gesamtkapi-tals nach WACC	1296,43	895,72	464,40	0
Wert des Fremdkapitals	432,14	298,57	154,80	0
Wert des Eigenkapitals	864,29	597,15	309,60	0
Wert nach WACC minus expliziter Fremdkapitalwert	(-438,69) 857,74	(-302,00) 593,72	(-155,98) 308,42	0
Kapitalstruktur (FK : EK)	1 : 1,955	1 : 1,966	1 : 1,977	-

Nr. 11: Unternehmenswert nach WACC-Verfahren bei inkonsistenten Finanzierungsannahmen

Rechnen wir nach dem FTE-Ansatz, müssen zunächst die Zahlungen an die Gläubiger bestimmt werden. Diese orientieren sich ebenso wie die Steuerersparnis an den Buch-, nicht an Marktwerten. Die Zahlungen an die Eigentümer führen zu folgendem Unternehmenswert:

	t = 0	t =1	t = 2	t = 3
Cash-flow nach Steuer	0	500	500	500
./. Zins und Tilgung	0	158,62	161,12	163,78
+ *Tax Shield*	0	10,33	7,15	3,71
= Entnahmen	0	351,71	346,03	339,93
FTE-Bewertung des Eigenkapitals	861,11	595,51	309,03	0
Kapitalstruktur (FK : EK)	1 : 1,9262	1 : 1,9782	1: 1,9812	-

Nr. 12: Unternehmenswert nach FTE-Verfahren und Nettogewinn-Ansatz

Die Kapitalstruktur (FK:EK) beträgt nicht mehr 1:2; um die Auswirkungen auf den Eigenkapitalkostensatz vernachlässigen zu können, mußte ein Nettogewinn-Ansatz unterstellt werden.

Es ergeben sich Unterschiede zwischen dem rechnerischen Wert des Fremdkapitals nach WACC - der sich nach dem Proportionalprinzip bestimmt - und dem Barwert der vorhandenen Gläubigerpapiere; außerdem haben wir drei verschiedene Eigentümerwerte. Die Ursache liegt in der inkonsistenten Abbildung der Finanzierung. Die expliziten Zahlungen an die Gläubiger stimmen mit der impliziten Finanzierungsprämisse in den gewogenen Kapitalkosten nicht überein.

3.2.2.7. Abwägung der Vorteilhaftigkeit der Methoden

Nachdem die Annahmen für die rechnerische Identität der drei Rechenverfahren herausgearbeitet wurden, sollen die drei Verfahren gewürdigt werden, um möglicherweise ein Verfahren empfehlen zu können. Vorteilhaft an den *Entity*-Konzepten ist die Ermittlung einer Projektzahlungsreihe, die frei von Finanzierungs- und Besteuerungseinflüssen ist; dies gilt insbesondere bei Dezentralisation von Investitionsentscheidungen in Unternehmen, da der Leiter eines Geschäftsbereichs die Zahlungsreihen schätzen kann, ohne Informationen über die Kapitalstruktur des Unternehmens zu benötigen. Bei einer Bewertung des gesamten Unternehmens ist der Vorteil weniger groß.

Der Preis der vereinfachten Cash-flow-Ermittlung ist beim WACC-Ansatz ein am Unternehmenswert orientierter Fremdkapitalbestand. Wie sinnvoll erscheint diese implizite Finanzierungsprämisse? Kann ein Unternehmen sein Fremdfinanzierungsvolumen dem Unternehmenswert anpassen, zumal in der Praxis Bilanzrelationen einzuhalten sind, um Kredite zu erhalten?[680] Formal kann zwar mit periodenabhängigen gewogenen durchschnittlichen Kapitalkosten gerechnet werden,[681] doch steht der Bewerter wieder vor einem Zirkularitätsproblem. Er muß für jede Periode im Planungszeitraum die relevante Kapitalstruktur kennen; dazu müßte der Unternehmenswert allerdings bereits bekannt sein. Eine Zielkapitalstruktur für jede Periode vorzugeben, ist wenig hilfreich, da auf diese Weise Tilgungen und Kreditaufnahmen sowie die Zinszahlungen festgelegt werden.

Sollte das tatsächliche Fremdfinanzierungsvolumen von dem implizit unterstellten abweichen, wird der Unternehmenswert auf der Grundlage der WACC-Formel verzerrt ermittelt, wenn eine Relevanz der Kapitalstruktur für den Unternehmenswert unterstellt wird. Die Forderung nach einer unternehmenswertproportionalen Fremdfinanzierung wird jedoch in der Literatur unter pragmatischen Gesichtspunkten nicht überbewertet: Es sollten im Zeitablauf spürbare Ausschläge der Kapitalstruktur vermieden werden.[682]

Aufgrund fehlender impliziter Annahmen über die Finanzierung von Investitionen scheint das *Adjusted Present Value*-Verfahren die bessere Alternative im Vergleich zum Kapitalkostenkonzept zu sein. Der Bewerter kann die Wirkungen der Fremdfinanzierung abbilden, ohne implizit eine unternehmenswertabhängige Fremdfinanzierung zu unterstellen.[683] Das APV-Verfahren scheint der allgemeinere Bewertungsansatz zu sein.[684] Darüber hinaus wird im Rahmen des APV-Ansatzes der Wertsteigerungsbeitrag des Leistungsbereichs vom Beitrag der Finanzierung explizit getrennt.[685]

Soll der APV-Ansatz umgesetzt werden, müssen die relevanten Eigenkapitalkosten bei vollständiger Eigenfinanzierung ermittelt werden. Dazu werden bestimmte Reaktionshypothesen der Eigentümer unterstellt. Auf welchen Überlegungen basieren diese Hypothesen? Sie können zum einen aus Verhaltensannahmen der Investoren, zum anderen aus unterschiedlichen Marktannahmen abgeleitet werden. Einerseits werden steigende Eigenkapitalkosten bei höherem Verschuldungsgrad im Bruttogewinn-Ansatz mit dem wachsenden Kapitalstrukrurisiko, dem sich die Eigentümer gegenübersehen, begründet. Andererseits wird zur Rechtfertigung des Nettogewinn-Ansatzes angeführt, daß innerhalb angemessener Verschuldungsgrenzen dieses Kapitalstrukturri-

---

680 Vgl. Mrotzek, R., a.a.O., S. 205; Swoboda, P., [Investition], a.a.O., S. 173f.; Chambers, D. R./ Harris, R. S./ Pringle, J. C., a.a.O., S. 32, S. 36; Franks, J. R./ Broyles, J. E./ Carleton, W. T., a.a.O., S. 607; Brennan, M. J., [Weighted], a.a.O., S. 25; Kappler, E./ Rehkugler, H., a.a.O., S. 970, S. 1015; Reichmann, T., a.a.O., S. 185.

681 Vgl. beispielsweise Grob, H. L., a.a.O., S. 194-208, der die periodenindividuellen gewichteten Kapitalkosten aus den Dualwerten der linearen Programmierung zur Abstimmung der Investitions- und Finanzplanung ermittelt; er verläßt damit den angestrebten Partialkalkül.

682 Vgl. Drukarczyk, J., a.a.O., S. 160; Volpert, V., a.a.O., S. 195.

683 Er könnte stattdessen die gewünschte Zielkapitalstruktur vereinfachend auf das Budget übertragen und Bilanzrelationen der Konzernvorgaben bei der Bestimmung berücksichtigen. Vgl. Franks, J. R./ Broyles, J. E./ Carleton, W. T., a.a.O., S. 616; Weigel, W., a.a.O., S. 158; Mrotzek, R., a.a.O., S. 205.

684 Vgl. Mrotzek, R., a.a.O., S. 210; Busse von Colbe, W./ Laßmann, G., [Investitionstheorie], a.a.O., S. 249.

685 Vgl. Hax, Arnoldo C./ Majluf, N. S., a.a.O., S. 272; Stewart, G. Bennett, a.a.O., S. 260-262.

siko von den Anlegern nicht wahrgenommen wird.[686] "Aufgrund der mangelnden Informationen, welche die Kleinaktionäre besitzen, und aufgrund der zahlreichen mehr oder weniger vernünftigen Bestimmungsgründe des Börsenkurses glaube ich nicht, daß das Kapitalstrukturrisiko für den Aktionär überhaupt eine faßbare Größe ist, eine Größe, auf deren Veränderungen er reagiert."[687] Daß das Kapitalstrukturrisiko nicht wahrgenommen wird, kann als recht willkürlich bezeichnet werden.[688] Obwohl beide Verhaltenshypothesen nicht zwingend das tatsächliche Verhalten der Eigentümer beschreiben,[689] scheint der Bruttogewinn-Ansatz u.E. die geeignetere Reaktionshypothese.[690] Sie wird zudem schlüssig unter den Annahmen der Arbitragefreiheit abgeleitet.

Weiterhin unterstellt ein Nettogewinn-Ansatz getrennte Kapitalmärkte für Eigen- und Fremdkapital.[691] Wenngleich reale Finanzmärkte nicht dem Ideal eines geschlossenen Kapitalmarktes entsprechen, ist die Annahme vollständig separierter Märkte unzutreffend. Insoweit ist auch vor diesem Hintergrund der Bruttogewinn-Ansatzes angemessener als der Nettogewinn-Ansatz. Insgesamt bietet der Bruttogewinn-Ansatz u.E. die bessere Verhaltenserklärung als der Nettogewinn-Ansatz, der eine Unabhängigkeit der Eigenkapitalkosten von der Verschuldung postuliert.

Wird das APV-Verfahren in einem Nicht-Rentenmodell angewandt, kann die einfache Anpassungsformel,

$$k^* = \frac{k^{WACC}}{1 - s(FK / GK^L)},$$ \hfill 3.2.2.3.-2

die unter den Annahmen des Rentenmodells abgeleitet wurde, nicht verwandt werden, während die MILES-EZZEL-Formel,

$$k^* = \frac{\kappa + \dfrac{sk_{FK}(FK / GK^L)}{(1 + k_{FK})}}{1 - \dfrac{sk_{FK}(FK / GK^L)}{(1 + k_{FK})}},$$ \hfill 3.2.2.4.-12

686 Vgl. Rudolph, B., [Kapitalkosten], a.a.O., S. 144f.; Schmidt, Reinhard H., [Grundzüge], a.a.O., S.
687 Schneider, D., [Investition], a.a.O., S. 503. Vgl. auch Gutenberg, E., a.a.O., S. 212, S. 216.
688 Vgl. Schmidt, Reinhard H., [Grundzüge], a.a.O., S. 225; a.A. Gutenberg, E., a.a.O., S. 214.
689 Vgl. Süchting, Joachim, a.a.O., S. 390.
690 Nach der Einschätzung von Schmidt, Reinhard H., [Grundzüge], a.a.O., S. 227, sind die Verhaltensannahmen des Bruttogewinn-Ansatzes nicht plausibler als die des Nettogewinn-Ansatzes.
691 Vgl. Rudolph, B., [Kapitalkosten], a.a.O., S. 145-148, der belegt, daß sich Brutto- und Nettogewinn-Ansatz bei Sicherheit auf unterschiedliche Marktannahmen zurückführen lassen: Implikation des Bruttogewinn-Ansatzes ist ein geschlossener Kapitalmarkt, während der Nettogewinn-Ansatz getrennte Teilmärkte für Eigen- und Fremdkapital unterstellt. Siehe auch Schmidt, Reinhard H., [Grundzüge], a.a.O., S. 238, der beim Nettogewinn-Ansatz das Fehlen eines Ausgleichsmechanismus am Markt unterstellt sieht.

eine am Unternehmenswert orientierte Fremdfinanzierung unterstellt.[692] Diese Annahme sollte mit dem APV-Ansatz aber umgangen werden, da unterschiedliche Tilgungsverläufe berechnet werden sollten.[693] Offen bleibt, wie die Kapitalkosten bei vollständiger Eigenfinanzierung ermittelt werden, wenn weder das Rentenmodell gilt noch eine unternehmenswertabhängige Finanzierung unterstellt werden darf.

Ein weiteres Problem beim APV-Ansatz ist die Zuordnung des Kapitals zu bestimmten Projekten. Bei der "Lehrbuchformel" wird durch die Vorgabe der Kapitalstruktur des Unternehmens eine implizite Finanzierungsprämisse getroffen. An welchen Kriterien kann sich die Fremdkapitalzuweisung für ein Projekt beim APV orientieren? Selbst wenn ein Projekt fast vollständig durch Fremdkapital finanziert wird, haftet nicht nur das Projekt, sondern das gesamte Unternehmen für den Kredit.[694] Definitive Regeln über die Fremdkapitalzuordnung bestehen nicht.[695] Durch die gedankliche Eigen- und Fremdkapitalzuordnung wird schon eine Vorentscheidung über die Annahme oder Ablehnung des Projekts getroffen.[696]

Sollte die Zielkapitalstruktur von der aktuellen abweichen, müssen auch beim WACC- und dem FTE-Ansatz die Eigenkapitalkosten angepaßt[697] und eine Kapitalzuordnung vorgenommen werden. Dies kann entweder mit Hilfe der Reaktionshypothesen oder über die Analogiemethode erfolgen; bei letzterem Verfahren werden die Kapitalkosten vergleichbarer Unternehmen mit gleichem Geschäfts- und Finanzierungsrisiko bestimmt. Insoweit ist die Unterstellung von Reaktionshypothesen über die Wirkung der Fremdfinanzierung nicht APV-spezifisch; bei einer veränderten Zielkapitalstruktur haben WACC, FTE- und APV-Ansatz die gleichen Probleme; auch die Ermittlung einer entsprechenden Kapitalausstattung wird zu einem Problem, das nicht nur den APV-Ansatz betrifft, wenn die Projekte keine "Blaupausen" des Unternehmens sind.

Der zur Diskontierung des *Tax Shield* verwandte Kalkulationszinsfuß entspricht überwiegend den Kapitalkosten für das risikolose Fremdkapital, damit wird ein sicheres *Tax Shield* für die Zukunft

---

[692] Insoweit sind bei Volpert, V., a.a.O., S. 176, die Kapitalkosten bei vollständiger Eigenfinanzierung und buchwertabhängigem Finanzierungsvolumen falsch berechnet.

[693] Der von Weigel, W., a.a.O., S. 158, angeführte Vorteil, ist damit nicht stichhaltig. Tilgungen eines Kredits sind nur im Nicht-Rentenmodell sinnvoll, dann aber unterstellt man eine am Unternehmenswert orientierte Fremdfinanzierung.

[694] Vgl. Brealey, R. A./ Myers, S. C., a.a.O., S. 174; Franks, J. R./ Broyles, J. E./ Carleton, W. T., a.a.O., S. 606.

[695] Zur der Zuordnung der Kapitalausstattung vgl. Liedl, Reinhard, Eigenkapitalorientierte Investitionsrechnung bei Bertelsmann, in: ZfbF, 40. Jg. (1988), S. 172-182, insbes. S. 174f.

[696] Wegen dieser Spielräume sehen Levy, H./ Sarnat, M., a.a.O., S. 489, mehr die intuitiven, als die quantitativen Möglichkeiten des Verfahrens.

[697] Insoweit ist die Befürchtung von Albach, Horst, Editorial "Shareholder Value", in: ZfB, 64. Jg. (1994), S. 273-275, hier S. 275, daß der Discounted Cash Flow hohe Unternehmenswerte für verschuldete Unternehmen und niedrige für unverschuldete bedeutet, nur begründet, wenn bei der Bewertung ein Nettogewinn-Ansatz unterstellt wird. Auf die Anpassung der Eigenkapitalkosten an eine veränderte Kapitalstruktur weisen Copeland, T./ Koller, T./ Murrin, J., a.a.O., S. 264f.; Stewart, G. Bennett, a.a.O., S. 444-446; Weber, Martin/ Schiereck, D., a.a.O., S. 147f.; Gregory, A., [Valuing], a.a.O., S. 121-126; Suckut, S., a.a.O., S. 65; Rappaport, A., [Creating], a.a.O., S. 58; Bühner, R., [Management-Wert-Konzept], a.a.O., S. 149; Höfner, K./ Pohl, A., a.a.O., S. 56, hin.

unterstellt. Die "Steuergutschrift" ist nur als sicher einzustufen, wenn nicht nur ein konstanter Steuersatz für die Zukunft gilt, sondern auch ein unbegrenzter Steuerrücktrag möglich ist. Dies wird z.T. als Problem beim APV gesehen.[698] Bei dieser Kritik darf jedoch nicht vergessen werden, daß auch beim WACC- oder FTE-Ansatz ein sofortiger Verlustausgleich bzw. unbeschränkter Verlustrücktrag unterstellt wird; insoweit ist die Annahme nicht spezifisch. Zudem wird auch bei der Ermittlung der gewogenen Kapitalkosten von einer sicheren Fremdfinanzierung - und damit einem sicheren *Tax Shield* - ausgegangen.

Wie ist der *Flow to Equity*-Ansatz nach diesen Bemerkungen über die *Entity*-Konzepte einzuschätzen? Nachteilig ist die finanzierungsabhängige Cash-flow-Ermittlung. Kann dieser Nachteil durch eine problemlosere Kapitalkostenermittlung kompensiert werden, nachdem WACC- und APV-Ansatz hier ihre Tücken aufweisen?

Wird keine unternehmenswertabhängige Finanzierung unterstellt und gilt der Bruttogewinn-Ansatz, müssen die Eigenkapitalkosten an die wechselnden Kapitalstrukturen in jeder Periode angepaßt werden, um das *Leverage*-Risiko korrekt zu erfassen. Die Kapitalstruktur kann jedoch erst bestimmt werden, wenn der Eigentümerwert in jeder Periode ermittelt worden ist; dann aber wird die Kapitalstruktur nicht mehr benötigt.[699] Will man dieses Zirkularitätsproblem umgehen, muß man entweder doch eine kapitalstrukturneutrale Finanzierung oder einen Nettogewinn-Ansatz unterstellen. Wer Kapitalwerte auf der Grundlage der *Equity*-Methode trotz nicht kapitalstrukturneutraler, unternehmenswertunabhängiger Fremdfinanzierung mit periodenkonstanten Eigenkapitalkosten errechnet, unterstellt einen Nettogewinn-Ansatz. Soll hingegen der Bruttogewinn-Ansatz als Modell angenommen werden, muß auch beim *Flow to Equity*-Ansatz eine am Unternehmenswert orientierte Fremdfinanzierung unterstellt werden. Ob der Einfluß der Fremdfinanzierung auf die Eigentümerwert erfaßt wird, ist keine Frage eines *Equity*- oder *Entity*-Ansatzes, sondern welche Reaktionshypothese unterstellt wird.

Zusammenfassend läßt sich feststellen: Ist es grundsätzlich möglich, eine am Unternehmenswert orientierte Fremdfinanzierung durchzuführen, sollte mit den gewogenen durchschnittlichen Kapitalkosten gerechnet werden.[700] Die Ergebnisse stimmen mit den anderen Verfahren überein. Die Berechnung ist aber im Vergleich zur *Adjusted Present Value*-Berechnung einfacher, da die Fremdfinanzierung implizit erfaßt wird; im Vergleich zur *Flow to Equity*-Berechnung ist es einfacher, den Cash-flow zu ermitteln, da dieser finanzierungsunabhängig ist. Um zum Eigentümerwert zu gelangen, muß auf den konsistenten Fremdkapitalabzug geachtet werden.

---

[698] Vgl. Schlosser, M., a.a.O., S. 317. Zum Teil wird die Unsicherheit durch einen Abschlag auf den *Tax Shield* berücksichtigt.

[699] Vgl. Volpert, V., a.a.O., S. 156.

[700] Vgl. Taggart, R. A., a.a.O., S. 17; Ross, S. A./ Westerfield, R. W./ Jaffe, J. F., a.a.O., S. 500; Vopert, V., a.a.O., S. 178; Miles, J. A./ Ezzell, J. R., a.a.O., S. 718f.

Ist eine am Unternehmenswert orientierte Fremdfinanzierung des Projekts nicht möglich, um die Kapitalstruktur konstant zu halten, führt der WACC-Ansatz zu verzerrten Ergebnissen. Auf den *Flow to Equity*-Ansatz auszuweichen, ist keine Lösung: Zum einen wird die Ermittlung des Cashflows schwieriger, da Finanzierungseinflüsse berücksichtigt werden müssen, zum anderen muß die Kapitalstruktur bekannt sein, da die Eigenkapitalkosten bei Gültigkeit des Bruttogewinn-Ansatzes von der Finanzierung abhängen. Variieren die Kapitalstrukturen im Zeitablauf, sind WACC- und FTE-Ansatz gleichermaßen problematisch, wenn ein Bruttogewinn-Ansatz unterstellt wird.[701] Rechnet man trotz nicht kapitalstrukturneutraler Finanzierung mit dem FTE-Ansatz, wird ein Nettogewinn-Ansatz unterstellt, da die Eigenkapitalkosten von der Finanzierung nicht beeinflußt werden.

Ist keine Orientierung der Fremdfinanzierung am Unternehmenswert zu erwarten, wird vielmehr ein bestimmtes Fremdkapitalniveau angestrebt, soll nach Empfehlung der Literatur auf den *Adjusted Present Value* zurückgegriffen werden. Der Cash-flow kann ohne Einfluß der Finanzierung ermittelt werden. Für einzelne Perioden soll das *Tax Shield* der Fremdfinanzierung explizit projiziert werden.[702] Aus diesem Grund wird der APV-Ansatz auch für Bewertung von LBO-Unternehmen vorgeschlagen, bei denen in den ersten Jahren ein hoher Fremdkapitalbetrag vorhanden ist, der relativ schnell abgebaut werden soll.[703] Allerdings können die Kapitalkosten bei vollständiger Eigenfinanzierung im Nichtrentenmodell nur unter der Annahme einer unternehmenswertproportionalen Fremdfinanzierung bestimmt werden; einer Annahme, die wir mit dem APV-Ansatz umgehen wollten. Die Empfehlung ist inkonsistent. Rechnet man im Rentenmodell, ist der WACC-Ansatz schlüssiger, weil es plausibler erscheint, eine bestimmte Zielkapitalstruktur vorzugeben, als einen über die Zeit konstanten Fremdkapitalbetrag.[704] Die Erfassung der Finanzierung im APV ist nur bei unternehmenswertabhängiger Fremdfinanzierung kein Problem.

In jedem Fall ist die Behauptung, die *Entity*-Konzepte verhinderten Verzerrungen des Unternehmenswertes bei einer veränderten Finanzierungsstruktur,[705] Augenwischerei. Ob Verzerrungen vorliegen, wird nicht vom ermittelten Wertumfang, sondern von den unterstellten Finanzierungsprämissen bestimmt. Beim WACC-Ansatz wird eine am Unternehmenswert orientierte Fremdfinanzierung unterstellt, in diesem Fall führt der FTE-Ansatz zum gleichen Ergebnis. Wird diese Implikation nicht beachtet, sind die Ergebnisse des WACC-Ansatzes nicht nur aufgrund der verletzten Kapitalstrukturannahme verzerrt, sondern auch, weil der Einfluß der Fremdfinanzierung auf die Eigenkapitalkosten vernachlässigt wird.

---

[701] Vgl. Ross, S. A./ Westerfield, R. W./ Jaffe, J. F., a.a.O., S. 500.

[702] Vgl. Ross, S. A./ Westerfield, R. W./ Jaffe, J. F., a.a.O., S. 500; Inselbag, I./ Kaufhold, H., a.a.O., S. 95f.; Volpert, V., a.a.O., S. 178.

[703] Vgl. Ross, S. A./ Westerfield, R. W./ Jaffe, J. F., a.a.O., S. 500; Inselbag, I./ Kaufhold, H., a.a.O., S. 95f.

[704] Vgl. Ross, S. A./ Westerfield, R. W./ Jaffe, J. F., a.a.O., S. 501; Brealey, R. A./ Myers, S. C., a.a.O., S. 463. Im Rentenmodell entspricht zwar ein konstanter Betrag immer auch einem bestimmten Niveau, hier geht es jedoch um die Vorgabe, die bei der Bewertung zu beachten ist, nicht um das Ergebnis.

[705] Vgl. Copeland, T./ Koller, T./ Murrin, J., a.a.O., S. 104, mit Bezug auf den WACC-Ansatz.

3.2.3.   Erfassung der Besteuerung

Fragen der Besteuerung wurden bisher nur rudimentär erfaßt, so wurde insbesondere die Gestaltung des realen Steuersystems nicht näher problematisiert. Bei der Einbeziehung der Besteuerung ergeben sich grundsätzlich zwei Probleme: Zum einen ist zu klären, welche Steuern einzu-
bezogen werden sollen. Bisher war nur von einer Unternehmensteuer die Rede. Persönliche
Steuern oder eine anrechnungsfähige Unternehmensteuer - wie die deutsche Körperschaftsteuer
- wurden nicht betrachtet. Ob und wie diese Steuerarten im Kalkül erfaßt werden sollen, wird im
folgenden betrachtet. Zum anderen müßte ein Auseinanderfallen von steuerlicher Bemessungsgrundlage und Einzahlungsüberschuß erfaßt werden. Letzteres wird im folgenden nicht problematisiert, so daß weitgehend eine Identität von Bemessungsgrundlage und Einzahlungsüberschuß nach Zinsen und vor Erweiterungsinvestition unterstellt wird.

Kritikpunkt am bisherigen Vorgehen könnte der Verzicht auf die Erfassung persönlicher Steuern
sein, was im Widerspruch zur Eigentümerorientierung steht. Insbesondere bei Publikumsgesellschaften steht die Unternehmensleitung aber vor unlösbaren Problemen, wollte sie das steuerliche Umfeld aller Aktionäre erfassen; bei Steuerausländern müßten ausländische Besteuerungssy-
steme und Doppelbesteuerungsabkommen einbezogen werden. In der betriebswirtschaftlichen
Steuerlehre wird aus diesem Grund neben einer sog. personenbezogenen auch eine sog. firmen-
bezogene Kapitalgesellschaft betrachtet, die die steuerlichen Verhältnisse und die Anlagemög-
lichkeit der Anleger weitgehend vernachlässigt.[706] Diese Sichtweise kann bei der Wertsteigerungsanalyse kein analytischer Modellrahmen sein; allerdings fehlen weitgehend operationale kapital-
geberbezogene Steuermodelle,[707] die verwandt werden können.

Im Kapitalwertkalkül kann außerdem eine progressive Einkommensteuer nur unzureichend erfaßt werden. Auf der einen Seite steht die Partialisierung des Bewertungskalküls durch die DCF-
Methode, auf der anderen ist die Steuerlast abhängig vom gesamten Entscheidungsfeld des Bewerters; die Steuerlast kann "... infolge der Tarifprogression innerhalb eines Teilausschnitts aus
dem Entscheidungsfeld nicht ermittelt werden."[708] Es ergeben sich aber nicht nur modellexoge-
ne, sondern auch modellendogene Einflüsse: Wenn der sekundäre Zahlungsstrom der Zwischenanlage die Bemessungsgrundlage - über Freigrenzen und Freibeträge - oder den Tarif beeinflußt,

[706] Vgl. Wagner, Franz W./ Dirrigl, Hans, Die [Steuerplanung] der Unternehmung, Stuttgart, New York 1980, S.
70-72; Schneider, Dieter, [Investition], a.a.O., S. 166f.
[707] Vgl. aber die Überlegungen bei Drukarczyk, J., [Theorie], a.a.O., S. 151-185; Mellwig, Winfried, Investition
und [Besteuerung], Wiesbaden 1985, S. 19-24, S. 35-42; Weigel, W., a.a.O., S. 84-158.
[708] Wagner, Franz W., Besteuerung, in: Bitz, Michael et al. (Hrsg.), Vahlens Kompendium der Betriebswirtschaftslehre, Bd. 2, 3. Aufl., München 1993, S. 495-538, hier S. 507; vgl. ferner Gratz, Kurt, Unternehmensbewertung bei progressiver Einkommensbesteuerung, in: ZfbF, 33. Jg. (1981), S. 981-991, hier S. 983; Schreiber, Ulrich, Rechtsformabhängige [Unternehmensbesteuerung]?, Köln 1987, S. 30, S. 75; Leuthier, R., [Inter-
dependenzproblem], a.a.O., S. 195.

werden auch die Steuerzahlungen des primären Zahlungsstroms verändert;[709] jede Steuerzahlung auf der Grundlage des primären Zahlungsstromes ist nur vorläufig.

Nachdem geklärt wurde, daß nur die Unternehmensteuern erfaßt werden sollten, stellt sich die Frage, ob man mit Eigenkapitalkosten vor oder nach Steuer rechnen soll. Die Empfehlungen der Literatur sind uneinheitlich.[710] Die Vertreter von Eigenkapitalkosten nach Steuern verweisen weitgehend auf die kapitalmarktbestimmten Eigenkapitalkosten, die von Steuerzahlungen (auf die Dividenden, Gewinne oder beides) beeinflußt sind und somit Nachsteuerkapitalkosten darstellen.[711] Lösen wir uns von diesem "empirischen" Argument und untersuchen die Anforderungen an einen Kalkulationszinsfuß nach Steuern. Die Projektzahlungsreihe nach Steuern aus einem Objekt beträgt: -1000; 500; 500; 500. Die Eigenkapitalkosten und Fremdkapitalkosten betragen 10% bzw. 6% vor Steuern, der Steuersatz liegt bei 40%. Zahlungsgröße und Steuerbemessungsgrundlage sind identisch.

Der Kapitalwert wird mit Hilfe eines vollständigen Finanzplans errechnet, um die Steuerwirkungen anschaulich zu gestalten. Vereinfachend errechnen wir einen Eigentümerwert. Die Kreditaufnahme und der Tilgungsverlauf sind aus den vorherigen Berechnungen bekannt und werden übernommen:

	t = 0	t = 1	t = 2	t = 3
Projekt-Cash-flow	-1000,00	500,00	500,00	500,00
Verschuldung/ Tilgung	430,55	-132,79	-143,25	-154,51
Einlage/Emission	566,55			
Sollzins		-25,83	-17,87	-9,27
Tax Shield		10,33	7,15	3,71
Kapitalanlageertrag			35,17	73,29
Rückzahlung			351,71	732,91
Wiederanlage		351,71	-732,91	0,00
Summe/Endwert	0,00	0,00	0,00	1146,13

Nr. 13: Unternehmensendwert

Der ermittelte Endwert (t = 3) muß mit den Eigenkapitalkosten von 10% diskontiert werden, um den Barwert (t = 0) zu ermitteln. Der Barwert beträgt 861,11. Die Übereinstimmung der Ergebnisse (vgl. S. 122) beruht auf der Annahme einer Zwischenanlage der Zahlungsüberschüsse

---

[709] Vgl. Schreiber, U., [Unternehmensbesteuerung], a.a.O., S. 30.
[710] Vgl. Stewart, G. Bennett, a.a.O., S. 277; Arditti, F. D./ Levy, H., a.a.O., S. 24f.; Shapiro, Alan C., [Defense], a.a.O., S. 22; Strong, N. C./ Appleyard, T. R., a.a.O., S. 6; Franke, G./ Hax, Herbert, [Finanzwirtschaft], a.a.O., S. 453; Gerling, C., a.a.O., S. 113; Volpert, V., a.a.O., S. 96; Schweitzer, R., a.a.O., S. 25; Hafner, R., [Unternehmensbewertungen], a.a.O., S. 85; Weigel, W., a.a.O., S. 34; Schmidt, Reinhart, [Shareholder], a.a.O., S. 286, die Eigenkapitalkosten nach Steuern verwenden. Andere Autoren weisen nicht auf den Einfluß der Steuern auf die Eigenkapitalkosten hin, gehen also vermutlich von Eigenkapitalkosten vor Steuern aus. Explizit äußert sich Bühner, R., [Management-Wert-Konzept], a.a.O., S. 48.
[711] Vgl. Volpert, V., a.a.O., S. 96.

zu 10%. Wird dieser Wert als Vorsteuerwert interpretiert, unterliegt die vom Unternehmen getätigte Zwischenanlage (der sekundäre Zahlungsstrom) nicht der Unternehmensertragsteuer. Diese Annahme ist inkonsistent: "Wenn die Steuern im Primär-Zahlungsstrom berücksichtigt sind, spricht nichts dafür, beim Sekundär-Zahlungsstrom Steuerbefreiung oder Steuerüberwälzung anzunehmen, zumal hier lediglich an einem Kapitalmarkt operiert wird."[712]

Im folgenden soll eine Kapitalanlage betrachtet werden, die dem Investor privat offensteht: Er kann am Ende der Periode 1 einen Betrag von 351,71 GE investieren und hat einen Rückfluß von 386,88 GE am Ende der Periode 2. Hier sind zwei Extremfälle zu unterscheiden: Der Investor erhält entweder am Ende der Periode eine Dividendenzahlung von 35,17 GE und eine Kapitalrückzahlung von 351,71 GE oder er verkauft seinen Anteil zum Preis von 386,88 GE. Die Dividendenzahlung ist mit 40% Unternehmensertragsteuer belastet worden, so daß die Rendite vor Steuern der Zwischenanlage 16,67% erreichen muß. Das gleiche Argument gilt auch für den Verkauf der Aktie. Eine Wertsteigerung ist nur möglich, wenn die Rendite der Investition vor Steuern 16,67% beträgt.

Anders sieht die Argumentation aus, wenn es sich bei der Steuer nicht um eine allgemeine, sondern um eine diskriminierende Unternehmensteuer handelt. Als eine solche kann die Gewerbeertragsteuer nach deutschem Recht betrachtet werden, da sie nur die Vorteilhaftigkeit der Investitionen in Gewerbebetrieben, nicht aber bei land- und forstwirtschaftlichen Betrieben oder freien Berufen vermindert. Wird mit dem Kapitalwertkalkül gerechnet und "... werden gleichzeitig allgemeine und diskriminierende Gewinnsteuern erhoben, dann darf im Kalkulationszinsfuß nur die allgemeine Gewinnsteuer berücksichtigt werden."[713] Wer mit Eigenkapitalkosten vor Steuern rechnet, kann dies nicht mit dem Verweis auf eine Unternehmensteuer begründen; stichhaltig ist nur der Verweis auf eine diskriminierende Steuerart.

Eine Rechnung mit Eigenkapitalrenditen vor Steuern unterstellt am Kapitalmarkt eine steuerbefreite Zwischenanlage, zu der Zahlungsüberschüsse der Periode angelegt werden können. Wie plausibel diese Annahme ist, kann nur bei Kenntnis des Steuersystems beantwortet werden. Im allgemeinen dürften gute Gründe bestehen, Eigenkapitalkosten nach Steuern zu verwenden. Der Steuereinfluß kann jedoch bereits implizit bei der Ermittlung der Eigenkapitalkosten erfaßt worden sein. In einem solchen Fall kann auf explizite Anpassung verzichtet werden.

Wie sind die Unternehmensertragsteuern - Körperschaft- und Gewerbeertragsteuer - im Kalkül zu berücksichtigen? Die Vorschläge von BÜHNER sind fehlerhaft oder unklar:[714]

---

[712] Schreiber, U., [Unternehmensbesteuerung], a.a.O., S. 26. Vgl. Volpert, V., a.a.O., S. 42f., m.w.N.
[713] Schneider, Dieter, [Investition], a.a.O., S. 269. Schneider sieht in einem solchen Fall das Kapitalwertkalkül nur als zweitbeste Lösung.
[714] Vgl. Bühner, R., [Management-Wert-Konzept], a.a.O., S. 45-47, S. 57, siehe auch das Beispiel auf S. 58.

- Es bleibt offen, wie das *Tax Shield* berücksichtigt wird. Die Ertragsteuerzahlung des Unternehmens soll durch einen pagatorischen Steuersatz von 60% auf den EBIT berücksichtigt werden. Wie der Steuersatz ermittelt wird, bleibt offen. Werden die effektiv gezahlten Steuern vergangener Abschlüsse auf den Cash-flow vor Zinsen bezogen, werden auch nur die effektiv gezahlten Steuern im Steuersatz erfaßt. Das *Tax Shield* wird im Zähler berücksichtigt (*Total Cash Flow*-Ansatz); die "Lehrbuchformel" mit den steuerangepaßten Fremdkapitalkosten führt zu falschen Ergebnissen (vgl. S. 109f.). Die durchgeführte Beispielrechnung gibt keinen Aufschluß.[715] Zudem wird mit Eigenkapitalkosten vor Steuern gerechnet. Die Annahme muß nicht verkehrt sein, sollte aber begründet werden.

- Die bei BÜHNER ermittelten Bruttorenditen sind falsch. Zum einen wird übersehen, daß die Gewerbeertragsteuer ihre eigene Bemessungsgrundlage vermindert (§§ 6f. GewStG i.V.m. § 4 Abs. 4 EStG). Der effektive Gewerbeertragsteuersatz beläuft sich bei einem Hebesatz von 400% nicht auf 20%, sondern nur auf 16,66%.[716] Zum anderen werden die Ertragsteuersätze auf die Nettorendite bezogen. Basis für die Ertragsteuerbelastung ist aber nicht die Netto-, sondern die Bruttorendite. Die Aussage, daß die Bruttorendite das 1,7-fache der Nettorendite ist, unterstellt einen Steuersatz von 41,18% auf die Bruttorendite.[717]

- Nach deutschem Steuerrecht ist die auf der Ebene der Kapitalgesellschaft gezahlte Körperschaftsteuer eine Interimsteuer, die bei Ausschüttung in einem zweistufigen Verfahren rückgängig gemacht wird; zunächst als Körperschaftsteuerminderung auf Unternehmensebene (§ 27 KStG), anschließend als Anrechnungsanspruch auf die persönliche Einkommensteuer der Anteilseigner (§ 36 Abs. 2 Nr. 3 EStG). Steuerwirkungen ergeben sich nur aufgrund der zeitlichen Verschiebung durch die Thesaurierung. Aus der Sicht der Anteilseigner sind Dividenden nur mit der persönlichen Einkommensteuer belastet, die nicht erfaßt werden soll.

BÜHNER unterstellt bei der Ermittlung der Steuerlast eine vollständige Thesaurierung der Gewinne, anschließend werden dann aber die nach Abzug der Steuerzahlungen bei vollständiger Thesaurierung verbleibenden Cash-flows ausgeschüttet; diese Vorgehensweise ist inkonsistent. Die Körperschaftsteuer wird zur Unternehmenssteuer, die für die Eigentümer verloren ist.[718]

---

[715] Vgl. Bühner, R., [Management-Wert-Konzept], a.a.O., S. 58f.

[716] Vgl. Bühner, R., [Management-Wert-Konzept], a.a.O., S. 46.

[717] Vgl. Bühner, R., [Management-Wert-Konzept], a.a.O., S. 47.

[718] Ähnlich geht auch ein Bewertungsvorschlag von Richter, Frank/ Stiglbrunner, Konrad, Anhang C: Anwendung des Unternehmenswert-Konzeptes in Deutschland, in: Copeland, Tom/ Koller, Tim/ Murrin, Jack, Unternehmenswert. Methoden und Strategien für eine wertorientierte Unternehmensführung, Frankfurt am Main, New York 1993, S. 409-424, hier S. 413, vor; die Autoren stellen deutlich heraus, daß keine Vollausschüttung erfolgt und die gezahlte Körperschaftsteuer auf diese thesaurierten Beträge für den Eigentümer "verloren" ist.

In den Überlegungen HAFNERs wird ein nicht anrechnungsberechtigter Eigentümer unterstellt, für den die Ausschüttungsbelastung von 36% zur Definitivsteuer wird.[719] Er hat einen anderen Bewertungshintergrund als BÜHNER.

Im folgenden sollen die Implikationen einer Vollausschüttung herausgearbeitet werden.[720] Die Unterstellung wird auch kritisiert, da die ermittelten Unternehmenswerte angeblich zu hoch ausfallen.[721] Ausgangspunkt für die Diskussion[722] ist der Erwartungswert eines aus dem Projekt zeitlich unbeschränkt fließenden, uniformen Basiszahlungsstroms in Höhe von X^{Basis}[723] durch Thesaurierung kann dieser Betrag in der Zukunft gesteigert werden. Die Bemessungsgrundlage der Körperschaftsteuer entspricht dem Einzahlungsüberschuß. Außerdem wird ein vollständig eigenfinanziertes Unternehmen unterstellt; die Kapitalkosten betragen k*. In jeder Periode kann ein bestimmter Teil (b) des Einzahlungsüberschusses investiert werden, wobei vereinfachend eine unendlich lang geltende Rendite vor Steuern ($ROIC^{vSt}$) unterstellt wird. Der Steuersatz der Körperschaftsteuer für thesaurierte Gewinne beträgt 50%; der Zahlungsstrom in der Periode 2 beläuft sich auf:

$$X_2 = X^{Basis} + 0,5 \cdot ROIC^{vSt} \cdot b \cdot X^{Basis} = \left(1 + 0,5 \cdot ROIC^{vSt} \cdot b\right) \cdot X^{Basis}$$

In der Periode 2 werden $\left(1-b\right)\left(1+0,5 \cdot ROIC^{vSt} \cdot b\right)X^{Basis}$ ausgeschüttet. Die Ausschüttung für die Periode t (t = 1,.., ∞) beträgt

$$\left(1-b\right)\left(1+0,5 \cdot ROIC^{vSt} \cdot b\right)^{t-1} X^{Basis}. \qquad \text{3.2.3.-1}$$

Die Einzahlungsüberschüsse wachsen in jeder Periode um den Faktor $0,5 \cdot b \cdot ROIC^{vSt}$. Der gesamte Beitrag des Projekts zum Unternehmenswert beläuft sich auf

$$EK = \frac{(1-b)X^{Basis}}{k*-0,5 \cdot b \cdot ROIC^{vSt}}. \qquad \text{3.2.3.-2}$$

Bei Vollausschüttung (b = 0) ergibt sich die bekannte Rentenformel. Eine solche Vereinfachung ergibt sich auch, wenn für das Verhältnis von interner Rendite zu Kapitalkosten gilt: $ROIC^{vSt}$ = 2·k*. Dann folgt

---

[719] Vgl. Hafner, R., [Unternehmensbewertungen], a.a.O., S. 85.

[720] In der traditionellen Unternehmensbewertung wird diese Unterstellung von zahlreichen Autoren vertreten. Vgl. Moxter, A., [Grundsätze], a.a.O., S. 177; siehe auch die Zusammenstellung bei List, Stephan, Die Bewertung der GmbH, Frankfurt am Main et al. 1987, S. 195, m.w.N.

[721] Vgl. Maul, Karl-Heinz, Probleme der prognose-orientierten [Unternehmensbewertung], in: ZfB, 49. Jg. (1979), S. 107-117, hier S. 108f.

[722] Vgl. zu diesen Überlegungen Wagner, Franz W./ Dirrigl, Hans, Der Einfluß der [Körperschaftsteuer] auf den Unternehmenswert, in: BFuP, 33. Jg. (1981), S. 130-145, hier S. 141-143.

[723] Der Zahlungsstrom setzt sich aus den laufenden Ein- und Auszahlungen incl. Ersatzinvestitionen abzüglich gezahlter Zinsen. Wir unterstellen einen Equity-Ansatz.

$$EK = \frac{(1-b)X^{Basis}}{k*-b\cdot k*}$$

$$EK = \frac{(1-b)X^{Basis}}{(1-b)k*} = \frac{X^{Basis}}{k*}$$

3.2.3.-3

Nur wenn die Investitionsrendite der thesaurierten Zahlungen doppelt so hoch wie der Kapitalkostensatz ist, ist es unschädlich, wenn die tatsächliche Ausschüttung nicht mit der unterstellten zusammenfällt. Diese Implikation ist der Hintergrund für die kritisierte Fiktion der Vollausschüttung, da vermutet wird, daß dies nur schwer erreicht wird.[724]

Wie sieht die Bewertung aus, wenn die Unternehmensleitung bereits alle Investitionen durchgeführt hat, die zu einer Wertsteigerung des Vermögens führen? Die Investitionsrendite für verbleibende Projekte beträgt:

$$ROIC^{vSt} = 2\cdot k*\cdot\delta \qquad \text{mit } \delta < 1 \text{ (suboptimale Einbehaltung)}$$

Wird $ROIC^{vSt}$ in 3.2.3.-2 eingesetzt, so ergibt sich nach wenigen Umformungen:

$$EK = \frac{\frac{(1-b)}{(1-b\delta)}X^{Basis}}{k*} < \frac{X^{Basis}}{k*}$$

3.2.3.-4

Da $\delta < 1$ ist, sinkt der errechnete Unternehmenswert. Eine Vollausschüttung ist nicht nur eine Vereinfachung, sie ist geboten. Für die Geschlossenheit des Konzepts ist eine Vollausschüttung der Einzahlungsüberschüsse zwingend, wenn die Unternehmensleitung bereits alle Projekte durchgeführt hat, die zu einer Wertsteigerung führen.

Würde thesauriert, dann müßten zudem Annahmen über die Investitionsrenditen des thesaurierten Betrags getroffen werden. Damit wird die Wertsteigerung eines Projektes von den Renditen anderer Projekte abhängig; eine isolierte Wertermittlung ist nicht möglich. Außerdem können die Einzahlungsüberschüsse von Projekten nicht mit der Ausschüttungsentscheidung des gesamten Unternehmens verbunden werden. Innerhalb der Planungsphase ist die Annahme der Vollausschüttung nicht nur eine vertretbare, sondern eine erforderliche Annahme, um den Kalkül zu partialisieren. Die Steuerberücksichtigung reduziert sich auf die Gewerbeertragsteuer.[725]

Bei der Bewertung eines Projekts müssen die Kapitalkosten mit dem Grenzsteuersatz und nicht mit dem durchschnittlichen Steuersatz angepaßt werden. Der Stufentarif der Gewerbesteuer vom Ertrag für Gewerbebetriebe, die von natürlichen Personen und Personengesellschaften

[724] Vgl. Maul, K.-H., [Unternehmensbewertung], a.a.O., S. 108f.
[725] Keine Regel ohne Ausnahme: Ein Sonderfall ergibt sich bei der Bewertung einer finanziellen Restrukturierung eines Unternehmens. Hier müssen die Wirkungen der Körperschaftsteueranrechnungsguthaben bzw. des verwendbaren Eigenkapitals explizit erfaßt werden. Vgl. Hötzel, Oliver, Die steuerliche Relevanz des verwendbaren Eigenkapitals beim Unternehmenskauf, in: DStR, 31. Jg. (1993), S. 712-714.

betrieben werden (§ 11 Abs. 2 Nr. 1 GewStG), bereitet keine Probleme; es wird mit der Steuer-meßzahl von 5% gerechnet: Diese (Grenz-)Steuermeßzahl gilt zwar erst ab einem Gewerbeertrag von 144.000 DM,[726] so daß formal auch geringere Grenzsteuersätze zutreffen können, wegen der geringen Höhe des Betrags dürfte dieser Fall irrelevant sein. Für Kapitalgesellschaften gilt ohne-hin der lineare Tarif; Grenz- und Durchschnittssteuersatz stimmen überein.

Als weitere Besonderheit der Gewerbesteuer vom Ertrag mindern die Zinsen (für Dauerschuld-verhältnisse) die Bemessungsgrundlage nicht voll, sondern nur zur Hälfte. Bei Fremdfinanzierung wird nur ein *Tax Shield* für den halben Bestand an (Dauerschuld-)Verbindlichkeiten aufgebaut. Beim *Flow to Equity*-Ansatz und *Total Cash Flow*-Ansatz, die beide die effektiven Steuerzahlungen erfassen, ergeben sich keine besonderen Probleme, da sich lediglich die Bemessungsgrundlage verändert hat: Die benötigten Informationen - die Höhe der Zinszahlungen - müssen bekannt sein, um die Zahlungen an die Eigentümer oder den *Total Cash Flow* ermitteln zu können. Ob die Eigenkapitalkosten steuerlich angepaßt werden sollen, hängt davon ab, ob es realistisch er-scheint, eine gewerbesteuerfreie Alternative zu finden.

Beim WACC- oder APV-Ansatz ergeben sich beim Zähler keine Unterschiede, da nicht auf die effektiv, sondern auf die fiktiv, bei vollständiger Eigenfinanzierung gezahlten Steuern abgestellt wird. Korrigiert wird der Nenner bzw. der Steuerwert: Beim WACC-Ansatz müssen die Fremd-kapitalkosten nicht um (1-s) korrigiert werden, sondern um (1-0,5s), da durch die Fremdfinanzie-rung auch nur das "halbe" *Tax Shield* aufgebaut wird.[727] Beim APV-Ansatz ist der Wert $0,5 \cdot s \cdot k_{FK} \cdot$ FK_{t-1} an Stelle von $s \cdot k_{FK} \cdot FK_{t-1}$ als Steuerwert zu diskontieren.

3.2.4. Risikobewertung

Die Risikobewertung erfolgt im Rahmen von Sensitivitäts- und Risikoanalysen der aufgestellten Cash-flow-Szenarien.[728] Auf diese Weise wird offengelegt, wie sensibel das Ergebnis auf einzelne Datenänderungen reagiert und in welchem Schwankungsintervall die Zielgröße vermutlich liegt.[729] Sensitivitätsanalysen werden als Alternativenrechnungen und zur Bestimmung kritischer Werte herangezogen. Beim Verfahren der kritischen Werte wird gefragt, wie stark die Eingangs-größen schwanken dürfen, ohne vorgegebene Grenzwerte zu unter- bzw. zu überschreiten.[730]

[726] Der Betrag ergibt sich aus dem Freibetrag für natürliche Personen von 48.000 DM (§ 11 Abs. 1 S. 3 Nr. 1 GewStG) und den vier Stufenbeträgen von je 24.000 DM (§ 11 Abs. 2 Nr. 1 GewStG).

[727] Vgl. Richter, F./ Stiglbrunner, K., a.a.O., S. 424.

[728] Vgl. Rappaport, A., [Creating], a.a.O., S. 109-115, S. 123f.; Copeland, T./ Koller, T./ Murrin, J., a.a.O., S. 131f.; Weston, J. F./ Chung, K. S./ Hoag, S. E., a.a.O., S. 185-187.

[729] Vgl. Perridon, L./ Steiner, Manfred, a.a.O., S. 102; Kruschwitz, Lutz, Investitionsrechnung, 4. Aufl., Berlin, New York 1990, S. 267; Blohm, H./ Lüder, K., a.a.O., S. 234f.; Kappler, E./ Rehkugler, H., a.a.O., S. 949.

[730] Vgl. Perridon, L./ Steiner, Manfred, a.a.O., S. 100; Blohm, H./ Lüder, K., a.a.O., S. 235; Kappler, E./ Reh-kugler, H., a.a.O., S. 949.

Der Grenzwert einer Wertsteigerung ist erreicht, wenn der *Discounted Cash Flow* Null beträgt. Diese Überlegungen liegen der Bestimmung der *Threshold Margin* bzw. *Incremental Threshold Margin* zugrunde.[731] Damit werden die Schwellenwerte der Umsatzrentabilität bestimmt, die eine Wertsteigerung noch ermöglichen. Bei der Alternativenrechnung werden Eingangsgrößen verändert, um zu erkennen, innerhalb welcher Bandbreiten der *Discounted Cash Flow* schwankt.[732]

Bei den Alternativenrechnungen werden die Wertgeneratoren pauschal um bestimmte Prozentpunkte oder aufgrund der aufgestellten Szenarien variiert, um die resultierenden prozentualen Auswirkungen auf den Unternehmenswert zu bestimmen. Auf diese Weise sollen die besonders empfindlichen Parameter identifiziert werden, bei deren Schätzung besondere Vorsicht geboten ist (Empfindlichkeitsrechnung).[733] Werden mehrere Parameter variiert, so werden implizit funktionale Abhängigkeiten zwischen diesen Größen unterstellt, die ordnungsgemäß wiedergegeben werden müssen.[734] Bei einer pauschalen Veränderung werden jedoch kausale Ursachen vernachlässigt; da keine Informationen über den Schwankungsbereich bekannt sind, ist das Vorgehen inhaltlich nicht begründet.[735]

Die Sensitivitätsanalyse kann problemlos zu einer Risikoanalyse ausgebaut werden, mit deren Hilfe eine Wahrscheinlichkeitsverteilung über den *Discounted Cash Flow* ermittelt wird. Die Verfahren der Risikoanalyse sind durch folgende Grundstruktur gekennzeichnet: Zunächst müssen für die einzelnen Wertgeneratoren eines Objekts Wahrscheinlichkeiten bestimmt werden. In einem zweiten Schritt wird versucht, aus diesen Parameterschätzungen die Wahrscheinlichkeit der Zielgröße - des *Discounted Cash Flow* - zu bestimmen. Um die Verteilung des *Discounted Cash Flow* aus der Verteilung der Wertgeneratoren zu ermitteln, existieren grundsätzlich zwei Verfahren: die rechnerische Aggregation der Verteilungen (analytische Methode)[736] oder die näherungsweise Bestimmung durch Simulation.[737] Da das analytische Verfahren bei komplexen Modellstrukturen versagt, wird die Risikoanalyse weitgehend in der Form der Simulation durchgeführt.[738] Durch die Simulation wird versucht, das Zusammenwirken der einzelnen Zufallsvariablen durch künstliche Zufallsexperimente nachzuspielen.[739] Zunächst werden Annahmen über

731 Vgl. Rappaport, A., [Creating], a.a.O., S. 69-74.
732 Vgl. Perridon, L./ Steiner, Manfred, a.a.O., S. 102; Blohm, H./ Lüder, K., a.a.O., S. 234f.; Kappler, E./ Rehkugler, H., a.a.O., S. 949; Suckut, S., a.a.O., S. 91.
733 Vgl. Rappaport, A., [Creating], a.a.O., S. 113-115; Copeland, T./ Koller, T./ Murrin, J., a.a.O., S. 132; Weston, J. F./ Chung, K. S./ Hoag, S. E., a.a.O., S. 185-187; Ganz, M., a.a.O., S. 323-326.
734 Vgl. Blohm, H./ Lüder, K., a.a.O., S. 239; Perridon, L./ Steiner, Manfred, a.a.O., S. 103; Ross, S. A./ Westerfield, R. W./ Jaffe, J. F., a.a.O., S. 231.
735 Vgl. Schirmeister, Raimund, Modell und Entscheidung, Stuttgart 1981, S. 52.
736 Vgl. Blohm, H./ Lüder, K., a.a.O., S. 263. Zur Darstellung der analytischen Methode vgl. ebenda, S. 247-254; Bitz, Michael, Investition, in: Bitz, Michael et al. (Hrsg.), Vahlens Kompendium der Betriebswirtschaftslehre, Bd. 1, 3. Aufl., München 1993, S. 457-519, hier S. 502-505; ursprünglich Hillier, Frederick S., The Derivation of Probabilistic Information for Evaluation of Risky Investments, in: MSc, Vol. 9 (1963), S. 443-457.
737 Vgl. Blohm, H./ Lüder, K., a.a.O., S. 252.
738 Vgl. Blohm, H./ Lüder, K., a.a.O., S. 263.
739 Vgl. Bitz, M., a.a.O., S. 500-502; Hertz, David, Risikoanalyse bei Investitionen, in: HM, Investition und Finanzierung, Bd. 1, Hamburg 1985, S. 24-37. Zur Anwendung der Simulation im Rahmen der Unternehmensbe-

die Verteilung der Schätzwerte der Parameter benötigt. Die ermittelten Verteilungen können diskret oder stetig sein, auch die Form ist beliebig. Sind die Parameter diskret formuliert und nicht zu zahlreich, kann eine Vollenumeration erfolgen.[740]

Im Rahmen der Simulation wird für jede Verteilung der Wertgeneratoren ein Wert durch Ziehen von Zufallszahlen bestimmt.[741] Die Verteilung der Zahlen in der Stichprobe folgt der Verteilung über die Wertgeneratoren. Mit Hilfe der für alle Wertgeneratoren gezogenen Werte wird der zugehörige *Discounted Cash Flow* errechnet. Dieser Vorgang wird wiederholt, bis die vorgegebene Anzahl von Simulationsläufen erreicht ist. Die Ergebnisse der Simulation werden oft als Risiko-Chancen-Profil des *Discounted Cash Flow* dargestellt. Ein solches Profil zeigt, mit welcher Wahrscheinlichkeit ein Wert mindestens erreicht wird. Erwartungswert, Varianz und 95%-Schranken der Verteilung können dem Investor als Entscheidungshilfe an die Hand gegeben werden.

Sensitivitäts- und Risikoanalysen können das Problem der Entscheidung unter Unsicherheit nicht lösen. Die errechneten Unternehmenswerte sind Stichprobenwerte aus der Häufigkeitsverteilung möglicher Unternehmenswerte, keine Aggregate für diese Verteilung.[742] Sie geben lediglich einen groben Einblick, wie sich die Unsicherheit auswirken kann.[743] Eine Entscheidungsregel zwischen den verschiedenen Unternehmenswerten wird nicht geliefert. Dies ist jedoch auch nicht das Ziel der Sensitivitätsanalyse.[744]

Nicht nur das Konzept, sondern auch die Umsetzung ist angreifbar. Die Cash-flow-Reihen werden entsprechend einer optimistischen, pessimistischen oder wahrscheinlichsten Einschätzung der Umweltentwicklungen angesetzt (2.3.3.3.4.) und mit einem risikoangepaßten Zinsfuß diskontiert. Die Diskontierung mit einem risikoangepaßten Zinsfuß impliziert Erwartungswerte der Cash-flows. Wie die hinter dem Erwartungswert liegende Bandbreite beschaffen ist, wird nicht problematisiert. Innerhalb der Unsicherheitsbandbreiten, die **durch** Szenarien geschaffen wurden, liegen weitere Bandbreiten **in** den Szenarien, die nicht offengelegt werden.[745] Die Unsicherheit kann daher doppelt berücksichtigt werden: Zum einen bei der Bewertung durch risikoangepaßte Zinsfüße, zum anderen bei der endgültigen Entscheidung über den Betrag der Wertsteigerung, wenn ein Unternehmenswert aus der ermittelten Bandbreite bestimmt werden muß. Wird nicht auf den Erwartungswert aggregiert, wird die Unsicherheit doppelt erfaßt.

---

wertung vgl. Coenenberg, Adolf Gerhard, Unternehmensbewertung mit Hilfe der [Monte-Carlo]-Simulation, in: ZfB, 40. Jg. (1970), S. 793-804; Bretzke, W.-R., [Prognoseproblem], a.a.O., S. 189-193; Sewing, P., a.a.O., S. 286-291.

[740] Vgl. Siegel, Theodor, Unternehmensbewertung, Unsicherheit und Komplexitätsreduktion, in: BFuP, 46. Jg. (1994), S. 457-476.

[741] Vgl. Bitz, M., a.a.O., S. 500.

[742] Vgl. Suckut, S., a.a.O., S. 92.

[743] Vgl. Kruschwitz, L., a.a.O., S. 271; Blohm, H./ Lüder, K., a.a.O., S. 239.

[744] Vgl. Gerling, C., a.a.O., S. 223.

[745] Vgl. Ballwieser, W., [Methoden], a.a.O., S. 166.

3.3. *Discounted Cash Flow* und Wertsteigerungsanalyse

3.3.1. *Discounted Cash Flow*-Ansätze auf der Basis von Wertgeneratoren

Im folgenden werden drei DCF-Modelle vorgestellt, die eine schematische Wertsteigerungsrechnung mit Hilfe der Wertgeneratoren ermöglichen sollen. Es handelt sich um Marktwert-Buchwert-Modelle, das Konzept der zukünftigen Investitionsmöglichkeiten von MILLER und MODIGLIANI sowie das Umsatzrendite-Modell von RAPPAPORT.

Marktwert-Buchwert-Modelle sind frühe Operationalisierungen des Kapitalwertkalküls im Rahmen der Wertsteigerungsanalyse. Sie bilden zum einen das Verhältnis des Barwertes der künftig erwarteten Dividenden zu bislang aufgewandten Ressourcen ab,[746] zum anderen stellen sie auf die Unterschiede zwischen dem *Return on Equity* (ROE) und den Eigenkapitalkosten ab. Bei der Bestimmung der Buchwertgrößen sollen die Verzerrungen durch Posten, die nach den Vorschriften des Bilanzrechts nicht zu bilanzieren sind, beseitigt werden. Bestimmte Ausgaben, wie für Werbung oder Forschung und Entwicklung, sind zu aktivieren; Vermögensgegenstände sind zu Wiederbeschaffungskosten anzusetzen.[747]

Der Wert der künftig erwarteten Zahlungen an die Eigentümer wird mit Hilfe eines unendlichen, konstant wachsenden Dividendenstroms ermittelt:[748]

$$M = \frac{Div_1}{k_{EK} - g_{DIV}}, \qquad g_{Div} < k_{EK}, \qquad \qquad 3.3.1.-1$$

mit Div_1 = Dividende der ersten Periode
k_{EK} = Eigenkapitalkosten
g_{Div} = Wachstumsrate der Dividenden
M = Marktwert des Eigenkapitals, Kapitalwert der Dividenden

Zur Bestimmung der Dividende werden Buchwertgrößen herangezogen. Es muß unterstellt werden, daß genügend Liquidität vorhanden ist, um eine Ausschüttung vorzunehmen. Die Größen des Modells sind als Erwartungswerte zu interpretieren, was in den Modellen nicht angeführt wird. Die Dividende der ersten Periode wird durch die Verzinsung (ROE) des zu Beginn der Periode vorhandenen bilanziellen Eigenkapitals (B) und der Thesaurierungsquote (b) abgebildet:

$$Div_1 = B \cdot ROE - B \cdot ROE \cdot b$$
$$Div_1 = B \cdot (ROE - ROE \cdot b) \qquad \qquad 3.3.1.-2$$

---

[746] Vgl. Shapiro, Alan C., [Corporate], a.a.O., S. 333; Hax, Arnoldo C./ Majluf, N. S., a.a.O., S. 228.

[747] Vgl. Fruhan, W. E., [Financial], a.a.O., S. 35, S. 38-41; Hax, Arnoldo C./ Majluf, N. S., a.a.O., S. 228; Shapiro, Alan C., [Corporate], a.a.O., S. 334; Florin, G., a.a.O., S. 85.

[748] Vgl. Shapiro, Alan C., [Corporate], a.a.O., S. 335; Woo, C., [Strategic], a.a.O., S. 159f.; Knyphausen, D. zu, a.a.O., S. 340. Die Überlegungen basieren auf dem Gordon Wachstumsmodell. Vgl. Gordon, Myron J., The Investment, Financing, and Valuation of the Corporation, Westport 1962, S. 43-46.

Da das Produkt aus Eigenkapitalrendite und Thesaurierungsquote der Wachstumsrate der Dividenden entspricht (vgl. S. 56), gilt

$$\text{Div}_1 = B \cdot (\text{ROE} - g_{\text{Div}})$$

Wird dieser Ausdruck in die Kapitalisierungsformel eingesetzt, folgt

$$M = \frac{B \cdot (\text{ROE} - g_{\text{Div}})}{k_{EK} - g_{\text{Div}}}$$

$$\frac{M}{B} = \frac{\text{ROE} - g_{\text{Div}}}{k_{EK} - g_{\text{Div}}}$$

3.3.1.-3

Das Modell wurde zu einem Phasenmodell ausgebaut, bei dem nur für eine begrenzte Zahl von T Jahren ein konstantes Wachstum unterstellt wird, das dann schlagartig aufhört.[749] Für die Zeit nach dem Planungshorizont wird ein uniformer Einkommensstrom unterstellt, bei dem Eigenkapitalrendite und Kapitalkosten übereinstimmen, so daß der Marktwert am Planungshorizont dem zum Zeitpunkt T+1 geltenden Buchwert $(B(1+g_{\text{Div}})^T)$ entspricht. Es ergibt sich folgende Formel mit $B(\text{ROE} - g_{\text{Div}})$ als dem Zahlungsstrom der ersten Periode, der mit der konstanten Rate $g_{\text{Div}} < k_{EK}$ jede Periode wächst:[750]

$$M = \sum_{t=1}^{T} \frac{B \cdot (\text{ROE} - g_{\text{Div}})(1 + g_{\text{Div}})^{t-1}}{(1 + k_{EK})^t} + \frac{B(1 + g_{\text{Div}})^T}{(1 + k_{EK})^T}$$

$$\frac{M}{B} = (\text{ROE} - g_{\text{Div}}) \sum_{t=1}^{T} \frac{(1 + g_{\text{Div}})^{t-1}}{(1 + k_{EK})^t} + \frac{(1 + g_{\text{Div}})^T}{(1 + k_{EK})^T}$$

3.3.1.-4

Der Wert der Summe entspricht der Summe einer endlichen geometrischen Reihe mit der "Wachstumsrate" $w = (1+g_{\text{Div}})/(1+k_{EK}) < 1$ und dem Startwert $1/(1+k_{EK})$:

$$\sum_{t=1}^{T} \frac{(1 + g_{\text{Div}})^{t-1}}{(1 + k_{EK})^t} = \frac{1}{1 + k_{EK}} \cdot \frac{\left(\frac{1 + g_{\text{Div}}}{1 + k_{EK}}\right)^T - 1}{\left(\frac{1 + g_{\text{Div}}}{1 + k_{EK}}\right) - 1} = \frac{1 - \left(\frac{1 + g_{\text{Div}}}{1 + k_{EK}}\right)^T}{k_{EK} - g_{\text{Div}}}$$

3.3.1.-5

Daraus folgt für M/B:[751]

$$\frac{M}{B} = \left(\frac{\text{ROE} - g_{\text{Div}}}{k_{EK} - g_{\text{Div}}}\right) \cdot \left[1 - \left(\frac{1 + g_{\text{Div}}}{1 + k_{EK}}\right)^T\right] + \left(\frac{1 + g_{\text{Div}}}{1 + k_{EK}}\right)^T$$

3.3.1.-6

---

[749] Vgl. Fruhan, W. E., [Financial], a.a.O., S. 12f. Die Überlegungen basieren auf Malkiel, Burton G., Equity Yields, [Growth] and the Structure of Share Prices, in: AER, Vol. 53 (1963), S. 1004-1031, hier S. 1011.

[750] Vgl. Hax, Arnoldo C./ Majluf, N. S., a.a.O., S. 236; Florin, G., a.a.O., S. 86; Woo, C., [Strategic], a.a.O., S. 161.

[751] Vgl. Hax, Arnoldo C./ Majluf, N. S., a.a.O., S. 236; Florin, G., a.a.O., S. 86.

Aus der M/B-Relation leiten sich folgende Vorteilskriterien ab:[752] Wenn das M/B-Verhältnis größer (kleiner) Eins ist bzw. wenn der *Return on Equity* über (unter) den Kapitalkosten liegt, wird Wert für die Eigentümer geschaffen (vernichtet). Ist eine Auswahl von Strategien zu treffen, ist die mit der größten, über Eins liegenden M/B-Relation bzw. dem höchsten Renditeüberschuß zu wählen.[753] Die Vorteilhaftigkeit des Projekts wird von der Differenz zwischen dem *Return on Equity* und den Eigenkapitalkosten (Renditeüberschuß) sowie der Thesaurierungsquote bestimmt.[754] Marktwert-Buchwertmodelle werden aber nicht nur bei der Projektevaluation verwandt; weiterführende Überlegungen wollen auch einen Unternehmenswert mit Hilfe der M/B-Relation und dem eingesetzten Kapital bestimmen (Multiplikatormethode).[755] In empirischen Untersuchungen wird versucht, den Zusammenhang zwischen der rechnerischen Marktwert-Buchwert-Relation und dem Börsenkurs nachzuweisen bzw. zu begründen.[756]

Ein weiteres vereinfachendes Modell, das explizit auf die Wertgeneratoren zurückgreift, basiert auf dem von MILLER und MODIGLIANI propagierten Konzept der Wachstumsmöglichkeiten zur Bewertung von Wachstumsaktien.[757] Ausgangspunkt ist die Überlegung, daß sich der Ergebnisstrom des Unternehmens aus den unendlich fließenden Zahlungsüberschüssen der vorhandenen Aktiva und den Zahlungen aus den Investitionen in zukünftigen Perioden zusammensetzt, wobei vereinfachend unterstellt wird, daß die Investitionen eine konstante Rendite (ROIC) erwirtschaften, die über den Kapitalkosten (k*) liegt. Wir gehen zunächst von einem vollständig eigenfinanzierten Unternehmen aus. Der Barwert dieses unendlichen Zahlungsstroms beträgt:[758]

$$I_t \cdot \frac{ROIC_t}{k^*} - I_t = I_t \left[\frac{ROIC_t - k^*}{k^*} \right] \qquad\qquad 3.3.1.-7$$

[752] Vgl. Shapiro, Alan C., [Corporate], a.a.O., S. 334f.; Hax, Arnoldo C./ Majluf, N. S., a.a.O., S. 232; Florin, G., a.a.O., S. 84f.; Mirow, M., a.a.O., S. 56. Fruhan, W. E., [Financial], a.a.O., S. 11-14.

[753] Vgl. Florin, G., a.a.O., S. 89. Dieser Vorteilsmaßstab bei Auswahlentscheidungen ist nicht unproblematisch. Vgl. 3.3.3.

[754] Vgl. Shapiro, Alan C., [Corporate], a.a.O., S. 337. Die Überlegungen werden von der Beratungsgesellschaft Marakon Ass. im Rahmen einer sog. Rentabilitätsmatrix eingesetzt; auf sie an dieser Stelle nicht eingegangen werden kann. Vgl. Hax, Arnoldo C./ Majluf, N. S., a.a.O., S. 249-252.

[755] So beispielsweise Buzzel, Robert D./ Gale, Bradley T., Das PIMS-Programm. Strategien und Unternehmenserfolg, Wiesbaden 1989, S. 185.

[756] Vgl. Fruhan, W. E., [Financial], a.a.O., S. 19-55; Hax, Arnoldo C./ Majluf, N. S., a.a.O., S. 244-246; Weston, J. F./ Copeland, T. E., a.a.O., S. 748-751; Woo, C., [Empirical], a.a.O., S. 1036-1047; Varaiya, Nikhil/ Kerin, Roger A./ Weeks, David, The Relationship between Growth, Profitability, and Firm Value, in: SMJ, Vol. 8 (1987), S. 487-497; Kerin, Roger A./ Varaiya, Nikhil, Mergers and Acquisitions in Retailing: A Review and Critical Analysis, in: JoR, Vol. 61 (1985), S. 9-34; Wilcox, Jarrod W., The P/B-ROE Valuation Model, in: FAJ, Vol. 40 (1984), Nr. 1, S. 58-66.

[757] Vgl. Miller, M. H./ Modigliani, F., [Bewertung], a.a.O., S. 276-279, S. 282, S. 295-297; Miller, Merton H./ Modigliani, Franco, Some [Estimates] of the Cost of Capital to the Electric Utility Industry, 1954-57, in: AER, Vol. 56 (1966), S. 333-391, hier S. 343f. Darauf aufbauend Stewart, G. Bennett, a.a.O., S. 315-318; Copeland, T./ Koller, T./ Murrin, J., a.a.O., S. 106; Weston, J. F./ Chung, K. S./ Hoag, S. E., a.a.O., S. 157f.; Weston, J. F./ Copeland, T. E., a.a.O., S. 716-719; Gregory, A., [Valuing], a.a.O., S. 163f., S. 176f.

[758] Vgl. Miller, M. H./ Modigliani, F., [Bewertung], a.a.O., S. 276f.; Fama, E. F./ Miller, M. H., a.a.O., S. 91.

mit   ROIC   = Rendite des eingesetzten Kapitals der Periode t
      k^* = Eigenkapitalkosten bei vollständiger Fremdfinanzierung
      I_t = Investition der Periode t

Der Barwert aller zukünftigen Wachstumsmöglichkeiten (WM) beläuft sich auf:[759]

$$WM = \sum_{t=1}^{T} I_t \cdot \left[\frac{ROIC_t - k^*}{k^*} \right] \cdot (1 + k^*)^{-t} \qquad 3.3.1.-8$$

Dieser Barwert aller zukünftigen Investitionsmöglichkeiten wird zum Barwert des uniformen Zahlungsstromes aus den vorhandenen Aktiva addiert, wobei die periodische Investition durch die Reinvestitionsrate und den Einzahlungsüberschuß der entsprechenden Periode abgebildet wird:

$$GK = \frac{E(\tilde{X}_1)(1-s)}{k^*} + \sum_{t=1}^{T} \frac{b_t \cdot E(\tilde{X}_t)(1-s)(ROIC_t - k^*)}{k^* \cdot (1 + k^*)^t} \qquad 3.3.1.-9$$

mit $E(\tilde{X}_t)$ = Einzahlungsüberschüsse der Periode t
      b_t = Reinvestitionsrate der Periode t

Wenn ROIC und die Reinvestitionsrate konstant gehalten werden, vereinfacht sich der exponentiell wachsende Einzahlungsüberschuß der Perioden:

$$E(\tilde{X}_t) = E(\tilde{X}_{t-1}) + ROIC \cdot I_{t-1}$$
$$E(\tilde{X}_t) = E(\tilde{X}_{t-1})(1 + bROIC)$$
$$E(\tilde{X}_t) = E(\tilde{X}_1)(1 + bROIC)^{t-1} \qquad 3.2.4.-1$$

Die Wachstumsrate der Einzahlungsüberschüsse entspricht bROIC. Der Barwert der Wachstumsmöglichkeiten ergibt sich aus:[760]

$$WM = \sum_{t=1}^{T} \left(\frac{ROIC - k^*}{k^*} \right) \cdot b(1-s)E(\tilde{X}_1)[1 + bROIC]^{t-1}(1 + k^*)^{-t}$$

$$WM = \frac{(1-s)bE(\tilde{X}_1)}{k^*} \frac{(ROIC - k^*)}{(1 + bROIC)} \sum_{t=1}^{T} \left(\frac{1 + bROIC}{1 + k^*} \right)^t \qquad 3.3.1.-10$$

[759] Wir folgen weitgehend der überarbeiteten Version von Fama, E. F./ Miller, M. H., a.a.O., S. 92f.; Weston, J. F./ Copeland, T. E., a.a.O., S. 716-719. In der ursprünglichen Version waren bereits im Zeitpunkt 0 Investitionen in "künftige Wachstumschancen" möglich, was wenig plausibel erscheint.

[760] Vgl. Fama, E. F./ Miller, M. H., a.a.O., S. 93; Weston, J. F./ Copeland, T. E., a.a.O., S. 718; Copeland, T. E./ Weston, J. F., a.a.O., S. 552. Siehe Miller, M. H./ Modigliani, F., [Bewertung], a.a.O., S. 282f., die auf-grund der unterschiedlichen Periodisierung der Investitionsmöglichkeiten eine andere Version erhalten.

Unterstellen wir konstante Renditen und Thesaurierungsquoten sowie ein Wachstum über endliche Perioden T,[761] so ergibt sich die Summe einer endlichen geometrischen Reihe mit dem Anfangsglied (1+bROIC)/(1+k*) und der Wachstumsrate (1+bROIC)/(1+k*):

$$\frac{1+bROIC}{1+k*} \cdot \frac{1-\left(\frac{1+bROIC}{1+k*}\right)^T}{1-\frac{1+bROIC}{1+k*}}$$

$$\left[1-\left(\frac{1+bROIC}{1+k*}\right)^T\right] \cdot \left[\frac{1+bROIC}{k*-bROIC}\right] \qquad 3.3.1.-11$$

eingesetzt in 3.3.1-10 folgt:

$$WM = \frac{(1-s)bE(\tilde{X}_1)}{k*} \cdot \frac{ROIC-k*}{k*-bROIC}\left[1-\left(\frac{1+bROIC}{1+k*}\right)^T\right] \qquad 3.3.1.-12$$

Der Unternehmenswert beträgt:

$$GK = \frac{(1-s)E(\tilde{X}_1)}{k'''}\left\{1+\frac{b(ROIC-k*)}{k*-bROIC}\left[1-\left(\frac{1+bROIC}{1+k*}\right)^T\right]\right\} \qquad 3.3.1.\ 13$$

Für $t \to \infty$ läßt sich die Formel auf das Gordon-Wachstumsmodell zurückführen;[762] da $(1+bROIC)/(1+k*)T$ gegen Null geht. Daraus folgt:

$$GK = \frac{(1-s)E(\tilde{X}_1)}{k*}\left[1+\frac{b(ROIC-k*)}{k*-bROIC}\right] = \frac{(1-s)E(\tilde{X}_1)(1-b)}{k*-bROIC} \qquad 3.3.1.-14$$

Wenn $(1+bROIC)/(1+k*)$ kaum von Eins abweicht und T nicht groß wird, gilt als Approximation:[763]

[761] Vgl. Miller, M. H./ Modigliani, F., [Bewertung], a.a.O., S. 295f., Fn. 15. Die Erweiterung auf unterschiedliche Wachstumsannahmen - exponentielles, konstantes, sinkendes Wachstum - kann dem Aufsatz von Mao, James C. T., The Valuation of Growth Stocks: The Investment Opportunities Approach, in: JoF, Vol. 21 (1966), S. 95-102, entnommen werden. Außer der Abbildung eines Drei-Phasen-Modells ergeben sich keine Modifikationen; daher wird auf die Darstellung verzichtet.

[762] Vgl. Fama, E. F./Miller, M. H., a.a.O., S. 90. Siehe auch Miller, M. H./ Modigliani, F., [Bewertung], a.a.O., S. 282f.

[763] Vgl. Miller, M. H./ Modigliani, F., [Estimates], a.a.O., S. 344; Copeland, T./ Koller, T./ Murrin, J., a.a.O., S. 106. Die Approximation ergibt sich aus den ersten zwei Gliedern der Taylor-Entwicklung der Funktion f(x) = x^T, mit x = (1+bROIC)/(1+k*); $x_0 \approx 1$. Vgl. Copeland, T. E./ Weston J. F., a.a.O., S. 555; Arditti, Fred D./ Pinkerton, John M., The Valuation and the Cost of Capital of the Levered Firm with Growth Opportunities, in: JoF, Vol. 33 (1978), S. 65-73, hier S. 69.

$$\left(\frac{1+bROIC}{1+k*}\right)^T \cong 1 + T\cdot(bROIC - k*)/(1+k*) \qquad 3.3.1.\text{-}15$$

In die Formel für den Unternehmenswert 3.3.1.-13 eingesetzt, folgt

$$GK \cong \frac{(1-s)E(\widetilde{X}_1)}{k*} + (1-s)bE(\widetilde{X}_1)\left(\frac{ROIC-k*}{k*(1+k*)}\right)\cdot T \qquad 3.3.1.\text{-}16$$

Wird die Fremdfinanzierung eingeführt, sind zwei Darstellungen in der Literatur zu finden:[764]

$$GL^{L,WACC} \cong \frac{(1-s)E(\widetilde{X}_1)}{k^{WACC}} + b(1-s)E(\widetilde{X}_1)\cdot\left(\frac{ROIC-k^{WACC}}{k^{WACC}(1+k^{WACC})}\right)\cdot T \qquad 3.3.1.\text{-}17$$

Statt auf den WACC-Ansatz kann auch auf den APV-Ansatz zurückgegriffen werden, indem der Wert der vorhandenen Vermögensgegenstände (*Assets in Place*) durch den Basiswert und das diskontierte *Tax Shield* abgebildet wird: (3.3.1.-18)[765]

$$GK^{L,gem.} \cong \frac{(1-s)E(\widetilde{X}_1)}{k*} + sFK + b(1-s)E(\widetilde{X}_1)\cdot\left(\frac{ROIC-k^{WACC}}{k^{WACC}(1+k^{WACC})}\right)\cdot T$$

Will man auch die Wachstumsmöglichkeiten als *Adjusted Present Value* ermitteln, steht man vor einem Problem: Während die Fremdfinanzierung beim WACC-Ansatz implizit über die gewogenen Kapitalkosten berücksichtigt wird, muß der Bestand an Fremdkapital beim APV-Ansatz explizit erfaßt werden. Damit die Kapitalstruktur des Unternehmens über die Zeit nicht verändert wird,[766] darf die Zielkapitalstruktur nicht auf das Investitionsbudget übertragen werden. Um die Kapitalstruktur des Budgets zu bestimmen, muß jedoch der Kapitalwert des Investition bereits bekannt sein; diese Größe wollen wir jedoch erst bestimmen. Die Vorschläge von Arditti und Pinkerton die Wachstumspotentiale als Adjusted Present Value zu bewerten, sind daher fragwürdig.[767]

Hinter dem Marktwert-Buchwert-Modell und dem Konzept der Wachstumsmöglichkeiten stehen relativ strenge Annahmen:[768] So verlangt eine konstante Wachstumsrate einen unveränderten Verschuldungsgrad, konstante Eigen- und Fremdkapitalkosten, konstante Renditen bezogen auf das Eigenkapital bzw. auf das eingesetzte Kapital; weiterhin darf das Ausschüttungsverhältnis nicht verändert werden. Die Emission von jungen Aktien ist nicht vorgesehen. Damit wird bereits in den ersten Jahren ein konstanter Bedingungsrahmen unterstellt, der die Realität nur sehr

---

[764] Vgl. Copeland, T./ Koller, T./ Murrin, J., a.a.O., S. 106; Stewart, G. Bennett, a.a.O., S. 315.
[765] Vgl. Miller, M. H./ Modigliani, F., [Estimates], a.a.O., S. 344; Copeland, T. E./ Weston, J. F., a.a.O., S. 556.
[766] Gordons Wachstumsmodell impliziert eine konstante Kapitalstruktur; vgl. Gordon, M. J., a.a.O., S. 103.
[767] Vgl. Arditti, F. D./ Pinkerton, J. M, a.a.O., S. 67-69.
[768] Vgl. Gordon, M. J., a.a.O., S. 44, S. 103; Hax, Arnoldo C./ Majluf, N. S., a.a.O., S. 228f.

vereinfacht abbildet.[769] Die Vorteile der M/B-Relation und des Konzepts der Wachstumsmöglichkeiten liegen daher vor allem auf der didaktischen Ebene: Eine positive Eigen- oder Gesamtkapitalrendite bedeutet noch keine Wertsteigerung; sie muß vielmehr über den Kosten des Kapitals liegen. Expansion allein leistet keinen Beitrag zur Wertsteigerung. Im Gegenteil: Die Wertvernichtung wird durch ein höheres Wachstum beschleunigt, wenn die Rendite des Eigenkapitals unter den Eigenkapitalkosten liegt. Schließlich wird auch der Einfluß der Reinvestitionsrate und die Dauer des Wettbewerbsvorteils auf die Wertsteigerung offensichtlich. Alle wichtigen Wertgeneratoren sind in den Bewertungsformel erfaßt.[770]

Bei der Herleitung der Modelle werden Zukunftsgrößen unterstellt. In der praktischen Anwendung wird insbesondere bei Marktwert-Buchwert-Modellen die Kapitalrendite aus der Analyse vergangener Jahresabschlüsse gewonnen. Damit wird ein Zusammenhang zwischen einer kurzfristigen, vergangenheitsorientierten Buchwertrendite und den ökonomischen Renditeerwartungen der Anleger hergestellt. Die Probleme, eine ökonomische Rendite durch eine Buchwertrendite zu approximieren,[771] werden vernachlässigt.[772] Dies wird deutlich, wenn man die detaillierten Vorschläge betrachtet, den Geschäftsjahreserfolg und das eingesetzte Kapital zu bereinigen.[773] Insbesondere die Bewertung anhand von M/B-Relationen kann nicht empfohlen werden.[774] Es werden vielmehr Multiplikatoren aus vergangenen Daten gewonnen, die mit der Investitionsauszahlung multipliziert werden, um eine Wertsteigerung zu bestimmen. Die Bedingungen und Ursachen für eine Wertsteigerung werden auf diese Weise mehr verdeckt als offengelegt.

Die Überlegungen, die im folgenden dargestellt werden, basieren auf den Wertgeneratoren von RAPPAPORT. Statt finanzwirtschaftlichen Größen wie Kapitalrenditen oder Reinvestitionsraten werden das Umsatzwachstum und die Kapitalintensität des Umsatzes herangezogen;[775] diese Wertgeneratoren sollen weniger abstrakt sein und mehr dem Verständnis von Managern "in der Linie" entsprechen.[776] Auch wenn ein Rentenmodell unterstellt wird, wäre grundsätzlich auch ein Wachstumsmodell mit unbeschränkter oder begrenzter Dauer möglich:[777]

---

[769] Vgl. Woo, C., [Strategic], a.a.O., S. 168.

[770] Vgl. Copeland, T./ Koller, T./ Murrin, J., a.a.O., S. 106; Stewart, G. Bennett, a.a.O., S. 318; Copeland, T. E./ Weston, J. F., a.a.O., S. 556.

[771] Vgl. Rappaport, A., [Creating], a.a.O., S. 31-45.

[772] Vgl. Fruhan, W. E., [Financial], a.a.O., S. 60f.

[773] Vgl. Fruhan, W. E., [Financial], a.a.O., S. 35-41; Stewart, G. Bennett, a.a.O., S. 87, S. 92f.

[774] Gleiches läßt sich auch über Tobins Q-Ratio sagen, dessen theoretische Grundagen den Marktwert-Buchwertmodellen entspricht. Zu Q-Ratios vgl. Reimann, B., [Managing], a.a.O., S. 24-32. Siehe aber auch das beispielhafte Vorgehen bei Copeland, T. E./ Weston, J. F., a.a.O., S. 602-607, Modell der Wachstumsmöglichkeiten.

[775] Vgl. Rappaport, A., [Selecting], a.a.O., S. 149; Woo, C., [Strategic], a.a.O., S. 162f.

[776] Vgl. Rappaport, A., [Creating], a.a.O., S. 69; Balachandran, B. V./ Nagarajan, N. J./ Rappaport, A., a.a.O., S. 69; Mills, R./ Robertson, J./ Ward, T., [Strategic Value], a.a.O., S. 49; Woo, C., [Strategic], a.a.O., S. 162, S. 164; Reichmann, T., a.a.O., S. 32.

[777] Vgl. Rappaport, A., [Creating], a.a.O., S. 72, der unterstellt, daß die Auszahlung, die zur Erzielung des Umsatzwachstums nötig ist, am Ende der ersten Periode erfolgt; dies ist jedoch inkonsistent, wenn bereits ab der ersten Periode dieser höhere Umsatz anfallen soll.

$$\Delta GK^L = \frac{\Delta U \cdot ROS(1-s)}{k^{WACC}} - \Delta U(in_{NWC} + in_{AV}) \qquad 3.3.1.-19$$

mit
ΔGK^L	= Veränderung des Unternehmenswertes
ΔU	= Umsatzwachstum
ROS	= Umsatzrendite
in_{NWC}, in_{AV}	= Kapitalintensität des Umsatzwachstums, definiert als Erweiterungsinvestitionen in das *Net Working Capital* und das Anlagevermögen bezogen auf den zusätzlichen Umsatz.

Aus der Anfangsinvestition fließt dem Unternehmen ein unendlicher, uniformer Rentenstrom zu. Die Anfangsauszahlung, die zur Erzielung des Umsatzwachstums getätigt wird, sollte jedoch nicht abgezinst werden, da sonst die erste Einzahlung und die Anfangsauszahlung zum gleichen Zeitpunkt in t = 1 anfallen; dies ist inkonsistent.

Die Formel zeigt den Einfluß des Umsatzwachstums auf die Wertsteigerung: Um eine Wertsteigerung zu erreichen, muß der Wert der Einzahlungen mindestens dem Wert der Auszahlungen entsprechen. Auf der Grundlage dieser Formel wird die Umsatzrendite bestimmt, die mindestens erwirtschaftet werden muß, um eine Wertsteigerung zu erreichen:[778]

$$ROS_{min} = \frac{(in_{NWC} + in_{AV})k^{WACC}}{(1-s)} \qquad 3.3.1.-20$$

Umsatzwachstum als Ziel ist nur sinnvoll, wenn die Mindestumsatzrendite erwirtschaftet wird. Wird sie verfehlt, liefert die Investition einen negativen Wertbeitrag:[779]

$$\Delta GK^L = \frac{(ROS - ROS_{min})(1-s)\Delta U}{k^{WACC}} \qquad 3.3.1.-21$$

Die Bewertungsformeln auf den Wertgeneratoren aufzubauen, ist nicht unproblematisch, da die Gefahr einer übermäßigen Vereinfachung besteht.[780] Der didaktische Wert und die Kommunikationsmöglichkeiten der Formel-Ansätze sollten jedoch nicht unterschätzt werden. Gefährlich werden sie, wenn die Quantifizierung der Wertgeneratoren anhand vergangener, periodisierter Größen erfolgt. Grundsätzlich sollte bei der Umsetzung versucht werden, innerhalb eines begrenzten Planungszeitraums die Cash-flows periodenspezifisch zu ermitteln.

---

[778] Vgl. Rappaport, A., [Selecting], a.a.O., S. 149; Rappaport, A., [Creating], a.a.O., S. 69-75; Woo, C., [Strategic], a.a.O., S. 162f. Siehe auch die Ausführungen zur Überleitung der Wertgeneratoren von Rappaport in die finanzwirtschaftlichen Wertgeneratoren (2.3.2)

[779] Vgl. Rappaport, A., [Selecting], a.a.O., S. 149. $(in_{NWC} + in_{AV})$ ist durch $[ROS_{min}(1-s)]/k^{WACC}$ ersetzt worden.

[780] Vgl. Gregory, Alan, [Simplification], a.a.O., S. 42; Copeland, T. / Koller, T./ Murrin, J., a.a.O., S. 105f.

148

3.3.2.   *Economic Value Added*-Ansatz

Ein wenig aus dem Rahmen fällt der Bewertungsvorschlag von STEWART. Er diskontiert eine modifizierte Buchwertgröße, den sog. *Economic Added Value* (EVA). EVA ist eine modifizierte Buchwertgröße und entspricht dem Überschuß eines bereinigten operativen Gewinns vor Zinsen (NOPAT; *Net Operating Profits after Taxes*) über die Kosten des eingesetzten, bereinigten (Eigen- und Fremd-)Kapitals (KB$_{t-1}$):[781]

$$EVA_t = NOPAT_t - k^{WACC} \cdot KB_{t-1} \qquad\qquad 3.3.2.-1$$

EVA entspricht damit einem Residualgewinn.[782] Sie kann nicht nur in absoluten Werten, sondern auch als Zinsdifferenz formuliert werden.[783] Da NOPAT$_t$ von der Rendite (ROIC$_t$) auf das eingesetzte Kapital bestimmt wird (NOPAT$_t$ = ROIC$_t \cdot$KB$_{t-1}$), gilt:

$$EVA_t = (ROIC_t - k^{WACC}) \cdot KB_{t-1} \qquad\qquad 3.3.2.-2$$

Eine Wertsteigerung ist nur möglich, wenn die Rentabilität des eingesetzten Kapitals die Kapitalkosten übersteigt. Damit wird deutlich, daß ein positiver Gewinn oder Rendite allein noch keine Wertsteigerung bedeutet; es müssen vielmehr die Überlassungskosten des Kapitals beachtet werden, um den Erfolg des Unternehmens zu bestimmen.

Die Diskontierung der EVAs soll zum gleichen Ergebnis führen wie der *Discounted Cash Flow*; auch eine Unternehmenswertermittlung soll auf diese Weise möglich sein, wenn zu den diskontierten EVAs noch der Betrag des eingesetzten Kapitals addiert wird.[784] Die auf Zahlungsgrößen basierende Kapitalwertregel ist dahingehend zu modifizieren, daß alle Projekte mit einem positiven diskontierten EVA durchgeführt werden.[785] Ziel des Unternehmens muß es sein, den Bar-

---

781   Vgl. Stewart, G. Bennett, The Quest for Value. A Guide for Senior Managers, New York 1990, S. 139, S. 224. Siehe auch Höfner, Klaus/ Pohl, Andreas, Wer sind die Werterzeuger, wer die Wertvernichter im Portfolio?, in: HBM, 15. Jg. (1993), Nr. 1, S. 51-58, hier S. 54; Grünewald, Hans-Günther, Der ROI als [Steuerungsinstrument] in einem weltweit tätigen Unternehmen der chemischen Industrie, in: Küting, Karlheinz/ Weber, Claus-Peter (Hrsg.), Konzernmanagement, Rechnungswesen und Controlling, Stuttgart 1993, S. 261-277, hier S. 277; Levy, Michael/ van Breda, Michael F., The Decomposition of Firm Value in a Hierarchical Retailing Organization, in: JoR, Vol. 64 (1988), S. 215-216, hier S. 216;

782   Vgl. Stewart G. Bennett, a.a.O., S. 222. Siehe auch Ewert, Ralf/ Wagenhofer, Alfred, Interne Unternehmensrechnung, Berlin et al. 1993, S. 62f.; Horngren, Charles T./ Sundem, Gary L. unter Mitarbeit von Frank H. Selto, Introduction to Management Accounting, 9. Aufl. Englewood Cliff (N. J.) 1993, S. 347-353. Zu diesem Konzept siehe bereits Solomons, David, Divisional Performance. Measurement and Control, New York 1965, S. 63.

783   Vgl. Stewart, G. Bennett, a.a.O., S. 136.

784   Vgl. Stewart, G. Bennett, a.a.O., S. 3.

785   Vgl. Stewart, G. Bennett, a.a.O., S. 175, S. 177. Stewart verwendet allerdings auch die klassischen *Value Driver*- oder *Free Cash Flow*-Modelle. Vgl. Stewart G. Bennett, a.a.O., S. 254-298, 307-318. Zu diesen Modellen siehe auch Copeland, Tom/ Koller, Tim/ Murrin, Jack, Valuation. Measuring and Managing the Value of Companies, New York et al. 1991, S. 105f., 97-103.

wert des *Economic Value Added* - den *Market Value Added* (MVA)[786] - zu maximieren, um den Eigentümerinteressen gerecht zu werden.[787]

Eine vereinfachte Ermittlung zukünftiger EVA-Größen kann kein Argument sein, dieses Maß einzuführen. Es macht keinen Unterschied, ob Zahlungs- oder Erfolgsgrößen projiziert werden. Außerdem muß man, um EVA zu ermitteln, die Höhe des eingesetzten Kapital im Unternehmens kennen. Dies ist nur möglich, wenn die Ausschüttungen bekannt sind.[788]

Die im Rahmen der EVA-Ermittlung verwandten Größen - NOPAT und das eingesetzte Kapital (KB) - sind bereinigte Buchwertgrößen,[789] keine Zahlungsgrößen. Kann eine Größe, die nicht aus den ökonomischen Einkommenszielen abgeleitet werden kann, als relevante Größe zur Bewertung unternehmerischer Handlungen, die den Marktwert des Unternehmens steigern sollen, herangezogen werden? Sind Rechnungen auf der Basis von Zahlungsgrößen und modifizierten Ertragsgrößen im obigen Sinne äquivalent? Ob und unter welchen Bedingungen EVA problemlos verwendet werden kann, kann mit Hilfe des Lücke-Theorems untersucht werden. Die Zusammenhänge lassen sich anhand der folgenden Gleichungen zeigen:[790]

$$NOPAT_t = (E_t - A_t) + (KB_t - KB_{t-1}) \qquad\qquad 3.3.2.-3$$

mit
$NOPAT_t$ = Gewinn vor Zinsen der Periode t
KB_t = Kapitalbindung der Periode t
A_t, E_t = Ein- und Auszahlungen der Periode t (incl. Steuern)

Für den Zeitpunkt t = 0 gilt: $NOPAT_0 = 0$, $E_0 = 0$, $KB_{-1} = 0$, so daß $KB_0 = A_0$ ist; in der Periode T gilt: $KB_T = 0$. Der um die kalkulatorischen Zinsen (k^{WACC}) verminderte Periodengewinn ergibt sich aus (3.3.2.-1)

$$NOPAT_t - k^{WACC} \cdot KB_{t-1} = (KB_t - KB_{t-1}) + (E_t - A_t) - k^{WACC} \cdot KB_{t-1}$$
$$NOPAT_t - k^{WACC} \cdot KB_{t-1} = KB_t - (1+k^{WACC}) \cdot KB_{t-1} + (E_t - A_t)$$

Der Kapitalwert ist (3.3.2.-4):

---

[786] Vgl. Stewart, G. Bennett, a.a.O., S. 153. Der Begriff *Market Value Added* wird von Stewart sowohl für den Barwert der zukünftigen EVAs als auch für die Differenz zwischen dem eingesetzten Kapital und der Börsenkapitalisierung verwendet. Bei einem effizienten Kapitalmarkt stimmen Börsenkapitalisierung und fundamentaler Wert - bestimmt aus dem Barwert der EVA und dem eingesetzten Kapital - überein.

[787] Vgl. Stewart, G. Bennett, a.a.O., S. 175.

[788] Vgl. Küpper, Hans-Ulrich, [Verknüpfung] von Investitions- und Kostenrechnung als Kern einer umfassenden Planungs- und Kontrollrechnung, in: BFuP, 42. Jg. (1990), S. 253-267, hier S. 257; Sieben, Günter, [Unternehmenserfolg] als Determinante des Unternehmenswerts - Berechnung auf der Basis zukünftiger Entnahmen oder künftiger Ertragsüberschüsse?, in: Domsch, Michel et al. (Hrsg.), Unternehmenserfolg. Planung - Ermittlung - Kontrolle, FS für Walther Busse von Colbe, Wiesbaden 1988, S. 361-375, hier S. 371; Kloock, Josef, Mehrperiodige Investitionsrechnungen auf der Basis kalkulatorischer und handelsrechtlicher Erfolgsgrößen, in: ZfbF, 33. Jg. (1981), S. 873-890, hier S. 888.

[789] Vgl. Stewart, G. Bennett, a.a.O., S. 112-117.

[790] Vgl. Lücke, Wolfgang, Investitionsrechnungen auf der Grundlage von Ausgaben oder Kosten?, in: ZfhF (N.F.), 7. Jg. (1955), S. 310-324; Miller, M. H./ Modigliani, F., [Bewertung], a.a.O., S. 281. Zum folgenden Franke, G./ Hax, Herbert, [Finanzwirtschaft], a.a.O., S. 44f.

$$\sum_{t=1}^{T}(\text{NOPAT}_t - k^{\text{WACC}} \cdot \text{KB}_{t-1})(1+k^{\text{WACC}})^{-t} = \sum_{t=1}^{T}\text{KB}_t(1+k^{\text{WACC}})^{-t}$$

$$-\sum_{t=1}^{T}\text{KB}_{t-1}(1+k^{\text{WACC}})(1+k^{\text{WACC}})^{-t} + \sum_{t=1}^{T}(E_t - A_t)(1+k^{\text{WACC}})^{-t}$$

Wenn $\text{KB}_T = 0$, gilt für den zweiten Term auf der rechten Seite:

$$\sum_{t=1}^{T}\text{KB}_{t-1}(1+k^{\text{WACC}})(1+k^{\text{WACC}})^{-t} = \sum_{t=0}^{T}\text{KB}_t(1+k^{\text{WACC}})^{-t}$$

Wird der rechte Term in die obere Formel eingesetzt, folgt (3.3.3.-5):

$$\sum_{t=1}^{T}(\text{NOPAT}_t - k^{\text{WACC}} \cdot \text{KB}_{t-1})(1+k^{\text{WACC}})^{-t} = -\text{KB}_0 + \sum_{t=1}^{T}(E_t - A_t)(1+k^{\text{WACC}})^{-t}$$

$$\sum_{t=1}^{T}(\text{NOPAT}_t - k^{\text{WACC}} \cdot \text{KB}_{t-1})(1+k^{\text{WACC}})^{-t} = -A_0 + \sum_{t=1}^{T}(E_t - A_t)(1+k^{\text{WACC}})^{-t}$$

Der Term auf der rechten Seite entspricht der Kapitalwertformel auf der Basis von Einzahlungs-überschüssen, der Term auf der linken Seite dem Kapitalwert des EVA oder Residualgewinns. Wird ein bestehendes Unternehmen bewertet, muß der Kalkül angepaßt werden, da zum Bewertungszeitpunkt bereits Kapital im Unternehmen gebunden ist. Der Unternehmenswert ergibt sich aus der Addition der Gegenwartswerte aller EVA und dem eingesetzten Kapital am Bewertungsstichtag.[791] STEWART bewertet implizit ein bereits bestehendes Unternehmen; sein Bewertungsansatz ist formal korrekt. Der Kapitalbestand muß jedoch nach den Regeln der doppelten Buchführung fortgeschrieben und die Erträge und Aufwendungen als Reinvermögenszu- oder -abgang gebucht werden (Kongruenzprinzip).[792]

Mit dem *Economic Value Added*-Konzept kann formal eine Wertsteigerungs- mit einer einfachen Periodenerfolgsrechnung kombiniert werden kann. Die Art und Weise der Periodisierung der Ein- und Auszahlungen ist für die Berechnung grundsätzlich unerheblich. Die Periodisierungsregeln dürfen aber nur bedingt nach Belieben des Entscheiders vorgenommen werden, wenn eine Kontrollrechnung auf EVA-Basis erfolgen soll.[793] Insoweit wären die Vorschläge zur Periodisierung zu untersuchen, was jedoch nicht an dieser Stelle erfolgen soll.[794]

[791] Vgl. Sieben, G., [Unternehmenserfolg], a.a.O., S. 363; Hax, Herbert, [Investitionstheorie], a.a.O., S. 152. Sie betrachten die Divergenz zwischen Gewinnen und Ausschüttungen; die Überlegungen gelten analog.

[792] Vgl. Franke, G./ Hax, Herbert, [Finanzwirtschaft], a.a.O., S. 46; Ewert, R./ Wagenhofer, A., a.a.O., S. 61; Kloock, J., a.a.O., S. 877, S. 880. Siehe aber die Überlegungen von Kloock, J., a.a.O., S. 878-880, Wiederbeschaffungspreise in die Berechnung zu integrieren.

[793] Vgl. Hax, Herbert, Investitionsrechnung und [Periodenerfolgsmessung], in: Delfmann, Werner (Hrsg.), Der Integrationsgedanke in der Betriebswirtschaftslehre, FS für Helmut Koch, Wiesbaden 1989, S. 153-170, hier S. 162; Ewert, R./ Wagenhofer, A., a.a.O., S. 63.

[794] Zu Vorschlägen, wie die Periodisierung vorgenommen werden könnte, vgl. Hax, Herbert, [Periodenerfolgsmessung], a.a.O., S. 165-168.

3.3.3. Auswahlentscheidungen mit Hilfe des *Value Return on Investment*

Der *Discounted Cash Flow* wird nicht nur herangezogen, um den Marktwert eines Projektes oder Unternehmens zu bestimmen, er wird auch für interne Auswahlentscheidungen zwischen mehreren Projekten verwandt. Basieren Auswahlentscheidungen über Projekte, deren Anfangsauszahlung, Struktur und Laufzeit der Rückflüsse unterschiedlich sind, auf dem Kapitalwertkalkül, werden implizit Differenzinvestitionen[795] unterstellt; durch sie werden die unvollständigen Vergleichsobjekte komplettiert; der Kapitalwert dieser Differenzinvestitionen beträgt Null und hat keinen Einfluß auf die Vorteilhaftigkeitsentscheidung.[796]

Neben diesem absoluten Maß schlägt Rappaport noch ein relatives Vorteilsmaß vor: den *Value Return on Investment* (VROI). Durch ihn wird der Wertbeitrag pro investierter Geldeinheit ermittelt. Es sollen die Projekte ausgewählt werden, die den höchsten relativen Wertbeitrag aufweisen.[797] Der VROI bestimmt sich aus:

$$
\text{VROI} \; = \; \frac{\displaystyle\sum_{t=0}^{T}\left(E_t - A_t - I_t\right)/\left(1+k\right)^t}{\displaystyle\sum_{t=0}^{T} I_t/\left(1+k\right)^t} \qquad\qquad 3.3.3.\text{-}1
$$

Diese Überlegungen sind keineswegs neu; ähnliche Konzepte werden allerdings nicht unter dem klangvollen Namen *Value Return on Investment* verkauft, sondern firmieren als Kapitalwertrate,[798] Bruttokapitalwertrate,[799] *Profitability Index, Present Value Index, Benefit-Cost Ratio* (BCR)[800] oder Initialverzinsung.[801] Ein positiver VROI zeigt eine über den Kapitaleinsatz hinaus erbrachte Wertsteigerung an. Der VROI - und auch die anderen Renditen - kommen dem Bedürfnis der Unternehmenspraxis nach, die Wertsteigerung anhand von Renditegrößen zu beurteilen. Bei der Orientierung an den Renditen können sich jedoch Widersprüche zum *Discounted Cash Flow* ergeben.

---

[795] Die Begriffe sind vielfältig. Üblich sind auch Komplementär-, Ergänzungs-, Supplement-, X- oder Zusatzinvestition. Vgl. Schulte, K.-W., a.a.O., S. 115.

[796] Vgl. Schulte, K.-W., a.a.O., S. 119.

[797] Das Vorteilhaftigkeitskriterium ist trivial: Ist der VROI größer Null - weil der Kapitalwert größer Null ist - wird Wert geschaffen, ist er Null oder kleiner, wird kein Wert geschaffen bzw. vernichtet.

[798] Vgl. Hax, Herbert, [Investitionstheorie], a.a.O., S. 14; Busse von Colbe, W./ Laßmann, G., [Investitionstheorie], a.a.O., S. 200f., Perridon, L./ Steiner, Manfred, a.a.O., S. 129; Swoboda, P., [Finanzierung], a.a.O., S. 79; Brealey, R. A./ Myers, S. C., a.a.O., S. 88; Levy, H./ Sarnat, M., a.a.O., S. 68; Lee, C. F./ Finnerty, J. E., a.a.O., S. 137.

[799] Vgl. Ross, S. A./ Westerfield, R. W./ Jaffe, J. F., a.a.O., S. 176; Franks, J. R./ Broyles, J. E./ Carleton, W. T., a.a.O., S. 103; Shapiro, Alan C., [Corporate], a.a.O., S. 190. Die Ähnlichkeit zur Marktwert-Buchwert-Relation ist erkennbar. Im Zähler steht mit dem der Kapital- oder Marktwert, im Nenner steht die Investitionsauszahlung oder der Buchwert.

[800] Vgl. Copeland, T. E./ Weston, J. F., a.a.O., S. 56-58; Brigham, E. F./ Gapinski, L. C., a.a.O., S. 232; Rao, R. K. S., a.a.O., S. 244.

[801] Vgl. Hax, Herbert, [Investitionstheorie], a.a.O., S. 24-26; Rolfes, B., a.a.O., S. 15f.

	DCF	Barwert der Investition	VROI
Projekt 1	1000	500	2,0
Projekt 2	100	40	2,5

Orientiert sich der Bewerter am VROI, wird Projekt 2 gewählt, orientiert er sich am DCF, wird Projekt 1 gewählt. Da das Ziel der Marktwertmaximierung verfolgt wird, führt eine Orientierung am *Value Return on Investment* bei Auswahlentscheidungen zwischen Projekten zu Fehlentscheidungen.[802] Aufgrund des absoluten Ziels Marktwertsteigerung hat der *Discounted Cash Flow* als absolute Größe Vorrang. Um mit dem VROI eine konsistente Bewertung durchführen zu können, muß - wie beim Kapitalwert - eine Differenzinvestition getätigt werden; die Barwerte der Investitionsauszahlungen beider Projekte müssen übereinstimmen.[803] Die Differenzinvestition hat einen Kapitalwert und einen VROI von Null. Es folgt

$$\text{VROI}_2^{\text{Diff}} = \frac{40}{500} \cdot 2,5 + \frac{460}{500} \cdot 0 = 0,2$$

Der *Value Return on Investment* für Projekt 2 unter Beachtung der Differenzinvestition ($\text{VROI}_2^{\text{Diff}}$) ist kleiner als der VROI von Projekt 1; Projekt 1 ist durchzuführen.

Ein weiteres Problem ergibt sich, wenn Investitionsauszahlungen als laufende Auszahlungen umqualifiziert werden. Der DCF wird durch eine solche Manipulation nicht verändert, jedoch kann der Nenner und damit der VROI beeinflußt werden.[804]

Der VROI soll insbesondere zur Zusammenstellung eines Investitionsprogramms bei Kapitalrationierung verwandt werden.[805] Die vorhandenen finanziellen Mittel werden auf die Projekte mit dem höchsten VROI verteilt. Da Ganzzahligkeitsbedingungen zu beachten sind, können sich kombinatorische Lösungen ergeben. Die Reihung nach dem VROI kann nur als Näherung an ein optimales Investitionsprogramm aufgefaßt werden. Nachteilig ist die fehlende zeitliche Differenzierung der Knappheitsverhältnisse in den zukünftigen Perioden.[806] Darüber hinaus werden nur Investitionsalternativen im Bewertungszeitpunkt berücksichtigt. Der VROI erfaßt zudem auch die Knappheitsverhältnisse zum Bewertungszeitpunkt nicht korrekt, da der Kapitalwert mit dem Barwert aller zukünftigen Investitionen relativiert wird, nicht mit der Anfangsauszahlung.

---

[802] Vgl. auch Weingartner, Martin H., The Excess Present Value Index - A Theoretical Basis and Critique, in: JAR, Vol. 1 (1963), S. 213-224, hier S. 223f.; Schwab, Bernhard/ Lusztig, Peter, A Comparative Analysis of the Net Present Value and the Benefit-Cost Ratio as a Measure of the Economic Desirability of Investments, in: JoF, Vol. 24 (1969), S. 507-516, hier S. 514.

[803] Vgl. Copeland, T./ Weston, J. F., a.a.O., S. 59f.

[804] Vgl. Franks J. R./ Broyles, J. E./ Carleton, W. T., a.a.O., S. 104.

[805] Vgl. Rappaport, A., [Creating], a.a.O., S. 117; Reimann, B. C., [Managing], a.a.O., S. 23; Mills, R. W., a.a.O., S. 32f.; Ross, S. A./Westerfield, R. W./ Jaffe, J. F., a.a.O., S. 178; Copeland, T. E./ Weston J. F., a.a.O., S. 57f.

[806] Vgl. Ross, S. A./ Westerfield, R. W./ Jaffe, Jeffrey F., a.a.O., S. 178, bezugnehmend auf den *Profitability Index*.

Optimale Lösungen lassen sich bei Kapitalrationierung nur aus einem Simultanmodell, das Investitions- und Finanzierungsmaßnahmen abstimmt, gewinnen.[807] Ein Partialmodell - wie der *Discounted Cash Flow* - kann bei Kapitalrationierung nur suboptimale Lösungen bieten. Die simultane Festlegung der Investitionsmaßnahmen ist zwar analytisch elegant, jedoch sind die Probleme hinlänglich bekannt: Der Bewerter hat Probleme bei der Datenbeschaffung und verzichtet auf Vor- und Teilentscheidungen. Dezentrale Entscheidungen sind unmöglich und der Bewerter verhindert die Aktionen aufgrund der dauernden Revisionsbedürftigkeit seiner Entscheidungen.[808]

3.4. Die Eigenkapitalkostenermittlung im Rahmen des *Discounted Cash Flow*

3.4.1. Konzept der Eigenkapitalkosten

Um finanzwirtschaftliche Entscheidungen vorzubereiten, Zielvorgaben aufzustellen und die Projektleistung zu messen, müssen die Kosten bekannt sein, die mit dem Einsatz von Kapital verbunden sind. Das Konzept der Kapitalkosten ist durch eine Orientierung an den Zielvorstellungen und dem Entscheidungsfeld der Investoren geprägt.[809] Kriterien zur Beurteilung unternehmerischer Entscheidungen werden aus den Preis- bzw. Renditeforderungen der Kapitalgeber abgeleitet.[810] Die Kapitalgeber stellen den Unternehmen nur Kapital zur Verfügung, wenn gewisse Mindestrenditevorstellungen erfüllt werden. Im Gegensatz zum Fremdkapital, bei dem die Kapitalkosten vertraglich fixiert und leicht zu bestimmen sind, können die Eigenkapitalkosten nicht aus den Dividenden abgeleitet werden. Bei guter Ertragslage würde man mit hohen, bei schlechter Ertragslage mit niedrigen Kapitalkosten rechnen.[811] Zudem können Dividenden nicht als Kosten interpretiert werden, da nicht das "Unternehmen an sich" als selbständige Einheit gesehen wird, sondern es als Instrument der Eigentümer gilt.[812] Grundlegend für das Verständnis der Kapitalkosten sind folgende vier Ideen:

1. Die Kapitalkosten sind zukunftsbezogen, realisierte Erträge können von den erwarteten abweichen.[813]

2. Maßstab für die Mindestrendite sind die Renditeforderungen der Anleger.[814] Transaktionskosten der Kapitalbeschaffung, wie Emissionskosten oder Vertragsabschlußkosten, können da-

---

807 Vgl. Hax, Herbert, [Investitionstheorie], a.a.O., S. 85-122.
808 Vgl. Leuthier, R., [Interdependenzprobleme], a.a.O., S. 123-130.
809 Vgl. Kloster, U., a.a.O., S. 66; Freygang, W., a.a.O., S. 189.
810 Vgl. Rudolph, B., [Kapitalkosten], a.a.O., S. 133.
811 Vgl. Hax, Herbert, [Finanzierung], a.a.O., S. 436.
812 Vgl. Schmidt, Reinhard H., [Grundzüge], a.a.O., S. 197.
813 Vgl. Kolbe, Lawrence A./ Read, James A., Jr./ Hall, George R., The Cost of Capital. Estimating the Rate of Return for Public Utilities, Cambridge (Mass.), London 1984, S. 13; Freygang, W., a.a.O., S. 191.

zu führen, daß die Kapitalkosten des Unternehmens über den Renditeforderungen der Kapitalgeber liegen.[815] Sie werden bei der Ermittlung der Kapitalkosten ausgeklammert.

3. Da Kapitalgeber risikoscheu sind, werden Renditeanreize benötigt, um Kapital für risikoreiche Projekte zu erhalten. Die geforderte Risikoprämie ist eine Funktion des mit den Zahlungen verbundenen Risikos.[816] Da die Zahlungsansprüche an ein Unternehmen unterschiedlich ausgestaltet sind - Festbetragsansprüche oder Residualansprüche, Haftungsausschluß oder Nachschußpflicht, Mitsprache- und Gestaltungsrechte -, ergeben sich unterschiedlich hohe Kapitalkosten für die einzelnen Finanzierungstitel.

4. Um die Kapitalkosten zu ermitteln, werden nicht die Finanzierungsbeziehungen zu einzelnen Kapitalgebern, sondern zum anonymen Kapitalmarkt betrachtet.[817] Diese Sichtweise ist verständlich, denn es ist schwer vorstellbar, die Renditevorstellungen aller Aktionäre zu ermitteln und zu aggregieren.[818] Die Vermutung, dieses Konzept habe damit nur für Publikumsgesellschaften Bedeutung, wird nicht geteilt; auch bei fehlendem organisierten Kapitalmarkt besteht zumindest die Tendenz, jene Preise und Renditen zu erhalten, die beim expliziten Marktansatz entstehen.[819]

SCHNEIDER kritisiert den Begriff der Kapitalkosten beim Eigenkapital: "Wer Kapitalkosten für ausschüttungsfähige Gewinne ansetzt, übersieht, daß bei Handeln im Interesse der Geldgeber die Ausschüttungen Zielgröße des Handelns sind und damit ausdrücklich keine Minderung der Zielgröße, was schließlich der Sinn eines jeden 'Kosten'-Begriffs ist."[820] Kapitalkosten sind in seiner Terminologie nur Zinsen, Provisionen, Gebühren.[821] Aus der Sicht der Unternehmensleitung ist aber das im Unternehmen genutzte Kapital eine Ressource, die aus verschiedenen Quellen beschafft werden kann, wobei die Kapitalgeber für das Zurverfügungstellen von Kapital ein Nutzungsentgelt verlangen.[822]

PORTERFIELD verwendet den Begriff der Kapitalkosten differenzierter. Neben dem dargelegten Verständnis von Opportunitätskosten - er spricht von impliziten Kapitalkosten[823] - definiert er

---

[814] Vgl. Kloster, U., a.a.O., S. 56, S. 66f.; Drukarczyk, J., [Kapitalkosten], a.a.O., S. 356; Hax, Herbert, [Finanzierung], a.a.O., S. 436f.; Stewart, G. Bennett, a.a.O., S. 434; Kolbe, L. A./ Read, J. A./ Hall, G. R., a.a.O., S. 13; Knop, Oliver-Christian, Kapitalkosten und internationale Unternehmensakquisition, Wiesbaden 1992, S. 28.

[815] Vgl. Drukarczyk, J., [Kapitalkosten], a.a.O., S. 356; Franke, G./ Hax, Herbert, [Finanzwirtschaft], a.a.O., S. 452f.

[816] Vgl. Stewart, G. Bennett, a.a.O., S. 431; Kolbe, L. A./ Read, J. A./ Hall, G. R., a.a.O., S. 13.

[817] Vgl. Rudolph, B., [Kapitalkosten], a.a.O., S. 133; Kolbe, L. A./ Read, J. A./ Hall, G. R., a.a.O., S. 13; Freygang, W., a.a.O., S. 191.

[818] Vgl. Kloster, U., a.a.O., S. 67.

[819] Vgl. Rudolph, B., [Kapitalkosten], a.a.O., S. 133f.

[820] Schneider, Dieter, [Besteuerung], a.a.O., S. 526.

[821] Vgl. Schneider, Dieter, [Besteuerung], a.a.O., S. 136.

[822] Vgl. Spremann, K., [Investition], a.a.O., S. 177.

[823] Vgl. Porterfield, J. T. S., a.a.O., S. 60. Mit dem Begriff der impliziten Kapitalkosten werden von Süchting, J., a.a.O., S. 418-420, die Kosten für die Stellung von Sicherheiten belegt.

noch sog. explizite Kapitalkosten der Kapitalherkunft. Sie entsprechen dem Kalkulationszinsfuß, bei dem der Gegenwartswert der zukünftigen Einzahlungen aus einer Investition dem Gegenwartswert der zukünftigen Auszahlungen entspricht.[824] Explizite Kapitalkosten sind deckungsgleich mit dem internen Zinsfuß der Ein- und Auszahlungen.[825] Explizite Kapitalkosten fallen an, wenn das Kapital aufgenommen, implizite Kapitalkosten, wenn es verwendet wird.[826] In dieser Arbeit wird von impliziten Kapitalkosten ausgegangen.

Da die Eigenkapitalkosten nicht durch Befragen einer großen Zahl von Eigentümern ermittelt werden können, wird versucht, die Kapitalkosten aus dem Börsenkurs der notierten Anteile zu bestimmen. Hintergrund der Überlegungen ist, daß sich im Börsenkurs eine risikoentsprechende Renditeerwartung der Anleger widerspiegelt. Zum einen läßt sich unter diesen Bedingungen ein marktbestimmter Kapitalisierungszinsfuß bestimmen; andere pragmatisch orientierte Vorschläge, die einen Risikozuschlag danach bemessen, ob ein neuer oder ein vorhandener Markt betrachtet bzw. ein neues oder ein bekanntes Produktionsverfahren verwandt wird,[827] lassen diesen Zusammenhang nicht erkennen.[828] Zudem sind die Kapitalkosten unabhängig von den individuellen Nutzenfunktionen der Investoren[829] und durch den Rückgriff auf objektivierte Marktdaten scheint ein Verzicht auf subjektive Erwartungen möglich.[830]

Das Geschehen auf dem Kapitalmarkt wird von zahlreichen interdependenten Einflußfaktoren bestimmt, so daß die Abläufe weder überschaubar noch nachvollziehbar sind. Ein Rückgriff auf Marktrenditen ist nur sinnvoll, wenn sich die Renditen nicht willkürlich am Kapitalmarkt bilden, sondern grundsätzlich dem rationalen Handeln der Anleger entspringen. Daher kommt der Entwicklung hinreichend realitätsabbildender Modelle zur Erklärung der Preisbildung auf dem Kapitalmarkt eine besondere Bedeutung zu, um die Einflußfaktoren systematisch zu erfassen.[831] Diese Gleichgewichtsmodelle verstehen die Finanzierungstitel als Anwartschaften auf zukünftige, unsichere Zahlungen; Verfügungs- und Entscheidungsrechte werden nicht berücksichtigt.[832]

---

[824] Vgl. Porterfield, J. T. S., a.a.O., S. 42-63.
[825] Vgl. Porterfield, J. T. S., a.a.O., S. 45f.
[826] Vgl. Porterfield, J. T. S., a.a.O., S. 61.
[827] Vgl. Haley, C. W./ Schall, L. D., [Theory], a.a.O., S. 318; Blohm, H./ Lüder, K., a.a.O., S. 232; Gerling, C., a.a.O., S. 141; Rolfes, B., a.a.O., S. 29].
[828] Vgl. Rudolph, B., [Investitionsplanung], a.a.O., S. 682.
[829] Vgl. Copeland, T. E./ Weston, J. F., a.a.O., S. 203.
[830] Vgl. Ballwieser, W., [Komplexitätsreduktion], a.a.O., S. 173; Rudolph, B., [Investitionsplanung], a.a.O., S. 685; Gerling, C., a.a.O., S. 365; Coenenberg, Adolf G., [Unternehmensbewertung] aus der Sicht der Hochschule, in: Busse von Colbe, Walther/ Coenenberg, Adolf G., (Hrsg.), Unternehmensakquisition und Unternehmensbewertung. Grundlagen und Fallstudien, Stuttgart 1992, S. 89-108, hier S. 106.
[831] Vgl. Everling, Oliver, Zum Stand der neueren Finanzierungstheorie, in: Der langfristige Kredit, 39. Jg. (1988), S. 686-690, hier S. 686; Hörnig, Bodo, Beteiligungs- und Fusionsvorhaben. Eine entscheidungs- und investitionsorientierte Untersuchung, Berlin 1984, S. 73; Stehle, Richard, Die betriebs- und volkswirtschaftliche Verwendung des Begriffs Kapitalkosten, in: Wagner, Helmut (Hrsg.), Betriebswirtschaftslehre und Unternehmensforschung, FS für Ludwig Pack, Wiesbaden 1994, S. 149-167, hier S. 158.
[832] Vgl. Drukarczyk, J., [Kapitalkosten], a.a.O., S. 356.

156

3.4.2. Die Verwendung von Kapitalmarktmodellen zur Bestimmung der Eigenkapitalkosten

3.4.2.1. Traditionelle Kapitalkostentheorie

Ein erster Vorschlag, die Kapitalkosten zu bestimmen, folgt aus einem Aktienbewertungsmodell, das den Börsenkurs durch Diskontierung der zukünftigen Dividenden ermittelt (Kapitalwertkalkül).[833]

$$\text{Aktienkurs } (K_0) = \sum_{t=1}^{T} \frac{\text{Div}_t}{(1+k_{EK})^t} \qquad 3.4.2.1.\text{-}1$$

mit Div_t = periodenspezifisch erwartete Dividenden pro Aktie
k_{EK} = Renditeforderung der Eigentümer (Kapitalkosten)

Unter der Annahme eines uniformen bzw. konstant wachsenden unendlichen Dividendenstroms[834] ergeben sich folgende Bewertungsformeln:

$$K_0 = \frac{\text{Div}}{k_{EK}} \qquad 3.4.2.1.\text{-}2$$

bzw. $$K_0 = \frac{\text{Div}_0(1+g_{Div})}{k_{EK}-g_{Div}} \qquad 3.4.2.1.\text{-}3$$

mit Div = uniformer, unendlicher Dividendenstrom pro Aktie
Div_0 = aktuelle Dividende pro Aktie
g_{Div} = erwartete Wachstumsrate der Dividenden pro Aktie.

Beschrieben wird durch diese Formeln zunächst nur, wie die Anleger die Aktien bewerten sollten (normative Sicht). Sie werden aber auch als Erklärung dafür genommen, wie der Kapitalmarkt die Aktien tatsächlich bewertet: Die Kapitalwertansätze unterstellen, daß Börsenkurs und Barwert der Dividenden sich entsprechen.[835] Unterschiede können im Gleichgewicht nicht bestehen, da Differenzen zwischen individuellen Grenzpreisen und dem Marktpreis durch Kauf- und Verkaufsaktionen ausgeglichen werden.[836] Die Erwartungen der Anleger über die zukünftigen Dividenden, die Wachstumsrate und die Alternativvertragsätze sind im Durchschnitt gleich. Um

---

[833] Vgl. Brealey, R. A./ Myers, S. C., a.a.O., S. 52-56; Franks, J. R./ Broyles, J. E./ Carleton, W. T., a.a.O., S. 228-230; Brigham, E. F./ Gapinski, L. C., a.a.O., S. 192-197; Kolbe, L. A./ Read, J. A./ Hall, G. R., a.a.O., S. 53-55; Shannon, P. P., a.a.O., S. 83; Rudolph, Bernd, [Klassische] Kapitalkostenkonzepte zur Bestimmung des Kalkulationszinsfußes für die Investitionsrechnung, in: ZfbF, 38. Jg. (1986), S. 608-617, hier S. 611-614; Süchting, J., a.a.O., S. 436f.; Franke, G./ Hax, Herbert, [Finanzwirtschaft], a.a.O., S. 415-418; Kloster, U., a.a.O., S. 68f.; Hax, Herbert, [Investitionstheorie], a.a.O., S. 153; Sach, Anke, Kapitalkosten der Unternehmung und ihre Einflußfaktoren, Diss. St. Gallen 1993, S. 134-138.
[834] Vgl. Gordon, Myron J./ Shapiro, Eli, Analyse der Vorteilhaftigkeit von Investitionen: Die Mindestrendite, in: Hax, Herbert/ Laux, Helmut (Hrsg.), Die Finanzierung der Unternehmung, Köln 1975, S. 54-64, hier S. 58; Gordon, Myron J., The Investment, Financing, and Valuation of the Corporation, Westport 1962, S. 43-46.
[835] Vgl. Schmidt, Reinhard H., [Grundzüge], a.a.O., S. 199; Kolbe, L. A./ Read, J. A./ Hall, G. R., a.a.O., S. 53.
[836] Vgl. Kloster, U., a.a.O., S. 69.

die Kapitalkosten zu bestimmen, wird im Gegensatz zur Aktienbewertung von einer umgekehrten Fragestellung ausgegangen: Der Marktwert ist bekannt, gesucht wird der Zinsfuß.[837] Für ein nicht wachsendes Unternehmen, das seine Gewinne vollständig ausschüttet, ergeben sich die Kapitalkosten aus dem Dividenden-Kurs-Verhältnis

$$k_{EK} = \frac{Div}{K_0}. \qquad\qquad 3.4.2.1.-2$$

Mit dieser Bewertungsformel können die Kapitalkosten allerdings unterschätzt werden:[838] Thesauriert ein Unternehmen einen Teil der Gewinne in jeder Periode, um Investitionen zu realisieren, die über den gesuchten Kapitalkosten k_{EK} liegen, resultieren daraus in den folgenden Perioden steigende Dividenden (Wachstumschancen). Dieses erwartete Wachstum der Dividenden muß beachtet werden. Es ergibt sich folgende Kapitalisierungsrate aus dem Dividendenwachstumsmodell:[839]

$$k_{EK} = \frac{Div_0(1+g_{Div})}{K_0} + g_{Div} \qquad\qquad 3.4.2.1.-3$$

Das Bewertungsmodell mit konstantem Dividendenwachstum ist einfach formuliert, da die Wachstumsrate über alle Perioden konstant gehalten wird. Komplexere Modelle werden unhandlich, wenn periodenspezifische Wachstumsraten zugelassen werden; darüber hinaus verfügt der Bewerter über keinerlei Vorstellungen, wie die Wachstumsrate über die Zeit variieren kann.[840] Der ermittelte Zinsfuß ist als periodendurchschnittlicher Wert zu interpretieren. Diese Vereinfachungen werden als unproblematisch angesehen, wenn die Unternehmen bestrebt sind, eine stabile Ausschüttungsquote zu verfolgen.[841]

Hinter einer konstanten Wachstumsrate (g_{Div}) verbergen sich konstante Reinvestitionsraten (b) und Eigenkapitalrenditen (ROE):[842]

$$g_{Div} = b \cdot ROE \qquad\qquad 3.4.2.1.-4$$

Die Annahme einer konstanten Reinvestitionsrate kann nur als konstante, langfristig durchschnittliche Ertragsrate interpretiert werden, da üblicherweise die Ertragsrate nicht nur schwankt, sondern auch bei steigendem Investitionsvolumen sinkt.[843] Weiterhin gelten be-

---

[837] Vgl. Hax, Herbert, [Investitionstheorie], a.a.O., S. 153.
[838] Vgl. Dimson, Elroy/ Marsh, Paul, Calculating the Cost of Capital, in: LRP, Vol. 15 (1982), Nr. 2, S. 112-120, hier S. 112.
[839] Vgl. Brigham, E. F./ Gapinski, L. C., a.a.O., S. 210f.; Kloster, U., a.a.O., S. 149f.
[840] Vgl. Gordon, M. J., a.a.O., S. 46f.
[841] Vgl. Robichek, A. A./ Myers, S. C., a.a.O., S. 61f.; Brigham, Eugene F./ Shome, Dilip K., Estimating the Market Risk Premium, in: Derkinderen, Frans G. J./ Crum, Ray L. (Hrsg.), Risk, Capital Costs and Project Financing Decisions, Boston, London 1982, S. 79-106, hier S. 91f.
[842] Vgl. auch 2.3.2.-4, S. 56; allerdings bezogen auf den ROIC und NOPAT.
[843] Vgl. Robichek, A. A./ Myers, S. C., a.a.O., S. 62.

stimmte Finanzierungsannahmen: Ist das Unternehmen nur mit Eigenkapital finanziert, entsprechen sich Eigen- und Gesamtkapitalrendite. Wird Fremdfinanzierung zugelassen und ist der Fremdkapitalzins geringer als die Gesamtkapitalrendite, kann die Eigenkapitalrendite durch die Verschuldung gesteigert werden.

$$ROE = ROA + (ROA - k_{FK}) \cdot FK/EK \qquad\qquad 3.4.2.1.-5$$

mit ROE = Eigenkapitalrendite
ROA = Gesamtkapitalrendite
k_{FK} = Fremdkapitalzins
FK/EK = Verhältnis von Fremd- zu Eigenkapital

Damit der ROE konstant bleibt, muß der Verschuldungsgrad konstant gehalten werden; es wird eine feste Relation zwischen Verschuldung und Selbstfinanzierung unterstellt.[844] Darüber hinaus muß der Fremdkapitalzins konstant sein, insbesondere darf er nicht mit der Höhe der Verschuldung variieren. Alternativ müßte der ROE als Durchschnitt über alle Perioden verstanden werden, der nicht nur vom Investitionsvolumen, sondern auch vom Leverageeffekt bestimmt wird.

Die Annahme einer hohen, unendlich geltenden Wachstumsrate ist mit Ausnahme inflationärer Bedingungen kaum realistisch; dies gilt insbesondere, wenn die Wachstumsrate des betreffenden Unternehmens über der Wachstumsrate der Volkswirtschaft liegt.[845] Die Eignung des Dividendenwachstumsmodells für kleine, schnell wachsende Unternehmen wird bezweifelt.[846]

Beim Wachstumsmodell können formal Probleme bei hohen Wachstumsraten des Unternehmens auftreten, da sich in einem solchen Fall unter Umständen ein unendlich kleiner oder ein negativer Kapitalisierungssatz in der Ausgangsformel ergeben könnte. Langfristig sind zwar Wachstumsraten der Dividenden, die über den Eigenkapitalkosten liegen, schwer vorstellbar, da Rückwirkungen des Wachstums auf die Kapitalkosten vernachlässigt werden. Trotzdem können kurzfristig Probleme auftauchen, insbesondere wenn die Investitionsrendite viel größer ist als die Kapitalkosten.[847] Das Modell ist zu retten, wenn der ROE mit steigendem b aufgrund der abnehmenden Grenzleistungsfähigkeit des Kapitals kleiner wird.[848] Alternativ könnte zwischen den Kapitalkosten und der Reinvestitionsrate eine positive Korrelation bestehen, weil mit steigender

---

[844] Vgl. Gordon, M. J., a.a.O., S. 101; Standop, D., [Unternehmensfinanzierung], a.a.O., S. 104; Gerling, C., a.a.O., S. 172; Kloster, U., a.a.O., S. 123; Weston, J. F. / Chung, K. S./ Hoag, S. E., a.a.O., S. 178; Francis, Jack Clarke, Investments. Analysis and Management, 5. Aufl., New York et al. 1991, S. 463.

[845] Vgl. Brealey, R. A./ Myers, S. C., a.a.O., S. 55; Franks, J. R./ Broyles, J. E./ Carleton, W. T., a.a.O., S. 229; Weston, J. F./ Chung, K. S./ Hoag, S. E., a.a.O., S. 179; Francis, J. C., a.a.O., S. 465.

[846] Vgl. Brigham, E. F./ Shome, D. K., a.a.O., S. 90.

[847] Daher billigen Robichek, A. A./ Myers, S. C., a.a.O., S. 63, dem Modell nur eine eingeschränkte Aussagekraft zu, um finanzielle Entscheidungen zu treffen. Siehe aber auch Miller, Merton H./ Modigliani, Franco, Dividendenpolitik, Wachstum und die [Bewertung] von Aktien, in: Hax, Herbert/ Laux, Helmut (Hrsg.), Die Finanzierung der Unternehmung, Köln 1975, S. 270-300, hier S. 295, Fn. 14, die Anpassungsreaktionen des Marktes anführen.

[848] Vgl. Gordon, M. J., a.a.O., S. 48f.; Robichek, A. A./ Myers, S. C., a.a.O., S. 63.

Reinvestitionsrate die Dividendenzahlungen stärker in die Zukunft verschoben werden und damit die Unsicherheit steigt.[849] Die mit der Dividendenformel ermittelten Kapitalkosten setzen sich aus den einzelnen periodenabhängigen Kapitalkosten zusammen.[850]

Die Unsicherheit über die zukünftige Entwicklung spiegelt sich zwar im Marktwert, so daß grundsätzlich risikoangepaßte Zinsfüße ermittelt werden, wenn der uniforme Dividendenstrom (Div) als Erwartungswert der Dividenden aufgefaßt wird. Probleme ergeben sich aber bei der Interpretation der Wachstumsformel unter Unsicherheit. Auf den ersten Blick könnte man argumentieren, die Wachstumsrate g_{Div} wäre der Erwartungswert der erwarteten zukünftigen Wachstumsrate. Um diese Argumentation zu würdigen, wird auf die Sicherheitsäquivalenzmethode als Referenzmodell zurückgegriffen.[851] Der Kurswert ergibt sich analog zu 3.4.2.1.-3 aus:

$$K_0 = \frac{E(\tilde{Div}_1)}{k_{EK} - E(\tilde{g}_{Div})} \qquad\qquad 3.4.2.1.\text{-}6$$

mit $\quad E(\tilde{Div}_1) \quad$ = Erwartungswert der Dividende der ersten Periode
$\qquad E(\tilde{g}_{Div}) \quad$ = Erwartungswert der Dividendenwachstumsrate

Der gleiche Kurswert muß formal auch aus dem Sicherheitsäquivalent der Dividendenerwartungen errechnet werden können:

$$K_0 = \frac{S\ddot{A}(\tilde{Div}_1)}{R_f - g_{S\ddot{A}}} \qquad\qquad 3.4.2.1.\text{-}7$$

mit $\quad S\ddot{A}(\tilde{Div}_1) \quad$ = Sicherheitsäquivalent der Dividendenverteilung der ersten
$\qquad\qquad\qquad$ Periode
$\qquad R_f \qquad\qquad$ = quasi-sicherer Zinsfuß
$\qquad g_{S\ddot{A}} \qquad\qquad$ = Wachstumsrate der sicherheitsäquivalenten Dividenden.

Ob dieses $g_{S\ddot{A}}$ existiert, hängt von der Risikonutzenfunktion ab, da das Sicherheitsäquivalent mit einer konstanten Wachstumsrate ansteigen muß; es gilt:

$$S\ddot{A}(\tilde{Div}_{t+1}) = c \cdot S\ddot{A}(\tilde{Div}_t) \qquad \text{mit } c = \text{konstant.} \qquad\qquad 3.4.2.1.\text{-}8$$

Diese Eigenschaften werden nur bei Risikonutzenfunktionen in der Form von Logarithmus- und Potenzfunktionen erfüllt, deren relative Risikoaversionsfunktion (R_r) konstant ist:[852]

[849] Vgl. Gordon, M. J., a.a.O., S. 51-53; Robichek, A. A./ Myers, S. C., a.a.O., S. 63.
[850] Vgl. Robichek, A. A./ Myers, S. C., a.a.O., S. 63.
[851] Vgl. zum folgenden Ballwieser, Wolfgang, Unternehmensbewertung bei unsicherer [Geldentwertung], in: ZfbF, 40. Jg. (1988), S. 798-812, insb. S. 803-809.
[852] Vgl. Arrow, Kenneth J., The Theory of [Risk Aversion], in: Arrow, Kenneth J. (Hrsg.), Essays in the Theory of Risk-Bearing, Amsterdam, London 1970, S. 90-120, hier S. 95.

$$R_r = -\frac{u''(Div) * Div}{u'(Div)} = c \qquad\qquad 3.4.2.1.\text{-}9$$

Mit Hilfe der traditionellen Kapitalkostentheorie ermittelte Kalkulationszinsfüße berücksichtigen über die Kurse der Aktien die Risikoeinschätzung des Marktes für die zu bewertenden Unternehmen; subjektives Ermessen wird damit zurückgedrängt. Zudem werden Erwartungen über zukünftige Entwicklungen verarbeitet.[853] Problematisch ist jedoch, daß nicht erkennbar ist, wovon die Risikoprämie bestimmt wird.

3.4.2.2. Capital Asset Pricing Model

Ausgangspunkt des *Capital Asset Pricing Model* (CAPM) ist die von MARKOWITZ[854] entwickelte Portefeuille-Theorie und das Separationstheorem von TOBIN[855]. Um das Grundmodell abzuleiten, werden folgende Annahmen getroffen:[856]

- Die Investoren verhalten sich nach dem Bernoulli-Prinzip. Ihr Ziel ist es, den Erwartungswert des Risikonutzens des Endvermögens zu maximieren.
- Die Anlageentscheidung wird auf Grundlage der Erwartungswerte und der Varianz der Wertpapiererträge getroffen. Durch diese Annahme werden quadratische Risikonutzenfunktionen oder eine Normalverteilung der Renditen unterstellt.
- Es gibt einen risikolosen Zinssatz, zu dem alle Investoren unbeschränkt Kapital anlegen und aufnehmen können.
- Alle Investoren haben homogene Erwartungen über die zukünftigen Erwartungswerte, Varianzen und Kovarianzen der Renditen.
- Informationen stehen den Anlegern kostenlos zur Verfügung; der Kapitalmarkt ist informationseffizient.
- Der Markt ist vollkommen, d.h. Steuern, Transaktions- und Informationskosten können vernachlässigt werden. Zudem agieren die Investoren als Mengenanpasser, die keinen Einfluß auf den Preis haben; es herrscht atomistische Konkurrenz.
- Alle Investitions- und Finanzierungsvorhaben werden auf dem Markt gehandelt. Die Menge der Wertpapiere ist gegeben; sie sind beliebig teilbar. Allen Investoren stehen die gleichen Investitionsmöglichkeiten offen.
- Der Planungszeitraum erstreckt sich über eine Periode.

853 Vgl. Brigham, E. F./ Shome, D. K., a.a.O., S. 87, S. 89; ähnlich Sautter, M. T., a.a.O., S. 287.
854 Vgl. Markowitz, Harry M., Portfolio Selection, in: JoF, Vol. 7 (1952), S. 77-91.
855 Vgl. Tobin, James, Liquidity Preference as Behaviour Towards Risk, in: RESt, Vol. 25 (1957), S. 65-86.
856 Vgl. Schneider, Dieter, [Besteuerung], a.a.O., S. 506f.; Perridon, Louis/ Steiner, Manfred, Finanzwirtschaft der Unternehmen, 7. Aufl., München 1993, S. 250; Copeland, T. E./ Weston, J. F., a.a.O., S. 194.

Grundidee ist die Möglichkeit, durch Diversifizierung in unterschiedliche Kapitalanlageformen das Risiko des Gesamtengagements zu verringern.[857] Rational handelnde, risikoscheue Anleger wählen die Wertpapierportefeuilles, die im Hinblick auf ihre erwartete Rendite (μ) und das Risiko (σ) effizient sind: Bei keinem anderen Portefeuille kann bei gegebenem Risiko eine höhere Rendite erzielt bzw. bei gegebenem Ertrag das Risiko verringert werden. Existiert am Markt eine risikolose Geldanlage- und Verschuldungsmöglichkeit, so ist die Zusammensetzung des optimalen Wertpapierportefeuilles von der Risikoneigung des Investors unabhängig (Tobin-Separation).[858] Die Risikoeinstellung des Investors wird durch den Anteil des risikobehafteten Portefeuilles am Vermögen erfaßt: Sehr risikoscheue Anleger investieren einen großen Teil des Vermögens in risikolose Papiere, während weniger risikoscheue sich sogar verschulden, um in risikobehaftete Papiere zu investieren.

Während die Portefeuille-Theorie als normative Theorie beschreibt, wie sich einzelne rationale Anleger bei Unsicherheit verhalten sollten, wird diese Überlegung beim CAPM als Erklärungsmodell für das Verhalten aller Anleger interpretiert. Alle Anleger halten das gleiche Marktportefeuille, das alle am Markt gehandelten Wertpapiere enthält. Angebot und Nachfrage nach diesen Wertpapieren haben zu einer Markträumung geführt und der Kapitalmarkt befindet sich im Gleichgewicht,[859] so daß sich die Preise der Wertpapiere nach den mit ihnen verbundenen Risiken ergeben.[860] Der Erwartungswert der Rendite ergibt sich aus der Wertpapiermarktlinie:

---

857 Während der Ertrag des Portefeuilles durch die gewogenen Renditen der enthaltenen Finanzierungstitel bestimmt wird, entspricht das Risiko des Portefeuilles aufgrund stochastischer Abhängigkeiten der Wertpapiere untereinander im allgemeinen nicht dem Durchschnittsrisiko der Finanzierungstitel. Dieser Risikoverbund wird zur Diversifizierung ausgenutzt. Das Risiko des Portefeuilles wird von den Varianzen und Kovarianzen der einzelnen Wertpapiere bestimmt. Sind sehr viele Wertpapiere im Portefeuille enthalten, tragen die Varianzen sehr wenig zum Risiko des Portefeuilles bei, das weitgehend von den Kovarianzen bestimmt wird. Die Varianz eines Portefeuilles ist der gewogene Durchschnitt der Kovarianzen der Renditen aller Wertpapiere mit der Rendite des Portefeuilles. Der Umfang der Risikoreduktion wird entsprechend von den Kovarianzen oder der Korrelation der Wertpapiere untereinander bestimmt. Vgl. Hax, Herbert, [Finanzierungstheorie], in: Wittmann, Waldemar et al. (Hrsg.), HWB, Teilband 1, 5. Aufl., Stuttgart 1993, Sp. 1074-1091, hier Sp. 1084.
858 Vgl. Ross, Stephen A., The [Current Status] of the Capital Asset Pricing Model (CAPM), in: JoF, Vol. 33 (1978), S. 885-901, hier S. 886; Schneider, Dieter, [Besteuerung], a.a.O., S. 527, S. 489-496, weisen darauf hin, daß sich Separationsbedingungen auch unter anderen Bedingungen finden lassen. Siehe Cass, David/ Stiglitz, Joseph E., The Structure of Investor Preference and Asset Returns, and the Separability in Portfolio Allocation: A Contribution to Pure Theory of Mutual Funds, in: JET, Vol. 2 (1979), S. 122-160, hier S. 135.
859 Vgl. Franke, G./ Hax, Herbert, [Finanzwirtschaft], a.a.O., S. 280. Aus der Gültigkeit der TOBIN-Separation kann nicht zwingend auf die FISHER-Separation und die Marktwertregel geschlossen werden. Vgl. Weigel, Winfried, Steuern bei Investitionsentscheidungen, Wiesbaden 1989, S. 53; Baron, D. P., a.a.O., S. 46. So dürfen außerdem die Auszahlungen der auf dem Kapitalmarkt gehandelten Wertpapiere, insbesondere die erwarteten zustandsabhängigen Zahlungen, nicht beeinflußt werden; die Investition muß durch die am Markt vorhandenen riskanten Wertpapiere abgebildet werden können (*Spanning*).
860 Vgl. Hax, Herbert, [Finanzierungstheorie], a.a.O., Sp. 1084; Schmidt, Reinhard H., [Grundzüge], a.a.O., S. 251. Im Unterschied zur Kapitalmarktlinie, die angibt, wie bei der Wahl effizienter Portefeuilles das Risiko, gemessen durch die Standardabweichung, steigt, wenn eine höhere Rendite gefordert wird, zeigt die Wertpapiermarktlinie die Rendite einzelner Wertpapiere in Abhängigkeit vom Risiko an. Im Kapitalmarktgleichgewicht ist das Verhältnis der Differenz der erwarteten Rendite und des risikolosen Zinses zur Kovarianz der Rendite des Wertpapiers und des Marktes für alle Wertpapiere gleich. Diese Bedingung wird durch Arbitrage auf dem Kapitalmarkt sichergestellt: Würde eine Aktie eine höhere Risikoprämie pro Risikoeinheit erbringen, wäre sie auf dem Markt begehrt; durch den Kursanstieg sinkt die Rendite und das Gleichgewicht wäre wieder hergestellt.

$$E(\tilde{R}_i) = R_f + \left[E(\tilde{R}_m) - R_f\right]\frac{Cov(\tilde{R}_i, \tilde{R}_m)}{Var(\tilde{R}_m)}$$ 3.4.2.2.-1

mit $E(\tilde{R}_i)$ = Erwartungswert der Rendite des Wertpapiers i
$E(\tilde{R}_m)$ = Erwartungswert der Rendite des Marktportefeuilles
R_f = risikoloser Zinsfuß
$Cov(\tilde{R}_i, \tilde{R}_m)$ = Kovarianz der Renditeerwartung des Marktportefeuilles und des Wertpapiers
$Var(\tilde{R}_m)$ = Varianz der erwarteten Rendite des Marktportefeuilles

Der letzte Term - $\left[Cov(\tilde{R}_i, \tilde{R}_m) / Var(\tilde{R}_m)\right]$ - wird auch als Beta-Faktor (β_i) bezeichnet. Er mißt die Volatilität der Aktie im Verhältnis zum Marktportefeuille.[861] Berücksichtigt man die Definition des β_i, läßt sich die obige Gleichung folgendermaßen darstellen:[862]

$$E(\tilde{R}_i) - R_f = \left[E(\tilde{R}_m) - R_f\right]\beta_i$$ 3.4.2.2.-2

Sie bildet den Zusammenhang zwischen der Überschußrendite des Wertpapiers und der des Marktportefeuilles ab; man spricht auch von der "Charakteristischen Wertpapierlinie".[863]

Über die Wertpapiermarktlinie wird aus dem Marktzusammenhang heraus die Risikoprämie bestimmt. Der risikolose Zinsfuß und der Marktpreis des Risikos sind vom Markt determinierte Einflußfaktoren, während die Menge des übernommenen Risikos - der Beta-Faktor - unternehmens- oder projektspezifisch ist. Positiv zu würdigen ist insbesondere der Rückgriff auf das Verhalten des Kapitalmarktes bei der Bestimmung von Kriterien für Investitions- und Finanzierungsentscheidungen.[864] Mit Hilfe des CAPM werden aus entscheidungstheoretisch begründeten Annahmen über das Verhalten risikoscheuer Investoren Aussagen über die Höhe von Risikoprämien abgeleitet.[865]

Die Risikoprämie für eine Investition wird nicht aufgrund eines für diese Investition allein ermittelten Risikomaßes bestimmt, sondern durch stochastische Zusammenhänge mit anderen

---

[861] Aktien mit einem Beta größer 1 sind risikoreicher als das Marktportefeuille, Aktien mit einem Beta kleiner 1 sind risikoärmer als das Marktportefeuille, Anlagen mit einem Beta von Null sind risikolos. Das β_i ist das relevante Risikomaß des CAPM. Es erfaßt das systematische Risiko oder Marktrisiko, das nicht durch die Diversifikation vernichtet werden kann. Unsystematisches oder spezifisches Risiko ist durch die Diversifikation vernichtet worden. Es umfaßt die Risiken, denen ein einzelnes Unternehmen ausgesetzt ist (Managementfehler, Produktionsausfälle, Erfindungen, neue Wettbewerber etc.). Das spezifische Risiko ist für die Anlageentscheidung der Investoren ohne Bedeutung. Eine Risikoprämie wird vom Markt nur für das systematische Risiko bezahlt.

[862] Vgl. Sharpe, William F./ Alexander, Gordon J., Investments, 4. Aufl., Englewood Cliffs 1990, S. 211-215.

[863] Sie ist von besonderer Bedeutung bei der Messung des Beta-Faktors. Abhängige Variable ist die Überschußrate des individuellen Wertpapiers über den risikolosen Zinsfuß, erklärende Variable ist die Überschußrate des Marktportefeuilles. Die Steigung der Geraden entspricht dem Beta-Faktor. Ähnlich auch die folgende Darstellung: $E(R_i) = (1 - \beta_i) \cdot R_f + \beta_i \cdot E(R_m)$. Vgl. Ballwieser, W., [Komplexitätsreduktion], a.a.O., S. 174.

[864] Vgl. Saelzle, R., a.a.O., S. 135.

[865] Vgl. Franke, G./ Hax, Herbert, [Finanzwirtschaft], a.a.O., S. 285.

Investitionen (dem Marktportefeuille) bestimmt.[866] Um die weiteren Punkte erläutern zu können, wird das Konzept der Wertadditivität herangezogen.[867] Von Wertadditivität wird gesprochen, wenn der Marktwert zweier Zahlungsströme gleich der Summe der Marktwerte dieser Zahlungsströme ist. Sie ist von besonderer Bedeutung für Investitionsentscheidungen, da Projekte bei fehlendem Erfolgsverbund isoliert von einem Investitionsprogramm bewertet werden können.[868] Aufgrund der Wertadditivität läßt sich der Beta-Wert eines Unternehmens als Summe der gewichteten Beta-Faktoren der einzelnen Aktivitäten bestimmen:[869]

Wird die Wertsteigerungsanalyse intern angewandt, um den Beitrag zum Marktwert einzelner Projekte zu ermitteln oder die Ressourcen optimal einzusetzen, ist es wenig sinnvoll, einheitliche Kapitalkosten für das gesamte Unternehmen vorzugeben, da die Projekte in aller Regel nicht die gleichen Risikozusammenhänge mit dem Marktportefeuille aufweisen. Durch einheitliche Kapitalkosten werden risikoarme zugunsten risikoreicher Projekte abgelehnt. Nur wenn die Projekte und Investitionen die gleichen Risikostrukturen aufweisen wie die bisherigen Investitionen, sind die Kapitalkosten des Unternehmens relevant.[870] Ist dies nicht der Fall, müssen sie durch projektspezifische, marginale Kapitalkosten ersetzt werden.[871] Damit ist auch die Frage geklärt, welche Kapitalkosten bei einer Akquisition zu verwenden sind: Relevant sind die Kosten des gekauften Unternehmens.

Aus dem CAPM abgeleitete Kapitalkosten sind nur für eine Periode definiert.[872] Wird der ermittelte Kapitalkostensatz für längere Planperioden angewandt, werden stationäre Bedingungen verlangt:[873]

---

[866] Vgl. Franke, G./ Hax, Herbert, [Finanzwirtschaft], a.a.O., S. 285.

[867] Zur formalen Herleitung vgl. Haley, C. W./ Schall, L. D., [Theory], a.a.O., S. 202-208, S. 230-237.

[868] Vgl. Hax, Herbert, [Finanzierungstheorie], a.a.O., Sp. 1085f.

[869] Vgl. Weber, Martin/ Schiereck, D., a.a.O., S. 146.

[870] Vgl. Rubinstein, Mark E., A Mean Variance Synthesis of Corporate Financial Theory, in: JoF, Vol. 28 (1973), S. 167-181, hier S. 173-175; Weston, J. Fred, Investment Decisions Using the Capital Asset Pricing Model, in: FM, Vol. 2 (1973), Nr. 1, S. 25-33, hier S. 26f.; Drukarczyk, J., [Finanzierungstheorie], a.a.O., S. 346f.; Rudolph, B., [Neuere], a.a.O., S. 893; Busse von Colbe, W./ Laßmann, G., [Investitionstheorie], a.a.O., S. 240f.; Brealey, R. A./ Myers, S. C., a.a.O., S. 181f.; Copeland, T. E./ Weston, J. F., a.a.O., S. 204; Mrotzek, R., a.a.O., S. 197; Ross, S. A./ Westerfield, R. W./ Jaffe, J. F., a.a.O., S. 349; Gregory, Alan, Why [Beta] is Better? The Usefulness of Beta in the Investment-Appraisal Process, in: MA, Vol. 69 (1990), Nr. 1, S. 42f., hier S. 42.

[871] Vgl. Stewart, G. Bennett, a.a.O., S. 279f.; Brealey R. A./ Myers, S. C., a.a.O., S. 279; Franks, J. R./ Broyles, J. E./ Carleton, W. T., a.a.O., S. 236f.; Schlosser, Michel, Corporate Finance, 2. Aufl., New York 1992, S. 305; Rudolph, B., [Theorie], a.a.O., S. 1047; Brüggerhoff, Jürgen, Capital Asset Pricing Model (CAPM), in: Busse von Colbe, Walther (Hrsg.), Lexikon des Rechnungswesens, 3. Aufl., München, Wien 1994, S. 137-139, hier S. 139; Kolbe, L. A./ Read, J. A./ Hall, G. R., a.a.O., S. 14; Reis, J. P./ Cory, C. R., a.a.O., S. 188.

[872] Besteht ein vollkommener Sekundärmarkt für die Investitionsprojekte, reicht ein solcher Kalkül aus; die Unternehmensleitung vergleicht die Anfangsauszahlung mit dem Einzahlungsüberschuß der Periode plus dem Sekundärmarktwert am Ende der Periode. Weil in der Realität Sekundärmärkte für Sachanlagen und Projekte weitgehend fehlen, kann auf eine mehrperiodige Planungsrechnung nicht verzichtet werden. Vgl. Bogue, Marcus C./ Roll, Richard, Capital Budgeting of Risky Projects with "Imperfect" Markets for Physical Capital, in: JoF, Vol. 29 (1974), S. 601-613, hier S. 606.

[873] Vgl. Fama, Eugene F., Risk-adjusted Discount Rates and [Capital Budgeting] under Uncertainty, in: JFE, Vol. 5 (1977), S. 3-24, insb. S. 7-14; Haley, C. W./ Schall, L. D., [Theory], a.a.O., S. 200-202; Copeland, T. E./

1. Der risikolose Zinssatz und der Marktpreis des Risikos $[E(\tilde{R}_m) - R_f]$ bleiben im Zeitablauf konstant.[874]

2. Das systematische Risiko verändert sich nicht, oder eine veränderte projektspezifische Risikohöhe $\left(Cov(\tilde{R}_i, \tilde{R}_m)\right)$ wird durch ein verändertes Kapitalmarktrisiko $\left(Var(\tilde{R}_m)\right)$ ausgeglichen.

Schon während einer Periode ist die erste Annahme vereinfachend, für eine mehrperiodige Wertsteigerungsrechnung wird sie unrealistisch.[875] Beide Marktparameter sind nicht nur unsicher, sondern es dürften auch stochastische Beziehungen zwischen den Einzahlungsüberschüssen, dem risikolosen Zins und dem Marktpreis für die Risikoübernahme bestehen.[876] Bei mehrperiodigen Betrachtungen bleibt zudem ungewiß, welches Risiko den Beta-Faktor bestimmt: Ist es nur die Kovarianz der Rendite des Marktportefeuilles mit dem unsicheren Zahlungsüberschuß der nächsten Periode oder zusätzlich auch mit dem Barwert der ab t+2 folgenden Perioden?[877] Außerdem ändert sich die Risikoeinschätzung über die Zukunft von Periode zu Periode.[878] Sind nur für die jeweils nächste Periode die Voraussetzungen der CAPM-Welt gegeben und unterliegen alle Modellparameter in den folgenden Perioden dem Risiko, so ergeben sich bei einer Zwei-Perioden-Betrachtung drei weitere Risikoprämien: für die Gefahr von Schwankungen des risikolosen Zinses und des Marktpreises für das Risiko sowie für Schwankungen des systematischen Risikos. Bei mehr als zwei Perioden erhöhen sich die Risikoprämien entsprechend.[879]

3.4.2.3. *Arbitrage Pricing Theory*

Beim CAPM wird die Aktienrendite nur durch die Volatilität des Wertpapiers mit der Rendite des Marktportefeuilles erklärt.[880] Mit der von Ross entwickelten *Arbitrage Pricing Theory* (APT)[881]

Weston, J. F., a.a.O., S. 406-411. Einen Überblick über die verschiedenen mehrperiodigen Bewertungsansätze mit dem CAPM liefert McDougall, F. M., Multi-Period Capital Asset Pricing Models - A Review of Development, in: A&F, Vol. 21 (1981), S. 33-44, m.w.N.

874 Vgl. Fama, E. F., [Capital Budgeting], a.a.O., S. 4, S. 16, S. 22. Diese Annahmen resultieren automatisch aus den Modellannahmen des CAPM, das für alle Perioden als gültig angenommen wurde; zulässig seien nur vorhersehbare Schwankungen des risikolosen Zinses.

875 Vgl. Schneider, Dieter, [Besteuerung], a.a.O., S. 518; Schmidt, Reinhard H., [Grundzüge], a.a.O., S. 261. Durch periodenspezifische Schätzungen könnte dieses Problem grundsätzlich erfaßt werden, wenn man Datenbeschaffungsprobleme außer acht läßt.

876 Vgl. Schmidt, Reinhard H., [Grundzüge], a.a.O., S. 261.

877 Vgl. Schmidt, Reinhard H., [Grundzüge], a.a.O., S. 261.

878 Vgl. Schmidt, Reinhard H., [Grundzüge], a.a.O., S. 261.

879 Vgl. Bogue, Marcus C./ Roll, Richard, a.a.O., S. 608. Siehe auch Schneider, Dieter, [Investition], S. 578, S. 581-583; Copeland, T. E./ Weston, J. F., a.a.O., S. 402-406.

880 Vgl. Sharpe, W. F./ Alexander, G. J., a.a.O., S. 241, m. w. N.

881 Vgl. Ross, Stephen A., The [Arbitrage] Theory of Capital Asset Pricing, in: JET, Vol. 13 (1976), S. 341-360; ders., [Risk], Return, and Arbitrage, in: Friend, Irwin/ Bicksler, James L. (Hrsg.), Risk and Return in Finance, Vol. I, Cambridge (Mass.) 1977, S. 189-218. Siehe auch das Multi-Beta-CAPM von Sharpe, William F., The Capital Asset Pricing Model, a ["Multi-Beta"] Interpretation, in: Levy, Haim/ Sarnat, Marshall (Hrsg.), Financial Decision Making under Uncertainty, New York 1977, S. 127-135.

liegt ein weiteres Kapitalmarktmodell vor, auf das bei der Ermittlung der Kapitalkosten verwiesen wird.[882]

Elementar für das Verständnis der *Arbitrage Pricing Theory* sind folgende Überlegungen: Zum einen wird der Preis eines Wertpapiers durch die Kombination bekannter Preise anderer Wertpapiere ausgedrückt. Zum anderen wird Arbitragefreiheit verlangt. Unter Arbitrage versteht man den gleichzeitigen Kauf und Verkauf eines bestimmten Finanzierungstitels oder eines Portefeuilles, um Preisunterschiede auszunutzen. Arbitragegeschäfte bringen einen risikolosen Ertrag, da der gleichzeitige Abschluß einer Kauf- und einer Verkauforder einer perfekten Hedge-Position entspricht. Preisunterschiede können nicht bestehen bzw. werden unendlich schnell aufgehoben, da sofort Arbitragegeschäfte durchgeführt werden.[883] Den Wertpapieren lassen sich einheitliche Preise zuordnen; weder durch Losgrößentransformation noch durch Fondsbildung können Preisvorteile realisiert werden.[884] Bei Arbitragefreiheit ist die Existenz von Portefeuilles ausgeschlossen, die keinerlei Risiko aufweisen, ohne Kapitaleinsatz gebildet werden und trotzdem einen positiven Ertrag erbringen.[885] Im einzelnen wird die APT unter den folgenden Annahmen abgeleitet:

1. Auf den Kapitalmärkten herrscht vollkommener Wettbewerb. Es bestehen keine Transaktionskosten, Steuern und keine Beschränkungen von Leerverkäufen. Die Anleger haben keinen Einfluß auf die Preise. Darüber hinaus sind die einzelnen Wertpapiere unendlich teilbar, sie können aber auch kombiniert gehandelt werden.[886]

2. Die Zahl der Wertpapiere auf dem Aktienmarkt ist sehr groß. Der Markt muß "reich" genug sein, um durch Arbitrage das Risiko zu hedgen.[887]

---

[882] Vgl. Copeland, T./ Koller, T./ Murrin, J., a.a.O., S. 197-201; Sach, A., a.a.O., S. 121f.; Freygang, W., a.a.O., S. 236; Kolbe, L. A./ Read, J. A./ Hall, G. R., a.a.O., S. 134-136; Malkiel, Burton G., A [Random Walk] Down Wall Street, 5. Aufl., New York, London 1990, S. 256-259; Shannon, P. P., a.a.O., S. 51f.; Mills, R./ Robertson, J./ Ward, T., [Business Value], a.a.O., S. 40, S. 41; Räbel, Dieter, Venture Capital als Instrument der Innovationsfinanzierung, Köln 1986, S. 260-266; Suckut, S., a.a.O., S. 66-69; Everling, O., a.a.O., S. 688-690; Gomez, P./ Weber, Bruno, [Akquisitionsstrategie], a.a.O., S. 33f.; Bühner, Rolf, Shareholder [Value]-Ansatz, in: DBW, 53. Jg. (1992), S. 418f., hier S. 418; Herter, R. N., a.a.O., S. 115; Zens, Nikolaus J., Die Bewertung von Unternehmen und strategischen Geschäftseinheiten mit Hilfe des Shareholder-Value-Konzeptes, in: Höfer, Klaus/ Pohl, Andreas (Hrsg.), Wertsteigerungsmanagement, Franfurt am Main, New York 1994, S. 85-115, hier S. 105. Skeptisch, Mrotzek, R., a.a.O., S. 176.

[883] Vgl. Spremann, K., [Investition], a.a.O., S. 487; Everling, O., a.a.O., S. 688.

[884] Vgl. Winkelmann, Michael, Aktienbewertung in Deutschland, Königstein/Ts. 1984, S. 123; Hörnstein, Elke, Arbitrage- und Gleichgewichtsmodelle in der Kapitalmarkttheorie, Frankfurt am Main et al. 1990, S. 41.

[885] Vgl. Ross, S. A., [Arbitrage], a.a.O., S. 342f. Zu verschiedenen Arbitragefreiheitskonzeptionen vgl. Wilhelm, Jochen, Zum [Verhältnis] von Capital Asset Pricing Model, Arbitrage Pricing Theory und Bedingungen für Arbitragefreiheit auf Finanztitelmärkten, in: ZfbF, 33. Jg. (1981), S. 891-904.

[886] Vgl. Jarrow, Robert A., Finance Theory, Englewood Cliffs (N.J.) 1988, S. 111f., Annahme 9.1., 9.5. und 9.6.

[887] Vgl. Haugen, Robert A., Modern Investment Theory, 2. Aufl., Englewood Cliffs (N.J.) 1990, S. 257, S. 259; Sharpe, W. F./ Alexander, G. J., a.a.O., S. 250; Elton, E. J./ Gruber, M. J., a.a.O., S. 372; Copeland, T. E./ Weston, J. F., a.a.O., S. 219; Levy, H./ Sarnat, M., a.a.O., S. 341; Ross, S. A., [Arbitrage], a.a.O., S. 342, spricht von einem wohldiversifizierten Portefeuille. Kritisch zu dieser Umschreibung Hörnstein, Elke, a.a.O., S. 47, S. 49; Wilhelm, Jochen, [Verhältnis], a.a.O., S. 104.

3. Die Anleger ziehen einen höheren Wohlstand einem niedrigeren vor (Nichtsättigungsbedingung); verlangt wird nicht, daß sie risikoscheu sind und ihren Erwartungsnutzen maximieren.[888]

4. Gefordert werden bedingte homogene Erwartungen: Alle Anleger erwarten für ein Wertpapier bei Eintritt eines Umweltzustands eine identische Auszahlung. Erforderlich ist nicht, daß alle identische Erwartungen über die Wahrscheinlichkeit der Rückflüsse haben.[889]

5. Die Varianz der Wertpapierrückflüsse ist beschränkt. Wirtschaftssubjekte können das Risiko quantifizieren und die Wertpapiere oder Portefeuilles anhand der erwarteten Rückflüsse und der Varianz vergleichen.[890]

6. Das von ROSS entwickelte APT unterstellt ein Faktormodell:[891]

Die Renditen der Wertpapiere sind auf den Kapitalmärkten in der Regel nicht unabhängig, sondern korrelieren und werden von Industrieeinflüssen und anderen Faktoren bestimmt.[892] Mit Hilfe eines Faktormodells sollen die Determinanten, die die Rendite eines Wertpapiers bestimmen und die Korrelation zwischen den Wertpapieren beeinflussen, aufgezeigt und beschrieben werden.[893] Alle Renditen der Wertpapiere werden von k verschiedenen, endlich vielen Faktoren und einem Störterm erklärt, wobei eine lineare Beziehung zwischen den Renditen und den Faktoren besteht. Durch die Faktormodellannahme werden systematische und unsystematische Risikokomponenten getrennt. Korrelationen zwischen zwei Wertpapieren entstehen, weil sie von den verschiedenen, gemeinsamen Faktoren beeinflußt werden; man spricht von der systematischen Risikokomponente. Die unsystematische Risikokomponente wird nicht durch die Faktoren erklärt. Die Begriffsinhalte weichen vom CAPM ab. Die allgemeine Form des Modells lautet:

$$\tilde{R}_i = a_i + b_{i1}F_1 + b_{i2}F_2 + \ldots + b_{ik}F_k + \varepsilon_i \qquad 3.4.2.3.-1$$

mit $\tilde{R}_i$ = Renditeerwartungen der Aktie i

a_i = Erwartungswert der Rendite, wenn alle Faktoren j den Wert Null haben oder der Erwartungswert der Abweichungen der Faktoren von ihrem Mittelwert Null ist.

b_{ij} = Sensitivität der i-ten Aktie bezüglich des j-ten Faktors F[894]

---

[888] Vgl. Merton, Robert C., On the Microeconomic [Theory] of Investment under Uncertainty, in: Arrow, Kenneth J./ Intriligator, Michael D. (Hrsg.), Handbook of Mathematical Economics, Vol. II, Amsterdam et al. 1982, S. 601-669, hier S. 622, Hörnstein, E., a.a.O., S. 40.

[889] Vgl. Jarrow, R. A., a.a.O., S. 111f., Annahme 9.2. und 9.3.

[890] Vgl. Jarrow, R. A., a.a.O., S. 112.

[891] In der Literatur wird auch von einem *Generating Model* gesprochen. Vgl. Ross, S. A., [Return], a.a.O., S. 195. Die Annahme eines Faktormodells ist für die Ableitung von Arbitrage-Modellen nicht erforderlich. Vgl. Hörnstein, E., a.a.O., S. 7, S. 50-61; Jarrow, R. A., a.a.O., S. 100-104.

[892] In der Aktienanalyse werden derartige (beschreibende) Faktormodelle schon längere Zeit verwandt. Vgl. Harrington, Diana, Modern Portfolio Theory, the Capital Asset Pricing Model, and Arbitrage Pricing Theory. A User's Guide, 2. Aufl., Englewood Cliffs (N.J.) 1987, S. 188f. Siehe schon King, Benjamin, Market and Industriefactors, in: JoB, Vol. 39 (1966), S. 139-191.

[893] Vgl. Elton, Edwin J./ Gruber, Martin J., a.a.O., S. 375.

[894] In manchen Ansätzen ist eine obere Grenze für die Sensitivitäten vorgesehen; vgl. Ingersoll, Jonathan E., Jr., Some Results in the Theory of [Arbitrage] Pricing, in: JoF, Vol. 39 (1984), S. 1021-1039, hier S. 1022; ders., [Theory] of Financial Decision Making, Savage (Maryland) 1987, S. 166.

F_j = Wert des j-ten Faktors, der einen Einfluß auf die Aktienrendite hat; die Faktoren haben einen Erwartungswert $E(F_j) = 0$ und eine Kovarianz Cov $(F_j, F_i) = 0 \; \forall \; k, i \neq j$[895].

ε_i = Störterm, für den gilt: $E(\varepsilon_i) = 0$ und $E(\varepsilon_i, F_j) = 0$[896]; die Varianz des Störterms ist endlich.

Die Erträge bzw. Renditen der Wertpapiere haben endliche Erwartungswerte und Varianzen. Weil die Erwartungswerte der Faktoren und Störterme Null sind, beeinflussen sie nur die Streuung, nicht aber den Erwartungswert der Renditen.[897] Bei einer Kovarianz der Faktoren untereinander von Null wird eine Überlagerung der Faktoren ausgeschlossen.[898]

Entspricht die Anzahl der Faktoren der Menge der linear unabhängigen Renditen, kann man ein Faktormodell ohne Störterm konstruieren.[899] Ein Faktormodell mit Störvariable ergibt sich, wenn die Anzahl der dargestellten Faktoren geringer ist als die Anzahl stochastisch linear unabhängiger Wertpapiere; im Störterm sind die nicht aufgeführten Faktoren erfaßt.[900] Die Struktur des Faktormodells mit Störterm ist abhängig von den Annahmen über die Kovarianzmatrix der Störterme.[901]

Im Gegensatz zu den Multi-Faktor-Modellen, die nur beschreiben, welche Faktoren zu welchem Zeitpunkt relevant waren, erklärt das APT die Beziehung zwischen erwarteten Wertpapierrenditen und den Einflüssen auf diese Wertpapiere auf der Grundlage einer ökonomischen Theorie.[902] Nach der *Arbitrage Pricing Theory* bestimmt eine Linearkombination von Faktoren die Verzinsung

---

[895] Die Annahme ist üblich; vgl. Ingersoll, J. E., [Arbitrage], a.a.O., S. 1022; ders., [Theory], a.a.O., S. 166. Ross, S. A., [Arbitrage], a.a.O., S. 347; Huberman, Gur, A Simple Approach to Arbitrage Pricing Theory, in: Bhattacharya, Sudipto/ Constantinides, George M. (Hrsg.), Theory of Valuation. Frontiers of Modern Financial Theory, Vol. 1, Savage (Maryland) 1989, S. 289-297, hier S. 292, verzichten auf diese Annahme.

[896] Diese Annahme ist üblich, siehe Ingersoll, J. E., [Arbitrage], a.a.O., S. 1022; ders., [Theory], a.a.O., S. 166. Ross, S. A., [Arbitrage], a.a.O., S. 347; Huberman, G., a.a.O., S. 292, verzichten auf diese Annahme.

[897] Vgl. Hörnstein, E., a.a.O., S. 12.

[898] Vgl. Peters, Hans-Walter, Kapitalmarkttheorie und Aktienmarktanalyse, Frankfurt am Main 1987, S. 29.

[899] Vgl. Hörnstein, E., a.a.O., S. 17. Die Anzahl der Faktoren entspricht dem Rang der Kovarianzmatrix der linear unabhängigen Wertpapiere. Im Grenzfall einer nicht singulären Kovarianzmatrix - d. h. alle Renditen sind stochastisch linear unabhängig - entspräche die Anzahl der Faktoren der Anzahl der Wertpapiere.

[900] Vgl. Hörnstein, E., a.a.O., S. 18f.; Jarrow, R. A., a.a.O., S. 116.

[901] Zum Teil wird eine exakte Faktorstruktur, d.h. unkorrelierte Residuen ε, unterstellt. Vgl. Ross, S. A., [Arbitrage], a.a.O., S. 347; Huberman, G., a.a.O., S. 292. In einem solchen Fall läßt sich die gleichgerichtete Renditeentwicklung nur auf den Einfluß der k Faktoren und nicht auf einen Zusammenhang der Störvariablen zurückführen. Vgl. Hörnstein, Elke, a.a.O., S. 14. Im Fall korrelierter Residuen spricht man auch von approximativen Faktorstrukturen. Vgl. Camberlain, Gary/ Rothschild, Michael, Arbitrage, Factor Structure, and Mean-Variance Analysis on Large Asset Markets, in: Econometrica, Vol. 51 (1983), S. 1281-1304, hier S. 1284; Ingersoll, Jonathan E., [Arbitrage], a.a.O., S. 1022. Die Unterscheidung zwischen den Faktormodellen ist notwendig, um Aussagen über die Exaktheit der Ergebnisse machen zu können. Es kann gezeigt werden, daß ein Faktormodell mit approximativer Struktur in eines mit exakter Struktur und ein Faktormodell mit exakter Struktur in eines ohne Störvariable überführt werden kann. Vgl. Hörnstein, E., a.a.O., S. 97; Peters, H.-W., a.a.O., S. 42.

[902] Vgl. Harrington, D., a.a.O., S. 189.

eines Wertpapiers. Sie variiert in Abhängigkeit der Sensitivität des Wertpapiers von diesen Faktoren. Zur Ermittlung der Kapitalkosten ergibt sich folgende Bewertungsgleichung:[903]

$$E(\tilde{R}_i) = R_f + \sum_{j=1}^{k} b_{ij}\left(E(\tilde{R}_j) - R_f\right) \qquad 3.4.2.3.\text{-}2$$

mit $\quad E(\tilde{R}_i)$ = Erwartungswert der Rendite des Wertpapiers i
$\quad\quad R_f$ = risikoloser Zinsfuß
$\quad\quad b_{ij}$ = Sensitivität des Wertpapiers i bezüglich des j-ten Faktors
$\quad\quad E(\tilde{R}_j)$ = Erwartungswert der Rendite eines Portefeuilles mit einer durchschnittlichen Sensitivität des Faktors j von 1, alle anderen Faktoren k (k ≠ j) haben keinen Einfluß auf die Rendite des Portefeuilles.

Die erwartete Rendite eines Wertpapiers entspricht dem risikolosen Basiszinsfuß plus einer Risikoprämie. Die Risikoprämie eines Wertpapiers leitet sich nicht aus dem Marktportefeuille ab, sondern setzt sich aus den Risikoprämien mehrerer Faktoren zusammen. Die erwartete Risikoprämie wird von der Faktorrisikoprämie und der Sensitivität bezüglich dieses Faktors bestimmt. Sie wird nur für systematische Risiken gezahlt. Unternehmensspezifische Risiken werden durch Diversifizierung vernichtet und bedürfen keiner Risikoprämien. Die Faktorsensitivitäten entsprechen den Beta-Faktoren im CAPM.

Die APT-Gleichung ist jedoch nur approximativ erfüllt.[904] Soll die (quadrierte) Preisabweichung einer unendlichen Anzahl von Wertpapieren endlich sein, müssen sehr viele Abweichungen nahe Null liegen; gleichzeitig kann die Abweichung für einige Wertpapiere aber auch sehr groß sein.[905] Der Anteil dieser "Ausreißer" an der Ausstattung mit Wertpapieren ist gering. Geht die Anzahl der Wertpapiere gegen unendlich, konvergiert der Anteil gegen Null.[906] Die Aussagen der Bewertungsgleichung gelten nur im Durchschnitt, nicht für das einzelne Wertpapier.[907] Selbst wenn einige Wertpapiere nicht auf der Wertpapierhyperebene liegen, könnten diese Abweichungen nur ausgeglichen werden, wenn Arbitrageportefeuilles gebildet werden, deren Residualvarianz annä-

---

[903] Einfache Herleitungen auf der Grundlage der linearen Algebra finden sich bei Steiner, Helmut/ Uhlir, Peter, Wertpapieranalyse, 3. Aufl., Heidelberg 1994, S. 196-199; Elton, E. J./ Gruber, M. J., a.a.O., S. 372-374; Copeland, T. E./ Weston, J. F., a.a.O., S. 219-222; Levy, H./ Sarnat, M., a.a.O., S. 341-345. Siehe auch Sharpe, W. F./ Alexander, G. J., a.a.O., S. 248-254; Haugen, R. A., a.a.O., S. 257-265; Francis, J. C., a.a.O., S. 295-313.

[904] Vgl. Ross, S. A., [Arbitrage], a.a.O., S. 353; Huberman, G., a.a.O., S. 294, Theorem 2; Jarrow, R. A., a.a.O., S. 121. Um die Begrenzungen der APT zu verdeutlichen, wird die *Arbitrage Pricing*-Gleichung auch als Fehlerschranke abgebildet: $(\underline{a} - \underline{C\lambda})(\underline{a} - \underline{C\lambda}) \leq dV < \infty$; mit $\underline{a}$ dem Vektor der Erwartungswerte der Renditen, $\underline{C}$ der Faktorladungsmatrix und $\underline{\lambda}$ dem Vektor der Faktorrisikoprämien. Unterstellt wird, daß die Residuen unkorreliert sind und alle Residuenvarianzen durch d $< \infty$ beschränkt sind. Ingersoll hat eine solche Fehlerschranke auch für eine approximative Faktorstruktur abgeleitet; vgl. Ingersoll, J. E., [Arbitrage], a.a.O., S. 1026f., Theorem 2. Siehe auch Wei, K. C. John, An Asset-Pricing Theory Unifying the CAPM and APT, in: JoF, Vol. 43 (1988), S. 881-892, hier S. 884.

[905] Vgl. Jarrow, R. A., a.a.O., S. 119; Huberman, G., a.a.O., S. 291, S. 295.

[906] Vgl. Jarrow, R. A., a.a.O., S. 119; Huberman, G., a.a.O., S. 291, S. 295.

[907] Vgl. Jarrow, R. A., a.a.O., S. 119.

hernd Null beträgt. Dies ist aber nicht möglich, da die Anzahl der Wertpapiere zu gering ist, um das unsystematische Risiko zu vernichten.[908] Exaktere Ergebnisse lassen sich gewinnen, wenn die Annahmen verschärft werden.[909]

Zum Teil wird die *Arbitrage Pricing*-Gleichung nicht unter der Annahme der Arbitragefreiheit ermittelt, sondern es werden Gleichgewichtsbedingungen unterstellt.[910] Jeder Markt, der sich im Gleichgewicht befindet, ist auch durch Arbitragefreiheit gekennzeichnet, aber nicht jeder arbitragefreie Markt befindet sich im Gleichgewicht. Die Arbitragefreiheit kann als notwendige, nicht aber als hinreichende Bedingung für ein Gleichgewicht angesehen werden.[911] Die Gleichgewichtsannahme erfordert

- einen geräumten Markt, d.h. alle Wertpapiere werden von den Anlegern vollständig nachgefragt;

- zusätzliche Annahmen über das Anlegerverhalten: Die Investoren sind risikoavers und versuchen, ihren Erwartungsnutzen zu maximieren.

Mit zusätzlichen Annahmen läßt sich der einperiodige Ansatz auch auf mehrere Perioden erweitern.[912] Auf die Bedingungen soll nicht weiter eingegangen werden, da letztlich die Gleichung der APT unverändert bleibt und eine weitergehende Beschäftigung mit diesem Problem für den weiteren Fortgang der Arbeit und für die Argumentation unergiebig wäre. Insgesamt ist die APT robuster als das CAPM, da ihre Annahmen schwächer sind:[913]

---

[908] Vgl. Haugen, R. A., a.a.O., S. 263, S. 260; Lehmann, Bruce N./ Modest, David M., The Empirical Foundations of the Arbitrage Pricing Theory, in: JFE, Vol. 21 (1988), S. 213-254, hier S. 215.

[909] Es müssen Bedingungen formuliert werden, die dafür sorgen, daß das unsystematische Risiko nicht mit einer Risikoprämie versehen wird. Formal wird verlangt, daß ein effizientes, volldiversifiziertes Portefeuille existiert, das zudem keine Korrelation zwischen dem Vektor der Störvariablen und dem Grenznutzen des Portefeuilles aufweist. Vgl. Hörnstein, E., a.a.O., S. 100-103 (bei Arbitragefreiheitsannahme), S. 137 (bei Gleichgewichtsannahme); Frantzmann, H.-J., [Saisonalitäten], a.a.O., S. 50; Chen, Nai-fu/ Ingersoll, Jonathan E., Jr., Exact Pricing in Linear Factor Models with Finitely Many Assets: A Note, in: JoF, Vol. 38 (1983), S. 985-988, hier S. 985f.; Wei, K. C. J., a.a.O., S. 885-888.

[910] Vgl. Connor, Gregory A., Unified [Beta] Pricing Theory, in: JET, Vol. 34 (1984), S. 13-31; Dybvig, Philip H., An Explicit [Bound] on Deviation from APT Pricing in a Finite Economy, in: JFE, Vol. 12 (1983), S. 483-496, hier S. 492f., Theorem 2; Grinblatt, Mark/ Titman, Sheridan, Factor Pricing in a Finite Economy, in: JFE, Vol. 12 (1983), S. 497-507, hier S. 503 (Proposition 2), konnten in einem Gleichgewichtsmodell eine exakte Bandbreite der Fehleinschätzung ermitteln. Bei endlich vielen Wertpapieren und einer Normalverteilung der Wertpapierrenditen wird sie bestimmt durch die Residualvarianz der Marktrenditen, den wertmäßigen Anteil eines Wertpapiers am Marktportefeuille und vom harmonischen Mittel der Koeffizienten der absoluten Risikoaversion aller Investoren. Beispielrechnungen haben gezeigt, daß aufgrund des nicht völlig diversifizierten, unsystematischen Risikos die tatsächlich erwartete Rendite unterschätzt wird, die Abweichungen aber klein sind. Siehe auch Haugen, R. A., a.a.O., S. 263-265; Frantzmann, H.-J., [Saisonalitäten], a.a.O., S. 48f.

[911] Vgl. Hörnstein, E., a.a.O., S. 112; Franke, G./ Hax, Herbert, [Finanzwirtschaft], a.a.O., S. 295.

[912] Vgl. Connor, Gregory/ Korajczyk, Robert A., An [Intertemporal] Equilibrium Beta Pricing Model, in: Review of Financial Studies, Vol. 2 (1989), S. 373-392.

[913] Vgl. Copeland, T. E./ Weston, J. F., a.a.O., S. 222.

- Die Anleger müssen nicht das Marktportefeuille halten; ausreichend ist ein genügend diversifiziertes Portefeuille mit einer großen Zahl von Aktien.[914]
- Dem APT liegen keine strengen Annahmen über die Nutzenfunktion der Anleger zugrunde.
- Es werden kaum Annahmen über die Verteilung der Wertpapiererträge getroffen.
- Die Anforderungen an die Erwartungen sind schwächer. Es werden keine homogenen Erwartungen über die Renditeverteilungen gefordert, sondern übereinstimmende Faktormodelle der Marktteilnehmer.
- Ein fehlendes risikoloses Wertpapier kann grundsätzlich durch ein Portefeuille ersetzt werden, dessen sämtliche Faktorladungen Null sind.[915]

Im CAPM wird die Bewertungsgleichung im Gegensatz zur APT nicht durch ein Faktormodell, sondern durch die Kovarianzen der Wertpapiere mit dem Marktportefeuille bestimmt. Trotzdem ist es möglich, ein Faktormodell zu unterstellen, ohne die Annahmen des CAPM zu verletzen.[916] Setzt man in die Definition des Risikomaßes Beta statt R_j die Faktormodellgleichung ein, so folgt (3.4.2.3.-3):

$$\beta_i = \frac{Cov(R_i, R_m)}{\sigma_m^2} = \frac{b_{i1} Cov(F_1, R_m)}{\sigma_m^2} + ... + \frac{b_{ik} Cov(F_k, R_m)}{\sigma_m^2} + \frac{Cov(\varepsilon_i, R_m)}{\sigma_m^2}$$

Da die Varianz des Störterms annahmegemäß nicht sehr groß und das Marktportefeuille gut diversifiziert ist, kann der letzte Term vernachlässigt werden.[917] Ersetzt man die Sensitivität des Faktors j gegenüber der Marktrendite $\left(Cov(F_k, R_m) \right)$ durch β_{F_j}, so gilt:

$$\beta_i = \beta_{F_1} b_{i1} + ... + \beta_{F_k} b_{ik} \qquad\qquad 3.4.2.3.-4$$

Setzt man diese Spezifizierung des Beta-Faktors in die Wertpapiermarktlinie ein, folgt

$$E(\widetilde{R}_i) = R_f + \sum_{j=1}^{k} \left(E(\widetilde{R}_m) - R_f \right) \beta_{F_j} b_{ij} \qquad\qquad 3.4.2.3.-5$$

Unter der Annahme eines k-Faktormodells läßt sich aus dem CAPM das APT herleiten. Identische CAPM-Beta-Faktoren kommen aufgrund alternativer Faktorladungen zustande, mithin un-

---

[914] Es werden unbeschränkte Leerverkaufsmöglichkeiten unterstellt, um Arbitragefreiheit sicherzustellen. Diese Art von Geschäften ist auf real existierenden Märkten entweder verboten oder zumindest weitgehend reglementiert. Pragmatisch geht Francis, J. C., a.a.O., S. 315f., mit dieser Bedingung um: Große Fonds seien durchaus in der Lage, eine vergleichbare Position einzunehmen; dies wäre ausreichend, um Arbitragefreiheit auf den Märkten zu erreichen.

[915] Vgl. Ross, S. A., [Arbitrage], a.a.O., S. 353; Haugen, R. A., a.a.O., S. 260; Frantzmann, H.-J., [Saisona-litäten], a.a.O., S. 63.

[916] Vgl. Sharpe, W. F./ Alexander, G. J., a.a.O., S. 254-257; Frantzmann, H.-J., [Saisonalitäten], a.a.O., S. 58f.; Hörnstein, E., a.a.O., S. 134f.

[917] Vgl. zu den exakten Bedingungen Jarrow, Robert A./ Rudd, A., A Comparison of the APT and CAPM, in: JBankF, Vol. 7 (1983), S. 295-308.

terliegen verschiedene Faktorladungen dem gleichen systematischen Risiko i.S.d. CAPM.[918] Diese Gleichung ist spezifischer, weil die Risikoprämie spezifiziert wurde; sie verhält sich proportional zu den Faktorladungen des Marktportefeuilles (β_{F_i}), was die APT nicht verlangt.[919]

3.4.3. Möglichkeiten und Grenzen von Gleichgewichtsmodellen zur Bestimmung der Eigenkapitalkosten

Die Kapitalmarkttheorien wurden als positive Theorien, die das Geschehen auf den Kapitalmärkten beschreiben und erklären sollen, entwickelt. Die Wertsteigerungsanalyse hingegen ist eine normative Theorie, die postuliert, wie sich die Unternehmensleitung verhalten soll, wenn sie den Marktwert steigern möchte. Die Integration beider Theorien bietet zwar grundsätzlich die Möglichkeit, das Verhalten des Kapitalmarktes bei der Entscheidung zu berücksichtigen. Gleichgewichtskapitalmarkttheorien zur Kapitalkostenbestimmung sind jedoch umstritten. Mit einer Ausnahme wird auf eine Diskussion der engen Annahmen, die fehlende Übereinstimmung der Realität mit diesen Annahmen und die Wirkung von Unvollkommenheiten auf die Modellaussagen - wie ein fehlender risikoloser Zins[920] oder die fehlende Handelbarkeit bestimmter Vermögenswerte[921] - verzichtet.[922] Es werden folgende Einwände angesprochen, die die Verwendung von Kapitalmarktmodellen problematisch erscheinen lassen: a) die logischen Probleme einer Übertragung der Kapitalmarkttheorien in die Investitionsrechnung; b) die Probleme fehlender homogener Erwartungen und c) der Erklärungsgehalt der Gleichgewichtstheorien für das Geschehen auf dem Kapitalmarkt.

ad a) Gegen eine Übertragung des CAPM auf Investitionsentscheidungen spricht, daß die geplante Investition das Marktportefeuille und den Marktpreis des Risikos strenggenommen bereits verändert haben muß. Die Zahlungsreihe wird jedoch einer gegebenen Wertpapierlinie gegenübergestellt. Rückwirkungen der Investition auf das Marktportefeuille werden vernachlässigt, d.h. man führt eine Partialanalyse durch. Eine solche Annahme ist nur zulässig, wenn die Investition

---

[918] Vgl. Copeland, T. E./ Weston, J. F., a.a.O., S. 223f.; Copeland, T./ Koller, T./ Murrin, J., a.a.O., S. 199f.; Sharpe, W. F./ Alexander, G. J., a.a.O., S. 255; Francis, J. C., a.a.O., S. 314.

[919] Vgl. Frantzmann, H.-J., [Saisonalitäten], a.a.O., S. 59; Sharpe, W. F./ Alexander, G. J., a.a.O., S. 256.

[920] Vgl. Brennan, Michael J., Capital Market Equilibrium with Divergent [Borrowing] and Lending Rates, in: JFQA, Vol. 6 (1971), S. 1197-1205; Black, Fischer, Capital Market Equilibrium with [Restricted] Borrowing, in: JoB, Vol. 45 (1972), S. 444-455.

[921] Vgl. Mayers, David, Nonmarketable Assets and Capital Market Equilibrium under Uncertainty, in: Jensen, Michael C. (Hrsg.), Studies in the Theory of Capital Markets, New York et al. 1972, S. 223-248.

[922] Einen Überblick liefern Schneider, Dieter, [Investition], a.a.O., S. 531-546; Jensen, Michael C., Capital Markets: Theory and Evidence, in: Bicksler, James L. (Hrsg.), Capital [Market] Equilibrium and Efficiency, Lexington (Mass.), Toronto 1977, S. 111-164, hier S. 128-145; Turnbull, S. M., Market Imperfections and the Capital Asset Pricing Model, in: JBFA, Vol. 4 (1977), S. 327-337; Rudolph, B., [Theorie], a.a.O., S. 1049-1053; Elton, E. J./ Gruber, M. J., a.a.O., S. 302-321; Copeland, T. E./ Weston, J. F., a.a.O., S. 205-212; Perridon, L./ Steiner, M., a.a.O., S. 256-258; Weigel, W., a.a.O., S. 73-83; Gerling, C., a.a.O., S. 260-263.

im Vergleich zum Marktportefeuille sehr klein ist.[923] Außerdem widerspricht die Existenz von Investitionsprojekten, die einen positiven Kapitalwert haben, der Annahme eines gleichgewichtigen Kapitalmarkts. Man unterstellt hier eine (kurzfristige) Ungleichgewichtssituation, die durch einen Anpassungsprozeß ausgeglichen wird. Zwar erscheint diese Hilfskonstruktion plausibel, da das CAPM aber keine Aussagen darüber macht, wie Anpassungsprozesse ablaufen, kann über die Richtigkeit dieser Annahme keine Aussage gemacht werden.[924]

Zudem zeigt sich bei der Bewertung unternehmerischer Aktionen mit Hilfe des CAPM genaugenommen ein logisches Problem. Gesucht wird der risikoangepaßte Zinsfuß, der in der Lage ist, den Marktwert einer Investition zu bestimmen. Im Kapitalmarktgleichgewicht sind alle Bewertungsprobleme gelöst, da jede Investition Bestandteil des Marktportefeuilles ist. Ein Zinssatz zur Bewertung der Investition wird nicht mehr benötigt.[925]

Weiterhin wird auf Inkonsistenzen hingewiesen, wenn eine Handlungsempfehlung - Maximiere den Kapitalwert - mit Hilfe einer Gleichgewichtsanalyse bestimmt wird.[926] Eine solche Analyse, die auf bei der Entscheidung bereits bekannten Aktionen (und Umweltvorstellungen) in der Zukunft basiert, entspricht wegen der idealisierten Annahmen über das menschliche Verhalten nicht der Realität und ist ungeeignet, der Wirtschaftspraxis entscheidungsrelevante Informationen zu liefern. Die Gleichgewichtsanalyse unterstellt einen Informationsstand, der sich aus einem gewünschten Zustand des Marktsystems ergibt, nicht aus den individuellen Vorstellungen der Handelnden. Eine Konzeption, die als Entscheidungshilfe dient, muß hingegen auch eine Analyse der Handlungen bei Ungewißheit und irrigen Umweltvorstellungen beinhalten.[927]

ad b) Wie sind die Kapitalmarkttheorien einzuschätzen, wenn die Annahme der homogenen Erwartungen abgeschwächt wird? In diesem Fall haben die Investoren nicht mehr den gleichen

923 Vgl. Schmidt, Reinhard H., [Grundzüge], a.a.O., S. 253; Kloster, U., a.a.O., S. 78; Rubinstein, M. E., a.a.O., S. 173, insbesondere Fn. 12; Hax, Herbert, Kapitalmarkttheorie und [Investitionsentscheidungen] (unter besonderer Berücksichtigung des Capital Asset Pricing Model), in: Bombach, Gottfried/ Gahlen, Bernhard/ Ott, Alfred E. (Hrsg.), Neuere Entwicklungen in der Investitionstheorie und -politik, Tübingen 1980, S. 421-449, hier S. 427; Franke, G./ Hax, Herbert, [Finanzwirtschaft], a.a.O., S. 285; Trautwein, Friedrich, Zur Bewertung von Unternehmensakquisitionen. Stellungnahme zum Aufsatz von Adolf G. Coenenberg/ Michael T. Sautter: "Strategische und finanzielle Bewertung von Unternehmensakquisitionen", DBW, 48. Jg. (1988), S. 691-710, in: DBW, 49. Jg. (1989), S. 537-539, hier S. 538. Bei Beachtung der Rückwirkungen vgl. Hamada, Robert S., [Portfolio Analysis], Market Equilibrium and Corporation Finance, Vol. 24 (1969), S. 13-31, hier S. 21-23.

924 Vgl. Schmidt, Reinhard H., [Grundzüge], a.a.O., S. 253; Kloster, U., a.a.O., S. 78.

925 Vgl. Schmidt, Reinhard H., Finanzierungstheorie zwischen empirischer Theorie, Gleichgewichtstheorie und [Handlungstheorie], in: Köhler, Richard (Hrsg.), Empirische und handlungstheoretische Forschungskonzeptionen in der Betriebswirtschaftslehre, Stuttgart 1977, S. 249-266, hier S. 263; Ballwieser, W., [Komplexitätsreduktion], a.a.O., S. 175; Rolfes, B., a.a.O., S. 117f.

926 Vgl. Koch, Helmut, Kriterien der [Investitionsrechnung] bei Ungewißheit, in: Bloech, Jürgen/ Götze, Uwe/ Sierke, Bernt (Hrsg.), Managementorientiertes Rechnungswesen, Konzepte und Analysen zur Entscheidungsvorbereitung, Wiesbaden 1993, S. 229-244, hier S. 236. "Die Konzeption der Gleichgewichtsanalyse und die handlungstheoretische Konzeption aber schließen sich gegenseitig aus." Koch, Helmut, Die [Betriebswirtschaftslehre] als Wissenschaft vom Handeln, Tübingen 1975, S. 5.

927 Vgl. Koch, Helmut, [Betriebswirtschaftslehre], a.a.O., S. 17; Mellwig, Winfried, [Handlungstheorie], in: Wittmann, Waldemar et al. (Hrsg.), HWB, Teilband 1, Stuttgart 1993, Sp. 1603-1615, insb. Sp. 1609.

Informationsstand über die Verteilung der erwarteten Renditen in der Zukunft. Das Entscheidungsproblem für den Investor hat sich nicht verändert. Konsequenzen ergeben sich aber für die Gleichgewichtspreise, weil die erwartete Rendite des "Markt"-portefeuilles und die Kovarianzen der Wertpapiere mit dem Marktportefeuille von Investor zu Investor variieren.[928] Für jeden einzelnen Investor ergibt sich eine eigene Kapitalmarktlinie mit einem effizienten Tangentialportefeuille, das seinen Erwartungen entspricht. Für den Investor existiert kein gegebener Marktpreis des Risikos, vielmehr besteht eine Preisspanne für die Risikoübernahmen.[929] Trotzdem bleibt die lineare Abhängigkeit der erwarteten Rendite des Wertpapiers vom Portefeuille erhalten. Die relevanten Größen Erwartungswert, Varianz und Kovarianz ergeben sich als gewogene Durchschnitte der unterschiedlichen Erwartungen der einzelnen Investoren.[930] Die Struktur von Markt- und individuellem Tangentialportefeuille stimmen aber nicht mehr überein.

Um das Gewichtungsproblem zu lösen, müssen Annahmen über die Form der heterogenen Erwartungen[931] oder die Nutzenfunktionen der Investoren[932] getroffen werden. Da die Gewichtungsfaktoren von der individuellen marginalen Substitutionsrate der Risiko-Ertrags-Beziehung abhängen, ist eine explizite Ableitung der Gleichgewichtsrenditen nur bei Unabhängigkeit dieser Substitutionsraten vom Vermögen der Investoren möglich. Besteht diese Unabhängigkeit vom Vermögen - und damit von den Kursen der Wertpapiere - nicht, wären Informationen über die Kurse erforderlich, um die Risiko-Ertrags-Beziehung festzulegen, die wir benötigen, um die Kurse der Wertpapiere zu bestimmen.[933] Um diese Unabhängigkeit zu erreichen, sind nur Nutzenfunktionen zulässig, die eine konstante, absolute Risikoaversion der Anleger aufweisen.[934]

Das Modell scheint auch bei heterogenen Erwartungen zu einer Lösung zu führen.[935] Dies gilt allerdings nur vordergründig. Selbst wenn das Gewichtungsproblem gelöst ist und sich das

---

[928] Vgl. Fama, E. F., [Foundations], a.a.O., S. 315; Harrington, D., a.a.O., S. 31; Schneider, Dieter, [Inve-stition], a.a.O., S. 543.

[929] Vgl. Francis, J. C., a.a.O., S. 633; Gerling, C., a.a.O., S. 263.

[930] Vgl. Fama, E. F., [Foundations], a.a.O., S. 315; Elton, E. J./ Gruber, M. J., a.a.O., S. 319.

[931] Vgl. Gonedes, Nicholas J., Capital Market [Equilibrium] for a Class of Heterogenous Expectations in a Two Parameter World, in: JoF, Vol. 31 (1976), S. 1-15. Siehe auch Elton, E. J./ Gruber, M. J., a.a.O., S. 320. Wird unterstellt, daß Übereinstimmung aller Investoren über eine mögliche Anzahl ökonomischer Basisaktivitäten besteht und wird ein Unternehmen als Kombination dieser Basisaktivitäten gesehen, wobei unterschiedliche Meinungen über die Gewichtungen dieser Aktivitäten bestehen, dann ist die effiziente Grenze der μ-σ-Portefeuilles für alle Investoren gleich und das Marktportefeuille für alle Investoren μ-σ-effizient ist. Diese Form der Heterogenität beschränkt die Aussagen des Modells nicht unerheblich.

[932] Vgl. Lintner, John, The Aggregation of Investors Diverse Judgements and Preferences in Purely Competitive Security Markets, in: JFQA, Vol. 4 (1969), S. 347-400.

[933] Vgl. Elton, E. J./ Gruber, M. J., a.a.O., S. 319.

[934] Vgl. Elton, E. J./ Gruber, M. J., a.a.O., S. 320. Mit Hilfe einer solchen Risikonutzenfunktion kann gezeigt werden, daß sich $[(E(\tilde{R}_m) - R_f)/Var(R_m)]$ proportional zum harmonischen Mittel der Risikoaversionskoeffizienten verhält und die erwarteten Kurse, Varianzen und Kovarianzen komplexe Durchschnitte der Wahrscheinlichkeitsverteilungen und der Risikopräferenzen sind.

[935] So argumentieren Sharpe, W. F./ Alexander, G. J., a.a.O., S. 233, vom Standpunkt des durchschnittlichen Investors: "... each security will be priced fairly, so its expected return (as perceived by this investor) will be linearly and positive related to its beta."

Marktportefeuille aus den gewichteten, individuellen Tangentialportefeuilles ergibt, ist nicht sichergestellt, daß das Marktportefeuille in den Augen der Investoren μ-σ-effizient ist, da es von den individuellen "Marktportefeuilles" der Investoren abweicht.[936] Auf solchen Märkten besteht kein Gleichgewicht i.S. einer Plan-Ist-Übereinstimmung, sondern es wird lediglich Markträumung erreicht.[937] Da Planrevisionen zu erwarten sind, ist eine eindeutige Zuordnung von Preisen und Daten nicht möglich.[938]

Zur Ableitung der *Arbitrage Pricing*-Gleichung wird Homogenität der Erwartungen aller Investoren über das k-Faktorenmodell unterstellt. Werden die Renditen und die Faktorladungen hingegen nur fehlerhaft beobachtet - wobei die Beobachtungsfehler von den Faktoren F und den Residuen unabhängig sein müssen -, so können die Faktorladungen trotzdem näherungsweise ermittelt werden.[939] Diese Überlegungen werden auf heterogene Erwartungen übertragen, so daß auch in diesem Fall eine lineare Beziehung zwischen den erwarteten Renditen und den Faktorladungen angenommen werden kann. Jedoch können sich die Risikoprämien verschiedener Investoren unterscheiden;[940] eine "Risikoprämie des Marktes" kann nicht bestimmt werden.[941] **Fehlende homogene Erwartungen verhindern die Ableitung marktbestimmter Kapitalkosten sowohl aus dem CAPM als auch der APT.**

ad c) Diese Erkenntnisse leiten zur Kritik von SCHNEIDER und TRAUTWEIN über: Ihre Überlegungen orientieren sich an der Österreichischen Schule, für die "Überlegungen, bei denen vom Nirwana vollkommener Information und erst recht vollkommener Voraussicht ausgegangen wird, eher geeignet (sind, D.H.), das Verständnis und die Erklärung realer ökonomischer Vorgänge zu erschweren."[942] Das Marktsystem liefert hingegen erst die Information, die niemand in der Gesamtheit kennt. Der Wert eines Unternehmens auf dem Kapitalmarkt ist ein Signal für den Wettbewerb; der Kurs spiegelt nicht, was allgemein bekannt ist. Der Wettbewerbsprozeß wird als Entdeckungsverfahren interpretiert, nicht als ein auf ein Gleichgewicht zusteuernder Vorgang gesehen.[943] Zudem bleibt die Gleichgewichtstheorie den Beweis schuldig, daß tatsächlich auf den Märkten eine Tendenz zum Gleichgewicht vorliegt.[944] "Neue Wirtschaftspläne und damit neue Entscheidungen werden überhaupt nur deshalb benötigt, weil für jeden neuen Ka-

---

936 Vgl. Sharpe, William F., [Portfolio], a.a.O., S. 106f.; Schneider, Dieter, [Besteuerung], a.a.O., S. 543; Copeland, T. E./ Weston, J. F., a.a.O., S. 211.
937 Vgl. Schneider, Dieter, [Investition], a.a.O., S. 543.
938 Vgl. Standop, Dirk, Die Kapitaltheorie der [Chicago-Schule]. Einzelwirtschaftliche Investitions- und Finanzierungsanalyse versus neoklassische Theorie des Kapitalmarktgleichgewichts, in: ZWS, 96. Jg. (1976), S. 55-70, hier S. 63f. Schneider, Dieter, [Investition], a.a.O., S. 546, zieht daraus den Schluß, daß bei heterogenen Erwartungen keine Kapitalkosten unter Unsicherheit existieren, das CAPM als Entscheidungshilfe ist dann nutzlos. Vgl. auch Gerling, C., a.a.O., S. 263.
939 Vgl. Ingersoll, J. E., [Arbitrage], a.a.O., S. 1034f., Theorem 6.
940 Vgl. Ingersoll, J. E., [Arbitrage], a.a.O., S. 1035f.
941 Vgl. Frantzmann, H.-J., [Saisonalitäten], a.a.O., S. 63.
942 Streit, Manfred, [Wirtschaftspolitik], a.a.O., S. 82.
943 Vgl. Trautwein, F., a.a.O., S. 538.
944 Vgl. Schneider, Dieter, [Grundlagen], a.a.O., S. 276, S. 278, S. 282.

lenderzeitpunkt festgestellt werden muß, daß der Wissensstand ex post anders als ex ante ist. Erst daraufhin entsteht Wettbewerb als Prozeß im Zeitablauf."[945] Dieses Denken in Marktprozessen ist in der neoklassischen Gedankenwelt und den Kapitalmarktmodellen verdrängt.[946]

Bei einem Verständnis der Markthandlungen als Entdeckungsverfahren kann eine Gleichgewichtstheorie keine Beschreibung des Geschehens auf dem Markt bieten, da sie nur für den Zeitpunkt eines erreichten Gleichgewichts eine Aussage trifft; der Prozeß zum Gleichgewicht wird nicht erfaßt. Es bleibt unklar, wie die Marktteilnehmer auf exogene Störungen reagieren; Wettbewerbshandlungen sind ausgeschlossen.[947] Für diesen Prozeß liegt kein Kapitalmarktmodell vor.[948] Markthandlungen zu Ungleichgewichtspreisen werden in Gleichgewichtsmodellen ausgeschlossen.[949] Darüber hinaus müssen in die Planungen der einzelnen Marktteilnehmer bereits die Informationen über die künftigen Konkurrenzgleichgewichtspreise eingegangen sein. Damit muß das Ergebnis aber bereits in den Planungen enthalten sein.[950] Die Modelle beweisen lediglich die logischen Möglichkeiten einer Koordination einzelwirtschaftlicher Pläne, wenn das Markthandeln zu den Plankoordinations-Austauschverhältnissen erfolgt.[951] In der Realität sind Gleichgewichte, wie sie die Modelle unterstellen, nicht zu beobachten, bestenfalls ist der Markt geräumt.[952]

Insbesondere die mit den Wertsteigerungspotentialen verbundenen Wettbewerbsvorteile sind subjektive Einschätzungen, die mehrdeutig sind, mit denen aber auf dem Markt Vorteile erzielt werden können. Eine strategische Analyse, die auf Marktunvollkommenheiten und schöpferischen Aktionen aufbaut, ist mit einem Gleichgewichtsdenken nicht vereinbar, in dem alle "Teilnehmer" homogene Erwartungen haben. Diese sind bei unternehmerischen Überlegungen gerade ausgeschlossen. Vielmehr bestehen subjektive Einschätzungen des Managements über die Möglichkeiten der unternehmerischen Aktion. Strategische Analysen und Gleichgewichtsdenken schließen sich gegenseitig aus.[953]

Zudem abstrahieren die Kapitalmarkttheorien von institutionellen Rahmenbedingungen: In einer institutionenfreien Welt können die mit einer Aktienmehrheit - oder nur einer Sperrminorität - einhergehenden Beherrschungsrechte und die damit verbundenen wirtschaftlichen Vorteile nicht

---

945 Schneider, Dieter, [Allgemeine], a.a.O., S. 517, Hervorhebungen im Original. Seine Überlegungen basieren auf Hayek. Siehe unteranderem Hayek, F. A. von., [Verwertung], a.a.O.
946 Vgl. Schneider, Dieter, [Allgemeine], a.a.O., S. 504.
947 Vgl. Röpke, Jochen, [Innovation], a.a.O., S. 265f.
948 Vgl. Schneider, Dieter, [Grundlagen], a.a.O., S. 277; ders., [Besteuerung], a.a.O., S. 572.
949 Vgl. Schneider, Dieter, [Grundlagen], a.a.O., S. 275f.
950 Vgl. Schneider, Dieter, [Grundlagen], a.a.O., S. 280f.; ders., [Besteuerung], a.a.O., S. 570f. Gleichgewichte sind neben der Arbitragefreiheit und der Markträumung auch durch fehlende Gründe für eine Planrevision gekennzeichnet.
951 Vgl. Schneider, Dieter, [Grundlagen], a.a.O., S. 487f.
952 Vgl. Schneider, Dieter, [Grundlagen], a.a.O., S. 275.
953 Vgl. Ballwieser, W., [Komplexitätsreduktion], a.a.O., S. 175; Röpke, J., [Innovation], a.a.O., S. 274.

erfaßt werden. Das Modell kann daher das Geschehen auf realen Kapitalmärkten nur unvollständig erklären, weil wichtige Determinanten für Kauf- und Verkaufentscheidungen ausgeblendet werden. Der auf den Gesamtunternehmenswert oder nur ein Aktienpaket hochgerechnete Kurs einer Aktie ist kein zuverlässiger Indikator für den Preis eines Unternehmens und die daraus abgeleiteten Kapitalkosten.[954]

Die Möglichkeiten, kapitalmarkttheoretische Erkenntnisse zur Ermittlung der Eigenkapitalkosten zu verwenden, werden skeptisch beurteilt. Die mathematische Eleganz und Schlüssigkeit der Modelle verdrängt die methodischen Probleme der Gleichgewichtstheorie. Die vorgebrachten Einwände werden in der Literatur auch weniger schwer gewichtet, zudem wird auf fehlende Alternativen hingewiesen. Die Gleichgewichtsmodelle werden als pragmatischer Modellrahmen, der es erlaubt, das Risiko zu quantifizieren, verwandt.[955] Aus diesem Grund sollen die Gleichgewichtstheorien auch nicht in Bausch und Bogen verdammt werden. Ihre theoretische Fragwürdigkeit, wenn es gilt, Eigenkapitalkosten zu ermitteln, ist aber offensichtlich.

3.4.4. Die pragmatische Bestimmung des Risikozuschlags aufgrund von Kapitalmarktmodellen

3.4.4.1. Methode der internen Zinsfüße zur Bestimmung risikoangepaßter Zinsfüße

In der Praxis scheinen Dividenden- und Dividendenwachstumsmodelle ein häufig verwandtes Konzept zu sein, um die Eigenkapitalkosten zu ermitteln. Die einfache, ohne finanzmathematischen Aufwand betriebene Ermittlung wird als Vorteil angesehen.[956] Zudem werden die erforderlichen Informationen - insbesondere in den USA - durch kommerzielle Informationsdienste bereitgestellt.[957] Prognoseprobleme werden z.T. umgangen, indem auf die aktuelle Dividende abgestellt wird, die als gute Approximation für die Zukunft angesehen wird.[958] Zum Teil werden

---

954 Vgl. Ballwieser, W., [Komplexitätsreduktion], a.a.O., S. 175f.; Gerling, C., a.a.O., S. 264.
955 Vgl. Gregory, A., [Valuing], a.a.O., S. 114f.; Drukarczyk, J., [Theorie], a.a.O., S. 252; Süchting, J., a.a.O., S. 318f.; Göppl, Hermann, [Unternehmungsbewertung] und Capital-Asset-Pricing-Theorie, in: WPg, 33. Jg. (1980), S. 237-245, hier S. 243; Möller, Hans Peter, Das [Capital-Asset-Pricing-Modell] - Separationstheorien oder auch Erklärung der Preisbildung auf realen Kapitalmärkten, in: DBW, 46. Jg. (1986), S. 707-719, hier S. 718; Weber, Martin/ Schiereck, D., a.a.O., S. 148; Sautter, M. T., a.a.O., S. 201; Kloster, U., a.a.O., S. 79f.; Breid, V., a.a.O., S. 93f.; Serfling, Klaus/ Marx, Marita, Capital Asset Pricing-Modell, Kapitalkosten und Investitionsentscheidungen, in: WISU, 19. Jg. (1990), S. 364-369, S. 425-429, hier S. 429; Kruschwitz, Lutz/ Schöbel, Rainer, Die Beurteilung riskanter Investitionen und das Capital Asset Pricing Model (CAPM), in: WiSt, 16. Jg. (1987), S. 67-72, hier S. 72; Zens, N. H./ Rehnen, A., a.a.O., S. 105. Es wurden bewußt keine amerikanischen Schriften zitiert.
956 Vgl. Kolbe, L. A./ Read, J. A./ Hall, G. R., a.a.O., S. 55.
957 Vgl. Weston, J. F./ Chung, K. S./ Hoag, S. E., a.a.O., S. 178f.; Harris, R. S./ O'Brien, T. J./ Wakeman, D., a.a.O., S. 77; Kolbe, L. A./ Read, J. A./ Hall, G. R., a.a.O., S. 55; Kloster, U., a.a.O., S. 120; Brigham, E. F./ Gapinski, L. C., a.a.O., S. 196.
958 Vgl. Rudolph, B., [Klassische], a.a.O., S. 613; Hax, Herbert, [Investitionstheorie], a.a.O., S. 153; Dimson, Elroy/ Marsh, Paul, [Calculating] the Cost of Capital, in: LRP, Vol. 15 (1982), Nr. 2, S. 112-120, hier S. 112.

Kurs und Dividende auf der Basis eines Portefeuilles oder eines Marktindex errechnet.[959] Ebenso werden Durchschnittswerte von Vergleichsunternehmen einer Branche herangezogen.[960] Durch das Zusammenfassen mehrerer Unternehmen sollen Verzerrungen vermieden oder Kapitalkosten für nicht notierte Unternehmen bestimmt werden.

Um die erwarteten Wachstumsraten in den Dividendenwachstumsmodellen zu schätzen, werden - neben dem Verweis auf Informationsdienste - drei Verfahren empfohlen:

1. Die Wachstumserwartungen der Unternehmen werden in vier Kategorien klassifiziert: Negatives Wachstum, Nullwachstum, Standard- oder Normalwachstum und überdurchschnittliches Wachstum. Als Hilfestellung wird auf den Lebenszyklus des Unternehmens zurückgegriffen.[961] Da aber schon Lebenszyklen für Produkte problematisch sind, erscheint u.E. die Bestimmung eines Lebenszyklus für ein Unternehmen wenig aussagekräftig.

2. Die Wachstumsraten werden mit Hilfe statistischer Verfahren aus Vergangenheitsdaten ermittelt.[962] Der relevante Zeitraum wird mit fünf bis zehn Jahren angegeben. Da Unternehmen i.d.R. eine konstante Ausschüttungspolitik haben, wird ersatzweise auf das Wachstum der Gewinne zurückgegriffen.[963]

3. Da sich die Wachstumsrate aus dem Produkt der Thesaurierungsquote und der erwarteten Eigenkapitalrendite ergibt, sollen alternativ diese Größen geschätzt werden, um die Wachstumsrate zu ermitteln.[964] Diese Parameter müssen jedoch auch prognostiziert werden; insoweit wird das Prognoseproblem nur verschoben. Man wird auf publizierte Daten der Informationsdienste oder historische Größen zurückgreifen.[965]

Auch wenn historisches Datenmaterial als bester Schätzer für die Zukunft herangezogen wird, müssen die Informationen aufbereitet werden. Durch die Länge des Betrachtungszeitraums, der Art und Weise der Mittelwertbildung und durch unterschiedliche Bereinigungsverfahren lassen sich vielfältige Schätzungen für die erwarteten Dividendenzahlungen bzw. die Wachstumsrate ermitteln. Bestimmte Regeln bestehen nicht, und die Werte sind keineswegs eindeutig.[966] Zudem

---

[959] Vgl. Brigham, E. F./ Shome, D. K., a.a.O., S. 89f.; Sautter, M. T., a.a.O., S. 288.

[960] Vgl. Brealey, R. A./ Myers, S. C., a.a.O., S. 53f.; Kolbe, L. A./ Read, J. A./ Hall, G. R., a.a.O., S. 60.

[961] Vgl. Uhlir, H./ Steiner, Peter, a.a.O., S. 110.

[962] Vgl. Gordon, M. J./ Shapiro, Eli, a.a.O., S. 59; Kloster, U., a.a.O., S. 122; Brigham, E. F./ Gapinski, L. C., a.a.O., S. 192-195.

[963] Vgl. Kolbe, L. A./ Read, J. A./ Hall, G. R., a.a.O., S. 55.

[964] Vgl. Gordon, M. J./ Shapiro, Eli, a.a.O., S. 59; Brigham, E. F./ Shome, D. K., a.a.O., S. 91; Brealey, R. A./ Myers, S. C., a.a.O., S. 53; Kolbe, L. A./ Read, J. A./ Hall, G. R., a.a.O., S. 55, S. 59; Röttger, B., a.a.O., S. 63; Hax, Herbert, [Investitionstheorie], a.a.O., S. 154; Gerling, C., a.a.O., S. 171; Brigham, E. F./ Gapinski, L. C., a.a.O., S. 195f. Kloster, U., a.a.O., S. 121f., verwendet die Investitionsrendite.

[965] Vgl. Brigham, E. F./ Shome, D. K., a.a.O., S. 92-94.

[966] Vgl. Gerling, C., a.a.O., S. 241; Kloster, U., a.a.O., S. 123; Brigham, E. F./ Gapinski, L. C., a.a.O., S. 192-194. Brigham, E. F./ Gapinski, L. C., a.a.O., S. 195, präsentieren eine Übersicht, bei der die Wachstumsraten je nach Meßmethode von 4,6 % bis 7,7 % variieren.

wird die relevante Erfolgsgröße nur einmal im Jahr berechnet, während der Börsenkurs fast täglich ermittelt wird. Der Börsenkurs ist zudem nicht immer ein unverzerrter Maßstab.

Statt Dividenden werden auch Gewinne als relevante Erfolgsgröße verwandt, um die Kapitalkosten zu bestimmen.[967] Die Ermittlung erfolgt mit Hilfe des bekannten Kurs-Gewinn-Verhältnisses, wobei sich die Renditeforderung der Investoren aus dem Kehrwert dieser Maßzahl ergibt.[968] Die Kapitalkosten werden nicht nur aufgrund des individuellen Kurs-Gewinn-Verhältnisses (KGV) des Unternehmens ermittelt, sondern es werden auch durchschnittliche KGV von börsennotierten Unternehmen der gleichen Branche verwandt.[969] Für nicht notierte Unternehmen soll wegen der fehlenden Marktgängigkeit ein geringeres KGV veranschlagt werden.[970] Neben den schon bekannten Problemen tritt bei der Gewinn-Kurs-Formel noch ein weiteres hinzu: Kurs-Gewinn-Verhältnisse basieren auf Marktwerten und periodisierten Erfolgsgrößen. Buchhalterische Gewinne stellen keine relevanten Zielgrößen für Investoren dar. Sie können zudem durch veränderte Ansatz- und Bewertungsregeln beeinflußt werden.[971]

3.4.4.2. Ermittlung des Risikozuschlags für börsennotierte Unternehmen mit Hilfe des CAPM

3.4.4.2.1. Bestimmung des risikolosen Zinsfußes, der Marktrendite und der Beta-Faktoren

Um die Wertpapierlinie umzusetzen, werden Informationen über die Höhe des risikolosen Zinsfußes, der Rendite des Marktes und des Beta-Faktors benötigt. Dabei müssen das Beobachtungsobjekt, der Beobachtungszeitraum und das Aggregationsverfahren festgelegt werden.

Bei dem risikofreien Zins handelt es sich um eine theoretische Größe, die in der Realität nicht existiert;[972] auch Anleihen, deren Rückzahlung gesichert ist, unterliegen einem nicht antizipierten Zinsänderungs- und Geldentwertungsrisiko.[973] Grundsätzlich scheinen kurzfristige, bevorrechtigte Forderungen gegen erstklassige Schuldner verwandt zu werden, überwiegend Forderungen

---

[967] Vgl. Gerling, C., a.a.O., S. 102.

[968] *Earnings-Price-Ratios* korrelierten in der Untersuchung von Brigham, E. F./Shome, D. K., a.a.O., S. 95, positiv mit den Risikoprämien auf der Grundlage des Dividendenmodells. Zum Teil lagen sie aber auch unter den Fremdkapitalkosten; vgl. Röttger, B., a.a.O., S. 132. Franks, J. R./ Broyles, J. E./ Carleton, W. T., a.a.O., S. 231, konnten dieses Phänomen für die USA nicht bestätigen.

[969] Vgl. Gerling, C., a.a.O., S. 104; Suckut, S., a.a.O., S. 42.

[970] Vgl. Gerling, C., a.a.O., S. 104, m.w.N.

[971] Vgl. Gerling, C., a.a.O., S. 241.

[972] Vgl. Kloster, U., a.a.O., S. 125. Die Varianz des risikofreien Zinsfußes ist ebenso wie die Korrelation mit den Erträgen aus den Anlagen und dem Marktportefeuille Null. Vgl. Harrington, D., a.a.O., S. 150; Weber, Martin/ Schiereck, D., a.a.O., S. 141.

[973] Vgl. Weinstein, Mark, The Systematic Risk of Corporate Bonds, in: JFQA, Vol. 16 (1981), S. 257-278.

gegen den Staat.[974] Die Verwendung kurzfristiger Wertpapiere ist nicht unumstritten, da Rendi-ten dieser Papiere nicht nur Ergebnis "reiner" Marktbewegungen sind, sondern kurzfristige Wertpapiere des Staates im Rahmen der Geldmarktsteuerung verwandt werden, um die Geld-menge bzw. den Geldmarktzins zu beeinflussen. Die Volatilität kurzfristiger Wertpapiere dürfte höher sein als die langfristiger.[975] Während kurzfristige Papiere die gegenwärtige Inflationsrate reflektieren, spiegeln langfristige Anleihen die Inflationserwartungen über einen längeren Zeit-raum, so daß langfristige Papiere vermutlich stabiler sind.[976] Ceteris paribus führt ein Anstieg der erwarteten Inflationsrate zu höheren Renditen der langfristigen Wertpapiere im Vergleich zu kurzfristigen; umgekehrt führt ein Sinken der Inflationserwartungen zu einer inversen Zins-struktur.[977] Weiterhin werden kurzfristige Papiere mit einem Liquiditätsabschlag belegt.[978]

Wenn die Mehrzahl der Investoren Aktien als langfristige Anlageform betrachten, sollte auf lang-fristige Papiere zurückgegriffen werden, da sie ähnliche Inflationserwartungen enthalten.[979] Die Vorschläge zur Wertsteigerungsanalyse verwenden weitgehend die Rendite langfristiger Anlei-hen.[980] Anleihe und Investition sollten eine ungefähr gleiche durchschnittliche Restbindungsdau-er aufweisen[981] bzw. Laufzeit der Anleihe und Planungshorizont der Cash-flow-Schätzung sollten sich entsprechen,[982] um eine Vergleichbarkeit herzustellen.

Die Frage, ob historische oder aktuelle Zinssätze verwandt werden sollten, wird unterschiedlich beantwortet. Zum Teil wird ein geometrischer Durchschnitt historischer Renditen verwandt,[983] da diese Größe als gute Approximation zukünftiger Renditen gilt. Andere Vorschläge verwenden

[974] Vgl. Gerling, C., a.a.O., S. 110. Im allgemeinen scheint der risikolose Zinsfuß in den USA durch kurzfristige *Treasury Bonds* approximiert zu werden. Vgl. Harrington, D., a.a.O., S. 149, S. 152, S. 177; Franks, J. R./ Broy-les, J. E./ Carleton, W. T., a.a.O., S. 224; Sautter, M. T., a.a.O., S. 285; Coenenberg, A. G./ Sautter, M. T., a.a.O., S. 211; Brealey, R. A./ Myers, S. C., a.a.O., S. 137; Steiner, Manfred/ Kleeberg, Jochen, Zum Problem der Indexauswahl im Rahmen der wissenschaftlich-empirischen Anwendung des Capital Asset Pricing Model, in: DBW, 51. Jg. (1991), S. 171-182, hier S. 175, S. 176. Analog wären in Deutschland Schatzwechsel des Bun-des mit einer Laufzeit von 90 Tagen heranzuziehen. Alternativ werden auch die Zinssätze für Monatsgeld im Interbankenhandel vorgeschlagen. Vgl. Kloster, U., a.a.O., S. 127; Röttger, B., a.a.O., S. 124f.
[975] Vgl. Brigham, E. F./ Gapinski, L. C., a.a.O., S. 184; Harrington, D., a.a.O., S. 153; Sautter, M. T., a.a.O., S. 286.
[976] Vgl. Brigham, E. F./ Gapinski, L. C., a.a.O., S. 184; Harrington, D., a.a.O., S. 153f.
[977] Zu den Theorien über die Zinsstrukturen vgl. Jarchow, H.-J., a.a.O., S. 178-189.
[978] Vgl. Harrington, D., a.a.O., S. 151.
[979] Vgl. Brigham, E. F./ Gapinski, L. C., a.a.O., S. 184; Sautter, M. T., a.a.O., S. 286.
[980] Vgl. auch Rappaport, A., [Creating], a.a.O., S. 58; Weston, J. F./ Chung, K. S./ Hoag, S. E., a.a.O., S. 176; Stewart, G. Bennett, a.a.O., S. 442; Gomez, P./ Weber, Bruno, [Akquisitionsstrategie], a.a.O., S. 33; Sautter, M. T., a.a.O., S. 286; Weber, Martin/ Schiereck, D., a.a.O., S. 141f.
[981] Vgl. Copeland, T./ Koller, T./ Murrin, J., a.a.O., S. 192; Gregory, A., [Valuing], a.a.O., S. 118.
[982] Vgl. Bühner, R., [Management-Wert-Konzept], a.a.O., S. 43. In einem neueren Aufsatz spricht er nur noch von langfristigen Staatsanleihen: Bühner, Rolf, Das Management-Wert-Konzept: Finanzwirtschaftliche Per-formance strategischer Maßnahmen im [Turnaround-Management], in: Coenenberg, Adolf G./ Fischer, Tho-mas M. (Hrsg.), Turnaround-Management, Stuttgart 1993, S. 13-25, hier S. 19.
[983] Vgl. Copeland, T./ Koller, T./ Murrin, J., a.a.O., S. 193; Stewart, G. Bennett, a.a.O., S. 436-438. Gegen die Verwendung von geometrischen Durchschnitten sind Kolbe, L. A./ Read, J. A./ Hall, G. R., a.a.O., S. 73f.

hingegen den zur Zeit gültigen Zinssatz langfristiger Schatz- bzw. Bundesanleihen als Approximation.[984] Es scheint gängige Praxis zu sein, auf gegenwärtige Renditen zurückzugreifen.[985]

Wie der risikolose Zinsfuß, so ist auch die Rendite des Marktportefeuilles eine theoretische Größe, die in der Realität nicht zu beobachten ist; sie entspricht der Summe aller, d.h. nicht nur auf organisierten Kapitalmärkten gehandelten, risikobehafteten Anlagealternativen. Als Approximation werden Aktienindizes verwandt, die die risikobehafteten Anlagealternativen aber nur zu einem Teil erfassen.[986] Große Indizes umfassen zwar mehrere hundert, keinesfalls jedoch alle umlaufenden Wertpapiere. Nicht notierte Unternehmen, Immobilien, Kunstwerke oder gar Humanvermögen fehlen aufgrund mangelnder Markttransparenz oder Heterogenität der Waren; Marktpreise sind nicht repräsentativ oder existieren nicht. Aktienindizes gelten grundsätzlich aber als gute Approximation eines Marktportefeuilles.[987]

Historische Werte als Schätzer für die Zukunft sind problematisch, da der in der Vergangenheit vorherrschende Bedingungskomplex in die Zukunft fortgeschrieben wird. Bei kurzen Beobachtungsperioden können bestimmte Einflüsse ein starkes Gewicht erhalten; lange Beobachtungszeiträume relativieren die Wirkungen von Konjunktur- und Kurszyklen. Die erfaßten Perioden dürfen nicht durch Kriegsereignisse, Hyperinflationen oder Währungsreformen beeinflußt sein; in Deutschland sollten Renditen aufgrund der bis dahin geltenden Kapitalmarktregulierung frühestens ab 1954 einbezogen werden. Da sich in den Renditen der jüngeren Zeit die Erwartungen über die Zukunft bereits niedergeschlagen haben, könnte aber der gegenwärtige Zins als die beste Approximation für die Zukunft gewertet werden.

Geometrische Durchschnitte berücksichtigen Zinseszinseffekte, da der zusammengesetzte, interne Zinssatz aus dem Anfangs- und dem Endkapital errechnet wird. Der Zinsfuß entspricht der durchschnittlichen Jahreswachstumsrate eines Anfangskapitals auf einen Endwert. Unterstellt wird eine Kauf- und Haltestrategie über mehrere Perioden, wobei die Erträge reinvestiert werden.[988] Das geometrische Mittel folgender Kursrealisationen - 100; 75; 105 - beträgt 2,47 %.[989]

---

[984] Vgl. Rappaport, A., [Creating], a.a.O., S. 58; Bühner, R., [Management-Wert-Konzept], a.a.O., S. 43; Röttger, B., a.a.O., S. 125; Gomez, P./ Weber, Bruno, [Akquisitionsstrategie], a.a.O., S. 33; Weston, J. F./ Chung, K. S./ Hoag, S. E., a.a.O., S. 176.

[985] Vgl. Merton, Robert C., On [Estimating] the Expected Return on the Market. An Exploratory Investigation, in: JFE, Vol. 8 (1980), S. 323-361, hier S. 323.

[986] Vgl. Kloster, U., a.a.O., S. 126; Weber, Martin/ Schiereck, D., a.a.O., S. 142.

[987] Vgl. Kloster, U., a.a.O., S. 127; Copeland, T./ Koller, T./ Murrin, J., a.a.O., S. 193; Rappaport, A., [Creating], a.a.O., S. 58; Stewart, G. Bennett, a.a.O., S. 436, S. 438. Alle verweisen auf den S & P 500-Index. Zu deutschen Indizes vgl. Rühle, Alf-Sibrand, Aktienindizes in Deutschland. Entstehung, Anwendungsbereiche, Indexhandel, Wiesbaden 1991, S. 170-189; Geißelbach, Axel, Strategien mit Aktienkursindex-Instrumenten, Berlin 1989, S. 267f.

[988] Vgl. Copeland, T./ Koller, T./ Murrin, J., a.a.O., S. 193; Haugen, R. A., a.a.O., S. 365; Hielscher, Udo, Probleme bei der Berechnung historischer (realisierter) Renditen, in: Beiträge zur Wertpapieranalyse, o.Jg. (1989), Oktober, S. 41-45, hier S. 43; Röttger, B., a.a.O., S. 123.

[989] Vgl. Hielscher, U., a.a.O., S. 44. $r_g = \sqrt{105/100} - 1 = 0,0247$.

Da bei geometrischen Durchschnitten die Zinseszinseffekte mehrperiodiger Entscheidungen erfaßt werden, könnten die Erwartungen der Investoren gut approximiert werden.[990]

Bei arithmetischen Durchschnitten wird (fiktiv) zu Beginn eines jeden Jahres gekauft und zum Ende verkauft; die Renditen gelten als Durchschnittsertrag einer Vielzahl von isolierten Perioden. Das Anfangskapital wird konstant gehalten; Kursgewinne und Dividenden werden nicht reinvestiert.[991] Arithmetische Durchschnitte gelten als unverzerrter Maßstab für die Realisation eines stochastischen Prozesses[992] und entsprechen mit der Ein-Perioden-Betrachtung der Sichtweise des CAPM.[993] Das arithmetische Renditemittel der obigen Kursreihe beträgt 7,5 %.[994] Geometrische Durchschnitte liegen unter den arithmetischen.[995] Weitgehend scheinen in der Literatur geometrische Mittel verwendet zu werden.[996]

Den Marktpreis für das Risiko (MRP) $[E(\tilde{R}_m) - R_f]$ aufgrund erwarteter Renditen zu bestimmen, ist unüblich. Die wenigen Vorschläge basieren auf einem Dividendenwachstumsmodell und Vorhersagen von Analysten.[997]

$$MPR = \frac{Div_m}{MI_m} + g_m - R_f \qquad\qquad 3.4.4.2.1.-1$$

mit g_m = Dividendenwachstumsrate des Marktindex
Div_m / MI_m = Marktindexrendite

Die Beta-Faktoren werden überwiegend durch eine lineare Regressionsgleichung der vergangenen Aktienrenditen über die Rendite eines ausgewählten Marktindex ermittelt,[998] wobei i.d.R. 60 Monatsrenditen verwandt werden.[999] Dies wird als Kompromiß zwischen einer aus statistischen Gründen erforderlichen großen Datenmenge und der geforderten Strukturkonstanz betrach-

[990] Vgl. Copeland, T./ Koller, T./ Murrin, J., a.a.O., S. 193; Harrington, D., a.a.O., S. 162f.; Gregory, A., [Valuing], a.a.O., S. 240; Hielscher, U., a.a.O., S. 43.

[991] Vgl. Haugen, R. A., a.a.O., S. 364; Harrington, D., a.a.O., S. 162f.; Uhlir, H./ Steiner, Peter, a.a.O., S. 158, Fn. 1; Röttger, B., a.a.O., S. 123; Hielscher, U., a.a.O., S. 44.

[992] Vgl. Kolbe, A. L./ Read, J. A./ Hall, G. R., a.a.O., S. 74.

[993] Vgl. Brigham, E. F./ Gapinski, L. C., a.a.O., S. 186, Fn. 6.

[994] $r_a = 0,5(-25/100 + 30/75) = 0,075$.

[995] Vgl. Harrington, D., a.a.O., S. 162f.; Hielscher, U., a.a.O., S. 44.

[996] Vgl. Copeland, T./ Koller, T./ Murrin, J., a.a.O., S. 193; Rappaport, A., [Creating], a.a.O., S. 58; Stewart, G. Bennett, a.a.O., S. 436, S. 438. Röttger, B., a.a.O., S. 129, ermittelt die Rendite als geometrischen Durchschnitt der Jahre 1954-1991 aus dem Index des statistischen Bundesamtes. Sie beträgt 12,07 %.

[997] Vgl. Brigham, E. F./ Shome, D. K., a.a.O., S. 87-99; Sautter, M. T., a.a.O., S. 287f.; Rozeff, Michael S., Dividend Yields are Equity Risk Premiums, in: JPM, Vol. 11 (1984), Herbst, S. 68-75, S. 69f.; Malkiel, Burton G., The Capital [Formation] Problem in the United States, in: JoF, Vol. 34 (1979), S. 291-306, hier S. 300; Harris, Robert S., Using Analysts' Growth Forecasts to Estimate Shareholder Required Rate of Return, in: FM, Vol. 15 (1986), Nr. 1, S. 58-67; Harris, Robert S./ Marston, Felicia C., Estimating Shareholder Risk Premia Using Analysts' Growth Forecasts, in: FM, Vol. 21 (1992), Nr. 2, S. 63-70.

[998] Vgl. Geyer, Alois/ Hauer, Susanna, ARCH-Modelle zur Messung des Marktrisikos, in: ZfbF, 43. Jg. (1991), S. 65-74, hier S. 65.

[999] Vgl. Franks, J. R./ Broyles, J. E./ Carleton, W. T., a.a.O., S. 233; Brealey, R. A./ Myers, S. C., a.a.O., S. 166f.; Kolbe, L. A./ Read, J. A./ Hall, G. R., a.a.O., S. 72. Ähnlich Suckut, S., a.a.O., S. 58; Kloster, U., a.a.O., S. 130.

tet.[1000] Werden historische Beta-Faktoren ermittelt, wird die Vergangenheit als bester Schätzer für die Zukunft gesehen. Die Beta-Faktoren können bei Finanzdienstleistern oder ähnlichen Institutionen beschafft werden;[1001] BÜHNER empfiehlt auch DAX-Betas.[1002] Die Zusammenhänge zwischen den Renditen des Wertpapiers und des Marktportefeuilles lassen sich auch mit Hilfe des Marktmodells[1003] abbilden:

$$R_i = \alpha_i + \beta_i R_m + \varepsilon_i \quad^{[1004]} \qquad\qquad 3.4.4.2.1.-2$$

mit R_i = Rendite des Wertpapiers i

α_i = von der Marktrendite unabhängiger Renditebestandteil des Wertpapiers i

R_m = Rendite des Marktportefeuilles

β_i = Koeffizient, der die Höhe des Einflusses von R_m auf R_i anzeigt

ε_i = Störterm des Wertpapiers i.

Im Marktmodell wird ein Teil der Rendite eines Wertpapiers durch Marktbewegungen statistisch erklärt, der Teil ($\tilde{\varepsilon}_i$) ist unternehmensspezifisch; für $E(\tilde{\varepsilon}_i)$ wird Null angenommen. Der Beta-Faktor ist technisch betrachtet die Steigung der Regressionsgeraden, ökonomisch bestimmt er die Schwankung der Rendite in bezug zur Marktrendite. Alpha ist der Ordinatenabschnitt der Regressionsgeraden und entspricht dem Durchschnitt der unsystematischen Renditen.

Mit Hilfe einer linearen Regressionsanalyse der realisierten Wertpapierrenditen über die korrespondierenden Aktienindexrenditen lassen sich die Regressionskoeffizienten α_i und β_i berechnen. Die Lage der Regressionsgeraden durch die Menge der R_i-R_m-Realisierungen minimiert die Summe der quadrierten Abweichungen (R_i - (α_i + $\beta_i R_m$)). Neben der Annahme eines Erwartungswerts von Null und fehlender Korrelation mit den R_m-Realisierungen müssen die Störva-

---

[1000] Vgl. Jennings, Ross, Systematic Risk, in: Newman, Paul (Hrsg.), The New Palgrave, New York, London 1992, S. 629f., hier S. 630.

[1001] Vgl. Rappaport, A., [Creating], a.a.O., S. 58; Stewart, G. Bennett, a.a.O., S. 438; Gomez, P./ Weber, Bruno, [Akquisitionsstrategie], a.a.O., S. 33; Weston, J. F./ Chung, K. S./ Hoag, S. E., a.a.O., S. 176; Kloster, U., a.a.O., S. 130; Suckut, S., a.a.O., S. 57; Sautter, M. T., a.a.O., S. 288; Copeland, T./ Koller, T./ Murrin, J., a.a.O., S. 403-409, nennen als Anbieter für Deutschland BARRA International, die Universität Karlsruhe, Institut für Entscheidungstheorie und Unternehmensforschung, und den Hoppenstedt-Verlag.

[1002] Vgl. Bühner, R., [Turnaround-Management], a.a.O., S. 19.

[1003] Grundlegend war Sharpe, William F., A [Simplified] Model for Portfolio Analysis, in: MSc, Vol. 9 (1963), S. 277-293, der den großen Rechenaufwand im Rahmen der Portefeuille-Theorie bei der Ermittlung der Kovarianzen der einzelnen Aktien umgehen und sie durch die Korrelation der einzelnen Aktie mit dem Gesamtmarkt (Index) ersetzen wollte. Er konkretisierte seine Überlegungen, indem er als Index eine Marktrendite verwandte, die er als Linearkombination der betrachteten Renditen definierte. Obwohl CAPM und Marktmodell im Ergebnis ähnlich scheinen, dürfen sie nicht verwechselt werden. Die Zusammenhänge werden aufgrund statistischer Zusammenhänge entwickelt. Das Marktmodell ist nicht zwingend durch eine ökonomische Theorie gestützt, es wird jedoch als Prozeß verstanden, der die Generierung von Wertpapierrenditen abbildet. Vgl. Domke, H.-M., a.a.O., S. 19, S. 12; Harrington, D., a.a.O., S. 105. Das Marktmodell ist kein Gleichgewichtsmodell. Vgl. Rudolph, B., [Kapitalkosten], a.a.O., S. 99-101, zum Zusammenhang zwischen CAPM und Marktmodell.

[1004] Vgl. Fama, Eugene F., [Foundations] of Finance, New York 1976, S. 69; Rudolph, B., [Kapitalkosten], a.a.O., S. 98; Möller, Hans Peter, [Bilanzkennzahlen] und Ertragsrisiken des Kapitalmarktes, Stuttgart 1986, S. 52; Uhlir, H./ Steiner, Peter, a.a.O., S. 172.

riablen $\tilde{\epsilon}_i$ eine konstante Varianz (Homoskedastie) haben und dürfen keine Korrelation untereinander (Autokorrelation) aufweisen.[1005] Daneben ist Strukturkonstanz der Daten über den Beobachtungszeitraum erforderlich. Um die statistischen Eigenschaften der Schätzungen überprüfen zu können, werden normalverteilte Renditen unterstellt.

Historische Beta-Faktoren können angepaßt werden, indem entweder Informationen über die Veränderung von Beta-Faktoren über zwei Perioden oder die Verteilung aller Beta-Faktoren innerhalb einer Periode bei der Schätzung berücksichtigt werden.[1006] Durch diese Anpassungen sollen Meßfehler verhindert und die Aussagekraft historischer Beta-Faktoren als Schätzer für die Zukunft verbessert werden.

Ausgehend von der als plausibel unterstellten Annahme, daß die Aktienkurse zwar im Zeitablauf schwanken, trotzdem aber tendenziell auf einen Durchschnittswert zurückkehren, beobachtete BLUME bei hohen (niedrigen) Beta-Faktoren in der Folgeperiode ein Sinken (Steigen).[1007] Für seine Anpassung unterstellte er einen linearen Zusammenhang zwischen den Beta-Faktoren zweier Perioden. Die Anpassungsparameter werden durch eine lineare Regression aller Beta-Faktoren über zwei Perioden/Zeitpunkte ermittelt:

$$\beta_{i,t} = a_t + b_t \beta_{i,t-1} \qquad \forall\ i = 1,..., m \qquad\qquad 3.4.4.2.1.-3$$

mit $\beta_{i,t}$ = realisierter Beta-Faktor der Aktie i für die Periode t
        $\beta_{i,t-1}$ = realisierter Beta-Faktor der Aktie i der Vorperiode
        a_t, b_t = Regressionsparameter

Mit Hilfe der aus der Vergangenheit ermittelten Anpassungsparameter, die für alle Wertpapiere gelten, sollen erwartete Beta-Faktoren projiziert werden. Die Anpassungsparameter dieser Regression werden als gute Schätzer für die nächste Periode angesehen.

Ein weiteres Verfahren erfaßt die Zusammenhänge der Betas zweier Perioden über deren Korrelationskoeffizienten.[1008]

$$\beta_{i,t} = 1 + \rho_t(\beta_{i,t-1} - 1) \qquad\qquad 3.4.4.2.1.-4$$

mit $\beta_{i,t}$ = realisierter Beta-Faktor des Wertpapiers i für die Periode t
        $\beta_{i,t-1}$ = realisierter Beta-Faktor der Vorperiode
        ρ_t = Korrelationskoeffizient zwischen $\beta_{i,t}$ und $\beta_{i,t-1}$

[1005] Vgl. Möller, H. P., [Bilanzkennzahlen], a.a.O., S. 59.
[1006] Vgl. Bauer, Christoph, Das Risiko von Aktienanlagen, Köln 1992, S. 100.
[1007] Vgl. Blume, Marshall E., On the [Assessment] of Risk, in: JoF, Vol. 26 (1971), S. 1-10, hier S. 8.
[1008] Zitiert bei Bauer, C., a.a.O., S. 101f.; Ulschmid, Christoph, Empirische Validierung von Kapitalmarktmodellen, Frankfurt am Main 1994, S. 249. Es wird von der Investmentbank MERILL LYNCH PIERCE FENNER & SMITH (MLPFS) verwandt.

Bei fehlendem Zusammenhang der Perioden - ausgedrückt durch $\rho = 0$ - haben historische Informationen keinen Einfluß auf den zukünftigen Beta-Wert. In einem solchen Fall wird ein Beta von Eins - dem Durchschnittswert aller Aktien - geschätzt. Bei einem vollständigen Zusammenhang ($\rho = 1$) ist der aktuelle Beta-Wert der beste Schätzer für die Zukunft. Der Korrelationskoeffizient wird in der Literatur mit 0,66257 angegeben.[1009]

VASICEK betrachtet nicht die Veränderung der Beta-Faktoren zweier Perioden, sondern benutzt Informationen über alle Beta-Faktoren und ihre Unsicherheit in der Ausgangsperiode.[1010] Der zu prognostizierende Beta-Faktor ergibt sich als gewichteter Durchschnitt des individuellen Beta-Faktors und des durchschnittlichen Beta-Faktors einer Periode. Die Gewichte orientieren sich an der Unsicherheit der Beta-Faktoren.[1011] Gewichtet wird mit den Varianzen der einzelnen und der Querschnittsvarianz aller Beta-Faktoren; die Gewichte addieren sich zu Eins.[1012] Unterliegt ein Beta-Faktor einem hohen Schätzrisiko, geht der historische Beta-Wert nur zu einem geringen Teil in den zukünftigen ein; der durchschnittliche Beta-Wert hat einen höheren Stellenwert. Im Gegensatz zu den vorherigen Verfahren erfolgt die Anpassung wertpapierspezifisch.

$$\beta_{i,t+1} = \left[\frac{\beta_{i,t}}{Var(\beta_{i,t})} + \frac{\bar{\beta}_{m,t}}{Var(\beta_t)}\right] / \left[\frac{1}{Var(\beta_{i,t})} + \frac{1}{Var(\beta_t)}\right] \qquad 3.4.4.2.1.-5$$

mit: $\beta_{i,t+1}$ = geschätzter Beta-Faktor des Wertpapiers i zum Zeitpunkt t l 1
      $\beta_{i,t}$ = realisierter Beta-Faktor der aktuellen Periode
      $\bar{\beta}_{m,t}$ = durchschnittlicher Beta-Faktor der aktuellen Periode
      $Var(\beta_{i,t})$ = Varianz des Beta-Faktors des Wertpapiers i der aktuellen Periode
      $Var(\beta_t)$ = Varianz aller Beta-Faktoren der aktuellen Periode

Während bei diesem Verfahren lediglich Informationen über die aktuelle Periode benötigt werden, sind bei den vorhergehenden Empfehlungen Informationen über zwei Perioden erforderlich, um die Parameter zu berechnen. Alle Anpassungsverfahren sind durch einen hohen Informationsbedarf gekennzeichnet.

[1009] Vgl. Reilly, Frank K./ Wright, David J., A Comparison of Published Betas, in: JPM, Vol. 14 (1988), Frühjahr, S. 64-69, hier S. 64; Lerbinger, Paul, [Beta-Faktoren] und Beta-Fonds in der Aktienanalyse, in: AG, 29. Jg. (1984), S. 287-294, hier S. 289; Sharpe, W. F./ Alexander, G. J., a.a.O., S. 427; Bauer, C., a.a.O., S. 101, S. 156.

[1010] Vgl. Vasicek, Oldrich A., A Note on Using Cross-Sectional Information in Bayesian Estimation of Security's Beta, in: JoF, Vol. 28 (1973), S. 1233-1239. Durch Gruppenbildung, die es erlaubt Größen- und Brancheninformationen bei der Schätzung zu nutzen, kann das Verfahren ausgebaut werden. Vgl. Karoly, G. Andrew, Predicting Risk: Some New Generalizations, in: MSc, Vol. 38 (1992), S. 57-74, hier S. 58.

[1011] Vgl. Elton, E. J./ Gruber, M. J., a.a.O., S. 115; Rosenberg, B./ Rudd, G., a.a.O., S. 63.

[1012] Vgl. Elton, Edwin J./ Gruber, Martin J./ Urich, Thomas J., "Are Betas Best?", in: JoF, Vol. 33 (1978), S. 1375-1384, hier S. 1376.

3.4.4.2.2.   Empirische Bewährung

Auf dem amerikanischen Kapitalmarkt ist das CAPM vielfach überprüft worden, wobei unterschiedliche ökonometrische Verfahren verwandt[1013] und Untersuchungszeiträume betrachtet wurden. Da es problematisch ist, Erwartungen zu überprüfen, untersuchen fast alle Arbeiten das CAPM anhand historischer Daten.[1014] Implizit werden bei diesem Vorgehen drei Annahmen gesetzt:[1015]

• Die Verteilungsfunktionen der Renditen und die Marktbedingungen sind konstant; die Renditeprozesse sind stationär.

• Die Zufallsvariablen verschiedener Zeitpunkte sind unabhängig.

• Vorhersagen sind konsistent mit den Erwartungen; im Durchschnitt und für einen langen Beobachtungszeitraum entspricht die Erwartung der Realisation.

Nicht alle Aussagen des CAPM sind jedoch selbständig testbar. Wird als Ersatz für das Marktportefeuille ein risikoeffizientes Portefeuille gewählt, dann folgt schon aus der Modelllogik eine lineare Beziehung. Für jedes Portefeuille auf der Effizienzlinie kann ein varianzminimales Zero-Beta-Portefeuille gefunden werden, mit dessen Achsenabschnitt eine lineare Wertpapiermarktlinie konstruiert werden kann. Das Marktportefeuille ist dann risikoeffizient, wenn eine lineare Beziehung zwischen Ertrag und Risiko besteht; der Nachweis der Linearität ist eine Tautologie. Ergibt sich keine exakte Beziehung, ist vielleicht nicht das Marktportefeuille, sondern nur eine Approximation in der Form eines (nicht risikoeffizienten) Aktienindex getestet worden. Es läßt sich keine Aussage über die Gültigkeit des Modells machen.[1016] Es kann nicht das CAPM überprüft werden, sondern lediglich, ob die Durchschnittsrendite durch bestimmte Faktoren (statistisch) erklärt wird und ob dies mit dem CAPM vereinbar ist oder nicht.

Eine Übersicht über erfolgte Tests des CAPM aufzustellen, wäre ein fruchtloses Unterfangen.[1017] Stellvertretend wird auf die Einschätzung von COPELAND und WESTON über die Ergebnisse der unüberschaubaren Zahl empirischer Arbeiten verwiesen:[1018]

[1013] Vgl. den Überblick bei Warfsmann, Jürgen, Das Capital Asset Pricing Model in Deutschland, Wiesbaden 1993, S. 37-67.

[1014] Ausnahmen sind Friend, Irwin/ Westerfield, Randolph / Granito, Michael, New Evidence on the Capital Asset Pricing Model, in: JoF, Vol. 33 (1978), S. 906-916; Goding, Arthur E., Perceived Risk and Capital Asset Pricing, in: JoF, Vol. 33 (1978), S. 1401-1421.

[1015] Vgl. Frantzmann, H.-J., [Saisonalitäten], a.a.O., S. 178; Winkelmann, M., [Aktienbewertung], a.a.O., S. 17f.; Hörnstein, E., a.a.O., S. 147; Spremann, K., [Investition], a.a.O., S. 476. Siehe auch bei Copeland, T. E./ Weston, J. F., a.a.O., S. 212f.; Elton, E. J./ Gruber, M. J., a.a.O., S. 338f.

[1016] Vgl. Roll, Richard, A [Critique] of the Asset Pricing Theory's Tests. Part I: On Past and Potential Testability of the Theory, in: JFE, Vol. 4 (1977), S. 129-176, hier S. 130, S. 143f.

[1017] Vgl. aber die Auswertungen bei Copeland, T. E./ Weston, J. F., a.a.O., S. 214-217; Elton, E. J./ Gruber, M. J., a.a.O., S. 339-359; Harrington, D., a.a.O., S. 51-93; Peters, H.-W., a.a.O., S. 105-123; Warfsmann, J., a.a.O., S. 69-81.

- Empirisch ermittelte Ordinatenabschnitte sind höher als die Rendite der risikolosen Anleihen; die aus der Regression ermittelte Überschußrendite des Marktportefeuilles ist positiv, aber geringer als die direkt ermittelte;

- im allgemeinen dominiert der Beta-Faktor andere untersuchte Risikomaße;

- ein einfaches lineares Modell erfaßt die Risiko-Rendite-Beziehung am besten;

- andere Einflußgrößen wie die Unternehmensgröße oder die Dividendenrendite erklären den nicht durch den Beta-Faktor erklärbaren Renditebestandteil.

In jüngster Zeit mußte selbst FAMA - in Zusammenarbeit mit FRENCH - in einer vielbeachteten Studie das CAPM als Erklärung für die Realität verwerfen.[1019] Als weitere Einflußgrößen wurden die Unternehmensgröße,[1020] die Marktwert-Buchwert-Relation (Börsenwertfaktor),[1021] das Kurs-Gewinn-Verhältnis[1022] und der Verschuldungsgrad einbezogen. Bei der Größe und dem Börsen-kursfaktor zeigten sich im Gegensatz zu den Beta-Faktoren signifikante Einflüsse;[1023] Kurs-Gewinn-Verhältnisse und die Verschuldung brachten keinen höheren Erklärungsbeitrag.[1024] Kleinere Unternehmen oder solche mit einem niedrigeren Börsenwertfaktor wiesen eine signifikant höhere durchschnittliche Rendite auf. Der Größeneffekt wird auf eine stärkere Anfälligkeit kleinerer Unternehmen in Rezessionen zurückgeführt;[1025] der Börsenwertfaktor dient als Maß für schlechte Zukunftsaussichten oder läßt auf höhere Finanzrisiken schließen.[1026] Investoren fordern für diese Risiken anscheinend Risikoprämien.

Die Ergebnisse lassen sich zwar auf plausibel begründete Einflußfaktoren zurückführen, werden jedoch durch keine Theorie gestützt. Im Grund bleibt unklar, warum diese Faktoren einbezogen werden sollen und andere nicht.[1027] Darüber hinaus wurden die Ergebnisse aufgrund historischer Daten festgestellt. Es ergaben sich zwar keine Belege für sich im Zeitablauf verschlechternde

---

[1018] Vgl. Copeland, T. E./ Weston, J. F., a.a.O., S. 214; Weston, J. F./ Copeland, T. E., a.a.O., S. 421. Eher positiv gestimmt ist auch die Einschätzung von Elton, E. J./ Gruber, M. J., a.a.O., S. 359f.

[1019] Vgl. Fama, Eugene F./ French, Kenneth R., The [Cross-Section] of Expected Stock Returns, in: JoF, Vol. 47 (1992), S. 427-465; Fama, Eugene F./ French, Kenneth R., Common [Risk Factors] in the Return on Stocks and Bonds, in: JFE, Vol. 33 (1993), S. 3-56. Entgegen früheren Untersuchungen, die über den Kreis der Leser wissenschaftlicher Zeitschriften hinaus kaum bekannt wurden, sind die Ergebnisse schnell popularisiert worden: Baden, Kay, Der [Beta-Blocker], in: MM, 22. Jg. (1992), Nr. 6, S. 243f.; Spremann, Klaus, [Abschied] vom Beta, in: Schweizer Bank, o.Jg. (1992), Nr. 12, S. 54-57; Keppler, Michael, "Beta"-Faktoren und CAPM - ein Nachruf, in: Die Bank, o.Jg. (1992), Nr. 5, S. 268f.; o.V., Beta beaten, in: The Economist, vom 7.3.1992, S. 79.

[1020] Siehe die Übersichten bei Frantzmann, H.-J., [Saisonalitäten], a.a.O., S. 80f.; Beiker, H., a.a.O., S. 26-28, S. 33f., S. 37-39; Schmittke, J., a.a.O., S. 65-73, m.w.N.

[1021] Vgl. Rosenberg, Barr/ Reis, Kenneth/ Lanstein, Ronald, Persuasive Evidence of Market Inefficiency, in: JPM, Vol. 11 (1985), Frühjahr, S. 9-16.

[1022] Siehe die Übersichten bei Frantzmann, H.-J., [Saisonalitäten], a.a.O., S. 84; Beiker, H., a.a.O., S. 31f.; Aktien mit einem niedrigen Kurs-Gewinn-Verhältnis wiesen höhere Renditen auf.

[1023] Vgl. Fama, E. F./ French, K. R., [Cross-Section], a.a.O., S. 438, Tabelle III, S. 439.

[1024] Vgl. Fama, E. F./ French, K. R., [Cross-Section], a.a.O., S. 440-445.

[1025] Vgl. Fama, E. F./ French, K. R., [Cross-Section], a.a.O., S. 450.

[1026] Vgl. Fama, E. F./ French, K. R., [Cross-Section], a.a.O., S. 451.

[1027] Dieses Problem sehen auch Chan, Louis K. C./ Lakonishok, J., Are the Reports of Beta's Death Premature?, Working Paper University of Illinois at Urbana-Champaign Nr. 92-0168, September 1992, S. 2.

Zusammenhänge,[1028] da auch kürzere Zeitperioden betrachtet wurden; trotzdem kann daraus nicht in die Zukunft geschlossen werden.

Über den deutschen Kapitalmarkt gibt es relativ wenig Untersuchungen:[1029] Insgesamt sind die Tests über die Gültigkeit des CAPM in Deutschland widersprüchlich; die Erklärungskraft des CAPM ist auf deutschen Kapitalmärkten u.E. aber gering einzuschätzen. Ein systematischer Einfluß der Dividendenrendite konnte nicht festgestellt werden.[1030]

Verfasser	Stichprobe und Zeitraum	Verwendete Daten	Ergebnis
Pogue/ Solnik (1974)	36 Aktien;[1031] 3/66 - 3/71 3/66 - 8/68 9/68 - 3/71[1032]	tägliche, wöchentliche, zweiwöchentliche und monatliche Renditen; Aktienkurse waren dividendenbereinigt; Herstatt-Index[1033]	Es besteht ein signifikant positiver, linearer Zusammenhang zwischen den Überrenditen der Aktien und des Marktes. Der Achsenabschnitt weicht nicht signifikant von Null ab. Die Ergebnisse hängen von der Länge des Intervalls ab und sind nicht zeitstabil.[1034]
Guy (1977)	90 Aktien; 1/60 - 12/70 1/60 - 12/64 1/65 - 12/70;[1035] einzelne Aktien und Portefeuilles	monatliche Renditen; Index des Statistischen Bundesamtes[1036]	In der 1. Teilperiode bestand ein positiv linearer Zusammenhang zwischen den Renditen und dem Beta-Faktor, in der 2. waren die Ergebnisse widersprüchlich. Signifikanzangaben fehlen.[1037]
Reiß/ Mühlbradt (1979)	46 Aktien aus 14 Branchen;[1038] 1/67 - 12/75[1039]	zweiwöchentliche Renditen;[1040] Aktienrenditen bereinigt um "technische Kursniveauverschiebungen";[1041] Commerzbank Index[1042]	Auf der Basis einzelner Aktien besteht ein nicht signifikanter, negativer Zusammenhang zwischen Renditen und Risiken (Signifikanzniveau SN: 0,05). Das Bestimmtheitsmaß betrug 1 %.[1043] Bei steigender Anzahl der Aktien in den Portefeuilles wird die Zusammenhang zwischen Rendite und Risiko positiv. Bei einer Portefeuillegröße von 11 ist die Überrendite von Null verschieden.

[1028] Vgl. Fama, E. F./ French, K. R., [Cross-Section], a.a.O., S. 451f.

[1029] Tabelle in Anlehnung an Möller, H. P., [Informationseffizienz], a.a.O., S. 512.

[1030] Vgl. Hoppenheit, Christoph, Der Dividend-Yield-Effekt, in: Hochschulnachrichten aus der wissenschaftlichen Hochschule für Unternehmensführung, Koblenz, 6. Jg. (1991), S. 68-73, hier S. 73.

[1031] Vgl. Pogue, Gerald A./ Solnik, Bruno H., The Market Model Applied to European Common Stocks: Some Empirical Results, in: JFQA, Vol. 9 (1974), S. 917-944, hier S. 920f.

[1032] Vgl. Pogue, G. A./ Solnik, B. H., a.a.O., S. 939.

[1033] Vgl. Pogue, G. A./ Solnik, B. H., a.a.O., S. 920f.

[1034] Vgl. Pogue, G. A./ Solnik, B. H., a.a.O., S. 936-942.

[1035] Vgl. Guy, James R. F., The Behavior of Equity Securities on German Stock Exchange, in: JBankF, Vol. 1 (1977), S. 71-93, hier S. 74f.

[1036] Vgl. Guy, J. R. F., a.a.O., S. 75f.

[1037] Vgl. Guy, J. R. F., a.a.O., S. 86f.

[1038] Vgl. Reiß, Winfried / Mühlbradt, Frank W., Eine empirische Überprüfung der Validität des "market"- und des "capital asset pricing"-Modells für den deutschen Aktienmarkt, in: ZfgStW, 135. Jg. (1979), S. 41-68, hier S. 53.

[1039] Vgl. Reiß, W./ Mühlbradt, F. W., a.a.O., S. 53f.

[1040] Vgl. Reiß, W./ Mühlbradt, F. W., a.a.O., S. 55.

[1041] Vgl. Reiß, W./ Mühlbradt, F. W., a.a.O., S. 53.

Barlage (1980)	45 Aktien; 1/61 - 12/72[1044]	tägliche Renditen; Index des Statistischen Bundesamtes[1045]	Es besteht ein schwacher, positiver Zusammenhang zwischen Überrenditen und Risiken. Das Bestimmtheitsmaß der Regression ist gering (0,1 - 0,14).[1046]
Göppl (1983)	19 Bankaktien; 1/68 - 12/80[1047]	monatliche und jährliche Renditen; Index aus 90 Aktien (gleichgewichtet)[1048]	Es wurde bei monatlichen Daten ein negativer Zusammenhang zwischen den Renditen und den Beta-Faktoren festgestellt. Das Bestimmtheitsmaß betrug nur 0,08393.[1049]
Winkelmann (1984)	93 Aktien aus 21 Branchen; 31 Aktien aus 15 Branchen;[1050] 1/71 - 12/81[1051]	monatliche Renditen;[1052] gleichgewichteter Index aus der Stichprobe[1053]	Die Hypothese einer signifikanten linearen Beziehung zwischen der Rendite und dem Beta-Faktor mußte in allen Tests verworfen werden.[1054]
Möller (1985)	130 Aktien;[1055] 1/61 - 12/70 mit jährlichen Unterperioden[1056]	wöchentliche Renditen;[1057] verschiedene Aktienindizes[1058]	In einigen Perioden bestand ein signifikant positiver linearer Zusammenhang zwischen der Rendite und dem Beta-Faktor; in einigen war er signifikant negativ.[1059]
Peters (1987)	21 Aktien aus 10 Branchen; [1060] 1/75 - 3/85 1/75 - 12/76 1/77 - 12/78 1/79 - 12/80 1/81 - 12/82 1/81 - 3/85; einzelne Aktien oder 7 Portefeuilles[1061]	tägliche Renditen;[1062] FAZ-Aktienindex[1063]	Für einzelne Aktien konnte in der 3. und 5. Periode keine positive Beziehung zwischen mittlerer Rendite und Beta-Faktor festgestellt werden; in der 3. Periode war der Zusammenhang signifikant negativ (SN 0,05). Das Bestimmtheitsmaß lag zwischen 4 und 41 %. Für Portefeuilles wurden die Ergebnisse bestätigt.[1064]

[1042] Vgl. Reiß, W./ Mühlbradt, F. W., a.a.O., S. 55.

[1043] Vgl. Reiß, W./ Mühlbradt, F. W., a.a.O., S. 61.

[1044] Vgl. Barlage, Tonio, Die Risikoprämie am deutschen Aktienmarkt. Eine empirische Untersuchung, Diss. TU Berlin 1980, S. 86.

[1045] Vgl. Barlage, T., a.a.O., S. 86.

[1046] Vgl. Barlage, T., a.a.O., S. 121.

[1047] Vgl. Göppl, Hermann, Eigene empirische Ergebnisse zur [Finanzmittlertätigkeit] der Banken, in: Beckmann, M. J./ Eichhorn, W./ Krelle, W. (Hrsg.), Mathematische Systeme in der Ökonomik, FS für Rudolf Henn, Königstein 1983, S. 181-196, hier S. 182, S. 184.

[1048] Vgl. Göppl, H., [Finanzmittlertätigkeit], a.a.O., S. 184.

[1049] Vgl. Göppl, H., [Finanzmittlertätigkeit], a.a.O., S. 187-189.

[1050] Vgl. Winkelmann, M., [Aktienbewertung], a.a.O., S. 12f., S. 14.

[1051] Vgl. Winkelmann, M., [Aktienbewertung], a.a.O., S. 9.

[1052] Vgl. Winkelmann, M., [Aktienbewertung], a.a.O., S. 9.

[1053] Vgl. Winkelmann, M., [Aktienbewertung], a.a.O., S. 107f.

[1054] Vgl. Winkelmann, M., [Aktienbewertung], a.a.O., S. 46f., S. 48.

[1055] Vgl. Möller, H. P., [Bilanzkennzahlen], a.a.O., S. 107.

[1056] Vgl. Möller, H. P., [Bilanzkennzahlen], a.a.O., S. 65.

[1057] Vgl. Möller, H. P., [Bilanzkennzahlen], a.a.O., S. 65.

[1058] Vgl. Möller, H. P., [Bilanzkennzahlen], a.a.O., S. 68.

[1059] Vgl. Möller, H. P., [Bilanzkennzahlen], a.a.O., S. 109.

[1060] Vgl. Peters, H.-W., a.a.O., S. 52-54.

[1061] Vgl. Peters, H.-W., a.a.O., S. 123.

[1062] Vgl. Peters, H.-W., a.a.O., S. 47.

Frantzmann (1989)	100 Aktien; 1/70 - 12/85 1/70 - 9/75 10/75 - 9/82 10/82 - 12/85; Portfolios zu fünf Aktien[1065]	tägliche Renditen; Aktienrenditen bereinigt um Dividenden und Bezugsrechte;[1066] Index gebildet je zur Hälfte aus dem Index der Frankfurter Wertpapierbörse und zehn gleichgewichteten Anleiheindizes[1067]	In der 2. Teilperiode gab es keinen Zusammenhang zwischen mittlerer Rendite und Beta-Faktor. In anderen Perioden bestand ein positiver Zusammenhang (SN 5%). Das Bestimmtheitsmaß der Regression der 2. Stufe betrug - je nach Portfoliozusammenstellung - zwischen 19,7 bis 26,4 % in der 1. Periode und 30 bis 69,2 % in der 2.[1068] Die Varianz des Störterms als 2. Faktor war nur in wenigen Fällen signifikant.[1069]
Müller (1992)	120 Aktien; 1/72 - 12/85 1/72 - 12/78 1/72 - 12/85;[1070] einzelne Aktien und Portfolios[1071]	Wochenrenditen; Index der Frankfurter Wertpapierbörse[1072]	Für die 1. Periode wurden keine statistisch signifikanten Risikoprämien gefunden. Für die 2. Periode waren sie für alle Portefeuilles signifikant von Null verschieden. Das Bestimmtheitsmaß lag zwischen 4,9 - für einzelne Aktien - und 15,8 %.[1073]
Warfsmann (1993)	87 Aktien; einzeln oder 20 Portefeuille[1074] 1/54 - 12/58 1/59 - 12/63 1/64 - 12/68 1/69 - 12/73 1/74 - 12/79 1/80 - 12/85 1/86 - 12/91;[1075]	monatliche Renditen;[1076] Aktienrenditen bereinigt um Dividenden, Bezugsrechte etc.;[1077] markt- und gleichgewichtete Eigenindizes;[1078] Test des klassischen, des Zero-Beta- und des bedingten CAPM.	Es wurde eine Vielzahl von Tests mit unterschiedlichen Methoden und Daten durchgeführt. Insgesamt traten negative lineare Beziehungen seltener auf als positive. Das Bestimmtheitsmaß bleibt gering.[1079] In der 2. und 7. Periode mußte das klassische CAPM abgelehnt werden.[1080]
Ulschmid (1994)	30 bzw. 141 Aktien; 1979 - 1981, 1983 - 1986, 1988 - 1991.[1081]	tägliche, wöchentliche und monatliche Renditen; 5 Marktindizes, 2 markt- und grundkapitalgewichtete Eigenindizes.[1082]	Insgesamt - der Verfasser verwandte zahlreiche Testdesigns - mußte das CAPM eher verneint werden.[1083]

Nr. 14: Empirische Arbeiten zum CAPM auf dem deutschen Kapitalmarkt

---

[1063] Vgl. Peters, H.-W., a.a.O., S. 44.

[1064] Vgl. Peters, H.-W., a.a.O., S. 123.

[1065] Vgl. Frantzmann, H.-J., [Saisonalitäten], a.a.O., S. 108f.

[1066] Vgl. Frantzmann, H.-J., [Saisonalitäten], a.a.O., S. 109.

[1067] Vgl. Frantzmann, H.-J., [Saisonalitäten], a.a.O., S. 185.

[1068] Vgl. Frantzmann, H.-J., [Saisonalitäten], a.a.O., S. 187.

[1069] Vgl. Frantzmann, H.-J., [Saisonalitäten], a.a.O., S. 189.

[1070] Vgl. Müller, Wolfgang, Bilanzinformation und Aktienbewertung, Frankfurt am Main 1992, S. 36f.

[1071] Vgl. Müller, Wolfgang, a.a.O., S. 41.

[1072] Vgl. Müller, Wolfgang, a.a.O., S. 41.

[1073] Vgl. Müller, Wolfgang, a.a.O., S. 126.

[1074] Vgl. Warfsmann, J., a.a.O., S. 103.

[1075] Vgl. Warfsmann, J., a.a.O., S. 89.

[1076] Vgl. Warfsmann, J., a.a.O., S. 83.

[1077] Vgl. Warfsmann, J., a.a.O., S. 85.

[1078] Vgl. Warfsmann, J., a.a.O., S. 102.

[1079] Vgl. Warfsmann, J., a.a.O., S. 156.

[1080] Vgl. Warfsmann, J., a.a.O., S. 114. Siehe die Bemerkungen auf den S. 110-115.

[1081] Vgl. Ulschmid, C., a.a.O., S. 278, S. 280.

[1082] Vgl. Ulschmid, C., a.a.O., S. 278f.

[1083] Vgl. Ulschmid, C., a.a.O., S. 354.

3.4.4.2.3.   Problembereiche der Datenermittlung

Mit Hilfe historischer Daten ermittelte Beta-Faktoren können nur dann eine hinreichend gute Approximation zukünftiger Beta-Faktoren darstellen, wenn sie im Zeitablauf stabil sind.[1084] Bei den meisten Untersuchungen waren die Beta-Faktoren einzelner Aktien nicht zeitstabil;[1085] auch die Stabilität von Risikoklassen war nicht sehr groß.[1086]

Die Anpassungsverfahren können nicht überzeugen. Zwar zeigen statistische Untersuchungen die Vorteilhaftigkeit gegenüber einer naiven Schätzung auf, die generelle Überlegenheit von bestimmten Anpassungsmethoden mußte hingegen verworfen werden.[1087] Bei Untersuchungen auf dem deutschen Markt konnten durch die Anpassungsverfahren die Prognosefehler verringert werden.[1088] Die Anpassungsverfahren unterstellen eine autoregressive Tendenz. Wenn die Beta-Faktoren einem Zufallspfad folgen - was umstritten ist -,[1089] bringen sie keine Vorteile.[1090] Im übrigen wird die schwache Informationseffizienz des Kapitalmarktes bezweifelt, wenn sich aus der Vergangenheit Informationen über zukünftige Kursverläufe gewinnen lassen.

Neben der Forderung nach einem stabilen Renditeerzeugungsprozeß, der offensichtlich nicht gegeben ist,[1091] besitzen die mit der Methode der kleinsten Quadrate geschätzten Betas nur dann einen Aussagewert, wenn

- die Zufallsprozesse für R_m und ε (Cov $(\varepsilon_{j,t}, R_{m,t}) = 0$) und
- die Residualrenditen voneinander unabhängig (Cov $(\varepsilon_{i,t}, \varepsilon_{j,t}) = 0$) sind;
- die Residualrenditen nicht autokorreliert (Cov $(\varepsilon_{j,t}, \varepsilon_{j,t-1}) = 0$) sind;
- keine Heteroskedastie vorliegt;
- ein regelmäßiger Börsenumsatz gegeben ist.[1092]

Da die Störvariablen die Aktienrenditen beeinflussen, die Aktien aber wiederum bei der Portefeuillebildung herangezogen werden, sind die Zufallsprozesse, die die Störvariable und die

1084 Vgl. Suckut, S., a.a.O., S. 57f.; Bauer, C., a.a.O., S. 98.
1085 Vgl. Pogue, G./ Solnik, B., a.a.O., S. 928-930; Guy, J., a.a.O., S. 80f.; Reiß, W./ Mühlbradt, F. W., a.a.O., S. 58-60; Winkelmann, M., [Aktienbewertung], a.a.O., S. 91f.; Bauer, C., a.a.O., S. 146f., S. 152. Baetge, Jörg/ Krause, Clemens, Die Berücksichtigung des Risikos bei der Unternehmensbewertung. Eine empirisch gestützte Betrachtung des Kalkulationszinses, in: BFuP, 46. Jg. (1994), S. 433-456, hier S. 443, S. 444-446. Optimistischer Ulschmid, C., a.a.O., S. 333. Siehe auch die Aufstellung von Bauer, C., a.a.O., S. 99.
1086 Vgl. Blume, M. E., a.a.O., S. 7f, Tabelle 3; Baesel, Jerome, On the Assessment of Risk: Some Further Considerations, in: JoF, Vol. 29 (1974), S. 1491-1494, hier S. 1492f.
1087 Vgl. die Aufstellung bei Bauer, C., a.a.O., S. 104.
1088 Vgl. Winkelmann, M., [Aktienbewertung], a.a.O., S. 95-97; Bauer, C., a.a.O., S. 157f.
1089 Vgl. Collins, Daniel W./ Ledolter, Johannes/ Rayburn Judy, Some Further Evidence on the Stochastic Properties of Risk, in: JoB, Vol. 60 (1987), S. 425-448, m.w.N.
1090 Vgl. Gombola, Michael J./ Kahl, Douglas R., Time-Series Processes of Utility Beta: Implications for Forecasting Systematic Risk, in: FM, Vol. 19 (1990), Nr. 3, S. 84-93, hier S. 84.
1091 Vgl. Faff, Robert W./ Lee, John H. H./ Fry, Tim R. L., Time Stationarity of Systematic Risk: Some Australian Evidence, in: JBFA, Vol. 19 (1992), S. 253-270, hier S. 253.
1092 Vgl. z. B. Beiker, H., a.a.O., S. 57f.

Marktrendite bestimmen, vermutlich nicht unabhängig. Bei großen Aktienindizes dürfte der Einfluß vernachlässigbar sein.[1093] Bei kleinen Indizes - wie dem DAX - ist dies nicht der Fall; der Anteil von Allianz, Daimler Benz oder Siemens liegt beispielsweise bei jeweils ca. 10 %. Die individuelle Entwicklung eines Unternehmens hat einen großen Einfluß auf die Rentabilität des "Marktes". Es erfolgt (fast) eine Regression dieser Aktien gegen sich selbst. Bei der Frage der Residuenkorrelation, der Autokorrelation und der Heteroskedastie waren die Ergebnisse empirischer Tests nicht eindeutig.[1094]

Ein besonderes Problem (an deutschen Börsen) dürfte bei vielen Werten ein seltener oder geringer Börsenumsatz sein. Ein täglicher, durch Umsatz realisierter Marktpreis ist vermutlich nicht immer vorhanden; festgelegte Kurse führen aber zu folgenden Problemen:

- Da sich die Aktien und Index-Renditen nicht synchron verändern, verringern sich die Kovarianzen zwischen den entsprechenden Renditen. Die Beta-Faktoren werden unterschätzt bzw. verzerrt.[1095]
- Bei umsatzlosen Tagen können die Renditen autokorreliert sein. Darüber hinaus werden durch die verzögerte Kursanpassung die Beta-Faktoren unterschätzt.[1096]

In empirischen Untersuchungen konnte der vermutete Einfluß des Handelsvolumens auf den Beta-Faktor nicht verworfen werden.[1097]

Es bestehen vielfältige statistische Probleme, die die Ermittlung der Beta-Faktoren auf der Grundlage der Kleinst-Quadrat-Schätzung angreifbar machen. Als Reaktion auf die skizzierten

---

[1093] Vgl. Möller, H. P., [Bilanzkennzahlen], a.a.O., S. 72.

[1094] In der Untersuchung von Winkelmann, M., [Aktienbewertung], a.a.O., S. 88, waren in der Stichprobe der großen Gesellschaften 30,75% der Residualkorrelationen, in der Gesamtstichprobe 16,29% signifikant von Null verschieden. Diese Korrelationen zwischen den Residuen sind ein Indiz dafür, daß andere Faktoren die Rendite erklären. Das Problem der Autokorrelation war in den Untersuchungen von Reiß, W./ Mühlbradt, F. W., a.a.O., S. 59; Winkelmann, M., [Aktienbewertung], a.a.O., S. 67; Möller, H. P., [Bilanzkennzahlen], a.a.O., S. 72; Domke, H.-M., a.a.O., S. 173, zu vernachlässigen. Bei den Untersuchungen von Peters, H.-W., a.a.O., S. 80; Domke, H.-M., a.a.O., S. 173 (Nebenwerte), wurden Autokorrelationen festgestellt. Dies entsprach auch den Beobachtungen von Geyer, A./ Hauer, S., a.a.O., S. 69, an der Wiener Börse. Heteroskedastie bei deutschen Werten wurde bei der Untersuchung von Winkelmann, M., [Aktienbewertung], a.a.O., S. 72, in 50,5% der Fälle (47 Gesellschaften) festgestellt; Domke, H.-M., a.a.O., S. 166, konnte die Homoskedastizität nicht verneinen. Bei Peters, H.-W., a.a.O., S. 85, gab es für alle Gesellschaften Hinweise auf Heteroskedastizität.

[1095] Vgl. Beiker, H., a.a.O., S. 67.

[1096] Vgl. Beiker, H., a.a.O., S. 67, insb. Fn. 44.

[1097] Vgl. Dimson, Elroy, Risk Measurement when Shares are Subject to Infrequent Trading, in: JFE, Vol. 7 (1979), S. 197-226, hier S. 214; Cohen, Kalman J./ Hawawini, Gabriel A./ Maier, Steven F./ Schwartz, Robert A./ Whitcomb, David K., Frictions in the [Trading Process] and the Estimation of Systematic Risk, in: JFE, Vol. 12 (1983), S. 263-278, hier S. 265; Dimson, E./ Marsh, P. R., The [Stability] of UK Risk Measures and the Problem of Thin Trading, in: JoF, Vol. 38 (1983), S. 753-783, hier S. 759f.; Jog, V. M./ Riding, A. L., Some Canadian Findings Regarding Infrequent Trading and Instability in Single Factor Market Model, in: JBFA, Vol. 13 (1986), S. 125-135, hier S. 131f.

Probleme sind in der Literatur andere Meßverfahren vorgeschlagen worden, auf die an dieser Stelle nicht eingegangen werden kann.[1098]

Als Vorteil des CAPM wird die Objektivität angeführt, mit der die Kapitalkosten ermittelt werden. Da auf Marktdaten zurückgegriffen wird, werden keine subjektiven Erwartungen benötigt; die Messung des Risikos ist intersubjektiv überprüfbar und nicht willkürlich. Da aber der risikolose Zins und die Rendite des Marktportefeuilles in der Realität nicht existieren bzw. nicht beobachtet werden können, müssen Ersatzgrößen herangezogen werden. Die Ermittlung der Ersatzgrößen ist von erheblichen Definitions- und Meßproblemen begleitet. Es konnten keine eindeutigen Hinweise über besonders geeignete Verfahren gegeben werden. Wenn man die prospektiven Möglichkeiten der Datenermittlung außer acht läßt, besteht auch bei historischen Renditen ein beträchtlicher Spielraum bei der Auswahl der relevanten Anleihen bzw. des Aktienindex, der Länge der Beobachtungszeiträume und des Aggregationsverfahrens. Der risikolose Zinsfuß und die Marktrisikoprämie sind keineswegs eindeutig zu bestimmen.[1099] Von einer objektiven und nachprüfbaren Ermittlung der Kapitalkosten kann nicht die Rede sein.

Nicht nur beim Marktpreis des Risikos, sondern auch beim Beta-Faktor ergeben sich Probleme: Im folgenden soll der Einfluß des Marktindex, der Renditeperiode und des Beobachtungszeitraums sowie der Form des Marktmodells auf den Beta-Faktor betrachtet werden.[1100] Um die Marktrisikoprämie und den Beta-Faktor zu bestimmen, müssen Umfang, Zusammenstellung und Berechnung des Marktindex geklärt werden.[1101]

Für die USA liegen Untersuchungen über den Einfluß des Marktindex auf die Parameter des Marktmodells vor, die z.T. einen erheblichen Einfluß auf den Beta-Faktor zeigen.[1102] In deutschen Untersuchungen lagen die Korrelationen zwischen den Betas auf der Basis verschiedener

---

[1098] Vgl. Beiker, H., a.a.O., S. 69-75; Geyer, A./ Hauer, S., a.a.O., S. 66-69. Siehe auch Castagna, A. D./ Greenwood, L. H./ Matolcsy, Z. P., An Evaluation of Alternative Methods for Estimating Systematic Risk, in: AJM, Vol. 9 (1984), Nr. 2, S. 1-13.

[1099] Vgl. Carleton, Willard T./ Lakonishok, Josef, Risk and Return on Equity: The Use and Misuse of Historical Estimates, in: FAJ, Vol. 40 (1985), Jan./Feb., S. 35-47. Siehe auch die Aufstellung bei Ballwieser, Wolfgang, [Unternehmensbewertung], in: Gerke, Wolfgang/ Steiner, Manfred (Hrsg.), HWBF, 2. Aufl., Stuttgart 1995, Sp. 1867-1882, hier Sp. 1876.

[1100] Zu den Spielräumen vgl. auch Harrington, D., a.a.O., S. 108-118; Jacob, Nancy, The Measurement of Systematic Risk for Securities and Portfolios: Some Empirical Evidence, in: JFQA, Vol. 15 (1980), S. 815-834; Breen, William J./ Lerner, Eugene M., On the [Use] of Betas in Regulators Proceedings, in: BJEconMSc, Vol. 3 (1972), S. 612-621, hier S. 615-617.

[1101] Vgl. Brigham, E. F./ Shome, D. K., a.a.O., S. 54; Steiner, Manfred/ Kleeberg, J., a.a.O., S. 175.

[1102] Vgl. Frankfurter, George M., The Effect of Market Indexes on the Ex-Post Performance of the Sharpe Portfolio Selection Model, in: JoF, Vol. 31 (1976), S. 949-955, hier S. 953. Einen starken Einfluß der Auswahl des Marktindex auf die Überrendite sehen Harrington, D., a.a.O., S. 174; Steiner, Manfred/ Kleeberg, J., a.a.O., S. 147f.; Roll, Richard, [Ambiguity] when Performance is Measured by the Securities Market Line, in: JoF, Vol. 33 (1978), S. 1051-1069, hier S. 1055f.

Indizes zwischen 0,975 und 0,996 bzw. lagen sogar über 0,99; der Index-Einfluß dürfte nicht sehr hoch sein.[1103] Absolute Unterschiede wurden jedoch nicht untersucht.

Zudem kann nicht jeder Index verwandt werden. Der Rückgriff auf den DAX scheint für die dreißig im DAX enthaltenen Gesellschaften ein einfacher und preiswerter Weg zu sein, einen Beta-Faktor zu ermitteln. Ein DAX-Beta kann hingegen nicht empfohlen werden, da der verwandte Index u.E. wegen der Auswahl der dreißig größten Unternehmen zwar die handelsstärksten Unternehmen umfaßt,[1104] aber Neben- und Spezialwerte ausschließt. Trotz dieses hohen Anteils am Umsatz werden damit die Anlagealternativen der Investoren nur unzureichend erfaßt. Da hinter dem Marktportefeuille die Idee einer Vollerhebung steht, sollte der verwandte Marktindex zumindest aus einer großen Stichprobe bestehen.[1105] Durch den Ausschluß von Neben- und Spezialwerten werden die Diversifikationsmöglichkeiten beschnitten.

Für die USA liegen Studien vor, die den Einfluß des Beobachtungszeitraums auf den Beta-Faktor untersuchen.[1106] Die Beta-Faktoren variierten signifikant mit der Länge des Beobachtungszeitraums. Wenn man den Beobachtungswert von 6 Monaten aufgrund der geringen statistischen Meßpunkte einmal vernachlässigt, ergibt sich für den einjährigen Beobachtungszeitraum ein Beta-Wert von 1,19 und für den siebenjährigen Horizont von 0,62. Wenngleich der Beta-Faktor nicht monoton mit der Länge des Betrachtungszeitraums sinkt, besteht zumindest eine Tendenz zu sinkenden Beta-Faktoren.

Die Entscheidung, ob Tages-, Wochen-, 14-Tages- oder Monatsrenditen verwandt werden, ist von der Wahl des Beobachtungszeitraums abhängig. Untersuchungen auf dem amerikanischen Aktienmarkt konnten eine Abhängigkeit der Beta-Faktoren von der Fristigkeit der verwandten Renditen z.T. nicht verwerfen (*Intervalling*-Effekt). Die Betas auf der Basis täglicher Renditen waren kleiner als die Betas längerer Halteperioden.[1107] Untersuchungen auf dem deutschen Markt haben die Ergebnisse weitgehend bestätigt.[1108]

[1103] Vgl. Winkelmann, Michael, Indexwahl und Performance-Messung, in: Göppl, Hermann/ Henn, Rudolf (Hrsg.), Geld, Banken und Versicherungen: Beiträge zum 1. Symposium Geld, Banken und Versicherungen an der Universität Karlsruhe vom 11.-13.12.1980, Bd. 1, Königstein/ Ts. 1981, S. 475-487, hier S. 483; Frantzmann, Hans-Jörg, Zur [Messung] des Marktrisikos deutscher Aktien, in: ZfbF, 42. Jg. (1990), S. 67-83, hier S. 73.

[1104] 1991 fiel auf die im DAX enthaltenen Aktien ein Anteil von 80 % des Gesamtumsatzes an deutschen Aktien. Vgl. Mella, Frank, Der Dax ist revisionsbedürftig, in: Börsenzeitung, 2. Sept. 1992, Nr. 168, S. 5.

[1105] Vgl. Steiner, Manfred/ Kleeberg, J., a.a.O., S. 178.

[1106] Vgl. Breen, W. J./ Lerner, E. M., [Use], a.a.O., S. 617-620.

[1107] Vgl. Cohen, Kohen J./ Hawawini, Gabriel A./ Maier, Steven F./ Schwartz, Robert A./ Whitcomb, David K., Estimating and Adjusting for the [Intervalling]-Effect Bias in Beta, in: MSc, Vol. 29 (1983), S. 135-148, hier S. 140f., m.w.N. In Studien von Smith, Keith V., The Effects of Intervalling on Estimating Parameters of the Capital Asset Pricing Model, in: JFQA, Vol. 13 (1978), S. 313-331, hier S. 324f.; Reilly, F./ Wright, D., a.a.O., S. 67, waren keine systematischen Verzerrungen zu erkennen. Zwar waren die wöchentlichen Renditen geringer als die monatlichen, für Portefeuilles mit geringen Beta-Werten kehrt sich der Effekt jedoch um.

[1108] Vgl. Frantzmann, H.-J., [Messung], a.a.O., S. 71f., Tabelle 2, 3, 4. Der durchschnittliche Beta-Faktor steigt mit der Länge der Renditeperiode an, hat bei einem Neun-Wochen-Intervall den höchsten Wert und fällt dann

194

Aber auch die Form des Marktmodells hat Einfluß auf den Beta-Faktor. Für ein nicht genanntes öffentliches Versorgungsunternehmen ergaben sich Betas aus der Standardform ($R_i = \alpha_i + \beta$ $_i R_m$) in Höhe von 0,544 und aus dem Risikoprämienmodell ($R_i - R_f = \alpha_i + \beta_i(R_m - R_f)$) in Höhe von 0,612.[1109] Ergebnisse einer großen Datenmenge liegen nicht vor; daher sind Zufallseinflüsse nicht auszuschließen.

Die vergangenen Beta-Faktoren können keineswegs eindeutig ermittelt werden. Dabei wurden alternative Berechnungsmethoden noch gar nicht einbezogen.[1110] Der Hinweis auf einen objektiven, durch den Markt bestimmten Bewertungsfaktor kann nicht bestätigt werden; die Kapitalkosten eines Unternehmens gibt es nicht. Durch die "Manipulation" des Beta-Faktors kann der gewünschte Unternehmenswert bestimmt werden, gleichzeitig kann auf den durch den Markt bestätigten, "objektivierten" Risikozuschlag verwiesen werden.[1111]

Dieser Einfluß des Marktindex sowie der Halteperiode und des Beobachtungszeitraums auf den Beta-Faktor läßt sich auch bei den Beta-Faktoren einzelner Anbieter erkennen.[1112] Eine Gegenüberstellung von 195 Betas der Anbieter Merrill Lynch (ML) und Value Line (VL) ergab folgende Regressionsgleichung[1113]: ML = 0,127 * 0,879 VL. Hätten korrespondierende Werte vorgelegen, wäre die Gerade durch den Ursprung mit einer Steigung von Eins verlaufen. Bei mittleren Beta-Faktoren war der Unterschied nicht wesentlich.[1114] In einer weiteren Untersuchung wurden die Unterschiede bestätigt. Als Hauptursache wird ein *Intervalling*-Effekt vermutet, da wöchentliche und monatliche Renditen verwandt wurden.[1115]

Der Einfluß läßt sich auch exemplarisch belegen, wobei auch Fundamental-Betas einbezogen werden, auf die im folgenden noch eingegangen wird:[1116]

---

wieder ab. Die Hypothese gleicher Beta-Faktoren mußte verworfen werden. Vgl. ebenda, S. 74. Siehe auch Pogue, G. A./ Solnik, B. H., a.a.O., S. 937, Tabelle 2.

[1109] Vgl. Harrington, D., a.a.O., S. 117. Siehe auch Breen, W. J./ Lerner, E. M., [Use], a.a.O., S. 615.

[1110] Siehe die Gegenüberstellung von Beta-Faktoren auf der Basis der Kleinst-Quadrat-Schätzung und von GARCH-Modellen bei Geyer, A./ Hauer, S., a.a.O., S. 72.

[1111] So auch Peemöller, V. H., a.a.O., S. 413.

[1112] Vgl. Sharpe, W. F./ Alexander, G. J., a.a.O., S. 433. Merrill Lynch verwendet zum Beispiel monatliche Renditen, Value Line hingegen wöchentliche. Auch in der Auswahl des Aktienindex unterscheiden sie sich. Value Line verwendet den *New York Stock Exchange Composite Index*, Merrill Lynch den *Standard & Poors 500*-Aktienindex. Darüber hinaus verwenden sie unterschiedliche Anpassungsverfahren. Identisch ist der Beobachtungszeitraum von fünf Jahren. Vgl. Statman, Meir, Betas compared: Merrill Lynch vs. Value Line, in: JPM, Vol. 7 (1981), Winter, S. 41-44, hier S. 42; Reilly, F. K./ Wright, D. J., a.a.O., S. 64f. In der Untersuchung wurden die Beta-Faktoren von Value Line dem Bericht vom 29.9.1978, die Merrill Lynch Betas dem Oktober-Bericht 1978, der auf den Daten bis Ende September basiert, entnommen. Vgl. Statman, M., a.a.O., S. 42.

[1113] Das Bestimmtheitsmaß der Regression betrug nur 0,55; vgl. Statman, M., a.a.O., S. 43.

[1114] Vgl. Statman, M., a.a.O., S. 42f.

[1115] Vgl. Reilly, F. K./ Wright, D. J., a.a.O., S. 69. Die von ihnen verwandten Betas bezogen sich auf die Perioden 1970-1974, 1975-1979 und 1980-1984.

[1116] Vgl. Foster, George, Financial Statement [Analysis], 2. Aufl., Englewood Cliffs (N.J.) 1986, S. 354.

Commercial Service	American Express	Anheuser-Bush	Apple Computer	Prentice-Hall	Quaker Oats	Resorts International
BARRA						
Historical Beta	1.04	.48	1.94	1.07	.73	1.61
Predicted Beta	1.21	.83	1.78	.93	.94	1.34
Drexel Burnham						
Exponentially weighted beta	1.64	.61	1.24	1.23	.63	1.92
Baysian estimated beta	1.18	.65	1.07	.95	.64	1.45
Merrill Lynch beta	1.11	.48	1.99	1.02	.76	1.59
Value Line beta	1.30	.80	1.70	.90	.75	1.35
Wilshire Associates						
Five-year hist. beta	1.24	.55	1.72	1.06	.43	1.30
Short fundamental beta	1.50	.86	1.86	1.27	.95	1.94
Long fundamental beta	1.50	.83	1.77	1.25	.91	1.91

Nr.15: Beta-Faktoren unterschiedlicher Anbieter

3.4.4.3.   Ermittlung von Beta-Faktoren für nicht notierte Unternehmen und Geschäftsbereiche

3.4.4.3.1.   Vergleichsunternehmen und Branchenbetas

Geschäftsbereiche und Projekte innerhalb eines Unternehmens weisen in aller Regel nicht die gleichen Risikozusammenhänge mit dem Marktportefeuille auf. Die Vorgabe von durchschnittlichen Kapitalkosten führt zu fehlerhaften Entscheidungen. Vielmehr muß die Risikoprämie einzeln für diese Geschäftsbereiche und für jedes Projekt ermittelt werden. Kapitalkosten für diese Projekte und für die Mehrzahl der Unternehmen in Deutschland lassen sich nicht aus dem Marktzusammenhang ermitteln, da diese an keiner Börse notiert sind. In solchen Fällen soll der Beta-Faktor der entsprechenden Branche oder eines am Kapitalmarkt notierten Unternehmens mit ähnlichem Geschäftsbetrieb und ähnlicher Risikostruktur verwandt werden.[1117]

Die Verfechter von Industrie-Betas als Ersatzgrößen erkennen zwischen den Beta-Faktoren einzelner Branchen signifikante und dauerhafte Unterschiede, die mit der Risikosituation der Branche (Nachfrageschwankungen, Rohstoffpreisentwicklungen) zusammenhängen.[1118] Branchen-

---

[1117] Vgl. Fuller, Russel J./ Kerr, Halbert S., Estimating the Divisional Cost of Capital: An Analysis of the Pure-Play Technique, in: JoF, Vol. 36 (1981), S. 997-1009; Van Horne, James C., An Application of the Capital Asset Pricing Model to Divisional Required Returns, in: FM, Vol. 9 (1980), Nr. 1, S. 14-19, hier S. 17; Rao, R. K. S., a.a.O., S. 367-372; Copeland, T./ Koller, T./ Murrin, a.a.O., S. 263f.; Shannon, P. P., a.a.O., S. 76; Hafner, R., [Unternehmensbewertungen], a.a.O., S. 85; Jung, Willi, a.a.O., S. 319; Schmidt, Reinhart, [Shareholder], a.a.O., S. 286; Rudolph, B., [Investitionsplanung], a.a.O., S. 685; Räbel, D., a.a.O., S. 257f.; Franks, J. R./ Broyles, J. E./ Carleton, W. T., a.a.O., S. 255-257; Stewart, G. Bennett, a.a.O., S. 449-452; Serfling, Klaus/ Languth, Heike, Investitionsprogramm unter Risiko: Auswertung und Interpretation der ß-Faktoren, in: WISU, 20. Jg. (1991), S. 726-738, hier S. 733; Gregory, A., [Valuing], a.a.O., S. 133; Weber, Martin/ Schiereck, D., a.a.O., S. 146; Dimson, E./ Marsh, P., [Calculating], a.a.O., S. 116f.; Suckut, S., a.a.O., S. 70; Röttger, B., a.a.O., S. 72; Drukarczyk, J., [Theorie], a.a.O., S. 288-291; Bühner, R., [Strategie], a.a.O., S. 232f.

[1118] Vgl. Rosenberg, Barr/ Rudd, Andrew, The Corporate Use of Beta, in: Stern, Joel M./ Chew, Donald H. (Hrsg.), The Revolution in Corporate Finance, Cambridge 1986, S. 58-68, hier S. 64; Stewart, G. Bennett,

Betas gelten als gute Approximation, wenn das systematische Risiko für nicht notierte Unternehmen und Geschäftsbereiche bestimmt werden soll. Durch Branchen-Betas sollen neben Unterschieden aufgrund des finanziellen Risikos auch markttechnische Aktienbewegungen durch enge Märkte oder institutionelle Anleger ausgeglichen werden.[1119]

Die Auswahl der Vergleichsunternehmen ist entscheidend für die Güte der ermittelten Beta-Faktoren. Bei einer empirischen Überprüfung von Vergleichs-Betas wurden die Vergleichsunternehmen anhand folgender Kriterien ausgewählt:[1120]

- Das entsprechende Unternehmen verfügt nur über einen Geschäftsbereich und ist in einer vergleichbaren Branche tätig;
- die Umsätze vom Vergleichsunternehmen und dem betrachteten Geschäftsbereich sollten gleich hoch sein;
- Vergleichsunternehmen und Geschäftsbereich sollten darüber hinaus auf den gleichen Absatz- und Beschaffungsmärkten arbeiten, wenn geographische Faktoren als wichtig eingeschätzt werden;
- bei mehreren Vergleichsunternehmen sollte der mittlere Beta-Faktor ausgewählt werden.

Grundsätzlich sollte auch der Einfluß der Kapitalstruktur auf das systematische Risiko berücksichtigt und beobachtete Beta-Faktoren angepaßt werden. Problematisch ist die Analogiemethode, wenn die Werte stark streuen.[1121] Zudem können Schwierigkeiten bestehen, vergleichbare Unternehmen mit nur einem entsprechenden Geschäftsbereich zu finden.[1122]

Beobachtete Beta-Faktoren von Unternehmen setzen sich weitgehend aus gewichteten Beta-Faktoren verschiedener Geschäftsbereiche zusammen.[1123] Es werden in der Literatur Vorschläge gemacht, ein beobachtetes Beta in Geschäftsbereichs-Betas zu zerlegen. Zum einen wird emp-

---

a.a.O., S. 449. Branchen-Betas für Deutschland können Serfling, Klaus/ Languth, Heike, a.a.O., S. 733, entnommen werden. Für die USA vgl. Stewart, G. Bennett, a.a.O., S. 449-452; Copeland, T./ Koller, T./ Murrin, J., a.a.O., S. 263; Rosenberg, B./ Guy, A., a.a.O., S. 66.

[1119] Vgl. Röttger, B., a.a.O., S. 72; Copeland, T./ Koller, T./ Murrin, J., a.a.O., S. 197.

[1120] Vgl. Fuller, R. J./ Kerr, H. S., a.a.O., S. 1000. In der Studie wurde versucht, ein beobachtbares Beta eines Unternehmens mit mehreren Geschäftsbereichen durch Vergleichsunternehmen "nachzubauen". Es wurden 22 Unternehmen in 1976, 23 in 1977 und 15 in 1978 betrachtet. Vgl. ebenda, S. 1000. In 29 Fällen gab es positive Unterschiede, in 31 Fällen negative. Im Durchschnitt wurde der wahre Beta-Wert um 8,9 % verfehlt. Der Korrelationskoeffizient (ρ) lag bei 0,885 (Signifikanzniveau SN: 0,01). Wurde die Kapitalstruktur zu Buchwerten angepaßt, waren die Ergebnisse schlechter. Vgl. ebenda, S. 1005.

[1121] Vgl. Boquist, John A./ Moore, William T., Estimating the Systematic Risk of an Industry Segment: A Mathematical Programming Approach, in: FM, Vol. 12 (1983), Nr. 4, S. 11-18, hier S. 12; Van Horne, J. C., a.a.O., S. 18.

[1122] Vgl. Harris, R. S./ O'Brien, T./ Wakeman, D., a.a.O., S. 74; Ehrhardt, Michael C./ Bhagwat, Yatin N., A Full-Information Approach for Estimating Divisional Betas, in: FM, Vol. 20 (1991), Nr. 2, S. 60-69, hier S. 62; Copeland, T./ Koller, T./ Murrin, J., a.a.O., S. 265; Boquist, J. A./ Moore, W. T., a.a.O., S. 11, S. 12.

[1123] Diese Annahme unterstellt Wertadditivität zwischen den Projekten.

fohlen, ein lineares Gleichungssystem mit m Unternehmen aufzustellen und durch Lösen der Gleichungen nach β_A und β_B die n Geschäftsbereichs-Betas (m=n) zu bestimmen.[1124]

$$\beta_1 = W_{A1}\beta_A + W_{B1}\beta_B$$
$$\beta_2 = W_{A2}\beta_A + W_{B2}\beta_B$$

3.4.4.3.1.-1

mit $\beta_{1,2}$ = Beta-Faktor des Unternehmens 1 bzw. 2
       $\beta_{A,B}$ = Beta-Faktor der Geschäftsbereiche A bzw. B
       $W_{A,B}$ = Gewichtungsfaktoren der Geschäftsbereiche A bzw. B

Die Unternehmens-Betas sind ebenso wie die Gewichtungsfaktoren bekannt; sie werden durch den Buchwert des Vermögens,[1125] die Umsatzerlöse,[1126] die Nettoeinnahmen[1127] oder den Betriebsgewinn[1128] bestimmt.

Zum anderen kann eine multiple, lineare Regressionsanalyse durchgeführt werden,[1129] wenn keine analytischen Lösungen existieren.

$$\beta_i = a_{1i}W_{1i} + a_{2i}W_{2i} + ... + a_{ni}W_{ni} + \varepsilon_i \quad i = 1, ..., m; j = 1,..,n$$

3.4.4.3.1.-2

Die bekannten Beta-Faktoren von m Unternehmen sind die abhängige Variable, die W_{ji} sind bekannte Gewichtungsparameter des j-ten Geschäftsbereichs des i-ten Unternehmens. Die Koeffizienten a_{ij} entsprechen den gesuchten Geschäftsbereichs-Beta-Faktoren β_{ij}. Die Größe ε_i stellt einen Störterm dar, der nicht beobachtet werden kann. Wie bei der einfachen linearen Regressionsanalyse werden die Parameter bestimmt, indem die Summe der Abweichungsquadrate minimiert wird.[1130]

[1124] Vgl. Copeland, T./ Koller, T./ Murrin, J., a.a.O., S. 265-267. Siehe auch Harris, R. S./ O'Brien, T. J./ Wakeman, D., a.a.O., S. 76f. Übersteigt die Zahl der Divisionsbetas die Anzahl an linear unabhängigen Gleichungen, schlagen Boquist, J. A./ Moore, W. T., a.a.O., S. 13-15, einen Algorithmus der linearen Optimierung (Goal-Programming) vor, um für einen Teil der Beta-Faktoren eine Lösung zu erhalten. Das Verfahren ist in der Literatur von Crum, Roy L./ Bi, Keqian, An Observation on Estimating the Systematic Risk of an Industry Segment, in: FM, Vol. 17 (1988), Nr. 1, S. 60-62, hier S. 60f., abgelehnt worden. (1) Die Anzahl der Beta-Faktoren, die ungleich Null ist, entspricht der Zahl der Gleichungen. Es erscheint unplausibel, daß die restlichen Beta-Faktoren Null betragen, was erforderlich ist, um eine Lösung zu erhalten. (2) Es ergeben sich mehrfache Lösungen, vgl. ebenda, S. 62. Dieser Vorschlag wird daher nicht ernsthaft verfolgt.

[1125] Vgl. Harris, R. S./ O'Brien, T. J./ Wakeman, D., a.a.O., S. 78; Boquist, J. A./ Moore, W. T., a.a.O., S. 14. Vgl. auch Copeland, T./ Koller, T./ Murrin, J., a.a.O., S. 266, die Marktwerte verwenden wollen, wobei unklar ist, woher sie diese bei nicht notierten Geschäftsbereichen erhalten.

[1126] Vgl. Fuller, R. J./ Kerr, H. S., a.a.O., S. 1001; Boquist, J. A./ Moore, W. T., a.a.O., S. 14; Ehrhardt, M. C./ Bhagwat, Y. N., a.a.O., S. 60.

[1127] Vgl. Ehrhardt, M. C./ Bhagwat, Y. N., a.a.O., S. 60.

[1128] Vgl. Boquist, J. A./ Moore, W. T., a.a.O., S. 14.

[1129] Vgl. Copeland, T./ Koller, T./ Murrin, J., a.a.O., S. 265-267; Ehrhardt, M. C./ Bhagwat, Y. N., a.a.O., S. 62-68; Wood, Robert/ McInish, Thomas/ Lawrence, Kenneth, Estimating Divisional Betas with Diversified Firm Data, in: RQFA, Vol. 2 (1992), S. 89-96, hier S. 89-93.

[1130] Vgl. Backhaus, Klaus/ Erichson, Bernd/ Plinke, Wulf/ Weiber, Rolf, Multivariate Analysemethoden. Eine anwendungsorientierte Einführung, 7. Aufl., Berlin et al. 1994, S. 17f.

Die in der Literatur gemachten Vorschläge, beobachtete Unternehmens-Betas zu zerlegen, sind angreifbar: Zum einen sind die Gewichtungsfaktoren - Buchwerte, Umsätze oder Nettoeinnahmen - theoretisch nicht zu rechtfertigen. Ob sie eine hinreichende Approximation für die Marktwerte darstellen, darf bezweifelt werden; außerdem besteht ein Manipulationsspielraum. Zum anderen basieren die Zerlegungen auf den Überlegungen des Wertadditivitätstheorems. Synergien zwischen den Bereichen werden per definitionem ausgeschlossen.

Darüber hinaus lassen sich gegen die gemachten Vorschläge technische Einwände anführen. So dürfte der deutsche Kapitalmarkt nicht genügend Vergleichsunternehmen aufweisen, um die Geschäftsbereichs-Betas auf diese Art ermitteln zu können.[1131] Der Bewerter muß die Geschäftsbereiche entsprechend weit definieren. Von einer differenzierten Ermittlung kann dann keine Rede sein. Außerdem ist es schwierig, die benötigten Geschäftsbereichsdaten zu bestimmen, weil keine Segmentpublizität besteht.

3.4.4.3.2. Buchwert-Betas als Approximation kapitalmarktbestimmter Beta-Faktoren

Neben dem Rückgriff auf Vergleichsunternehmen werden in der Literatur auch Projekt-Betas auf Buchwertbasis aus einer eigenen Regressionsrechnung vorgeschlagen:[1132]

$$ROE_t = \frac{B_t - B_{t-1} + Div_t}{B_{t-1}}$$

$$ROE_t = \frac{Gew_t}{B_{t-1}}$$

3.4.4.3.2.-1

B bezeichnet das bilanziell ermittelte Eigenkapital, Div die gezahlten Dividenden und Gew eine bilanziell ermittelte Erfolgsgröße. Bilanzielle Beta-Faktoren werden bestimmt, indem aus der Bilanz abgeleitete Eigenkapitalrenditen, die unterschiedlich definiert sein können, zu einem Index in Beziehung gesetzt werden. Als Regressionsparameter werden auch buchhalterische Gewinne[1133] oder Wachstumsraten der Gewinne verwandt.[1134] Die Buchwert-Betas sollen Rück-

---

[1131] Eine multiple Regression über sieben Beobachtungen, wie von Copeland, T./ Koller, T./ Murrin, J., a.a.O., S. 267f., vorgeschlagen, genügt keineswegs statistischen Anforderungen.

[1132] Vgl. Richter, F./ Stiglbrunner, K., a.a.O., S. 414, die explizit auf die Buchwert-Betas als Möglichkeit der Beta-Schätzung bei deutschen Kapitalmarktverhältnissen verweisen. Siehe auch Räbel, D., a.a.O., S. 256; Mrotzek, R., a.a.O., S. 218; Rao, R. K. S., a.a.O., S. 367, S. 379f.; Gregory, A., [Valuing], a.a.O., S. 134; Kulkarni, Mukund S./ Powers, Marian/ Shannon, Donald S., The Use of [Segment] Earnings Betas in the Formation of Divisional Hurdle Rates, in: JBFA, Vol. 18 (1991), S. 497-512, hier S. 503; dies., The Estimation of [Product] Line Betas as Surrogates for Divisional Risk Measures, in: FM, Vol. 18 (1989), Nr. 1, S. 6f.; Ezzamel, Mahmoud A., Divisional Cost of Capital and the Measurement of Divisional Performance, in: JBFA, Vol. 6 (1979), S. 307-319, hier S. 314f.; Weston, J. Fred/ Lee, Wayne Y., Cost of Capital for a Division of a Firm: Comment, in: JoF, Vol. 32 (1977), S. 1779f., hier S. 1779; Bühner, R., [Turnaround-Management], a.a.O., S. 19. Kritischer: Knop, Oliver-Christian, Kapitalkosten und internationale Unternehmensakquisition, Wiesbaden 1992, S. 91f.; Bauer, C., a.a.O., S. 69.

[1133] Vgl. Copeland, T./ Koller, T./ Murrin, J., a.a.O., S. 267f., die ein EBIT-Beta vorschlagen.

schlüsse auf Kapitalmarkt-Betas erlauben, weil Unternehmen mit hohen Buchwert-Betas auch hohe Kapitalmarkt-Betas aufweisen sollen.[1135] Für nicht gehandelte Unternehmen wird dieser Schluß analogisiert. Die Korrelation zwischen Kapitalmarkt- und Buchwert-Betas ist u.E. aber nicht ausreichend, um Buchwert-Betas als Approximation zu benutzen. Über die erzielten Resultate empirischer Untersuchungen informiert die folgende Tabelle:

Untersuchung	Umfang und Zeitraum	Ergebnis
Ball/ Brown, USA (1969)	261 Gesellschaften; 1946 - 1966[1136]	Positive Korrelation verschiedener Gewinn-Betas und Marktbetas; ρ lag zwischen 0,39 und 0,45. Betas der Gewinnänderungen brachten höhere Korrelationen.[1137]
Beaver/ Kettler/ Scholes, USA (1970)	307 Gesellschaften; 1947 - 1956 1957 - 1965[1138]	Signifikant positive Korrelation zwischen einem Buchwert- und einem Marktwert-Beta; ρ lag bei 0,44 in der 1. Teilperiode und 0,23 in der 2.[1139]
Pettit/ Westerfield, USA (1972)	338 Aktien; 1947 - 1956; 534 Aktien; 1957 - 1968[1140]	Positive Korrelation zwischen dem EPS- bzw. dem Betriebsergebnis-Beta und dem Markt-Beta; ρ lag zwischen 0,176 und 0,259.[1141]
Gonedes, USA (1975)	220 Gesellschaften; 1946 - 1952 1953 - 1960 1961 - 1968[1142]	Signifikant positive Korrelation zwischen dem Gewinn- und dem Markt-Beta in der 1. und 2. Teilperiode (SN: 0,01); ρ lag bei 0,202 bzw. 0,18; der Beta-Faktor der Gewinnänderungen brachte bessere Ergebnisse; ρ lag bei 0,407 bzw. 0,405 (SN: 0,01); die Korrelation in der 3. Periode betrug nur 0,152 (SN: 0,05).[1143]
Bildersee, USA (1975)	98 Aktien; 3/1956 - 3/1966[1144]	Positive Korrelation zwischen dem Buchwert-Beta und dem Beta-Faktor der Stamm- bzw. Vorzugsaktien; ρ lag bei 0,484 bzw. 0,132.[1145]

[1134] Vgl. Gordon, Myron J./ Halpern Paul J., Cost of Capital for a Division of a Firm, in: JoF, Vol. 29 (1974), S. 1153-1163, hier S. 1155; Jarrett, Jeffrey E., Estimating the Cost of Capital for A Division of a Firm, and the Allocation Problem in Accounting, in: JBFA, Vol. 5 (1978), S. 39-47, hier S. 41f.

[1135] Vgl. Räbel, D., a.a.O., S. 256; Mrotzek, R., a.a.O., S. 220f.; Gregory, A., [Valuing], a.a.O., S. 134.

[1136] Vgl. Ball, R./ Brown, P., [Portfolio Theory], a.a.O., S. 318, mit Verweis auf Ball, Ray/ Brown, Philip, An Empirical Evaluation of [Accounting Income Numbers], in: JAR, Vol. 6 (1968), S. 159-178, hier S. 165.

[1137] Vgl. Ball, R./ Brown, P., [Portfolio Theory], a.a.O., S. 320.

[1138] Vgl. Beaver, William/ Kettler, Paul/ Scholes, Myron, The Association Between Market Determined and Accounting Determined Risk Measures, in: AR, Vol. 45 (1970), S. 654-682, hier S. 663.

[1139] Vgl. Beaver, W./ Kettler, P./ Scholes, M., a.a.O., S. 669.

[1140] Vgl. Pettit, R. Richardson/ Westerfield, Randolph W., A Model of Capital Market Risk, in: JFQA, Vol. 7 (1972), S. 1649-1668, hier S. 1659.

[1141] Vgl. Pettit, R. R./ Westerfield, R. W., a.a.O., S. 1663.

[1142] Vgl. Gonedes, Nicholas J., A [Note] on Accounting-Based and Market-Based Estimates of Systematic Risk, in: JFQA, Vol. 10 (1975), S. 255-365, hier S. 359.

[1143] Vgl. Gonedes, N. J., [Note], a.a.O., S. 361. Er "widerruft" damit seine Ergebnisse aus einer früheren Studie, die keine Korrelation belegen konnten. Vgl. Gonedes, Nicholas J., Evidence of the Information Content of Accounting Numbers: [Accounting-Based] and Market-Based Estimates of Systematic Risk, in: JFQA, Vol. 8 (1973), S. 407-444, hier S. 434. Er führt die Unterschiede auf die Index-Konstruktion in der früheren Studie zurück. Vgl. Gonedes, N. J., [Note], a.a.O., S. 363. Zudem betrug die Stichprobe der älteren Untersuchung nur 99 Gesellschaften; der Zeitraum war identisch. Vgl. Gonedes, N. J., [Accounting-Based], a.a.O., S. 412.

[1144] Vgl. Bildersee, John S., The Association between a Market Determined Measure of Risk and Alternative Measures of Risk, in: AR, Vol. 40 (1975), S. 81-89, hier S. 86.

[1145] Vgl. Bildersee, J. S., a.a.O., S. 90.

Beaver/ Mane-gold, USA (1975)	94 bzw. 254 Aktien; 1951 - 1969[1146]	Positive Korrelation zwischen verschiedenen Gewinn-Betas und dem Markt-Beta; ρ lag zwischen 0,15 und 0,47 bei der großen Stichprobe und 0,14 und 0,5 bei der kleinen.[1147]
Thompson, USA (1976)	290 Gesellschaften; 1951 - 1968[1148]	Signifikant positive Korrelation zwischen Gewinn- und Markt-Betas (SN: 0,01); ρ war 0,37 in der 1. und 0,24 in der 2. Teilperiode.[1149]
Hill/ Stone, USA (1980)	240 Gesellschaften; 1947 - 1960; 324 Gesellschaften; 1961 - 1974[1150]	Signifikant positive Korrelation in der 1. Periode nur beim Betriebsergebnis-Beta (SN: 0,01; ρ = 0,184); in der 2. Periode waren Betriebsergebnis- und Gewinn-Beta signifikant positiv korreliert (SN: 0,01), ρ lag zwischen 0,156 und 0,185.[1151]
Baran/ Lakonis-hok/ Ofer, USA (1980)	242 Gesellschaften; 1957 - 1974[1152]	Nicht signifikant positive Korrelation zwischen verschiedenen Gewinn-Betas und dem Markt-Beta (SN: 0,01), deflationierte Größen brachten kaum bessere Ergebnisse; ρ lag zwischen 0,221 und 0,339.[1153]
Bartley, USA (1982)	200 Gesellschaften; 1963 - 1976[1154]	Signifikant positive Korrelation zwischen dem Betriebsergebnis- und dem Markt-Beta (SN: 0,01); ρ lag zwischen 0,241 und 0,253.[1155]
Hochman, USA (1983)	203 Aktien; 1964 - 1974[1156]	Signifikant positive Korrelation (SN: 0,01) zwischen Betriebsergebnis- und dem Markt-Beta; ρ lag zwischen 0,2 und 0,35.[1157]
Nunthirapa-korn/ Millar, USA (1987)	74 Aktien; 1962 - 1979[1158]	Weitgehend signifikant positive Korrelation zwischen verschiedenen Gewinn-Betas und dem Markt-Beta (SN: 0,01), deflationierte Größen brachten keine besseren Ergebnisse; ρ lag zwischen 0,189 und 0,713.[1159]

[1146] Vgl. Beaver, William/ Manegold, James, The Association between Market-Determined and Accounting-Determined Measures of Systematic Risk: Some Further Evidence, in: JFQA, Vol. 10 (1975), S. 231-284, hier S. 243; die große Stichprobe entspricht weitgehend der Untersuchung von Beaver et al., die kleine der von Gonedes.

[1147] Vgl. Beaver, W./ Manegold, J., a.a.O., S. 269, S. 277.

[1148] Vgl. Thompson, Donald J., II., Sources of Systematic Risk in Common Stocks, in: JoB, Vol. 49 (1976), S. 173-188, hier S. 181f.

[1149] Vgl. Thompson, D. J., a.a.O., S. 184.

[1150] Vgl. Hill, Ned C./ Stone, Bernell K., Accounting Betas, Systematic Operating Risk and Financial Leverage: A Risk-Composition Approach to the Determinants of Systematic Risk, in: JFQA, Vol. 15 (1980), S. 595-637, hier S. 611.

[1151] Vgl. Hill, N. C./ Stone, B. K., a.a.O., S. 614.

[1152] Vgl. Baran, Arie/ Lakonishok, Josef/ Ofer, Aharon R., The Information Content of General Price Level Adjusted Earnings: Some empirical Evidence, in: AR, Vol. 55 (1989), S. 22-35, hier S. 27.

[1153] Vgl. Baran, A./ Lakonishok, J./ Ofer, A. R., a.a.O., S. 30.

[1154] Vgl. Bartley, Jon W., Accounting for Cost of Capital: An Empirical Examination, in: JBFA, Vol. 9 (1982), S. 239-254, hier S. 244.

[1155] Vgl. Bartley, J. W., a.a.O., S. 250.

[1156] Vgl. Hochman, Shalom, The Beta Coefficient: An Instrument Variables Approach, in: RiF, Vol. 4 (1983), S. 123-151, hier S. 127.

[1157] Vgl. Hochman, S., a.a.O., S. 131.

[1158] Vgl. Nunthirapakorn, Thakol/ Millar, James A., Changing Prices, Accounting Earnings and Systematic Risk, in: JBFA, Vol. 14 (1987), S. 1-25, hier S. 7.

[1159] Vgl. Nunthirapakorn, T./ Millar, J. A., a.a.O., S. 8.

Ismail/ Kim, USA (1989)	272 Gesellschaften; 1967 - 1985[1160]	Signifikant positive Korrelation zwischen Gewinn- bzw. Cash-flow- und dem Markt-Beta (SN: 001); ρ lag zwischen 0,205 und 0,305.[1161]
Karpik/ Belkaoui, USA (1990)	103 Gesellschaften; 1968 - 1987[1162]	Signifikant positive Korrelation zwischen Gewinn- bzw. Wertschöpfungs- und dem Markt-Beta (SN: 0,025 bzw. 0,0001); ρ lag bei 0,22 bzw. 0,54.[1163]
Bauer, Deutschland (1992)	198 Gesellschaften; 1975 - 1986[1164]	Das Jahresüberschuß-Beta erklärt maximal 8,26 % des Markt-Betas (SN: 0,01); das Eigenkapitalrendite-Beta liefert praktisch keinen Beitrag.[1165]
Müller, Deutschland (1992)	120 Gesellschaften (ohne Kreditinstitute und Versicherungen); 1972 - 1978 1979 - 1985[1166]	Positive Korrelation zwischen dem Gewinn- und einem Markt-Beta; ρ lag bei 0,3 in der 1. bzw. 0,4 in der 2. Periode.[1167]

Nr. 16: Verhältnis von Buchwert- und Markt-Beta

Neben der geringen Korrelation lassen sich weitere Einwände anführen:

(1) Die Regression über Buchwerte ist mit einer hohen Fehlerrate behaftet, da nur jährliche Beobachtungen gemacht werden können.[1168] Daraus resultiert entweder bei einem kurzen Beobachtungszeitraum eine zu kleine Anzahl an Beobachtungen mit einer entsprechenden statistischen Fehlerrate oder bei einer ausreichenden Anzahl von Beobachtungen ein Zeitintervall, bei dem Strukturbrüche unvermeidlich sind.

(2) Bei Buchwertgrößen ist die Autokorrelation der Residuen vermutlich ein größeres Problem als bei Marktgrößen;[1169] die Kleinst-Quadrat-Schätzung ist nicht anwendbar.

(3) Periodisierte Größen entsprechen nicht den unterstellten Zielgrößen der Wirtschaftssubjekte. Damit werden theoretisch nicht zu rechtfertigende Größen im Rahmen eines auf Zahlungen basierenden Modells eingeführt.

(4) Buchwertrenditen stimmen nicht mit den zahlungsstrombezogenen Renditen überein; ob die Verzerrungen bei einer Regression ausgeglichen werden, ist u.E. zweifelhaft.[1170]

[1160] Vgl. Ismail, Badr E./ Kim, Moon K., On the Association of Cash Flow Variables with Market Risk: Further Evidence, in: AR, Vol. 64 (1989), S. 125-136, hier S. 129.

[1161] Vgl. Ismail, B. E./ Kim, M. K., a.a.O., S. 130.

[1162] Vgl. Karpik, Philip/ Belkaoui, Ahmed, The Relative Relationship between Systematic Risk and Value Added Variables, in: JIFMA, Vol. 1 (1989), S. 259-276, hier S. 264.

[1163] Vgl. Karpik, P./ Belkaoui, A., a.a.O., S. 267.

[1164] Vgl. Bauer, C., a.a.O., S. 119f.

[1165] Vgl. Bauer, C., a.a.O., S. 180, S. 182f.

[1166] Vgl. Müller, Wolfgang, a.a.O., S. 36f.

[1167] Vgl. Müller, Wolfgang, a.a.O., S. 168, S. 170.

[1168] Copeland, T./ Koller, T./ Murrin, J., a.a.O., S. 268, benutzen wegen eventuell unzureichender Beobachtungsgrößen und Meßfehler diese Methode nur als letzten Ausweg.

[1169] Vgl. Beaver, W./ Manegold, J., a.a.O., S. 241; Hochman, S., a.a.O., S. 130.

[1170] Dies behauptet zumindest Ezzamel, M. A., a.a.O., S. 315.

(5) Buchwertrenditen unterliegen in einem bestimmten Rahmen den Einflüssen des Rechnungs-legenden. Bilanzpolitische Wahlrechte beeinträchtigen die Aussagefähigkeit der ausgewiesenen Erfolgsgröße.

Buchwert-Betas stellen u.E. kein geeignetes Risikomaß dar. Ihre Verwendung kann nicht emp-fohlen werden. Die festgestellte Beziehung zwischen kapitalmarktbestimmten Betas (β) und Ac-counting-Betas (β_{acc})[1171]

$$\beta = \beta_{acc} \cdot \text{Marktwert des Index/ Marktwert des Unternehmens}$$

beruht auf der Definition des Buchwert-Betas. Die Renditegrößen des Marktportefeuilles werden nach der gleichen Ertragsdefinition errechnet, da der Marktwert dem Bilanzwert und der Vorteil der Aktionäre - Dividenden und Kurssteigerungen - der Erfolgsgröße des Unternehmens ent-spricht.[1172] Im Grunde wird nur der Zusammenhang zwischen Beta-Faktoren auf der Basis von Renditen und absoluten Erfolgsgrößen nachgewiesen.

3.4.4.4. Bestimmung der Beta-Faktoren auf der Basis fundamentaler Einflußfaktoren: Vor-schläge und Probleme

3.4.4.4.1. Synthetische Ermittlung und Vorhersagen von Beta-Faktoren mit fundamentalen Faktoren

In diesem Abschnitt wird der Einfluß unternehmerischer Aktionen auf das systematische Risiko untersucht. Wie bei der Cash-flow-Projektion werden auch hier Wirkungshypothesen benötigt, die den Zusammenhang zwischen der ausgewählten Strategie und den zukünftigen Beta-Faktoren herstellen. Diese Wirkungshypothesen sollen durch die Ermittlung fundamentaler Ein-flußfaktoren festgestellt werden. Damit soll zum einen ein Projekt-Beta "synthetisch" gewonnen werden, zum anderen die Projektion in die Zukunft verbessert werden,[1173] da bei ex-post ermit-telten Betas die zukünftigen fundamentalen Einflußfaktoren nicht ausreichend erfaßt seien.[1174]

Ein Vorschlag greift beispielsweise auf spezifische Risikofaktoren wie die Zyklizität des Ge-schäfts, Vorhersagbarkeit der Rendite, Branchenattraktivität nach PORTER, Marktwachstum, Schnelligkeit des technischen Fortschritts, Positionierung im Wettbewerb, Anlagenintensität (operativer Leverage), Kapitalstruktur (finanzieller Leverage) sowie den Substanzwert der

---

[1171] Vgl. Bowman, Robert G., The Theoretical [Relationship] Between Systematic Risk and Financial (Accounting) Variables, in: JoF, Vol. 34 (1979), S. 617-630, hier S. 623.
[1172] Vgl. Müller, Wolfgang, a.a.O., S. 136.
[1173] Vgl. Rosenberg, B./ Rudd, A., a.a.O., S. 64.
[1174] Vgl. Drukarczyk, J., [Theorie], a.a.O., S. 250f.

Grundstücke und Anlagen zurück, um die Beta-Faktoren synthetisch herzustellen.[1175] Jedem Faktor ist ein Wert von 0,7 bis 1,5 zuzuordnen. Die Spannweite orientiert sich am Schwankungsbereich beobachtbarer Beta-Faktoren. Nachdem die Gewichtungsfaktoren festgelegt sind, wird ein Beta(-Score) ermittelt. Ähnlich pragmatisch gehen ROSENBERG und RUDD vor:[1176] Ausgehend vom Erwartungswert aller Beta-Faktoren in Höhe von Eins bestimmen sie den gesuchten Beta-Wert mit Hilfe von Zu- und Abschlägen für die Branche, das Wachstum, die Gewinnvariabilität, den Verschuldungsgrad und die Größe. Die Höhe der Zu- und Abschläge richtet sich danach, wie das Unternehmen vom Durchschnitt der Beta-Faktoren abweicht.

Nach dem Bewertungsvorschlag von STEWART[1177] ist der Beta-Faktor vom systematischen Risiko der Industrie und fundamentalen Einflußfaktoren abhängig. Diese Informationen werden benutzt, um - aufbauend auf Industrieklassifikationen - Beta-Faktoren für nicht notierte Unternehmen zu ermitteln. Ausgangspunkt sind 42 Branchenklassen, deren von Finanzierungseinflüssen bereinigte Beta-Faktoren von 1,69 bis 0,59 reichen. Als weitere Einflußgrößen werden das operative Risiko, das strategische Risiko, die Art und Weise des *Asset-Management* sowie die Größe und der Grad der internationalen Diversifizierung berücksichtigt.

Das operative Risiko mißt die Variabilität der Kapitalerträge in einem Konjunkturzyklus. Je größer die Schwankungen im Vergleich zu den Wettbewerbern sind, desto risikoreicher wird das Unternehmen eingestuft.[1178] Indikatoren sind die **Schwankungen** der Rendite des Betriebsergebnisses vor und nach Steuern, der Rendite des Betriebsergebnisses nach Steuern plus der Abschreibungen und der nicht betrieblichen Erträge, der Cash-flow-Rendite und des Kapitalwachstums der letzten fünf Jahre.

Mit dem strategischen Risiko soll die zeitliche Dimension der Wertsteigerung erfaßt werden. Je mehr die Wertsteigerung in der Zukunft liegt, desto unsicherer wird sie eingeschätzt. Je höher die Verzinsung des eingesetzten Kapitals und die Wachstumsrate des Kapitals im Vergleich zu den Wettbewerbern sind, desto risikoreicher ist das Unternehmen einzustufen. Indikatoren sind die Rendite des Betriebsergebnisses vor und nach Steuern, die Rendite des Betriebsergebnisses nach Steuern plus Abschreibungen und nicht betriebliche Erträge, das Wachstum der Nettoumsätze und das Wachstum des um Unternehmenskäufe und Desinvestitionen bereinigten Kapitals.

Unter dem *Asset Management* wird die Bewirtschaftung des *Working Capital*, die Kapitalintensität, das Alter und die erwartete Lebensdauer der Maschinenausstattung erfaßt.[1179] Bei einem niedrigen und stabilen Niveau des *Working Capital* im Vergleich zu den Wettbewerbern wird ein über-

---

[1175] Vgl. Mirow, Michael, Shareholder Value als Instrument zur [Bewertung] von Strategischen Allianzen, in: Schulte, Christof (Hrsg.), Beteiligungscontrolling, Wiesbaden 1994, S. 43-59, hier S. 55.

[1176] Vgl. Rosenberg, B./ Rudd, A., a.a.O., S. 66f.

[1177] Vgl. Stewart, G. Bennett, a.a.O., S. 449-473.

[1178] Vgl. Stewart, G. Bennett, a.a.O., S. 452.

[1179] Vgl. zum folgenden Stewart, G. Bennett, a.a.O., S. 452f.

durchschnittliches Budgetierungs- und Steuerungssystem vermutet und als Hinweis für ein geringeres Risiko als beim Durchschnitt der Unternehmen gewertet. Bei Unternehmen mit einer hohen Kapitalintensität werden aufgrund der Substitution von Arbeit durch Kapital Fähigkeiten bei
der Produktion zu niedrigen Kosten vermutet; solche Unternehmen gelten als weniger risikoan-
fällig: Arbeitet ein Unternehmen mit neuen Maschinen, werden niedrige Grenzkosten unterstellt.
Da Maschinen mit hohen Grenzkosten im Abschwung als erste abgeschaltet und im Auf-
schwung als letzte eingeschaltet werden, sind Unternehmen mit alten Produktionsanlagen stärke-
ren Schwankungen ausgesetzt. Außerdem wird hinter einem Maschinenpark mit einer langfristigen Nutzungsdauer eine hohe erwartete Stabilität des Marktes und ein geringes Geschäftsrisiko
vermutet.

Das weitere Verfahren ist ohne das von STERN STEWART & Co. vertriebene Softwarepaket nicht
nachvollziehbar: Die Werte der Indikatoren werden mit dem Industriedurchschnitt verglichen,
aggregiert und als sog. Standardwerte für die vier Einflußfaktoren ausgewiesen. Diese Werte werden unternehmensunabhängig gewichtet und mit der Standardabweichung der Beta-Faktoren des
Industriesegments multipliziert. Das Produkt wird zum branchenspezifischen Beta addiert, um
den Beta-Faktor des betrachteten Unternehmens zu erhalten.[1180]

Vorhersagegleichungen versuchen, den Einfluß von Größen des Rechnungswesens - der Ausschüttungsrate, der Dividendenrendite, der Bilanzsumme, des Wachstums der Vermögensgegenstände oder Umsätze, des Verschuldungsgrads oder der Standardabweichung der Gewinne etc. -
bei der Schätzung zukünftiger Beta-Faktoren zu nutzen.[1181] Da nach der fundamentalen Analyse
der Beta-Faktoren mit Hilfe dieser Größen noch statistisch signifikante Unterschiede zwischen
den Branchen erkennbar sind, werden auch diese Brancheneinflüsse bei der Beta-Prognose berücksichtigt. Außerdem werden Informationen über historische Beta-Faktoren einbezogen.[1182]
Es gilt folgende Ausgangsgleichung:

$$E(\beta_i) = \Omega_i + d_1 \cdot \beta_i + d_2 \cdot D_{2,i} + ...+ d_k \cdot D_{k,i} \qquad 3.4.4.4.1.-1$$

[1180] Einen weiteren Vorschlag unterbreiten Gup, Benton E./ Norwood, Samuel W., III, Divisional Cost of Capital:
A Practical Approach, in: FM, Vol. 11, (1982), Nr. 1, S. 20-24. Vgl. auch Freygang, W., a.a.O., S. 326-330.

[1181] Vgl. Beaver, W./ Kettler, P./ Scholes, M., a.a.O., S. 671-678; Rosenberg, Barr/ McKibben, Walt, The Predic-
tion of Systematic and Specific Risk in Common Stocks, in: JFQA, Vol. 8 (1973), S. 317-333, hier S. 325-330;
Eskew, Robert K., The Forecasting Ability of Accounting Risk Measures: Some Additional Evidence, in: AR,
Vol. 54 (1979), S. 107-118, hier S. 111-113; Hochman, S., a.a.O., S. 138-142; Bauer, C., a.a.O., S. 216-224;
Steiner, Manfred/ Bauer, Christoph, Die fundamentale Analyse und Prognose des Marktrisikos deutscher Aktien, in: ZfbF, 44. Jg. (1992), S. 347-368, hier S. 363-366; Steiner, Manfred/ Beiker, Hartmut/ Bauer, Christoph, Theoretische Erklärungen unterschiedlicher Aktienrisiken und empirische Überprüfungen, in: Bühler,
Wolfgang/ Hax, Herbert/ Schmidt, Reinhart (Hrsg.), Empirische Kapitalmarktforschung, ZfbF-Sonderheft
31, Düsseldorf, Frankfurt 1993, S. 99-129, hier S. 110-114; Müller, Wolfgang, a.a.O., S. 172-177. Alle Vorhersagen können noch modifiziert werden, indem das Anpassungsverfahren nach BLUME in die Prognose einbezogen wird. Vgl. Eskew, R. K., a.a.O., S. 122; Bauer, C., a.a.O., S. 217.

[1182] Vgl. Sharpe, W. F./ Alexander, G. J., a.a.O., S. 431-433; Rosenberg, Barr, Prediction of Common Stock Betas,
in: JPM, Vol. 11 (1985), Winter, S. 5-14, hier S. 6. Siehe auch Rosenberg, Barr/ Guy, James, Prediction of Beta
from Investment Fundamentals. Part 2: Alternative Prediction Methods, in: FAJ, Vol. 32 (1976), Nr. 4, S. 62-
70, insbesondere S. 68.

mit $\quad\Omega_i\qquad$ = Brancheneinfluß
$\qquad\beta_i\qquad$ = Vergangenheits-Beta
$\qquad d_1, ..., d_k\quad$ = Koeffizienten
$\qquad D_2, ..., D_k\quad$ = Einflußfaktoren

SHARPE und ALEXANDER sehen neben dem Brancheneinfluß[1183] und dem historischen Beta-Faktor noch zwei Einflußgrößen: die Dividendenrendite und den (logarithmierten) Marktwert des Unternehmens in der Vorperiode.[1184] Sehr viel umfangreicher ist der Katalog der Einflußfaktoren in der Vorhersagegleichung von BARRA. Das Bewertungsmodell für Deutschland enthält 10 Risikofaktoren und 17 Klassen, die die Branchenzugehörigkeit beschreiben.[1185]

Im folgenden sollen die Einflußfaktoren differenzierter betrachtet werden, um die Güte fundamental ermittelter Beta-Faktoren besser einschätzen zu können. Nur wenn ein signifikanter, über die Zeit stabiler Zusammenhang festgestellt werden kann, können die synthetisch gewonnenen und prognostizierten Beta-Faktoren als Heuristik empfohlen werden. Im folgenden wird zunächst der Einfluß der Finanzierung und der Auslastung untersucht, für die theoretische Modelle vorliegen, die aber auch empirisch überprüft wurden. Anschließend wird der Einfluß diverser Faktoren, die weitgehend mit Kennzahlen des Jahresabschlusses abgebildet werden, untersucht; hier fehlen theoretische Modelle, empirische Untersuchungen liegen jedoch zahlreich vor.

3.4.4.4.2. Wirkung der Verschuldung und der Auslastung

Beobachtete Beta-Faktoren werden nicht nur vom Geschäfts-, sondern auch vom Finanzierungsrisiko bestimmt.[1186] Bei der Ermittlung der Beta-Faktoren wird daher zwischen *Equity*- und *Asset*-Betas unterschieden.[1187] *Equity*-Betas variieren in Abhängigkeit von der Finanzierungsstruktur, da sie auch das Finanzierungsrisiko erfassen. Das *Asset*-Beta hingegen umfaßt nur das leistungswirtschaftliche Risiko (Geschäftsrisiko). Finanzierungs- und Investitionsentscheidungen

---

[1183] Vgl. die Tabelle über die Branchenvariablen bei Sharpe, W. F./ Alexander, G. J., a.a.O., S. 432.

[1184] Vgl. Sharpe, W. F./ Alexander, G. J., a.a.O., S. 433; Haugen, R. A., a.a.O., S. 185, erfaßt nur die Größe.

[1185] Vgl. Nielsen, Lars, Quantifizierung von Investitionsrisiken auf dem Deutschen Aktienmarkt, in: Die Bank, o.Jg. (1992), S. 228-230, hier S. 229; Kleeberg, Jochen M., Der Einsatz von fundamentalen Betas im modernen Portfoliomanagement, in: Die Bank, o.Jg. (1992), S. 474-478, hier S. 475. Die Autoren sind Senior Consultant bzw. Consultant bei BARRA Deutschland. Zu den Risikofaktoren in den USA siehe Arnott, Robert D./ Kelso, Charles M., Jr./ Kiscadden, Stephen/ Macedo, Rosemary, Forecasting Factor Returns: An Intriguing Possibility, in: JPM, Vol. 16 (1989), Nr. 1, S. 28-35, hier S. 29.

[1186] Vgl. Hamada, Robert S., The Effect of the Firm's [Capital Structure] on Systematic Risk of Common Stocks, in: Bicksler, James L. (Hrsg.), Capital Market Equilibrium and Efficiency, Lexington (Mass.), Toronto 1977, S. 369-388, hier S. 374. Siehe auch Mrotzek, R., a.a.O., S. 191; Sharpe, W. F./ Alexander, G. J., a.a.O., S. 430; Weber, Martin/ Schiereck, D., a.a.O., S. 144-146; Gregory, A., [Valuing], a.a.O., S. 131f.; Woo, Carolyn Y./ Cool, Karel O., The Impact of Strategic Management on Systematic Risk, in: Advances in Strategic Management, Vol. 6 (1990), S. 51-69, hier S. 58f.

[1187] Vgl. Rudolph, B., [Neuere], a.a.O., S. 894; Weber, Martin/ Schiereck, D., a.a.O., S. 143f. Grundlegend Hamada, R. S., [Portfolio Analysis], a.a.O., S. 16-19; Rubinstein, M. E., a.a.O., S. 176-178.

werden unabhängig voneinander betrachtet.[1188] Das *Asset*-Beta ergibt sich als gewichtetes Mittel des *Equity*- und des Fremdkapital-Betas.

$$\beta_{Asset} = \beta_{EK}\frac{EK}{GK} + \beta_{FK}\frac{FK}{GK}$$ 3.4.4.4.2.-1

Ist das Fremdkapital risikolos, gilt:

$$\beta_{Asset} = \beta_{EK}\frac{EK}{GK}$$ 3.4.4.4.2.-2

Das finanzielle Risiko und das *Equity*-Beta sind vom Verschuldungsgrad - definiert als FK/EK - linear abhängig; es wird ein Bruttogewinnansatz unterstellt:

$$\beta_{EK} = (1 + \frac{FK}{EK})\beta_{Asset}$$ 3.4.4.4.2.-3

Die Differenz zwischen *Asset*- und *Equity*-Beta ist eine Maßzahl für das finanzielle Risiko. Wird die Annahme eines risikolosen Fremdkapitalzinsfußes aufgegeben, übernimmt das Fremdkapital einen Teil des Risikos:[1189]

$$\beta_{EK} = (1 + \frac{FK}{EK})\beta_{Asset} - \frac{FK}{EK}\beta_{FK}$$ 3.4.4.4.2. 4

Wird die Finanzierungsstruktur, beispielsweise im Rahmen einer Restrukturierung, verändert, muß der bisherige *Equity*-Beta-Faktor an die neue Finanzierungsstruktur angepaßt werden, um die Kapitalkosten bestimmen zu können.[1190] Der Bewerter benötigt Informationen über die bestehende und die geplante Kapitalstruktur. Die Anpassung der Kapitalstruktur erfolgt durch Marktwerte. Der Marktwert des Eigenkapitals ist jedoch die gesuchte Größe, die der Bewerter errechnen möchte. Um die Beta-Faktoren zu ermitteln, muß das Bewertungsproblem gelöst sein, dann werden aber keine Informationen über das Beta benötigt. Zum Teil wird in der Literatur vorgeschlagen, Buchwerte heranzuziehen;[1191] alternativ könnten auch Zielkapitalstrukturen verwandt werden.

[1188] Vgl. Callahan, Carolyn M./ Mohr, Rosanne M., The Determinants of Systematic Risk: A Synthesis, in: FR, Vol. 24 (1989), S. 157-181, hier S. 160.

[1189] Vgl. Conine, Thomas E., Corporate [Debt] and Corporate Taxes: An Extension, in: JoF, Vol. 35 (1980), S. 1033-1037, insb. S. 1034; Bauer, C., a.a.O., S. 61-63; Galai, Dan/ Masulis, Ronald, The Option Pricing Model and the Risk Factor of Stock, in: JFE, Vol. 3 (1976), S. 53-81, hier S. 58.

[1190] Auf die Anpassung beobachteter Beta-Faktoren an eine veränderte Kapitalstruktur weisen Copeland, T./ Koller, T./ Murrin, J., a.a.O., S. 264f.; Stewart, G. Bennett, a.a.O., S. 444-446; Weber, Martin/ Schiereck, D., a.a.O., S. 147f.; Gregory, A., [Valuing], a.a.O., S. 121-126; Suckut, S., a.a.O., S. 65, eingehender hin, wobei sie risikoloses Fremdkapital unterstellen. Rappaport, A., [Creating], a.a.O., S. 58; Bühner, R., [Management-Wert-Konzept], a.a.O., S. 149; Höfner, K./ Pohl, A., a.a.O., S. 56, weisen zwar auf den Einfluß hin, werden in ihren Vorschlägen aber nicht konkreter.

[1191] Vgl. Bauer, C., a.a.O., S. 88.

Ähnliche Aussagen lassen sich hinsichtlich der Auslastung machen. Der Zahlungsstrom zwischen Unternehmen und Umwelt läßt sich in Einzahlungen, von der Absatzmenge abhängige und fixe Auszahlungen aufspalten. In der Literatur wird regelmäßig mit variablen und fixen Kosten argumentiert. Im folgenden wird die Identität von unternehmensbezogener Rendite und Anlegerrendite unterstellt. Wird der Cash-flow durch den Marktwert des Eigenkapitals dividiert, erhält man die Eigenkapitalrendite des Unternehmens:[1192]

$$\tilde{R}OE_i = \frac{(p_i - v_i)\tilde{A}BS_i - K_{i,fix}}{EK_i} \qquad 3.4.4.4.2.-5$$

mit $\quad\tilde{R}OE_i \quad$ = erwartete Eigenkapitalrendite
$\quad\quad\ p_i \quad\quad$ = Preis
$\quad\quad\ v_i \quad\quad$ = variable Kosten
$\quad\quad\ K_{i,fix} \quad$ = fixe Kosten
$\quad\quad\ \tilde{A}BS_i \quad$ = erwartete Absatzmenge
$\quad\quad\ EK_i \quad\quad$ = Marktwert des Eigenkapitals

Wird die Rendite in die Gleichung des Beta-Faktors $\left[\beta_i = Cov(\tilde{R}OE_i, \tilde{R}_m) / Var(\tilde{R}_m)\right]$ eingesetzt, so ergibt sich:[1193]

$$\beta = \frac{(p - v)}{EK} * \beta_B \qquad 3.4.4.4.2.-6$$

mit $\quad\beta_B = \dfrac{Cov(\tilde{A}BS, \tilde{R}_m)}{Var(\tilde{R}_m)}$, das angibt, wie Marktrendite und Absatzmenge verbunden sind

(*Business Risk*). Mit einer steigenden Deckungsspanne im Verhältnis zum Vermögen erhöht sich der Beta-Faktor,[1194] da bei geringen variablen Stückkosten der Fixkostenblock höher sein dürfte. Ceteris paribus schwanken die Gewinne bei Veränderungen des Absatzes umso stärker, je größer

---

[1192] Vgl. zum folgenden Steiner, Manfred/ Beiker, H./ Bauer, C., a.a.O., S. 102f.; Drukarczyk, J., [Theorie], a.a.O., S. 292f. Grundlegend Rubinstein, M. E., a.a.O., S. 178f. Siehe auch Lev, Baruch, On the Relationship Between Operating Leverage and Risk, in: JFQA, Vol. 9 (1974), S. 627-641, hier S. 628f., der eine andere Renditedefinition verwendet. Zur Herleitung auf eine andere Art qualitativ gleicher Aussage siehe Brealey, R. A./ Myers, Stewart C., a.a.O., S. 199f.; Weber, Martin/ Schiereck, D., a.a.O., S. 147f.; Gregory, A., [Valuing], a.a.O., S. 131; Sautter, M. T., a.a.O., S. 303f.; Salter, Malcom S./ Weinhold, Wolf A., Diversification through Acquisition, New York 1979, S. 107; Woo, C. Y./ Cool, K. O., a.a.O., S. 59f. Die Autoren argumentieren mit dem Wertadditivitätsprinzip, da sie das Unternehmensbeta aus der Betas der Einzahlungen, variablen Auszahlungen und fixen Auszahlungen zusammensetzen. Als Gewichtungsfaktoren verwenden sie die Anteile der einzelnen Zahlungen am Unternehmenswert. Der Input der Formel ist aber erst bei erfolgter Bewertung bestimmbar; vgl. Gregory, A., [Valuing], a.a.O., S. 131.

[1193] Auf den Index für das Unternehmen i wird im folgenden verzichtet.

[1194] Vgl. Lev, B., a.a.O., S. 632; Rubinstein, M. E., a.a.O., S. 178f.; Percival, John R., Operating Leverage and Risk, in: JBR, Vol. 1 (1973), S. 223-227, hier S. 225; Steiner, Manfred/ Beiker, H./ Bauer, C., a.a.O., S. 103; Bauer, C., a.a.O., S. 68.

der Anteil der fixen Kosten ist.[1195] Diese einfache Formel läßt sich auch für Mehrproduktlinienunternehmen ausweisen.[1196]

Bei den bisherigen Überlegungen waren Preise und variable Durchschnittskosten konstant gehalten worden. Sind Preis, variable Kosten und die Absatzmenge voneinander abhängig, wird der Beta-Faktor eines unverschuldeten Unternehmens von den Erwartungswerten und der Standardabweichung, aber auch den Kovarianzen des Produkts der Deckungsspanne und der Absatzmenge mit dem Marktportefeuille bestimmt:[1197]

$$\beta = \frac{1}{EK} \cdot \frac{1}{Var(\tilde{R}_m)} Cov\left[(\tilde{p} - \tilde{v})\tilde{ABS}, \tilde{R}_m\right] \qquad 3.4.4.4.2.-7$$

Sind $(\tilde{p} - \tilde{v})$, $\tilde{ABS}$ und $\tilde{R}_m$ multivariat normalverteilt, kann die Kovarianz des Produkts der Zufallsvariablen Deckungsspanne und Absatzmenge mit der Marktrendite umgeformt werden zu (3.4.4.4.2.-8):[1198]

$$Cov\left[(\tilde{p} - \tilde{v})\tilde{ABS}, \tilde{R}_m\right] = E(\tilde{p} - \tilde{v})Cov\left(\tilde{ABS}, \tilde{R}_m\right) + E\left(\tilde{ABS}\right)Cov\left[(\tilde{p} - \tilde{v}), \tilde{R}_m\right]$$

Werden die Kovarianzterme durch die Varianz der Marktrendite dividiert, folgt:

$$\beta = \frac{1}{EK}\left[E(\tilde{p} - \tilde{v})\beta_{ABS} + E\left(\tilde{ABS}\right)\beta_{p-v}\right] \qquad 3.4.4.4.2.-9$$

Der Beta-Faktor der Unternehmenstätigkeit wird vom Beta-Faktor der Absatzmenge (Absatzrisiko) und dem Beta-Faktor der Deckungsspanne (Preis- und Produktionsrisiko) bestimmt.[1199]

Alternativ wird in der Literatur vorgeschlagen, das finanzielle Risiko durch die prozentuale Veränderung des operativen Ergebnisses nach Zinsen bei einer einprozentigen Veränderung des operativen Ergebnisses vor Zinsen zu erfassen (Grad des finanziellen Leverageeffekts (GFL)); es handelt sich um eine Elastizität.

$$GFL = \frac{\Delta Gew_{nZ,t}}{Gew_{nZ,t-1}} / \frac{\Delta Gew_{vZ,t}}{Gew_{vZ,t-1}} \qquad 3.4.4.4.2.-10$$

[1195] Vgl. Steiner, Manfred/ Beiker, H./ Bauer, C., a.a.O., S. 103; Bauer, C., a.a.O., S. 68; Weber, Martin/ Schiereck, D., a.a.O., S. 148. Zum Teil sind auch folgende Aussagen anzutreffen: Die Schwankungen der projizierten Cash Flows nehmen zu, wenn die Deckungsspanne relativ zu den fixen Auszahlungen gesenkt wird. Vgl. Sautter, M. T., a.a.O., S. 304; Salter, M. S./ Weinhold, W. A., a.a.O., S. 107.

[1196] Vgl. Rubinstein, M. E., a.a.O., S. 177f.

[1197] Vgl. Conine, Thomas E., Jr., On the Theoretical Relationship Between [Business Risk] and Systematic Risk, in: JBFA, Vol. 9 (1982), S. 199-205, hier S. 200.

[1198] Vgl. Conine, T. E., Jr., [Business Risk], a.a.O., S. 202f.

[1199] Vgl. Conine, T. E., Jr., [Business Risk], a.a.O., S. 200.

mit $\Delta Gew_{nZ,t}$ = Gewinnänderung nach Zinsen der Periode t und
$Gew_{nZ,t-1}$ = Gewinn nach Zinsen der Vorperiode
$\Delta Gew_{vZ,t}$ = Gewinnänderung vor Zinsen der Periode t und
$Gew_{vZ,t-1}$ = Gewinn vor Zinsen der Vorperiode

Das operative Risiko wird durch eine Elastizitätskennziffer erfaßt, die angibt, um wieviel Prozent sich das operative Ergebnis (vor Zinsen) verändert, wenn der Absatz um 1 Prozent verändert wird (Grad des operativen Leverage (GOL)):[1200]

$$GOL = \frac{\Delta Gew_{vZ,t}}{Gew_{vZ,t-1}} / \frac{\Delta ABS_t}{ABS_{t-1}} \qquad 3.4.4.4.2.-11$$

mit $\Delta Gew_{vZ,t}$ = Veränderung des Gewinns vor Zinsen in der Periode t
$G_{vZ,t-1}$ = Gewinn vor Zinsen in der Vorperiode
ΔABS_t = Absatzveränderung in der Periode t
ABS_{t-1} = Absatz der Vorperiode

Damit ergibt sich der Beta-Faktor eines verschuldeten Unternehmens aus:[1201]

$$\beta = GFL^*GOL^*\beta_B \qquad 3.4.4.4.2.-12$$

Ausgangsüberlegungen aller vorgestellten Ansätze sind separierbare operative und finanzielle Entscheidungen.[1202] Bestehende Abhängigkeiten zwischen den Größen werden daher in den vorgestellten Ansätzen nur unzureichend erfaßt.[1203] Weiterhin werden die Interdependenzen zwischen Outputvolatilität und Faktorkombination der Produktion vernachlässigt: Unternehmen, deren Output im Verhältnis zum Markt starken Schwankungen unterworfen ist, werden versu-

---

[1200] Vgl. Gahlon, James M./ Gentry, James A., On the Relationship between Systematic Risk and the Degrees of Operating and Financial Leverage, in: FM, Vol. 11 (1982), S. 15-23, hier S. 17f.; Mandelker, Gershon N./ Rhee, S. Ghon, The Impact of Operating and Financial Leverage on Systematic Risk of Common Stock, in: JFQA, Vol. 19 (1984), S. 45-57, hier S. 48f.; Chung, Kee H., The Impact of the Demand Volatility and Leverages on the Systematic Risk of Common Stocks, in: JBFA, Vol. 16 (1989), S. 343-360, hier S. 346f.; Mensah, Yam M., Adjusted Accounting Beta, Operating Leverage and Financial Leverage as Determinants of Market-Beta: A Synthesis and Empirical Evaluation, in: RQFA, Vol. 2 (1992), S. 187-203, hier S. 188-190. Da konstante Absatzpreise unterstellt werden, läßt sich die Beziehung auch mit Umsätzen darstellen.

[1201] Unterschiedlich wird in den Ansätzen das "Restrisiko" β_B interpretiert. Gahlon, J. M./ Gentry, J. A., a.a.O., S. 18, verstehen es als Produkt des Variationskoeffizienten der Umsätze und des Korrelationskoeffizienten zwischen den Cash-flows des Unternehmens und den Cash-flows des Marktes; der GOL ist abhängig vom Umsatz. Bei Mandelker, G./ Rhee, S. G., a.a.O., S. 48f., ergibt sich das Restrisiko als Kovarianz des Produkts der Umsatzrendite der Vorperiode und der Umschlagshäufigkeit des Eigenkapitals zu Beginn der Periode mit der Rendite des Marktportefeuilles. Bei Chung, L. H., a.a.O., S. 346f., hängt das Restrisiko vom Beta-Faktor des Umsatzwachstums ab. Weitere Einflußfaktoren sind die Eigenkapitalrendite der letzten Periode und eine gesamtwirtschaftliche Größe; diese entspricht dem Verhältnis des Aktienindexwertes der Periode aller Unternehmen der Vorperiode dividiert durch das Verhältnis von Veränderung des Gewinnes der Unternehmen zur Umsatzwachstumsrate der Periode. Die Unterschiede in den Restgrößen resultieren aus unterschiedlichen Definitionen für die unternehmensbezogene Rendite.

[1202] Vgl. Rubinstein, M. E., a.a.O., S. 177; Callahan, C. M./ Mohr, R. M., a.a.O., S. 160, S. 172.

[1203] Vgl. Rhee, S. Ghon, Stochastic Demand and a Decomposition of Systematic Risk, in: Chen, Andrew H. (Hrsg.), RiF, Vol. 6 (1986), S. 197-216, hier S. 198.

chen, den Grad des operativen Leverage zu senken.[1204] Alle vorgestellten Ansätze erschließen keinen umfassenden, mikroökonomisch fundierten Ansatz der Einflußfaktoren.[1205]

Die in diese Richtung weisenden Ansätze gelangen z.t. zu gegensätzlichen Ergebnissen:[1206] Der operative Leverage hat einen negativen Einfluß auf den Beta-Faktor.[1207] Das Ergebnis ist jedoch stark von den gewählten Annahmen abhängig. Es resultiert aus der Annahme eines mengensetzenden Unternehmens bei Preisunsicherheit. Wird ein preisfixierendes Unternehmen bei Nachfrageunsicherheit unterstellt, läßt sich wiederum ein positiver Einfluß auf den Beta-Faktor feststellen.[1208] Zudem argumentieren die Modelle mit Marktunvollkommenheiten, um den Einfluß auf den Beta-Faktor zu belegen, die aber mit den Annahmen des CAPM (und des Beta-Faktors) inkonsistent sind.[1209] Die theoretischen Modelle über die relevanten Einflußfaktoren können nicht überzeugen.

Empirische Arbeiten in den USA konnten den Einfluß von finanziellen Leverageeffekten - bis auf wenige Ausnahmen[1210] - nicht verwerfen.[1211] Maßstab waren überwiegend bilanzielle Kapital-

---

[1204] Vgl. Subrahmanyam, Marti G./ Thomadakis, Stavros B., Systematic Risk and the Theory of the Firm, in: QJE, Vol. 44 (1989), S. 437-451, hier S. 438. So argumentiert auch Stewart, G. Bennett, a.a.O., S. 452f., weniger mit den oben beschriebenen Auswirkungen, sondern er geht davon aus, daß ein Unternehmen nur dann eine Produktionsstruktur mit wenig variablen Auszahlungen wählt, wenn es in einer risikolosen Branche arbeitet.

[1205] Vgl. Callahan, C. M./ Mohr, R. M., a.a.O., S. 168.

[1206] Zu diesen umfassenden Ansätzen werden gezählt: Thomadakis, Stavros B., A Model of Market Power, Valuation and the Firm's Returns, in: BJE, Vol. 7 (1976), S. 150-162; Greenberg, Edward/ Marschall, William J./ Yawitz, Jess B., The Technology of Risk and Return, in: AER, Vol. 68 (1978), S. 241-259; Long, Michael C./ Racette, George, Stochastic Demand and the Equity Capitalization Rate, in: JBFA, Vol. 6 (1979), S. 475-493; Subrahmanyam, M. G./ Thomadakis, S. B., a.a.O.; Conine, Thomas E., On the Theoretical Relationship between Systematic Risk und Price [Elasticity] of Demand, in: JBFA, Vol. 10 (1983), S. 173-182; Goldenberg, David H./ Chiang, Raymond, Systematic Risk and the Theory of the Firm: A Reexamination, in: JAPP, Vol. 2 (1983), Frühjahr, S. 63-72; Jose, Manuel L./ Stevens, Jerry L., Product Market Structure, Capital Intensity, and Systematic Risk: Empirical Results from the Theory of the Firm, in: JFR, Vol. 10 (1987), S. 161-175.

[1207] Vgl. Subrahmanyam, M. G./ Thomadakis, S. B., a.a.O., S. 445.

[1208] Vgl. Rhee, S. G., a.a.O., S. 199, S. 203f., S. 209, Appendix 2 auf S. 211-213.

[1209] Vgl. Callahan, C. M./ Mohr, R. M., a.a.O., S. 169f.

[1210] Vgl. Lev, Baruch/ Kunitzky, Sergius, On the Association Between Smoothing Measures and the Risk of Common Stocks, in: AR, Vol. 49 (1974), S. 259-270, hier S. 266; Young, David S./ Berry, Michael E./ Harvey, David W./ Page, John R., Systematic Risk and Accounting Information under Arbitrage Pricing Theory, in: FAJ, Vol. 43 (1987), Nr. 5, S. 73-76, hier S. 75; widersprüchlich waren die Ergebnisse von Chance, Don M., Evidence on a Simplified Model of Systematic Risk, in: FM, Vol. 11 (1982), Nr. 3, S. 53-63, hier S. 57-60; Pettit, R. R./ Westerfield, R. A., a.a.O., S. 1662, (SN: 0,1), in der zweiten Teilperiode war der Einfluß nicht signifikant positiv; Breen, William J./ Lerner, Eugene M., Corporate Financial Strategies and Market [Measures] of Risk and Return, in: JoF, Vol. 28 (1973), S. 339-351, hier S. 341, S. 344-346, in einigen Teilperioden gab es einen signifikant negativen Einfluß.

[1211] Vgl. Beaver, W./ Kettler, P./ Scholes, M., a.a.O., S. 661, S. 669; Hamada, R. S., [Effects], a.a.O., S. 379f.; Logue, Dennis E./ Merville, Larry J., Financial Policy and Market Expectations, in: FM, Vol. 1 (1972), Sommer, S. 37-44, hier S. 40, S. 42; Melicher, Ronald W./ Rush, David F., Systematic [Risk], Financial Data, and Bond Rating Relationship in a Regulated Industry Environment, in: JoF, Vol. 23 (1974), S. 537-544, hier S. 543, der Zusammenhang war nicht in allen Teilperioden signifikant (SN: 0,1); Melicher, Ronald W., Financial Factors which Influence Beta Variations within an Homogeneous Industry Environment, in: JFQA, Vol. 9 (1974), S. 231-241, hier S. 238; Ben-Zion, Uri/ Shalit, Sol S., Size, Leverage, and Dividend Record as Determinants of Equity Risk, in: JoF, Vol. 30 (1975), S. 1015-1026, hier S. 1022f.; Bildersee, J. S., a.a.O., S. 91; Thompson, D. J., a.a.O., S. 185 (allerdings war der Einfluß nur in der zweiten Teilperiode signifikant; SN: 0,01); Gahlon, James M./ Stover, Roger D., Diversification, Financial Leverage and Conglomerate Systematic Risk, in: JFQA,

strukturen (Fremdkapital zu Gesamtkapital oder zu Eigenkapital); nur wenige Ansätze untersuchten das Verhältnis Fremdkapital zu Marktwert des Eigenkapitals[1212] bzw. zum Marktwert des Eigenkapitals plus Fremdkapital[1213] oder den Grad des finanziellen Leverage[1214]. Aus dem Rahmen fallen die Tests von HAMADA und CHANCE. Beide bestimmen mit Hilfe der Modigliani-Miller-Formel bei Besteuerung fiktive Beta-Faktoren bei vollständiger Eigenfinanzierung aus einer Zeitreihenanalyse.[1215] Anschließend werden fiktive und beobachtbare Betas verglichen,[1216] bzw. werden aus einer Regression der beobachtbaren Betas über die Verschuldungsgrade weitere fiktive Beta-Faktoren bei vollständiger Eigenfinanzierung ermittelt und beide Formen verglichen.[1217] Die Untersuchungen unterliegen aber dem Problem des Tests verbundener Hypothesen. Bei Untersuchungen auf dem deutschen Kapitalmarkt waren die Ergebnisse nicht ermutigend. Der Einfluß finanzwirtschaftlicher Faktoren auf den Beta-Faktor war nicht signifikant.[1218]

Bei der Einschätzung dieser Ergebnisse muß zudem bedacht werden, daß der festgestellte Einfluß der Fremdfinanzierung allein auf ein erhöhtes Leverage-Risiko zurückgeführt wird. Ein erhöhtes systematisches Risiko kann jedoch von den damit finanzierten Projekten ausgehen.[1219]

Sehr heterogen sind die Untersuchungen zum operativen Leverageeffekt; auch hier waren die Ergebnisse für den deutschen Kapitalmarkt nicht ermutigend. Auffällig ist die Vielfalt der Indikatoren, die den Einfluß des operativen Leverageeffekts erfassen sollen.

Vol. 14 (1979), S. 999-1013, hier S. 1008, S. 1009; Fabozzi, F. J./ Francis, J. C., a.a.O., S. 69; Hill, N. C./ Stone, B. K., a.a.O., S. 629; Elgars, Pieter T./ Murray, Dennis, The Impact of the Choice of Market Index on the Empirical Evaluation of Accounting Risk Measures, in: AR, Vol. 57 (1982), S. 358-375, hier S. 364, S. 365; Curley, Anthony J./ Hexter, J. Lawrence/ Choi, Dosoung, The Cost of Capital and the Market Power of Firms: A Comment, in: RESt, Vol. 64 (1982), S. 519-523, hier S. 522; Hochman, S., a.a.O., S. 137; Mandelker, G. N./ Rhee, S. G., a.a.O., S. 53; Fabozzi, Frank J./ Garlicki, T. Dessa/ Ghosh, Arabinda/ Kislowski, Peter, Market Power as Determinant of Systematic Risk: A Note, in: RBER, Vol. 21 (1986), Nr. 2, S. 61-70, hier S. 64f. Einen schwachen Zusammenhang sehen Belkaoui, Ahmed, Accounting Determinants of Systematic Risk in Canadian Common Stocks: A Multivariate Approach, in: ABR, Vol. 9 (1978/79), Winter, S. 3-10, hier S. 9; Moyer, R. Charles/ Chatfield, Robert, Market Power and Systematic Risk, in: JEB, Vol. 35 (1983), S. 123-130, hier S. 126, S. 127; Chung, L. H., a.a.O., S. 357; Mensah, Y. M., a.a.O., S. 196.

[1212] Vgl. Ben-Zion, U./ Shalit, S. S., a.a.O., S. 1020; Fabozzi, F. J./ Francis, J. C., a.a.O., S. 66; Moyer, R. C./ Chatfield, R., a.a.O., S. 127.

[1213] Vgl. Hochman, S., a.a.O., S. 133. In einer empirischen Untersuchung von Bowman, Robert G., The Importance of a [Market-Value] Measurement of Debt in Assessing Leverage, in: JAR, Vol. 18 (1980), S. 242-254, hier S. 249, S. 251, S. 252, zeigte sich, daß Regressionen mit dem Marktwert des Eigenkapitals höhere Bestimmtheitsmaße aufwiesen als Regressionen mit dem Buchwert des Eigenkapitals. Hingegen hatte die Wahl zwischen Buch- und Marktwert beim Fremdkapital keinen großen Einfluß auf das Bestimmtheitsmaß.

[1214] Vgl. Gahlon, J. M./ Stover, R. D., a.a.O., S. 1005; Hill, N. C./ Stone, B. K., a.a.O., S. 629; Mandelker, G. N./ Rhee, S. G., a.a.O., S. 48f.; Mensah, Y. M., a.a.O., S. 196.

[1215] Vgl. Hamada, R. S., [Effects], a.a.O., S. 371-376; Chance, D. M., a.a.O., S. 55f.

[1216] Vgl. Hamada, R. S., [Effects], a.a.O., S. 371, S. 377-379.

[1217] Vgl. Chance, D. M., a.a.O., S. 56f.

[1218] Vgl. Bauer, C., a.a.O., S. 205f., (Tabelle 29) S. 202, (Tabelle 30) S. 203. Finanzielle *Leverage*-Effekte wurden in seiner Untersuchung zum einen durch das Verhältnis von Jahresüberschuß vor Zinsen zum Jahresüberschuß, zum anderen durch den Marktwertverschuldungsgrad (FK/EK) erfaßt. In der Untersuchung von Müller, J., a.a.O., S. 168, S. 170, waren positive Korrelationen zwischen dem Beta-Faktor und bilanziellen Maßen für die Verschuldung festzustellen. Die Korrelationskoeffizienten (ρ) waren aber maximal 0,23.

[1219] Vgl. Hamada, R. S., [Effects], a.a.O., S. 371.

Studie	Umfang und Zeitraum	Indikator	Ergebnis
Lev, USA (1974)	75 Stromversorger, 21 Montanunternehmen, 26 Ölproduzenten; 1949 - 1968 bzw. 1957 - 1968[1220]	durchschnittliche variable Kosten je Kilowattstunde bzw. durchschnittlicher Anteil der variablen Kosten am Umsatz (gewonnen durch eine Zeitreihenanalyse)[1221]	Die durchschnittliche variable Kostenkomponente hat einen negativen Einfluß auf das systematische Risiko. Mit Ausnahme der Ölproduzenten ist der Einfluß signifikant (SN: 0,05).[1222]
Melicher, USA (1974)	77 Energieversorger; 1962 - 1971[1223]	Verhältnis von Fabrikanlagen zu Gesamtvermögen[1224]	Signifikant positiver Einfluß (SN: 0,1).[1225]
Curley/ Hexter/ Choi, USA (1982)	144 Aktien; 1970- 1976[1226]	Koeffizient der Regression des betriebsnotwendigen Vermögens über den Umsatz[1227]	Es wurde ein signifikant positiver Einfluß des Indikators auf den Beta-Faktor festgestellt.[1228]
Mandelker/ Rhee, USA (1984)	255 Aktien; 1957 - 1976[1229]	GOL	Der GOL hat einen signifikant positiven Einfluß auf den Beta-Faktor (SN: 0,01).[1230]
Chung, USA (1989)	355 Aktien; 1965-1983[1231]	GOL	Der GOL hat einen signifikant positiven Einfluß auf den Beta-Faktor (SN: 0,01).[1232]
Mensah, USA (1992)	237 Aktien; 1967 - 1986; 265 Aktien; 1967 - 1977[1233]	GOL	Der GOL hat einen signifikant positiven Einfluß auf den Beta-Faktor (SN: 0,07).[1234]
Müller, Deutschland (1992)	120 Gesellschaften (ohne Banken und Versicherungen); 1972 - 1985[1235]	Verhältnis von Anlage- und Umlauf- zum Gesamtvermögen und zueinander; Verhältnis von Umsatzerlösen und betriebsnotwendigem Vermögen[1236]	Mit Ausnahme des Verhältnisses des Umlauf- zum Gesamtvermögen sind alle Indikatoren mit dem Beta-Faktor negativ korreliert; alle Indikatoren zeigen in die erwartete Richtung.[1237]

[1220] Vgl. Lev, B., a.a.O., S. 633f.
[1221] Vgl. Lev, B., a.a.O., S. 633f.
[1222] Vgl. Lev, B., a.a.O., S. 633f.
[1223] Vgl. Melicher, R. W., a.a.O., S. 233, S. 234.
[1224] Vgl. Melicher, R. W., a.a.O., S. 238.
[1225] Vgl. Melicher, R. W., a.a.O., S. 238.
[1226] Vgl. Curley, A. J./ Hexter, J. L./ Choi, D., a.a.O., S. 520.
[1227] Vgl. Curley, A. J./ Hexter, J. L./ Choi, D., a.a.O., S. 521.
[1228] Vgl. Curley, A. J./ Hexter, J. L./ Choi, D., a.a.O., S. 522.
[1229] Vgl. Mandelker, G. N./ Rhee, S. G., a.a.O., S. 50.
[1230] Vgl. Mandelker, G. N./ Rhee, S. G., a.a.O., S. 53.
[1231] Vgl. Chung, K. H., a.a.O., S. 348.
[1232] Vgl. Chung, K. H., a.a.O., S. 349, S. 350.
[1233] Vgl. Mensah, Y., a.a.O., S. 192f.
[1234] Vgl. Mensah, Y., a.a.O., S. 189.
[1235] Vgl. Müller, Wolfgang, a.a.O., S. 36f.
[1236] Vgl. Müller, Wolfgang, a.a.O., S. 48.
[1237] Vgl. Müller, Wolfgang, a.a.O., S. 168, S. 170.

Bauer, Deutschland (1992)	198 Gesellschaften; 1975 - 1986[1238]	GOL; das Verhältnis von maschinellen Anlagen zum Gesamtvermögen (Maschinenquote)[1239]	In der Einfachregression ergaben sich niedrige Bestimmtheitsmaße; nur in wenigen Fällen waren die Zusammenhänge signifikant (SN: 0,01).[1240] In der Mehrfachregression hatten beide Indikatoren einen signifikant negativen Einfluß (SN: 0,05 bzw. 0,1).[1241]
Steiner/ Beiker/ Bauer, Deutschland (1993)	100 marktgängige Gesellschaften; 1966 - 1986[1242]	GOL, Maschinenquote[1243]	Es wurde ein negativer Zusammenhang zwischen dem GOL und dem Beta-Faktor festgestellt, der aber nicht in allen Perioden signifikant war; das partielle Bestimmtheitsmaß weist einen geringen Erklärungsbeitrag auf.[1244]

Nr. 17: Einfluß der Auslastung auf den Beta-Faktor

3.4.4.4.3. Einfluß der Ausschüttung, des Wachstums, der Größe, der Diversifizierung und der Marktmacht

Neben der Verschuldung und der Auslastung wurden noch der Einfluß des Ausschüttungsverhaltens, des Wachstums, der Größe, des Grads der Diversifizierung, der Marktmacht und der Liquidität untersucht.[1245] Der Einfluß dieser Faktoren wird aus theoretischer Sicht weitgehend abgelehnt: Die Unternehmensgröße kann keinen Einfluß haben, weil der Beta-Faktor des gesamten Unternehmens sich aus den einzelnen Betas der Projekte bestimmen läßt;[1246] analog wird beim Wachstum argumentiert, da nur das Objekt vergrößert wird.[1247] Die Ergebnisse beruhen allein auf der Annahme linear unabhängiger Investitionen und fehlender Synergien (Wertadditivitätstheorem). Das gleiche Argument läßt sich auch gegen den (vermeintlich) fehlenden Einfluß

[1238] Vgl. Bauer, C., a.a.O., S. 119f.

[1239] Vgl. Bauer, C., a.a.O., S. 119f. Zusätzlich wurden weitere 16 bilanzielle Indikatoren untersucht.

[1240] Vgl. Bauer, C., a.a.O., S. 168f., S. 171.

[1241] Vgl. Bauer, C., a.a.O., S. 202f. In einer kleineren Stichprobe der marktgängigen Aktien war der Einfluß der Maschinenquote signifikant negativ (SN: 0,05), der Einfluß des GOL war nicht signifikant negativ.

[1242] Vgl. Steiner, Manfred/ Beiker, H./ Bauer, C., a.a.O., S. 108.

[1243] Vgl. Steiner, Manfred/ Beiker, H./ Bauer, C., a.a.O., S. 109.

[1244] Vgl. Steiner, Manfred/ Beiker, H./ Bauer, C., a.a.O., S. 108. Nur in der Periode 1983 - 1986 lag das SN bei 0,05. Der schwache Zusammenhang wird in der Tabelle 3 auf S. 112 deutlich.

[1245] Aber auch gesamtwirtschaftliche Einflußfaktoren, wie das reale Wachstum oder die Inflationsrate, wurden untersucht; bei einer kleinen, aber statistisch signifikanten Anzahl von Unternehmen konnte ein Zusammenhang nicht verworfen werden. Vgl. Robichek, Alexander A./ Cohen, Richard A., The Economic Determinants of Systematic Risk, in: JoF, Vol. 29 (1974), S. 439-447, insb. S. 445. Der Einfluß konjunktureller Phasen auf den Beta-Faktor war ebenfalls erkennbar. Vgl. Francis, Jack Clarke/ Fabozzi, Frank J., The Effects of Changing [Macroeconomic] Conditions on the Parameters of the Single Index Market Model, in: JFQA, Vol. 14 (1979), S. 351-360, hier S. 355, S. 357.

[1246] Vgl. Bowman, R. G., [Relationship], a.a.O., S. 626.

[1247] Vgl. Bowman, R. G., [Relationship], a.a.O., S. 627.

einer Diversifizierung anführen;[1248] Synergien werden per definitionem ausgeschlossen. Auf realen Märkten können derartige Faktoren durchaus einen Einfluß haben.

Hohe Ausschüttungsquoten gelten als Indiz für ein geringes systematisches Risiko:

- Zum einen sind die Unternehmen bestrebt, eine konstante (oder konstant wachsende) Dividende zu zahlen. Je stärker die erwarteten Gewinne schwanken, desto geringer muß die zu zahlende konstante Dividende sein, damit nicht in einem Jahr der Gewinn unter die dauerhaft angestrebte Dividende fällt. Die Ausschüttung wird als Ersatzgröße für die Einschätzung des Managements über die Sicherheit zukünftiger Gewinne gewertet.[1249]
- Zum anderen werden schnell wachsende Unternehmen weniger Dividenden ausschütten. Da bei Wachstum ein hohes Risiko vermutet wird, schließt man von einer geringen Ausschüttungsquote auf ein höheres Risiko.[1250]

Bei der Größe wird ein negativer Zusammenhang zum systematischen Risiko vermutet, weil

- aufgrund von Diversifikationsmöglichkeiten ein Zusammenhang zwischen Größe und Sicherheit der Erträge vermutet wird;[1251]
- die Größe auch als Approximation für Marktmacht gesehen wird;[1252]
- das Konkursrisiko bei großen Unternehmen geringer eingeschätzt wird als bei kleinen;[1253]
- bei großen Unternehmen Skalenvorteile gesehen werden, die eine Produktion zu geringeren Kosten ermöglichen, einen Verlustpuffer schaffen und das Risiko vermindern;[1254]
- Wertpapiere großer Unternehmen aufgrund der vermuteten größeren Marktfähigkeit der Aktien schneller zu Geld gemacht werden können.[1255]

Wachstumsstrategien erscheinen unsicher, weil sie zum einen viel Kapital benötigen, zum anderen ein großer Teil der Wertsteigerung erst in der Zukunft erreicht wird.[1256] Diese Einschätzung

---

[1248] Vgl. Stapleton, R. C./ Subrahmanyam, M. G., Market Imperfections, Capital Market Equilibrium and Corporate Finance, in: JoF, Vol. 32 (1977), S. 307-319, hier S. 311.

[1249] Vgl. Myers, Stewart C., The [Relation] Between Real and Financial Measures of Risk and Return, in: Friend, Irwin/ Bicksler, James L. (Hrsg.), Risk and Return in Finance, Vol. I, Cambridge (Mass.) 1977, S. 49-80, hier S. 52; Moyer, R. C./ Chatfield, R., a.a.O., S. 127; Fabozzi, F. J./ Francis, J. C., a.a.O., S. 69. Ähnlich, Ben-Zion, U./ Shalit, S. S., a.a.O., S. 1018f.

[1250] Vgl. Myers, S. C., [Relation], a.a.O., S. 52; Fabozzi, F. J./Francis, J. C., a.a.O., S. 69; Rosenberg, B./ Rudd, A., a.a.O., S. 65.

[1251] Vgl. Myers, S. C., [Relation], a.a.O., S. 52; Stewart, G. Bennett, a.a.O., S. 453; Ben-Zion, U./ Shalit, S. S., a.a.O., S. 1018; Curley, A. J./ Hexter, J. L./ Choi, D., a.a.O., S. 521.

[1252] Vgl. Sullivan, Timothy G., The Cost of Capital and the [Market Power] of Firms, in: REconStat, Vol. 60 (1978), S. 209-217, hier S. 212; Moyer, R. C./ Chatfield, R., a.a.O., S. 127.

[1253] Vgl. Ben-Zion, U./ Shalit, S. S., a.a.O., S. 1018.

[1254] Vgl. Ben-Zion, U./ Shalit, S. S., a.a.O., S. 1018. Ähnlich auch Moyer, R. C./ Chatfield, R., a.a.O., S. 125.

[1255] Vgl. Ben-Zion, U./ Shalit, S. S., a.a.O., S. 1018.

[1256] Vgl. Swoboda, P., [Finanzierung], a.a.O., S. 217; Rosenberg, B./ Rudd, A., a.a.O., S. 65; Stewart, G. Bennett, a.a.O., S. 452, spricht vom strategischen Risiko.

über den Einfluß des Wachstums auf die Beta-Faktoren wird von modelltheoretischen Arbeiten unterstützt.[1257] Welche Ergebnisse zeigen die empirischen Untersuchungen?

Quelle	Umfang und Zeitraum	Ausschüttungsver- halten	Unternehmensgröße	Unternehmenswachstum
Beaver/ Kettler/ Scholes, USA (1970)	307 Aktien; 1947 - 1956, 1957 - 1965[1258]	Ø Div/JÜ;[1259] signifikant negativer Einfluß (SN: 0,01).[1260]	Ø Bilanzvermögen; signifikant negativer Einfluß (SN: 0,01) nur in 2. Periode.	Ø Wachstum des Bi- lanzvermögens; signifikant positiver Ein- fluß (SN: 0,01) nur in 1. Periode.
Pettit/ We- sterfield, USA (1972)	338 Aktien; 1947 - 1956; 534 Aktien; 1957 - 1968[1261]	Ø Div/JÜ;[1262] signifikant negativer Einfluß (SN: 0,01).[1263]	Ø Bilanzvermögen; negativer Einfluß nur in einer Periode signifikant (SN: 0,01).	Ø Wachstumsrate der EPS; signifikant positiver Ein- fluß (SN: 0,05).
Logue/ Merville, USA (1972)	287 Aktien; 1966 - 1970[1264]	Div/JÜ;[1265] nicht signifikante, uneinheitliche Er- gebnisse.[1266]	Bilanzvermögen (log- arithmiert); signifikant negativer Einfluß (SN: 0,01).	Wachstum des Bilanz- vermögens; nicht signifikant positiver Einfluß.
Breen/ Lerner, USA (1973)	1400 Aktien; 1965 - 1970[1267]	Div/JÜ;[1268] negativer Einfluß, nicht in allen Peri- oden signifikant (SN: 0,01).[1269]	Börsenkapitalisierung, uneinheitlich, nicht im- mer signifikant.	gleitender Ø des EPS- Wachstums; uneinheit- lich, nicht immer signifi- kant.

[1257] Vgl. Fewings, David R., The Impact of Corporate Growth on the Risk of Common Stocks, in: JoF, Vol. 30 (1975), S. 525-531, hier S. 530; Chung, Kee H./ Charoenwong, Charlie, Investment Options, Assets in Place, and the Risk of Stocks, in: FM, Vol. 20 (1991), Nr. 3, S. 21-33, hier S. 24; Senbet, Lemma W./ Thompson, Howard E., Growth and Risk, in: JFQA, Vol. 17 (1982), S. 331-339, hier S. 337f. Der von Myers, Stewart C./ Turnbull, Stuart M., Capital Budgeting and the Capital Asset Pricing Model: Good News and Bad News, in: JoF, Vol. 32 (1977), S. 321-333, hier S. 322; Myers, S. C., [Relation], a.a.O., S. 66f., festgestellte negative Ein- fluß des Wachstums auf den Beta-Faktor beruht auf den spezifischen Annahmen des Modells: Der Faktor für einen Firmeneinfluß, der als Störterm die Erwartungen für die nächste Periode beeinflußt, wurde für die Analyse konstant gehalten. Wenn eine positive Abhängigkeit des Faktors vom Wachstum eingeführt wird, be- steht ein (nicht überraschender) positiver Einfluß des Wachstums auf die Kapitalkosten. Vgl. Senbet, L. W./ Thompson, H. E., a.a.O., S. 338. Wenngleich die Überlegungen von anwendungsorientierten Arbeiten wie Salter, M. S./ Weinhold, W. A., a.a.O., S. 97-99; Sautter, M. T., a.a.O., S. 292-297, aufgegriffen wurden, um Einflüsse auf den Beta-Faktor zu ermitteln, sind keineswegs die Determinanten offengelegt worden, die den Wert des Betas bestimmen, wie Sautter, M. T., a.a.O., S. 297, behauptet.

[1258] Vgl. Beaver, W./ Kettler, P./ Scholes, M., a.a.O., S. 663f.

[1259] Vgl. Beaver, W./ Kettler, P./ Scholes, M., a.a.O., S. 666, andere Faktoren am gleichen Ort.

[1260] Vgl. Beaver, W./ Kettler, P./ Scholes, M., a.a.O., S. 669, S. 672, andere Ergebnisse am gleichen Ort.

[1261] Vgl. Pettit, R. R./ Westerfield, R. W., a.a.O., S. 1659.

[1262] Vgl. Pettit, R. R./ Westerfield, R. W., a.a.O., S. 1661, andere Faktoren am gleichen Ort.

[1263] Vgl. Pettit, R. R./ Westerfield, R. W., a.a.O., S. 1663, S. 1668. Das Bestimmtheitsmaß der Regression beträgt nur 0,24 bzw. 0,176. Vgl. Pettit, R. R./ Westerfield, R. W., a.a.O., S. 1668.

[1264] Vgl. Logue, D. E./ Merville, L. J., a.a.O., S. 41.

[1265] Vgl. Logue, D. E./ Merville, L. J., a.a.O., S. 42f., andere Faktoren am gleichen Ort.

[1266] Vgl. Logue, D. E./ Merville, L. J., a.a.O., S. 42, andere Ergebnisse am gleichen Ort.

[1267] Vgl. Breen, W. J./ Lerner, E. M., [Measures], a.a.O., S. 342.

[1268] Vgl. Breen, W. J./ Lerner, E. M., [Measures], a.a.O., S. 342, andere Faktoren am gleichen Ort.

[1269] Vgl. Breen, W. J./ Lerner, E. M., [Measures], a.a.O., S. 343-346, andere Ergebnisse am gleichen Ort. Das Bestimmtheitsmaß der Regression war durchgehend gering.

216

Rosenberg/ McKibben, USA (1973)	578 Unter-nehmen; 1954 -1970[1270]	kein Bestandteil der Untersuchung	kein Bestandteil der Untersuchung	Wachstum der EPS;[1271] signifikant positiver Einfluß (SN: 0,01), positiver, nicht signifikanter Einfluß des Nettoumsatzwachstums.[1272]
Lev/ Kunitzky, USA (1974)	260 Unter-nehmen; 1949 -1968[1273]	$\varnothing$ Div/JÜ;[1274] signifikant negativer Einfluß (SN: 0,01).[1275]	$\varnothing$ Umsatz; negativer, nicht signifikanter Einfluß (SN: 0,01).	$\varnothing$ Wachstumsrate der Produktion und der Dividenden; nicht signifikant negativer Einfluß.
Melicher, USA (1974); Melicher/ Rush, USA (1974)	77 (71) Aktien der Energieversorger; 1962 - 1971[1276]	Div/JÜ;[1277] signifikant negativer Einfluß (SN: 0,05).[1278]	Bilanzvermögen (logarithmiert); signifikant positiver Einfluß (SN: 0,01).	EPS-Wachstum bzw. Veränderung des EPS-Wachstums;[1279] signifikant positiver Einfluß des 2. Indikators auf Veränderung des Beta-Faktors (SN:0,01).[1280]
Bildersee, USA (1975)	98 Aktien; 3/1956 - 3/1966[1281]	kein Bestandteil der Untersuchung	Marktwert der Stammaktien;[1282] negative Korrelation mit dem Beta-Faktor; ρ liegt bei 0,143 bzw. 0,123.[1283]	Wachstum des Bilanzvermögens; negative Korrelation mit dem Beta-Faktor; ρ liegt bei - 0,29 bzw. - 0,077.
Ben-Zion/ Shalit, USA (1975)	1000 Aktien; 1962 - 1968[1284]	Anzahl der Jahre mit ununterbrochener Dividendenzahlung (logarithmiert);[1285] hochsignifikant negativer Einfluß (ohne Angabe des SN).	Umsatz (logarithmiert); hochsignifikant negativer Einfluß (ohne Angabe des SN).	Kein Bestandteil der Untersuchung

[1270] Vgl. Rosenberg, B./ McKibben, W., a.a.O., S. 324f.
[1271] Vgl. Rosenberg, B./ McKibben, W., a.a.O., S. 324.
[1272] Vgl. Rosenberg, B./ McKibben, W., a.a.O., S. 324.
[1273] Vgl. Lev, B./ Kunitzky, L., a.a.O., S. 265.
[1274] Vgl. Lev, B./ Kunitzky, L., a.a.O., S. 265, andere Faktoren am gleichen Ort.
[1275] Vgl. Lev, B./ Kunitzky, L., a.a.O., S. 265f., andere Ergebnisse am gleichen Ort.
[1276] Vgl. Melicher, R. W., a.a.O., S. 233, S. 234; Melicher, R. W./ Rush, D. F., [Risk], a.a.O., S. 537f.
[1277] Vgl. Melicher, R. W., a.a.O., S. 238, andere Faktoren am gleichen Ort.
[1278] Vgl. Melicher, R. W., a.a.O., S. 238, andere Ergebnisse am gleichen Ort.
[1279] Vgl. Melicher, R. W./ Rush, D. F., [Risk], a.a.O., S. 542.
[1280] Vgl. Melicher, R. W./ Rush, D. F., [Risk], a.a.O., S. 543.
[1281] Vgl. Bildersee, J. S., a.a.O., S. 86.
[1282] Vgl. Bildersee, J. S., a.a.O., S. 83f., andere Faktoren am gleichen Ort.
[1283] Vgl. Bildersee, J. S., a.a.O., S. 90, andere Ergebnisse am gleichen Ort.
[1284] Vgl. Ben-Zion, U./ Shalit, S. S., a.a.O., S. 1019f.
[1285] Vgl. Ben-Zion, U./ Shalit, S. S., a.a.O., S. 1020f., anderer Faktor am gleichen Ort.

Quelle	Umfang und Zeitraum	Ausschüttungsverhalten	Unternehmensgröße	Unternehmenswachstum
Thompson, USA (1976)	290 Aktien; 1951 - 1959 1960 - 1968[1286]	Div/JÜ (jährlich und durchschnittlich)[1287]; signifikant negative Korrelation (SN: 0,01).[1288]	Bilanzvermögen, Gewinn und Umsatz (logarithmiert); signifikant positive Korrelation (SN: 0,01) im 1. Abschnitt; signifikant negative Korrelation (SN: 0,05) im 2.	Wachstum des Bilanzvermögens, der Gewinne und der Umsätze; signifikant positive Korrelation nur in der 2. Teilperiode (SN: 0,05).
Sullivan, USA (1978)	1409 Aktien; 1963 - 1972[1289]	kein Bestandteil der Untersuchung	Umsatz (logarithmiert);[1290] signifikant negativer Einfluß (SN: 0,01).[1291]	Wachstumsrate des Umsatzes; nicht signifikant positiver Einfluß (SN: 0,01).
Belkaoui, Kanada (1978/79)	55 Aktien; 1971 - 1974[1292]	Div/JÜ;[1293] signifikant negativer Einfluß.[1294]	kein Bestandteil der Untersuchung	kein Bestandteil der Untersuchung
Eskew, USA (1979)	210 Aktien; 1957-1962, 1963 - 1968[1295]	kein Bestandteil der Untersuchung	Ø Bilanzvermögen; signifikant negativer Einfluß.[1296]	Ø Wachstum des Bilanzvermögens; signifikant positiver Einfluß.[1297]
Fabozzi/ Francis, USA (1979)	1128 Aktien; 1971 - 1975[1298]	Jahre mit ununterbrochener Dividendenzahlung;[1299] signifikant negativer Einfluß.[1300]	Umsatz (logarithmiert); nicht signifikant positiver Einfluß.[1301]	kein Bestandteil der Untersuchung
Elgars/ Murray, USA (1982)	294 Aktien; 2 FünfJahresperioden[1302]	Ø Div/JÜ;[1303] weitgehend negativer Einfluß.[1304]	Ø Bilanzvermögen; negativer Einfluß.	Wachstum des Bilanzvermögens; weitgehend positiver Einfluß.

[1286] Vgl. Thompson, D. J., a.a.O., S. 181f.

[1287] Vgl. Thompson, D. J., a.a.O., S. 184, andere Faktoren am gleichen Ort.

[1288] Vgl. Thompson, D. J., a.a.O., S. 181, S. 184, andere Ergebnisse am gleichen Ort.

[1289] Vgl. Sullivan, T. G., [Market Power], a.a.O., S. 212.

[1290] Vgl. Sullivan, T. G., [Market Power], a.a.O., S. 212, es handelt sich um eine Approximation für die Marktmacht; anderer Faktor am gleichen Ort.

[1291] Vgl. Sullivan, T. G., [Market Power], a.a.O., S. 213; Sullivan, Timothy G., The Cost of Capital and the Market Power of Firms: [Reply] and Correction, in: REconStat, Vol. 64 (1982), S. 523-525, hier S. 524, anderes Ergebnis am gleichen Ort.

[1292] Vgl. Belkaoui, A., a.a.O., S. 5.

[1293] Vgl. Belkaoui, A., a.a.O., S. 8.

[1294] Vgl. Belkaoui, A., a.a.O., S. 8.

[1295] Vgl. Eskew, R. K., a.a.O., S. 112f.

[1296] Vgl. Eskew, R. K., a.a.O., S. 113.

[1297] Vgl. Eskew, R. K., a.a.O., S. 113.

[1298] Vgl. Fabozzi, F. J./ Francis, J. C., a.a.O., S. 67.

[1299] Vgl. Fabozzi, F. J./ Francis, J. C., a.a.O., S. 67f., anderer Faktor am gleichen Ort.

[1300] Vgl. Fabozzi, F. J./ Francis, J. C., a.a.O., S. 68.

[1301] Vgl. Fabozzi, F. J./ Francis, J. C., a.a.O., S. 68f., die Verfasser führen diesen nicht erwarteten Zusammenhang darauf zurück, daß Industrieeinflüsse bereinigt wurden.

[1302] Vgl. Elgars, P. T./ Murray, D., a.a.O., S. 363.

[1303] Vgl. Elgars, P. T./ Murray, D., a.a.O., S. 374, andere Faktoren am gleichen Ort.

[1304] Vgl. Elgars, P. T./ Murray, D., a.a.O., S. 364, S. 365, andere Ergebnisse am gleichen Ort.

Quelle	Umfang und Zeitraum	Ausschüttungsverhalten	Unternehmensgröße	Unternehmenswachstum
Curley/ Hexter/ Choi, USA (1982)	144 Aktien; 1970 - 1976[1305]	kein Bestandteil der Untersuchung	Umsatz und Bilanzvermögen (logarithmiert);[1306] signifikant negativer Einfluß (SN: 0,01).[1307]	∅ Wachstumsrate des Umsatzes; signifikant positiver Einfluß (SN: 0,01).
Moyer/ Chatfield, USA (1983)	114 Aktien aus 57 Branchen; 1973 - 1977[1308]	Div/JÜ;[1309] signifikant negativer Einfluß (SN: ≤ 0,01).[1310]	Umsatz und Bilanzvermögen (logarithmiert); nicht signifikant positiver Einfluß.	Wachstum der EPS; signifikant negativer Einfluß (SN: 0,08 - 0,15).
Hochman, USA (1983)	203 Aktien; 1964 - 1974[1311]	kein Bestandteil der Untersuchung	kein Bestandteil der Untersuchung	Dividendenrendite;[1312] signifikant positiver Einfluß (SN: 0,005).[1313]
Dyl/ Hoffmeister USA (1986)	1114 Aktien; für das Jahr 1979[1314]	Div/JÜ;[1315] signifikant negativer Einfluß (SN: ≤ 0,001).[1316]	kein Bestandteil der Untersuchung	kein Bestandteil der Untersuchung
Fabozzi et al., USA (1986)	369 Aktien; Februar 1986[1317]	Div/JÜ;[1318] signifikant negativer Einfluß (SN: 0,05).[1319]	Umsatz; weitgehend negativer, nicht immer signifikanter Einfluß (SN: 0,1).	kein Bestandteil der Untersuchung
Young et al., USA (1987)	252 Aktien; 1973 - 1982[1320]	Div/JÜ;[1321] signifikant negativer Einfluß (SN: 0,01).[1322]	∅ Bilanzvermögen; signifikant negativer Einfluß (SN: 0,01),	∅ Wachstum des Bilanzvermögens; signifikant negativer Einfluß (SN: 0,01).
Spindler, BRD (1988)	40 Aktien; 1966 - 1981[1323]	kein Bestandteil der Untersuchung	Umsatz, logarithmiert [1324] in konjunkturell günstigen Phasen signifikant positiver Einfluß (SN: 0,01); in ungünstigen kein Einfluß.[1325]	Umsatzwachstum; in konjunkturell günstigen Phasen signifikant positiver Einfluß (SN: 0,1); in ungünstigen kein Einfluß.

[1305] Vgl. Curley, A. J./ Hexter, J. L./ Choi, D., a.a.O., S. 520.

[1306] Vgl. Curley, A. J./ Hexter, J. L./ Choi, D., a.a.O., S. 521, anderer Faktor am gleichen Ort.

[1307] Vgl. Curley, A. J./ Hexter, J. L./ Choi, D., a.a.O., S. 522, andere Ergebnisse am gleichen Ort.

[1308] Vgl. Moyer, R. C./ Chatfield, R., a.a.O., S. 126.

[1309] Vgl. Moyer, R. C./ Chatfield, R., a.a.O., S. 127, andere Faktoren am gleichen Ort.

[1310] Vgl. Moyer, R. C./ Chatfield, R., a.a.O., S. 127f., andere Ergebnisse am gleichen Ort.

[1311] Vgl. Hochman, S., a.a.O., S. 127.

[1312] Vgl. Hochman, S., a.a.O., S. 134; je geringer die Dividendenrendite, desto höher der Kurs und desto höher die Wachstumserwartungen.

[1313] Vgl. Hochman, S., a.a.O., S. 137.

[1314] Vgl. Dyl, Edward A./ Hoffmeister, J. Ronald, A Note on Dividend Policy and Beta, in: JBFA, Vol. 13 (1986), S. 107-115, hier S. 111.

[1315] Vgl. Dyl, E. A./ Hoffmeister, J. R., a.a.O., S. 111.

[1316] Vgl. Dyl, E. A./ Hoffmeister, J. R., a.a.O., S. 113.

[1317] Vgl. Fabozzi, F. J./ Garlicki, T. D./ Gosh, A./ Kislowski, P., a.a.O., S. 63.

[1318] Vgl. Fabozzi, F. J./ Garlicki, T. D./ Gosh, A./ Kislowski, P., a.a.O., S. 65, anderer Faktor am gleichen Ort.

[1319] Vgl. Fabozzi, F. J./ Garlicki, T. D./ Gosh, A./ Kislowski, P., a.a.O., S. 65, anderes Ergebnis am gleichen Ort.

[1320] Vgl. Young, S. D./ Berry, M. A./ Harvey, D. W./ Page, J. R., a.a.O., S. 74.

[1321] Vgl. Young, S. D./ Berry, M. A./ Harvey, D. W./ Page, J. R., a.a.O., S. 75 i.V.m. S. 74, andere Faktoren am gleichen Ort.

[1322] Vgl. Young, S. D./ Berry, M. A./ Harvey, D. W./ Page, J. R., a.a.O., S. 75, andere Ergebnisse am gleichen Ort.

Quelle	Umfang und Zeitraum	Ausschüttungsver-halten	Unternehmensgröße	Unternehmenswachstum
Chung/ Charoen-wong, USA (1991)	482 Aktien; 1979 - 1980[1326]	kein Bestandteil der Untersuchung	kein Bestandteil der Untersuchung	Ø Gewinn-Kurs-Verhältnis, Ø Markt-wert/ Buchwert-Relation;[1327] signifikant negativer Einfluß des Gewinn-Kurs-Verhältnisses (SN: 0,05), signifikant positiver Ein-fluß der MB-Relation.[1328]
Bauer, BRD (1992)	198 Aktien; 1975 - 1986[1329]	Dividendenrendi-te;[1330] positiver, jedoch nur teilweise signifikanter Einfluß.[1331]	Bilanzsumme; signifikant positiver Einfluß (SN: 0,01).	Div. Indikatoren;[1332] geringe Anzahl signifi-kanter Zusammenhänge, die die Rendite nicht "erklären".[1333]
Müller, BRD (1992)	120 Aktien, ohne Banken und Versiche-rungen;[1334] 1972 - 1985	Div/JÜ;[1335] signifikant positiver Zusammenhang (SN: 0,01).[1336]	Bilanzsumme;[1337] in der Korrelationsana-lyse positiver Zusam-menhang.[1338]	Wachstum der Bilanz-summe;[1339] uneinheitlicher Zusam-menhang in den Teilpe-rioden, nicht signifi-kant.[1340]

Nr.18: Einfluß der Ausschüttung, der Größe und des Wachstums auf den Beta-Faktor

Über die Wirkungen der Diversifikation auf das systematische Risiko bestehen unterschiedliche Hypothesen:

- Einerseits wird eine Minderung des systematischen Risikos erwartet, weil die Aktionäre sy-stematisches und unsystematisches Risiko nicht isoliert bewerten können oder weil einem

---

[1323] Vgl. Spindler, Hans-Joachim, Risiko- und Renditeeffekte der Diversifikation in Konjunkturkrisen, in: ZfB, 58. Jg. (1988), S. 858-875, hier S. 866.
[1324] Vgl. Spindler, H.-J., a.a.O., S. 868, anderer Faktor am gleichen Ort.
[1325] Vgl. Spindler, H.-J., a.a.O., S. 870, anderes Ergebnis am gleichen Ort.
[1326] Vgl. Chung, K. H./ Charoenwong, C., a.a.O., S. 25.
[1327] Vgl. Chung, K. H./ Charoenwong, C., a.a.O., S. 26.
[1328] Vgl. Chung, K. H./ Charoenwong, C., a.a.O., S. 27f.
[1329] Vgl. Bauer, C., a.a.O., S. 119f.
[1330] Vgl. Bauer, C., a.a.O., S. 130, andere Faktoren am gleichen Ort.
[1331] Vgl. Bauer, C., a.a.O., S. 214, siehe auch S. 168f., andere Ergebnisse am gleichen Ort.
[1332] Vgl. Bauer, C., a.a.O., S. 130, Wachstum der Bilanzsumme, des Eigenkapitals, des Umsatzes, des Jahresüber-schusses, des Cash-flows.
[1333] Vgl. Bauer, C., a.a.O., S. 171.
[1334] Vgl. Müller, Wolfgang, a.a.O., S. 36f.
[1335] Vgl. Müller, Wolfgang, a.a.O., S. 49.
[1336] Vgl. Müller, Wolfgang, a.a.O., S. 173.
[1337] Vgl. Müller, Wolfgang, a.a.O., S. 48.
[1338] Vgl. Müller, Wolfgang, a.a.O., S. 168, S. 170.
[1339] Vgl. Müller, Wolfgang, a.a.O., S. 47.
[1340] Vgl. Müller, Wolfgang, a.a.O., S. 173.

Unternehmen Anlagemöglichkeiten zur Verfügung stehen, die den Aktionären im Rahmen ihrer Portefeuillediversifikation nicht eröffnet werden.[1341]

- Andererseits werden aber auch Risiken bei diversifizierten Unternehmen gesehen, die Aktionäre nicht diversifizierter Unternehmen nicht tragen müssen; angeführt wird die dauerhafte Subventionierung unrentabler Geschäftsfelder.[1342] Tests im Hinblick auf die Wirkung der Diversifikation ergaben folgende Ergebnisse:

Quelle	Umfang und Zeitraum	Ergebnis und Signifikanzniveau (SN)
Melicher/ Rush, USA (1973)	45 Konglomerate und 45 nicht konglomerate Unternehmen; 1966-1971[1343]	Positiver, nicht immer signifikanter Einfluß bei Diversifizierung in unverbundene Geschäfte.[1344]
Joehnk/ Nielsen, USA (1974)	21 Fusionen konglomerater und 23 nicht konglomerater Unternehmen; 1962-1969[1345]	Z.T. signifikant positiver Einfluß bei Diversifizierung in unverbundene Geschäfte (SN: 0,05).[1346]
Quelle	Umfang und Zeitraum	Ergebnis und Signifikanzniveau (SN)
Smith/ Weston, USA (1977)	38 Konglomerate versus S&P-Index, 35 nicht konglomerate Firmen sowie Investmentfonds; 1964-1973[1347]	Signifikant höhere Beta-Faktoren der Konglomerate im Vergleich zu den Referenzpunkten - S&P-Index, 35 nicht konglomerate Firmen sowie Investmentfonds - (SN: 0,05).[1348]
Scott, Kanada (1980)	125 Gesellschaften; 1962 - 1974[1349]	Schwach positive Korrelation zwischen der Diversifizierung und dem Beta-Faktor.[1350]
Bühner, BRD (1983)	40 Gesellschaften; 1966 - 1981[1351]	Kein Zusammenhang zwischen Diversifikation und Beta-Faktor.[1352]
Montgomery/ Singh, USA (1984)	99 Unternehmen; 3/1974 - 3/1978[1353]	Beta-Faktor bei unverbundenen Unternehmen ist signifikant höher als bei anderen (SN: < 0,0014 - 0,0068).[1354]
Lubatkin/ O'Neill, USA (1987)	297 Unternehmen; 1961 - 1973[1355]	Nicht signifikant negative und positive Einflüsse bei unverbundenen Unternehmen; signifikant negativer Einfluß bei verbundenen Unternehmen (SN: 0,01).[1356]

[1341] Vgl. Spindler, H.-J., a.a.O., S. 861.

[1342] Vgl. Spindler, H.-J., a.a.O., S. 861f.

[1343] Vgl. Melicher, Ronald W./ Rush, David F., The Performance of [Conglomerate] Firms: Recent Risk and Return Experience, in: JoF, Vol. 28 (1973), S. 381-383, hier S. 382.

[1344] Vgl. Melicher, R. W. / Rush, D. F., [Conglomerate], a.a.O., S. 386.

[1345] Vgl. Joehnk, Michael D./ Nielsen, James F., The Effects of Conglomerate Merger Activity on Systematic Risk, in: JFQA, Vol. 9 (1974), S. 215-225, hier S. 216.

[1346] Vgl. Joehnk, M. D./ Nielsen, J. F., a.a.O., S. 222.

[1347] Vgl. Smith, Keith V./ Weston, J. Fred, Further Evaluation of Conglomerate Performance, in: JBR, Vol. 5 (1977), S. 5-14, hier S. 7.

[1348] Vgl. Smith, K. V./ Weston, J. F., a.a.O., S. 9-12.

[1349] Vgl. Scott, John T., Corporate Finance and Market Structure, in: Caves, Richard E./ Porter, Michael E./ Spence, Michael A. (Hrsg.), Competition in the Open Economy. A Model Applied to Canada, Cambridge (Mass.) et al. 1980, S. 325-359, hier S. 340.

[1350] Vgl. Scott, J. T., a.a.O., S. 345.

[1351] Vgl. Bühner, Rolf, [Portfolio-Risikoanalyse] der Unternehmensdiversifikation von Industrieaktiengesellschaften, in: ZfB, 53. Jg. (1983), S. 1023-1041, hier S. 1024.

[1352] Vgl. Bühner, R., [Portfolio-Risikoanalyse], a.a.O., S. 1030f.

[1353] Vgl. Montgomery, C. A./ Singh, H., a.a.O., S. 185.

[1354] Vgl. Montgomery, C. A./ Singh, H., a.a.O., S. 185f.

[1355] Vgl. Lubatkin, Michael/ O'Neill, Hugh, Merger Strategies and Capital Market Risk, in: AMJ, Vol. 30 (1987), S. 665-684, hier S. 674.

[1356] Vgl. Lubatkin, M./ O'Neill, H., a.a.O., S. 676, S. 679.

Amit/ Livnat, USA (1988)	283 Gesellschaften; 1977 - 1984[1357]	Diversifikation in verbundene Geschäfte verringert das systematische Risiko; in unverbundene ist die Tendenz uneinheitlich.[1358]
Spindler, Deutschland (1988)	40 Industrieaktiengesellschaften; 1966 - 1981[1359]	Ein Vorteil verbundener oder unverbundener Diversifizierung läßt sich nicht feststellen;[1360] ebenso bei geographischer Diversifizierung.[1361]
Bühner, Deutschland (1988)	40 Industrieaktiengesellschaften; 1966 - 1981[1362]	Bei internationaler Diversifizierung wurde kein signifikant negativer Einfluß (SN: 0,05), bei Produktdiversifikation nur ein schwach positiver, nicht signifikanter Einfluß festgestellt.[1363]
Barton, USA (1988)	276 Gesellschaften; 1970 - 1974[1364]	Bei unverbundener Diversifikation läßt sich ein signifikant positiver Einfluß auf den Beta-Faktor feststellen, der größer ist als bei anderen Diversifizierungsstrategien (SN: 0,001).[1365]
Chatterjee/Lubatkin, USA (1990)	120 Fusionen; 1962 - 1979[1366]	Signifikant negativer Einfluß bei verbundener Diversifikation (SN: < 0,01), der durch Diversifikation im Anlegerportefeuille nicht erreicht werden kann (SN: < 0,05).[1367]
Lubatkin/ Rogers, USA (1989)	144 Unternehmen; 1940 - 1969, Aufteilung in drei Dekaden[1368]	In zwei von drei Teilperioden und über den gesamten Zeitraum führt eine Diversifikation in unverbundene Geschäfte zu einem höheren systematischen Risiko als Diversifikation in verbundene Geschäfte (SN: < 0,01).[1369]

Nr. 19: Einfluß der Diversifikation auf den Beta-Faktor

Bei einer starken Marktposition wird ein geringes systematisches Risiko vermutet. Ein Zusammenhang läßt sich auf verschiedene Weise begründen:

- Starke Unternehmen können besser auf Veränderungen der Umwelt reagieren als Unternehmen, die über keine Marktmacht verfügen.[1370]

[1357] Vgl. Amit, Raphael/ Livnat, Joshua, Diversification, Capital Structure, and Systematic Risk: An Empirical Investigation, in: JAAF, Vol. 3 (1988), Nr. 1, S. 19-43, hier S. 29.
[1358] Vgl. Amit, R./ Livnat, J., a.a.O., S. 38.
[1359] Vgl. Spindler, H.-J., a.a.O., S. 866.
[1360] Vgl. Spindler, H.-J., a.a.O., S. 868f.
[1361] Vgl. Spindler, H.-J., a.a.O., S. 870.
[1362] Vgl. Bühner, Rolf, Kapitalmarktbeurteilung von [Technologiestrategie], in: ZfB, 58. Jg. (1988), S. 1323-1339, hier S. 1326.
[1363] Vgl. Bühner, Rolf, [Technologiestrategie], a.a.O., S. 1335.
[1364] Vgl. Barton, Sidney L., Diversification Strategy and Systematic Risk, in: AMJ, Vol. 31 (1988), S. 166-175, hier S. 169.
[1365] Vgl. Barton, S. L., a.a.O., S. 170.
[1366] Vgl. Chatterjee, Sayan/ Lubatkin, Michael, Corporate Mergers, Stockholder Diversification, and Changes in Systematic Risk, in: SMJ, Vol. 11 (1990), S. 255-268, hier S. 259.
[1367] Vgl. Chatterjee, S./ Lubatkin, M., a.a.O., S. 262.
[1368] Vgl. Lubatkin, Michael/ Rogers, Ronald C., Diversification, Systematic Risk, and Shareholder Return, in: AMJ, Vol. 32 (1989), S. 454-465, hier S. 457.
[1369] Vgl. Lubatkin, M./ Rogers, R. C., a.a.O., S. 461.
[1370] Vgl. Moyer, R. C./ Chatfield, R., a.a.O., S. 125. Da keine Begründungen dafür vorliegen, weshalb dieser Zusammenhang besteht, wird diese Erklärung aber auch abgelehnt.

• Ein anderes Erklärungsmuster greift auf das Preisverhalten von Anbietern mit Marktmacht zurück. Diese wollen durch eine Niedrigpreisstrategie den Eintritt anderer Unternehmen verhindern. Gleichzeitig verfügen sie über ein Preissteigerungspotential, das sie ausnutzen, wenn kein Eintritt neuer Wettbewerber droht. Der Erfolg marktstarker Unternehmen ist von Marktveränderungen abgekoppelt.[1371]

Empirische Untersuchungen über den Einfluß der Marktmacht liegen nur wenige vor: Während eine erste Untersuchung keinen Einfluß feststellen konnte,[1372] war in späteren Erhebungen ein negativer Zusammenhang zwischen Konzentrationsmaß der Branche und den Beta-Faktoren nicht abzulehnen.[1373] Die als Ersatzgröße für Marktmacht herangezogenen Größenmerkmale brachten keine einheitlichen Ergebnisse;[1374] auch zum Marktanteil waren sie widersprüchlich.[1375]

Ausreichende Liquidität wird als ein notwendiger Maßstab für die Solvenzbeurteilung aus der Sicht der Gläubiger und damit für die Konkursanfälligkeit gesehen. Bei hoher Liquidität wird ein geringes systematisches Risiko vermutet.[1376] Indikator in den empirischen Untersuchungen war überwiegend die Liquidität 3. Grades (kurzfristiges Umlaufvermögen/kurzfristige Verbindlichkeiten),[1377] nur in wenigen Fällen wurde die Liquidität 2. Grades (monetäres Umlaufvermögen/kurzfristige Verbindlichkeiten)[1378] bzw. 1. Grades (Liquide Mittel/kurzfristige Verbindlichkeiten)[1379] verwandt. Die Ergebnisse sind uneinheitlich und statistisch wenig signifikant.[1380]

[1371] Vgl. Moyer, R. C./ Chatfield, R., a.a.O., S. 125.

[1372] Vgl. Melicher, Ronald W./ Rush, David F./ Winn, Daryl N., Degree of Industry Concentration and Market Risk-Return Performance, in: JFQA, Vol. 11 (1976), S. 627-635, hier S. 631. Sie untersuchten 495 Gesellschaften in den Jahren 1967-1974; vgl. ebenda, S. 628.

[1373] Vgl. Moyer, R. C./ Chatfield, R., a.a.O., S. 127f., deren Einfluß sogar signifikant war (SN: 0,05); Sullivan, T. G., [Market Power], a.a.O., S. 213; Sullivan, T. G., [Reply], a.a.O., S. 524. Je nach Stichprobe lag das SN zwischen 0,01 und 0,15. In der Untersuchung von Scott, J. T., a.a.O., S. 345, war nur eine schwache Korrelation zwischen dem Konzentrationsmaß und dem Beta-Faktor festzustellen.

[1374] Vgl. Moyer, R. C./ Chatfield, R., a.a.O., S. 127f.; Sullivan, T. G., [Market Power], a.a.O., S. 213; Sullivan, T. G., [Reply], a.a.O., S. 524.

[1375] Vgl. Moyer, R. C./ Chatfield, R., a.a.O., S. 127f., ermittelten einen nicht signifikant negativen Einfluß; Curley, A. J./ Hexter, J. L./ Choi, D., a.a.O., S. 522, einen nicht signifikant positiven Einfluß.

[1376] Vgl. Myers, S. C., [Relation], a.a.O., S. 52.

[1377] Vgl. Beaver, W./ Kettler, P./ Scholes, M., a.a.O., S. 666; Pettit, R. R./ Westerfield, R., a.a.O., S. 1661; Logue, D. E./ Merville, L. J., a.a.O., S. 40; Bildersee, J. S., a.a.O., S. 83; Belkaoui, A., a.a.O., S. 5; Thompson, D. J., a.a.O., S. 178; Moyer, R. C./ Chatfield, R., a.a.O., S. 127; Müller, Wolfgang, a.a.O., S. 49.

[1378] Vgl. Rosenberg, B./ McKibben, W., a.a.O., S. 324; Möller, H. P., [Bilanzkennzahlen], a.a.O., S. 129.

[1379] Vgl. Müller, Wolfgang, a.a.O., S. 49.

[1380] Vgl. Pettit, R. R./ Westerfield, R. W., a.a.O., S. 1662 (*schwache negative Korrelation*); Beaver, W./ Kettler, P./ Scholes, M., a.a.O., S. 669 (*nicht signifikante Ergebnisse, die in der 1. Periode einen negativen, in der 2. positiven Zusammenhang aufwiesen*); Moyer, R. C. / Chatfield, R., a.a.O., S. 127 (*nicht signifikant negativer Einfluß*); Belkaoui, A., a.a.O., S. 8 (*signifikant positiver Einfluß, SN: 0,01*); Rosenberg, B./ McKibben, W., a.a.O., S. 326 (*positiver Einfluß, der nur in der 1. Periode signifikant war, SN: 0,05*); Logue, D. E./ Merville, L. J., a.a.O., S. 42 (*nicht signifikant positiver Einfluß*); Thompson, D. J., a.a.O., S. 184 (*uneinheitlich*); Müller, Wolfgang, a.a.O., S. 168, S. 170 (*schwach positiv*); Möller, H. P., [Bilanzkennzahlen], a.a.O., S. 178, S. 181f. (*kaum Einfluß*).

Über die Auswirkungen von Technologiestrategien gibt es zwei widersprüchliche Vermutungen:[1381] Zum einen wird ein überdurchschnittliches systematisches Risiko aufgrund von Marktschwankungen und ungewissen technischen Innovationen erwartet. Zum anderen kann aber eine Technologiestrategie aufgrund der geringen Preiselastizität technologischer Produkte einem geringeren systematischen Risiko unterliegen. Darüber hinaus können Technologiestrategien auch als Möglichkeit zum Wachstum aufgefaßt werden; ein höheres systematisches Risiko wäre die Folge. Die vermuteten Einflüsse einer Technologiestrategie konnten nicht festgestellt werden; in der Untersuchung war kein signifikanter Unterschied im systematischen Risiko von High- und Low-tech-Unternehmen festzustellen.[1382]

3.4.4.4.4. Fazit

Bei Untersuchungen in den USA konnte durch fundamentale Faktoren die Trefferwahrscheinlichkeit der Prognose gesteigert werden.[1383] Für den deutschen Kapitalmarkt kann auf zwei Untersuchungen zurückgegriffen werden:

1) BAUER projizierte den Beta-Faktor nur für die jeweils nächste Periode. Die Koeffizienten der Regressionsfunktionen wurden jedes Jahr neu bestimmt oder aus mehreren Perioden ermittelt. Faktoren waren die Bilanzsumme, die Dividendenrendite, der Verschuldungsgrad - gemessen in Marktwerten - und die Maschinenquote.[1384] Grundsätzlich lieferten fundamentale Betas durchschnittlich bessere Ergebnisse als naiv ermittelte. Die Prognoseergebnisse der mehrperiodigen Regressionsgleichungen waren i.d.R. schlechter als die Letztjahres-Regressionen. Für einzelne Aktien konnten fundamentale Betas durchaus zu schlechteren Ergebnissen führen als eine naive Projektion.[1385]

2) MÜLLER ermittelte die Koeffizienten der Prognosegleichung im Zeitraum 1972 bis 1978, um die Betas für den Zeitraum von 1979 bis 1985 zu bestimmen. Jedoch konnte die Berücksichtigung der Dividendenquote, des Wachstums (der Bilanzsumme), der Ertragsvariabilität und der Intensität des Anlage- und des Umlaufvermögens zu keiner besseren Schätzung des Betas führen

---

[1381] Vgl. Bühner, Rolf, [Technologiestrategie], a.a.O., S. 1324.

[1382] Vgl. Bühner, R., [Technologiestrategie], a.a.O., S. 1330, S. 1331. Er vermutet, daß das Ergebnis aufgrund des langen Entwicklungsvorlaufs von High-tech-Produkten verzerrt wurde. Derzeit seien High-tech-Unternehmen geprägt von hohen Investitionen und nur durchschnittlichen Erträgen; vgl. ebenda, S. 1332. Untersucht wurden 40 Industrieaktiengesellschaften in den Jahren 1966 bis 1981; vgl. ebenda, S. 1326. Gemessen wurde der Technologiegrad durch einen Score, der durch Befragungen ermittelt wurde; vgl. ebenda, S. 1328.

[1383] Vgl. die Aufstellung bei Bauer, C., a.a.O., S. 112, m.w.N.

[1384] Vgl. Bauer, C., a.a.O., S. 216f.

[1385] Vgl. Bauer, C., a.a.O., S. 218-222, S. 241f.

224

als ein naives Modell, das die durchschnittlichen Betas der ersten Periode als Schätzer für die zweite verwandte.[1386]

Fundamental-Betas können für langfristige Wirkungszusammenhänge - wie sie bei der Wertsteigerungsanalyse benötigt werden - keine Erklärung liefern. Abgesehen von den z.T. widersprüchlichen Ergebnissen der Prognosegleichungen und der isolierten Einflußfaktoren sind die Ergebnisse angreifbar:

- Ein großer Teil der Untersuchungen leidet unter fehlenden theoretischen Begründungen für die vermuteten Zusammenhänge. Sie werden weitgehend ad hoc gegriffen. Zudem ist die Auswahl der Indikatoren zweifelhaft. Es wird eine reine Datensammelei betrieben. Eine Verallgemeinerung der Ergebnisse dürfte kaum möglich sein. Der fehlende theoretische Hintergrund dürfte auch die Ursache für die z.T. geringe "Erklärungskraft" oder die Widersprüchlichkeit der Variablen sein.[1387]

- Ein Großteil der Einflußfaktoren beeinflußt vermutlich nicht nur das systematische, sondern das gesamte Risiko.[1388]

- In der Vergangenheit statistisch festgestellte Zusammenhänge werden in die Zukunft projiziert; Strukturbrüche werden nicht erfaßt. Projektionen sind zudem nur dann erlaubt, wenn eine empirisch überprüfbare Gesetzmäßigkeit besteht.[1389]

- Zusammenhänge zwischen den Beta-Faktoren und mehreren fundamentalen Faktoren wurden z.T. mit Hilfe der multiplen, linearen Regressionsanalyse ermittelt. Neben den bekannten Anforderungen dürfen zwischen den einzelnen Regressoren keine Abhängigkeiten (Multikollinearität) bestehen. Der Einfluß von einzelnen Variablen läßt sich in einem solchen Fall nicht mehr bestimmen und Schätzfehler verzerren die Regression. Die einzelnen Faktoren sind vermutlich nicht unabhängig.

- Probleme der Datenbeschaffung sollten nicht vergessen werden. Die Ausführungen sind, wenn überhaupt, nur qualitativ einsetzbar; der Manipulationsspielraum ist erheblich.

Fundamentalfaktoren, insbesondere wenn sie aufgrund statistischer Untersuchungen gewonnen werden, leisten u.E. keinen Beitrag zur begründeten Quantifizierung langfristiger Kapitalkosten. Für eine Euphorie, eine verbesserte Basis zur Bestimmung von Beta-Faktoren zu haben, besteht

[1386] Vgl. Müller, Wolfgang, a.a.O., S. 176.
[1387] Vgl. Foster, George, [Financial] Statement Analysis, Englewood Cliffs 1978, S. 277. Siehe auch Hamada, R. S., [Effects], a.a.O., S. 371.
[1388] Vgl. Beaver, W./ Kettler, P./ Scholes, M., a.a.O., S. 659; Bildersee, J. S., a.a.O., S. 96.
[1389] Vgl. Schneider, Dieter, [Rechnungswesen], a.a.O., S. 297, im Zusammenhang mit der statistischen Auswertung von Jahresabschlüssen zur Konkurswahrscheinlichkeit.

u.E. kein Grund.[1390] Solange keine dynamische Theorie der Marktbewertung, des Wachstums und des Gewinnverhaltens der Unternehmen vorliegt, sind Partialüberlegungen skeptisch zu beurteilen.[1391] Der Verweis auf fundamentale Betas scheint ein Verkaufsargument der Wertsteigerungsanalyse zu sein; Selbsttäuschung ist aber nicht besser als Nichtwissen.[1392]

3.4.4.5. Bestimmung der Eigenkapitalkosten auf der Basis der *Arbitrage Pricing Theory*

3.4.4.5.1. Vorgehensweise und Probleme

Um die *Arbitrage Pricing Theory* zur Kapitalkostenbestimmung verwenden zu können, müssen neben dem risikolosen Zins

- die relevanten, nicht zu zahlreichen Faktoren identifiziert,
- die Faktorsensitivitäten ermittelt und
- die Risikoprämie für diese Faktoren bestimmt werden.[1393]

Im Gegensatz zum CAPM, wo die Rendite des Marktportefeuilles als der bestimmende Faktor für die Rendite eines Wertpapiers angesehen wird, werden die Faktoren von der APT inhaltlich nicht bestimmt. So wird versucht, Faktoren auf der Basis der ökonomischen Theorie zu gewinnen, die den Ertrag der Wertpapiere beeinflussen könnten. In empirischen Untersuchungen von CHEN, ROLL und ROSS[1394] erklärten das Niveau der Industrieproduktion, die Inflationsrate, die Differenz zwischen lang- und kurzfristigen Zinsfüßen und die Renditeunterschiede zwischen risikoarmen und risikoreichen Industrieanleihen die durchschnittlichen Renditen hinreichend.

Die identifizierten Faktoren sollen auch im Rahmen der traditionellen Kapitalwertmethode implizit erfaßt werden.[1395] Veränderungen der Industrieproduktion und der Inflation wirken direkt auf den Cash-flow.[1396] Diese Zuordnung ist nicht widerspruchslos geblieben; es wird auch ein

---

[1390] A.A. sind Steiner, Manfred/ Beiker, H./ Bauer, C., a.a.O., S. 124f., die Chancen sehen, Kapitalkosten auf der Basis fundamentaler Einflußfaktoren zu ermitteln.

[1391] Vgl. Bicksler, James L., The Usefulness of Beta-Risk for Estimating the Cost of Capital, in: Friend, Irwin/ Bicksler, James L. (Hrsg.), Risk and Return in Finance, Vol. 1, Cambridge (Mass.) 1977, S. 81-100, hier S. 91.

[1392] Vgl. Schneider, Dieter, [Rechnungswesen], a.a.O., S. 301, im Zusammenhang mit der statistischen Jahresabschlußanalyse.

[1393] Vgl. Brealey, R. A./ Myers, S. C., a.a.O., S. 171.

[1394] Vgl. Chen, Nai-fu/ Roll, Richard/ Ross, Stephen A., Economic Forces and the Stock Market, in: JoB, Vol. 59 (1986), S. 383-403, insb. S. 385-390. Diese Faktoren wurden aufgrund ökonomischer Überlegungen ausgewählt und anschließend auf ihre Erklärungskraft mit Hilfe der Regressionsanalyse von Vergangenheitsdaten überprüft. Der Einbezug eines Aktienindex, eines Konsumindex und eines Ölpreisindex konnte die durchschnittlichen Renditen nicht besser erklären. Vgl. ebenda, S. 390f., S. 399-401.

[1395] Vgl. Roll, Richard/ Ross, Stephen A., The Arbitrage Pricing Theory Approach to [Strategic] Portfolio Planning, in: FAJ, Vol. 40 (1984), Nr. 3, S. 14-26, hier S. 19. Siehe auch Chen, N.-f./ Roll, R./ Ross, S. A., a.a.O., S. 385; Burmeister, Edwin/ Wall, Kent D., The Arbitrage Pricing Theory and Macroeconomic Factor Measures, in: FR, Vol. 21 (1986), S. 1-20, hier S. 3f.

[1396] Vgl. Roll, R./ Ross, S. A., [Strategic], a.a.O., S. 19; Chen, N.-f./ Roll, R./ Ross, S. A., a.a.O., S. 385.

Einfluß der Inflationsrate auf die Diskontierungsrate vermutet.[1397] Die Zinsstruktur und die Risikoprämie sollen nur den Kalkulationszinsfuß beeinflussen.[1398] Art und Anzahl der Faktoren werden nicht einheitlich gesehen. Es werden noch die Veränderungen der realen Verzinsung kurzfristiger Wertpapiere,[1399] der langfristigen Gewinnwachstumsrate der Volkswirtschaft,[1400] der Wachstumsrate der Umsätze an die Endverbraucher,[1401] des Ölpreises[1402] oder Währungsschwankungen[1403] als Faktoren angeführt. Welches die "wahren" Faktoren sind, kann nicht gesagt werden, da viele gleichwertige Faktorensätze ermittelt werden können.[1404]

In der Beschreibung der übrigen Bewertungsschritte ist die Literatur zurückhaltend. Wie Faktorsensitivitäten und Risikoprämien bestimmt werden, wird nur vage beschrieben.[1405] Grundlage der Risikoprämien sind sog. *Mimicking*-Wertpapierportefeuilles, deren Rendite nur von einem Einflußfaktor bestimmt wird und dessen Faktorsensitivität Eins beträgt. Sind die Rendite eines derart gebildeten Portefeuilles und die risikolose Verzinsung bekannt, so ergibt sich eine Risikoprämie für den jeweiligen Faktor. Faktorsensitivitäten für unterschiedliche Branchen werden nur beispielhaft aufgeführt; es wird auf Finanzdienstleister verwiesen.[1406]

Grundsätzlich können die Faktorsensitivitäten im Rahmen einer Zeitreihenanalyse durch eine multiple, lineare Regression der historischen Wertpapierrenditen (Regressand) über die identifizierten Faktoren (Regressoren) ermittelt werden. Dabei werden einzelne Wertpapiere[1407] oder Branchenportefeuilles[1408] untersucht. Die ermittelten Regressionskoeffizienten entsprechen den Faktorsensitivitäten. Die Risikoprämien werden anschließend im Rahmen einer Querschnittsanalyse berechnet. Dabei erfolgt eine multiple, lineare Regression der Wertpapierrenditen

---

[1397] Vgl. Copeland, T. E./ Weston, J. F., a.a.O., S. 230; Malkiel, B. G., [Random Walk], a.a.O., S. 257; Burmeister, E./ Wall, K. D., a.a.O., S. 4, sehen den Einfluß sowohl auf die Diskontierungsrate als auch auf den Cash-flow.

[1398] Vgl. Roll, R./ Ross, S. A., [Strategic], a.a.O., S. 19; Chen, N.-f./ Roll, R./ Ross, S. A., a.a.O., S. 385; Copeland, T. E./ Weston, J. F., a.a.O., S. 230.

[1399] Vgl. Copeland, T./ Koller, T./ Murrin, J., a.a.O., S. 198.

[1400] Vgl. Berry, Michael A./ Burmeister, Edwin/ McElroy, Marjorie B., Sorting out Risk Using Known APT Factors, in: FAJ, Vol. 44 (1988), Nr. 2, S. 29-42, hier S. 29; Allison, Stewart, Is one Beta Good Enough?, in: MA, Vol. 69 (1991), Nr. 3, S. 36, S. 38, S. 40, hier S. 36.

[1401] Vgl. Burmeister, E./ Wall, K. D., a.a.O., S. 3f.

[1402] Vgl. Allison, S., a.a.O., S. 36. Einen Einfluß der Energiepreise vermuten auch Pari, Robert A./ Chen, Son-Nan, An Empirical Test of the Arbitrage Pricing Theory, in: JFR, Vol. 7 (1987), S. 121-130, hier S. 127.

[1403] Vgl. Elton, E. J./ Gruber, M. J., a.a.O., S. 147.

[1404] Vgl. Berry, M. A./ Burmeister, E./ McElroy, M. B., a.a.O., S. 30f.

[1405] Vgl. Brealey, R. A./ Myers, S. C., a.a.O., S. 172, Fn. 24.

[1406] Vgl. Brealey, R. A./ Myers, S. C., a.a.O., S. 172; Copeland, T./ Koller, T./ Murrin, J., a.a.O., S. 201. Sie beziehen sich auf Alcar. Siehe auch Sharpe, W. F./ Alexander, G. J., a.a.O., S. 250f.; Allison, S., a.a.O., S. 36, S. 40.

[1407] Vgl. Sharpe, W. F./ Alexander, G. J., a.a.O., S. 445, S. 458; Francis, J. C., a.a.O., S. 317f.; Burmeister, E./ Wall, K. D., a.a.O., S. 7-12; Bower, Dorothy/ Bower, Richard S./ Logue, Dennis E., A [Primer] on Arbitrage Pricing Theory, in: Stern, Joel M./ Chew, Donald H. (Hrsg.), The Revolution in Corporate Finance, Cambridge 1986, S. 69-77, hier S. 74; Kroll, Mark/ Caples, Stephen, Managing Acquisitions of Strategic Business Units with the Aid of the Arbitrage Pricing Model, in: AMR, Vol. 12 (1987), S. 676-685, hier S. 681.

[1408] Vgl. Roll, R./ Ross, S. A., [Strategic], a.a.O., S. 18. Siehe auch die umfangreiche Zusammenstellung von 82 Industriezweigen bei Berry, M. A./ Burmeister, E./ McElroy, M., a.a.O., S. 35-39.

über die zuvor ermittelten Faktorsensitivitäten.[1409] Die Koeffizienten der Regressionsgleichung entsprechen den gesuchten Risikoprämien. Der risikolose Zinsfuß müßte den Ordinatenabschnitt bestimmen, aufgrund von Meßfehlern ist aber eine Identität beider Werte nicht zu vermuten; die Abweichung sollte aber nicht zu groß sein.

Analog zum CAPM wird bei nicht notierten Unternehmen auf Vergleichsunternehmen verwiesen. Dabei muß aber Ähnlichkeit der Unternehmen in bezug auf mehrere Faktoren gegeben sein, was die Auswahl erschwert.[1410] Alternativ werden Branchen- oder Industrie-Portefeuilles gebildet, für die die Faktoren ermittelt werden. Verzerrungen und Meßfehler sollen auf diese Weise verringert werden.[1411] Auch APT-Faktorsensitivitäten auf der Grundlage des *Return on Asset* (ROA) sind in der Literatur zu finden;. beim *Return on Equity* (ROE) würden Verschuldungseinflüsse den Faktoreinfluß verzerren.[1412]

Das zentrale Problem bei der *Arbitrage Pricing Theory* ist die Unbestimmtheit der Faktoren. Die Manipulationsspielräume werden - im Vergleich zum CAPM, wo die erklärende Variable zumindest theoretisch einwandfrei definiert war - potenziert. Die Faktoren können nicht im Modell identifiziert werden, sondern werden durch statistische Untersuchungen historischer Daten spezifiziert. Damit werden Strukturen der Vergangenheit in die Zukunft übertragen. Die betrachteten Faktoren sollen sich zwar aus dem Kapitalwertkalkül ergeben, die Zuordnung kann aber höchstens als plausibel bezeichnet werden; die unterschiedliche Zuordnung ist ein Indiz dafür. Es besteht, wie bei den Fundamental-Betas, ein Messen ohne Theorie.

3.4.4.5.2. Empirische Bewährung der APT

Empirische Untersuchungen der APT folgen üblicherweise dem gleichen Muster wie beim CAPM: Zuerst werden im Rahmen einer Zeitreihenanalyse Ersatzgrößen für die Faktorladungen und Risikoprämien bestimmt, die anschließend als erklärende Variablen in einer Querschnittsanalyse verwandt werden.[1413]

$$E(\tilde{R}_i) = \gamma_0 + \sum_{j=1}^{k} b_{ij}\gamma_j + \varepsilon_i \qquad\qquad 3.4.4.5.2.-1$$

[1409] Vgl. Bower, Dorothy H./ Bower, Richard S./ Logue, Dennis E., [Equity Screening] Rates Using Arbitrage Pricing Theory, in: Lee, Cheng F. (Hrsg.), Advances in Financial Planning and Forecasting, Vol. 1 (1985), S. 29-47, hier S. 42. Analog ist auch die Vorgehensweise der Tests, vgl. Francis, J. C., a.a.O., S. 318; Haugen, R. A., a.a.O., S. 266.

[1410] Vgl. Bower, D. H./ Bower, R. S./ Logue, D. E., [Equity Screening], a.a.O., S. 44.

[1411] Vgl. Bower, D. H./ Bower, R. S./ Logue, D. E., [Equity Screening], a.a.O., S. 45; Roll, R./ Ross, S. A., [Strategic], a.a.O., S. 18.

[1412] Vgl. Kroll, M./ Caples, S., a.a.O., S. 681.

[1413] Vgl. Ehrhardt, Michael C., Arbitrage Pricing Models: The Sufficient Number of Factors and Equilibrium Conditions, in: JFR, Vol. 10 (1987), S. 111-120, hier S. 113.

mit γ_0 = Ordinatenabschnitt der Regressionsgleichung

        γ_j = Faktorrisikoprämie der Regressionsgleichung für den Faktor j

        $E(\tilde{R}_i)$ = Rendite des Wertpapiers i, abhängige Variable

        b_{ij} = Faktorladungen, unabhängige Variable

        ε_i = Störterm

Für das APT muß gelten, daß:[1414]

- $\gamma_0 = R_f$ und $\gamma_j \neq 0$;
- nur das aus den j Faktoren resultierende Risiko vom Markt vergütet wird.

Wenn das Modell eine praktische Hilfestellung bei der Bestimmung der Eigenkapitalkosten geben soll, darf die Anzahl der Faktoren u.E. nicht zweistellig werden. Praktische Vorschläge zur Kapitalkostenbestimmung verwenden vier bis sieben Einflußfaktoren. Die Stabilität der Faktoren muß gewährleistet sein.[1415]

Probleme ergeben sich bei der Bestimmung der Modellgrößen, da die APT keinerlei Aussagen über Art und Anzahl der Faktoren macht. Um die APT zu testen, benötigen wir Faktoren und Schätzer für die Faktorladungen (b_{ij}). Die meisten Tests zur Überprüfung der APT bestimmen Faktoren und Faktorladungen simultan.[1416] Sie verwenden üblicherweise die Maximum-Likelihood-Faktorenanalyse.[1417] Bei diesem Vorgehen werden mit Hilfe der Kovarianzmatrix der Wertpapierrenditen Faktoren durch Kombination von Wertpapieren gesucht, die die Kovarianzen der Wertpapiere am besten erklären.[1418] Dabei muß man sich aber auf wenige Wertpapiere beschränken, wodurch Faktoren übersehen werden könnten, die bei größeren Stichproben die Kovarianzen besser erklärten.[1419] Bei steigender Stichprobengröße soll die Anzahl der erklärenden Faktoren jedoch ansteigen; nach einer Faustregel sollte die Anzahl der Faktoren ungefähr 10

[1414] Vgl. Frantzmann, H.-J., [Saisonalitäten], a.a.O., S. 175; Copeland, T. E./ Weston, J. F., a.a.O., S. 228.

[1415] Vgl. Dhrymes, Phoebus J., The Empirical Relevance of Arbitrage Pricing Models, in: JPM, Vol. 10 (1984), Sommer, S. 35-44, hier S. 37.

[1416] Vgl. Elton, E. J./ Gruber, M. J., a.a.O., S. 375. Eine andere Art Tests bestimmt nicht die Faktoren und Faktorladungen simultan, sondern greift auf vorspezifizierte Faktoren zurück, mit denen ein Faktormodell formuliert wird, für das in einer Zeitreihenanalyse die Faktorsensitivitäten ermittelt werden. Chen, N.-f./ Roll, R./ Ross, S. A., a.a.O.; Burmeister, E./ Wall, K. D., a.a.O. Es werden jedoch verbundene Hypothesen getestet. Vgl. Elton, E. J./ Gruber, M. J., a.a.O., S. 376.

[1417] Eine weitere wichtige Voraussetzung, neben der Stationarität und Unabhängigkeit der Variablen, ist die Annahme normalverteilter Wertpapierrenditen.

[1418] Vgl. Haugen, R. A., a.a.O., S. 265; Elton, E. J./ Gruber, M. J., a.a.O., S. 376. Für eine gegebene Zahl von Faktoren werden die zugehörigen Sensitivitäten (Faktorladungen) bestimmt, die die Kovarianz der Störvariablen minimieren. Die Tests werden mit steigender Anzahl von Faktoren durchgeführt und abgebrochen, wenn kein signifikanter Erklärungsbeitrag des neuen Faktors vorliegt. Die Faktoranalyse ist nicht unproblematisch: Da Faktorladung und Faktor simultan bestimmt werden, ist sowohl das Vorzeichen als auch die Skalierung unbestimmt. So können die Vorzeichen wechseln, ebenso ist es möglich, daß die Faktorladungen halbiert und die Faktoren verdoppelt werden. Außerdem ist nicht sichergestellt, daß der erste Faktor aus der Stichprobe k dem ersten Faktor aus der Stichprobe m entspricht. Siehe Elton, E. J./ Gruber, M. J., a.a.O., S. 377. Zum letzten Punkt siehe auch Peters, H.-W., a.a.O., S. 135.

[1419] Vgl. Elton, E. J./ Gruber, M. J., a.a.O., S. 378.

% der in die Faktoranalyse einbezogenen Wertpapiere entsprechen.[1420] Eine empirische Untersuchung der APT wäre dann nicht möglich.[1421] Es soll sich jedoch größtenteils um spezifische Faktoren handeln, die diversifizierbar und mit keiner Risikoprämie versehen sind; diese Faktoren beeinflussen die Bewertung nicht.[1422]

Nach einer Untersuchung von ROLL und ROSS reichen fünf Faktoren aus, um die Kovarianz signifikant zu erklären,[1423] drei Faktoren liefern den wichtigsten Beitrag zur Erklärung der Renditen,[1424] durchschnittlich hatten maximal vier Faktoren signifikant von Null verschiedene Risikoprämien.[1425] Die Hypothese der alleinigen Erklärung der Wertpapierrenditen durch die Faktoren mußte hingegen verworfen werden: Um den Einfluß des unsystematischen Risikos zu ermitteln, hatten sie die Varianz als Risikomaß im Rahmen der Querschnittsanalyse untersucht; es ergab sich ein signifikanter Einfluß, den es nach dem Modell nicht geben dürfte.[1426] In einem weiteren Test wurden die drei Parameter - die erwartete Rendite, die Faktorladungen und die Standardabweichung - anhand verschiedener Beobachtungen ermittelt.[1427] Nur bei neun von 42

[1420] Vgl. Dhrymes, P. J., a.a.O., S. 38f.; Dhrymes, Phoebus J./ Friend, Irwin/ Gultekin, N. Bulent, A Critical Examination of the Empirical Evidence on the Arbitrage Pricing Theory, in: JoF, Vol. 39 (1984), S. 323-346, hier S. 336-340, insb. S. 339; Dhrymes, Phoebus J./ Friend, Irwin/ Gultekin, Mustafa N./ Gultekin, N. Bulent, [New Tests] of the APT and Their Implications, in: JoF, Vol. 40 (1985), S. 659-674, hier S. 666-670; Kryzanowski, Lawrence/ To, Minh Chau, General Factor Models and the Structure of Security Returns, in: JFQA, Vol. 18 (1983), S. 31-52, hier S. 45; Beenstock, Michael/ Chan, Kam-Fai, Testing the Arbitrage Pricing Theory in the United Kingdom, in: OBES, Vol. 48 (1986), S. 121-141, hier S. 128f. Keinen Einfluß stellte Cho, D. Chinhyung, On the Testing the Arbitrage Pricing Theory: Inter-Battery Factor Analysis, in: JoF, Vol. 39 (1984), S. 1485-1502, hier S. 1494, Tab. 2, fest.

[1421] Die Überprüfbarkeit der APT wird aber nicht nur aus diesem Grund angezweifelt. Vgl. Shanken, Jay, The Arbitrage Pricing Theory: Is it [Testable]?, in: JoF, Vol. 37 (1982), S. 1129-1140. Er zeigt, daß die Hypothesen keine testbaren Implikationen sind, wenn die Faktorladungen mit Hilfe der Faktorenanalyse aus der Kovarianzmatrix gewonnen werden. Er weist nach, daß ein Markt, dessen Renditen nicht durch ein Faktormodell erklärt werden, unter bestimmten Bedingungen durch geeignete Portefeuilles in einen Markt transformiert werden kann, in dem die Portefeuillerenditen durch das Faktormodell erklärt werden. Ein APT-Test, der Portefeuillerisikoprämien auf Signifikanz testet, braucht das APT nicht abzulehnen, obwohl der Kapitalmarkt die Voraussetzungen nicht erfüllt. Vgl. ebenda, S. 1138-1140. Siehe auch die Entgegnungen von Dybvig, Philip H./ Ross, Stephen A., Yes, the APT is Testable, in: JoF, Vol. 40 (1985), S. 1173-1188. Siehe auch Haugen, R. A., a.a.O., S. 266-268; Frantzmann, H.-J., [Saisonalitäten], a.a.O., S. 52-58.

[1422] Vgl. Roll, Richard/ Ross, Stephen A., A Critical Reexamination of the Empirical Evidence on the Arbitrage Pricing Theory: A [Reply], in: JoF, Vol. 39 (1984), S. 347-350, hier S. 349.

[1423] Vgl. Roll, Richard/ Ross, Stephen A., An Empirical [Investigation] of the Arbitrage Pricing Theory, in: JoF, Vol. 35 (1980), S. 1073-1103, hier S. 1088. Sie haben in ihrer Untersuchung 42 Wertpapierportefeuilles mit jeweils 30 Wertpapieren getestet. Vgl. ebenda.

[1424] Vgl. Roll, R./ Ross, S. A., [Investigation], a.a.O., S. 1092.

[1425] Vgl. Roll, R./ Ross, S. A., [Investigation], a.a.O., S. 1092.

[1426] Vgl. Roll, R./ Ross, S. A., [Investigation], a.a.O., S. 1094f. Uneinheitlich sind die Ergebnisse bei Beenstock, M./ Chan, K.-F., a.a.O., S. 136f.; Chen, Nai-fu, Some Empirical Tests of the Arbitrage Pricing Theory, in: JoF, Vol. 38 (1983), S. 1393-1414, hier S. 1405-1408, insb. S. 1406, mußte die These, daß die Varianz keinen Einfluß auf die Rendite hat, nicht verwerfen. Auch in einer Untersuchung von Pari, R. A./ Chen, S.-N., a.a.O., S. 128f., wurde kein Einfluß des Residualrisikos festgestellt. Roll, R./ Ross, S. A., [Investigation], a.a.O., S. 1095, führen die Bewertung der Varianz auf die Abweichungen der Renditeerwartungen von der Normalverteilungsannahme zurück, die bei den verwandten Tests unterstellt wurde.

[1427] Die erwarteten Renditen wurden anhand der 1, 4, 7, 10, ..., die Faktorladungen anhand der 2, 5, 8, 11, ..., und die Standardabweichung anhand der 3, 6, 9, 12, ..., Beobachtung bestimmt. Darüber hinaus wurden einzelne Beobachtungstage aussortiert, so daß sich die Zahl der Beobachtungen von 2619 auf 436 reduzierte. Durch diese Auswahl erreichten sie eine relative zeitliche Unabhängigkeit der Beobachtungen. Vgl. Roll, R./ Ross, S. A., [Investigation], a.a.O., S. 1096f.

Gruppen wurde ein signifikanter Einfluß der Standardabweichung erkannt.[1428] Es gab keine An-
zeichen für unterschiedliche Achsenabschnitte zwischen den Gruppen.[1429] Insgesamt sehen die
Autoren keinen Grund, die Ergebnisse als Falsifizierung der APT einzuordnen.[1430]

Die weitgehend positiven Ergebnisse wurden in den Untersuchungen von DHRYMES et al. nicht
bestätigt: Bei der getesteten Fünf-Faktoren-Standard-APT konnte nur in 6 von 42 Portefeuilles
eine signifikant von Null verschiedene Risikoprämie ermittelt werden.[1431] Darüber hinaus fanden
sie eine große Anzahl von Portefeuilles, bei denen die Anzahl der Faktoren mehr als fünf betrug;
die Zahl war nicht nur von der Portefeuillegröße abhängig (s.o.), sondern auch von der Zahl der
Beobachtungen.[1432] In 8 Portefeuilles konnte ein Einfluß der Standardabweichung und der Schie-
fe nicht verworfen werden, in 2 Portefeuilles wurden beide Maße mit einer Risikoprämie belegt.[1433] Die Hypothese konstanter Ordinatenabschnitte konnte nicht verworfen werden, allerdings waren sie signifikant verschieden vom risikolosen Zinsfuß.[1434]

Weitere Untersuchungen gelangen zu unterschiedlichen Ergebnissen: Die Anzahl der Faktoren,[1435] sie reicht von drei bis sieben, und der Achsenabschnitt[1436] bleiben umstritten; ob Anomalien (Klein-Firmen-Effekte oder Kalendereinflüsse) vorliegen, ist strittig.[1437]

[1428] Vgl. Roll, R./ Ross, S. A., [Investigation], a.a.O., S. 1097.

[1429] Vgl. Roll, R./ Ross, S. A., [Investigation], a.a.O., S. 1100; die Verfasser räumten dem Test nur eine geringe
Aussagefähigkeit ein.

[1430] Vgl. Roll, R./ Ross, S. A., [Investigation], a.a.O., S. 1100.

[1431] Vgl. Dhrymes, Phoebus J./ Friend, Irwin/ Gultekin, N. Bulent/ Gultekin, Mustafa N., An [Empirical] Examination of the Implications of Arbitrage Pricing Theory, in: JBF, Vol. 9 (1985), S. 73-99, hier S. 78-81, Tabelle
1 auf S. 79f. Siehe auch Dhrymes, P. J./ Friend, I./ Gultekin, M. N./ Gultekin, N. B., [New Tests], a.a.O., S.
662, Tabelle II auf S. 664f.

[1432] Vgl. Dhrymes, P. J./ Friend, I./ Gultekin, N. B./ Gultekin, M. N., [Empirical], a.a.O., S. 82.

[1433] Vgl. Dhrymes, P. J./ Friend, I./ Gultekin, N. B./ Gultekin, M. N., [Empirical], a.a.O., S. 84, Tabelle 2 auf S.
82f. Siehe allerdings Dhrymes, P. J./ Friend, I./ Gultekin, N. B., a.a.O., S. 345 oder Dhrymes, P. J./ Friend,
I./ Gultekin, M. N./ Gultekin, N. B., [New Tests], a.a.O., S. 663, Tabelle III auf S. 666.

[1434] Vgl. Dhrymes, P. J./ Friend, I./ Gultekin, N. B./ Gultekin, M. N., [Empirical], a.a.O., S. 95, S. 96f. oder
Dhrymes, P. J./ Friend, I./ Gultekin, N. B., a.a.O., S. 345. Siehe auch die unterschiedlichen Ergebnisse in
Dhrymes, Phoebus J./ Friend, I./ Gultekin, M. N./ Gultekin, N. B., [New Tests], a.a.O., S. 670f.

[1435] Vgl. Brown, Stephen J./ Weinstein, Mark I., A [New Approach] to Testing Arbitrage Pricing Models: The
Bilinear Paradigma, in: JoF, Vol. 28 (1983), S. 711-743, hier S. 728, S. 729 Tab. 4, die die APT mit drei Faktoren nicht verwerfen konnten. Modelle mit fünf oder sieben Faktoren lieferten keinen höheren Erklärungsgehalt. Die Untersuchung von Cho, D. Chinhyung/ Elton, Edwin J./ Gruber, Martin J., On the Robustness of
Roll and Ross Arbitrage Pricing Theory, in: JFQA, Vol. 19 (1984), S. 1-10, hier S. 5-7, hingegen ergab, daß
sieben Faktoren benötigt wurden, um die Kovarianz signifikant zu erklären. Cho, D. C., a.a.O., S. 1495, kam
auf fünf Faktoren, die die Rendite signifikant erklären. Chen, N.-f., a.a.O., S. 1400, S. 1398, Tabelle II S. 1399,
mußte die APT auf der Basis von fünf Faktoren nicht verwerfen; der erste Faktor hatte den größten Einfluß.
Es wird vermutet, daß es sich um ein Marktportefeuille handeln könnte, da gleichzeitig eine starke Korrelation
mit dem Beta-Faktor nachgewiesen wurde. In einer Untersuchung für das U.K. war die Anzahl der Faktoren,
die die Wertpapierrenditen erklären, in den Portefeuilles nicht einheitlich. Vgl. Abeysekera, Sarath P./ Mahajan, Arvind, A Test of the APT in Pricing U.K. Stocks, in: JBFA, Vol. 14 (1987), S. 377-391, hier S. 383. Zudem konnte die Hypothese, daß die Risikoprämien nicht signifikant von Null verschieden sind, nicht verworfen werden. Vgl. Abeysekera, S. P./ Mahajan, A., a.a.O., S. 385f. Auf statistische Probleme bei den Signifi-
kanztests zur Bestimmung der notwendigen Faktoren weist Ehrhardt, M.C., a.a.O., S. 116-119, hin.

[1436] In der Untersuchung von Brown, S. J./ Weinstein, M. I., a.a.O., S. 726, S. 727 Tab. 3, wurde die Hypothese
gleicher Achsenabschnitte verworfen; während in den Tests von Abeysekera, S. P./ Mahajan, A., a.a.O., S.

Verfasser	Stichprobe und Zeitraum	Verfahren	Ergebnis
Winkelmann (1984)	93 Aktien aus 21 Branchen, 31 Aktien aus 15 Branchen; 01/71 - 12/81	Hauptkomponentenanalyse; monatliche Renditen	Für die kleine Stichprobe wurden 5 Faktoren identifiziert, die 69,06 % der Varianz erklären. Die Spannweite reicht von 82,46 bis 42,81 %. Der 1. Faktor erklärt über 50 %. Es soll sich um eine Indexrendite handeln. Für die Querschnittsanalyse der 2. Stufe werden 12 Faktoren untersucht.[1438] Die Faktoren 1 bis 4 sind mit einer Risikoprämie ausgestattet (SN 5 %).[1439] Bei der großen Stichprobe werden 21 Faktoren identifiziert. Sechs dieser Faktoren erklären 52,25 % der Varianz, der 1. allein 35,85 %.[1440] In der Querschnittsanalyse wurden 6 Faktoren mit einer Risikoprämie ermittelt.[1441]
Peters (1987)	21 Aktien aus 10 Branchen; 01/75 - 12/76 01/77 - 12/78 01/79 - 12/80 01/81 - 12/82 01/81 - 03/85	Maximum-Likelihood-Faktoranalyse; tägliche Renditen	In den Teilperioden betrug die Anzahl der Faktoren 5, 5, 6, 7 und 8.[1442] Der Marktindex war nicht zentraler Faktor.[1443]
Frantzmann (1989)	100 Aktien; 01/70 - 12/85 01/70 - 09/75 10/75 - 09/82 10/82 - 12/85	Maximum-Likelihood-Faktoranalyse; tägliche Renditen; Portfolios zu fünf Aktien	Je nach Portefeuille belief sich die Anzahl gemeinsamer Faktoren, je nach Perioden, nach dem χ^2-Test auf 4 oder 7, 3 oder 4 und 2, 3 oder 5; nach dem Schwarz-Kriterium auf 1 oder 2 in der 1. Periode und jeweils 1 in der 2. und 3. Periode.[1444] Signifikante Risikoprämien können für die 1. Teilperiode und festgestellt werden, für die 2. Teilperiode bei nur 3 Portefeuilleformen, für den gesamten Zeitraum für 4 Portefeuilleformen (SN 0,05). Das adjustierte Bestimmtheitsmaß der Regressionen beträgt maximal 53,7 %.[1445]

384, die Hypothese, daß der Achsenabschnitt dem risikolosen Zins entspricht, nicht verworfen werden mußte. Cho, D. C., a.a.O., S. 1497f., mußte in 15 % der Tests die These gleicher Achsenabschnitte verwerfen.

[1437] Bei Connor, Gregory/ Korajczyk, Robert A., [Risk] and Return in an Equilibrium APT. Application of a New Test Methodology, in: JFE, Vol. 21 (1988), S. 255-289, hier S. 274, Abbildung 2 S. 276, S. 278, konnte eine Fünf-Faktoren-APT Januar- und Kleinfirmeneffekte besser erklären als das CAPM, wenngleich die Hypothese, daß keine Anomalien auf der Basis der APT vorliegen, verworfen wurde. Bei Lehmann, B. N./ Modest, D. M., a.a.O., S. 228-233, S. 241, S. 252, wurde ein Größeneffekt festgestellt. Ein , hingegen nicht von Chen, N.-f., a.a.O., S. 1409, Tabelle VI auf S. 1408. Zum gleichen Ergebnis kamen auch Beenstock, M./ Chan, K.-F., a.a.O., S. 138, die einschränken, daß in ihrer Stichprobe selten gehandelte Papiere - vermutlich kleiner Gesellschaften - nicht enthalten sind, so daß die Stichprobe verzerrt sein könnte.

[1438] Vgl. Winkelmann, M., [Aktienbewertung], a.a.O., S. 161-165.

[1439] Vgl. Winkelmann, M., [Aktienbewertung], a.a.O., S. 211.

[1440] Vgl. Winkelmann, M., [Aktienbewertung], a.a.O., S. 165-169.

[1441] Vgl. Winkelmann, M., [Aktienbewertung], a.a.O., S. 212.

[1442] Vgl. Peters, H.-W., a.a.O., S. 152.

[1443] Vgl. Peters, H. W., a.a.O., S. 156.

[1444] Vgl. Frantzmann, H.-J., [Saisonalitäten], a.a.O., S. 184, Tab. 6.29.

[1445] Vgl. Frantzmann, H.-J., [Saisonalitäten], a.a.O., S. 194, Tab. 6.37.

Müller (1992)	120 Aktien ohne Banken und Versicherungen; 01/72 - 12/85 01/72 - 12/78 01/72 - 12/85	Hauptkomponentenanalyse, Hauptfaktorenanalyse, Maximum-Likelihood-Faktoranalyse; wöchentliche Renditen; einzelne Wertpapiere und Portfolios	Die Anzahl der Faktoren lag für alle Portefeuilles in der 1. Periode über 10, in der 2. noch höher.[1446] Für die Querschnittsanalyse wird mit einer vorspezifizierten Faktorenzahl von 2 bis 6 Faktoren gearbeitet. In der 1. Periode haben alle Faktormodelle mit einer vorspezifizierten Faktorenzahl von 1 bis 6 einen signifikant von Null verschiedenen Vektor der Risikoprämien (SN 0,01); die Faktoranalysemethode war ohne Einfluß. In der 2. Periode traf dies auch für das zwei Faktorenmodell zu. Das adjustierte Bestimmtheitsmaß schwankte zwischen 7 und 11 Prozent. Die geringe Erklärungskraft ließ sich für alle Faktoranalyseverfahren und Teilzeiträume beobachten.[1447]
Steiner/ Nowak (1994)	259 Aktien sowie ein kleinerer Subsample; 1/67 - 12/71 1/72 - 12/76 1/77 - 12/81 1/82 - 12/86 1/87 - 12/91[1448]	Tests auf vorspezifizierte Faktoren wie Zins, Zinsstruktur, Risikoprämie, Inflation, Geldmenge, Auftragseingänge, Industrieproduktion, Dollarkurs[1449]	Es ergab sich ein heterogenes Bild, da die Zahl der bewerteten Faktoren und deren Vorzeichen im Zeitablauf nicht stabil waren und in Abhängigkeit von der Untersuchungsgruppe stark schwankten. Der Erklärungsgrad der Faktoren (durchschnittliche 20 %) ist relativ niedrig.[1450]
Ulschmid (1994)	141 bzw. 30 Aktien; 1978 - 1981 1983 - 1986 1988 - 1991[1451]	Maximum-Likelihood Faktorenanalyse mit anschließender Querschnittsregression[1452]	Die Anzahl der Faktoren ist abhängig von der Größe der Portefeuilles; in den meisten Fällen war jedoch nur ein Faktor bewertet.[1453] Die Schätzwerte für die Risikoprämie weisen einerseits jedoch z. T. negative Werte auf, andererseits sind die Schwankungen relativ groß.[1454] Es wird vermutet, daß der DAX ein möglicher Einflußfaktor sein könnte.[1455]

Nr. 20: Zusammenstellung empirischer Arbeiten über die *Arbitrage Pricing Theory*

Welche Schlüsse aus den Ergebnissen gezogen werden, wird widersprüchlich diskutiert.[1456] Insbesondere für den deutschen Markt können keine abschließenden Aussagen getroffen werden. Für eine Euphorie besteht aber u.E. kein Grund. Die nicht stabile Anzahl von Faktoren und der geringe Erklärungsgehalt setzen der Kapitalkostenermittlung auf der Grundlage der *Arbitrage Pricing Theory* enge Grenzen.

[1446] Vgl. Müller, Wolfgang, a.a.O., S. 118f.
[1447] Vgl. Müller, Wolfgang, a.a.O., S. 121, Tab. 4.1. auf S. 119, Tab. 4.2. auf S. 120.
[1448] Vgl. Steiner, Manfred/ Nowak, Thomas, Zur Bestimmung von Risikofaktoren am deutschen Aktienmarkt auf der Basis der Arbitrage Pricing Theory, in: DBW, 54. Jg. (1994), S. 347-362, hier S. 354.
[1449] Vgl. Steiner, Manfred/ Nowak, T., a.a.O., S. 354.
[1450] Vgl. Steiner, Manfred/ Nowak, T., a.a.O., S. 356f.
[1451] Vgl. Ulschmid, C., a.a.O., S. 280.
[1452] Vgl. Ulschmid, C., a.a.O., S. 364.
[1453] Vgl. Ulschmid, C., a.a.O., S. 360f., S. 362.
[1454] Vgl. Ulschmid, C., a.a.O., S. 362f., S. 365.
[1455] Vgl. Ulschmid, C., a.a.O., S. 365f.
[1456] Vgl. auch Harrington, D., a.a.O., S. 202.

3.5.   **Spezielle Fragen der Fremdfinanzierung im Rahmen des**
Discounted Cash Flow

3.5.1.   **Kosten der Fremdfinanzierung**

Kapitalkosten für Fremdkapital lassen sich im Vergleich zu den Eigenkapitalkosten weitgehend problemlos feststellen, da in der Regel feste Zahlungen an die Gläubiger vereinbart sind. Bei den Ausnahmen, den Verpflichtungen mit verdeckten Zinsen, ergeben sich Probleme; auf diese wird später zurückzukommen sein. Zu den mit expliziter Zinsverpflichtung ausgestalteten Formen der Finanzierung zählen die Kosten für Anleihen und Bankverbindlichkeiten unterschiedlicher Laufzeit und Besicherung. Diese stehen im Mittelpunkt der folgenden Betrachtung. Dabei sollen drei Fragen betrachtet werden: Zum ersten ist zu klären, ob die zeitliche Struktur der Fremdkapitalkosten - erfaßt durch die entsprechende Zinsstruktur - bei der Berechnung des _Discounted Cash Flow_ berücksichtigt oder ob einheitliche Fremdkapitalkosten verwandt werden sollten. Zum zweiten gilt es zu klären, inwieweit das Unternehmensrisiko bei der Bestimmung der Fremdkapitalkosten berücksichtigt wird. Drittens soll das Vorgehen der Bewertungsvorschläge kurz beleuchtet werden.

ad 1) Kapitalkosten für Fremdkapital können auf verschiedene Art und Weise bestimmt werden. Die einfachste Variante ist, sie als internen Zinsfuß (Effektivzins) der aus dem Kreditverhältnis resultierenden Zahlungen zu bestimmen (_Yield to Maturity_).

$$\text{Netto-Emissionskurs} = \sum_{t=1}^{T} \frac{\text{Zins}_t + \text{Rück}_t}{(1 + k_{FK})^t} \qquad\qquad 3.5.1.\text{-}1$$

mit
Zins$_t$	= Zinszahlungen der Periode t, t = 1, ..., T
Rück$_t$	= Rückzahlungsbetrag zum Zeitpunkt t
T	= Laufzeit des Papiers
k$_{FK}$	= Kosten des Fremdkapitals

Statt des Emissionskurses minus Nebenkosten[1457] kann auch die Kursnotiz angesetzt werden.[1458] Konditionen zum historischen Emissionszeitpunkt sind irrelevant, da zukünftige, zumindest aber aktuelle Kapitalkosten gesucht werden.[1459]

[1457] Vgl. Rappaport, A., [Creating], a.a.O., S. 56; Stewart, G. Bennett, a.a.O., S. 434. Siehe auch Bühner, R., [Management-Wert-Konzept], a.a.O., S. 41; Weber, Bruno, [Beurteilung], a.a.O., S. 229.

[1458] Vgl. Swoboda, Peter, [Investition] und Finanzierung, 4. Aufl., Göttingen 1992, S. 200; Schmidt, Reinhard H., [Grundzüge], a.a.O., S. 213; Copeland, T. E./ Weston, J. F., a.a.O., S. 66, S. 528; Mills, R./ Robertson, J./ Ward, T., [Business Value], a.a.O., S. 41. Bis zum Zinstermin angelaufene Stückzinsen sind in Deutschland nicht im Kurs berücksichtigt. Die zum Kaufzeitpunkt angefallenen anteiligen Zinsen der Periode sind dem Verkäufer zusätzlich zu erstatten. Vgl. Gebhardt, Günther, Anleihen als Instrumente der langfristigen Finanzierung, in: Gebhardt, Günther/ Gerke, Wolfgang/ Steiner, Manfred, Handbuch des Finanzmanagements, München 1993, S. 445-475, hier S. 451. Bei mehr als vier Perioden ist die Gleichung iterativ zu lösen.

[1459] Vgl. Rappaport, A., [Creating], a.a.O., S. 56; Copeland, T./ Koller, T./ Murrin, J., a.a.O., S. 184.

Komplexer sind die Verfahren, die explizit auf die Zinsstruktur zurückgreifen, um die Kapitalkosten zu bestimmen. Sie ermitteln die zukünftigen, periodenspezifischen Zinssätze (*Forward Rates*), aus denen sich die Effektivrendite zusammensetzt.[1460] Diese einperiodigen Terminzinssätze werden als unverzerrte Schätzer für die erwarteten Zinssätze angenommen (Erwartungstheorie der Zinsstruktur[1461]).[1462] Als eine weitere Möglichkeit können aus den *Forward Rates* die Kapitalkosten für ein-, zwei- und mehrperiodige Kredite (*Spot Rates*) bestimmt werden.[1463]

Die Zinsstruktur müßte grundsätzlich beachtet werden, um die wahren Opportunitätskosten für die Kapitalnutzung in den einzelnen Perioden zu erhalten.[1464] Üblicherweise greift man jedoch auf die Effektivrendite zurück und verzichtet auf periodenspezifische Kapitalkosten für das Fremdkapital, was nur bei einer flachen Zinsstrukturkurve unproblematisch ist; Effektivrendite, *Forward Rate* und *Spot Rate* stimmen überein. Liegt keine flache Zinsstruktur vor, kann jedoch die effektive Verzinsung vereinfachend als Durchschnittszinssatz interpretiert werden. Die Effektivzinsmethode ist daher durchaus angemessen, zumal unternehmensspezifische Risiken und Fremdkapitalkosten ermittelt werden können. Dies ist beim Rückgriff auf eine Zinsstrukturkurve des Kapitalmarkt nicht möglich.

ad 2) Während bei den Eigenkapitalkosten die Wirkungen von Kapitalstrukturentscheidungen mit Hilfe bestimmter Reaktionshypothesen, die regelmäßig von einer risikolosen Fremdfinanzierung ausgehen, und der Einfluß des Geschäftsrisikos über die Kapitalmarkttheorien erfaßt werden sollen, wird das Risiko bei den Fremdkapitalkosten nicht explizit erfaßt. Die Kreditverträge sind aber nicht nur durch Zahlungsansprüche, sondern auch durch Options-, Sicherungs-, Informations- und Entscheidungsrechte gekennzeichnet, die den Gläubiger zu vertragsgerechtem Verhalten anhalten bzw. von Vertragsverletzungen abhalten sollen. Durch unterschiedliche Gestaltung dieser Rechte wird die Attraktivität des Engagements für die Investoren und damit der

---

[1460] Vgl. Swoboda, P., [Investition], a.a.O., S. 200f. Ausgangspunkt der Bestimmung sind die bekannten Effektivrenditen risikoloser Zerobonds mit unterschiedlicher Restlaufzeit. Die *Forward Rates* werden bestimmt, indem eine Anleihe mit Hilfe dieser Zerobonds gedanklich zerlegt wird (*Bond Stripping*). Ist der effektive Zinssatz für einen Zerobond mit einer Restlaufzeit von ein und zwei Perioden bekannt, kann der Terminzins für die Periode zwei aus diesen bekannten Zinssätzen ermittelt werden. Zur Ableitung wird Arbitragefreiheit unterstellt. Vgl. Gebhardt, G., a.a.O., S. 456, S. 458; Brealey, R. A./ Myers, S. C., a.a.O., S. 567-572; Ross, S. A./ Westerfield, R. W./ Jaffe, J. F., a.a.O., S. 146-150. Die Zerobonds lassen sich auch aus den vorhandenen Anleihen mit den entsprechenden Laufzeiten konstruieren. Daher kann auch zur Ermittlung der Terminzinssätze auf diese Anleihen zurückgegriffen werden. Vgl. Steiner, Manfred/ Bruns, C., a.a.O., S. 226-230.

[1461] Erklärungen zur Zinsstruktur ergeben sich auch aus der Liquiditätsprämien- und der Marktsegmentierungstheorie. Beide erklären ein Abweichen der ermittelten Forward Rates und der erwarteten Zinssätze. Welche der drei Theorien die plausiblere Erklärung für beobachtete Zinsstrukturen liefert, muß an dieser Stelle nicht entschieden werden. Vgl. Ross, S. A./ Westerfield, R. W./ Jaffe, J. F., a.a.O., S. 152; Jarchow, Hans-Joachim, Theorie und Politik des Geldes, 7. Aufl., Göttingen 1987, S. 178-189.

[1462] Vgl. Swoboda, P., [Investition], a.a.O., S. 201; Copeland, T. E./ Weston, J. F., a.a.O., S. 66.

[1463] Vgl. Swoboda, P., [Investition], a.a.O., S. 201. Greift man direkt auf die beobachtbaren Spot-Rates für ein-, zwei- oder mehrperiodige Kredite aus der Zinsstrukturkurve zurück, ergeben sich Inkonsistenzen aufgrund des Durchschnittsprinzips der *Spot Rates* und der Wiederanlageprämisse. Vgl. Steiner, Manfred/ Bruns, C., a.a.O., S. 228.

[1464] Vgl. Copeland, T. E./ Weston, J. F., a.a.O., S. 70.

Marktwert des Wertpapiers und die Kapitalkosten beeinflußt.[1465] Im Gegensatz zu den Eigenkapitalkosten werden zwar keine Reaktionshypothesen über den Einfluß der Verschuldung auf die
Kosten der Fremdfinanzierung formuliert, aber das Finanzierungsrisiko wird quasi durch Risikoklassen erfaßt. Bei den Fremdkapitalkosten werden Veränderungen der Kapitalstruktur und
des Geschäftsrisikos rudimentär erfaßt.

ad 3) Was das praktische Vorgehen betrifft, wird auf eine Differenzierung der verschiedenen
Fremdkapitalarten weitgehend verzichtet und nur ein einheitlicher Fremdkapitalsatz ermittelt.[1466]
Die Laufzeit der betrachteten Papiere sollen mit der Länge des Planungshorizonts korrespondieren;[1467] andere Vorschläge orientieren sich bei der Fristbestimmung an der Restlaufzeit der vorhandenen Kredite.[1468] Selbst wenn das Unternehmen kurzfristig finanziert ist, werden langfristige
Renditen als gute Approximation der erwarteten Finanzierungskosten über den gesamten Planungshorizont gesehen;[1469] die geometrischen Durchschnitte der erwarteten kurzfristigen Renditen entsprechen den langfristigen Renditen.[1470] Damit wird implizit die Erwartungstheorie der
Zinsstruktur unterstellt.[1471]

Die Fremdfinanzierung durch Emission von Industrieobligationen hat in Deutschland einen
geringen Stellenwert im Vergleich zu den Bankverbindlichkeiten. Im Gegensatz zu den Anleihen
können die aktuellen Kapitalkosten bei langfristigen Engagements - wenn nicht eine Kreditaufnahme in jüngerer Zeit stattgefunden hat - nicht ermittelt werden, da keine Kurse vorhanden
sind. Als Approximation könnte die Differenz zwischen dem durchschnittlichen Effektivzinssatz
aller Unternehmen für eine bestimmte Laufzeit und Besicherung zum Zeitpunkt der Kreditaufnahme und zum Bewertungsstichtag bestimmt werden; diese Informationen können den Mo-
natsberichten der Deutschen Bundesbank entnommen werden. Diese Differenz wird zum historischen Effektivzins des Bewertungsobjekts addiert; wobei unterstellt wird, daß in der Zwischen-
zeit keine Änderungen über die Risikoeinschätzung des Unternehmens eingetreten sind. Vereinfachend könnte man sofort auf den durchschnittlichen Effektivzins zum Bewertungszeitpunkt
zurückgreifen. Alternativ wird vorgeschlagen die Kapitalkosten notierter Anleihen von Ver-

---

[1465] Vgl. Rudolph, B., [Kapitalkostenkonzepte], a.a.O., S. 897.

[1466] Vgl. Rappaport, A., [Creating], a.a.O., S. 56; Stewart, G. Bennett, a.a.O., S. 434; Bühner, R., [Management-
Wert-Konzept], a.a.O., S. 41; Weber, Bruno, [Bewertung], a.a.O., S. 229; Börsig, C., a.a.O., S. 87. Spremann,
K., [Projekt-Denken], a.a.O., S. 376, weist nur auf verschiedene Formen hin. Vorschläge für die Bestimmung
der Kapitalkosten diverser Fremdkapitalarten finden sich bei Copeland, T./ Koller, T./ Murrin, J., a.a.O., S.
183-189.

[1467] Vgl. Rappaport, A., [Creating], a.a.O., S. 56; Bühner, R., [Management-Wert-Konzept], a.a.O., S. 41. Von lang-
fristigem Fremdkapital sprechen Copeland, T./ Koller, T./ Murrin, J., a.a.O., S. 184; Börsig, C., a.a.O., S. 87;
Weber, Bruno, [Beurteilung], a.a.O., S. 229.

[1468] Vgl. Weston, J. F./ Chung, K. S./ Hoag, S. E., a.a.O., S. 180.

[1469] Vgl. Rappaport, A., [Creating], a.a.O., S. 56; Bühner, R., [Management-Wert-Konzept], a.a.O., S. 41; Börsig, C.,
a.a.O., S. 87; Weber, Bruno, [Beurteilung], a.a.O., S. 229.

[1470] Vgl. Copeland, T./ Koller, T./ Murrin, J., a.a.O., S. 184; Weston, J. F./ Chung, K. S./ Hoag, S. E., a.a.O., S.
180.

[1471] Vgl. Jarchow, H.-J., a.a.O., S. 179-182. Die Erwartungstheorie der Zinsstruktur unterstellt risikoneutrale
Fremdkapitalgeber.

gleichsunternehmen (mit gleichem Rating) heranzuziehen.[1472] Liegt kein Rating vor, sollen traditionelle Finanzkennziffern zum Vergleich herangezogen werden.[1473] Diese Empfehlung ist auf den deutschen Kapitalmarkt nur begrenzt übertragbar, da nur Schuldner erstklassiger Bonität zugelassen sind (§§ 36 ff BörsG).[1474] Die Auswahl an Vergleichsunternehmen ist daher begrenzt.

3.5.2.   Sonderfragen der Fremdfinanzierung

3.5.2.1.   Lieferantenverbindlichkeiten

Die Ausführungen im Abschnitt 3.2.2. haben die Probleme aufgezeigt, die sich ergeben, wenn die Fremdfinanzierung in den *Discounted Cash Flow* integriert werden soll. Im folgenden werden die Probleme vertieft und Sonderfragen der Finanzierung betrachtet. Behandelt werden kurzfristige Lieferantenverbindlichkeiten, Leasing-Finanzierung und Pensionsrückstellungen.

Bisher wurden Kreditbeziehungen, die im direkten Zusammenhang mit der Leistungserstellung zu sehen sind, nicht erfaßt, da kurzfristige Lieferantenverbindlichkeiten oder erhaltene Anzahlungen dem Leistungsbereich zugeordnet wurden. Der Zielverkauf eines Produkts oder einer Dienstleistung kann jedoch in ein Leistungs- und ein Finanzierungsgeschäft getrennt werden. Erfolgt diese Differenzierung nicht, sind die Kapitalkosten für Lieferantenkredite und erhaltene Anzahlungen bei der Projektion des *Net Working Capital* enthalten, da sie verdeckt beim Kauf bzw. Verkauf durch höhere Einkaufs- bzw. niedrigere Verkaufspreise entrichtet werden.[1475] Bei der Bestimmung der gewogenen Kapitalkosten wird die Finanzierung über Lieferantenkredite nicht berücksichtigt. Diese Vorgehensweise wird mit Netto-WACC-Ansatz bezeichnet.

Soll hingegen die Finanzierung über Lieferantenkredite und erhaltene Anzahlungen explizit berücksichtigt werden, müssen die Kapitalkosten zum einen aus dem Cash-flow herausgerechnet werden, zum anderen als Komponente bei der Ermittlung der gewichteten, durchschnittlichen Kapitalkosten berücksichtigt werden;[1476] diese Form wird im folgenden als Brutto-WACC-Ansatz bezeichnet. Die gewogenen durchschnittlichen Kapitalkosten im Brutto-WACC-Ansatz ($k^{WACC,B}$) lauten:

$$k^{WACC,B} = k_{EK}\frac{EK}{GK^B} + k_{FK,K}(1-s)\frac{FK_k}{GK^B} + k_{FK,L}(1-s)\frac{FK_L}{GK^B} \qquad 3.5.2.1.\text{-}1$$

[1472] Vgl. Stewart, G. Bennett, a.a.O., S. 434; Weston, J. F./ Chung, K. S./ Hoag, S. E., a.a.O., S. 180.

[1473] Vgl. Copeland, T./ Koller, T./ Murrin, J., a.a.O., S. 184.

[1474] Vgl. Uhlir, H./ Steiner, Peter, a.a.O., S. 58; Gebhardt, G., a.a.O., S. 446, S. 452.

[1475] Vgl. Copeland, T./ Koller, T./ Murrin, J., a.a.O., S. 173; Copeland, T. E./ Weston, J. F., a.a.O., S. 530; Stewart, G. Bennett, a.a.O., S. 93; Röttger, B., a.a.O., S. 55.

[1476] Vgl. Copeland, T. E./ Weston, J. F., a.a.O., S. 530; Bühner, R., [Strategie], a.a.O., S. 236.

mit $\quad k_{FK,K}\ (k_{FK,L})\quad =\quad$ Kapitalkosten für Kredite (Lieferantenverbindlichkeiten)
$\qquad FK_K,\ (FK_L)\quad =\quad$ Kredite (Lieferantenverbindlichkeiten) des Unternehmens
$\qquad GK^B\qquad\quad =\quad$ Unternehmensgesamtwert incl. Lieferantenverbindlichkeit

Zu prüfen ist, unter welchen Bedingungen die beiden Formen des WACC-Ansatzes sich entsprechen oder zu unterschiedlichen Ergebnissen führen.

Damit gewogene Kapitalkosten Sinn geben, muß der Marktwerte der Kredit- und Lieferantenverbindlichkeiten am Unternehmenswert orientiert sein; nur so bleiben die gewogenen Kapitalkosten konstant. Im Rentenmodell kann unter diesen Bedingungen die Äquivalenz der beiden Ansätze nachgewiesen werden. Ausgangspunkt ist der Erwartungswert des Cash-flows inklusive der "Zinsen" für die Lieferantenverbindlichkeiten (X^B); diese belaufen sich auf

$$k_{FK,L}(1-s)\frac{FK_L}{GK^B}\cdot\frac{X^B(1-s)}{k^{WACC,B}}. \qquad\qquad 3.5.2.1.\text{-}2$$

$X^B(1-s)/k^{WACC,B}$ entspricht dem Unternehmenswert, der sich aus dem Cash-flow vor "Lieferantenzinsen" und den korrespondierenden Kapitalkosten ergibt (GK^B), FK^L/GK^B entspricht dem Anteil der Lieferantenverbindlichkeiten am Unternehmenswert brutto incl. Lieferantenverbindlichkeiten. Es gilt: (3.5.2.1.-3.).

$$\frac{\left[X^B-k_{FK,L}\dfrac{X^B(1-s)}{k^{WACC,B}}\dfrac{FK_L}{GK^B}\right](1-s)}{k^{WACC,N}}+\frac{X^B(1-s)}{k^{WACC,B}}\frac{FK_L}{GK^B}=GK^B$$

$$X^B(1-s)\frac{1-k_{FK,L}\dfrac{(1-s)}{k^{WACC,B}}\dfrac{FK_L}{GK^B}}{k^{WACC,N}}+X^B\frac{(1-s)}{k^{WACC,B}}\frac{FK_L}{GK^B}=GK^B$$

$$X^B(1-s)\frac{k^{WACC,B}-k_{FK,L}(1-s)FK_L/GK^B}{k^{WACC,B}\cdot k^{WACC,N}}+X^B\frac{(1-s)}{k^{WACC,B}}\frac{FK_L}{GK^B}=GK^B$$

$$\frac{X^B(1-s)}{k^{WACC,B}}\left[\frac{k^{WACC,B}-k_{FK,L}(1-s)\dfrac{FK_L}{GK^B}}{k^{WACC,N}}+\frac{FK_L}{GK^B}\right]=GK^B$$

Der Term in der Klammer muß 1 werden, damit die Übereinstimmung von Netto- und Brutto-WACC-Ansatz gegeben ist. Der Zähler des Klammerterms entspricht:

$$k^{WACC,B}-k_{FK,L}(1-s)\frac{FK_L}{GK^B}=k_{EK}\frac{EK}{GK^B}+k_{FK,K}(1-s)\frac{FK_K}{GK^B}\qquad 3.5.2.1.\text{-}1$$

Wird dies eingesetzt, folgt

$$\frac{k_{EK}\dfrac{EK}{GK^B}+k_{FK,K}(1-s)\dfrac{FK_k}{GK^B}}{k^{WACC,N}}+\frac{k^{WACC,N}\dfrac{FK_L}{GK^B}}{k^{WACC,N}}$$

$$\frac{k_{EK}\dfrac{EK}{GK^B}+k_{FK,K}(1-s)\dfrac{FK_K}{GK^B}+\left(k_{EK}\dfrac{EK}{GK^N}+k_{FK,K}(1-s)\dfrac{FK_K}{GK^N}\right)\cdot\dfrac{FK_L}{GK^B}}{k^{WACC,N}}$$

$$\frac{k_{EK}\dfrac{EK}{GK^B}\left(1+\dfrac{FK_L}{GK^N}\right)+k_{FK,K}(1-s)\dfrac{FK_K}{GK^B}\left(1+\dfrac{FK_L}{GK^N}\right)}{k_{EK}\dfrac{EK}{GK^N}+k_{FK,K}(1-s)\dfrac{FK_K}{GK^N}}$$

$$\frac{k_{EK}\dfrac{EK}{GK^B}\left(\dfrac{GK^N+FK_L}{GK^N}\right)+k_{FK,K}(1-s)\dfrac{FK_K}{GK^B}\left(\dfrac{GK^N+FK_L}{GK^N}\right)}{k_{EK}\dfrac{EK}{GK^N}+k_{FK,K}(1-s)\dfrac{FK_K}{GK^N}}$$

Da $GK^N + FK_L$ dem Unternehmenswert brutto incl. Lieferantenverbindlichkeit entspricht, kürzt sich GK^B heraus; die Identität von Brutto- und Netto-WACC-Ansatz ist gegeben.

Beide Ansätze lassen sich formal ineinander überführen. Die Höhe der Kapitalkosten kann sich einerseits an den Opportunitätskosten der Lieferanten orientieren,[1477] andererseits werden Zahlungsziele nur wahrgenommen, wenn sie günstiger sind als Bankkredite. Dabei ist es nicht zwingend, auf die Kapitalkosten für Kontokorrentkredite zurückzugreifen. Es dürfte ein Bodensatz an Lieferantenkrediten vorhanden sein, den das Unternehmen langfristig bei Banken finanzieren würde; daher können die Kosten langfristigen Fremdkapitals verwandt werden.

Der Marktwert der Lieferantenverbindlichkeiten entspricht im Rentenmodell den kapitalisierten "Zinsen" (zu den "Zinsen" vgl. 3.5.2.1.-2). Der Marktwert der zukünftigen Lieferantenverbindlichkeiten muß aber gleichzeitig dem implizit im Konzept der gewogenen Kapitalkosten enthaltenen Proportionalprinzip folgen. Hier liegt auch das Problem des Brutto-WACC-Ansatzes: Während die Cash-flow-Abgrenzung durch den Verzicht auf die explizite Bestimmung der Zinszahlungen für Kredite und des Kreditvolumens erleichtert wird, da eine pauschale Finanzierungsstruktur gewählt wird, können die "Zinsen" für Lieferantenverbindlichkeiten erst bestimmt werden, wenn die Höhe der Lieferantenverbindlichkeit festliegt. Die Cash-flows können nur bestimmt werden, wenn die Lieferantenverbindlichkeiten bekannt sind. Die Höhe der Lieferantenverbindlichkeiten orientiert sich wegen des Proportionalprinzips am Unternehmenswert, den wir erst ermitteln wollen. Wir könnten die Lieferantenverbindlichkeiten auch explizit bestimmen, nur wissen wir nicht mehr, ob die explizite Ermittlung mit dem impliziten Wert, der durch die

---

[1477] Vgl. Copeland, T. E./ Weston, J. F., a.a.O., S. 530.

gewogenen Kapitalkosten vorgegeben ist, übereinstimmt. Zur Kontrolle brauchen wir den Unternehmensgesamtwert, der erst bestimmt werden soll. Wer mit dem Brutto-WACC-Ansatz arbeitet, muß iterativ vorgehen, um Inkonsistenzen zu vermeiden. Dies ist mit den heutigen Rechenprogrammen kein grundsätzliches Problem, jedoch sollte durch die Vorgabe von Zielkapitalstrukturen die Iteration umgangen werden.

Das Zirkularitätsproblem wird bei einem weiteren Brutto-WACC-Ansatz umgangen, weil die Kapitalkosten für die Lieferantenverbindlichkeiten und erhaltenen Anzahlungen mit Null angegeben werden.[1478] Inwieweit eine Bereinigung der Cash-flows vorgenommen wird, ist nicht erkennbar; da die Kapitalkosten Null sind, dürfte sie nicht erfolgen. Die Kapitalkosten von Null werden mit dem durchschnittlichen Bestand an Lieferantenverbindlichkeiten und erhaltenen Anzahlungen gewichtet (Zielkapitalstruktur). Da durch den WACC-Ansatz das Proportionalprinzip gilt, ergibt sich der Netto-WACC-Wert, wenn der Anteil der Lieferantenverbindlichkeiten und erhaltenen Anzahlungen vom Brutto-WACC abgezogen wird.

$$\frac{E(\tilde{X})(1-s)}{k_{EK}\dfrac{EK}{GK^B}+k_{FK,K}\dfrac{FK_K}{GK^B}+k_{FK,L}\dfrac{FK_L}{GK^B}}-FK_L=GK^N \qquad 3.5.2.1.\text{-}4$$

Da Kapitalkosten der Lieferantenverbindlichkeiten mit Null angenommen wurden, ergibt sich

$$\frac{E(\tilde{X})(1-s)}{k_{EK}\dfrac{EK}{GK^B}+k_{FK,K}\dfrac{FK_K}{GK^B}}=GK^B \qquad 3.5.2.1.\text{-}5$$

$$E(\tilde{X})(1-s)=GK^B\left(k_{EK}\frac{EK}{GK^B}+k_{FK,K}\frac{FK_K}{GK^B}\right)$$

Wird GK^B gekürzt und die Gleichung durch GK^N dividiert, folgt:

$$\frac{E(\tilde{X})(1-s)}{GK^N}=k_{EK}\frac{EK}{GK^N}+k_{FK,K}\frac{FK_K}{GK^N}$$

$$GK^N=\frac{E(\tilde{X})(1-s)}{k_{EK}\dfrac{EK}{GK^N}+k_{FK,K}\dfrac{FK_K}{GK^N}}$$

Nachdem die Identität von Netto- und Brutto-WACC-Ansatz nach den Berechnungsvorschlägen von COPELAND und WESTON bzw. BÜHNER nachgewiesen wurde, stellt sich die Frage, warum ein so komplexer Weg vorgeschlagen wird.[1479]

[1478] Vgl. Bühner, R., [Strategie], a.a.O., S. 236, S. 225.
[1479] Vgl. Copeland, T./ Koller, T./ Murrin, J., a.a.O., S. 173, die auf eine explizite Anpassung verzichten.

Bei der Überleitungsrechnung wurden neben einer am Unternehmenswert orientierten Fremdfinanzierung auch konstante Eigenkapitalkosten unterstellt. Diese Übereinstimmung gilt zum einen, wenn ein Nettogewinn-Ansatz unterstellt wird, bei dem die Finanzierung durch (Lieferanten-)Verbindlichkeiten keinen Einfluß auf die Eigenkapitalkosten hat; zum anderen, wenn der Einfluß der Fremdfinanzierung durch Lieferantenkredite bereits in den Eigenkapitalkosten antizipiert wird. Gilt ein Bruttogewinn-Ansatz und ist geplant, die Kreditgewährung durch Lieferanten verstärkt zu nutzen, müssen die Auswirkungen auf die Eigenkapitalkosten aufgrund des gestiegenen Leveragerisikos bedacht werden. Im Brutto-WACC-Ansatz ist eine Verschlechterung des Eigenkapitalanteils am Unternehmensgesamtwert und damit ein erhöhtes Finanzierungsrisiko erkennbar, im Netto-WACC-Ansatz hingegen nicht; der Einfluß des erhöhten Finanzierungsrisikos kann übersehen werden. Wer einen Einfluß der Fremdfinanzierung auf die Eigenkapitalkosten unterstellt, müßte daher mit dem Brutto-WACC-Ansatz rechnen, wenn er seinen Annahmen entsprechend konsistent bewerten möchte; beim Netto-WACC-Ansatz würde hingegen der unterstellte Modellrahmen verlassen.

3.5.2.2. Leasingfinanzierung

Während die Finanzierungsbeziehungen aus Lieferantenkrediten und erhaltenen Anzahlungen üblicherweise vernachlässigt werden, sollen Leasinggeschäfte explizit als Finanzierungsgeschäft gewertet und dem Finanzierungsbereich zugeordnet werden.[1480] Auf diese Weise wird ein Unternehmenswert (Brutto incl. Leasingfinanzierung) errechnet. Grundsätzlich ergibt sich die gleiche Vorgehensweise wie bei den Lieferantenverbindlichkeiten. Komplexer ist jedoch die Transformation der Erfolgs- in eine Zahlungsrechnung.

Bei der Bereinigung müssen die in den Leasinggebühren enthaltenen Tilgungs- und Zinsanteile neutralisiert werden;[1481] zusätzlich müssen die entsprechenden Bestandskonten bereinigt werden. Zunächst werden Leasinggegenstände untersucht, die im wirtschaftlichen Eigentum des Leasingnehmers stehen.[1482] Bei dieser Konstellation wird der Vermögensgegenstand mit seinen vermuteten Anschaffungskosten beim Leasingnehmer bilanziert; gleichzeitig wird als Ausgleichsposten eine Verbindlichkeit gegen den Leasinggeber in gleicher Höhe angesetzt. Der Zugang und die

---

[1480] Vgl. Copeland, T./ Koller, T./ Murrin, J., a.a.O., S. 118, auch S. 173; Stewart, G. Bennett, a.a.O., S. 93, S. 348. Die traditionelle Unternehmensbewertung vernachlässigt Leasing weitgehend. Eine Ausnahme ist Wagner, Thomas, Der Einfluß von Leasingverhältnissen bei der Unternehmensbewertung, in: BB, 44. Jg. (1991), Beilage 7 zu Heft 20, S. 22-24, der jedoch die Projektionsprobleme der Leasinggebühren und nicht die Abbildung von Leasing-Geschäften und die Auswirkungen auf die Finanzierung diskutiert.

[1481] Vgl. Copeland, T./ Koller, T./ Murrin, J., a.a.O., S. 189; Schwarzegger, J., a.a.O., S. 154.

[1482] Zu den Kriterien des wirtschaftlichen Eigentums beim Leasingnehmer oder -geber vgl. Glasel, Ludwig, Leasing, in: Castan, Edgar et al. (Hrsg.), Beck'sches Handbuch der Rechnungslegung, Bd. 2, 4. Ergänzungslieferung, München 1991, B 710, S. 1-30, hier S. 7-10.

Abschreibungen auf diese Leasinggegenstände werden wie bei anderen Vermögensgegenständen gebucht und in der Finanzierungsrechnung behandelt.

Komplexer ist die Behandlung der Leasinggebühren und der Ausgleichsverbindlichkeit. Die Leasinggebühren sind in drei Teile aufzuteilen: einen erfolgsneutralen Tilgungsanteil, einen erfolgswirksamen Zins- und einen erfolgswirksamen Kostenanteil. Die beiden ersten Bestandteile dürfen bei der Cash-flow-Abgrenzung nicht erfaßt werden, da der Cash-flow frei von Finanzierungszahlungen sein soll.

Die buchungstechnische Aufteilung, die im Jahresabschluß verwandt wird, muß zunächst rückgängig gemacht werden, da nur zwischen dem Tilgungsanteil auf der einen Seite und den Zins- und Kostenbestandteilen auf der anderen getrennt wird. Dem Bilanzierenden stehen zwei Methoden zur Verfügung: die Barwertvergleichsmethode und die Zinsstaffelmethode. Bei der einfachen Zinsstaffelmethode[1483] werden Zinseffekte vernachlässigt: Um die jährlichen Zins- und Kostenbestandteile zu bestimmen, werden zunächst die gesamten Zins- und Kostenanteile (Σ Z) als Überschuß der Summe der Leasingraten (Σ LR) über die Anschaffungsauszahlung (A_0) ermittelt. Der Anteil der Periode (Z_t) ergibt sich im zweiten Schritt analog der digitalen Abschreibung:

$$Z_t = \frac{\sum Z}{\sum_{t=1}^{T} \frac{(1+T)T}{2}} (T - t + 1)$$

3.5.2.2.-1

mit T = Grundmietzeit in Jahren
     t = erreichte Periode.

Bei der komplexeren Barwertvergleichsmethode[1484] entspricht der Barwert der Leasingraten der Anschaffungsauszahlung. Der für die bilanzielle Aufteilung relevante Kalkulationszinsfuß ergibt sich aus:

$$LR \frac{(1+i)^T - 1}{i(1+i)^T} = A_0$$

3.5.2.2.-2

Mit LR der jährlichen Leasingrate, A_0 Anschaffungsauszahlung, T der Vertragslaufzeit und i dem rechnerischen Zinsfuß. Dieser Zinsfuß wird benötigt, um eine Aufteilung der Leasing-Raten vorzunehmen. Mit Hilfe dieses Zinsfußes und dem abgeleiteten nachschüssigen Rentenbarwertfaktor wird der Barwert (BW_t) der zum Zeitpunkt t noch ausstehenden Leasingraten ermittelt:

$$BW_t = LR \frac{(1+i)^{T-t} - 1}{i(1+i)^{T-t}}$$

3.5.2.2.-3

1483 Vgl. Buchner, Robert, [Buchführung] und Jahresabschluß, 4. Aufl., München 1993, S. 331.
1484 Vgl. Buchner, R., [Buchführung], a.a.O., S. 330f.

Die Differenz der jährlichen Barwerte ist der Tilgungsanteil dar. Zinsen und Kostenbestandteile ergeben sich als Überschuß der Leasingraten über die Tilgung. Bei der Analyse vergangener Abschlüsse und der Transformation von Plan-Abschlüssen in eine Finanzierungsrechnung müssen diese Aufteilungen rückgängig gemacht werden. Gebucht werden Auszahlungen für Leasingraten "per Leasingaufwand und Ausgleichsverbindlichkeit an Kasse". Um die volle Auszahlung zu erhalten, ist vom freien Cash-flow die Verringerung der Ausgleichsverbindlichkeit abzuziehen.[1485]

Um den Kostenanteil des Leasing-Vertrages für die Cash-flow-Ermittlung zu bestimmen, lassen sich zwei Methoden ausmachen: Zum einen wird das Vorgehen der Barwertvergleichsmethode als Ausgangspunkt der Aufteilung gesehen, wobei vorab die Kapitalkosten festgelegt werden; sinnvoll erscheinen die Kapitalkosten langfristiger Finanzierungsformen.[1486] Der Bewerter bestimmt eine jährliche Annuität (An) aus der Anschaffungsauszahlung und diesem Zinssatz:

$$A_0 \frac{k_{FK}(1+k_{FK})^T}{(1+k_{FK})^T - 1} = An \qquad 3.5.2.2.-4$$

Die Differenz aus Annuität und Leasinggebühren entspricht dem Kostenbestandteil. Nur dieser Teil darf bei der Cash-flow-Ermittlung berücksichtigt werden. Da zunächst alle Auszahlungen aus dem Leasingvertrag abgezogen wurden, muß die Annuität - als Zins- und Tilgungsbestandteil - zum freien Cash-flow addiert werden.

Zum anderen werden die Kosten für Wartung und Versicherung isoliert ermittelt.[1487] Die Differenz zwischen der Leasinggebühr und den isoliert ermittelten Kosten entspricht Zins und Tilgung, die zum freien Cash-flow addiert werden. Die Kapitalkosten entsprechen dem internen Zinsfuß der Zahlungsreihe der Leasingraten (LR) abzüglich der Kostenbestandteile und der Anschaffungsauszahlung (A_0):[1488]

$$(LR - sonst. Auszahl.) \frac{(1+k)^T - 1}{k(1+k)^T} = A_0 \qquad 3.5.2.2.-5$$

[1485] Ein externer Bewerter hat bei der Analyse vergangener Abschlüsse Probleme, wenn im Geschäftsjahr neue Leasingverbindlichkeiten eingegangen wurden. Die Veränderung resultiert aus einem Zugang, der nicht erfaßt, und der Tilgung, die neutralisiert werden soll; eine Trennung ist nicht möglich.

[1486] Vgl. Copeland, T./ Koller, T./ Murrin, J., a.a.O., S. 189.

[1487] Vgl. Swoboda, P., [Betriebliche], a.a.O., S. 23. Vereinfachend könnte man als dritte Möglichkeit auf den Abzug der Veränderungen der Ausgleichsverbindlichkeit verzichten und die Zinsen auf den Anfangsbestand der Ausgleichsverbindlichkeit zum freien Cash-flow addieren.

[1488] Vgl. Swoboda, P., [Betriebliche], a.a.O., S. 23; Däumler, Klaus-Dieter, Effektivzinsbestimmung bei Leasing-Finanzierung, in: BuW, 48. Jg. (1994), S. 109-112. Grundsätzlich müssen auch noch Kauf- oder Verlängerungsoptionen beachtet werden. Empirische Untersuchungen ergaben, daß die Finanzierung über Leasing teurer ist als typische Kreditfinanzierung. Vgl. Sorensen, Ivar W./ Johnson, Ramon E., Equipment Financial Leasing, Practices and Costs: Empirical Studies: in: FM, Vol. 6 (1977), Nr. 1, S. 33-40, insbes. S. 36; Crawford, Peggy J./ Harper, Charles P./ McConell, John J., Further Evidence on the Terms of Financial Leases, in: FM, Vol. 10 (1981), Nr. 3, S. 7-14, insbes. S. 13; Swoboda, Peter/ Trotta, Birgit, Finanzierungsleasing in Österreich, in: JfB, 27. Jg. (1977), S. 154-166, insbes. S. 161f.

Aus Vereinfachungsgründen wird weitgehend auf den ersten Vorschlag zurückgegriffen. Beim *Operating*-Leasing erfolgt eine Zuordnung der Leasinggegenstände beim Leasinggeber; das Leasinggeschäft wird wie ein Mietverhältnis erfaßt. Ist das *Operating*-Leasing nicht von untergeordneter Bedeutung, sollte der Bewerter diese Geschäfte aus dem Cash-flow herausrechnen, d.h. er muß analog zum *Financial*-Leasing die Leasingraten und die fiktive Anschaffungsauszahlung für die geleasten Gegenstände im Cash-flow erfassen.

Durch die Neutralisierung der Leasinggebühren im freien Cash-flow soll der Finanzierungseinfluß des Leasings offengelegt werden; Kredit- oder Leasingfinanzierung sollen keinen Einfluß auf den freien Cash-flow haben. Der Umfang der Fremdfinanzierung eines Unternehmens wird weitgehend von realen Daten des Unternehmens und weniger von der Art der Fremdfinanzierung bestimmt. Leasing wird als Ersatz für die Kreditfinanzierung des Unternehmens eingeordnet. Durch eine erhöhte Leasing-Finanzierung wird der Umfang der Kreditverschuldung tendenziell verringert.[1489]

Vorteil der expliziten Erfassung des Leasings ist die offene Abbildung der Fremdfinanzierung und ihrer Auswirkungen auf die Kapitalstruktur, das Leveragerisiko und damit auf die Eigenkapitalkosten. Werden Leasingbeziehungen verdeckt im Cash-flow abgebildet, sind diese Auswirkungen nicht zu erkennen. Empirische Untersuchungen haben den Einfluß von Leasingverträgen auf die Eigenkapitalkosten nicht verworfen.[1490] Wie bei allen Brutto-WACC-Ansätzen muß aber die Konsistenz der Bewertung sichergestellt werden. Der Barwert der Zins- und Tilgungszahlungen muß dem Anteil der Leasingfinanzierung am Unternehmenswert, der aus dem Proportionalprinzip der gewogenen Kapitalkosten folgt, entsprechen. Auf diese Problematik weist die Literatur nicht hin.[1491]

3.5.2.3. Pensionsrückstellungen

Arbeitnehmer verzichten aufgrund der Pensionszusagen auf einen Teil des Lohns zugunsten von Pensionszahlungen nach dem Beschäftigungsende. Bei dem für Deutschland typischen Fall der unmittelbaren Versorgungsmaßnahme fallen die laufenden operativen Auszahlungen geringer aus und eine Kreditbeziehung wird aufgebaut. Die späteren Rentenzahlungen leistet das Unterneh-

[1489] Vgl. Drukarczyk, J., [Theorie], a.a.O., S. 484.
[1490] Vgl. Bowman, Robert G., The Debt Equivalence of [Leases]: An Empirical Investigation, in: AR, Vol. 40 (1980), S. 237-253. Auch andere Untersuchungen lassen vermuten, daß Leasing-Finanzierung vom Markt antizipiert wird. So wurde in einer Untersuchung von Finnerty, Joseph E./ Fitzsimmons, Rick N./ Oliver, Thomas W., Leases Capitalization and Systematic Risk, in: AR, Vol. 40 (1980), S. 631-639, kein Einfluß der Änderung der Bilanzierungsvorschriften auf das systematische Risiko festgestellt. Dies kann natürlich daran liegen, daß Leasing nicht als Fremdfinanzierung interpretiert wird; viel plausibler dürfte aber die Vermutung sein, daß die Auswirkungen von Leasinggeschäften in den Marktpreisen und Kapitalkosten bereits reflektiert waren.
[1491] Vgl. Copeland, T./ Koller, T./ Murrin, J., a.a.O., S. 178.

men aus dem Einzahlungsüberschuß. Für die nach dem Ausscheiden des Arbeitnehmers fälligen Zahlungen muß es während der Beschäftigungszeit unter bestimmten Bedingungen (unmittelbare Erstzusage nach 1986) Pensionsrückstellungen bilden. Aus den USA kommende Bewertungsvorschläge gehen auf Pensionsrückstellungen aufgrund ihrer geringen Bedeutung dort nicht ein. Wegen des hohen Stellenwertes der Pensionsrückstellungen für deutsche Unternehmen muß die Behandlung der Versorgungszusagen im Bewertungskalkül näher betrachtet werden.

Fragestellung ist, ob die Finanzierungsbeziehung explizit erfaßt werden soll oder ob sie - analog zu den verzinslichen Verbindlichkeiten - über die gewogenen Kapitalkosten berücksichtigt werden. Wenig hilfreich in bezug auf diese Fragestellung sind die deutschen Bewertungsempfehlungen zur Unternehmensbewertung unter Beachtung der Pensionsrückstellungen,[1492] da diese Problematik ihnen fremd ist.

Um die finanziellen Wirkungen von Pensionszusagen zu würdigen, sollen die Wirkungen auf die Entnahmen der Eigentümer offengelegt werden. Dabei erscheint es sinnvoll, den Aufbau der Kreditbeziehung und die Pensionszahlungen mit Hilfe eines unternehmensinternen Betriebsrentenfonds darzustellen.[1493] Die jährlichen Rentenansprüche werden durch "Prämienzahlungen" an einen internen Fonds erfaßt (1. Schritt). Im Gegenzug gewährt der Fonds zu Beginn jeder Periode einen Kredit an sein Unternehmen (2. Schritt). Dieser Kredit wird mit Zinsen in einem dritten gedanklichen Schritt am Periodenende zurückgezahlt. Die Rentenzahlungen erfolgen aus dem Fonds an den Arbeitnehmer (4. Schritt).

Soll der Cash-flow durch die Finanzierungsbeziehung aus Pensionszusagen nicht verzerrt werden, darf nur der erste Schritt im Rahmen der Cash-flow-Abgrenzung erfaßt werden. Die Schritte 2 und 3, aber auch 4 umfassen die Finanzierungsbeziehung. Der Wert des Betriebsrentenfonds im Zeitpunkt t = 0 wird als Bestandteil des Fremdkapitals abgezogen, wenn der Eigentümerwert ermittelt werden soll.

[1492] Vgl. Dörner, Wolfgang, [Versorgungsaufwendungen] als Bewertungsobjekt der Unternehmensbewertung, in: DB, 13. Jg. (1960), S. 153-155; Kleylein, Dieter, Bewertung von Versorgungsplänen bei Unternehmensveräußerungen - Betriebswirtschaftliche, steuerliche und versicherungsmathematische Aspekte -, in: DB, 34. Jg. (1981), S. 853-859; Heubeck, Klaus/ Löcherbach, Gerhard, Betriebliche Altersversorgung und Unternehmensbewertung, in: DB 35. Jg. (1982), S. 913-918; Lemitz, Horst-Günter, Bewertung von Versorgungsverpflichtungen bei Veräußerung oder Erwerb von Betrieben, in: BB, 37. Jg. (1982), Beilage 8; Rhiel, Raimund, Betriebswirtschaftlich-versicherungsmathematische Prognoserechnungen für Planungen und Unternehmensbewertungen, in: WPg, 40. Jg. (1987), S. 573-583, S. 605-612; Sieben, Günter/ Sielaff, Meinhard (Hrsg.), Unternehmensakquisition, Stuttgart 1989, S. 76-83; Dörner, Wolfgang, [Unternehmensbewertung], a.a.O., S. 79-81, (Rz A 166-169); Jung, Willi, a.a.O., S. 239-249; Löcherbach, Gerhard, Zur Berücksichtigung der Verpflichtungen aus Zusagen von betrieblicher Altersversorgung bei der Unternehmensbewertung, in: BFuP, 45. Jg. (1993), S. 59-65. Herter, R., a.a.O., S. 93-95, beschäftigt sich lediglich mit den Kapitalkosten der Pensionsrückstellungen.

[1493] Vgl. Hieber, O. L., a.a.O., S. 99f.

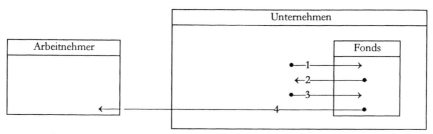

Nr. 21: Schematische Darstellung der Finanzierungsbeziehung aus Pensionszusagen

Die jährlichen Prämien errechnen sich anhand der folgenden Gleichungen,[1494] wobei vereinfachend von einer jährlichen Fondszuweisung und Rentenzahlung ausgegangen wird:

$$B_{RA} = \sum_{t=RA+1}^{RE} \frac{R_t}{(1+i)^{t-RA}} \qquad 3.5.2.3.-1$$

Bei einem uniformen Rentenstrom vereinfacht sich die Formel auf

$$B_{RA} = R \frac{(1+i)^{RE-RA} - 1}{(1+i)^{RE-RA} i} \qquad 3.5.2.3.-2$$

mit
B_{RA} = Barwert der Rentenzahlungen am Beschäftigungsende
R_t = Rentenzahlung der Periode t
RA = Beginn der Rentenzahlung
RE = Ende der Rentenzahlung
i = Kalkulationszinsfuß

Der Barwert der Rentenzahlung beim Beschäftigungsantritt[1495] (B_{Ei}) beträgt

$$B_{Ei} = \sum_{t=RA+1}^{RE} \frac{R_t}{(1+i)^{t-RA}} \cdot \frac{1}{(1+i)^{RA-Ei}} \qquad 3.5.2.3.-3$$

Das Kürzel (Ei) steht für Eintrittsdatum. Die jährlich konstanten Prämien (P) errechnen sich als jährliche Annuität des Barwertes zu Beginn des Eintritts.

$$P = \sum_{t=RA+1}^{RE} \frac{R_t}{(1+i)^{t-RA}} \cdot \frac{1}{(1+i)^{RA-Ei}} \cdot \frac{(1+i)^{RA-Ei} i}{(1+i)^{RA-Ei} - 1} \qquad 3.5.2.3.-4$$

In die Formeln kann selbstverständlich auch die vereinfachte Formel (3.5.2.3.-2) eingesetzt werden.

Das Vermögen des Fonds wächst während der Anwartschaft um die Prämienzahlungen P und die Zinsen für die im Unternehmen investierten Mittel (iPR_t). Diese Zinsen müssen vom Unter-

---

[1494] Vgl. Drukarczyk, J., [Theorie], a.a.O., S. 513.
[1495] Der Beschäftigungsantritt wird mit der Rentenzusage gleichgesetzt.

nehmen an den Fonds gezahlt werden. Das Kürzel PR_t steht für den am Beginn der Periode vorhandenen Bestand des Fonds.

$$\Delta PR_t = P + iPR_t \qquad\qquad 3.5.2.3.-5$$

Da auch während der Rentenphase Zinszahlungen (iPR_t) anfallen, verringert sich das Fondsvermögen nicht um P, sondern nur um

$$\Delta PR_t = P - iPR_t. \qquad\qquad 3.5.2.3.-6$$

Wie sind Pensionsrückstellungen aus buchhalterischer Sicht zu sehen? In der Bilanz werden die Pensionsrückstellungen ratierlich angesammelt, so daß zu Beginn der Rentenzahlung der Barwert der erwarteten Zahlungen in die Rückstellungen eingestellt ist. In Deutschland sind handelsrechtlich zwei Verfahren zugelassen, um den Wert der Pensionsrückstellungen zu berechnen: das Teilwert- und das Gegenwartsverfahren; steuerlich ist allerdings nur das Teilwertverfahren zulässig.[1496] Aus diesem Grund wird dieses in den Vordergrund gerückt; die Ergebnisse gelten analog auch für das Gegenwartsverfahren.[1497]

Während der Anwartschaftsphase errechnet sich der Teilwert TW_t jeder Periode aus der Differenz des Rentenbarwertes und dem Barwert der nach t fälligen Prämien:

$$TW_t = \frac{B_{RA}}{(1+i)^{RA-t}} - P \frac{(1+i)^{RA-t}-1}{(1+i)^{RA-t}i} \qquad\qquad 3.5.2.3.-7$$

Während der Rentenphase gilt

$$TW_t = R \frac{(1+i)^{RE-t}-1}{(1+i)^{RE-t}i} \qquad\qquad 3.5.2.3.-8$$

Die Zuführung zu den Pensionsrückstellungen (zPR_t) sind definiert als

$$zPR_t = TW_t - TW_{t-1} \qquad\qquad 3.5.2.3.-9$$

Bei konstanten Rentenzahlungen folgt das Teilwertverfahren den oben vorgestellten Betriebsfondsüberlegungen, d.h. die Zuführung zu den Pensionsrückstellungen entspricht den Veränderungen des Fonds ($zPR_t = \Delta PR_t$).[1498]

$$zPR_t = P + iPR_t \qquad\qquad 3.5.2.3.-10$$

[1496] Zur Vorgehensweise beim Teilwert- und Gegenwartsverfahren vgl. Hieber, O. L., a.a.O., S. 102-109; Schildbach, Thomas, Der handelsrechtliche [Jahresabschluß], 3. Aufl., Herne, Berlin 1992, S. 223-226.
[1497] Vgl. Hieber, O. L., a.a.O., S. 106.
[1498] Vgl. Hieber, O. L., a.a.O., S. 106, S. 277-279.

Die Analogie zwischen der Veränderung der Pensionsrückstellungen und dem Rentenfonds gilt auch in der Rentenphase.[1499]

Bei der Behandlung der Pensionszusagen orientieren sich die Empfehlungen von BÖRSIG, SCHMIDT und BÜHNER[1500] am Vorgehen der finanzwirtschaftlichen Bilanzanalyse.[1501] Die Ertragsrechnung wird in eine Finanzierungsrechnung transformiert, indem die Erhöhung (Verringerung) des Bestands an Pensionsrückstellungen zum Gewinn addiert (subtrahiert) wird.[1502] Werden die Pensionsrückstellungen gebildet, wird der Gewinn verringert, da der Aufwand aufgrund des Realisationsprinzips bereits heute anfällt, obwohl die Auszahlung erst in der (fernen) Zukunft erfolgt. In der Rentenphase fallen keine Aufwendungen an; um zur Zahlungsrechnung zu gelangen, wird die Verringerung des Bestandes vom Gewinn als Auszahlungsäquivalent abgezogen. Diese Verzerrung einer Erfolgsrechnung wird durch die Berücksichtigung der Bestandsänderung rückgängig gemacht. Auf die Abzinsung dieses Postens und die damit verbundene Kapitalkostenproblematik gehen die Empfehlungen nicht ein.

	operatives (periodisiertes) Ergebnis in t
+	Erhöhung der Pensionsrückstellungen in t
./.	Verringerung der Pensionsrückstellungen in t
=	freier Cash-flow in t

RICHTER und STIGLBRUNNER[1503] schlagen zwei Verfahren vor, die von ihnen als Netto- und Bruttomethode bezeichnet werden. Ausgangspunkt der Nettomethode ist das operative (periodisierte) Ergebnis. Aufbauend auf diesem Ergebnis nehmen sie drei Korrekturschritte vor:

1. Der rechnerische Zinsfuß, mit dem die Pensionsrückstellungen im Jahresüberschuß abgezinst werden, liegt überwiegend zwischen 3% und den Zinssätzen für langfristig aufgenommenes Fremdkapital;[1504] die "wahren" Kapitalkosten, deren Höhe zunächst nicht problematisiert wird, ist beispielhaft mit 9% angegeben. Den Bestand der Pensionsrückstellungen am Periodenanfang multiplizieren sie mit dem Differenzzinssatz zwischen den Kapitalkosten und dem rechnerischem Kalkulationszinsfuß und ziehen den Betrag vom operativen Ergebnis ab, um das Nutzungsentgelt für die Pensionsrückstellungen vollständig aus dem Gewinn herauszurechnen.

$$\text{Zins in } t = RS_{t-1} \cdot (k_{FK,RS} - i_{bil}) \qquad k_{FK,RS} > i_{bil}$$

[1499] Vgl. Hieber, O. L., a.a.O., S. 106f.

[1500] Vgl. Börsig, C., a.a.O., S. 86; Schmidt, Reinhart, [Shareholder], a.a.O., S. 283; Bühner, R., [Strategie], a.a.O., S. 225.

[1501] Vgl. Coenenberg, A. G. und Mitarbeiter, a.a.O., S. 523; Bitz, M./ Schneeloch, D./ Wittstock, W., a.a.O., S. 359; Küting, K./ Weber, Claus-Peter und Mitarbeiter, a.a.O., S. 129, S. 131.

[1502] Die Überlegungen gelten analog für andere Rückstellungen.

[1503] Vgl. Richter, F./ Stiglbrunner, K., a.a.O., S. 411f.

[1504] Vgl. Adler/ Düring/ Schmaltz, Rechnungslegung und Prüfung der Unternehmen, bearbeitet von Karl-Heinz Forster et al., Loseblattsammlung, 5. Aufl., Stuttgart 1987, Kommentierung zu § 253 HGB, Rz. 154.

mit RS_{t-1} = Rückstellungen zu Beginn der Periode
$k_{FK,RS}$ = Kapitalkosten der Pensionsrückstellungen
i_{bil} = rechnerischer Abzinsunsgsatz in der Bilanz

Zusätzlich zu den Kapitalkosten sollen die Personalkosten entsprechend ihrer Zahlungswirksamkeit erfaßt werden; daher werden

2. das operative Ergebnis um die Zuführung zu den Pensionsrückstellungen erhöht und
3. die geleisteten Pensionszahlungen abgezogen.

	operatives (periodisiertes) Ergebnis in t
./.	Zins in t
+	Erhöhung der Pensionsrückstellungen in t
./.	Pensionszahlungen in t
=	freier Cash flow in t (netto)

Weil die Kapitalkosten für die Pensionsrückstellungen vom Cash-flow abgezogen werden, dürfen sie nicht in den gewogenen Kapitalkosten berücksichtigt und vom Unternehmensgesamtwert abgezogen werden, um den Wert des Eigentümeranteils zu bestimmen.

Die Argumentation soll durch ein kleines, zugegeben einfaches Beispiel unterstützt werden: Wir unterstellen einen Sieben-Perioden-Kalkül. In den Perioden 5-7 besteht ein Anspruch auf Pensionszahlungen in Höhe von 100 GE, die jährlich nachschüssig zu leisten sind. Der Cash-flow vor Pensionszusagen entspricht dem operativen Ergebnis vor Pensionszusagen und beläuft sich auf 220 GE. Der Kalkulationszinsfuß von 6% stimmt mit den Kapitalkosten überein. Die Höhe der jährlichen Prämienzahlungen beträgt 61,10 GE. Die Teilwerte für die Perioden t = 1 bis 7 werden nach Formel (3.5.2.3.-7) ermittelt und betragen: 61,10 - 125,87 - 194,52 - 267,29 - 183,33 - 94,33 und 0 GE. Die Pensionszusage wird aufgrund der folgenden Buchungssätze erfaßt: Pensionsaufwand an Pensionsrückstellungen, Pensionsaufwand an Kasse und Pensionsrückstellungen an sonstige betriebliche Erträge. Für das Ergebnis ist es unerheblich, ob der Verbrauch der Pensionsrückstellungen über die sonstigen betrieblichen Erträge oder passivisch auf den Pensionsaufwendungen verbucht wird; die Aufteilung dient der Übersichtlichkeit. Aufgrund der Annahmen gelangen wir zu folgendem operativen Ergebnis nach Pensionszahlungen:

	t = 1	t = 2	t = 3	t = 4	t = 5	t = 6	t = 7
Gew./Cf vor Pensionen	220,00	220,00	220,00	220,00	220,00	220,00	220,00
Pensionsauf. an PensRS	-61,10	-64,77	-68,65	-72,77	0,00	0,00	0,00
Pensionsauf. an Kasse	0,00	0,00	0,00	0,00	-100,00	-100,00	-100,00
PensRS an sonst. Erträge	0,00	0,00	0,00	0,00	83,96	89,00	94,33
Gewinn nach Pensionen	158,90	155,23	151,35	147,23	203,96	209,00	214,33

Bei diesem Beispiel ist offensichtlich, daß sich die Cash-flow-Reihe nach Pensionen auf 220 GE in den Perioden 1 bis 4 und 120 GE in den Perioden 5 bis 7 beläuft. Man gelangt zu dieser Reihe, indem zum Gewinn vor Pensionen nur die Erhöhungen (Verringerungen) der Pensionsrückstellungen addiert (subtrahiert) werden; dies entspricht den Vorschlägen von BÖRSIG, BÜHNER und SCHMIDT.

	t = 1	t = 2	t = 3	t = 4	t = 5	t = 6	t = 7
Gewinn nach Pensionen	158,90	155,23	151,35	147,23	203,96	209,00	214,33
Veränderung der PensRS	61,10	64,77	68,65	72,77	-83,96	-89,00	-94,33
Cash-flow nach Pensionen	220,00	220,00	220,00	220,00	120,00	120,00	120,00

Folgen wir den Empfehlungen von RICHTER und STIGLBRUNNER, ergibt sich folgende Cash-flow-Reihe im Zeitablauf:

	t = 1	t = 2	t = 3	t = 4	t = 5	t = 6	t = 7
Gewinn nach Pensionen	158,90	155,23	151,35	147,23	203,96	209,00	214,33
Bestand an PensionsRS	61,10	125,87	194,52	267,29	183,33	94,33	0,00
Zuführung zur PensRS							
Prämie	61,10	61,10	61,10	61,10	0,00	0,00	0,00
Kapitalkosten	0,00	3,67	7,55	11,67	16,04	11,00	5,67
Pensionszahlungen	0,00	0,00	0,00	0,00	-100,00	-100,00	-100,00
Cash-flow nach Pensionen	220,00	220,00	220,00	220,00	120,00	120,00	120,00

Die Berechnungsvorschläge von BÜHNER, BÖRSIG und SCHMIDT entsprechen der Methode von RICHTER und STIGLBRUNNER, wenn der rechnerische Kalkulationszins den "wahren" Kapitalkosten entspricht. Die Zuführung zur Pensionsrückstellung entspricht der Prämienzahlung an einen internen Fonds plus der Zinsen für den Anfangsbestand der Pensionsrückstellungen.

RICHTER und STIGLBRUNNER ziehen noch einen weiteren Kapitalkostenanteil ab, wenn rechnerischer Kapitalisierungszins und Kapitalkostensatz nicht übereinstimmen. Damit wird der Cash-flow unterschätzt, da die Kapitalkosten nicht ausgezahlt werden. Die Begründung für ihr Vorgehen ist u.E. möglicherweise in einer Unterdotierung der Pensionrückstellungen zu suchen, die sie auf diese Weise erfassen wollen. "Entsprechend der Altersstruktur der Mitarbeiter sind u.U. zusätzliche Kapitalkosten in Abzug zu bringen"[1505], was auf unterdotierte Pensionsrückstellung hindeutet. In diesem Modellrahmen, in dem eine vollkommene Voraussicht herrscht, müßten sie auf eine Anpassung der Kapitalkosten verzichten.

Undeutlich bleiben auch die Ausführungen zum Brutto-Ansatz. So bleibt offen, ob die Kapitalkosten auf den Bestand der Pensionsrückstellungen zum operativen Ergebnis oder zum freien Cash-flow addiert werden. Die Addition zum freien Cash-flow, wäre verkehrt, da - wie wir gesehen haben - mit der Erhöhung der Pensionsrückstellungen die Kapitalkosten bereits addiert sind; sie wären damit doppelt berücksichtigt. Zudem wird die Pensionszahlung - quasi die Rückzahlung des Kredits an die Arbeitnehmer - abgezogen. Die Finanzierungszahlungen sollten jedoch

---

[1505] Richter, F./ Stiglbrunner, K., a.a.O., S. 412. Vgl. auch Sach, Anke, a.a.O., S. 217-219.

vom Cash-flow ferngehalten werden. Um konsistent zu rechnen, müßte vielmehr die Pensions-zahlung - die Kreditrückzahlung - zum Cash-flow addiert werden.

Nehmen wir den operativen Gewinn als Ausgangspunkt, folgt:

	operatives (periodisiertes) Ergebnis in t
+	Zins in t
=	freier Cash flow in t (brutto)

mit   Zins in t $= RS_{t-1} \cdot i_{bil}$

Angewandt auf die Beispiel, folgt:[1506]

	t = 1	t = 2	t = 3	t = 4	t = 5	t = 6	t = 7
Gewinn nach Pensionen	158,90	155,23	151,35	147,23	203,96	209,00	214,33
Kapitalkosten	0,00	3,67	7,55	11,67	16,04	11,00	5,67
Cash-flow (brutto)	158,90	158,90	158,90	158,90	220,00	220,00	220,00

Die operativen Ergebnisse vor Kapitalkosten entsprechen einer (fiktiven) Cash-flow-Reihe nach Prämienzahlung für die Pensionsleistungen an einen (internen) Rentenfonds. Addieren wir die Pensionszahlung - quasi die Kapitalrückzahlung - zum Cash-flow, folgt:

	t = 1	t = 2	t = 3	t = 4	t = 5	t = 6	t = 7
Cash-flow nach Pensionen	220,00	220,00	220,00	220,00	120,00	120,00	120,00
Pensionen	0,00	0,00	0,00	0,00	100,00	100,00	100,00
Cash-flow (brutto)	220,00	220,00	220,00	220,00	220,00	220,00	220,00

Unabhängig welches Vorgehen wir wählen, bestehen die bekannten Probleme des Brutto-WACC-Ansatzes. Wird eine Zielkapitalstruktur unterstellt, muß der explizite Wert der Arbeit-nehmeransprüche mit dem Anteil am Unternehmenswert übereinstimmen, der (implizit) durch die gewichteten Kapitalkosten vorgegeben ist.

Bei der Nettomethode werden jedoch die Auswirkungen einer Finanzierung über Pensionsrück-stellungen auf das Finanzierungsrisiko nicht sichtbar. Auch wenn der Arbeitnehmerkredit keine laufenden Zinsverpflichtungen hat, müßte er bei der Ermittlung der Kapitalstruktur berücksich-tigt werden. Pensionszusagen müßten explizit berücksichtigt werden, wenn der Einfluß der Fi-nanzierung auf den Unternehmenswert untersucht wird. Die gleiche Problematik ergibt sich auch bei Anleihen, die keiner laufenden Zinszahlung unterliegen. Analog kann man sich die Pensions-vereinbarung als einen Zerobond vorstellen: Der Arbeitnehmer verzichtet auf einen Teil seines Lohnanspruchs und erhält zahlreiche Zerobonds, die später im Zeitablauf zurückgezahlt werden. An der Bruttomethode wiederum ist problematisch, daß die expliziten "Zinsen" mit dem impli-

---

[1506] $3,67 = 61,10 \cdot 0,06$; $7,55 = (61,10 + 3,67) \cdot 0,06 + 61,10 \cdot 0,06$; etc.

ziten Wert aus der Gesamtbewertung übereinstimmen müssen. Wir stehen vor dem bekannten Dilemma, wenn der Cash-flow von sämtlichen Finanzierungseinflüssen bereinigt werden soll.

Abschließend soll das Problem der Höhe der Kapitalkosten betrachtet werden. In welcher Höhe sind die Kosten für die Pensionsrückstellungen anzusetzen? In der Literatur präsentierte Kapitalkostensätze variieren zum Teil erheblich, weil unterschiedliche Konstellationen hinsichtlich der Besteuerung, des Ausschüttungsverhaltens, der Länge der Anwartschafts- bzw. der Rentenphase unterstellt werden.[1507] Andere Autoren wollen die Höhe des bei der Vorausfinanzierung zu wählenden Zinses an den Ertragserwartungen des Versorgungskapitals orientieren. Damit wäre grundsätzlich die zukünftig langfristig erwartete Untergrenze der Ertragserwartungen der relevante Zinsfuß, um die Prämienzahlungen zu bestimmen.[1508] DRUKARCZYK kritisiert diesen Vorschlag, weil auf diese Weise eine Vorteilhaftigkeit der Pensionsrückstellungen vorgetäuscht würde;[1509] außerdem sollte das Prognoseproblem dieser Empfehlung nicht vernachlässigt werden. Andere Vorschläge verweisen auf den steuerlichen Abzinsungssatz von 6 %.[1510] Dieser Zins ist meines Erachtens nicht zulässig,[1511] da er unter Objektivierungsgedanken bestimmt wird.

Als sinnvolle Indikatorgröße können Kapitalkosten für vergleichbares anderweitiges Fremdkapital herangezogen werden.[1512] Da das mit Pensionszusagen verbundene Finanzierungsrisiko dem von Kreditverpflichtungen grundsätzlich entspricht,[1513] erscheint dieser Vorschlag zweckmäßig.

3.5.2.4. Fazit

Alle drei Formen der Finanzierung haben zwei Probleme bei der Ermittlung von Unternehmensgesamtwerten offenbart: Wenn die mit den Sonderformen der Fremdfinanzierung verbundenen "Zinsen und Tilgungen" im Cash-flow enthalten und dafür in den Kapitalkosten erfaßt werden sollen, dann muß das Proportionalprinzip der gewogenen durchschnittlichen Kapitalko-

---

[1507] Vgl. Kloster, U., a.a.O., S. 165-180, insb. S. 175, S. 179; Haegert, Lutz/ Schwab, Hartmut, Die Subventionierung direkter Pensionszusagen nach geltendem Recht im Vergleich zu einer neutralen Besteuerung, in: DBW, 50. Jg. (1990), S. 85-102, hier S. 93; Drukarczyk, J., [Theorie], a.a.O., S. 530, S. 532.

[1508] Vgl. Heubeck, Klaus, Unternehmensfinanzierung durch betriebliche Altersversorgung - eine kritische Betrachtung, in: ZfbF, 39. Jg. (1987), S. 908-922, hier S. 911; Engbroks, Hartmut, Finanzielle Effekte der Vorausfinanzierung der betrieblichen Altersversorgung, in: Wegweiser für die Altersversorgung, FS für Georg Heubeck aus dem Kreise seiner Mitarbeiter, Stuttgart 1986, S. 121-136, hier S. 123; Hieber, Otto L., a.a.O., S. 180.

[1509] Vgl. Drukarczyk, J., [Theorie], a.a.O., S. 545.

[1510] Vgl. Hielscher, Udo/ Laubscher, Horst-Dieter, Finanzierungskosten, Frankfurt am Main 1976, S. 77f.; Adelberger, Otto L., Formen der Innenfinanzierung, in: Gebhardt, Günther/ Gerke, Wolfgang/ Steiner, Manfred (Hrsg.), Handbuch des Finanzmanagements, München 1993, S. 197-228, hier S. 217; Paul, Walter, Finanzmanagement mit Hilfe von [Kennzahlen] - dargestellt am Beispiel der BASF, in: ZfbF, 42. Jg. (1990), S. 1076-1106, hier S. 1095; Herter, R. N., a.a.O., S. 95.

[1511] Auch ablehnend Sieben, G./ Sielaff, M. (Hrsg.), a.a.O., S. 82; Heubeck, K./ Löcherbach, G., a.a.O., S. 917.

[1512] Vgl. Heubeck, K., a.a.O., S. 911.

[1513] Vgl. Drukarczyk, J., [Theorie], a.a.O., S. 545.

sten beachtet werden. Die "Zinsen" orientieren sich an der Höhe der Schuld; die kann jedoch erst ermittelt werden, wenn der Unternehmensgesamtwert feststeht, weil der Bestand über die gewogenen Kapitalkosten als Anteil am Unternehmenswert definiert wird. Der Bewerter muß iterativ vorgehen.

Verwender der Lehrbuchformel könnten einwenden, daß sie doch den Netto-WACC-Ansatz ohne Neutralisierung dieser speziellen Finanzierungsbeziehung verwenden könnten. Bei diesem Verfahren haben sie allerdings ein anderes Problem: der Einfluß der Fremdfinanzierung auf die Eigenkapitalkosten. Wer einen Bruttogewinn-Ansatz unterstellt und den Einfluß der Finanzierung auf den Unternehmenswert vollständig erfassen will, muß, wenn er theoretisch konsistent arbeiten will, einen Brutto-WACC-Ansatz unterstellen. Eine veränderte Zielkapitalstruktur bei den Sonderformen der Finanzierung und die Auswirkungen auf die Eigenkapitalkosten können im Netto-WACC-Ansatz nur implizit erfaßt werden.

Es zeigt sich, daß die Bewertungsvorschläge zum einen zu wenig auf eine konsistente Bewertung hinweisen, wenn sie, wie bei den Leasingfinanzierung, einen Brutto-WACC-Ansatz empfehlen, zum anderen die Auswirkungen der verdeckten Finanzierung auf die Eigenkapitalkosten vernachlässigen, wenn sie, wie bei den Pensionsrückstellungen, einen Netto-WACC empfehlen.

Diese Probleme vor Augen, verbunden mit der Frage nach der Sinnhaftigkeit der unterstellten linearen Reaktionshypothese zwischen Verschuldungsgrad und Eigenkapitalkosten, sollen im folgenden Abschnitt die bisher vorgestellten *Discounted Cash Flow*-Modelle mit dem in Deutschland verwandten Verfahren der Unternehmensbewertungslehre verglichen werden. Dabei soll insbesondere auf die Abbildung der Fremdfinanzierung im Kalkül geachtet werden.

3.6. Vergleich *Discounted Cash Flow*-Methoden und Unternehmensbewertung in Deutschland

3.6.1. Ansatzpunkte eines Vergleichs

Bevor ein Vergleich zwischen den amerikanischen Bewertungsvorschlägen (DCF) und dem Ertragswertverfahren zur Unternehmensbewertung erfolgt, muß auf eine in der Literatur z.T. vorhandene Fehlspezifikation der Ertragswertmethode hingewiesen werden: Erfolgsgröße ist keineswegs ein periodisierter Ertragsüberschuß. Der Ertragswert entspricht vielmehr den in der Zukunft erwarteten Nettoausschüttungen des Unternehmens an seine Eigentümer, die mit den subjektiven Alternativertragssätzen auf den Bewertungsstichtag diskontiert werden.[1514] Durch diese Kurzbeschreibung werden zwei Grundgedanken deutlich:[1515]

- Der Ertragswert ist eine subjektive Größe. Der Wert ergibt sich immer nur für bestimmte Subjekte, die sich entsprechend ihren Handlungsmöglichkeiten, Alternativen und Präferenzen unterscheiden können. Für unterschiedliche Subjekte hat ein Unternehmen unterschiedliche Werte (Subjektivitätsprinzip[1516]).
- Der Ertragswert ist eine zukunftsorientierte Größe (Zukunftsbezogenheitsprinzip[1517]).

Den Ertragswert als Barwert diskontierter, aus der Vergangenheit fortgeschriebener Gewinne zu verstehen,[1518] offenbart ein fehlerhaftes Verständnis dieser Methode in Teilen der Literatur und Praxis;[1519] das Ertragswertverfahren sollte keineswegs mit den Bewertungsvorschlägen der Wirtschaftsprüfer gleichgesetzt werden.[1520] Auch die Einbindung der strategischen Planung ist kein konstituierender Unterschied zwischen beiden Verfahren. Sie wird zur Schätzung der Nettoausschüttungen schon vielfach bemüht.[1521]

Nach dieser Klarstellung fallen die Gemeinsamkeiten ins Auge. Sowohl der Ertragswert als auch der *Discounted Cash Flow* ergeben sich aus einer Gesamtbewertung der zukünftig zu projizierenden Zahlungsströme. Beide Verfahren führen einen Alternativenvergleich mit Hilfe eines Kalkulationszinsfußes durch (Kapitalwertverfahren); beide Verfahren sind Partialkalküle. Neben den offensichtlichen Gemeinsamkeiten soll das Verhältnis beider Bewertungsverfahren anhand der folgenden Kriterien untersucht werden: Bewertungsaufgabe, Erfolgsgröße und Kapitalisierungsrate.

Hierbei ist zu berücksichtigen, daß ein Vergleich durch die Tatsache erschwert wird, daß der *Discounted Cash Flow* auf verschiedene Arten bestimmt wird: als Unternehmensgesamtwert (*Entity Approach*) oder als Eigentümerwert (*Equity Approach*). Die Ähnlichkeit des Ertragswertverfahrens mit dem *Flow to Equity*-Ansatz ist ebenso offensichtlich wie der formale Unterschied zu den *Entity*-Konzepten - "Lehrbuch-Formel", *Total Cash Flow*- und *Adjusted Present Value*-Ansatz -, bei

---

[1514] Vgl. Ballwieser, W., [Methoden], a.a.O., S. 153; Leuthier, R., [Interdependenzproblem], a.a.O., S. 135-139; Moxter, A., [Grundsätze], a.a.O., S. 9-11.

[1515] Vgl. Kromschröder, B., a.a.O., S. 2f.

[1516] Vgl. Moxter, A., [Grundsätze], a.a.O., S. 23f.

[1517] Vgl. Moxter, A., [Grundsätze], a.a.O., S. 116-118.

[1518] Aeberhard, K., a.a.O., S. 401; Börsig, C., a.a.O., S. 84; Sewing, P., a.a.O., S. 221f.; Suckut, S., a.a.O., S. 19, S. 29; Helbling, Carl, [Unternehmensbewertung], a.a.O., S. 87.

[1519] Eine Auseinandersetzung mit diesem fehlerhaften Verständis findet man schon bei Busse von Colbe, W., [Zukunftserfolg], a.a.O., S. 39-42, S. 42-53, S. 53-85; Münstermann, H., [Wert], a.a.O., S. 32-39.

[1520] Vgl. Dörner, W., [Unternehmensbewertung], a.a.O., S. 26-107; Stellungnahme HFA 2/1983: Grundsätze zur Durchführung von Unternehmensbewertungen, in: WPg, 36. Jg. (1983), S. 468-480.

[1521] Vgl. Ballwieser, W., [Komplexitätsreduktion], a.a.O., S. 75-145, insb. S. 147-160; Coenenberg, Adolf G., [Unternehmensbewertung], a.a.O., S. 102-104; Leuthier, R., [Interdependenzproblem], a.a.O., S. 33-36; Ballwieser, W./ Leuthier, R., a.a.O., S. 605f.; Kraus-Grünewald, M., a.a.O., S. 113-201; Schell, Gerhard R., Die Ertragsermittlung für Bankbewertungen, Frankfurt am Main et al. 1988, S. 167-260; Ossadnik, Wolfgang, Rationalisierung der Unternehmungsbewertung durch Risikoklassen, Thun, Frankfurt am Main 1984, S. 234-280.

denen zum einen die Zahlungen an die Gläubiger im Zahlungsstrom berücksichtigt werden, zum anderen der Kalkulationszins nicht nur die Opportunitätskosten der Eigentümer, sondern auch der Gläubiger erfaßt.[1522]

3.6.2. Bewertungsaufgabe und -perspektive

Das Ertragswertverfahren als integraler Bestandteil der Funktionenlehre der Unternehmensbewertung soll[1523]

- einen subjektiven Grenzpreis bestimmen, den ein Käufer (Verkäufer) eines Unternehmens höchsten zahlen darf (mindestens erhalten muß), wenn er sich gegenüber dem Nichtkauf (Behalt) des Unternehmens nicht verschlechtern möchte;
- einen fairen Interessenausgleich zwischen mindestens zwei Verhandlungsparteien ermöglichen (Schiedspreis).

Der *Discounted Cash Flow* im Rahmen der Wertsteigerungsanalyse soll neben der Fundierung einer Akquisitionsentscheidung auch den Beitrag "interner" unternehmerischer Strategien zum Marktwert bestimmen. Außerdem soll er eine Wertermittlung für die Aktionäre i.S. einer fundamentalen Aktienanalyse ermöglichen.[1524]

Neben diesen unterschiedlichen Bewertungsaufgaben liegt ein weiterer Unterschied in der Bewertungsperspektive. Während die Ertragswertmethode den nutzenmaximierenden (potentiellen) Eigentümer und dessen Kauf- bzw. Verkaufentscheidung in den Mittelpunkt der Betrachtung stellt ("klassischer Unternehmer"), haben die amerikanischen Bewertungskalküle das kaufende (verkaufende) managergeleitete Unternehmen und dessen Marktwert als Zielgröße im Visier: Nicht die unmittelbaren, individuellen Konsummöglichkeiten des einzelnen und dessen subjektiver Wert, sondern die vermuteten Marktpreise des Kapitalmarktes sollen bestimmt werden.

Die Unterschiede haben ihren Ursprung in den Kapitalmarktgegebenheiten und der Entwicklung der Investitionsrechnung; beide Einflüsse sind nicht unabhängig zu sehen. Die größere Bedeutung der Börsen in den USA, an denen die Unternehmen einer täglichen Bewertung unterzogen werden, hat die individuelle Sicht für den Wert eines Unternehmens in den Hintergrund gedrängt. Darüber hinaus sind die Kapitalmarktgleichgewichtstheorien, die ursprünglich das Ge-

---

[1522] Bei Ballwieser, W., [Methoden], a.a.O., S. 168; Wagenhofer, A., a.a.O., S. 561, erfolgt nur die Gegenüberstellung: *Entity*-Ansatz versus Ertragswertmethode.

[1523] Vgl. Moxter, A., a.a.O., S. 9-13, 16-19. Die Kölner Funktionenlehre kennt neben den hier vorgestellten Zwecken noch die Argumentations- und Kommunikationsaufgabe. Vgl. Sieben, Günter/ Schildbach, Thomas, Zum Stand der Entwicklung der Lehre von der Bewertung ganzer Unternehmungen, in: DStR, 17. Jg. (1979), S. 455-461, hier S. 455-458.

[1524] Zur Einordnung von Investitionsrechenkalkülen, Unternehmensbewertung und Aktienanalyse vgl. Schmidt, Reinhard H., [Aktienkursprognose], a.a.O., S. 55-65.

schehen auf den Sekundärmärkten modellieren sollten, in den USA viel stärker in die Investitionsrechnung übernommen worden als in Deutschland, wo traditionell Marktunvollkommenheiten und Kapitalrationierung im Vordergrund des Forschungsinteresses standen.

Wenn Manager eines Unternehmens ein anderes kaufen wollen, scheint die individuell-subjektive
Sichtweise der Ertragswertmethode problematisch, da unbestimmt scheint, wessen subjektive
Anlagemöglichkeiten verwandt werden sollen. Das "Unternehmen als solches" hat keine Präferenzen, die ausführenden Manager können nicht die relevanten Personen sein, da sie nur Beauftragte der Eigentümer sind, und die Präferenzen der einzelnen Anleger können nicht festgestellt,
geschweige denn aggregiert werden. Vereinfachend wird in solchen Fällen bei der Ertragswertmethode auf den typischen Eigentümer zurückgegriffen: "Selbst wenn man bei der Bewertung
auf das abstellt, was als 'markttypisch' zu gelten hat, bleibt die Eignerbezogenheit erhalten. ... Das
Prinzip der Eignerbezogenheit wird erst verletzt, wenn der Unternehmenswert ohne erkennba-
ren Bezug auf die Eignerinteressen ermittelt wird, wenn sich der Unternehmenswert also nicht
einmal als potentieller Marktpreis des Unternehmens verstehen läßt."[1525] Wird auf den "marktty-
pischen" Eigentümer abgestellt, ergeben sich keine konzeptionellen Unterschiede zwischen Ertragswertverfahren und *Discounted Cash Flow*-Methoden.

3.6.3. Markterwartungen versus individuelle Alternativrendite

Bei der Ertragswertmethode orientiert sich der Vorteilsvergleich an der subjektiven Rendite des
Alternativobjekts, auf das beim Kauf verzichtet bzw. in das nach dem Verkauf investiert wird.
Die Unterstellung ist nicht unproblematisch. Woher soll der Bewerter die beste ausgeschlossene
Alternative kennen? Derartige Überlegungen unterstellen grundsätzlich eine Programmplanung,
da die beste Alternative erst bekannt ist, wenn die Rangfolge aller Alternativen feststeht; dann
aber ist die Bewertung überflüssig.[1526]

Orientiert sich der Bewerter vereinfachend am Marktpreis eines Objekts, das einen nutzenäqui-
valenten Entnahmestrom aufweist und am Markt am wenigsten kostet, so ist dieser Preis von
den Entnahmeerwartungen und Risikoeinstellungen der Marktteilnehmer abhängig, die jedoch
von den subjektiven Erwartungen und der individuellen Risikoeinstellung abweichen können.
Der Preis der Alternative ist damit für den Bewerter irrelevant. Darüber hinaus ist es nicht einfach, für ein ganzes Unternehmen ein vergleichbares Objekt zu finden; Marktpreise sind selten
bekannt. Als Alternative kommt nur ein Objekt in Frage, dessen Rückflüsse von den Erwartungen und Risikoeinstellungen Dritter unabhängig ist. Eine solche Alternative existiert mit dem

---

[1525] Moxter, A., [Grundsätze], a.a.O., S. 25.
[1526] Vgl. Schmidt, Reinhard H., [Grundzüge], a.a.O., S. 103; Ballwieser, W., [Komplexitätsreduktion], a.a.O., S. 169,
m.w.N.; Blohm, H./ Lüder, K., a.a.O., S. 147.

"quasi-sicheren" landesüblichen Zinsfuß,[1527] weil Erwartungen und Risikoeinstellungen Dritter bei dieser Anlagealternative vernachlässigt werden können.[1528]

Bei dieser Alternative ergeben sich Probleme, da einige Äquivalenzprinzipien offensichtlich verletzt sind, die einen Alternativenvergleich verhindern. Die Erträge aus dem Unternehmen und der risikolosen Anlage müssen sich über den gleichen Zeitraum erstrecken, mit dem gleichen Arbeitseinsatz erwirtschaftet werden, nach Steuern verfügbar sein, die gleiche Kaufkraft und Unsicherheitsdimension aufweisen.[1529] Im folgenden werden nur die Planungshorizont- und Unsicherheitsäquivalenz diskutiert.[1530]

Die Laufzeit risikoloser Wertpapiere ist i.d.R. auf zehn Jahre begrenzt, beim zu bewertenden Unternehmen wird hingegen eine unendliche Tätigkeit unterstellt. Im Gegensatz zu einem vollkommenen Kapitalmarkt mit einem Wertpapier von unendlicher Laufzeit, ergibt sich der maßgebliche Zinsfuß bei einer begrenzten Laufzeit der Papiere und einem daraus resultierenden Wiederanlagerisiko aus dem internen Zins der besten Kauf- und Verkaufstrategie; die erwartete Zinsentwicklung muß daher bei der Bestimmung des Zinsfußes herangezogen werden.[1531] Die Probleme sind offensichtlich; vereinfachend wird daher auf den am Bewertungsstichtag gültigen landesüblichen Zins zurückgegriffen.

Um Risikoäquivalenz zu erreichen, müssen die Erfolgsgröße und der Kalkulationszinsfuß die gleiche Risikodimension aufweisen. Dies wird erreicht, indem die Entnahmen auf den sicherheitsäquivalenten Ertrag aggregiert und mit dem quasi-sicheren Zinsfuß diskontiert werden; hierdurch wird die Zeitpräferenz der Investoren weitgehend unverfälscht erfaßt.[1532] Das Sicherheitsäquivalent wird mit Hilfe der individuellen Risikonutzenfunktion aus der Wahrscheinlichkeitsverteilung der Entnahmen ermittelt. Alternativ wird der Erwartungswert der Entnahmen mit einem risikoangepaßten Zinsfuß diskontiert. Beide Methoden müssen zum gleichen Ergebnis gelangen, so daß offensichtlich ist, daß der Risikozuschlag zum Zinsfuß nicht frei gegriffen werden kann, sondern entscheidungslogisch begründet ist.[1533]

[1527] Vgl. Moxter, A., [Grundsätze], a.a.O., S. 146; Münstermann, H., [Bewertung], a.a.O., S. 67-69.

[1528] Vgl. zu diesem Problem Ballwieser, W., [Komplexitätsreduktion], a.a.O., S. 167.

[1529] Vgl. Moxter, A., [Grundsätze], a.a.O., S. 155-184; Ballwieser, W./ Leuthier, R., a.a.O., S. 608; Leuthier, R., [Interdependenzproblem], a.a.O., S. 142-144.

[1530] Vgl. Ballwieser, W./ Leuthier, R., a.a.O., S. 608-610; Leuthier, R., [Interdependenzproblem], a.a.O., S. 145, S. 150-174.

[1531] Vgl. Matschke, Manfred Jürgen, Funktionale Unternehmungsbewertung, Bd. II: Arbitriumwert der Unternehmung, Wiesbaden 1979, S. 216f.; Ballwieser, Wolfgang, Die Wahl des [Kalkulationszinsfußes] bei der Unternehmensbewertung unter Berücksichtigung von Risiko und Geldentwertung, in: BFuP, 33. Jg. (1981), S. 97-114, hier S. 113.

[1532] Vgl. Köth, Uwe, Differenzierungsmöglichkeiten individueller Präferenzen und ihre Berücksichtigung bei der Bewertung unsicherer Zahlungsströme, München 1979, S. 63.

[1533] Vgl. Ballwieser, W., [Kalkulationszinsfußes], a.a.O., S. 102; Ballwieser, W., [Methoden], a.a.O., S. 160.

$$EW = \frac{E(\tilde{E}nt)}{R_f + z} = \frac{S\ddot{A}(\tilde{E}nt)}{R_f}$$ 3.6.3.-1

$$z = \left[\frac{E(\tilde{E}nt)}{S\ddot{A}(\tilde{E}nt)} - 1\right] \cdot R_f$$ 3.6.3.-2

mit EW = Ertragswert
E($\tilde{E}$nt) = Erwartungswert der Entnahmeverteilung
S$\ddot{A}$($\tilde{E}$nt) = Sicherheitsäquivalent der Entnahmeverteilung
R_f = risikoloser Zinsfuß
z = Risikozuschlag

Die Sicherheitsäquivalenzmethode läßt sich nicht praktisch umsetzen, da die relevante Risikonutzenfunktion, ja selbst der Funktionstyp, in der Realität unbestimmt sind. Der Bewerter hat aber die Möglichkeit, den gewählten Risikozuschlag auf Plausibilität zu prüfen, indem die Untergrenze der Bandbreite (Min(E)) als Mindestsicherheitsäquivalent angenommen wird.[1534] Dieser Betrag wird mit Sicherheit erwartet. Dem Mindestsicherheitsäquivalent entspricht der maximale Risikozuschlag z_{max}. Eine Risikonutzenfunktion ist nicht zu spezifizieren, allerdings wird eine extreme Risikoaversion unterstellt, da die Chancen nicht berücksichtigt werden. In jedem Fall lassen sich durch dieses Verfahren unplausible Risikozuschläge verhindern. Risikozuschläge, die über z_{max} liegen, widersprechen der Logik.[1535] Weitere Eingrenzungen sind theoretisch nicht zu begründen:

$$z_{max} = \left[\frac{E(\tilde{E}nt)}{Min(\tilde{E}nt)} - 1\right] \cdot R_f$$ 3.6.3.-3

Gibt man die Annahme eines Rentenmodells auf, wird nicht nur die Identität der Unternehmenswerte verlangt,[1536]

$$EW = \sum_{t=0}^{T} \frac{S\ddot{A}(\tilde{E}nt_t)}{(1 + R_f)^t} = \sum_{t=1}^{T} \frac{E(\tilde{E}nt_t)}{(1 + R_f + z_t)^t}$$ 3.6.3.-4

vielmehr müssen auch die periodenspezifischen Werte übereinstimmen,[1537]

[1534] Insoweit verkennt Schneider, Dieter, [Besteuerung], a.a.O., S. 522, die Möglichkeiten einer pragmatischen Anwendung der Sicherheitsäquivalenzmethode. Seine Kritik setzt allerdings schon eine Ebene früher ein, weil in seinen Augen die Theorie rationaler Entscheidungen unter Unsicherheit lediglich implizite Annahmen offenlegen, nicht jedoch praktische Entscheidungshilfen liefern soll. Vgl. ebenda, S. 522.
[1535] Vgl. Ballwieser, W., [Methoden], a.a.O., S. 160.
[1536] Vgl. Robichek, A. A./ Myers, S. C., a.a.O., S. 81; Ballwieser, W./ Leuthier, R., a.a.O., S. 609.
[1537] Ist S$\ddot{A}$($\tilde{E}$nt$_t$) = h$_t$E($\tilde{E}$nt$_t$), folgt h$_t$ = $(1+R_f)^t/(1+R_f+z)^t$ und h$_{t+1}$ = $(1+R_f)^{t+1}/(1+R_f+z)^{t+1}$, dann gilt h$_{t+1}$ = $(1+R_f)^t (1+R_f)/(1+R_f+z)^t(1+R_f+z)$. Die Gleichung impliziert z = 0. Um diesem Dilemma zu entgehen, muß der Zuschlag als durchschnittlicher Zuschlag z$_t$ interpretiert werden. Vgl. Robichek, A. A./ Myers, S. C., a.a.O., S. 82f.

$$\frac{E(\tilde{Ent}_t)}{\left(1+R_f+z_t\right)^t} = \frac{S\ddot{A}(\tilde{Ent}_t)}{\left(1+R_f\right)^t},$$

3.6.3.-5

da die Gleichung sonst nicht eindeutig lösbar ist.[1538] Der begründete Risikozuschlag z_t entspricht dann:[1539]

$$z_t = (1+R_f)\left[\left(\frac{E(\tilde{Ent}_t)}{S\ddot{A}(\tilde{Ent}_t)}\right)^{\frac{1}{t}} - 1\right]$$

3.6.3.-6

Die Obergrenze für den Zuschlag ergibt sich aus:

$$z_{max,t} = (1+R_f)\left[\left(\frac{E(\tilde{Ent}_t)}{Min(\tilde{Ent}_t)}\right)^{\frac{1}{t}} - 1\right]$$

3.6.3.-7

Risikozuschläge werden nicht nur durch die Bandbreite, sondern auch über $(\ .\ )^{1/t}$ vom Zeiteffekt beeinflußt. Konstante Sicherheitsäquivalente (Mindestentnahmeerwartungen) aufgrund identischer Bandbreiten im Zeitablauf erfordern sinkende Risikozuschlagssätze. Die gleiche Bandbreite wird im Zeitablauf mit einem geringeren durchschnittlichen Zuschlag über die Zeit ($z_t > z_{t+1}$) diskontiert.[1540] Wenn t unendlich groß wird, erreicht der durchschnittliche Zuschlag z_t den Wert Null.[1541] Dabei muß beachtet werden, daß z_t nur zur Ermittlung des Barwertes der Entnahme der Periode t herangezogen werden darf, z_{t+1} nur für die Entnahme der Perioden t+1.[1542] Darüber hinaus kann der Risikozuschlag eine komplexe Zahl werden, wenn Min(E_t) in einer Periode negativ wird und t eine gerade Zahl ist.

Für die praktische Anwendung können die Probleme umgangen werden, wenn das Risiko gedanklich die Periode T betrifft und nicht die Perioden t = 1, ..., T-1 erfaßt.[1543] Es darf nicht vergessen werden, daß diese Trennung willkürlich und theoretisch nicht begründbar ist:

$$\frac{E(\tilde{Ent}_t)}{(1+R_f+z_t)(1+R_f)^{t-1}} = \frac{S\ddot{A}(\tilde{Ent}_t)}{(1+R_f)^t}$$

3.6.3.-8

[1538] Vgl. Robichek, A. A./ Myers, S. C., a.a.O., S. 82.

[1539] Vgl. Ballwieser, W./ Leuthier, R., a.a.O., S. 610.

[1540] Vgl. Robichek, A. A./ Myers, S. C., a.a.O., S. 82f., S. 84; Kromschröder, B., a.a.O., S. 19-21; Ballwieser, W./ Leuthier, R., a.a.O., S. 609; Ballwieser, W., [Methoden], a.a.O., S. 158; Leuthier, R., [Interdependenzproblem], a.a.O., S. 148f.; Gerling, C., a.a.O., S. 279f.; Brealey, R. A./ Myers, S. C., a.a.O., S. 204; Haley, Charles W., Valuation and Risk-adjusted Discount Rate, in: JBFA, Vol. 11 (1984), S. 347-353, hier S. 348.

[1541] Vgl. Robichek, A. A./ Myers, S. C., a.a.O., S. 85: $\lim_{t\to\infty}(a_t)^{1/t} = 1$, $a_t = (E(\tilde{Ent}_t) / Min(\tilde{Ent}_t))$.

[1542] Vgl. Robichek, A. A./ Myers, S. C., a.a.O., S. 83; Ballwieser, W./ Leuthier, R., a.a.O., S. 609f. Dies ergibt sich aus Gleichung 3.6.4.-7.

[1543] Vgl. Ballwieser, W., [Methoden], a.a.O., S. 158, S. 160.

Wird dieser Term nach z_t aufgelöst, ergibt sich:

$$z_t = \left[\frac{E(\widetilde{Ent}_t)}{S\ddot{A}(\widetilde{Ent}_t)} - 1 \right] (1 + R_f)$$

3.6.3.-9

Für die Obergrenze des Zuschlags gilt:

$$z_{max,t} = \left[\frac{E(\widetilde{Ent}_t)}{Min(\widetilde{Ent}_t)} - 1 \right] (1 + R_f)$$

3.6.3.-10

Durch die Vorgabe von Obergrenzen kann die Bestimmung des Risikozuschlags zwar nicht gelöst, aber zumindest können unplausible Zuschläge ausgeschlossen werden.

Wird die Sicherheitsäquivalenzmethode als Referenzmodell herangezogen, so wird eine periodenunabhängige Risikonutzenfunktionen unterstellt und ein Nutzenwert innerhalb der Periode ermittelt. Die Risikoeinstellung zur Verteilung der Zahlungsströme ist damit unabhängig von der Periode t, wenn diese einmal erreicht wird, und erfolgt nur aus der Sicht von t = 0. "Ist der Risikonutzen eine unmittelbare Funktion der Periodenüberschüsse, so dürfte es auch schwer fallen zu begründen, wieso aus der Sicht von t_0 die Risikonutzenfunktionen unterschiedlicher Zeitpunkte auch unterschiedlich sein sollten."[1544] Erst in einem zweiten Schritt wird die Zeitpräferenz durch die Diskontierung berücksichtigt.[1545] Werden hingegen konstante Risikozuschläge bei konstanten Entnahmeverteilungen verwandt, sind implizit zeitabhängige Risikonutzenfunktionen unterstellt, ohne daß dies deutlich wird und ihre Eigenschaften bekannt sind.

Unterschiede zwischen der Ertragswertmethode und dem DCF-Verfahren ergeben sich weniger in der konkreten Höhe des risikolosen Basiszinsfußes, sondern bei der Ermittlung des Risikozuschlags.[1546] Hinter dem *Discounted Cash Flow*-Verfahren verbergen sich Überlegungen der neoklassischen Finanzierungstheorie:

- Der Risikozuschlag wird bei den amerikanischen Bewertungsvorschlägen aus dem Marktzusammenhang bestimmt, während das Ertragswertverfahren ein individueller Kalkül ist, der auf dem subjektiven Sicherheitsäquivalent der Entnahmeverteilung basiert.

- Werden die Markterwartungen mit Hilfe des CAPM oder der APT bestimmt, wird nicht das gesamte Risiko im Zahlungsstrom bewertet, sondern nur das systematische, nicht durch Di-

---

[1544] Köth, Uwe, a.a.O., S. 126.

[1545] Wenngleich Köth durchaus gleiche Risikonutzenfunktionen für unterschiedliche Zeitpunkte für plausibel hält, ist er skeptisch hinsichtlich des zweistufigen Vorgehens, da nur eine partielle, zeitpunktbezogene und keine intertemporale Berücksichtigung subjektiver Präferenzen erfolgte. Der zur Diskontierung verwandte Kalkulationszinsfuß entspringt einem monetären Bewertungssystem und ist keinesfalls mit einem nutzenorientierten Zeitpräferenzfaktor vergleichbar. Vgl. Köth, Uwe, a.a.O., S. 408.

[1546] Auch in der Literatur zur Unternehmensbewertung gibt es Vorschläge den Risikozuschlag durch das CAPM zu bestimmen. Vgl. Göppl, H., [Unternehmungsbewertung], a.a.O.

versifikation vernichtbare Risiko. Beim Ertragswertverfahren wird hingegen der Risikozuschlag aus der Bandbreite ermittelt, die nicht in systematische und unsystematische Komponenten zerlegt werden kann.

- In den amerikanischen Vorschlägen wird der Einfluß der Finanzierungsstruktur explizit durch die unterstellten Reaktionshypothesen erfaßt: Beim Nettogewinn-Ansatz hat die Finanzierung annahmegemäß keinen Einfluß auf den Risikozuschlag der Eigenkapitalkosten. Wird hingegen ein Bruttogewinn-Ansatz unterstellt, lassen sich die Risikoeinflüsse von Geschäfts- und Finanzierungsrisiko beim Risikozuschlag trennen; es wird ein linearer Zusammenhang unterstellt.

Das Ertragswertverfahren als *Flow to Equity*-Ansatz bringt eine dritte Variante in die Diskussion: Es werden zwar keine expliziten Annahmen über den Einfluß der Finanzierung auf den Risikozuschlag gemacht,[1547] über die Bandbreite bzw. die Mindestentnahme, die von der Finanzierung beeinflußt sind, wird aber der Risikozuschlag konsistent abgeleitet bzw. einer Plausibilitätskontrolle unterworfen. Damit spiegelt sich auch im Risikozuschlag nach Ertragswertverfahren das *Leverage*-Risiko; explizite Aussagen über den Einfluß der Finanzierung auf den Zins erfolgen jedoch nicht. Die Aussage, daß der Kalkulationszinsfuß im Ertragswertverfahren nur sinnvoll bei einer vollständig eigenfinanzierten Akquisition angewendet werden kann, ist falsch.[1548]

Durch den Rückgriff auf die Bandbreite der Entnahmeverteilung wird der Risikozuschlag allerdings vom Bewerter beeinflußt. Die Unternehmensleitung ist dadurch nicht in der Lage, ihre Anforderungen über die Rentabilität der Projekte vorzugeben, da der Risikozuschlag von den Projektionen der Projektverantwortlichen abhängt.

Durch den Rückgriff auf die Bandbreite der Entnahmen zur Ermittlung des Risikozuschlags ergeben sich zwei nicht zu unterschätzende Vorteile: Zum einen kann der Rückgriff auf die Beta-Faktoren vermieden werden, die nicht unproblematisch sind. Zum anderen kann mit einer über die Perioden variierenden Kapitalstruktur gerechnet werden, ohne eine Unabhängigkeit der Eigenkapitalkosten vom Verschuldungsgrad - wie beim Nettogewinn-Ansatz - zu postulieren oder die Finanzierungsprämissen des WACC-Ansatzes zu verletzen. Strenggenommen werden in den Vorschlägen amerikanischer Lehrbücher und Beratungsgesellschaften die Probleme der Finanzierung wegdefiniert: Im WACC-Ansatz wird der Einfluß der Verschuldung durch die Unterstellung einer am Unternehmenswert orientierten Finanzierung neutralisiert; im FTE-Ansatz

---

[1547] Vgl. auch Hax, Herbert, Der [Kalkulationszinsfuß] in der Investitionsrechnung bei unsicheren Erwartungen, in: ZfbF, 16. Jg. (1964), S. 187-194, hier S. 194. Ausnahmen sind Elmendorff, Wilhelm/ Thoennes, Horst, Einfluß der Finanzierung auf den Unternehmenswert, in: Forster, Karl-Heinz/ Schuhmacher, Peter (Hrsg.), Aktuelle Fragen der Unternehmensfinanzierung und Unternehmensbewertung, FS für Kurt Schmaltz, Stuttgart 1970, S. 35-53; Drukarczyk, Jochen, [Unternehmensbewertung] und Normalisierung der Kapitalstruktur, in: WPg, 29. Jg. (1976), S. 72-79; Volkart, Rudolf, Unternehmenswert und [Kapitalstruktur], STH, 64. Jg. (1990), S. 543-552.
[1548] Dies behauptet Helling, Nico, Strategieorientierte Unternehmensbewertung, Wiesbaden 1994, S. 130.

muß die problematische Annahme eines Nettogewinn-Ansatzes herhalten, die einen Einfluß der Finanzierung auf die Eigenkapitalkosten verneint, um konsistent zu rechnen, wenn die Finanzierung nicht kapitalstrukturneutral erfolgt.

Schließlich darf die Problematik der unterstellten Reaktionshypothese nicht vergessen werden: Zwar erscheint es einsichtig, daß der Nettogewinn-Ansatz keine plausible Erklärung für die Wirkung der Verschuldung ist, da der Ausgleichsmechanismus des Marktes verdrängt wird, jedoch wird die lineare Reaktionshypothese des Bruttogewinn-Ansatzes unter den rigorosen Annahmen einer MODIGLIANI-MILLER-Welt mit einem vollkommenen Markt abgeleitet. Damit kann der Einfluß modelltheoretisch zwar schlüssig und stringent erfaßt werden; "[d]ie Modellanalysen dürfen jedoch nicht darüber hinweg täuschen, daß es noch keine befriedigenden Möglichkeiten gibt, das Investitions- und Kapitalstrukturrisiko ausreichend zu messen, um Kapitalkostensätze für praktische Fälle exakt ableiten zu können."[1549]

Die Bewertungsvorschläge amerikanischer Lehrbücher und Beratungsgesellschaften postulieren diese Existenz einer MODIGLIANI-MILLER-Welt, wenn sie einen Unternehmenswert ermitteln. Gegen dieses Vorgehen ist grundsätzlich nichts einzuwenden, auch wenn die Erkenntnisse der neoklassischen Finanzierungstheorie unter rigorosen Annahmen abgeleitet werden. Nur auf dieser Basis können letztendlich quantitative Modelle für komplexe Sachverhalte formuliert werden, um Einflußgrößen zu erkennen und zu vergleichen.[1550] Allerdings ist die MODIGLIANI-MILLER-These in einer komplexen Welt "... nicht mehr als ein gedanklicher Ausgangspunkt der Finanzierungstheorie."[1551] Die Beratungspraxis hat auf die "modernen", amerikanischen Verfahren zurückgegriffen, ohne die damit verbundenen Implikationen herauszustellen.

Konzeptionelle Unterschiede - Marktperspektive oder subjektive Sichtweise - der Verfahren sollten nicht überbewertet werden: Einerseits ist zweifelhaft, ob die Kapitalmarktmodelle das Geschehen am Kapitalmarkt hinreichend plausibel beschreiben; sie lassen sich u.E. lediglich als pragmatische Verfahren zur Bestimmung des Risikozuschlags verwenden. Die unterstellte Reaktionshypothese ergibt sich aus einem Modell, dessen Annahmen nicht mit der Realität übereinstimmen. Ein Marktpreis kann mit dem *Discounted Cash Flow* nicht ermittelt werden.[1552] Andererseits wird im Rahmen des Ertragswertverfahrens die subjektive Perspektive ebensowenig erreicht, da sich lediglich Grenzen eines möglichen subjektiven Risikozuschlags angeben lassen. Beide Konzepte können nur unvollkommen umgesetzt werden.

[1549] Swoboda, P., [Investition], a.a.O., S. 217.

[1550] Vgl. Schneider, Dieter, [Grundlagen], a.a.O., S. 281.

[1551] Schmidt, Reinhard H., [Grundzüge], a.a.O., S. 241.

[1552] Vgl. Schneider, Dieter, [Grundlagen], a.a.O., S. 281. Der *Discounted Cash Flow* kann nur im Modell eines vollkommenen und vollständigen Kapitalmarktes als Marktpreis verstanden werden. Vgl. ebenda, S. 268.

262

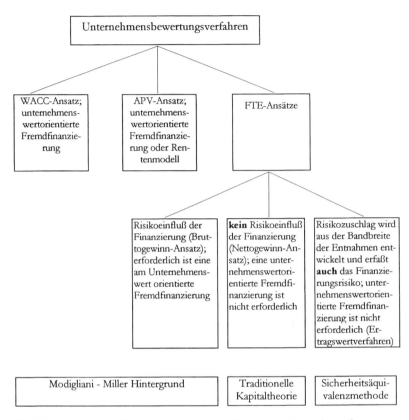

Nr. 22: Einordnung des Ertragswertverfahrens in Modelle der Unternehmensbewertung

3.6.4 Eine Fallstudie

Im folgenden wird der Unternehmenswert als Ertragswert bzw. Flow to Equity, Free Cash Flow (Kapitalkostenkonzept), Total Cash Flow und Adjusted Present Value ermittelt. Auch wenn analytisch gezeigt werden konnte, daß bei einer unternehmenswertorientierten Fremdfinanzierung alle Verfahren zum gleichen Ergebnis führen, entstehen in Fallstudien regelmäßig Wertverzerrungen, weil diese Annahme verletzt wird. Die für die Bewertung benötigten Zahlungsströme werden aus der vorgegebenen Plan-Bilanz, Plan-GuV und Plan-Finanzierungsrechnung abgeleitet. Die Investitionsauszahlungen im Anlagevermögen, die Erweiterung des Net-Working-Capital (NWC), die Umsätze, die zahlungswirksamen Aufwendungen und die Abschreibungen determinieren mithilfe der weiteren Annahmen die komplette Planung. Die Annahmen betreffen die Finanzierung und die Besteuerung:

(a)   Die zukünftig gewünschte Eigenkapitalquote in Marktwerten ist 75%.

(b)   Die Investitionen werden in jedem Geschäftsjahr zu 75% aus Gewinnthesaurierung und zu 25% durch Neuverschuldung finanziert.

(c)   Der Zinssatz für das Fremdkapital beträgt - konstant - 8%. Zinszahlungen des Geschäftsjahres beziehen sich auf den zu Beginn der Periode vorhandenen Bestand an Fremdkapital. Fremdkapitalaufnahmen der Bewertungsperiode werden vernachlässigt.

(d)   Die Umlaufrendite festverzinslicher Wertpapiere des Staates beträgt 6%; die geforderte Risikoprämie der Eigentümer ist 4%. Die Eigenkapitalkosten betragen somit 10%. Auf die Anpassung der Eigenkapitalkosten an die Kapitalstruktur wird verzichtet.

(e)   Die Steuermeßzahl der Gewerbeertragsteuer beträgt 5%. Der Hebesatz für die Gewerbesteuer beträgt 400%. Die Gewerbesteuer ist von der eigenen Bemessungsgrundlage abzugsfähig, so daß sich bei einer Steuermeßzahl des Gewerbeertrags von 5% und einem Hebesatz von 400% folgender effektiver Gewerbesteuersatz ergibt:

$$\frac{Hebesatz}{2000 + Hebesatz} = 16{,}67\%$$

Die Gewerbesteuer (*GewSt*) beträgt *0,1667·(Gewinn vor Steuern (EBT) + 0,5· Zinsen)*

(f)   Es gibt einen gespaltenen Körperschaftsteuersatz. Er beträgt auf ausgeschüttete Jahresüberschüsse 30%, auf thesaurierte Jahresüberschüsse 40%. Gerechnet wird für einen inländischen Anrechnungsberechtigten. Die Körperschaftsteuer beträgt:

$$\frac{0{,}6 \cdot (EBT - GewSt) - Thesaurierung}{1 - 0{,}4} \cdot 0{,}3 \qquad \text{für die Ausschüttung}$$

$$\frac{0{,}4}{1 - 0{,}4} \cdot Thesaurierung \qquad \text{für den einbehaltenen Gewinn}$$

(g)   Private Einkommensteuern bleiben unberücksichtigt.

Bewerten Sie das Unternehmen auf den 1.1.2000. Die Plan-Zahlen beziehen sich auf das Ende des Geschäftsjahres. Ab dem Jahr 2004 sind die Zahlen konstant bis in die Unendlichkeit. Der in der Gewinn- und Verlustrechnung ausgewiesene Bilanzgewinn wird zum 31.12. ausgeschüttet. Die Veränderung des Eigenkapitals entspricht also dem thesaurierten Gewinn; Kapitalherabsetzungen oder –erhöhungen erfolgen nicht. Die Ausschüttung für das Geschäftsjahr 1999 ist für die Bewertung gegenstandslos. Folgende Bewertungstabellen ergeben sich:[1553]

[1553] Es wird genau gerechnet; die Zahlen werden mit einer Nachkommastelle ausgewiesen.

Planzahlen für 2000 bis 2004

	Jahr	1999	2000	2001	2002	2003	2004 ff.
1	Anlagevermögen	1.085,0	1.111,0	1.180,0	1.240,0	1.302,0	1.302,0
2	Investitionen im Anlagevermögen		282,0	299,0	300,0	348,0	266,0
3	Net Working Capital (NWC)	734,0	773,3	814,3	857,4	892,5	892,5
4	Veränderungen des NWC		39,3	41,0	43,1	35,1	0,0
5	Eigenkapital	704,0	753,0	835,5	912,8	985,6	985,6
6	Fremdkapital	1.115,0	1.131,3	1.158,8	1.184,6	1.208,9	1.208,9
7	Bilanzsumme	1.819,0	1.884,3	1.994,3	2.097,4	2.194,5	2.194,5
8	Umsatz	8.213,0	8.705,0	9.230,0	9.650,0	10.170,0	10.680,0
9	Aufwendungen, zahlungswirksam	7.526,0	7.998,0	8.426,0	9.097,0	9.412,0	9.906,0
10	Planmäßige Abschreibungen	252,0	256,0	230,0	240,0	286,0	266,0
11	Gewinn vor Zinsen und Steuern (EBIT)	435,0	451,0	574,0	313,0	472,0	508,0
12	Zinsen (8%)	48,0	89,2	90,5	92,7	94,8	96,7
13	Gewinn vor Zinsen und Steuern (EBT)	387,0	361,8	483,5	220,3	377,2	411,3
14	Gewerbesteuer vom Ertrag (16,66%)	68,5	67,7	88,1	44,4	70,8	76,6
15	Körperschaftsteuer (30/45%)	97,4	96,4	132,4	65,6	104,1	100,4
16	davon auf Thesaurierung	7,3	32,7	55,0	51,6	48,6	0,0
17	Jahresüberschuß	221,1	197,7	263,0	110,2	202,4	234,3
18	Thesaurierung	11,0	49,0	82,5	77,3	72,8	0,0
19	Bilanzgewinn	210,1	148,7	180,5	32,9	129,6	234,3
20	Bruttoinvestitionen (2+4)		321,3	340,0	343,1	383,1	266,0
10	Planmäßige Abschreibungen	252,0	256,0	230,0	240,0	286,0	266,0
21	Nettoinvestitionen		65,3	110,0	103,1	97,1	0,0
18	Thesaurierung		49,0	82,5	77,3	72,8	0,0
22	Neuverschuldung		16,3	27,5	25,8	24,3	0,0
23	kumulierte Thesaurierung		49,0	131,5	208,8	281,6	281,6

Nr. 23: Ausgangsdaten

Ertragswert bei Eigenkapitalkosten von 10%

Der Ertragswert ist der Barwert der Ausschüttungen und der Körperschaftsteuergutschrift:

	Jahr	1999	2000	2001	2002	2003	2004 ff.
17	Jahresüberschuß	221,1	197,7	263,0	110,2	202,4	234,3
18	Thesaurierung	11,0	49,0	82,5	77,3	72,8	0,0
19	Ausschüttung		148,7	180,5	32,9	129,6	234,3
24	Körperschaftsteueranrechnung		63,7	77,4	14,1	55,5	100,4
25	Ertrag		212,4	257,9	47,0	185,1	334,7
26	Ertragswert	2.853,9	2.926,9	2.961,7	3.210,9	3.346,9	
27	Fremdkapitalquote zu Buchwerten	61,3%	60,0%	58,1%	56,5%	55,1%	
28	Fremdkapitalquote zu Marktwerten	28,1%	27,9%	28,1%	27,0%	26,5%	

Nr. 24: Ertragswert

Die Fremdkapitalquote zu Marktwerten entspricht dem Fremdkapital laut Bilanz (da wir konstante Zinsen unterstellen, entspricht der Buchwert dem Marktwert) dividiert durch den Ertragswert.

Unternehmenswert nach Discounted Cash Flow-Methode i.S.v. Kapitalkosten- oder Free Cash Flow-Ansatz:

Die gewogenen Kapitalkosten (nach Unternehmenssteuern) betragen:

$$k^{WACC} = \frac{EK}{GK} \cdot r_{EK} + \frac{FK}{GK} \cdot (1 - 0,5 \cdot s_{GE}) \cdot r_{FK}$$

$$k^{WACC} = 0,75 \cdot 0,1 + 0,25 \cdot (1 - 0,0833) \cdot 0,08 = 9,33\%$$

	Jahr	1999	2000	2001	2002	2003	2004 ff.
11	Gewinn vor Steuern und Zinsen (EBIT)		451,0	574,0	313,0	472,0	508,0
29	GewSt vom EBIT		-75,2	-95,7	-52,2	-78,7	-84,7
30	Körperschaftsteuer auf Thesaurierung		-32,7	-55,0	-51,6	-48,6	0,0
21	Nettoinvestitionen		-65,3	-110,0	-103,1	-97,1	0,0
31	Free Cash Flow		277,9	313,3	106,2	247,7	423,3
32	Brutto-DCF	3.945,1	4.035,4	4.098,7	4.375,1	4.535,8	
33	anteiliger Netto-DCF	2.958,8	3.026,6	3.074,0	3.281,3	3.401,8	
34	bestandsorientierter Netto-DCF	2.830,1	2.904,1	2.939,9	3.190,5	3.326,9	
26	Ertragswert	2.853,9	2.926,9	2.961,7	3.210,9	3.346,9	

Nr. 25: Kapitalkostenkonzept, Discounted Free Cash Flow

Um den Eigentümerwert zu erhalten, muß das Fremdkapital abgezogen werden. Hier besteht grundsätzlich die Möglichkeit, dafür den in der Zielkapitalstruktur enthaltenen Proportionalfaktor (hier 75%) zu verwenden. Schließlich erfolgte die Berechnung unter der Annahme, daß 75% des Unternehmensgesamtwertes den Eigentümern zusteht; dieser Unternehmenswert ist als anteiliger Netto-DCF bezeichnet. Alternativ kann auch der zum Bewertungsstichtag vorhandene Bestand an Fremdkapital abgezogen werden; dieser Unternehmenswert ist als bestandorientierter Netto-DCF bezeichnet. Bei einer strikten Einhaltung der unternehmenswertorientierten Fremdfinanzierung führen beide Verfahren zum gleichen Ergebnis. Da im Beispiel jedoch diese Annahme verletzt wird, unterscheiden sich die Unternehmenswerte. Es ist vorteilhafter, den Bestand des Fremdkapitals zum Bewertungszeitpunkt abzuziehen, weil bereits beim geringen Auseinanderfallen von Zielkapitalstruktur und tatsächlicher Kapitalstruktur der Eigentümerwert verzerrt wird, weil eine falscher Fremdkapitalanteil abgezogen wird.

Im obigen Beispiel wurde der Free Cash Flow progressiv vom Gewinn vor Steuern und Zinsen (EBIT) entwickelt. Alternativ kann er auch retrograd vom Jahresüberschuß ermittelt werden:

	Jahr	1999	2000	2001	2002	2003	2004 ff.
17	Jahresüberschuß		197,7	263,0	110,2	202,4	234,3
24	Körperschaftsteuer auf Ausschüttung		63,7	77,4	14,1	55,5	100,4
12	Zinsen		89,2	90,5	92,7	94,8	96,7
35	Tax Shield Gewerbeertragsteuer		-7,4	-7,5	-7,7	-7,9	-8,1
10	planmäßige Abschreibungen		256,0	230,0	240,0	286,0	266,0
2	Investitionen im Anlagevermögen		-282,0	-299,0	-300,0	-348,0	-266,0
4	Veränderungen des NWC		-39,3	-41,0	-43,1	-35,1	0,0
31	Free Cash Flow		277,9	313,3	106,2	247,7	423,3

Nr. 26: Alternative Free Cash Flow-Ermittlung

Ertrag und Free Cash Flow lassen sich (hier für das Jahr 2000) ineinander überführen:

+	Ertrag bei geplanter Ausschüttung		212,4
+	Zinsen	+	89,2
-	Tax Shield GewSt	-	7,4
-	Kreditaufnahme	-	16,3
=	Free Cash Flow	=	277,9

Unternehmenswert nach Discounted Cash Flow-Methode i.S.v. Total Cash Flow-Ansatz:

Total Cash Flow und Free Cash Flow unterscheiden sich in der Abbildung der (Gewerbe-)Steuern. Während im Free Cash Flow die (halbe Gewerbe-)Steuerfreiheit der Zinsen durch die Korrektur der gewogenen Kapitalkosten erfaßt wird, wird dieser Effekt im Total Cash Flow direkt erfaßt; auf die Anpassung der gewogenen Kapitalkosten kann verzichtet werden (Abschnitt 3.2.2.2.) Die gewogenen Kapitalkosten (vor Unternehmenssteuern) betragen:

$$k^{TCF} = \frac{EK}{GK} \cdot r_{EK} + \frac{FK}{GK} \cdot r_{FK} = 0,75 \cdot 0,1 + 0,25 \cdot 0,08 = 9,5\%$$

	Jahr	1999	2000	2001	2002	2003	2004 ff.
17	Jahresüberschuß		197,7	263,0	110,2	202,4	234,3
24	Körperschaftsteuer auf Ausschüttung		63,7	77,4	14,1	55,5	100,4
12	Zinsen		89,2	90,5	92,7	94,8	96,7
10	Planmäßige Abschreibungen		256,0	230,0	240,0	286,0	266,0
2	Investitionen im Anlagevermögen		-282,0	-299,0	-300,0	-348,0	-266,0
4	Veränderungen des NWC		-39,3	-41,0	-43,1	-35,1	0,0
36	Total Cash Flow		285,3	320,9	113,9	255,6	431,4
37	Brutto-DCF	3.951,3	4.041,4	4.104,4	4.380,4	4.541,0	
39	bestandsorientierter Netto-DCF	2.836,3	2.910,1	2.945,6	3.195,8	3.332,1	
26	Ertragswert	2.853,9	2.926,9	2.961,7	3.210,9	3.346,9	

Nr. 27: Discounted Total Cash Flow

Unternehmenswert nach Discounted Cash Flow-Methode i.S.v. Adjusted Present Value:

Größtes Problem beim *Adjusted Present Value*-Ansatz ist die Bestimmung der Eigenkapitalkosten bei (fiktiver) vollständiger Eigenfinanzierung. Hier werden zwei Anpassungsformeln diskutiert. Zum einen die Anpassung nach MODIGLIANI-MILLER, zum anderen die Anpassung nach MILES-EZZEL. Beide unterstellen eine am unternehmenswertorientierte, konstante Fremdfinanzierung. Bei der MILES-EZZEL-Anpassung wird jedoch ein endlicher Zeitraum unterstellt. Auch wenn wir inzwischen wissen, daß die tatsächliche Kapitalstruktur nicht nicht eingehalten wird, benutzen wir sie, um für alle Verfahren die gleichen Ausgangspunkte zu erhalten. Nach der MODIGLIANI-MILLER-Anpassung (Formel 3.2.2.3-2) erhalten wir folgende Eigenkapitalkosten bei vollständiger Eigenfinanzierung (k^*):

$$k^* = \frac{k^{WACC}}{1 - 0,5s \cdot \theta} = \frac{0,0933}{1 - 0,083 \cdot 0,25} = 0,0953$$

Die Eigenkapitalkosten bei vollständiger Eigenfinanzierung müssen unter den oben verwendeten Eigenkapitalkosten (vgl. Annahme (d)) liegen, weil sie vom Finanzierungsrisiko befreit sind. Darüber hinaus benötigen wir noch den Diskontierungssatz für das Tax Shield. Wir unterstellen im folgenden ein risikoloses Tax Shield, das mit den Fremdkapitalkosten von 8% abgezinst wird.

	Jahr	1999	2000	2001	2002	2003	2004 ff.
31	Free Cash Flow		277,9	313,3	106,2	247,7	423,3
40	Barwert des Free Cash Flows	3.854,3	3.943,7	4.006,2	4.281,8	4.442,1	
35	Tax Shield		7,4	7,5	7,7	7,9	8,1
41	Barwert des Tax Shield (8%)	81,7	82,2	82,6	82,9	83,1	
42	Brutto-DCF	3.936,0	4.025,9	4.088,8	4.364,7	4.525,2	
43	bestandsorientierter Netto-DCF	2.821,0	2.894,6	2.930,0	3.180,1	3.316,4	
26	Ertragswert	2.853,9	2.926,9	2.961,7	3.210,9	3.346,9	

Nr. 28: Adjusted Present Value

Die vier Bewertungsverfahren führen zu vier unterschiedlichen Unternehmenswerten, die allerdings nicht weit auseinander liegen, weil die Annahme einer am Unternehmenswert orientierten Fremdfinanzierung nur wenig verletzt wird:

unterstellte Kapitalstruktur (FK/EK)	25%/75%	26,5%/73,5%
Ertragswert, Flow to Equity	2.853,9	2853,9
Kapitalkostenkonzept, Free Cash Flow	2.830,1	2849,1
Total Cash Flow	2.836,3	2850,3
Adjusted Present Value	2.787,2	2833,2

Nr. 29: Ergebnisgegenüberstellung

Bei einer Kapitalstruktur von 26,5% Fremd- zu 73,5% Eigenkapital, die die tatsächliche Kapitalstruktur besser approximiert (vgl. Zeile 28 in Tabelle 24), werden die Ergebnisse genauer. Eine vollständige Übereinstimmung erreicht man, indem die Planung an die Zielkapitalstruktur angepaßt wird oder periodenspezifische Kapitalkosten verwendet werden. In beiden Fällen wird retrograd vom 1.1.2004 gerechnet, um dann periodenweise auf den 1.1.2000 zu gelangen.

3.6.5. Neuere Entwicklungen

Seit dem Abschluß der Arbeit hat in der Literatur eine rege Diskussion über die *Discounted Cash Flow*-Methode eingesetzt. Neben einer Diskussion in Zeitschriften- und Festschriftenartikeln[1554] beschäftigen sich zwei Lehrbücher mit den neueren Verfahren der Unternehmensbewertung.[1555]

[1554] Vgl. Ballwieser, Wolfgang, Unternehmensbewertung mit Discounted Cash Flow-Verfahren, in: WPg 51. Jg. (1998), S. 81-92; Coenenberg, Adolf Gerhard/ Schultze, Wolfgang, Unternehmensbewertung anhand von Entnahme- oder Einzahlungsüberschüssen: Die Discounted Cash Flow-Methode, in: Matschke, Manfred Jür-

Der Berufsstand der Wirtschaftsprüfer ist mittlerweise in seinen Stellungnahmen auf den Discounted Cash Flow und seiner Umsetzung in Deutschland eingegangen.[1556] Wichtig in diesem Zusammenhang sind auch Arbeiten über die institutionellen Besonderheiten in Deutschland wie die Abbildung der Körperschaftsteuer[1557] oder von Pensionsrückstellungen[1558].

Besondere Fortschritte in der theoretischen Diskussion haben jene Arbeiten gebracht, die die Finanzierungsprämissen in den DCF-Verfahren untersuchen. Durch sie wurden die Implikationen bei der Verwendung einzelner Bewertungsformeln herausgearbeitet.[1559] Zudem wurde der Discounted Cash Flow mit einem vollständigen Finanzplan verbunden.[1560]

Wie eine wertorientierte Kontrolle gestaltet sein sollte, bleibt ein wichtiges Problem, das auch in den neueren Auflagen von Copeland et al. und Rappaport diskutiert wird.[1561] Residualgewinnkonzepte – wie der hier vorgestellte Economic Value Added oder auch der Cash Value Added - werden in jüngeren Arbeiten als Periodenerfolgsgröße kritisch gewürdigt.[1562]

---

gen/ Schildbach, Thomas (Hrsg.), Unternehmensberatung und Wirtschaftsprüfung, FS für Günter Sieben, Suttgart 1998, S. 269-299; Kaden, Jens/ Wagner, Wolfgang, Weber, Theo/ Wenzel Klaus, Kritische Überlegungen zur Discounted Cash-Flow-Methode, in: ZfB, 67 Jg. (1997), S. 499-508; Schmidt, Johannes G., Die Discounted Cash-flow-Methode - nur ein kleine Abwandlung der Ertragswertmethode, in: ZfbF, 47 Jg. (1995), S. 1088-1118; Siehen, Günter, Unternehmensbewertung: Discounted Cash flow-Verfahren - Zwei völlig unterschiedliche Ansätze?, in: Lanfermann, Josef (Hrsg.), Internationale Wirtschaftsprüfung, FS für Hans Havermann, Düsseldorf 1995, S. 713-737;

[1555] Vgl. Drukarczyk, Jochen, unter der Mitarbeit von Schwetzler, Bernhard, [Unternehmensbewertung], 2. Auflage, München 1998; Mandel, Gerwald/ Rabel. Klaus, Unternehmensbewertung. Eine praxisorientierte Einführung, Wien, Frankfurt am Main 1997.

[1556] Vgl. Institut der Wirtschaftsprüfer, Entwurf IDW Standard: Grundsätze zur Durchführung von Unternehmensbewertungen (IDW ES 1), in: WPg, 52. Jg. (1999), S. 200-216, hier S. 211-213.

[1557] Vgl. Drukarczyk, Jochen, unter der Mitarbeit von Schwetzler, Bernhard, [Unternehmensbewertung], 2. Auflage, München 1998; Hachmeister, Dirk, Die Abbildung der Finanzierung im Rahmen verschiedener Discounted Cash Flow-Verfahren, in: ZfbF, 48 (1996), S. 251-277; Richter, Frank, Konzeption eines marktwertorientierten Steuerungs- und Monitoringsystems, Frankfurt am Main 1996

[1558] Vgl. Rhiel, Raimund, Pensionsverpflichtungen, Steuern, Cash Flow und Unternehmensbewertung, in: Wpg, 52. Jg. (1999), S. 62-73.

[1559] Vgl. Hachmeister, Dirk, Die Abbildung der Finanzierung im Rahmen verschiedener Discounted Cash Flow-Verfahren, in: ZfbF, 48 (1996), S. 251-277; Drukarczyk, Jochen, unter der Mitarbeit von Schwetzler, Bernhard, [Unternehmensbewertung], 2. Auflage, München 1998; Richter, Frank, Konzeption eines marktwertorientierten Steuerungs- und Monitoringsystems, Frankfurt am Main 1996; Richter, Frank, Unternehmensbewertung bei variablem Verschuldungsgrad, in: ZBB, 10. Jg. (1998), S. 357-420; Schwetzler, Bernhard/ Darijtschuk, Niklas, Unternehmensbewertung mit Hilfe der DCF-Methode - eine Anmerkung zum "Zirkularitätsproblem", in: ZfB, 69. Jg. (1999), S. 295-318; Wallmeier, Martin, Kapitalkosten und Finanzierungsprämissen, in: ZfB, 69. (1999), S. 1473-1490; Hering, Thomas, Finanzwirtschaftliche Unternehmensbewertung, Wiesbaden 1999; Jakubowicz, Viktor, Wertorientierte Unternehmensführung aus finanzierungstheoretischer, anwendungsorientierter und bewertungsmethodischer Sicht, Diss Universität zu Köln 2000, S. 168-268.

[1560] Vgl. Grob, Heinz/Langenkämper, Christof/Wieding, Anja, Unternehmensbewertung mit VOFI, in: Zfbf, 51. Jg. (1999), S. 454-479.

[1561] Vgl. Rappaport, Alfred, Creating Shareholder Value. The New Standard for Business Performance, 2. Aufl., New York 1997; Copeland, Tom/Koller, Tim/Murrin, Jack, Valuation: Measuring and Managing the Value of Companies, New York et al. 1994. Vgl. auch zu diesem Problem die Arbeit von Hesse, Thomas, Periodischer Unternehmenserfolg zwischen Realisations- und Antizipationsprinzip.

[1562] Vgl. Baldenius, Tim/Fuhrmann, Gregor/Reichelstein, Stefan, Zurück zu EVA, in: BFuP, o. Jg. (1999), S. 53-65; Pfaff, Dieter/Bärtl, Oliver, Wertorientierte Unternehmenssteuerung – Ein kritischer Vergleich ausgewählter Konzepte, in: Gebhardt, Günther/Pellens, Bernhard, Rechnungswesen und Kapitalmarkt, ZfbF-

4.   Thesenförmige Zusammenfassung

1.   Die Marktwertmaximierung als Unternehmensziel kann trotz theoretischer Bedenken bei unvollkommenen und unvollständigen Märkten als eine Vereinfachung akzeptiert werden, die bei vielen Anteilseignern eine an deren Einkommenszielen orientierte Unternehmenspolitik sicherstellen kann. Der Börsenkurs darf aufgrund vielfältiger Einflußfaktoren nicht überbewertet werden. Kurzfristig können allgemeine wirtschaftliche, markttechnische oder spekulativ-psychologische Einflüsse seine Aussagefähigkeit verzerren; mittelfristig werden sich die fundamentalen Einflüsse jedoch im Kurs niederschlagen. Andere Interessengruppen werden durch die Orientierung an den Zielen der Eigentümer keineswegs vernachlässigt. Sie sind in der Lage, ihre Interessen über Verträge durchzusetzen, die von der Unternehmensleitung als Nebenbedingung zu beachten sind, da sonst eine Wertsteigerung nicht erfolgreich realisiert werden kann.

2.   Ausgangspunkt der Wertsteigerungsüberlegungen sind Wertlücken und Wertgeneratoren. Bei den Wertlücken erscheint es sinnvoll, zwischen einmaligen und dauerhaften, finanz- und leistungswirtschaftlichen, geschäftsfeld- und unternehmensbezogenen Potentialen zu differenzieren. Die in der Literatur vorgestellten Wertgeneratoren sollten entmystifiziert werden. Sie sind Zahlungsstrombestandteile, die nützlich sind, eine differenzierte Wirkung unternehmerischer Handlungen auf den Cash-flow anhand einiger weniger Kennzahlen zu verdeutlichen; außerdem kann ihnen eine gewisse Kommunikationsfunktion zugebilligt werden. Als "Schlüssel zum Erfolg" sind sie jedoch nicht zu gebrauchen.

3.   Basisgröße der Wertsteigerungsanalyse ist der Cash-flow (Einzahlungsüberschuß des Unternehmens mit der nicht finanziellen Umwelt). In der Literatur wird empfohlen, die Cash-flows auf der Grundlage von Planjahresabschlüssen zu ermitteln. Die Abschlüsse können durch zwei Verfahren aufbereitet werden: ein retrogrades, ausgehend vom Jahresüberschuß (-fehlbetrag), der um auszahlungsunwirksame Aufwendungen und nicht einzahlungswirksame Erträge verändert wird, oder ein progressives, bei dem einzelne Posten der Gewinn- und Verlustrechnung auf ihre Zahlungswirksamkeit untersucht werden. Bei einer einheitlichen Abgrenzung führen beide Verfahren zum gleichen Ergebnis. Aufwands- und ertragslose Zahlungen werden ebenso wie die aus- und einzahlungsfreien Aufwendungen und Erträge durch die Veränderung der Bilanzbestände erfaßt bzw. neutralisiert; die Bilanz wird als Zahlungsspeicher interpretiert. Der Cash-flow wird über eine kombinierte Strom- und Bestandsänderungsrechnung ermittelt.

4.   Ein Teil der Bewertungsvorschläge verwendet statt der Cash-flows eine fiktive Erfolgsgröße, die als *Economic Value Added* (EVA) bezeichnet wird und als Überschuß einer periodisierten Erfolgsgröße über die Verzinsung des eingesetzten Kapitals definiert ist; es handelt sich um

Sonderheft 41, Düsseldorf, Frankfurt 1999, S. 85-115; Hachmeister, Dirk, Möglichkeiten und Grenzen wertorientierter Steuerungskennzahlen als Bemessungsgrundlage für die Entlohnung von Führungskräften, erscheint in: von Eckardstein, Dudo (Hrsg.), Variable Vergütung von Führungskräften, München 2001.

einen Residualgewinn. Mit Hilfe dieser Erfolgsgröße soll nicht nur eine Bewertung, sondern auch die Periodenkontrolle erfolgen. Der Kapitalwert der diskontierten EVA entspricht dem der Cash-flows.

5. Die Vorschläge zur Cash-flow-Projektion basieren auf linearen, deterministischen und zeitdiskreten Simulationsmodellen, die unterschiedliche Datenkonstellationen durch *What-if-*Überlegungen erfassen können. Die Orientierung an projizierten Kennzahlen unterstellt eine implizite Anpassung unternehmerischer Aktionen an die Umweltentwicklung; die Konsequenzen eigener Handlungen, Reaktionen der Umwelt und neuer Handlungen werden in diesen Parametern verdichtet. Die Kennzahlen sind aufgrund exogener Überlegungen vorzugeben. Bei ihrer Quantifizierung bleibt der Bewerter ohne methodische Unterstützung.

6. Durch Sensitivitätsanalysen und Szenarien soll die Unsicherheit erfaßt und ein Einblick in die Schwankungsbreite der Zahlungen ermöglicht werden. Ist der Bewerter in der Lage, für die Wertgeneratoren eine Wahrscheinlichkeitsverteilung zu bestimmen, kann eine Risikosimulation durchgeführt werden. Hinter den Parametern der Sensitivitäts- oder Risikoanalyse verbergen sich unternehmerische Aktionen und die Unsicherheit der Umwelt. Eine differenzierte Betrachtung, die aufzeigt, wie der Bewerter auf veränderte Umweltbedingungen reagiert, ist nicht möglich. Eine flexible Planung, die diese Einblicke liefert, ist zwar theoretisch vorzuziehen, aber für praktische Anwendungen nicht realistisch.

7. Zur Restwertermittlung sollte ein unendlich fließender, uniformer oder konstant wachsender Zahlungsstrom unterstellt werden; nur wenn eine Liquidation geplant ist, sind Liquidationswerte sinnvoll. Substanzwerte i.S. von Teilreproduktionswerten sind nicht sachgerecht. Auch Multiplikatoren sind problematisch: Zum einen müssen die zum Ende des Planungshorizonts geltenden Multiplikatoren und deren Bezugsgrößen ermittelt werden, was prinzipiell eine Unternehmensbewertung erfordert, zum anderen werden durch die Multiplikatoren die Zahlungsströme und die Unsicherheit verdeckt.

8. Der Unternehmenswert ergibt sich als Gegenwartswert der zukünftig an die Eigentümer fließenden Zahlungen. Der *Discounted Cash Flow* ist ein Partialkalkül, der insbesondere Risikoverbundeffekte und Kapitalrationierung nicht erfassen kann. Der *Value Return on Investment* kann nur eine unvollständige Orientierung bringen, da lediglich die Kapitalrestriktionen zum Bewertungszeitpunkt erfaßt werden. Praktikable Bewertungsvorschläge, die Verbundeffekte berücksichtigen, existieren jedoch nicht.

9. Es zeigt sich, daß es **den** *Discounted Cash Flow* nicht gibt. Werden die Fremdfinanzierung und die Besteuerung in den Kalkül einbezogen, existieren vielmehr unterschiedliche Bewertungsverfahren, die als *Discounted Cash Flow* bezeichnet werden: das Konzept der gewogenen durchschnittlichen Kapitalkosten (WACC), das *Total Cash Flow-* (TCF), das *Adjusted Present Value-* (APV) und das *Flow to Equity-*Verfahren (FTE). Trickreich ist im WACC- und APV-Ansatz die

Steuererfassung: Der Steuersatz wird auf den operativen Cash-flow vor Zinsen bezogen, das *Tax Shield* wird über die steuerangepaßten gewichteten Kapitalkosten oder in einer Nebenrechnung bewertet. Beim TCF- und FTE-Ansatz wird das durch die Fremdfinanzierung aufgebaute *Tax Shield* hingegen im Zahlungsstrom erfaßt.

10.   Üblicherweise werden im *Discounted Cash Flow* nur die Unternehmensteuern erfaßt; insbesondere die private Einkommensteuer wird vernachlässigt. Im Gegensatz zu den USA mit ihrem "klassischen" System ohne Anrechnungsverfahren wird die Körperschaftsteuer auf ausgeschüttete Dividenden nach deutschem Recht nicht als Unternehmensteuer erfaßt, sondern als Teil der Einkünfte aus Kapitalvermögen der Eigentümer, die nach den persönlichen Verhältnissen zu versteuern sind. Einflüsse der zwischenzeitlichen Thesaurierung werden durch die Fiktion der Vollausschüttung im Modell vernachlässigt. Strittig ist die Frage, ob die Eigenkapitalkosten vor oder nach Unternehmensteuern anzusetzen sind. U.E. sprechen gute Gründe für Eigenkapitalkosten nach Gewerbeertragsteuer.

11.   Wird mit gewichteten Kapitalkosten (WACC) gerechnet, ist eine am Unternehmenswert orientierte Fremdfinanzierung erforderlich, um die Zielkapitalstruktur konstant zu halten, wenn im Zeitablauf Investitionen mit positivem *Discounted Cash Flow* durchgeführt werden. Aufgrund dieser impliziten Orientierung des Fremdkapitalbestands am Unternehmenswert bestimmt sich der Wert des Fremdkapitals im Rahmen des WACC-Ansatzes durch das in den gewogenen Kapitalkosten enthaltene Proportionalprinzip. Der Bewerter hat keinen Freiheitsgrad, den Marktwert des Fremdkapitals als Barwert der Zins- und Tilgungszahlungen explizit zu bestimmen; ergibt sich ein Unterschied zwischen dem Barwert und dem "Proportionalwert", sind die gewogenen Kapitalkosten und damit der Unternehmenswert falsch.

12.   Der *Total Cash Flow*-Ansatz kann für die praktische Anwendung nicht empfohlen werden: Er unterstellt die gleiche Finanzierungsprämisse einer am Unternehmenswert orientierten Verschuldung wie das Kapitalkostenkonzept, hat aber den Nachteil, daß die Cash-flow-Projektion nicht mehr vom Projektzahlungsstrom ausgehen kann, sondern Finanzierungsentscheidungen erfassen muß. Um eine konsistente Fremdkapitalaufnahme zu gewährleisten, muß der Bestand des Fremdkapitals am Unternehmenswert orientiert sein; dieser soll jedoch erst errechnet werden. Die Bewertung muß bereits vollzogen sein, um im *Total Cash Flow*-Ansatz die Fremdfinanzierung korrekt zu berücksichtigen.

13.   Der *Adjusted Present Value* (APV) scheint wegen der fehlenden Finanzierungsprämisse flexibler einsetzbar als der WACC-Ansatz, jedoch muß zur Bestimmung der Eigenkapitalkosten bei vollständiger Eigenfinanzierung entweder ein Rentenmodell oder bei begrenztem Planungshorizont eine am Unternehmenswert orientierte Fremdfinanzierung unterstellt werden. Zudem müssen die Eigenkapitalkosten bei vollständiger Fremdfinanzierung ermittelt werden. Dazu muß auf bestimmte Reaktionshypothesen über den Einfluß der Fremdfinanzierung auf die Eigenkapitalkosten zurückgegriffen werden. Alternativ wird dabei nach dem Modell von Modigliani-

Miller ein linearer Einfluß der Fremdfinanzierung auf die Eigenkapitalkosten (Bruttogewinn-Ansatz) oder ein fehlender Einfluß der Fremdfinanzierung (Nettogewinn-Ansatz) unterstellt. Im Nichtrentenmodell ergeben sich Probleme bei der Barwertermittlung des *Tax Shield*.

14.   Beim *Flow to Equity*-Ansatz wird die Ermittlung der Cash-flows schwieriger, da Finanzierungseinflüsse berücksichtigt werden müssen; dies dürfte jedoch bei der Unternehmensbewertung im Gegensatz zu einer Investitionsrechnung einzelner Projekte kein Nachteil sein. Wer Unternehmenswerte auf der Grundlage der *Equity*-Methode trotz nicht kapitalstrukturneutraler, unternehmenswertunabhängiger Fremdfinanzierung mit periodenkonstanten Eigenkapitalkosten errechnet, unterstellt einen Nettogewinn-Ansatz. Soll hingegen der Bruttogewinn-Ansatz als Modell angenommen werden, muß auch beim *Flow to Equity*-Ansatz eine am Unternehmenswert orientierte Fremdfinanzierung unterstellt werden. Variieren die Kapitalstrukturen im Zeitablauf, sind WACC- und FTE-Ansatz gleichermaßen problematisch, wenn ein Bruttogewinn-Ansatz unterstellt wird.

15.   Werden eine kapitalstrukturneutrale, unternehmenswertorientierte Fremdfinanzierung und der Bruttogewinn-Ansatz unterstellt, stimmen die Werte nach dem Konzept der gewogenen durchschnittlichen Kapitalkosten, dem *Adjusted Present Value* und dem *Flow to Equity*-Ansatz überein. Die Annahme einer unendlichen Laufzeit ist nicht erforderlich.

16.   Soll der Einfluß der Finanzierung auf den Unternehmenswert vollständig erfaßt werden, müssen Kreditsurrogate wie Lieferantenverbindlichkeiten, Leasing-Geschäfte und Pensionsrückstellungen explizit erfaßt werden. Zum einen darf der Einzahlungsüberschuß nicht von den "Zinszahlungen" und "Tilgungsleistungen" berührt werden, zum anderen muß die Wirkung dieser Finanzierungsformen auf die Gesamt- **und** Eigenkapitalkosten in den Reaktionshypothesen berücksichtigt werden. Hier steht der Bewerter vor einem Zirkularitätsproblem: Sollen die Kapitalnutzungskosten aus dem Cash-flow herausgerechnet werden, muß der Wert dieser Finanzierungsform bekannt sein; dieser läßt sich jedoch erst bestimmen, wenn der Unternehmenswert bestimmt ist, weil er aufgrund des im Kapitalkostenkonzept enthaltenen Proportionalprinzips simultan mit dem Unternehmenswert festgestellt wird. Sind die expliziten Zahlungsströme bekannt, muß der Bewerter sicherstellen, daß der Barwert dieser Zahlungen mit dem aufgrund des Proportionalprinzips implizit festgelegten Wert übereinstimmt.

17.   Brutto- und Nettogewinn-Ansatz sind nicht unproblematisch. Zum einen ist der Nettogewinn-Ansatz u.E. keine plausible Erklärung für die Wirkung der Verschuldung, da seine Begründung auf wackligen Füßen steht; zum anderen läßt sich zwar die lineare Reaktionshypothese des Bruttogewinn-Ansatzes schlüssig und stringent aus der Theorie ableiten, aber dies geschieht unter den rigorosen Annahmen einer Modigliani-Miller-Welt mit einem vollkommenen Markt. Damit bestehen noch keine befriedigenden Möglichkeiten, das Kapitalstrukturrisiko ausreichend zu messen, um Kapitalkostensätze für praktische Fälle ableiten zu können.

18.	Die Möglichkeiten, mithilfe kapitalmarkttheoretischer Erkenntnisse die Eigenkapitalkosten zu ermitteln, werden skeptisch beurteilt. Die mathematische Eleganz und Schlüssigkeit der Modelle verdrängt die methodischen Probleme der Gleichgewichtstheorie, wenn diese die Preisbildung auf realen Kapitalmärkten erklären soll. Zudem ist die empirische Validität der Modelle für den deutschen Markt u.E. zu bezweifeln. Ungeachtet dieser Probleme werden aber mit Hilfe des *Capital Asset Pricing Model* und der *Arbitrage Pricing Theory* ermittelte Beta-Faktoren inzwischen auch in Deutschland als brauchbare Möglichkeit gesehen, einen objektivierten, marktbestimmten Risikozuschlag zu bestimmen.

19.	Zur Kapitalkostenermittlung sind Beta-Faktoren von Vergleichsunternehmen keine brauchbare Alternative. Die wenigen börsennotierten Unternehmen in Deutschland bestehen i.d.R. aus vielen Geschäftsbereichen, so daß eine differenzierte Beta-Bestimmung nicht möglich ist; die vorgeschlagenen mathematischen und statistischen Zerlegungsmethoden können nicht überzeugen. Betas durch die Regression über Buch- statt Marktwerte zu ermitteln, ist keine zufriedenstellende Lösung: Die Datenbasis ist zu unsicher, da die Renditen nur einmal im Jahr festgestellt werden und durch Bilanzpolitik beeinflußt sein können; die geringe Korrelation zwischen Markt- und Buchwert-Betas läßt zudem den Aussagegehalt fragwürdig erscheinen.

20.	Fundamental-Betas in der Wertsteigerungsanalyse scheinen mehr ein Beraterverkaufsargument zu sein als ein sinnvolles Instrumentarium zur Bestimmung zukünftiger Kapitalkosten. Die Wirkungen der Ausschüttungspolitik, der Größe, des Wachstums, des Grades der Diversifizierung und der Marktmacht des Unternehmens auf den Beta-Faktor werden zwar plausibel begründet, modelltheoretische Fundierungen fehlen aber weitgehend. Letztlich findet ein Messen ohne Theorie statt, was insbesondere bei der Auswahl der unterschiedlichen Indikatoren aus dem Rechnungswesen, die den Einfluß der Faktoren abbilden sollen, deutlich wird. Die Widersprüchlichkeit der Ergebnisse und der geringe Bestimmtheitsgrad der Regressionsanalysen sprechen nicht für den Erklärungsgehalt der Faktoren. Zudem werden in der Vergangenheit festgestellte Einflüsse ungeprüft in die Zukunft fortgeschrieben.

21.	In der *Arbitrage Pricing Theory* (APT) wird der Risikozuschlag nicht durch eine Einflußgröße, sondern durch mehrere Faktoren bestimmt. Im Gegensatz zum CAPM ergeben sich aus der APT keine inhaltlichen Angaben zu diesen Einflußfaktoren. Als Einflußfaktoren werden nicht antizipierte Veränderungen des Niveaus der Industrieproduktion, der Inflationsrate, der Zinsstrukturkurve und der Renditeunterschiede risikoarmer und risikoreicher Industrieanleihen spezifiziert; z.T. werden auch Währungseinflüsse, Auftragseingang oder der Ölpreis als Faktoren identifiziert. Wie bei den Fundamental-Betas werden die Einflußfaktoren jedoch aufgrund statistischer Regressionsanalysen gewonnen; sie unterliegen den gleichen methodischen Problemen.

22.	Der Hinweis auf eine marktbestimmte, objektivierte Ermittlung des Risikozuschlages dürfte widerlegt sein. Vielfältige Spielräume bei der Bestimmung der Indexrendite bzw. der Faktoren und deren Faktorrisikoprämien sowie des risikolosen Zinssatzes lassen Zweifel an einem durch den Markt bestimmten Risikozuschlag aufkommen. Zudem zeigen sich bei der Beta-Ermittlung große Spannweiten, die abhängig sind vom verwandten Datenmaterial; die Beta-Faktoren kommerzieller Anbieter variieren daher zum Teil stark. Pragmatische Risikozuschläge auf der Basis der Kapitalmarkttheorien sind kaum glaubwürdiger als sonst ermittelte Zuschläge.

23.   Flexibler als die Bewertungsvorschläge amerikanischer Beratungsgesellschaften sind die bekannten deutschen Vorschläge zur Unternehmensbewertung: Risikoeinflüsse der Fremdfinanzierung werden durch den aus der Bandbreite der Entnahmen gewonnenen Risikozuschlag berücksichtigt. Zum einen kann auf die Kapitalmarkttheorien verzichtet werden, um einen Risikozuschlag zu bestimmen; zum anderen muß weder mit einer kapitalstrukturneutralen Finanzierung noch mit einem im Zeitablauf konstanten Fremdkapitalbetrag noch mit dem Nettogewinn-Ansatz argumentiert werden, um eine konsistente Bewertung sicherzustellen, die den Einfluß der Finanzierung auf den Risikozuschlag erfaßt. Durch Rückgriff des aus der Bandbreite der Entnahmen ermittelten (oder auf Plausibilität überprüften) Risikozuschlags wird das Risiko der Fremdfinanzierung erfaßt, da durch einen höheren Fremdkapitalanteil die Schwankungsbreite und damit der zulässige Risikozuschlag erhöht wird. Eine Trennung in Geschäfts- und Finanzierungsrisiko ist allerdings nicht mehr möglich.

24.   Abschließend sei ein kritischer Blick auf den Neuigkeitsgehalt der Wertsteigerungsanalyse erlaubt: Den Kapitalwertkalkül gibt es seit Beginn dieses Jahrhunderts, das Ziel der Marktwertmaximierung wird seit den fünfziger Jahre diskutiert, die Grundlagen der Bewertungsformeln existieren seit Ende der fünfziger Jahren, Residualgewinnkonzepte (EVA) werden seit 30 Jahren in der Praxis verwandt. Grundfragen des *Discounted Cash Flow*, des *Value Return on Investment*, des maximal finanzierbaren Wachstums, der Finanzplanungsmodelle und der Sensitivitäts- oder Risikoanalyse werden in guten amerikanischen Finanzierungslehrbüchern diskutiert. Das Instrumentarium ist keineswegs neu, wenn auch manchmal der Eindruck vermittelt wird, es handele sich um "revolutionäre" Neuerungen. Vielmehr hat die Wertsteigerungsanalyse dieses Instrumentarium aufgegriffen, die Erkenntnisse einem größeren Kreis von Unternehmern bekannt gemacht und mit der Planungslehre verbunden.

Literaturverzeichnis

Abeysekera, Sarath P./ Mahajan, Arvind, A Test of the APT in Pricing U.K. Stocks, in: JBFA, Vol. 14 (1987), S. 377-391.

Adelberger, Otto L., Formen der Innenfinanzierung, in: Gebhardt, Günther/ Gerke, Wolfgang/ Steiner, Manfred (Hrsg.), Handbuch des Finanzmanagements. Instrumente und Märkte der Unternehmensfinanzierung, München 1993, S. 197-228.

Adler/ Düring/ Schmaltz, Rechnungslegung und Prüfung der Unternehmen, berabeitet von Karl-Heinz Forster et al., Loseblattsammlung, 5. Aufl., Stuttgart 1987.

Aeberhard, Kurt, Beispiel einer Akquisition: AMI-Kliniken Schweiz, in: Spremann, Klaus/ Zur, Eberhard (Hrsg.), Controlling. Grundlagen - Informationssysteme - Anwendungen, Wiesbaden 1992, S. 395-412.

Albach, Horst, Editorial "Shareholder Value", in: ZfB, 64. Jg. (1994), S. 273-275.

Allison, Stewart, Is one Beta Good Enough?, in: MA, Vol. 69 (1991), Nr. 3, S. 36, S. 38, S. 40.

Alvano, Wolfgang, Unternehmensbewertung auf der Grundlage der Unternehmensplanung, Köln 1988.

Amit, Raphael/ Livnat, Joshua, Diversification, Capital Structure, and Systematic Risk: An Empirical Investigation, in: JAAF, Vol. 3 (1988), Nr. 1, S. 19-43.

Arditti, Fred D., The Weighted Cost of Capital: Some Questions on Its Definition, Interpretation and Use, in: JoF, Vol. 28 (1973), S. 1001-1008.

Arditti, Fred D./ John, Kose, Spanning the State Space with Options, in: JFQA, Vol. 15 (1980), S. 1-9.

Arditti, Fred D./ Levy, Haim, The Weighted Average Cost of Capital as a Cutoff Rate: A Critical Analysis of the Classical Textbook Weighted Average, in: FM, Vol. 6 (1977), Nr. 3, S. 24-34.

Arditti, Fred D./ Pinkerton, John M., The Valuation and the Cost of Capital of the Levered Firm with Growth Opportunities, in: JoF, Vol. 33 (1978), S. 65-73.

Arnott, Robert D./ Kelso, Charles M., Jr./ Kiscadden, Stephen/ Macedo, Rosemary, Forecasting Factor Returns: An Intriguing Possibility, in: JPM, Vol. 16 (1989), Nr. 1, S. 28-35.

Arrow, Kenneth J., The Theory of [Risk Aversion], in: Arrow, Kenneth J. (Hrsg.), Essays in the Theory of Risk-Bearing, Amsterdam, London 1970, S. 90-120.

Arrow, Kenneth J., Social Choice and Individual [Value], Nachdruck der 2. Aufl., New York, London, Sydney 1966.

Arrow, Kenneth J., The [Role] of Securities in the Optimal Allocation of Risk Bearing, in: RESt, Vol. 31 (1964), S. 91-96.

Backhaus, Klaus/ Erichson, Bernd/ Plinke, Wulf/ Weiber, Rolf, Multivariate Analysemethoden. Eine anwendungsorientierte Einführung, 7. Aufl., Berlin et al. 1994.

Baden, Kay, Ihr Auftritt, [Al], in: MM, 24. Jg. (1994), S. 159-170.

Baden, Kay, Der [Beta-Blocker], in: MM, 22. Jg. (1992), Nr. 6, S. 243f.

Baden, Kay, [Shareholder] Value. Im Banne der Werte, in: MM, 22. Jg. (1992), Nr. 5, S. 186-202.

Baden, Kay/ Balzer, Arno, Gute Besserung, in: MM, 23. Jg. (1993), Nr. 5, S. 166-185.

Baesel, Jerome, On the Assessment of Risk: Some Further Considerations, in: JoF, Vol. 29 (1974), S. 1491-1494.

Baetge, Jörg/ Fischer, Thomas, Simulationstechniken, in: Szyperski, Norbert (Hrsg.), mit Unterstützung von Winand, Udo, HWP, Stuttgart 1989, Sp. 1782-1796.

Baetge, Jörg/ Krause, Clemens, Die Berücksichtigung des Risikos bei der Unternehmensbewertung. Eine empirisch gestützte Betrachtung des Kalkulationszinses, in: BFuP, 46. Jg. (1994), S. 433-456.

Baetge, Jörg/ Krumbholz, Marcus, Überblick über Akquisition und Unternehmensbewertung, in: Baetge, Jörg (Hrsg.), Akquisition und Unternehmensbewertung, Düsseldorf 1991, S. 1-30.

Balachandran, Bala V./ Nagarajan, Nandu J./ Rappaport, Alfred, Threshold Margins for Creating Economic Value, in: FM, Vol. 15 (1986), Frühjahr, S. 68-77.

Ball, Ray/ Brown, Philip, [Portfolio Theory] and Accounting, in: JAR, Vol. 7 (1969), S. 300-323.

Ball, Ray/ Brown, Philip, An Empirical Evaluation of [Accounting Income Numbers], in: JAR, Vol. 6 (1968), S. 159-178.

Ballwieser, Wolfgang, [Unternehmensbewertung], in: Gerke, Wolfgang/ Steiner, Manfred (Hrsg.), HWBF, 2. Aufl., Stuttgart 1995, Sp. 1867-1882.

Ballwieser, Wolfgang, [Ertragswert], in: Busse von Colbe, Walther (Hrsg.), unter Mitarbeit von Bernhard Pellens und Jürgen Brüggerhoff, Lexikon des Rechnungswesens. Handbuch der Bilanzierung und Prüfung, der Erlös-, Finanz-, Investitions- und Kostenrechnung, 3. Aufl., München, Wien 1994, S. 210-213.

276

Ballwieser, Wolfgang, [Aggregation], Komplexion und Komplexitätsreduktion, in: Wittmann, Waldemar et al. (Hrsg.), HWB, Teilband 1, 5. Aufl., Stuttgart 1993, Sp. 49-57.

Ballwieser, Wolfgang, Die [Entwicklung] der Theorie der Rechnungslegung in den USA, in: Wagner, Franz W. (Hrsg.), Ökonomische Analyse des Bilanzrechts - Entwicklungslinien und Perspektiven -, Düsseldorf, Frankfurt 1993, S. 107-138.

Ballwieser, Wolfgang, [Methoden] der Unternehmensbewertung, in: Gebhardt, Günther/ Gerke, Wolfgang/ Steiner, Manfred (Hrsg.), Handbuch des Finanzmanagements. Instrumente und Märkte der Unternehmensfinanzierung, München 1993, S. 151-176.

Ballwieser, Wolfgang, Unternehmensbewertung mit Hilfe von Multiplikatoren, in: Rückle, Dieter (Hrsg.), Aktuelle Fragen der Finanzwirtschaft und der Unternehmensbesteuerung, FS für Erich Loitlsberger, Wien 1991.

Ballwieser, Wolfgang, Unternehmensbewertung und [Komplexitätsreduktion], 3. Aufl., Wiesbaden 1990.

Ballwieser, Wolfgang, Unternehmensbewertung bei unsicherer [Geldentwertung], in: ZfbF, 40. Jg. (1988), S. 798-812.

Ballwieser, Wolfgang, Die Wahl des [Kalkulationszinsfußes] bei der Unternehmensbewertung unter Berücksichtigung von Risiko und Geldentwertung, in: BFuP, 33. Jg. (1981), S. 97-114.

Ballwieser, Wolfgang, [Kassendisposition] und Wertpapieranlage, Wiesbaden 1978.

Ballwieser, Wolfgang/ Leuthier, Rainer, Grundprinzipien, Verfahren und Probleme der Unternehmensbewertung, in: DStR, 24. Jg. (1986), S. 545-551, S. 604-610.

Ballwieser, Wolfgang/ Schmidt, Reinhard H., Unternehmensverfassung, Unternehmensziele und Finanztheorie, in: Bohr, Kurt/ Drukarczyk, Jochen/ Drumm, Hans-Jürgen/ Scherrer, Gerhard (Hrsg.), Unternehmungsverfassung als Problem der Betriebswirtschaftslehre, Wissenschaftliche Tagung des Verbandes der Hochschullehrer für Betriebswirtschaft Regensburg 1981, Berlin 1981, S. 645-682.

Bank für Internationalen Zahlungsausgleich, 58. Jahresbericht, 1. April 1987 - 31. März 1988, Basel 13. Juni 1988.

Bar-Yossef, Sasson, Interactions of Corporate Financing and Investment Decisions - Implications for Capital Budgeting: Comment, in: JoF, Vol. 32 (1977), S. 211-217.

Baran, Arie/ Lakonishok, Josef/ Ofer, Aharon R., The Information Content of General Price Level Adjusted Earnings: Some empirical Evidence, in: AR, Vol. 55 (1989), S. 22-35.

Barlage, Tonio, Die Risikoprämie am deutschen Aktienmarkt. Eine empirische Untersuchung, Diss. TU Berlin 1980.

Barnard, Chester J., The Functions of the Executive, 20. Aufl., Cambridge (Mass.) 1971.

Baron, David P., Investment Policy, Optimality, and the Mean-Variance Model, in: JoF, Vol. 34 (1979), S. 207-232.

Bartley, Jon W., Accounting for Cost of Capital: An Empirical Examination, in: JBFA, Vol. 9 (1982), S. 239-254.

Barton, Sidney L., Diversification Strategy and Systematic Risk, in: AMJ, Vol. 31 (1988), S. 166-175.

Barwise, Patrick/ Marsh, Paul/ Wensley, Robin, Must [Finance] and Strategy Clash?, in: HBR, Vol. 67 (1989), Nr. 5, S. 85-90.

Barwise, Patrick/ Marsh, Paul/ Wensley, Robin, [Strategic] Investment Decisions, in: RiM, Vol. 9 (1987), S. 1-57.

Bauer, Christoph, Das Risiko von Aktienanlagen. Die fundamentale Analyse und Schätzung von Aktienrisiken, Köln 1992.

Baumol, William J., Business Behavior, Value and Growth, New York 1959.

Baumol, William J./ Stewart, Maco, On the Behavioral Theory of the Firm, in: Marris, Robin/ Wood, Arian (Hrsg.), The Corporate Economy, London et al. 1971, S. 118-143.

Beaver, William/ Kettler, Paul/ Scholes, Myron, The Association Between Market Determined and Accounting Determined Risk Measures, in: AR, Vol. 45 (1970), S. 654-682.

Beaver, William/ Manegold, James, The Association between Market-Determined and Accounting-Determined Measures of Systematic Risk: Some Further Evidence, in: JFQA, Vol. 10 (1975), S. 231-284.

Beenstock, Michael/ Chan, Kam-Fai, Testing the Arbitrage Pricing Theory in the United Kingdom, in: OBES, Vol. 48 (1986), S. 121-141.

Beiker, Hartmut, Überrenditen und Risiken kleiner Aktiengesellschaften. Eine theoretische und empirische Analyse des deutschen Kapitalmarktes von 1966-1989, Köln 1993.

Belkaoui, Ahmed, Accounting Determinants of Systematic Risk in Canadian Common Stocks: A Multivariate Approach, in: ABR, Vol. 9 (1978/79), Winter, S. 3-10.

Ben-Horim, Moshe, Comment on the "Weighted Average Cost of Capital as a Cutoff Rate", in: FM, Vol. 8 (1979), Nr. 2, S. 18-21.

Ben-Zion, Uri/ Shalit, Sol S., Size, Leverage, and Dividend Record as Determinants of Equity Risk, in: JoF, Vol. 30 (1975), S. 1015-1026.

Bergsma, Ennius E., Managing Value: The New Corporate Strategy, in: McKinsey Quarterly, o.Jg. (1989), Winter, S. 57-72.

Berle, Adolf A./ Means, Gardiner C., The Modern Corporation and Private Property, 17. Nachdruck des Werkes von 1932, New York 1950.

Berry, Michael A./ Burmeister, Edwin/ McElroy, Marjorie B., Sorting out Risk Using Known APT Factors, in: FAJ, Vol. 44 (1988), Nr. 2, S. 29-42.

Bettis, Richard A., Modern Financial Theory, Corporate Strategy and Public Policy: Three Conundrums, in: AMR, Vol. 8 (1983), S. 406-415.

Bicksler, James L., The Usefulness of Beta-Risk for Estimating the Cost of Capital, in: Friend, Irwin/ Bicksler, James L. (Hrsg.), Risk and Return in Finance, Vol. 1, Cambridge (Mass.) 1977, S. 81-100.

Bildersee, John S., The Association between a Market Determined Measure of Risk and Alternative Measures of Risk, in: AR, Vol. 40 (1975), S. 81-89.

Bitz, Michael, Investition, in: Bitz, Michael et al. (Hrsg.), Vahlens Kompendium der Betriebswirtschaftslehre, Bd. 1, 3. Aufl., München 1993, S. 457-519.

Black, Fischer, Capital Market Equilibrium with [Restricted] Borrowing, in: JoB, Vol. 45 (1972), S. 444-455.

Bleicher, Knut, Das Konzept Integriertes Management, 2. Aufl., Frankfurt, New York 1992.

Blohm, Hans/ Lüder, Klaus, Investition. Schwachstellen im Investitionsbereich des Industriebetriebes und Wege zu ihrer Beseitigung, 7. Aufl., München 1991.

Blume, Marshall E., On the [Assessment] of Risk, in: JoF, Vol. 26 (1971), S. 1-10.

Bogue, Marcus C./ Roll, Richard, Capital Budgeting of Risky Projects with "Imperfect" Markets for Physical Capital, in: JoF, Vol. 29 (1974), S. 601-613.

Bolenz, Gerhard, Sequentielle Investitions- und Finanzierungsentscheidungen. Ein kontrolltheoretischer Beitrag, Berlin 1978.

Boquist, John A./ Moore, William T., Estimating the Systematic Risk of an Industry Segment: A Mathematical Programming Approach, in: FM, Vol. 12 (1983), Nr. 4, S. 11-18.

Börsig, Clemens, Unternehmenswert und Unternehmensbewertung, in: ZfbF, 45. Jg. (1993), S. 79-91.

Boudreaux, Kenneth/ Long, Hugh W., The Weighted Average Cost of Capital as a Cutoff Rate: A Further Analysis, in: FM, Vol. 8 (1979), Nr. 2, S. 7-14.

Bower, Dorothy H./ Bower, Richard S./ Logue, Dennis E., A [Primer] on Arbitrage Pricing Theory, in: Stern, Joel M./ Chew, Donald H. (Hrsg.), The Revolution in Corporate Finance, Cambridge 1986, S. 69-77.

Bower, Dorothy H./ Bower, Richard S./ Logue, Dennis E., [Equity Screening] Rates Using Arbitrage Pricing Theory, in: Lee, Cheng F. (Hrsg.), Advances in Financial Planning and Forecasting, Vol. 1 (1985), S. 29-47.

Bowman, Robert G., The Debt Equivalence of [Leases]: An Empirical Investigation, in: AR, Vol. 40 (1980), S. 237-253.

Bowman, Robert G., The Importance of a [Market-Value] Measurement of Debt in Assessing Leverage, in: JAR, Vol. 18 (1980), S. 242-254.

Bowman, Robert G., The Theoretical [Relationship] Between Systematic Risk and Financial (Accounting) Variables, in: JoF, Vol. 34 (1979), S. 617-630.

Brealey, Richard A./ Myers, Stewart C., Principles of Corporate Finance, 4. Aufl., New York et al. 1991.

Breen, William J./ Lerner, Eugene M., Corporate Financial Strategies and Market [Measures] of Risk and Return, in: JoF, Vol. 28 (1973), S. 339-351.

Breen, William J./ Lerner, Eugene M., On the [Use] of Betas in Regulators Proceedings, in: BJEconMSc, Vol. 3 (1972), S. 612-621.

Breid, Volker, Erfolgspotentialrechnung im System einer finanzierungstheoretisch fundierten, strategischen Erfolgsrechnung, Diss. München 1994.

Brennan, Michael J., A New Look at [Weighted] Average Cost of Capital, in: JBF, Vol. 5 (1973), S. 24-30.

Brennan, Michael J., Capital Market Equilibrium with Divergent [Borrowing] and Lending Rates, in: JFQA, Vol. 6 (1971), S. 1197-1205.

Bretzke, Wolf-Rüdiger, Der [Problembezug] von Entscheidungsmodellen, Tübingen 1980.

Bretzke, Wolf-Rüdiger, Das [Prognoseproblem] bei der Unternehmungsbewertung, Düsseldorf 1975.

Brick, Ivar/ Weaver, Daniel, G., A Comparison of Capital Budgeting Techniques in Identifying Profitable Investments, in: FM, Vol. 13 (1984), Nr. 4, S. 29-39.

Brick, John R./ Thompson, Howard E., The Economic Life of an Investment and the Appropriate Discount Rate, in: JFQA, Vol. 13 (1978), S. 831-846.

Brigham, Eugene F./ Gapinski, Louis C., Intermediate Financial Management, 4. Aufl., Fort Worth et al. 1993.

Brigham, Eugene F./ Shome, Dilip K., Estimating the Market Risk Premium, in: Derkinderen, Frans G. J./ Crum, Ray L. (Hrsg.), Risk, Capital Costs and Projekt Financing Decisions, Boston, London 1982, S. 79-106.

Brigham, Eugene F./ Tapley, T. Craig, Financial Leverage and Use of Net Present Value Investment Criterion: A Reexamination, in: FM, Vol. 24 (1985), Nr. 2, S. 48-52.

Brindisi, Louis J., Jr., Creating Shareholder Value: A New Mission for Executive Compensation, in: MCFJ, Vol. 2 (1985), Winter, S. 56-66.

Bromiley, Philip, On the Use of Financial Theory in Strategic Management, in: Advances in Strategic Management, Vol. 6 (1990), S. 71-98.

Brown, Stephen J./ Weinstein, Mark I., A [New Approach] to Testing Arbitrage Pricing Models: The Bilinear Paradigma, in: JoF, Vol. 28 (1983), S. 711-743.

Brüggerhoff, Jürgen, Capital Asset Pricing Model (CAPM), in: Busse von Colbe, Walther (Hrsg.), unter Mitarbeit von Bernhard Pellens und Jürgen Brüggerhoff, Lexikon des Rechnungswesens. Handbuch der Bilanzierung und Prüfung, der Erlös-, Finanz-, Investitions- und Kostenrechnung, 3. Aufl., München, Wien 1994, S. 137-139.

Buchmann, Ruth/ Chmielewicz, Klaus (Hrsg.), Finanzierungsrechnung. Empfehlungen des Arbeitskreises Finanzierungsrechnung der Schmalenbach-Gesellschaft - Deutsche Gesellschaft für Betriebswirtschaft e.V., ZfbF Sonderheft 26, Düsseldorf, Frankfurt am Main 1990.

Buchner, Robert, [Buchführung] und Jahresabschluß, 4. Aufl., München 1993.

Buchner, Robert, Grundzüge der [Finanzanalyse], München 1981.

Bühner, Rolf, [Lean Management] und Shareholder Value, in: Gabler's Magazin, 8. Jg. (1994), S. 21-25.

Bühner, Rolf, Das Management-Wert-Konzept: Finanzwirtschaftliche Performance strategischer Maßnahmen im [Turnaround-Management], in: Coenenberg, Adolf G./ Fischer, Thomas M. (Hrsg.), Turnaround-Management, Stuttgart 1993, S. 13-25.

Bühner, Rolf, [Shareholder] Value. Eine Analyse von 50 großen Aktiengesellschaften in der Bundesrepublik Deutschland, in: DBW, 53. Jg. (1993), S. 749-769.

Bühner, Rolf, [Strategie] und Organisation. Analyse und Planung der Unternehmensdiversifikation mit Fallbeispielen, 2. Aufl., Wiesbaden 1993.

Bühner, Rolf, Shareholder [Value]-Ansatz, in: DBW, 53. Jg. (1992), S. 418f.

Bühner, Rolf, Das [Management-Wert-Konzept]. Strategien zur Schaffung von mehr Wert im Unternehmen, Stuttgart 1990.

Bühner, Rolf, [Möglichkeiten] der unternehmerischen Gehaltsvereinbarung für das Top Management, in: DB, 42. Jg. (1989), S. 2181-2186.

Bühner, Rolf, Kapitalmarktbeurteilung von [Technologiestrategie], in: ZfB, 58. Jg. (1988), S. 1323-1339.

Bühner, Rolf, [Portfolio-Risikoanalyse] der Unternehmensdiversifikation von Industrieaktiengesellschaften, in: ZfB, 53. Jg. (1983), S. 1023-1041.

Bühner, Rolf/ Weinberger, Hans-Joachim, Cash Flow und Shareholder Value, in: BFuP, 43. Jg. (1991), S. 187-208.

Burmeister, Edwin/ Wall, Kent D., The Arbitrage Pricing Theory and Macroeconomic Factor Measures, in: FR, Vol. 21 (1986), S. 1-20.

Büschgen, Hans E., Wertpapieranalyse. Die Beurteilung von Kapitalanlagen in Wertpapieren, Stuttgart 1966.

Busse von Colbe, Walther, [Cash Flow], in: Büschgen, Hans E. (Hrsg.), HWF, Stuttgart 1976, Sp. 241-252.

Busse von Colbe, Walther, Der [Zukunftserfolgswert]. Die Ermittlung des künftigen Unternehmenserfolges und seine Bedeutung für die Bewertung von Industrieunternehmen, Wiesbaden 1957.

Busse von Colbe, Walther/ Laßmann, Gert, Betriebswirtschaftstheorie, Bd. 3: [Investitionstheorie], 3. Aufl., Berlin et al. 1990.

Busse von Colbe, Walther/ Laßmann, Gert, Betriebswirtschaftstheorie, Bd. 1: [Grundlagen], Produktions- und Kostentheorie, 4. Aufl., Berlin et al. 1988.

Buzzel, Robert D./ Gale, Bradley T., Das PIMS-Programm. Strategien und Unternehmenserfolg, Wiesbaden 1989, im Original: The PIMS-Principles - Linking Strategy and Performance, New York et al. 1987, übersetzt von Dorothee Meyer.

Callahan, Carolyn M./ Mohr, Rosanne M., The Determinants of Systematic Risk: A Synthesis, in: FR, Vol. 24 (1989), S. 157-181.

Camberlain, Gary/ Rothschild, Michael, Arbitrage, Factor Structure, and Mean-Variance Analysis on Large Asset Markets, in: Econometrica, Vol. 51 (1983), S. 1281-1304.

Carleton, Willard T./ Lakonishok, Josef, Risk and Return on Equity: The Use and Misuse of Historical Estimates, in: FAJ, Vol. 40 (1985), Jan./Feb., S. 35-47.

Cass, David/ Stiglitz, Joseph E., The Structure of Investor Preference and Asset Returns, and the Separability in Portfolio Allocation: A Contribution to Pure Theory of Mutual Funds, in: JET, Vol. 2 (1979), S. 122-160.

Castagna, A. D./ Greenwood, L. H./ Matolcsy, Z. P., An Evaluation of Alternative Methods for Estimating Systematic Risk, in: AJM, Vol. 9 (1984), Nr. 2, S. 1-13.

Chakravarthy, Balaji S., Measuring Strategic Performance, in: SMJ, Vol. 7 (1986), S. 437-458.

Chakravarthy, Balaji S./ Singh, Harbir, Value Based Planning: Applications and Limitations, in: Advances in Strategic Management, Vol. 6 (1990), S. 169-181.

Chambers, Donald R./ Harris, Robert S./ Pringle, John C., Treatment of Financing Mix in Analysing Investment Opportunities, in: FM, Vol. 11 (1982), Nr. 2, S. 24-41.

Chan, Louis K. C./ Lakonishok, J., Are the Reports of Beta's Death Premature?, Working Paper University of Illinois at Urbana-Champaign Nr. 92-0168, September 1992.

Chan, Su Han/ Martin, John/ Kensinger, John, Corporate Research and Development Expenditures and Share Value, in: JFE, Vol. 26 (1990), S. 255-276.

Chance, Don M., Evidence on a Simplified Model of Systematic Risk, in: FM, Vol. 11 (1982), Nr. 3, S. 53-63.

Chatterjee, Sayan/ Lubatkin, Michael, Corporate Mergers, Stockholder Diversification, and Changes in Systematic Risk, in: SMJ, Vol. 11 (1990), S. 255-268.

Chen, Nai-fu, Some Empirical Tests of the Arbitrage Pricing Theory, in: JoF, Vol. 38 (1983), S. 1393-1414.

Chen, Nai-fu/ Ingersoll, Jonathan E., Jr., Exact Pricing in Linear Factor Models with Finitely Many Assets: A Note, in: JoF, Vol. 38 (1983), S. 985-988.

Chen, Nai-fu/ Roll, Richard/ Ross, Stephen A., Economic [Forces] and the Stock Market, in: JoB, Vol. 59 (1986), S. 383-403.

Cheung, Joseph K., Managerial Flexibility in Capital Investment Decisions: Insights from the Real-Options Literature, in: JAL, Vol. 12 (1993), S. 29-66.

Chmielewicz, Klaus, Integrierte Finanz-, Bilanz- und Erfolgsrechnung, in: Gebhardt, Günther/ Gerke, Wolfgang/ Steiner, Manfred (Hrsg.), Handbuch des Finanzmanagements. Instrumente und Märkte der Unternehmensfinanzierung, München 1993, S. 43-66.

Cho, D. Chinhyung, On the Testing the Arbitrage Pricing Theory: Inter-Battery Factor Analysis, in: JoF, Vol. 39 (1984), S. 1485-1502.

Cho, D. Chinhyung/ Elton, Edwin J./ Gruber, Martin J., On the Robustness of Roll and Ross Arbitrage Pricing Theory, in: JFQA, Vol. 19 (1984), S. 1-10.

Chung, Kee H., The Impact of the Demand Volatility and Leverages on the Systematic Risk of Common Stocks, in: JBFA, Vol. 16 (1989), S. 343-360.

Chung, Kee H./ Charoenwong, Charlie, Investment Options, Assets in Place, and the Risk of Stocks, in: FM, Vol. 20 (1991), Nr. 3, S. 21-33.

Clarke, Christopher J./ Brennan, Kieron, Defensive Strategies Against Takeovers: Creating Shareholder Value, in: LRP, Vol. 23 (1990), Nr. 1, S. 95-101.

Clarke, Roger G./ Wilson, Brent/ Daines, Robert H./ Nadauld, Stephen D., Strategic Financial Management, Homewood (Ill.) 1988.

Coenenberg, Adolf G., [Unternehmensbewertung] aus der Sicht der Hochschule, in: Busse von Colbe, Walther/ Coenenberg, Adolf G., (Hrsg.), Unternehmensakquisition und Unternehmensbewertung. Grundlagen und Fallstudien, Stuttgart 1992, S. 89-108.

280

Coenenberg, Adolf Gerhard, Unternehmensbewertung mit Hilfe der [Monte-Carlo]-Simulation, in: ZfB, 40. Jg. (1970), S. 793-804.

Coenenberg, Adolf G./ Sautter, Michael T., Strategische und finanzielle Bewertung von Unternehmensakquisitionen, in: DBW, 48. Jg. (1988), S. 691-710.

Coffee, John, Regulating the Market for Corporate Control: A Critical Assessment of Tender Offer's Role in Corporate Governance, in: Columbia Law Review, Vol. 84 (1984), S. 1145-1296.

Cohen, Kalman J./ Hawawini, Gabriel A./ Maier, Steven F./ Schwartz, Robert A./ Whitcomb, David K., Frictions in the [Trading Process] and the Estimation of Systematic Risk, in: JFE, Vol. 12 (1983), S. 263-278.

Cohen, Kalman J./ Hawawini, Gabriel A./ Maier, Steven F./ Schwartz, Robert A./ Whitcomb, David K., Estimating and Adjusting for the [Intervalling]-Effect Bias in Beta, in: MSc, Vol. 29 (1983), S. 135-148.

Collins, Daniel W./ Ledolter, Johannes/ Rayburn Judy, Some Further Evidence on the Stochastic Properties of Risk, in: JoB, Vol. 60 (1987), S. 425-448.

Conine, Thomas E., On the Theoretical Relationship between Systematic Risk und Price [Elasticity] of Demand, in: JBFA, Vol. 10 (1983), S. 173-182.

Conine, Thomas E., Jr., On the Theoretical Relationship Between [Business Risk] and Systematic Risk, in: JBFA, Vol. 9 (1982), S. 199-205.

Conine, Thomas E., Corporate [Debt] and Corporate Taxes: An Extension, in: JoF, Vol. 35 (1980), S. 1033-1037.

Connor, Gregory A., Unified [Beta] Pricing Theory, in: JET, Vol. 34 (1984), S. 13-31.

Connor, Gregory/ Korajczyk, Robert A., An [Intertemporal] Equilibrium Beta Pricing Model, in: Review of Financial Studies, Vol. 2 (1989), S. 373-392.

Connor, Gregory/ Korajczyk, Robert A., [Risk] and Return in an Equilibrium APT. Application of a New Test Methodology, in: JFE, Vol. 21 (1988), S. 255-289.

Copeland, Tom/ Koller, Tim/ Murrin, Jack, Valuation: Measuring and Managing the Value of Companies, New York et al. 1991.

Copeland, Thomas E./ Ostrowski, Kenneth J., The Hidden Value of Capital Efficiency, in: McKinsey Quarterly, o.Jg. (1993), Nr. 3, S. 45-58.

Copeland, Thomas E./ Weston, J. Fred, Financial Theory and Corporate Policy, 3. Aufl., Reading et al. 1988.

Copulsky, William, Balancing the Needs of Customers and Shareholders, in: JBSt, Vol. 12 (1991), Nr. 6, S. 44-47.

Cornell, Bradford/ Shapiro, Alan C., [Financing], Corporate Growth, in: JACF, Vol. 1 (1988), Sommer, S. 6-22.

Cornell, Bradford/ Shapiro, Alan C., Corporate [Stakeholders] and Corporate Finance, in: FM, Vol. 16, (1987), Frühjahr, S. 5-14.

Coyne, Kevin P./ Ferguson, Roger W., Jr., Real Wealth, in: McKinsey Quarterly, o.Jg. (1991), Nr. 4, S. 69-80.

Crawford, Peggy J./ Harper, Charles P./ McConell, John J., Further Evidence on the Terms of Financial Leases, in: FM, Vol. 10 (1981), Nr. 3, S. 7-14.

Crubasik, Bodo/ Zimmermann, Hans-Jürgen, Evaluierung der Modelle zur Bestimmung strategischer Schlüsselfaktoren, in: DBW, 47. Jg. (1987), S. 426-450.

Crum, Roy L./ Bi, Keqian, An Observation on Estimating the Systematic Risk of an Industry Segment, in: FM, Vol. 17 (1988), Nr. 1, S. 60-62.

Curley, Anthony J./ Hexter, J. Lawrence/ Choi, Dosoung, The Cost of Capital and the Market Power of Firms: A Comment, in: REconStat, Vol. 64 (1982), S. 519-523.

Curven, P. J., The Theory of the Firm, London, Basingstoke 1976.

Cyert, Richard M./ March, James G., A Behavioral Theory of the Firm, Englewood Cliffs (N.J.) 1963.

Däumler, Klaus-Dieter, Effektivzinsbestimmung bei Leasing-Finanzierung, in: BuW, 48. Jg. (1994), S. 109-112.

Day, George S., Market Driven Strategy. Processes for Creating Value, New York et al. 1990.

Day, George S./ Fahey, Liam, Putting Strategy into Shareholder Value Analysis, in: HBR, Vol. 68 (1990), Nr. 2, S. 156-162.

DeAngelo, Herbert, Competition and Unanimity, in: AER, Vol. 71 (1981), S. 18-27.

DeBondt, Werner F. M./ Thaler, Richard H., A Mean-reverting Walk down Wall Street, in: JEP, Vol. 3 (1989), S. 173-193.

281

Debreu, Gerald, Theory of Value: An Axiomatic Analysis of Economic Equilibrium, New Haven, London 1959.

Dellmann, Klaus, Finanzplanung, in: Chmielewicz, Klaus/ Schweitzer, Marcell (Hrsg.), HWR, 3. Aufl., Stuttgart 1993, Sp. 636-646.

Deutsch, Christian, Unternehmensbewertung: Pi mal Daumen, in: Wirtschaftswoche, 47. Jg. (1993), Nr. 45, S. 68, S. 71.

Deutsche Börsen, Jahresbericht 1993, Frankfurt am Main 1994.

Dhrymes, Phoebus J., The Empirical Relevance of Arbitrage Pricing Models, in: JPM, Vol. 10 (1984), Sommer, S. 35-44.

Dhrymes, Phoebus J./ Friend, Irwin/ Gultekin, Mustafa N./ Gultekin, N. Bulent, [New Tests] of the APT and Their Implications, in: JoF, Vol. 40 (1985), S. 659-674.

Dhrymes, Phoebus J./ Friend, Irwin/ Gultekin, N. Bulent, A Critical Examination of the Empirical Evidence on the Arbitrage Pricing Theory, in: JoF, Vol. 39 (1984), S. 323-346.

Dhrymes, Phoebus J./ Friend, Irwin/ Gultekin, N. Bulent/ Gultekin, Mustafa N., An [Empirical] Examination of the Implications of Arbitrage Pricing Theory, in: JBF, Vol. 9 (1985), S. 73-99.

Dimson, Elroy, Risk Measurement when Shares are Subject to Infrequent Trading, in: JFE, Vol. 7 (1979), S. 197-226.

Dimson, E./ Marsh, P. R., The [Stability] of UK Risk Measures and the Problem of Thin Trading, in: JoF, Vol. 38 (1983), S. 753-783.

Dimson, Elroy/ Marsh, Paul, [Calculating] the Cost of Capital, in: LRP, Vol. 15 (1982), Nr. 2, S. 112-120.

Dinauer, Josef W., Psychologische Einflußfaktoren bei der Kursbildung am Aktienmarkt, in: DVFA (Hrsg.), Beiträge zur Aktienanalyse, 15. Jg. (1976), S. 19-29.

Dirrigl, Hans, Die Bewertung von Beteiligungen an Kapitalgesellschaften - Betriebswirtschaftliche Methoden und steuerlicher Einfluß, Hamburg 1988.

Domke, Hans-Martin, Rendite und Risiko von Aktien kleiner Börsengesellschaften. Eine empirische Untersuchung der Performance deutscher Nebenwerte in den Jahren 1971 bis 1980, Frankfurt am Main et al. 1987.

Dörner, Wolfgang, Die [Unternehmensbewertung], in: Institut der Wirtschaftsprüfer in Deutschland e. V. (Hrsg.), Wirtschaftsprüfer-Handbuch 1992, Handbuch für Rechnungslegung, Prüfung und Beratung, Band 2, Düsseldorf 1992, S. 1-136.

Dörner, Wolfgang, [Versorgungsaufwendungen] als Bewertungsobjekt der Unternehmensbewertung, in: DB, 13. Jg. (1960), S. 153-155.

Drukarczyk, Jochen, [Kapitalkosten], in: Busse von Colbe, Walther (Hrsg.), unter Mitarbeit von Bernhard Pellens und Jürgen Brüggerhoff, Lexikon des Rechnungswesens. Handbuch der Bilanzierung und Prüfung der Erlös-, Finanz-, Investitions- und Kostenrechnung, 3. Aufl., München, Wien 1994, S. 355-358.

Drukarczyk, Jochen, [Finanzierung], 6. Aufl., Stuttgart, Jena 1993.

Drukarczyk, Jochen, [Theorie] und Politik der Finanzierung, 2. Aufl., München 1993.

Drukarczyk, Jochen, Management [Buyouts], in: WiSt, 19. Jg. (1990), S. 545-549.

Drukarczyk, Jochen, [Finanzierungstheorie], München 1980.

Drukarczyk, Jochen, [Unternehmensbewertung] und Normalisierung der Kapitalstruktur, in: WPg, 29. Jg. (1976), S. 72-79.

Duhaime, Irene M./ Thomas, Howard, Financial Analysis and Strategic Management, in: JEB, Vol. 35 (1983), S. 413-440.

Dybvig, Philip H., An Explicit [Bound] on Deviation from APT Pricing in a Finite Economy, in: JFE, Vol. 12 (1983), S. 483-496.

Dybvig, Philip H./ Ross, Stephen A., Yes, the APT is Testable, in: JoF, Vol. 40 (1985), S. 1173-1188.

Dyl, Edward A./ Hoffmeister, J. Ronald, A Note on Dividend Policy and Beta, in: JBFA, Vol. 13 (1986), S. 107-115.

Ehrhardt, Michael C., Arbitrage Pricing Models: The Sufficient Number of Factors and Equilibrium Conditions, in: JFR, Vol. 10 (1987), S. 111-120.

Ehrhardt, Michael C./ Bhagwat, Yatin N., A Full-Information Approach for Estimating Divisional Betas, in: FM, Vol. 20 (1991), Nr. 2, S. 60-69.

Eichelberger, Dirk, "Wertsteigerung durch Akquisition" - eine Kritik, in: DU, 44. Jg. (1990), S. 67f.

Eilenberger, Guido, Betriebliche Finanzwirtschaft, 4. Aufl., München, Wien 1991.

Eisenführ, Franz/ Weber, Martin, Rationales Entscheiden, Berlin et al. 1993.

Elgars, Pieter T./ Murray, Dennis, The Impact of the Choice of Market Index on the Empirical Evaluation of Accounting Risk Measures, in: AR, Vol. 57 (1982), S. 358-375.

Ellis, John/ Williams, David, Corporate Strategy and Financial Analysis. Managerial, Accounting and Stock Market Perspectives, London 1993.

Elmendorff, Wilhelm/ Thoennes, Horst, Einfluß der Finanzierung auf den Unternehmenswert, in: Forster, Karl-Heinz/ Schuhmacher, Peter (Hrsg.), Aktuelle Fragen der Unternehmensfinanzierung und Unternehmensbewertung, FS für Kurt Schmaltz, Stuttgart 1970, S. 35-53.

Elschen, Rainer, Shareholder Value und Agency Theorie - Anreiz- und Kontrollsysteme für die Zielsetzungen der Anteilseigner, in: BFuP, 43. Jg. (1991), S. 209-220.

Elton, Edwin J./ Gruber, Martin J., Modern Portfolio Theory and Investment Analysis, 4. Aufl., New York et al. 1991.

Elton, Edwin J./ Gruber, Martin J./ Urich Thomas J., "Are Betas Best?", in: JoF, Vol. 33 (1978), S. 1375-1384.

Emans, Hartmut, Konzepte der strategischen Planung, in: Henzler, Herbert A. (Hrsg.), Handbuch Strategische Führung, Wiesbaden 1988, S. 109-131.

Engbroks, Hartmut, Finanzielle Effekte der Vorausfinanzierung der betrieblichen Altersversorgung, in: Wegweiser für die Altersversorgung, FS für Georg Heubeck aus dem Kreise seiner Mitarbeiter, Stuttgart 1986, hier S. 121-135.

Eschenbach, Rolf/ Kunesch, Hermann, Strategische Konzepte. Management-Ansätze von Ansoff bis Ulrich, Stuttgart 1993.

Eskew, Robert K., The Forecasting Ability of Accounting Risk Measures: Some Additional Evidence, in: AR, Vol. 54 (1979), S. 107-118.

Everling, Oliver, Zum Stand der neueren Finanzierungstheorie, in: Der langfristige Kredit, 39. Jg. (1988), S. 686-690.

Ewert, Ralf, [Finanzwirtschaft] und Leistungswirtschaft, in: Wittmann, Waldemar et al. (Hrsg.), HWB, Teilband 1, 5. Aufl., Stuttgart 1993, Sp. 1150-1161.

Ewert, Ralf, [Rechnungslegung], Gläubigerschutz und Agency Probleme, Wiesbaden 1986.

Ewert, Ralf/ Wagenhofer, Alfred, Interne Unternehmensrechnung, Berlin et al. 1993.

Ezzamel, Mahmoud A., Divisional Cost of Capital and the Measurement of Divisional Performance, in: JBFA, Vol. 6 (1979), S. 307-319.

Ezzell, John R./ Porter, R. Burr, Correct Specification of Cost of Capital and Net Present Value, in: FM, Vol. 8 (1979), Nr. 2, S. 15-17.

Fabozzi, Frank J./ Garlicki, T. Dessa/ Ghosh, Arabinda/ Kislowski, Peter, Market Power as Determinant of Systematic Risk: A Note, in: RBER, Vol. 23 (1986), Nr. 2, S. 61-70.

Faff, Robert W./ Lee, John H. H./ Fry, Tim R. L., Time Stationarity of Systematic Risk: Some Australian Evidence, in: JBFA, Vol. 19 (1992), S. 253-270.

Fama, Eugene F., [Efficient] Markets: II, in: JoF, Vol. 46 (1991), S. 1575-1617.

Fama, Eugene F., [Agency Problems] and the Theory of the Firm, in: JPE, Vol. 88 (1980), S. 288-307.

Fama, Eugene F., The [Effects] of a Firm's Investment and Financing Decisions and the Welfare of Its Security Holders, in: AER, Vol. 68 (1978), S. 272-284.

Fama, Eugene F., Risk-adjusted Discount Rates and [Capital Budgeting] under Uncertainty, in: JFE, Vol. 5 (1977), S. 3-24.

Fama, Eugene F., [Foundations] of Finance, New York 1976.

Fama, Eugene F., Efficient [Capital Markets]: A Review of Theory and Empirical Work, in: JoF, Vol. 25 (1970), S. 383-417.

Fama, Eugene F./ French, Kenneth R., Common [Risk Faktors] in the Return on Stocks and Bond, in: JFE, Vol. 33 (1993), S. 3-56.

Fama, Eugene F./ French, Kenneth R., The [Cross-Section] of Expected Stock Returns, in: JoF, Vol. 47 (1992), S. 427-465.

Fama, Eugene F./ Jensen, Michael C., [Separation] of Ownership and Control, in: JLE, Vol. 26 (1983), S. 301-325.

Fama, Eugene F./ Jensen, Michael C., [Agency Problems] and Residual Claims, in: JLE, Vol. 26 (1983), S. 327-349.

Fama, Eugene F./ Miller, Merton H., The Theory of Finance, Hinsdale (Ill.) 1972.

FASB, SFAC Nr. 1, Statement of Financial Reporting by Business Enterprises (Nov. 1978), in: Original Pronouncements, Accounting Standards as of June 1, 1993, Vol. II, S. 1003-1020.

FASB, SFAS Nr. 14, Financial Reporting for Segments of a Business Enterprise, in: Original Pronouncements, Accounting Standards as of June 1, 1993, Vol. I, S. 146-168.

FASB, SFAS Nr. 95, Statement of Cash Flow (Nov. 1987), in: Original Pronouncements, Accounting Standards as of June 1, 1993, Vol. I, S. 1045-1088.

Fewings, David R., The Impact of Corporate Growth on the Risk of Common Stocks, in: JoF, Vol. 30 (1975), S. 525-531.

Fickert, Reiner, [Cash Flow] - Quo vadis?, in: Zünd, André/ Schultz, Günther/ Glauss, Bruno U., Bewertung, Prüfung und Beratung in Theorie und Praxis, FS für Carl Helbling, Zürich 1992, S. 141-165.

Fickert, Reiner, [Shareholder Value] - Ansatz zur Bewertung von Strategien, in: Weilenmann, Paul/ Fikkert, Reiner (Hrsg.), Strategie-Controlling in Theorie und Praxis, Bern, Stuttgart 1992, S. 48-92.

Finegan, Patrick, Maximizing Shareholder Value at the Private Company, in: JACF, Vol. 4 (1991), Nr. 1, S. 30-45.

Finnerty, Joseph E./ Fitzsimmons, Rick N./ Oliver, Thomas W., Leases Capitalization and Systematic Risk, in: AR, Vol. 40 (1980), S. 631-639.

Fisher, Irving, Die [Zinstheorie], Jena 1932, im Original: The Theory of Interest. As Determined by Impatience to Spend Income and Opportunity to Invest It, New York 1930, übersetzt von Hans Schulz.

Fisher, Irving, The [Nature] of Capital and Income, New York, London 1906.

Florin, Gerhard, Strategiebewertung auf Ebene der strategischen Geschäftseinheiten, Frankfurt am Main 1988.

Foster, George, Financial Statement [Analysis], 2. Aufl., Englewood Cliffs (N.J.) 1986

Foster, George, [Financial] Statement Analysis, Englewwod Cliffs (N.J.) 1978.

Francis, Jack Clarke, Investments. Analysis and Management, 5. Aufl., New York et al. 1991.

Francis, Jack Clarke/ Fabozzi, Frank J., The Effects of Changing [Macroeconomic] Conditions on the Parameters of the Single Index Market Model, in: JFQA, Vol. 14 (1979), S. 351-360.

Franke, Günter, Kapitalmarkt und [Separation], in: ZfB, 53. Jg. (1983), S. 239-260.

Franke, Günter/ Hax, Herbert, [Finanzwirtschaft] des Unternehmens und Kapitalmarkt, 2. Aufl., Berlin et al. 1990.

Frankfurter, George M., The Effect of Market Indexes on the Ex-Post Performance of the Sharpe Portfolio Selection Model, in: JoF, Vol. 31 (1976), S. 949-955.

Franks, Julian R./ Broyles, John E./ Carleton, Willard T., Corporate Finance. Concepts and Applications, Boston (Mass.) 1985.

Frantzmann, Hans-Jörg, Zur [Messung] des Marktrisikos deutscher Aktien, in: ZfbF, 42. Jg. (1990), S. 67-83.

Frantzmann, Hans-Jörg, [Saisonalitäten] und Bewertung am deutschen Aktien- und Rentenmarkt, Frankfurt am Main 1989.

Freeman, R. Edward, Strategic Management. A Stakeholder Approach, Boston et al. 1984.

Frey, Dieter/ Stahlberg, Dagmar, Erwartungsbildung und Erwartungsveränderung bei Börsenakteuren, in: Maas, Peter/ Weibler, Jürgen (Hrsg.), Börse und Psychologie. Plädoyer für eine neue Perspektive, Köln 1990, S. 102-139.

Freygang, Winfried, Kapitalallokation in diversifizierten Unternehmen. Ermittlung divisionaler Eigenkapitalkosten, Wiesbaden 1993.

Friend, Irwin/ Westerfield, Randolph / Granito, Michael, New Evidence on the Capital Asset Pricing Model, in: JoF, Vol. 33 (1978), S. 906-916.

Fruhan, William E., Jr., Corporate [Raiders]: Head'em Off at Value Gap, in: HBR, Vol. 66 (1988), Nr. 4, S. 63-68.

Fruhan, William E., Jr., [Financial] Strategy. Studies in the Creation, Transfer, and Destruction of Shareholder Value, Homewood (Ill.), Georgetown (Ont.) 1979.

Fuller, Russel J./ Kerr, Halbert S., Estimating the Divisional Cost of Capital: An Analysis of the Pure-Play Technique, in: JoF, Vol. 36 (1981), S. 997-1009.

Furubotn, Eirik G./ Pejovich, Svetozar, Property Rights and Economic Theory: A Survey of Recent Literature, in: JEL, Vol. 10 (1972), S. 1137-1162.

Gahlon, James M./ Gentry, James A., On the Relationship between Systematic Risk and the Degrees of Operating and Financial Leverage, in: FM, Vol. 11 (1982), S. 15-23.

Gahlon, James M./ Stover, Roger D., Diversification, Financial Leverage and Conglomerate Systematic Risk, in: JFQA, Vol. 14 (1979), S. 999-1013.

Galai, Dan/ Masulis, Ronald, The Option Pricing Model and the Risk Factor of Stock, in: JFE, Vol. 3 (1976), S. 53-81.

Ganz, Matthias, Die Erhöhung des Unternehmenswertes durch die Strategie der externen Diversifikation, Bern, Stuttgart 1991.

Gaughan, Patrick A., Mergers & Acquisitions, New York 1991.

Gavish, Bezalel/ Kalay, Avner, On the Asset Substitution Problem, in: JFQA, Vol. 18 (1983), S. 21-30.

Gebhardt, Günther, Anleihen als Instrumente der langfristigen Finanzierung, in: Gebhardt, Günther/ Gerke, Wolfgang/ Steiner, Manfred, Handbuch des Finanzmanagements. Instrumente und Märkte der Unternehmensfinanzierung, München 1993, S. 445-475.

Geiger, Helmut, Entstehung und Auswirkungen besonderer Börsenentwicklungen am Beispiel des Börsencrashs 1987, in: Maas, Peter/ Weibler, Jürgen (Hrsg.), Börse und Psychologie. Plädoyer für eine neue Perspektive, Köln 1990, S. 213-237.

Geißelbach, Axel, Strategien mit Aktienkursindex-Instrumenten, Berlin 1989.

Gerke, Wolfgang/ Rapp, Heinz-Werner, Strukturveränderungen im internationalen Börsenwesen, in: DBW, 54. Jg. (1994), S. 5-23.

Gerling, Claus, Unternehmensbewertung in den USA, Bergisch Gladbach, Köln 1985.

Gerpott, Torsten J., Integrationsgestaltung und Erfolg von Unternehmensakquisitionen, Stuttgart 1993.

Gerum, Elmar, Property Rights, in: Frese, Erich (Hrsg.), HWO, 3. Aufl., Stuttgart 1992, Sp. 2116-2128.

Geyer, Alois/ Hauer, Susanna, ARCH-Modelle zur Messung des Marktrisikos, in: ZfbF, 43. Jg. (1991), S. 65-74.

Glasel, Ludwig, Leasing, in: Castan, Edgar et al. (Hrsg.), Beck'sches Handbuch der Rechnungslegung, Bd. 2, 4. Ergänzungslieferung, München 1991, B 710, S. 1-30.

Gluck, Frederick W., The Real Takeover Defense, in: McKinsey Quarterly, o.Jg. (1988), Winter, S. 2-16.

Goding, Arthur E., Perceived Risk and Capital Asset Pricing, in: JoF, Vol. 33 (1978), S. 1401-1421.

Golbe, Devra L./ Schachter, Barry, The Net Present Value Rule and an Algorithm for Maintaining a Constant Debt-Equity Ratio, in: FM, Vol. 14 (1985), Nr. 2, S. 53-58.

Gold, Bela, The Shaky Foundations of Capital Budgeting, in: CMR, Vol. 19 (1976), Winter, S. 51-60.

Goldenberg, David H./ Chiang, Raymond, Systematic Risk and the Theory of the Firm: A Reexamination, in: Journal of Accounting and Public Policy, Vol. 2 (1983), Frühjahr, S. 63-72.

Gombola, Michael J./ Kahl, Douglas R., Time-Series Processes of Utility Beta: Implications for Forecasting Systematic Risk, in: FM, Vol. 19 (1990), Nr. 3, S. 84-93.

Gomez, Peter, [Wertmanagement]. Vernetzte Strategien für Unternehmen im Wandel, Düsseldorf et al. 1993.

Gomez, Peter/ Weber, Bruno, Akquisitionsstrategie zur [Steigerung] des Unternehmenswertes, in: Siegwart, Hans/ Mahari, Julian I./ Caytas, Ivo G./ Rumpf, Bernd-Michael, Meilensteine im Management: Mergers & Acquisitions, Basel, Frankfurt am Main, Stuttgart 1990, S. 181-202.

Gomez, Peter/ Weber, Bruno, [Akquisitionsstrategie]. Wertsteigerung durch Übernahme von Unternehmungen, Stuttgart 1989.

Gonedes, Nicholas J., Capital Market [Equilibrium] for a Class of Heterogenous Expectations in a Two Parameter World, in: JoF, Vol. 31 (1976), S. 1-15.

Gonedes, Nicholas J., A [Note] on Accounting-Based and Market-Based Estimates of Systematic Risk, in: JFQA, Vol. 10 (1975), S. 255-365.

Gonedes, Nicholas J., Evidence of the Information Content of Accounting Numbers: [Accounting-Based] and Market-Based Estimates of Systematic Risk, in: JFQA, Vol. 8 (1973), S. 407-444.

Gooch, Lawrence B./ Grabowski, Roger J., Advanced Valuation Methods in Mergers and Acquisitions, in: M&A, Vol. 11 (1976), Nr. 2, S. 15-30.

Göppl, Hermann, Eigene empirische Ergebnisse zur [Finanzmittlertätigkeit] der Banken, in: Beckmann, M. J./ Eichhorn, W./ Krelle, W. (Hrsg.), Mathematische Systeme in der Ökonomik, FS für Rudolf Henn, Königstein 1983, S. 181-196.

Göppl, Hermann, [Unternehmungsbewertung] und Capital-Asset-Pricing-Theorie, in: WPg, 33. Jg. (1980), S. 237-245.

Gordon, Myron J., The Investment, Financing, and Valuation of the Corporation, Westport 1962.

Gordon, Myron J./ Halpern Paul J., Cost of Capital for a Division of a Firm, in: JoF, Vol. 29 (1974), S. 1153-1163.

Gordon, Myron J./ Shapiro, Eli, Analyse der Vorteilhaftigkeit von Investitionen: Die Mindestrendite, in: Hax, Herbert/ Laux, Helmut (Hrsg.), Die Finanzierung der Unternehmung, Köln 1975, S. 54-64, im Original: Capital Equipment Analysis: The Required Rate of Profit, in: MSc, Vol. 3 (1956), S. 102-110, übersetzt von Elmar G. Alhäuser.

Götze, Uwe, Szenario-Technik in der strategischen Unternehmensplanung, Wiesbaden 1991.

Graham, Michael D., Gordon Growth Model. A Useful Tool or Just Another Formula?, in: Business Valuation Review, Vol. 12 (1993), Nr. 2, S. 72-75.

Gratz, Kurt, Unternehmensbewertung bei progressiver Einkommensbesteuerung, in: ZfbF, 33. Jg. (1981), S. 981-991.

Graves, Samuel B., Institutional Ownership and Corporate R&D in the Computer Industry, in: AMJ, Vol. 31 (1988), S. 417-428.

Greenberg, Edward/ Marschall, William J./ Yawitz, Jess B., The Technology of Risk and Return, in: AER, Vol. 68 (1978), S. 241-259.

Greenfield, Robert L./ Randall, Maury R./ Woods, John C., Financial Leverage and the Use of the Net Present Value Investment Criterion, in: FM, Vol. 12 (1983) Nr. 3, S. 40-44.

Gregory, Alan, [Valuing] Companies, Analysing Business Worth, New York et al. 1992.

Gregory, Alan, Strategic Value Analysis: The Danger of Over [Simplification], in: MA, Vol. 70 (1992), Nr. 8, S. 42, S. 46.

Gregory, Alan, Why [Beta] is Better? The Usefulness of Beta in the Investment-Appraisal Process, in: MA, Vol. 69 (1990), Nr. 1, S. 42f.

Grinblatt, Mark/ Titman, Sheridan, Factor Pricing in a Finite Economy, in: JFE, Vol. 12 (1983), S. 497-507.

Grob, Heinz Lothar, Investitionsrechnung mit vollständigen Finanzplänen, München 1989.

Grossman, Sanford J./ Stiglitz, Joseph E., On the Impossibility of Informationally [Efficient] Markets, in: AER, Vol. 70 (1980), S. 393-408.

Grossman, S. J./ Stiglitz, J. E., On [Value] Maximation and Alternative Objectives of the Firm, in: JoF, Vol. 32 (1977), S. 389-402.

Grossman, Sanford J./ Stiglitz, Joseph E., [Information] and Competitive Price Systems, in: AER, Vol. 66 (1976), S. 246-253.

Grossman, Sanford/ Hart, Oliver, Take-over bids, the Free Rider Problem and the Theory of the Corporation, in: BJE, Vol. 11 (1980), S. 42-64.

Groth, John C., Corporate Communications and Firm Value, in: MF, Vol. 14 (1988), Nr. 1, S. 1-5.

Gruber, Andreas, Signale, Bubbles und rationale Anlagestrategien, Wiesbaden 1988.

Grünewald, Hans-Günther, Der ROI als [Steuerungsinstrument] in einem weltweit tätigen Unternehmen der chemischen Industrie, in: Küting, Karlheinz/ Weber, Claus-Peter (Hrsg.), Konzernmanagement, Rechnungswesen und Controlling, Stuttgart 1993, S. 261-277.

Grünewald, Hans-Günther, Meinungen zum Thema: [Shareholder] Value als Zielgröße der Unternehmensführung, in: BFuP, 43. Jg. (1991), S. 241-253.

Grünwald, Leonhard, Optionsmarkt und Kapitalmarkteffizienz. Eine Analyse der Organisations- und Informationseffizienz des börsenmäßigen Optionshandels in der Bundesrepublik Deutschland und den USA, München 1980.

Guatri, Luigi, Theorie der Unternehmenswertsteigerung. Ein europäischer Ansatz, Wiesbaden 1994, im Original: La teoria di creazione del valore. Una via europea, 1991, übersetzt von Andreas Spalt.

Gutenberg, Erich, Grundlagen der Betriebswirtschaftslehre, Dritter Band: Die Finanzen, 8. Aufl., Berlin et al. 1980.

Gup, Benton E./ Norwood, Samuel W., III, Divisional Cost of Capital: A Practical Approach, in: FM, Vol. 11, (1982), Nr. 1, S. 20-24.

Guy, James R. F., The Behavior of Equity Securities on German Stock Exchange, in: JBF, Vol. 1 (1977), S. 71-93.

Haeger, Bernd, Bildung, Übertragung und Auflösung der § 6b EStG-Rücklage nach neuem Bilanzrecht (Teil I), in: DB, 40. Jg. (1987), S. 445-450.

Haegert, Lutz/ Schwab, Hartmut, Die Subventionierung direkter Pensionszusagen nach geltendem Recht im Vergleich zu einer neutralen Besteuerung, in: DBW, 50. Jg. (1990), S. 85-102.

Haeseler, Herbert R., Ergiebigkeitskennzahlen und Cash-flow Return on Investment, in: Seicht, Gerhard (Hrsg.), Jahrbuch für Controlling und Rechnungswesen '93, Wien 1993, S. 53-81, hier S. 68-78.

Hafner, Ralf, [Unternehmensbewertungen] als Instrumente zur Durchsetzung von Verhandlungspositionen, in: BFuP, 45. Jg. (1993), S. 79-89.

Hafner, Ralf, [Grenzpreisermittlung] bei mehrfacher Zielsetzung - ein Beitrag zur Bewertung strategischer Unternehmensakquisitionen, Bergisch-Gladbach, Köln 1989.

286

Hafner, Ralf, Unternehmensbewertung bei mehrfacher [Zielsetzung], in: BFuP, 40. Jg. (1988), S. 485-504.

Hagemann, Helmut/ Meyersiek, Dietmar, Vorwort zur deutschen Ausgabe von Copeland, Tom/ Koller, Tim/ Murrin, Jack, Unternehmenswert. Methoden und Strategien für eine wertorientierte Unternehmensführung, Frankfurt am Main, New York 1993, im Original: Valuation: Measuring and Managing the Value of Companies, New York et al. 1991, übersetzt von Thorsten Schmidt, S. 9-14.

Hahn, Dietger, PuK. Planung und Kontrolle, Planungs- und Kontrollsysteme, Planungs- und Kontrollrechnung. Controllingkonzepte, 4. Aufl., Wiesbaden 1994.

Hakansson, Nils H., On Optimal [Portfolio] Policies, with and without Serial Correlation of Yields, in: JoB, Vol. 44 (1971), S. 324-334.

Hakansson, Nils H., Optimal [Investment] and Consumption Strategies under Risk for a Class of Utility Functions, in: Econometrica, Vol. 38 (1970), S. 587-607.

Haley, Charles W., Valuation and Risk-adjusted Discount Rate, in: JBFA, Vol. 11 (1984), S. 347-353.

Haley, Charles W./ Schall, Lawrence D., The [Theory] of Financial Decisions, 2. Aufl., New York et al. 1979.

Haley, Charles W./ Schall, Lawrence D., [Problems] with the Concept of the Cost of Capital, in: JFQA, Vol. 13 (1978), S. 847-868.

Hamada, Robert S., The Effect of the Firm's [Capital Structure] on Systematic Risk of Common Stocks, in: Bicksler, James L. (Hrsg.), Capital Market Equilibrium and Efficiency. Implications for Accounting, Financial and Portfolio Decision Making, Lexington (Mass.), Toronto 1977, S. 369-388.

Hamada, Robert S., [Portfolio Analysis], Market Equilibrium and Corporation Finance, in: JoF, Vol. 24 (1969), S. 13-31, hier S. 21-23.

Hamel, Winfried, Zielsysteme, in: Frese, Erich (Hrsg.), HWO, 3. Aufl., Stuttgart 1992, Sp. 2634-2652.

Hanssmann, Friedrich, Quantitative [Betriebswirtschaftslehre]. Lehrbuch der modellgestützten Unternehmensplanung, 3. Aufl., München, Wien 1990.

Hanssmann, Friedrich, Wertorientiertes strategisches Management - eine Revolution, in Strategische Planung, Bd. 4 (1988), S. 1-10.

Harrington, Diana, Modern Portfolio Theory, the Capital Asset Pricing Model, and Arbitrage Pricing Theory. A User's Guide, 2. Aufl., Englewood Cliffs (N.J.) 1987.

Harris, Robert S., Using Analysts' Growth Forecasts to Estimate Shareholder Required Rates of Return, in: FM, Vol. 15 (1986), Nr. 1, S. 58-67.

Harris, Robert S./ Marston, Felicia C., Estimating Shareholder Risk Premia Using Analysts' Growth Forecasts, in: FM, Vol. 21 (1992), Nr. 2, S. 63-70.

Harris, Robert S./ O'Brien, Thomas J./ Wakeman, Doug, Divisional Cost-of-Capital Estimation for Multi-Industry Firms, in: FM, Vol. 18 (1989), Nr. 2, S. 74-84.

Harris, Robert S./ Pringle, John J., Risk-adjusted Discount Rates - Extensions from the Average-risk Case, in: JFR, Vol. 8 (1985), S. 237-244.

Hartmann-Wendels, Thomas, [Agency Theorie], in: Frese, Erich (Hrsg.), HWO, 3. Aufl., Stuttgart 1992, Sp. 72-79.

Hartmann-Wendels, Thomas, [Venture Capital] aus finanzierungstheoretischer Sicht, in: ZfbF, 39. Jg. (1987), S. 16-30.

Haugen, Robert A., Modern Investment Theory, 2. Aufl., Englewood Cliffs (N.J.) 1990.

Havermann, Hans, Aktuelle Grundsatzfragen aus der Praxis der Unternehmensbewertung, in: Wirtschaft und Wissenschaft im Wandel, FS für Carl Zimmerer, Frankurt am Main 1986, S. 157-170.

Hax, Arnoldo C./ Majluf, Nicolas S., Strategisches Management. Ein integriertes Konzept aus dem MIT, Frankfurt am Main, New York 1988, im Original: Strategic Management. An Integrative Perspective, Prentice Hall 1984, übersetzt von Sascha Mantscheff.

Hax, Herbert, [Finanzierungstheorie], in: Wittmann, Waldemar et al. (Hrsg.), HWB, Teilband 1, 5. Aufl., Stuttgart 1993, Sp. 1074-1091.

Hax, Herbert, [Unternehmensethik] - Ordungselement der Marktwirtschaft?, in: ZfbF, 45. Jg. (1993), S. 769-779.

Hax, Herbert, Theorie der Unternehmung - Information, Anreize und [Vertragsgestaltung], in: Ordelheide, Dieter/ Rudolph, Bernd/ Büsselmann, Elke (Hrsg.), Betriebswirtschaftslehre und ökonomische Theorie, Stuttgart 1991, S. 51-72.

Hax, Herbert, [Finanzierung], in: Bitz, Michael et al. (Hrsg.), Vahlens Kompendium der Betriebswirtschaftslehre, Bd. 1, 3. Aufl., München 1993, S. 397-455.

Hax, Herbert, Investitionsrechnung und [Periodenerfolgsmessung], in: Delfmann, Werner (Hrsg.), Der Integrationsgedanke in der Betriebswirtschaftslehre, FS für Helmut Koch, Wiesbaden 1989, S. 153-170.

Hax, Herbert, [Investitionstheorie], 5. Aufl., Würzburg, Wien 1985.

Hax, Herbert, [Finanzierungs- und Investitionstheorie], in: Koch, Helmut (Hrsg.), Neuere Entwicklungen in der Unternehmenstheorie, FS für Erich Gutenberg zum 85. Geburtstag, Wiesbaden 1982, S. 49-68.

Hax, Herbert, Unternehmung und [Wirtschaftsordnung], in: Issing, Otmar (Hrsg.), Zukunftsprobleme der sozialen Marktwirtschaft. Verhandlungen auf der Jahrestagung des Vereins für Socialpolitik - Gesellschaft für Wirtschafts- und Sozialwissenschaften in Nürnberg 1980, Berlin 1981, S. 421-440.

Hax, Herbert, Kapitalmarkttheorie und [Investitionsentscheidungen] (unter besonderer Berücksichtigung des Capital Asset Pricing Model), in: Bombach, Gottfried/ Gahlen, Bernhard/ Ott, Alfred E. (Hrsg.), Neuere Entwicklungen in der Investitionstheorie und -politik, Tübingen 1980, S. 421-449

Hax, Herbert, Der [Einfluß] der Investitions- und Ausschüttungspolitik auf den Zukunftserfolgswert der Unternehmung, in: Busse von Colbe, Walther/ Sieben, Günter (Hrsg.), Betriebswirtschaftliche Information, Entscheidung und Kontrolle, FS für Hans Münstermann, Wiesbaden 1969, S. 359-380.

Hax, Herbert, Der [Kalkulationszinsfuß] in der Investitionsrechnung bei unsicheren Erwartungen, in: ZfbF, 16. Jg. (1964), S. 187-194.

Hax, Herbert/ Hartmann-Wendels, Thomas/ Hinten, Peter von, Moderne Entwicklung der Finanzierungstheorie, in: Christians, Friedrich Wilhelm (Hrsg.), Finanzierungshandbuch, 2. Aufl., Wiesbaden 1988, S. 689-713.

Hax, Herbert/ Laux, Helmut, Einleitung, in: Hax, Herbert/ Laux, Helmut (Hrsg.), Die Finanzierung der Unternehmung, Köln 1975, S. 11-33.

Hayek, Friedrich August von, die [Verwertung] des Wissens in der Gesellschaft, in: Hayek, Friedrich August von: Individualismus und wirtschaftliche Ordung, 2. Aufl., Salzburg 1976, S. 103-121.

Hayek, Friedrich August von, Die [Anmaßung] von Wissen, in: Ordo, Bd. 26. (1975), S. 12-21.

Hayes, Robert H./ Garwin, David A., Managing as if Tomorrow Mattered, in: HBR, Vol. 60 (1982), Nr. 3, S. 70-79.

Hecker, Renate, Informationsgehalt von Optionspreisen. Eine empirische Untersuchung der Preisbildung am Markt für Kaufoptionen im Vorfeld abnormaler Kursbewegungen am Aktienmarkt, Heidelberg 1993.

Heinen, Edmund, [Grundlagen] betriebswirtschaftlicher Entscheidungen, 3. Aufl., Wiesbaden 1976.

Heinen, Edmund, Die [Zielfunktion] der Unternehmung, in: Koch, Helmut (Hrsg.), Zur Theorie der Unternehmung, FS für Erich Gutenberg, Wiesbaden 1962, S. 9-71.

Helbling, Carl, [DCF-Methode] und Kapitalkostensatz in der Unternehmensbewertung, in: STH, 67. Jg. (1993), Nr. 4, S. 157-164.

Helbling, Carl, [Unternehmensbewertung] und Steuern. Unternehmensbewertung in Theorie und Praxis, insbesondere die Berücksichtigung der Steuern aufgrund der Verhältnisse in der Schweiz und der Bundesrepublik Deutschland, 7. Aufl., Düsseldorf 1993.

Helling, Nico, Strategieorientierte Unternehmensbewertung. Instrumente und Techniken, Wiesbaden 1994.

Hellwig, Martin, Zur Informationseffizienz des Kapitalmarktes, in: ZWS, 102. Jg. (1982), S. 1-27.

Hendrikson, Eldon S./ Breda, Michael F. van, Accounting Theory, 5. Aufl., Homewood (Ill.), Boston 1992.

Henzler, Herbert, Von der strategischen Planung zur strategischen Führung: Versuch einer Positionierung, in: ZfB, 58. Jg. (1988), S. 1286-1307.

Heri, Erwin W., Irrationalitäten rational gesehen: Eine Übersicht über die Theorie der "Bubbles", in: Schweizerische Zeitschrift für Volkswirtschaft und Statistik, 122. Jg. (1986), S. 163-186.

Herter, Ronald N., Unternehmenswertorientiertes Management (UwM), Strategische Erfolgsbeurteilung von dezentralen Organisationseinheiten auf der Basis der Wertsteigerungsanalyse, München 1994.

Hertz, David, Risikoanalyse bei Investitionen, in: HM, Investition und Finanzierung, Bd. 1, Hamburg 1985, S. 24-37.

Heubeck, Klaus, Unternehmensfinanzierung durch betriebliche Altersversorgung - eine kritische Betrachtung, in: ZfbF, 39. Jg. (1987), S. 908-922.

Heubeck, Klaus/ Löcherbach, Gerhard, Betriebliche Altersversorgung und Unternehmensbewertung, in: DB, 35. Jg. (1982), S. 913-918.

Hieber, Otto L., Der Einfluß der betrieblichen [Altersversorgung] auf den Unternehmenswert, Frankfurt am Main, Bern, New York 1986.

Hielscher, Udo, Probleme bei der [Berechnung] historischer (realisierter) Renditen, in: Beiträge zur Wertpapieranalyse, o.Jg. (1989), Oktober, S. 41-45.

Hielscher, Udo/ Laubscher, Horst-Dieter, Finanzierungskosten. Kostenbestandteile, Kostenvergleiche und Usancen der Industriefinanzierung, Frankfurt am Main 1976.

Hill, Ned C./ Stone, Bernell K., Accounting Betas, Systematic Operating Risk and Financial Leverage: A Risk-Composition Approach to the Determinants of Systematic Risk, in: JFQA, Vol. 15 (1980), S. 595-637.

Hillebrand, Walter, Die Cash-flow-Strategen, in: MM, 21. Jg. (1991), Nr. 5, S. 128-135.

Hillier, Frederick S., The Derivation of Probabilistic Information for Evaluation of Risky Investments, in: MSc, Vol. 9 (1963), S. 443-457.

Hirschey, Mark, Mergers, Buyouts and Fakeouts, in: AER P&P, Vol. 76 (1986), S. 317-322.

Hochman, Shalom, The Beta Coefficient: An Instrument Variables Approach, in: RiF, Vol. 4 (1983), S. 123-151.

Höfner, Klaus/ Pohl, Andreas, Wer sind die Werterzeuger, wer die Wertvernichter im Portfolio?, in: HBM, 15. Jg. (1993), Nr. 1, S. 51-58.

Hoppenheit, Christoph, Der Dividend-Yield-Effekt, in: Hochschulnachrichten aus der wissenschaftlichen Hochschule für Unternehmensführung, Koblenz, 6. Jg. (1991), S. 68-73.

Horngren, Charles T./ Sundem, Gary L. unter Mitarbeit von Frank H. Selto, Introduction to Management Accounting, 9. Aufl. Englewood Cliff (N. J.) 1993.

Hörnig, Bodo, Beteiligungs- und Fusionsvorhaben. Eine entscheidungs- und investitionsorientierte Untersuchung, Berlin 1984.

Hörnstein, Elke, Arbitrage- und Gleichgewichtsmodelle in der Kapitalmarkttheorie. Eine vergleichende Analyse der CAPM- und APT-Ansätze unter Berücksichtigung der empirischen Überprüfbarkeit, Frankfurt am Main et al. 1990.

Hötzel, Oliver, Die steuerliche Relevanz des verwendbaren Eigenkapitals beim Unternehmenskauf, in: DStR, 31. Jg. (1993), S. 712-714.

Huber, Bernd, Staatsverschuldung und Allokationseffizienz: Eine theoretische Analyse, Baden-Baden 1990.

Huberman, Gur, A Simple Approach to Arbitrage Pricing Theory, in: Bhattacharya, Sudipto/ Constantinides, George M. (Hrsg.), Theory of Valuation. Frontiers of Modern Financial Theory, Vol. 1, Savage (Maryland) 1989, S. 289-297.

Hueck, Götz, Gesellschaftsrecht, 19. Aufl., München 1991.

Huemer, Friedrich, Mergers & Acquisitions. Strategische Analyse von Unternehmensübernahmen, Frankfurt am Main 1990.

Iber, Bernhard, Entwicklung der Aktionärsstruktur börsennotierter deutscher Aktiengesellschaften. Eine theoretische und empirische Analyse für den Zeitraum 1963-1983, Kiel 1987.

Ingersoll, Jonathan E., Jr., [Theory] of Financial Decision Making, Savage (Maryland) 1987.

Ingersoll, Jonathan E., Jr., Some Results in the Theory of [Arbitrage] Pricing, in: JoF, Vol. 39 (1984), S. 1021-1039.

Inselbag, Isik/ Kaufold, Howard, How to Value Recapitalization and Leveraged Buyouts, in: JACF, Vol. 2 (1989), Nr. 2, S. 87-96.

Ismail, Badr E./ Kim, Moon K., On the Association of Cash Flow Variables with Market Risk: Further Evidence, in: AR, Vol. 64 (1989), S. 125-136.

Jacob, Nancy, The Measurement of Systematic Risk for Securities and Portfolios: Some Empirical Evidence, in: JFQA, Vol. 15 (1980), S. 815-834.

Jacobs, Siegfried, Strategische Erfolgsfaktoren der Diversifikation, Wiesbaden 1991.

Janisch, Monika, Das strategische Anspruchsgruppenmanagement vom Shareholder Value zum Stakeholder Value, Bern, Stuttgart 1993.

Jarchow, Hans-Joachim, Theorie und Politik des Geldes, 7. Aufl., Göttingen 1987.

Jarrett, Jeffrey E., Estimating the Cost of Capital for A Division of a Firm, and the Allocation Problem in Accounting, in: JBFA, Vol. 5 (1978), S. 39-47.

Jarrow, Robert A., Finance Theory, Englewood Cliffs (N.J.) 1988.

Jarrow, Robert A./ Rudd, A., A Comparison of the APT and CAPM, in: JBankF, Vol. 7 (1983), S. 295-308.

Jehle, Egon, Reformvorschläge zur Verstärkung der eigentümerbezogenen Managementkontrolle in Publikumsgesellschaften, in: ZfbF, 34. Jg. (1982), S. 1065-1084.

Jennings, Ross, Systematic Risk, in: Newman, Paul (Hrsg.), The New Palgrave, New York, London 1992, S. 629f.

Jensen, Michael C., [Agency Costs] of Free Cash Flow, Corporate Finance, and Takeovers, in: AER P&P, Vol. 76 (1986), S. 323-329.

Jensen, Michael C., [Organization] Theory and Methodology, in: AR, Vol. 58 (1983), S. 319-339.

Jensen, Michael C., Capital Markets: Theory and Evidence, in: Bicksler, James L. (Hrsg.), Capital [Market] Equilibrium and Efficency. Implication for Accounting, Financial and Portfolio Decision Making, Lexington (Mass.), Toronto 1977, S. 111-164.

Jensen, Michael C./ Meckling, William H., Theory of the Firm, Managerial Behavior, Agency Costs and Ownership Structure, in: JFE, Vol. 3 (1976), S. 305-360.

Jensen, Michael C./ Murphy, Kevin J., CEO Incentives - It's Not How Much You Pay, But How, in: HBR, Vol. 68 (1990), Mai/Juni, S. 138-153.

Jensen, Michael C./ Ruback, Richard S., The Market for Corporate Control, in: JFE, Vol. 11 (1983), S. 5-50.

Joehnk, Michael D./ Nielsen, James F., The Effects of Conglomerate Merger Activity on Systematic Risk, in: JFQA, Vol. 9 (1974), S. 215-225.

Jog, V. M./ Riding, A. L., Some Canadian Findings Regarding Infrequent Trading and Instability in Single Factor Market Model, in: JBFA, Vol. 13 (1986), S. 125-135.

John, Kose, Market Resolution and Valuation in Incomplete Markets, in: JFQA, Vol. 19 (1984), S. 29-44.

Jose, Manuel L./ Stevens, Jerry L., Product Market Structure, Capital Intensity, and Systematic Risk: Empirical Results from the Theory of the Firm, in: JFR, Vol. 10 (1987), S. 161-175.

Jung, Willi, Praxis des Unternehmenskaufs. Eine systematische Darstellung der Planung und Durchführung einer Akquisition, 2. Aufl., Stuttgart 1993.

Jüttner, D. Johannes, Fundamentals, Bubbles, Trading Strategies: Are they the Causes of Black Monday?, in: KuK, 22. Jg. (1989), S. 470-486.

Kappler, Ekkehard/ Rehkugler, Heinz, Kapitalwirtschaft, in: Heinen, Edmund (Hrsg.), Picot, Arnold (Schriftltg.), Industriebetriebslehre. Entscheidungen im Industriebetrieb, 9. Aufl., Wiesbaden 1991, S. 897-1068.

Karoly, G. Andrew, Predicting Risk: Some New Generalizations, in: MSc, Vol. 38 (1992), S. 57-74.

Karpik, Philip/ Belkaoui, Ahmed, The Relative Relationship between Systematic Risk and Value Added Variables, in: JIFMA, Vol. 1 (1989), S. 259-276.

Katz, Wilber G., Responsibility and the Modern Corporation, in: JLE, Vol. 3 (1960), S. 75-85.

Kaufer, Erich, Industrieökonomik - Eine Einführung in die Wettbewerbstheorie, München 1980.

Kaulmann, Thomas, Managerialism versus the Property Rights Theory of the Firm, in: Bamberg, Günter/ Spremann, Klaus (Hrsg.), Agency Theory, Information, and Incentives, verbesserter Nachdruck der 1. Auflage, Berlin et al. 1989, S. 439-459.

Kay, J. A./ Mayer, C. P., On the Application of Accounting Rates of Return, in: EJ, Vol. 96 (1986), S. 199-207.

Keppler, Michael, "Beta"-Faktoren und CAPM - ein Nachruf, in: Die Bank, o.Jg. (1992), Nr. 5, S. 268f.

Kerin, Roger A./ Varaiya, Nikhil, Mergers and Acquisitions in Retailing: A Review and Critical Analysis, in: JoR, Vol. 61 (1985), S. 9-34.

Keynes, John Maynard, Allgemeine Theorie der Beschäftigung, des Zinses und des Geldes, unveränderter Nachdruck der 1. Aufl., Berlin 1952, im Original: The General Theory of Employment, Interest and Money, London 1936, übersetzt von Fritz Waegner.

Kiehling, Hartmut, Eine Einführung in die Kapitalmarkttheorien, in: DStR, 30. Jg. (1992), S. 476-482.

Kieser, Alfred., Evolutionstheoretische Ansätze, in: Kieser, Alfred (Hrsg.), Organisationstheorien, Stuttgart, Berlin, Köln 1993, S.243-276.

King, Benjamin, Market and Industriefactors, in: JoB, Vol. 39 (1966), S. 139-191.

Kirsch, Werner, [Unternehmensführung] Grundzüge einer organisationstheoretischen Betrachtung, in: Kirsch, Werner, Betriebswirtschaftslehre. Eine Annäherung aus der Perspektive der Unternehmensführung, München 1993, S. 205-330.

Kirsch, Werner, Die [Unternehmensziele] in organisationstheoretischer Sicht, in: ZfbF, 39. Jg. (1969), S. 665-675.

Kirsch, Werner/ Haberl, Sabine, Das strategische Manövrieren von Unternehmen, in: Kirsch, Werner (Hrsg.), Beiträge zum strategischen Management, München 1991, S. 411-458.

Kleeberg, Jochen M., Der Einsatz von fundamentalen Betas im modernen Portfoliomanagement, in: Die Bank, o.Jg. (1992), S. 474-478.

Kleylein, Dieter, Bewertung von Versorgungsplänen bei Unternehmensveräußerungen - Betriebswirtschaftliche, steuerliche und versicherungsmathematische Aspekte -, in: DB, 34. Jg. (1981), S. 853-859.

Kloock, Josef, Mehrperiodige Investitionsrechnungen auf der Basis kalkulatorischer und handelsrechtlicher Erfolgsgrößen, in: ZfbF, 33. Jg. (1981), S. 873-890.

Kloster, Ulrich, Kapitalkosten und Investitionsentscheidungen. Eine finanzierungstheoretische und empirische Untersuchung, Frankfurt am Main et al. 1988.

Knop, Oliver-Christian, Kapitalkosten und internationale Unternehmensakquisition, Wiesbaden 1992.

Knüsel, Daniel, Unternehmensbewertung in der Schweiz, in: STH, 66. Jg. (1992), S. 309-314.

Knyphausen, Dodo zu, Wertorientiertes Strategisches Management, in: ZfP, 4. Jg. (1992), S. 331-352.

Koch, Helmut, Kriterien der [Investitionsrechnung] bei Ungewißheit, in: Bloech, Jürgen/ Götze, Uwe/ Sierke, Bernt (Hrsg.), Managementorientiertes Rechnungswesen, Konzepte und Analysen zur Entscheidungsvorbereitung, Wiesbaden 1993, S. 229-244.

Koch, Helmut, Integrierte [Unternehmensplanung], Wiesbaden 1982.

Koch, Helmut, Die [Betriebswirtschaftslehre] als Wissenschaft vom Handeln. Die handlungstheoretische Konzeption der mikroökonomischen Analyse, Tübingen 1975.

Kolbe, Lawrence A./ Read, James A., Jr./ Hall, George R., The Cost of Capital. Estimating the Rate of Return for Public Utilities, Cambridge (Mass.), London 1984.

Kommission für die Methodik der Finanzanalyse der Deutschen Vereinigung für Finanzanalyse und Anlageberatung (DVFA)/ Arbeitskreis "Externe Unternehmensrechnung" der Schmalenbach-Gesellschaft - Deutsche Gesellschaft für Betriebswirtschaft (SG), Cash Flow nach DVFA/SG, Gemeinsame Empfehlung, in: WPg, 46. Jg. (1993), S. 599-602.

Kontes, Peter W./ McTaggart, James M., Measuring Value Contribution. A Key to Profitable Strategic Management, in: Commentary. A Quarterly Publication of Marakon Ass., o.Jg. (1986), Herbst, S. 1-12.

Köth, Uwe, Differenzierungsmöglichkeiten individueller Präferenzen und ihre Berücksichtigung bei der Bewertung unsicherer Zahlungsströme, München 1979.

Krahnen, Jan Pieter, Finanzwirtschaftslehre zwischen Markt und Institution. Ein Essay, in: DBW, 53. Jg. (1993), S. 793-805.

Kraus-Grünewald, Marion, Ertragsermittlung bei Unternehmensbewertung - dargestellt am Beispiel der Brauindustrie, Wiesbaden 1982.

Kreikebaum, Hartmut, Strategische Unternehmensplanung, 4. Aufl., Stuttgart, Berlin, Köln 1991.

Kretna, Georg, Die verwaltungsrätliche Verantwortung für den Unternehmenswert, in: ATAG Allgemeine Treuhand AG (Hrsg.), Der Unternehmenswert als Herausforderung. Das schweizerische Management im Spannungsfeld von Interessengruppen, Zürich 1990, S. 31-47.

Kroll, Mark/ Caples, Stephen, Managing Acquisitions of Strategic Business Units with the Aid of the Arbitrage Pricing Model, in: AMR, Vol. 12 (1987), S. 676-685.

Kromschröder, Bernhard, Unternehmensbewertung und Risiko, Berlin, Heidelberg, New York 1979.

Kropp, Matthias, Management Buy-Outs und die Theorie der Unternehmung, Wiesbaden 1992.

Krouse, Clement G., Competition and Unanimity Revisited, Again, in: AER, Vol. 75 (1985), S. 1109-1114.

Kruschwitz, Lutz, Investitionsrechnung, 4. Aufl., Berlin, New York 1990.

Kruschwitz, Lutz/ Schöbel, Rainer, Die Beurteilung riskanter Investitionen und das Capital Asset Pricing Model (CAPM), in: WiSt, 16. Jg. (1987), S. 67-72.

Kryzanowski, Lawrence/ To, Minh Chau, General Factor Models and the Structure of Security Returns, in: JFQA, Vol. 18 (1983), S. 31-52.

Kuhn, Robert Lawrence, How Strategic Management Builds Company Value, in: JBSt, Vol. 10 (1989), Nr. 6, S. 57-59.

Kulkarni, Mukund S./ Powers, Marian/ Shannon, Donald S., The Use of [Segment] Earnings Betas in the Formation of Divisional Hurdle Rates, in: JBFA, Vol. 18 (1991), S. 497-512.

Kulkarni, Mukund S./ Powers, Marian/ Shannon, Donald S., The Estimation of [Product] Line Betas as Surrogates of Divisional Risk Measures, in: FM, Vol. 18 (1989), Nr. 1, S. 6f.

Kunz, Harald, Marktsystem und Information, Tübingen 1985.

Küpper, Hans-Ulrich, [Verknüpfung] von Investitions- und Kostenrechnung als Kern einer umfassenden Planungs- und Kontrollrechnung, in: BFuP, 42. Jg. (1990), S. 253-267.

Kupsch, Peter Uwe/ Marr, Rainer, Personalwirtschaft, in: Heinen, Edmund (Hrsg.), Picot, Arnold (Schriftltg.), Industriebetriebslehre. Entscheidungen im Industriebetrieb, 9. Aufl., Wiesbaden 1991, S. 729-896.

Kuhlewind, Andreas-M., Die amerikanische Gewinn- und Verlustrechnung: Ermittlung und Darstellung des Unternehmenserfolgs im amerikanischen Jahresabschluß, in: Ballwieser, Wolfgang (Hrsg.), US-amerikanische Rechnungslegung. Grundlagen und Vergleiche mit dem deutschen Recht, 3. Aufl. Stuttgart 1999, S. 189-221.

Küting, Karlheinz/ Weber, Claus-Peter und Mitarbeiter, Die Bilanzanalyse, Stuttgart 1993.

Lachmann, Ludwig M., Methodological Individualism and the [Market Economy], in: Grinder, Walter E. (Hrsg.), Capital, Expectations, and the Market Process. Essays on the Theory of Market Economy by Ludwig M. Lachmann, Kansas City 1977, S. 149-165.

Lachmann, Ludwig M., [Marktwirtschaft] und Modellkonstruktion, in: ORDO, Bd. 17 (1966), S. 261-279.

Lachnit, Laurenz, Wesen, Ermittlung und Aussage des Cash Flow, in: ZfbF, 28. Jg. (1973), S. 59-77.

Lambert, Richard A./ Larcker, David F., Executive Compensation, Corporate Decision-Making and Shareholder Wealth: A Review of the Evidence, in: MCFJ, Vol. 2 (1985), Winter, S. 6-22.

Lange, Bernd, Bestimmung strategischer Erfolgsfaktoren und Grenzen ihrer empirischen Fundierung. Dargestellt am Beispiel der PIMS-Studie, in: DU, 36. Jg. (1982), S. 27-42.

Larréché, Jean-Claude/ Srinivasan, V., STRATPORT: A [Model] for the Evaluation and Formulation of Business Portfolio Strategies, in: MSc, Vol. 28 (1982), S. 979-1001.

Larréché, Jean-Claude/ Srinivasan, V., STRATPORT: A [Decision] Support System for Strategic Planning, in: JoM, Vol. 45 (1981), Nr. 3, S. 39-52.

Laux, Christian, Handlungsspielräume im Leistungsbereich des Unternehmens: Eine Anwendung der Optionspreistheorie, in: ZfbF, 45. Jg. (1993), S. 933-958.

Laux, Helmut, [Anreizsysteme], ökonomische Dimension, in: Frese, Erich (Hrsg.), HWO, 3. Aufl., Stuttgart 1992, Sp. 112-122.

Laux, Helmut, Zur Irrelevanz erfolgsorientierter Anreizsysteme bei bestimmten Kapitalmarktbedingungen: Der [Mehrperiodenfall], in: ZfB, 61. Jg. (1991), S. 477-488.

Laux, Helmut, Die Irrelevanz erfolgsorientierter Anreizsysteme bei bestimmten Kapitalmarktbedingungen. Der [Einperiodenfall], in: ZfB, 60. Jg. (1990), S. 1341-1358.

Laux, Helmut, [Marktwertmaximierung], Kapitalkostenkonzept und Nutzenmaximierung, in: ZfgStw, 131. Jg. (1975), S. 113-133.

Laux, Helmut, [Nutzenmaximierung] und finanzwirtschaftliche Unterziele, in: Hax, Herbert/ Laux, Helmut (Hrsg.), Die Finanzierung der Unternehmung, Köln 1975, S. 65-84, im Original: Expected Utility Maximization and Capital Budgeting Subgoals, in: Unternehmensforschung, 25. Jg. (1971), S. 130-146.

Laux, Helmut, [Kapitalkosten] und Ertragsteuern, Köln et al. 1969.

Laux, Helmut/ Liermann, Felix, Grundlagen der [Organisation]. Die Steuerung von Entscheidungen als Grundproblem der Betriebswirtschaftslehre, 2. Aufl., Berlin et al. 1990.

Laux, Helmut/ Liermann, Felix, Grundfragen der [Erfolgskontrolle], Berlin et al. 1986.

Lawson, Gerald H., The Valuation of a Business as a Going Concern, in: Gaugler, Eduard/ Meissner, Hans Günther/ Thom, Norbert (Hrsg.), Zukunftsaspekte der anwendungsorientierten Betriebswirtschaftslehre, FS für Erwin Grochla, Stuttgart 1986, S. 161-173.

Lehmann, Bruce N./ Modest, David M., The Empirical Foundations of the Arbitrage Pricing Theory, in: JFE, Vol. 21 (1988), S. 213-254.

Lehner, Ulrich, Modelle für das Finanzmanagement, Darmstadt 1976.

Lemitz, Horst-Günter, Bewertung von Versorgungsverpflichtungen bei Veräußerung oder Erwerb von Betrieben, in: BB, 37. Jg. (1982), Beilage 8.

Lerbinger, Paul, [Beta-Faktoren] und Beta-Fonds in der Aktienanalyse, in: AG, 29. Jg. (1984), S. 287-294.

Lerbinger, Paul, Die Leistungsfähigkeit deutscher [Aktieninvestmentfonds] - Eine empirische Untersuchung zur Informationseffizienz des deutschen Aktienmarktes, in: ZfbF, 36. Jg. (1984), S. 60-73.

LeRoy, Stephen F., Efficient Capital Markets and Martingales, in: JEL, Vol. 27 (1989), S. 1583-1621.

Lev, Baruch, On the Relationship Between Operating Leverage and Risk, in: JFQA, Vol. 9 (1974), S. 627-641.

Lev, Baruch/ Kunitzky, Sergius, On the Association Between Smoothing Measures and the Risk of Common Stocks, in: AR, Vol. 49 (1974), S. 259-270.

Levy, Haim/ Sarnat, Marshall, Capital Investment and Financial Decisions, 5. Aufl., New York et al. 1994.

Levy, Michael/ van Breda, Michael F., The Decomposition of Firm Value in a Hierarchical Retailing Organization, in: JoR, Vol. 64 (1988), S. 215-216.

Lewis, Thomas G. und Mitarbeiter, Steigerung des Unternehmenswertes, Landsberg/ Lech 1994.

Lewis, Thomas G./ Lehmann, Steffen, Überlegene Investitionsentscheidungen durch CFROI, in: BFuP, 44. Jg. (1992), S. 1-13.

Lintner, John, The Aggregation of Investors Diverse Judgements and Preferences in Purely Competitive Security Markets, in: JFQA, Vol. 4 (1969), S. 347-400.

List, Stephan, Die Bewertung der GmbH. Eine theoretische Analyse der körperschaftsteuerlichen Probleme, Frankfurt am Main et al. 1987.

Löcherbach, Gerhard, Zur Berücksichtigung der Verpflichtungen aus Zusagen von betrieblicher Altersversorgung bei der Unternehmensbewertung, in: BFuP, 45. Jg. (1993), S. 59-65.

Loehr, Helmut, Bewertung von Unternehmen an Kapitalmärkten, in: Gebhardt, Günther/ Gerke, Wolfgang/ Steiner, Manfred (Hrsg.), Handbuch des Finanzmanagements. Instrumente und Märkte der Unternehmensfinanzierung, München 1993, S. 177-195.

Logue, Dennis E./ Merville, Larry J., Financial Policy and Market Expectations, in: FM, Vol. 1 (1972), Sommer, S. 37-44.

Löhr, Dirk, Die Grenzen des Ertragswertverfahrens: Kritik und Perspektiven, Frankfurt am Main 1993.

Loistl, Otto, Zur neueren Entwicklung der Finanzierungstheorie, in: DBW, 50. Jg. (1990), S. 47-84.

Long, Michael C./ Racette, George, Stochastic Demand and the Equity Capitalization Rate, in: JBFA, Vol. 6 (1979), S. 475-493.

Loy, Claudia, Marktsystem und Gleichgewichtstendenz, Tübingen 1988.

Lubatkin, Michael/ O'Neill, Hugh, Merger Strategies and Capital Market Risk, in: AMJ, Vol. 30 (1987), S. 665-684.

Lubatkin, Michael/ Rogers, Ronald C., Diversification, Systematic Risk, and Shareholder Return: A Capital Market Extension of Rumelt's 1974 Study, in: AMJ, Vol. 32 (1989), S. 454-465.

Lücke, Wolfgang, Investitionsrechnungen auf der Grundlage von Ausgaben oder Kosten?, in: ZfhF (N.F.), 7. Jg. (1955), S. 310-324.

Lutz, Friedrich/ Lutz, Vera, The Theory of Investment of the Firm, Princeton 1951.

Maas, Peter/ Weibler, Jürgen, Anmerkungen zur Theorie des effizienten Marktes, in: Maas, Peter/ Weibler, Jürgen (Hrsg.), Börse und Psychologie. Plädoyer für eine neue Perspektive, Köln 1990, S. 203-212.

Macharzina, Klaus, Unternehmensführung. Das internationale Managementwissen. Konzepte - Methoden - Praxis, Wiesbaden 1993.

Machlup, Fritz, Theories of the Firm: Marginalist, Behavioral, Managerial, in: AER, Vol. 57 (1967), S. 1-33.

Makowski, Louis, Competition and Unanimity Revisited, in: AER, Vol. 73 (1983), S. 329-339.

Makowski, Louis/ Pepall, Lyne, Easy Proofs of Unanimity and Optimality without Spanning: A Pedagogical Note, in: JoF, Vol. 40 (1985), S. 1245-1250.

Malik, Fredmund, Strategie des Managements komplexer Systeme. Ein Beitrag zur Management-Kybernetik evolutionärer Systeme, Bern, Stuttgart 1984.

Malkiel, Burton G., [Efficient] Market Hypothesis, in: Newman, Peter et al. (Hrsg.), The New Palgrave Dictionary of Money & Finance, London, New York 1992, S. 739-744.

Malkiel, Burton G., A [Random Walk] Down Wall Street. Including a Life-Cycle Guide to Personal Investing, 5. Aufl., New York, London 1990.

Malkiel, Burton G., The Capital [Formation] Problem in the United States, in: JoF, Vol. 34 (1979), S. 291-306.

Malkiel, Burton G., Equity Yields, [Growth] and the Structure of Share Prices, in: AER, Vol. 53 (1963), S. 1004-1031.

Mandelker, Gershon N./ Rhee, S. Ghon, The Impact of Operating and Financial Leverage on Systematic Risk of Common Stock, in: JFQA, Vol. 19 (1984), S. 45-57.

Manne, Henry G., Mergers and the Market for Corporate Control, in: JPE, Vol. 73 (1965), S. 110-120.

Mao, James C. T., The Valuation of Growth Stocks: The Investment Opportunities Approach, in: JoF, Vol. 21 (1966), S. 95-102.

Markowitz, Harry M., Portfolio Selection, in: JoF, Vol. 7 (1952), S. 77-91.

Marr, Rainer, Betrieb und Umwelt, in: Bitz, Michael et al. (Hrsg.), Vahlens Kompendium der Betriebswirtschaftslehre, Bd. 1, 3. Aufl., München 1993, S. 47-114.

Marris, Robin, A Model of "Managerial" Enterprise, in: QJE, Vol. 77 (1963), S. 185-209.

Martin, John D., Alternative Net Present Value Models, in: Advances in Financial Planning and Forecasting, Vol. 2 (1987), S. 51-66.

Martin, John/ Kensinger, John, The Evolving Role of Strategy Considerations in the Theory and Practice of Finance, in: MF, Vol. 14 (1988), Nr. 2/3, S. 9-15.

Matschke, Manfred Jürgen, Funktionale Unternehmungsbewertung, Band II: Der Arbitriumwert der Unternehmung, Wiesbaden 1979.

Maul, Karl-Heinz, Offene [Probleme] der Bewertung von Unternehmen durch Wirtschaftsprüfer, in: DB, 45. Jg. (1992), S. 1253-1259.

Maul, Karl-Heinz, Probleme der prognose-orientierten [Unternehmensbewertung], in: ZfB, 49. Jg. (1979), S. 107-117.

May, Axel, Zum Stand der empirischen Forschung über Informationsverarbeitung am Aktienmarkt - Ein Überblick, in: ZfbF, 43. Jg. (1991), S. 313-335.

Mayers, David, Nonmarketable Assets and Capital Market Equilibrium under Uncertainty, in: Jensen, Michael C. (Hrsg.), Studies in the Theory of Capital Markets, New York et al. 1972, S. 223-248.

McCallum, John S., The Net Present Value Method: Part of Our Investment Problem, in: Business Quarterly, o.Jg. (1987), Herbst, S. 7-9.

McConnell, John J./ Muscarella, Chris J., Corporate Capital Expenditure Decisions and the Market Value of the Firm, in: JFE, Vol. 14 (1985), S. 399-422.

McConnell, John J./ Nantell, T., Corporate Combinations and Common Stock Returns: The Case of Joint Ventures, in: JoF, Vol. 40 (1985), S. 519-536.

McDougall, F. M., Multi-Period Capital Asset Pricing Models - A Review of Development, in: A&F, Vol. 21 (1981), S. 33-44.

McTaggart, James, The Ultimate Takeover Defense: Closing the [Value Gap], in: PR, Vol. 16 (1988), Nr. 1, S. 27-32.

McTaggart, James M./ Kontes, Peter W./ Mankins, Michael C., The Value Imperative. Managing for Superior Shareholder Returns, New York et al. 1994.

Meffert, Heribert, Die Wertkette als Instrument einer integrierten Unternehmensplanung, in: Delfmann, Werner (Hrsg.), Der Integrationsgedanke in der Betriebswirtschaftslehre, FS für Helmut Koch, Wiesbaden 1989, S. 255-278.

Meier-Schatz, Christian, Managermacht und Marktkontrolle. Bemerkungen zur amerikanischen Debatte um Übernahmegebote und Markt für Unternehmenskontrolle, in: ZHR, 149. Jg. (1985), S. 76-108.

Melicher, Ronald W., Financial Factors which Influence Beta Variations within an Homogeneous Industry Environment, in: JFQA, Vol. 9 (1974), S. 231-241.

Melicher, Ronald W./ Rush, David F., Systematic [Risk], Financial Data, and Bond Rating Relationship in a Regulated Industry Environment, in: JoF, Vol. 29 (1974), S. 537-544.

Melicher, Ronald W./ Rush, David F., The Performance of [Conglomerate] Firms: Recent Risk and Return Experience, in: JoF, Vol. 28 (1973), S. 381-383.

Melicher, Ronald W./ Rush, David F./ Winn, Daryl N., Degree of Industry Concentration and Market Risk-Return Performance, in: JFQA, Vol. 11 (1976), S. 627-635.

Mella, Frank, Der Dax ist revisionsbedürftig, in: Börsenzeitung, 2. Sept. 1992, Nr. 168, S. 5.

Mellwig, Winfried, [Handlungstheorie], in: Wittmann, Waldemar et al. (Hrsg.), HWB, Teilband 1, Stuttgart 1993, Sp. 1603-1615.

Mellwig, Winfried, Investition und [Besteuerung], Wiesbaden 1985.

Menkhoff, Lukas/ Röckemann, Christian, Noise Trading auf Aktienmärkten. Ein Überblick zu verhaltensorientierten Erklärungsansätzen nicht fundamentaler Kursbildung, in: ZfB, 64. Jg. (1994), S. 277-295.

Mensah, Yaw M., Adjusted Accounting Beta, Operating Leverage and Financial Leverage as Determinants of Market-Beta: A Synthesis and Empirical Evaluation, in: RQFA, Vol. 2 (1992), S. 187-203.

Mertens, Peter, Prognoserechnung - ein Überblick, in: BFuP, 35. Jg. (1983), S. 469-483.

Mertens, Peter/ Griese, Joachim, Integrierte Informationsverarbeitung 2: Planungs- und Kontrollsysteme in der Industrie, 6. Aufl., Wiesbaden 1991.

Merton, Robert C., On the Microeconomic [Theory] of Investment under Uncertainty, in: Arrow, Kenneth J./ Intriligator, Michael D. (Hrsg.), Handbook of Mathematical Economics, Vol. II, Amsterdem et al. 1982, S. 601-669.

Merton, Robert C., On [Estimating] the Expected Return on the Market. An Exploratory Investigation, in: JFE, Vol. 8 (1980), S. 323-361.

Meyersiek, Dietmar, Unternehmenswert und Branchendynamik, in: BFuP, 43. Jg. (1991), S. 233-240.

Miles, James A./ Ezzell, John R., The Weighted Average Cost of Capital, Perfect Capital Markets, and Project Life: A Clarification, in: JFQA, Vol. 15 (1980), S. 719-730.

Milgrom, Paul/ Roberts, John, Economics, Organization and Management, Englewood Cliffs (N.J.) 1992.

Miller, Merton H./ Modigliani, Franco, Some [Estimates] of the Cost of Capital to the Electric Utility Industry, 1954-57, in: AER, Vol. 56 (1966), S. 333-391.

Miller, Merton H./ Modigliani, Franco, Dividendenpolitik, Wachstum und die [Bewertung] von Aktien, in: Hax, Herbert/ Laux, Helmut (Hrsg.), Die Finanzierung der Unternehmung, Köln 1975, S. 270-300, im Original: Dividend Policy, Growth, and the Valuation of Shares, in: JoB, Vol. 34 (1961), S. 411-433, übersetzt von Rainer Saelzle.

Mills, Roger W., Shareholder Value Analysis and Key Value Drivers, in: MA, Vol. 68 (1990), Nr. 4, S. 30-33.

Mills, Roger/ Robertson, John, Measuring and Managing Strategic Value, in: MA, Vol. 69 (1991), Nr. 10, S. 50-53.

Mills, Roger/ Robertson, John/ Ward, Tim, [Strategic Value] Analysis: Trying to Run before you can Walk, in: MA, Vol. 70 (1992), Nr. 10, S. 48f.

Mills, Roger/ Robertson, John/ Ward, Tim, Why Financial Economics is Vital in Measuring [Business Value], in: MA, Vol. 70 (1992), Nr. 1, S. 39-42.

Mirow, Michael, Shareholder Value als Instrument zur [Bewertung] von Strategischen Allianzen, in: Schulte, Christof (Hrsg.), Beteiligungscontrolling, Wiesbaden 1994, S. 43-59.

Modigliani, Franco/ Miller, Merton H., Corporate [Income Taxes] and Cost of Capital: A Correction, in: AER, Vol. 53 (1963), S. 433-443.

Möller, Hans Peter, [Bilanzkennzahlen] und Ertragsrisiken des Kapitalmarktes. Eine empirische Untersuchung des Ertragsrisiko-Informationsgehaltes von Bilanzkennzahlen deutscher Aktiengesellschaften, Stuttgart 1986.

Möller, Hans Peter, Das [Capital-Asset-Pricing-Modell] - Separationstheorien oder auch Erklärung der Preisbildung auf realen Kapitalmärkten, in: DBW, 46. Jg. (1986), S. 707-719.

Möller, Hans Peter, Die [Informationseffizienz] des deutschen Aktienmarktes - eine Zusammenfassung und Analyse empirischer Untersuchungen, in: ZfbF, 37. Jg. (1985), S. 500-518.

Möser, Heinz Dieter, Sind Investitionsrechnungen obsolet geworden? - Investitionsplanung als operative und strategische Aufgabe, in: DB, 40. Jg. (1987), S. 2953-2956.

Mossin, Jan, The [Economic] Efficiency of Financial Markets, Lexington (Mass.), Toronto 1977.

Mossin, Jan, [Theory] of Financial Markets, Englewood Cliffs 1973.

Mossin, Jan, Optimal [Multiperiod] Portfolio Policies, in: JoB, Vol. 41 (1968), S. 215-229.

Moxter, Adolf, Zum [Sinn und Zweck] des handelsrechtlichen Jahresabschlusses nach neuem Recht, in: Havermann, Hans (Hrsg.), Bilanz- und Konzernrecht, FS für Reinhard Goerdeler, Düsseldorf 1987, S. 361-374.

Moxter, Adolf, [Grundsätze] ordnungsmäßiger Unternehmensbewertung, 2. Aufl., Wiesbaden 1983.

Moxter, Adolf, Betriebswirtschaftliche [Gewinnermittlung], Tübingen 1982.

Moxter, Adolf, Grundsätze ordnungsmäßiger Bilanzierung und Stand der [Bilanztheorie], in: ZfbF, 18. Jg. (1966), S. 29-58.

Moxter, Adolf, [Präferenzstruktur] und Aktivitätsfunktion des Unternehmers, in: ZfbF, 16. Jg. (1964), S. 6-35.

Moyer, R. Charles/ Chatfield, Robert, Market Power and Systematic Risk, in: JEB, Vol. 35 (1983), S. 123-130.

Mrotzek, Rüdiger, Bewertung direkter Auslandsinvestitionen mit Hilfe betrieblicher Investitionskalküle, Wiesbaden 1989.

Müller, Martin, Aktienpaket und Paketzuschlag. Überlegungen zu Motiven für einen Paketzuschlag und zu dem Zusammenhang zwischen Paketzuschlag und Paketgröße unter Berücksichtigung aktienrechtlicher Vorschriften, Diss. Frankfurt am Main 1972.

Müller, Wolfgang, Bilanzinformation und Aktienbewertung, Frankfurt am Main 1992.

Münstermann, Hans, Wert und [Bewertung] der Unternehmung, 3. Aufl., Wiesbaden 1970.

Münstermann, Hans, [Börsenkurswert], in: ZfB, 32. Jg. (1962), S. 693-701.

Murrin, Jack, Beating Raiders at Their Own Game, in: McKinsey Quarterly, o.Jg. (1989), Sommer, S. 88-91.

Myers, Stewart C., [Finance] Theory and Financial Strategy, in: Hax, Arnoldo C. (Hrsg.), Readings on Strategic Management, Cambridge (Mass.) 1984, S. 177-188.

Myers, Stewart C., [Reply], in: JoF, Vol. 32 (1977), S. 218-220.

Myers, Stewart C., The [Relation] Between Real and Financial Measures of Risk and Return, in: Friend, Irwin/ Bicksler, James L. (Hrsg.), Risk and Return in Finance, Vol. I, Cambridge (Mass.) 1977, S. 49-80.

Myers, Stewart C., [Interactions] of Corporate Financing and Investment Decisions - Implications for Capital Budgeting, in: JoF, Vol. 29 (1974), S. 1-25.

Myers, Stewart C./ Turnbull, Stuart M., Capital Budgeting and the Capital Asset Pricing Model: Good News and Bad News, in: JoF, Vol. 32 (1977), S. 321-333.

Näther, Christian, Erfolgsmaßstäbe in der Theorie der strategischen Unternehmensführung, Diss. München 1993.

Neus, Werner, Ökonomische Agency-Theorie und Kapitalmarktgleichgewicht, Wiesbaden 1989.

Niedernhuber, Günter, Ausschüttungsregelungen für Aktiengesellschaften - Eine ökonomische Analyse, Hamburg 1988.

Nielsen, Lars, Quantifizierung von Investitionsrisiken auf dem Deutschen Aktienmarkt, in: Die Bank, o.Jg. (1992), S. 228-230.

Nunthirapakorn, Thakol/ Millar, James A., Changing Prices, Accounting Earnings and Systematic Risk, in: JBFA, Vol. 14 (1987), S. 1-25.

o.V., Beta beaten, in: The Economist, vom 7.3.1992, S. 79.

Oertmann, Peter, Firm-Size-Effekt am deutschen Aktienmarkt. Eine empirische Untersuchung, in: ZfbF, 46. Jg. (1994), S. 229-259.

Opitz, Otto, Modelle und Verfahren der Prognose, in: DBW, 45. Jg. (1985), S. 83-95.

Ordelheide, Dieter, [Institutionelle] Theorie und Unternehmung, in: Wittmann, Waldemar et al. (Hrsg.), HWB, Teilband 2, 5. Auflage, Stuttgart 1993, Sp. 1838-1855.

Ordelheide, Dieter, Kaufmännischer [Periodengewinn] als ökonomischer Gewinn - Zur Unsicherheitsrepräsentation bei der Konzeption von Erfolgsgrößen, in: Domsch, Michel/ Eisenführ, Franz/ Ordelheide, Dieter/ Perlitz, Manfred (Hrsg.), Unternehmenserfolg. Planung - Ermittlung - Kontrolle, FS für Walther Busse von Colbe, Wiesbaden 1988, S. 275-302.

Ossadnik, Wolfgang, Rationalisierung der Unternehmungsbewertung durch Risikoklassen, Thun, Frankfurt am Main 1984.

Pari, Robert A./ Chen, Son-Nan, An Empirical Test of the Arbitrage Pricing Theory, in: JFR, Vol. 7 (1987), S. 121-130.

Parsons, Andrew J., Hidden Value: Key to Successful Acquisition, in: McKinsey Quarterly, o.Jg. (1984), Sommer, S. 21-34.

Paul, Walter, Umfang und Bedeutung der [Investor Relations], in: BFuP, 45. Jg. (1993), S. 133-162.

Paul, Walter, Investors Relations-[Management] - demonstriert am Beispiel der BASF, in: ZfbF, 43. Jg. (1991), S. 923-945.

Paul, Walter, Finanzmanagement mit Hilfe von [Kennzahlen] - dargestellt am Beispiel der BASF, in: ZfbF, 42. Jg. (1990), S. 1076-1106.

Pearson, Gordon, The Strategic Discount - Protecting New Business Projects Against DCF, in: LRP, Vol. 19 (1986), Nr. 1, S. 18-24.

Peasnell, K. V., Some Formal Connections Between Economic Values and Yields and Accounting Numbers, in: JBFA, Vol. 9 (1982), S. 361-381.

Peavy, John W., III., Modern Financial Theory, Corporate Strategy and Public Policy: Another Perspective, in: AMR, Vol. 9 (1984), S. 152-157.

Peemöller, V. H., Stand und Entwicklung der Unternehmensbewertung - Eine kritische Bestandsaufnahme -, in: DStR, 31. Jg. (1993), S. 409-416.

Peemöller, Volker H./ Hüttche, Tobias, Unternehmensbewertung und funktionale Bilanzanalyse (Teil II), in: DStR, 31. Jg. (1993), S. 1344-1348.

Percival, John R., Operating Leverage and Risk, in: JBR, Vol. 1 (1973), S. 223-227.

Perridon, Louis/ Steiner, Manfred, Finanzwirtschaft der Unternehmen, 7. Aufl., München 1993.

Peters, Hans-Walter, Kapitalmarkttheorie und Aktienmarktanalyse, Frankfurt am Main 1987.

296

Pettit, R. Richardson/ Westerfield, Randolph W., A Model of Capital Market Risk, in: JFQA, Vol. 7 (1972), S. 1649-1668.

Pfaff, Dieter, Gewinnverwendungsregelungen als Instrument zur Lösung von Agency Problemen, Frankfurt am Main et al. 1989.

Picot, Arnold, [Ökonomische] Theorien der Organisation - Ein Überblick über neuere Ansätze und deren betriebswirtschaftliches Anwendungspotential, in: Ordelheide, Dieter/ Rudolph, Bernd/ Büsselmann, Elke (Hrsg.), Betriebswirtschaftslehre und ökonomische Theorie, Stuttgart 1991, S. 143-170.

Picot, Arnold/ Michaelis, Elke, Verteilung von Verfügungsrechten in Großunternehmungen und Unternehmensverfassung, in: ZfB, 54. Jg. (1984), S. 253-273.

Picot, Arnold/ Schneider, Dietram, Unternehmerisches Innovationsverhalten, Verfügungsrechte und Transaktionskosten, in: Budäus, Dietrich/ Gerum, Elmar/ Zimmermann, Gebhard (Hrsg.), Betriebswirtschaftslehre und Verfügungsrechte, Wiesbaden 1988, S. 91-118.

Piltz, Klaus, Akquisitions- und Desinvestitionspolitik vor dem Hintergrund des Shareholder-Value-Konzepts, in: Fritsch, Ulrich/ Liener, Gerhard/ Schmidt, Reinhart (Hrsg.), Die deutsche Aktie. Unternehmensfinanzierungen und Vermögenspolitik vor neuen Herausforderungen, FS zum vierzigjährigen Bestehen des Deutschen Aktieninstituts e.V., Stuttgart 1993, S. 297-307.

Pinches, George E., Myopia, Capital Budgeting and Decision Making, in: FM, Vol. 11 (1982), Nr. 3, S. 6-19.

Piper, Thomas R./ Fruhan, William E., Jr., Is Your Stock Worth its Market Price?, in: HBR, Vol. 59 (1981), Nr. 3, S. 124-131.

Pogue, Gerald A./ Solnik, Bruno H., The Market Model Applied to European Common Stocks: Some Empirical Results, in: JFQA, Vol. 9 (1974), S. 917-944.

Porter, Michael E., [Diversifikation] - Konzerne ohne Konzept, in: Busse von Colbe, Walther/ Coenenberg, Adolf G. (Hrsg.), Unternehmensakquisition und Unternehmensbewertung. Grundlagen und Fallstudien, Stuttgart 1992, S. 5-31.

Porter, Michael E., [Wettbewerbsvorteile]. Spitzenleistungen erreichen und behaupten, 3. Aufl., Frankfurt 1992, im Original: Competitive Advantage, New York et al. 1985, übersetzt von Angelika Jaeger.

Porter, Michael E., [Wettbewerbsstrategie], Methoden zur Analyse von Branchen und Konkurrenten, 6. Aufl., Frankfurt 1990, im Original: Competitive Strategy, New York et al. 1980, übersetzt von Volker Brandt und Thomas C. Schwoerer.

Porterfield, James T. S., Investment Decisions and Capital Cost, Englewood Cliffs 1965.

Pümpin, Cuno, [Strategische] Unternehmensbewertung, in: STH, 64. Jg. (1990), S. 553-556.

Pümpin, Cuno, Der [Unternehmenswert] als Herausforderung, in: ATAG Allgemeine Treuhand AG (Hrsg.), Unternehmenswert als Herausforderung. Das schweizerische Management im Spannungsfeld von Interessengruppen, Zürich 1990, S. 7-29.

Pümpin, Cuno, Management strategischer [Erfolgspositionen]. Das SEP-Konzept als Grundlage wirkungsvoller Unternehmensführung, 3. Aufl., Bern, Stuttgart 1986.

Räbel, Dieter, Venture Capital als Instrument der Innovationsfinanzierung. Eine kritische Analyse unter besonderer Berücksichtigung des Projektbewertungsproblems, Köln 1986.

Ramsauer, Helmut, Konzeption und Aussagekraft des erweiterten Finanzierungs-cash flow, in: BFuP, 38. Jg. (1986), S. 269-285.

Rao, Ramesh K. S., Financial Management. Concept and Applications, 2. Aufl., New York et al. 1992.

Rappaport, Alfred, [Creating] Shareholder Value. The New Standard for Business Performance, New York, London 1986.

Rappaport, Alfred, Selecting Strategies that Create Shareholder Value, in: HBR, Vol. 59 (1981), S. 139-149.

Rappaport, Alfred, [Strategic] Analysis for More Profitable Acquisitions, in: HBR, Vol. 57 (1979), S. 99-110.

Reichert, Rainer, Entwurf und Bewertung von Strategien, Thun, Frankfurt am Main 1983.

Reichmann, Thomas, Controlling mit Kennzahlen und Managementberichten, 3. Aufl., München 1993.

Reilly, Frank/ Wright, David, A Comparison of Published Betas, in: JPM, Vol. 14 (1988), Frühjahr, S. 64-69.

Reilly, Raymond R./ Wecker, William E., On the Weighted Average Cost of Capital, in: JFQA, Vol. 8 (1973), S. 123-126.

Reimann, Bernard C., [Shareholder] and Executive Compensation, in: PR, Vol. 19 (1991), Nr. 3, S. 41-48.

Reimann, Bernard C., Creating Value to Keep the [Raiders] at Bay, in: LRP, Vol. 22 (1989), Nr. 2, S. 17-27.

Reimann, Bernard C., Decision Support [Software] for Value-Based Planning, in: PR, Vol. 16 (1988), Nr. 2, S. 22-24, S. 29-32.

Reimann, Bernard C., Managing for the Shareholders: An Overview of Value-Based [Planning], in: PR, Vol. 16 (1988), Nr. 1, S. 10-22.

Reimann, Bernard C., [Managing] for Value. A Guide to Value-Based Strategic Management, Oxford (U.K.), Cambridge (Mass.), Oxford (Ohio) 1987.

Reis, Judson P./ Cory, Charles R., The Fine Art of Valuation, in: Rock, Milton L. (Hrsg.), The Mergers and Acquisitions Handbook, New York 1987, S. 183-192.

Reiß, Winfried / Mühlbradt, Frank W., Eine empirische Überprüfung der Validität des "market"- und des "capital asset pricing"-Modells für den deutschen Aktienmarkt, in: ZfgStW, 135. Jg. (1979), S. 41-68.

Rhee, S. Ghon, Stochastic Demand and a Decomposition of Systematic Risk, in: Chen, Andrew H. (Hrsg.), Research in Finance, Vol. 6 (1986), S. 197-216.

Rhiel, Raimund, Betriebswirtschaftlich-versicherungsmathematische Prognoserechnungen für Planungen und Unternehmensbewertungen, in: WPg, 40. Jg. (1987), S. 573-583, S. 605-612.

Richter, Frank/ Stiglbrunner, Konrad, Anhang C: Anwendung des Unternehmenswert-Konzeptes in Deutschland, in: Copeland, Tom/ Koller, Tim/ Murrin, Jack, Unternehmenswert. Methoden und Strategien für eine wertorientierte Unternehmensführung, Frankfurt am Main, New York 1993, S. 409-424.

Richter, Rudolf, Sichtweise und Fragestellungen der Neuen Institutionenökonomik, in: ZWS, 110. Jg. (1990), S. 571-591.

Richter, Wolfram F./ Wiegard, Wolfgang, Zwanzig Jahre "Neue Finanzwissenschaft". Teil I: Überblick und Theorie des Marktversagens, in: ZWS, 113. Jg. (1993), S. 169-224.

Rick, Josef, Bewertung und Abgeltungskonditionen bei der Veräußerung mittelständischer Unternehmen, Berlin 1985.

Ridder-Aab, Christa-Maria, Die moderne Aktiengesellschaft im Lichte der Theorie der Verfügungsrechte, Frankfurt am Main, New York 1980.

Robichek, Alexander A./ Cohen, Richard A., The Economic Determinants of Systematic Risk, in: JoF, Vol. 29 (1974), S. 439-447.

Robichek, Alexander A./ Myers, Stewart C., Optimal Financing Decisions, Englewood Cliffs 1965.

Robichek, Alexander. A./ McDonald, John G., The Cost of Capital Concept: Potential Use of Risk-adjusted Discount Rates, in: FE, (1965), Juni, S. 20f., S. 24, S. 26, S. 29f., S. 35, S. 49.

Rolfes, Bernd, Moderne Investitionsrechnung. Einführung in die klassische Investitionstheorie und Grundlagen marktorientierter Investitionsentscheidungen, München, Wien 1992.

Roll, Richard, [Ambiguity] when Performance is Measured by the Securities Market Line, in: JoF, Vol. 33 (1978), S. 1051-1069.

Roll, Richard, A [Critique] of the Asset Pricing Theory's Tests. Part I: On Past and Potential Testability of the Theory, in: JFE, Vol. 4 (1977), S. 129-176.

Roll, Richard/ Ross, Stephen A., A Critical Reexamination of the Empirical Evidence on the Arbitrage Pricing Theory: A [Reply], in: JoF, Vol. 39 (1984), S. 347-350.

Roll, Richard/ Ross, Stephen A., The Arbitrage Pricing Theory Approach to [Strategic] Portfolio Planning, in: FAJ, Vol. 40 (1984), Nr. 3, S. 14-26.

Roll, Richard/ Ross, Stephen A., An Empirical [Investigation] of the Arbitrage Pricing Theory, in: JoF, Vol. 35 (1980), S. 1073-1103.

Röpke, Jochen, Externes [Unternehmenswachstum] im ökonomischen Evolutionsprozeß, in: ORDO, 41. Bd. (1990), S. 151-172.

Röpke, Jochen, Die Strategie der [Innovation]. Eine systemtheoretische Untersuchung der Interaktion von Individuum, Organisation und Markt im Neuerungsprozeß, Tübingen 1977.

Rosenbaum, Dirk, Alternative Bewertungsansätze zur Ermittlung von Ertragswerten, in: DB, 46. Jg. (1993), S. 1988-1991.

Rosenberg, Barr, Prediction of Common Stock Betas, in: JPM, Vol. 11 (1985), Winter, S. 5-14.

Rosenberg, Barr/ Guy, James, Prediction of Beta from Investment Fundamentals. Part 2: Alternative Prediction Methods, in: FAJ, Vol. 32 (1976), Nr. 4, S. 62-70.

Rosenberg, Barr/ McKibben, Walt, The Prediction of Systematic and Specific Risk in Common Stocks, in: JFQA, Vol. 8 (1973), S. 317-333.

Rosenberg, Barr/ Reis, Kenneth/ Lanstein, Ronald, Persuasive Evidence of Market Inefficiency, in: JPM, Vol. 11 (1985), Frühjahr, S. 9-16.

Rosenberg, Barr/ Rudd, Andrew, The Corporate Use of Beta, in: Stern, Joel M./ Chew, Donald H. (Hrsg.), The Revolution in Corporate Finance, Cambridge 1986, S. 58-68.

Rosenkranz, Friedrich, Corporate Modelling, in: Szyperski, Norbert (Hrsg.), mit Unterstützung von Winand, Udo, HWP, Stuttgart 1989, Sp. 228-241.

Ross, Stephen A., The [Current Status] of the Capital Asset Pricing Model (CAPM), in: JoF, Vol. 33 (1978), S. 885-901.

Ross, Stephen A., [Risk], Return, and Arbitrage, in: Friend, Irwin/ Bicksler, James L. (Hrsg.), Risk and Return in Finance, Vol. I, Cambridge (Mass.) 1977, S. 189-218.

Ross, Stephen A., The [Arbitrage] Theory of Capital Asset Pricing, in: JET, Vol. 13 (1976), S. 341-360.

Ross, Stephen A., [Options] and Efficiency, in: QJE, Vol. 90 (1976), S. 75-89.

Ross, Stephen A./ Westerfield, Randolph W./ Jaffe, Jeffrey F., Corporate Finance, 3. Aufl., Homewood (Ill.), Boston (Mass.) 1993.

Röttger, Bernhard, Das Konzept des Added Value als Maßstab für die finanzielle Performance - Darstellung und Anwendung auf deutsche Aktiengesellschaften, Kiel 1994.

Rozeff, Michael S., Dividend Yields are Equity Risk Premiums, in: JPM, Vol. 11 (1984), Herbst, S. 68-75.

Rubinstein, Mark E., A Mean Variance Synthesis of Corporate Financial Theory, in: JoF, Vol. 28 (1973), S. 167-181.

Rudolph, Bernd, Kapitalmarktorientierte [Investitionsplanung], in: Der langfristige Kredit, 39. Jg. (1988), S. 680-685.

Rudolph, Bernd, [Klassische] Kapitalkostenkonzepte zur Bestimmung des Kalkulationszinsfußes für die Investitionsrechnung, in: ZfbF, 38. Jg. (1986), S. 608-617.

Rudolph, Bernd, [Kreditsicherheiten] als Instrumente zur Umverteilung und Begrenzung von Kreditrisiken, in: ZfbF, 36. Jg. (1984), S. 16-43.

Rudolph, Bernd, Zur [Bedeutung] der kapitaltheoretischen Separationstheoreme für die Investitionsplanung, in: ZfB, 53. Jg. (1983), S. 261-287.

Rudolph, Bernd, [Kapitalkosten] bei unsicheren Erwartungen, Berlin, Heidelberg, New York 1979.

Rudolph, Bernd, Zur [Theorie] des Kapitalmarktes. Grundlagen, Erweiterungen und Anwendungsbereiche des 'Capital Asset Pricing Model (CAPM)', in: ZfB, 49. Jg. (1979), S. 1034-1067.

Rühle, Alf-Sibrand, Aktienindizes in Deutschland. Entstehung, Anwendungsbereiche, Indexhandel, Wiesbaden 1991.

Ruhnke, Klaus, Unternehmensbewertung: Ermittlung der Preisobergrenze bei strategisch motivierten Akquisitionen, in: DB, 44. Jg. (1991), S. 1889-1894.

Sonderausschuß Bilanzrichtlinie-Gesetz, Entwurf einer Verlautbarung: Probleme des Umsatzkostenverfahrens, in: WPg, 39. Jg. (1986), S. 534-536.

Sach, Anke, Kapitalkosten der Unternehmung und ihre Einflußfaktoren, Diss. St. Gallen 1993.

Saelzle, Rainer, Investitionsentscheidungen und Kapitalmarkttheorie, Wiesbaden 1976.

Salter, Malcom S./ Weinhold, Wolf A., Diversification through Acquisition, New York 1979.

Samuelson, Paul A./ Nordhaus, William D., Economics, 12. Aufl., New York et al. 1985.

Sanfleber-Decher, Martina, Unternehmensbewertung in den USA, in: WPg, 45. Jg. (1992), S. 597-603.

Santoni, Gary J./ Dwyer, Gerald P., Jr., Bubbles or Fundamentals: New Evidence from the Great Bull Markets, in: White, Eugene N. (Hrsg.), Crashes and Panics: The Lessons from History, New York 1990, S. 188-232.

Sautter, Michael T., Strategische Analyse von Unternehmensakquisitionen, Entwurf und Bewertung von Akquisitionsstrategien, Frankfurt am Main et al. 1989.

Schanz, Günther, Grundlagen der verhaltenstheoretischen Betriebswirtschaftslehre, Tübingen 1977.

Scheffler, Eberhard, Bilanzen als Prognose- und Steuerungsinstrument, in: DStR, 31. Jg. (1993), S. 1569-1574.

Schell, Gerhard R., Die Ertragsermittlung für Bankbewertungen, Frankfurt am Main et al. 1988.

Schemann, Gert, Zielorientierte Unternehmensfinanzierung. Finanzierungsentscheidungen im Hinblick auf die Zielsetzungen der Kapitalgeber, Köln, Opladen 1970.

Schildbach, Thomas, Der handelsrechtliche [Jahresabschluß], Herne, Berlin 1992.

Schildbach, Thomas, Jahresabschluß und [Markt], Berlin et al. 1986.

Schirmeister, Raimund, Modell und Entscheidung. Möglichkeiten und Grenzen der Anwendung von Modellen zur Alternativbewertung im Entscheidungsprozeß der Unternehmung, Stuttgart 1981.

Schlosser, Michel, Corporate Finance. A Model-building Approach, 2. Aufl., New York 1992.

Schmidt, Ludwig (Hrsg.), Einkommensteuergesetz, 13. Aufl., München 1994.

Schmidt, Reinhard H., [Finanzierung] und unsichere Erwartungen, in: Wittmann, Waldemar et al. (Hrsg.), HWB, Teilband 1, 5. Aufl., Stuttgart 1993, Sp. 1038-1050.

Schmidt, Reinhard H., [Unternehmensfinanzierung] und Kapitalmarkt, in: Ott, Claus/ Schäfer, Hans-Bernd (Hrsg.), Ökonomische Analyse des Unternehmensrechts. Beiträge zum 3. Travemünder Symposium zur ökonomischen Analyse des Rechts, Heidelberg 1993, S. 170-191.

Schmidt, Reinhard H., [Grundzüge] der Investitions- und Finanzierungstheorie, Nachdruck der 2. Aufl., Wiesbaden 1992.

Schmidt, Reinhard H., Zum [Praxisbezug] der Finanzwirtschaftslehre, in: Ordelheide, Dieter/ Rudolph, Bernd/ Büsselmann, Elke (Hrsg.), Betriebswirtschaftslehre und ökonomische Theorie, Stuttgart 1991, S. 197-224.

Schmidt, Reinhard H., Neuere [Property Rights-Analysen] in der Finanzierungstheorie, in: Budäus, Dietrich/ Gerum, Elmar/ Zimmermann, Gebhard (Hrsg.), Betriebswirtschaftslehre und Theorie der Verfügungsrechte, Wiesbaden 1988, S. 239-267.

Schmidt, Reinhard H., Finanzierungstheorie zwischen empirischer Theorie, Gleichgewichtstheorie und [Handlungstheorie], in: Köhler, Richard (Hrsg.), Empirische und handlungstheoretische Forschungskonzeptionen in der Betriebswirtschaftslehre, Stuttgart 1977, S. 249-266.

Schmidt, Reinhard H., [Aktienkursprognose]. Aspekte positiver Theorie über Aktienkursänderungen, Wiesbaden 1976.

Schmidt, Reinhart, Das [Shareholder] Value-Konzept, in: Fritsch, Ulrich/ Liener, Gerhard/ Schmidt, Reinhart (Hrsg.), Die deutsche Aktie. Unternehmensfinanzierungen und Vermögenspolitik vor neuen Herausforderungen, FS zum vierzigjährigen Bestehen des Deutschen Aktieninstituts e.V., Stuttgart 1993, S. 277-296.

Schmidt, Reinhart, Investitions- und Finanzierungsprozesse im Rahmen von [Unternehmensmodellen], in: Kistner, Klaus-Peter/ Schmidt, Reinhart (Hrsg.), Unternehmensdynamik, FS für Horst Albach, Wiesbaden 1991, S. 89-109.

Schmidtchen, Dieter, Evolutorische Ordnungstheorie oder: Die Transaktionskosten und das Unternehmen, in: ORDO, Bd. 40 (1989), S. 161-182.

Schmittke, Jürgen, Überrenditeeffekte am deutschen Aktienmarkt. Eine theoretische und empirische Analyse, Köln 1989.

Schmitz, Ronaldo H., Finanzierung als strategischer Hebel, in: Henzler, Herbert A. (Hrsg.), Handbuch Strategische Führung, Wiesbaden 1988, S. 295-311.

Schmitz, Rudolf, Kapitaleigentum, Unternehmensführung und interne Organisation, Wiesbaden 1988.

Schneider, Dieter, Betriebswirtschaftslehre, Bd. 2: [Rechnungswesen], München, Wien 1994.

Schneider, Dieter, Betriebswirtschaftslehre, Bd. 1: [Grundlagen], München, Wien 1993.

Schneider, Dieter, Investition, Finanzierung und [Besteuerung], 7. Aufl., Wiesbaden 1992.

Schneider, Dieter, Märkte für [Unternehmenskontrolle] und Kapitalstrukturrisiko, in: Gröner, Helmut (Hrsg.), Der Markt für Unternehmenskontrollen, Berlin 1992, S. 39-62.

Schneider, Dieter, [Allgemeine] Betriebswirtschaftslehre, 3. Aufl., München, Wien 1987.

Schneider, Dieter, [Investition] und Finanzierung, Lehrbuch der Investitions-, Finanzierungs- und Ungewißheitstheorie, 5. Aufl., Wiesbaden 1980.

Schneider, Jörg, Strategische Unternehmensbewertung als Teil der Akquisitionsplanung, in: Riekhof, Hans-Christian (Hrsg.), Strategieentwicklung, Konzepte und Erfahrungen, Stuttgart 1991, S. 213-234.

Schörner, Peter, Gesetzliches Insiderhandelsverbot. Eine ordnungspolitische Analyse, Wiesbaden 1991.

Schredelseker, Klaus, Eigentümerkontrolle in der großen Aktiengesellschaft: ein Beitrag zur Diskussion um ein Unternehmensverfassungsrecht, Bern, Frankfurt am Main 1975.

Schreiber, Ulrich, Rechtsformabhängige [Unternehmensbesteuerung]? Eine Kritik des Verhältnisses von Einkommen- und Körperschaftsteuer auf der Grundlage eines Modells für mehrperiodige Steuerbelastungsvergleiche, Köln 1987.

Schreiber, Ulrich, Unternehmensbewertung auf der Grundlage von Entnahmen und Endvermögen: Ein Beitrag zur Nutzung von [Simulationsmodellen] bei der Bewertung ganzer Unternehmen, in: DBW, 43. Jg. (1983), S. 79-93.

Schreyögg, Georg, Managerkontrolle als Problem der Unternehmensverfassung. Empirische Befunde zur Trennung von Eigentum und Verfügungsmacht und ihre Implikationen, in: Kießler, Otfried/ Kittner, Michael/ Nagel, Bernhard (Hrsg.), Unternehmensverfassung - Recht und Betriebswirtschaftslehre, Köln et al. 1983, S. 153-166.

Schreyögg, Georg/ Steinmann, Horst, Zur Trennung von Eigentum und Verfügungsgewalt. Eine empirische Analyse der Beteiligungsverhältnisse in deutschen Großunternehmen, in: ZfB, 51. Jg. (1981), S. 533-558.

Schug, Christoph, Integrierte finanzielle Unternehmensplanung. Simultane Bilanz-, Erfolgs- und Finanzplanung auf der Grundlage eines Simulationsmodells, Frankfurt am Main, Bern, Cirencester (U.K.) 1980.

Schulte, Karl-Werner, Wirtschaftlichkeitsrechnung, 3. Aufl., Würzburg, Wien 1984.

Schumpeter, Joseph, Das Wesen und der Hauptinhalt der Nationalökonomie, Berlin 1908, Nachdruck 1970.

Schwab, Bernhard/ Lusztig, Peter, A Comparative Analysis of the Net Present Value and the Benefit-Cost Ratio as a Measure of the Economic Desirability of Investments, in: JoF, Vol. 24 (1969), S. 507-516.

Schwab, Klaus, Verlust der Moral, Wirtschaftswoche, 46. Jg. (1992), Nr. 34, S. 45.

Schwartze, Andreas, Europäische Regelungen für Unternehmensübernahmen - eine kapitalmarktorientierte Betrachtung -, in: Ott, Claus/ Schäfer, Hans-Bernd (Hrsg.), Ökonomische Analyse des Unternehmensrechts. Beiträge zum 3. Travemünder Symposium zur ökonomischen Analyse des Rechts, Heidelberg 1993, S. 264-284.

Schwarz, Norbert/ Bohner, Gerd, Stimmungseinflüsse auf Denken und Entscheiden, in: Maas, Peter/ Weibler, Jürgen (Hrsg.), Börse und Psychologie. Plädoyer für eine neue Perspektive, Köln 1990, S. 162-189.

Schwarzecker, Josef, Cash-flow, Gewinn und Eigenkapital: Analyse der Finanzkraft und Liquidität; FASB Statement No. 95, Wien 1992.

Schweitzer, Roger, Leasingentscheidungen in Kapitalgesellschaften. Eine theoretische und empirische Analyse, Wiesbaden 1992.

Scott, John T., Corporate Finance and Market Structure, in: Caves, Richard E./ Porter, Michael E./ Spence, Michael A. (Hrsg.), unter der Mitarbeit von John T. Scott, Competition in the Open Economy. A Model Applied to Canada, Cambridge (Mass.) et al. 1980, S. 325-359.

Seed, Allen H., III., Winning Strategies for Shareholder Value Creation, in: JBSt, Vol. 6 (1985), Herbst, S. 44-51.

Seidel, Eberhard, Unternehmensverfassung und Unternehmensraison - Zur Frage einer Spannungslinie zwischen betrieblicher Gewaltenteilung und betrieblicher Effizienz, in: Heigl, Anton/ Uecker, Peter (Hrsg.), Betriebswirtschaftslehre und Recht, Bericht von der wissenschaftlichen Tagung des Verbandes der Hochschullehrer für Betriebswirtschaft e.V. vom 17.-19. Mai 1978 in Nürnberg, Wiesbaden 1979, S. 173-191.

Senbet, Lemma W./ Thompson, Howard E., Growth and Risk, in: JFQA, Vol. 17 (1982), S. 331-339.

Serfling, Klaus/ Languth, Heike, Investitionsprogramme unter Risiko: Auswertung und Interpretation der ß-Faktoren, in: WISU, 20. Jg. (1991), S. 726-738.

Serfling, Klaus/ Marx, Marita, Capital Asset Pricing-Modell, Kapitalkosten und Investitionsentscheidungen, in: WISU, 19. Jg. (1990), S. 364-369.

Sewing, Peter, Kauf von kleinen und mittleren Unternehmen durch aktive Privatinvestoren. Marktfaktoren in Deutschland, Unternehmensbewertung und Vermögenssteigerungseffekte, Baden-Baden 1992.

Shanken, Jay, The Arbitrage Pricing Theory: Is it [Testable]?, in: JoF, Vol. 37 (1982), S. 1129-1140.

Shannon, P. Pratt, Valuing a Business. The Analysis and Appraisal of Closely Held Companies, Homewood (Ill.) 1989.

Shapiro, Alan C., Modern [Corporate] Finance, New York 1991.

Shapiro, Alan C., In [Defense] of the Traditional Average Cost of Capital as a Cutoff Rate, in: FM, Vol. 8 (1979), Nr. 2, S. 22f.

Sharpe, William F., The Capital Asset Pricing Model, a ["Multi-Beta"] Interpretation, in: Levy, Haim/ Sarnat, Marshall (Hrsg.), Financial Decision Making under Uncertainty, New York 1977, S. 127-135.

Sharpe, William F., A [Simplified] Model for Portfolio Analysis, in: MSc, Vol. 9 (1963), S. 277-293.

Sharpe, William F./ Alexander, Gordon J., Investments, 4. Aufl., Englewood Cliffs 1990.

Shaw, Humphrey, Strategic Financial Management, Vol. 1, Huntingdon 1993.

Shiller, Robert J., The Use of Volatility Measures in Assessing Market Efficiency, in: JoF, Vol. 36 (1981), S. 291-304.

Shleifer, Andrei/ Summers, Lawrence H., The Noise Trader Approach to Finance, in: JEP, Vol. 4 (1990), Nr. 2, S. 19-33.

Sieben, Günter, [Unternehmenserfolg] als Determinante des Unternehmenswerts - Berechnung auf der Basis zukünftiger Entnahmen oder künftiger Ertragsüberschüsse?, in: Domsch, Michel et al. (Hrsg.), Unternehmenserfolg. Planung - Ermittlung - Kontrolle, FS für Walther Busse von Colbe, Wiesbaden 1988, S. 361-375.

Sieben, Günter, [Investitionskalküle] unter Berücksichtigung pluralistischer Interessen, in: Albach, Horst/ Simon, Hermann (Hrsg.), Investitionstheorie und Investitionspolitik privater und öffentlicher Unternehmen, Wiesbaden 1976, S. 195-217.

Sieben, Günter, Die [Bewertung] von Unternehmen auf Grund von Erfolgsplänen bei heterogenen Zielen, in: Busse von Colbe, Walther/ Meyer-Dohm, Peter (Hrsg.), Unternehmerische Planung und Entscheidung, FS für Hans Münstermann, Bielefeld 1969, S. 71-100.

Sieben, Günter/ Diedrich, Ralf, Aspekte der Wertfindung bei strategisch motivierten Unternehmensakquisitionen, in: ZfbF, 42. Jg. (1990), S. 794-809.

Sieben, Günter/ Goetzke, Wolfgang, Investitionskalküle unter Berücksichtigung pluralistischer Interessen, in: BFuP, 28. Jg. (1976), S. 27-52.

Sieben, Günter/ Schildbach, Thomas, Zum Stand der Entwicklung der Lehre von der Bewertung ganzer Unternehmungen, in: DStR, 17. Jg. (1979), S. 455-461.

Sieben, Günter/ Sielaff, Meinhard (Hrsg.), Unternehmensakquisition, Bericht des Arbeitskreises "Unternehmensakquisition" der Schmalenbach-Gesellschaft - Deutsche Gesellschaft für Betriebswirtschaft e. V., Stuttgart 1989.

Siegel, Theodor, Unternehmensbewertung, Unsicherheit und Komplexitätsreduktion, in: BFuP, 46. Jg. (1994), S. 457-476.

Siener, Friedrich, Der Cash Flow als Instrument der Bilanzanalyse. Praktische Ermittlung für die Beurteilung von Einzel- und Konzernabschlüssen, Stuttgart 1991.

Simon, Herbert A., Entscheidungsverhalten in Organisationen. Eine Untersuchung von Entscheidungsprozessen in Management und Verwaltung, Übersetzung der 3., stark erweiterten und mit einer Einführung versehenen englischsprachigen Aufl., Landsberg am Lech 1981, im Original: Administrative Behavior, 3. Aufl., New York 1976, übersetzt von Wolfgang Müller unter Mitarbeit von Jürgen Eckert und Bernd Schauenberg.

Simon, Hermann, Preismanagement. Analyse - Strategie - Umsetzung, 2. Aufl., Wiesbaden 1992.

Smith, Adam, Der Wohlstand der Nationen. Eine Untersuchung seiner Natur und seiner Ursachen, München 1978, vollständige Ausgabe nach der 5. Auflage (letzter Hand), London 1789, aus dem Englischen übertragen und mit einer umfassenden Würdigung des Gesamtwerkes von Horst Claus Recktenwald.

Smith, Clifford W./ Warner, Jerold B., On Financial Contracting: An Analysis of Bond Covenants, in: JFE, Vol. 7 (1979), S. 117-161.

Smith, Keith V., The Effects of Intervalling on Estimating Parameters of the Capital Asset Pricing Model, in: JFQA, Vol. 13 (1978), S. 313-331.

Smith, Keith V./ Weston, J. Fred, Further Evaluation of Conglomerate Performance, in: JBR, Vol. 5 (1977), S. 5-14.

Solomon, Ezra, [Return] on Investment: The Relation of Book-Yield to True Yield, in: Jaedicke, Robert A./ Ijiri, Yuji/ Nilsen, Oswald/ American Accounting Association (Hrsg.), Research in Accounting Measurements. Papers given at the Seminar on Basic Research in Accounting, Graduate School of Business, Stanford University March 1965, Menasha (Wisc.) 1966, S. 232-244.

Solomon, Ezra, The [Theory] of Financial Management, 3. Nachdruck, New York, London 1963.

Solomons, David, Divisional Performance. Measurement and Control, New York 1965.

Sorensen, Ivar W./ Johnson, Ramon E., Equipment Financial Leasing, Practices and Costs: Empirical Studies: in: FM, Vol. 6 (1977), Nr. 1, S. 33-40.

Spindler, Hans-Joachim, Risiko- und Renditeeffekte der Diversifikation in Konjunkturkrisen, in: ZfB, 58. Jg. (1988), S. 858-875.

Spremann, Klaus, [Abschied] vom Beta, in: Schweizer Bank, o.Jg. (1992), Nr. 12, S. 54-57.

Spremann, Klaus, [Projekt-Denken] versus Perioden-Denken, in: Spremann, Klaus/ Zur, Eberhard (Hrsg.), Controlling. Grundlagen - Informationssysteme - Anwendungen, Wiesbaden 1992, S. 363-380.

Spremann, Klaus, [Investition] und Finanzierung, 4. Aufl., München, Wien 1991.

Spremann, Klaus, Asymmetrische [Information], in: ZfB, 60. Jg. (1990), S. 561-586.

Staehle, Wolfgang H., Management. Eine verhaltenswissenschaftliche Perspektive, 6. Aufl., München 1991.

Standop, Dirk, Die Kapitaltheorie der [Chicago-Schule]. Einzelwirtschaftliche Investitions- und Finanzierungsanalyse versus neoklassische Theorie des Kapitalmarktgleichgewichts, in: ZWS, 96. Jg. (1976), S. 55-70.

Standop, Dirk, Optimale [Unternehmensfinanzierung]. Zur Problematik der neueren betriebswirtschaftlichen Kapitaltheorie, Berlin 1975.

Stapleton, R. C./ Subrahmanyam, M. G., Market Imperfections, Capital Market Equilibrium and Corporate Finance, in: JoF, Vol. 32 (1977), S. 307-319.

Statman, Meir, Betas compared: Merrill Lynch vs. Value Line, in: JPM, Vol. 7 (1981), Winter, S. 41-44.

Stauffer, Thomas R., The Measurement of Corporate Rates of Return: A Generalized Formulation, in: BJEconMSc, Vol. 2 (1971), S. 434-469.

Stehle, Richard, Die betriebs- und volkswirtschaftliche Verwendung des Begriffs Kapitalkosten, in: Wagner, Helmut (Hrsg.), Betriebswirtschaftslehre und Unternehmensforschung, FS für Ludwig Pack, Wiesbaden 1994, S. 149-167, hier S. 158.

Steiner, Helmut/ Uhlir, Peter, Wertpapieranalyse, 3. Aufl., Heidelberg 1994.

Steiner, Manfred/ Bauer, Christoph, Die fundamentale Analyse und Prognose des Marktrisikos deutscher Aktien, in: ZfbF, 44. Jg. (1992), S. 347-368.

Steiner, Manfred/ Beiker, Hartmut/ Bauer, Christoph, Theoretische Erklärungen unterschiedlicher Aktienrisiken und empirische Überprüfungen, in: Bühler, Wolfgang/ Hax, Herbert/ Schmidt, Reinhart (Hrsg.), Empirische Kapitalmarktforschung, ZfbF-Sonderheft 31, Düsseldorf, Frankfurt 1993, S. 99-129.

Steiner, Manfred/ Bruns, Christoph, Wertpapiermanagement, 2. Aufl., Stuttgart 1994.

Steiner, Manfred/ Kleeberg, Jochen, Zum Problem der Indexauswahl im Rahmen der wissenschaftlich-empirischen Anwendung des Capital Asset Pricing Model, in: DBW, 51. Jg. (1991), S. 171-182.

Steiner, Manfred/ Nowak, Thomas, Zur Bestimmung von Risikofaktoren am deutschen Aktienmarkt auf der Basis der Arbitrage Pricing Theory, in: DBW, 54. Jg. (1994), S. 347-362.

Steinmann, Horst, Die Unternehmung als Interessenverbund, in: BFuP, 28. Jg. (1976), S. 1-12.

Steinmann, Horst/ Schreyögg, Georg, [Management]. Grundlagen der Unternehmensführung. Konzepte - Funktionen - Fallstudien, 3. Aufl., Wiesbaden 1993.

Steinmann, Horst/ Schreyögg, Georg, Zur Bedeutung des Arguments der "Trennung von Eigentum und Verfügungsgewalt" - Eine [Erwiderung], in: ZfB, 54. Jg. (1984), S. 273-283.

Steinmann, Horst/ Schreyögg, Georg/ Dütthorn, Carola, Managerkontrolle in deutschen Großunternehmen - 1972 und 1979 im Vergleich, in: ZfB, 53. Jg. (1983), S. 4-25.

Steinöcker, Reinhard, Akquisitionscontrolling: Strategische Planung von Firmenübernahmen. Konzeption - Transaktion - Integration, Berlin, Bonn, Regensburg 1993.

Stellungnahme HFA 2/1983: Grundsätze zur Durchführung von Unternehmensbewertungen, in: WPg, 36. Jg. (1983), S. 468-480.

Stern, Joel M., One Way to Build Value in Your Firm, à la [Executive Compensation], in: FE, Vol. 6 (1990), Nov./Dez., S. 51-54.

Stern, Joel M., [Earnings] Per Share Don't Count, in: FAJ, Vol. 30 (1974), S. 39f., S. 42f., S. 67-75.

Stewart, G. Bennett, III., The Quest for Value. A Guide to Senior Managers, New York 1991.

Stöckli, Erich, Die Bewertung ausländischer Unternehmungen, in: STH, 64. Jg. (1990), S. 563-566.

Strategic Planning Association, Inc., Strategy and Shareholder Value: The Value Curve, in: Lamb, Robert Boyden (Hrsg.), Competitive Strategic Management, Englewood Cliffs (N.J.) 1984, S. 571-596.

Streit, Manfred, Theorie der [Wirtschaftspolitik], 4. Aufl., Düsseldorf 1991.

Streit, Manfred E., Heterogene Erwartungen, Preisbildung und [Informationseffizienz] auf spekulativen Märkten, in: ZfgStW, 139. Jg. (1983), S. 67-79.

Strong, Norman C./ Appleyard, Tony R., Investment Appraisal, Taxes and the Security Market Line, in: JBFA, Vol. 19 (1992), S. 1-24.

Stüber, Peter, PC-unterstützte Rendite/Risiko-Analysen in der Praxis, in: Zünd, André/ Schultz, Günter/ Glaus, Bruno U. (Hrsg.), Bewertung, Prüfung und Beratung in Theorie und Praxis, FS für Carl Helbling, Zürich 1992, S. 415-426.

Studer, Tobias, Unternehmensbewertung im Umbruch? Cash Flow-basierte Verfahren im Vormarsch, in: STH, 66. Jg. (1992), S. 303-308.

Subrahmanyam, Marti G./ Thomadakis, Stavros B., Systematic Risk and the Theory of the Firm, in: QJE, Vol. 44 (1989), S. 437-451.

Süchting, Joachim, Theorie und Politik der Unternehmensfinanzierung, Nachdruck der 5. Aufl., Wiesbaden 1991.

Suckut, Stefan, Unternehmensbewertung für internationale Akquisitionen. Verfahren und Einsatz, Wiesbaden 1992.

Sullivan, Timothy G., The Cost of Capital and the Market Power of Firms: [Reply] and Correction, in: REconStat, Vol. 64 (1982), S. 523-525.

Sullivan, Timothy G., The Cost of Capital and the [Market Power] of Firms, in: REconStatS, Vol. 60 (1978), S. 209-217.

Summers, Lawrence H., Does Stock Market Rationally Reflect Fundamental Values?, in: JoF, Vol. 41 (1986), S. 591-602.

Swoboda, Peter, [Investition] und Finanzierung, 4. Aufl., Göttingen 1992.

Swoboda, Peter, [Betriebliche] Finanzierung, 2. Aufl., Heidelberg 1991.

Swoboda, Peter, [Kapitalmarkt] und Unternehmensfinanzierung - Zur Kapitalstruktur des Unternehmens, in: Schneider, Dieter (Hrsg.), Kapitalmarkt und Finanzierung, Jahrestagung des Vereins für Socialpolitik, Gesellschaft für Wirtschaft und Sozialwissenschaften in München vom 15.-17. Sept. 1986, Berlin 1987, S. 49-68.

Swoboda, Peter/ Trotta, Birgit, Finanzierungsleasing in Österreich, in: JfB, 27. Jg. (1977), S. 154-166.

Taggart, Robert A., Jr., Consistent Valuation and Cost of Capital Expressions With Corporate and Personal Taxes, in: FM, Vol. 20 (1991), Nr. 3, S. 8-20.

Teichmann, Heinz, Der optimale Planungshorizont, in: ZfB, 45. Jg. (1975), S. 295-312.

Thomadakis, Stavros B., A Model of Market Power, Valuation and the Firm's Returns, in: BJE, Vol. 7 (1976), S. 150-162.

Thompson, Donald J., II., Sources of Systematic Risk in Common Stocks, in: JoB, Vol. 49 (1976), S. 173-188.

Thonet, P. J./ Poensgen, O. H., Managerial Control and Economic Performance in Western Germany, in: JIE, Vol. 28 (1979), S. 23-37.

Timmermann, Armin, Evolution des strategischen Managements, in: Henzler, Herbert (Hrsg.), Handbuch Strategische Führung, Wiesbaden 1988, S. 85-105.

Tirole, Jean, The Theory of Industrial Organization, Cambridge (Mass.), London 1989.

Tobin, James, Liquidity Preference as Behaviour Towards Risk, in: REStv, Vol. 25 (1957), S. 65-86.

Trautwein, Friedrich, Zur Bewertung von Unternehmensakquisitionen. Stellungnahme zum Aufsatz von Adolf G. Coenenberg/ Michael T. Sautter: "Strategische und finanzielle Bewertung von Unternehmensakquisitionen", DBW, 48. Jg. (1988), S. 691-710, in: DBW, 49. Jg. (1989), S. 537-539.

Trenner, Dieter, Aktienanalyse und Anlegerverhalten, Wiesbaden 1988.

Turnbull, S. M., Market Imperfections and the Capital Asset Pricing Model, in: JBFA, Vol. 4 (1977), S. 327-337.

Ubelhart, Mark C., Business Strategy, Performance Measurement and Compensation, in: MCFJ, Vol. 2 (1985), Winter, S. 67-75.

Uhlir, Helmut, Finanz- und [Wertpapieranalyse], in: Wittmann, Waldemar et al. (Hrsg.), HWB, Teilband 1, 5. Aufl., Stuttgart 1993, Sp. 1011-1023.

Uhlir, Helmut, The German Stock Market: A Review of the Efficiency Literature, in: Hawawini, Gabriel A./ Michel, Pierre A. (Hrsg.), European Equity Markets. Risk, Return and [Efficiency], New York, London 1984, S. 317-332.

Ulrich, Peter/ Fluri, Edgar, Management. Eine konzentrierte Einführung, 6. Aufl., Bern, Stuttgart 1992.

Ulschmid, Christoph, Empirische Validierung von Kapitalmarktmodellen. Untersuchungen zum CAPM und zur APT für den deutschen Aktienmarkt, Frankfurt am Main 1994.

Valcárcel, Sylvia, Ermittlung und Beurteilung des "strategischen Zuschlags" als Brücke zwischen Unternehmenswert und Marktpreis, in: DB, 45. Jg. (1992), S. 589-595.

Van Horne, James C., An Application of the Capital Asset Pricing Model to Divisional Required Returns, in: FM, Vol. 9 (1980), Nr. 1, S. 14-19.

Varaiya, Nikhil/ Kerin, Roger A./ Weeks, David, The Relationship between Growth, Profitability, and Firm Value, in: SMJ, Vol. 8 (1987), S. 487-497.

Vasicek, Oldrich A., A Note on Using Cross-Sectional Information in Bayesian Estimation of Security's Beta, in: JoF, Vol. 28 (1973), S. 1233-1239.

Venohr, Bernd, "Marktgesetze" und strategische Unternehmensführung. Eine kritische Analyse des PIMS-Programms, Wiesbaden 1988.

304

Volkart, Rudolf, Integrierte [Projektevaluation]. Investitionsanalyse als Instrument der finanziellen Führung und der Unternehmenssteuerung, in: STH, 67. Jg. (1993), S. 730-740.

Volkart, Rudolf, [Unternehmensbewertung], Strategieevaluation und Discounted Cash Flow, in: STH, 66. Jg. (1992), S. 815-822.

Volkart, Rudolf, Unternehmenswert und [Kapitalstruktur], STH, 64. Jg. (1990), S. 543-552.

Volpert, Verena, Kapitalwert und Ertragsteuern. Die Bedeutung der Finanzierungsprämisse für die Investitionsrechnung, Wiesbaden 1989.

Wagenhofer, Alfred, Share Holder Value-Konzept, in: Busse von Colbe, Walther (Hrsg.), unter Mitarbeit von Bernhard Pellens und Jürgen Brüggerhoff, Lexikon des Rechnungswesens. Handbuch der Bilanzierung und Prüfung, der Erlös-, Finanz-, Investitions- und Kostenrechnung, 3. Aufl., München, Wien 1994, S. 560-562.

Wagner, Franz W., Besteuerung, in: Bitz, Michael et al. (Hrsg.), Vahlens Kompendium der Betriebswirtschaftslehre, Bd. 2, 3. Aufl., München 1993, S. 495-538.

Wagner, Franz W./ Dirrigl, Hans, Der Einfluß der [Körperschaftsteuer] auf den Unternehmenswert, in: BFuP, 33. Jg. (1981), S. 130-145.

Wagner, Franz W./ Dirrigl, Hans, Die [Steuerplanung] der Unternehmung, Stuttgart, New York 1980.

Wagner, Jürgen, Die Aussagefähigkeit von cash-flow-Ziffern für die Beurteilung der finanziellen Lage einer Unternehmung, in: DB, 38. Jg. (1985), S. 1601-1607, S. 1649-1653.

Wagner, Thomas, Der Einfluß von Leasingverhältnissen bei der Unternehmensbewertung, in: BB, 44. Jg. (1991), Beilage 7 zu Heft 20, S. 22-24.

Warfsmann, Jürgen, Das Capital Asset Pricing Model in Deutschland. Univariate und multivariate Tests für den Kapitalmarkt, Wiesbaden 1993.

Weber, Bruno, [Akquisitionen] auf der Grundlage des Shareholder Values, in: BFuP, 41. Jg. (1990), S. 221-232.

Weber, Bruno, [Unternehmungsbewertung] heisst heute Wertsteigerungsanalyse, in: io Management Zeitschreift, 59. Jg. (1990), Nr. 11, S. 31-35.

Weber, Bruno/ Gomez, Peter, Wertsteigerung durch [Unternehmenskauf], in: io Management Zeitschrift, 58. Jg. (1989), Nr. 5, S. 86-90.

Weber, Martin, [Nutzwertanalyse], in: Frese, Erich (Hrsg.), HWO, 3. Aufl., Stuttgart 1992, Sp. 1435-1448.

Weber, Martin/ Schiereck, Dirk, Marktbezogene Bestimmung der Kapitalkosten, in: Gebhardt, Günther/ Gerke, Wolfgang/ Steiner, Manfred (Hrsg.), Handbuch des Finanzmanagements. Instrumente und Märkte der Unternehmensfinanzierung, München 1993, S. 131-150.

Wei, K. C. John, An Asset-Pricing Theory Unifying the CAPM and APT, in: JoF, Vol. 43 (1988), S. 881-892.

Weigel, Winfried, Steuern bei Investitionsentscheidungen. Ein kapitalmarktorientierter Ansatz, Wiesbaden 1989.

Weingartner, Martin H., The Excess Present Value Index - A Theoretical Basis and Critique, in: JAR, Vol. 1 (1963), S. 213-224.

Weinstein, Mark, The Systematic Risk of Corporate Bonds, in: JFQA, Vol. 16 (1981), S. 257-278.

Welge, Klaus/ Al-Laham, Andreas, Planung. Prozesse - Strategien - Maßnahmen, Wiesbaden 1992.

Wenger, Ekkehard, [Verfügungsrechte], in: Wittmann, Waldemar et al. (Hrsg.), HWB, Teilband 3, 5. Aufl., Stuttgart 1993, Sp. 4495-4508.

Wenger, Ekkehard, Allgemeine Betriebswirtschaftslehre und ökonomische [Theorie], in: Kirsch, Werner/ Picot, Arnold (Hrsg.), Die Betriebswirtschaftslehre im Spannungsfeld zwischen Generalisierung und Spezialisierung, FS für Edmund Heinen, Wiesbaden 1989, S. 155-181.

Wenger, Ekkehard, [Unternehmenserhaltung] und Gewinnbegriff, Wiesbaden 1981.

Wenner, David L./ LeBer, Richard W., Managing for Shareholder Value - From Top to Bottom, in: HBR, Vol. 67 (1989), Nr. 6, S. 52-54, S. 58, S. 60, S. 64f.

West, Kenneth D., Bubbles, Fads and Stock Price Volatility Tests: A Partial Evaluation, in: JoF, Vol. 43 (1988), S. 639-660.

Weston, J. Fred, Investment Decisions Using the Capital Asset Pricing Model, in: FM, Vol. 2 (1973), Nr. 1, S. 25-33.

Weston, J. Fred/ Chung, Kwang S./ Hoag, Susan E., Mergers, Restructuring, and Corporate Control, Englewood Cliffs 1990.

Weston, J. Fred/ Copeland, Thomas E., Managerial Finance, 9. Aufl., Fort Worth 1992.

Weston, J. Fred/ Lee, Wayne Y., Cost of Capital for a Division of a Firm: Comment, in: JoF, Vol. 32 (1977), S. 1779f.

305

Wilcox, Jarrod W., The P/B-ROE Valuation Model, in: FAJ, Vol. 40 (1984), Nr. 1, S. 58-66.

Wild, Jürgen, Grundlagen der Unternehmensplanung, Hamburg 1974.

Wilde, Klaus, Bewertung von Produkt-Markt-Strategien. Theorie und Methoden, Berlin 1989.

Wildsmith J. R., Managerial Theories of the Firm, London 1973.

Wilhelm, Jochen, [Spurensuche]: Neoklassische Elemente in der "neuen" Finanzierungstheorie, in: Ordelheide, Dieter/ Rudolph, Bernd/ Büsselmann, Elke (Hrsg.), Betriebswirtschaftslehre und ökonomische Theorie, Stuttgart 1991, S. 173-196.

Wilhelm, Jochen, On [Stakeholder] Unanimity, in: Bamberg, Günter/ Spremann, Klaus (Hrsg.), Agency Theory, Information, and Incentives, Nachdruck der 1. Aufl., Berlin et al. 1989, S. 179-204.

Wilhelm, Jochen, [Finanztitelmärkte] und Unternehmensfinanzierung, Berlin, Heidelberg, New York 1983.

Wilhelm, Jochen, [Marktwertmaximierung] - Ein didaktisch einfacher Zugang zu einem Grundlagenproblem der Investitions- und Finanzierungstheorie, in: ZfB, 53. Jg. (1983), S. 516-534.

Wilhelm, Jochen, Zum [Verhältnis] von Capital Asset Pricing Model, Arbitrage Pricing Theory und Bedingungen für Arbitragefreiheit auf Finanztitelmärkten, in: ZfbF, 33. Jg. (1981), S. 891-905.

Williamson, Oliver E., A [Comparison] of Alternative Approaches to Economic Organization, in: JITE, Vol. 146 (1990), S. 61-71.

Williamson, Oliver E., Die ökonomischen [Institutionen] des Kapitalismus. Unternehmen, Märkte, Kooperation, Tübingen 1990, im Original: The Economic Institutions of Capitalism, New York 1985, übersetzt von Monika Streissler.

Williamson, Oliver E., Markets and [Hierarchies]: Analysis and Antitrust Implications. A Study in the Economic of Internal Organization, New York, London 1975.

Williamson, Oliver E., A [Model] of Rational Managerial Behaviour, in: Cyert, Richard M./ March, James G. (Hrsg.), A Behavioral Theory of the Firm, Englewood Cliffs (N.J.) 1963, S. 237-252.

Winkelmann, Michael, Aktienbewertung in Deutschland, Königstein/ Ts. 1984.

Winkelmann, Michael, [Indexwahl] und Performance-Messung, in: Göppl, Hermann/ Henn, Rudolf (Hrsg.), Geld, Banken und Versicherungen: Beiträge zum 1. Symposium Geld, Banken und Versicherungen an der Universität Karlsruhe vom 11.-13.12-1980, Bd. 1, Königstein/ Ts. 1981, S. 475-482.

Woo, Carolyn Y, [Strategic] Valuation: Discussion of Emergent Need and Appraisal of Current Frameworks, in: Lamb, Robert/ Shrivastave, Paul (Hrsg.), Advances in Strategic Management, Vol. 4 (1986), S. 155-175.

Woo, Carolyn Y., An [Empirical] Test of Value-Based Planning Models and Implication, in: MSc, Vol. 30 (1984), S. 1031-1050.

Woo, Carolyn Y./ Cool, Karel O., The Impact of Strategic Management on Systematic Risk: in: Advances in Strategic Management, Vol. 6 (1990), S. 51-69.

Wood, Robert/ McInish, Thomas/ Lawrence, Kenneth, Estimating Divisional Betas with Diversified Firm Data, in: RQFA, Vol. 2 (1992), S. 89-96.

Wooldridge, J. Randall, Competitive Decline and Corporate Restructuring: Is a Myopic Stock Market to Blame?, in: JACF, Vol. 1 (1988), Frühjahr, S. 26-36.

Wooldridge, J. Randall/ Snow, Charles C., Stock Market Reaction to Strategic Investment Decisions, in: SMJ, Vol. 11 (1990), S. 353-363.

Young, David S./ Berry, Michael E./ Harvey, David W./ Page, John R., Systematic Risk and Accounting Information under Arbitrage Pricing Theory, in: FAJ, Vol. 43 (1987), Nr. 5, S. 73-76.

Young, David/ Sutcliffe, Brigid, Value Gaps - Who is right? The Raiders, the Market or the Managers?, in: LRP, Vol. 23 (1990), Nr. 4, S. 20-34.

Zens, Nikolaus H./ Rehnen, Antonius, Die Bewertung von Unternehmen und strategischen Geschäftseinheiten mit Hilfe des Shareholder-Value-Konzeptes, in: Höfer, Klaus/ Pohl, Andreas (Hrsg.), Wertsteigerungsmanagement, Franfurt am Main, New York 1994.

Zent, Charles H., Using Shareholder Value to Design Business-Unit Manager Incentive Plans, in: PR, Vol. 16 (1988), März/ April, S. 40-44.

BETRIEBSWIRTSCHAFTLICHE STUDIEN
RECHNUNGS- UND FINANZWESEN, ORGANISATION UND INSTITUTION

Die Herausgeber wollen in dieser Schriftenreihe Forschungsarbeiten aus dem Rechnungswesen, dem Finanzwesen, der Organisation und der institutionellen Betriebswirtschaftslehre zusammenfassen. Über den Kreis der eigenen Schüler hinaus soll originellen betriebswirtschaftlichen Arbeiten auf diesem Gebiet eine größere Verbreitung ermöglicht werden. Jüngere Wissenschaftler werden gebeten, ihre Arbeiten, insbesondere auch Dissertationen, an die Herausgeber einzusenden.

Band 1 Joachim Hartle: Möglichkeiten der Entobjektivierung der Bilanz - Eine ökonomische Analyse. 1984.

Band 2 Peter Wachendorff: Alternative Vertragsgestaltung bei öffentlichen Aufträgen - Eine ökonomische Analyse. 1984.

Band 3 Doris Zimmermann: Schmalenbachs Aktivierungsgrundsätze. 1985.

Band 4 Elke Michaelis: Organisation unternehmerischer Aufgaben - Transaktionskosten als Beurteilungskriterium. 1985.

Band 5 Arno Schuppert: Die Überwachung betrieblicher Routinetätigkeiten. Ein Erklärungs-Entscheidungsmodell. 1985.

Band 6 Bonaventura Lehertshuber: Unternehmensvertragsrecht und Konzernhandelsbilanz. 1986.

Band 7 Joachim Schindler: Kapitalkonsolidierung nach dem Bilanzrichtlinien-Gesetz. 1986.

Band 8 Gerhard R. Schell: Die Ertragsermittlung für Bankbewertungen. 1988.

Band 9 Ulrich Hein: Analyse der Neubewertungsverfahren im belgischen und französischen Bilanzrecht. 1988.

Band 10 Rainer Leuthier: Das Interdependenzproblem bei der Unternehmensbewertung. 1988.

Band 11 Dieter Pfaff: Gewinnverwendungsregelungen als Instrument zur Lösung von Agency-Problemen. Ein Beitrag zur Diskussion um die Reformierung der Ausschüttungskompetenz in Aktiengesellschaften. 1989.

Band 12 Christian Debus: Haftungsregelungen im Konzernrecht. Eine ökonomische Analyse. 1990.

Band 13 Ralph Otte: Konzernabschlüsse im öffentlichen Bereich. Notwendigkeit und Zwecke konsolidierter Jahresabschlüsse von Gebietskörperschaften dargestellt am Beispiel der Bundesverwaltung der Bundesrepublik Deutschland. 1990.

Band 14 Rüdiger Zaczyk: Interdisziplinarität im Bilanzrecht. Rechtsfindung im Spannungsfeld zwischen Betriebswirtschaftslehre und dogmatischer Rechtswissenschaft. 1991.

Band 15 Oliver Fliess: Konzernabschluß in Großbritannien – Grundlagen, Stufenkonzeption und Kapitalkonsolidierung. 1991.

Band 16 Joachim Faß: Konzernierung und konsolidierte Rechnungslegung. Eine Analyse der Eignung des Konzernabschlusses als Informationsinstrument und als Grundlage der Ausschüttungsbemessung konzernverbundener Unternehmen. 1992.

Band 17 Michael Feldhoff: Die Regulierung der Rechnungslegung. Eine systematische Darstellung der Grundlagen mit einer Anwendung auf die Frage der Publizität. 1992.

Band 18 Uwe Jüttner: GoB-System, Einzelbewertungsgrundsatz und Imparitätsprinzip. 1993.

Band 19 Ralf Häger: Das Publizitätsverhalten mittelgroßer Kapitalgesellschaften. 1993.

Band 20 Jutta Menninger: Financial Futures und deren bilanzielle Behandlung. 1993.

Band 21   Stefan Lange: Die Kompatibilität von Abschlußprüfung und Beratung. Eine ökonomische Analyse. 1994.

Band 22   Hans Klaus: Gesellschafterfremdfinanzierung und Eigenkapitalersatzrecht bei der Aktiengesellschaft und der GmbH. 1994.

Band 23   Vera Marcelle Krisement: Ansätze zur Messung des Harmonisierungs- und Standardisierungsgrades der externen Rechnungslegung. 1994.

Band 24   Helmut Schmid: Leveraged Management Buy-Out. Begriff, Gestaltungen, optimale Kapitalstruktur und ökonomische Bewertung. 1994.

Band 25   Carsten Carstensen: Vermögensverwaltung, Vermögenserhaltung und Rechnungslegung gemeinnütziger Stiftungen. 1994. 2., unveränderte Auflage 1996.

Band 26   Dirk Hachmeister: Der Discounted Cash Flow als Maß der Unternehmenswertsteigerung. 1995. 2., durchgesehene Auflage 1998. 3., korrigierte Auflage 1999. 4., durchgesehene Auflage 2000.

Band 27   Christine E. Lauer: Interdependenzen zwischen Gewinnermittlungsverfahren, Risiken sowie Aktivitätsniveau und Berichtsverhalten des Managers. Eine ökonomische Analyse. 1995.

Band 28   Ulrich Becker: Das Überleben multinationaler Unternehmungen. Generierung und Transfer von Wissen im internationalen Wettbewerb. 1996.

Band 29   Torsten Ganske: Mitbestimmung, Property-Rights-Ansatz und Transaktionskostentheorie. Eine ökonomische Analyse. 1996.

Band 30   Angelika Thies: Rückstellungen als Problem der wirtschaftlichen Betrachtungsweise. 1996.

Band 31   Hans Peter Willert: Das französische Konzernbilanzrecht. Vergleichende Analyse zum deutschen Recht im Hinblick auf die Konzernbilanzzwecke und deren Grundkonzeption. 1996.

Band 32   Christian Leuz: Rechnungslegung und Kreditfinanzierung. Zum Zusammenhang von Ausschüttungsbegrenzung, bilanzieller Gewinnermittlung und vorsichtiger Rechnungslegung. 1996.

Band 33   Gerald Schenk: Konzernbildung, Interessenkonflikte und ökonomische Effizienz. Ansätze zur Theorie des Konzerns und ihre Relevanz für rechtspolitische Schlußfolgerungen. 1997.

Band 34   Johannes G. Schmidt: Unternehmensbewertung mit Hilfe strategischer Erfolgsfaktoren. 1997.

Band 35   Cornelia Ballwießer: Die handelsrechtliche Konzernrechnungslegung als Informationsinstrument. Eine Zweckmäßigkeitsanalyse. 1997.

Band 36   Bert Böttcher: Eigenkapitalausstattung und Rechnungslegung. US-amerikanische und deutsche Unternehmen im Vergleich. 1997.

Band 37   Andreas-Markus Kuhlewind: Grundlagen einer Bilanzrechtstheorie in den USA. 1997.

Band 38   Maximilian Jung: Zum Konzept der Wesentlichkeit bei Jahresabschlußerstellung und -prüfung. Eine theoretische Untersuchung. 1997.

Band 39   Mathias Babel: Ansatz und Bewertung von Nutzungsrechten. 1997.

Band 40   Georg Hax: Informationsintermediation durch Finanzanalysten. Eine ökonomische Analyse. 1998.

Band 41   Georg Schultze: Der spin-off als Konzernspaltungsform. 1998.

Band 42   Christian Aders: Unternehmensbewertung bei Preisinstabilität und Inflation. 1998.

Band 43 Thomas Schröer: Das Realisationsprinzip in Deutschland und Großbritannien. Eine systematische Untersuchung und ihre Anwendung auf langfristige Auftragsfertigung und Währungsumrechnung. 1998.

Band 44 Anne d'Arcy: Gibt es eine anglo-amerikanische oder eine kontinentaleuropäische Rechnungslegung? Klassen nationaler Rechnungslegungssysteme zwischen Politik und statistischer Überprüfbarkeit. 1999.

Band 45 Christian Back: Richtlinienkonforme Interpretation des Handelsbilanzrechts. Abstrakte Vorgehensweise und konkrete Anwendung am Beispiel des EuGH-Urteils vom 27. Juni 1996. 1999.

Band 46 Cornelia Flury: Gewinnerläuterungsprinzipien. 1999.

Band 47 Hanne Böckem: Die Durchsetzung von Rechnungslegungsstandards. Eine kapitalmarktorientierte Untersuchung. 2000.

Band 48 Jens Kengelbach: Unternehmensbewertung bei internationalen Transaktionen. 2000.

Peter Lang · Europäischer Verlag der Wissenschaften

Alexander Fliaster

Humanbasierte Innovationsidentität als Managementherausforderung

Interdisziplinäres Erklärungsmodell des japanischen Wissensmanagements

Frankfurt/M., Berlin, Bern, Bruxelles, New York, Wien, 2000.
XXX, 487 S., zahlr. Tab. und Graf.
Europäische Hochschulschriften: Reihe 5, Volks- und Betriebswirtschaft. Bd. 2582
ISBN 3-631-35831-8 · br. DM 138.–*

Basierend unter anderem auf japanischen Originalquellen, setzt sich dieses Buch mit dem Management von Wissen und Innovation in japanischen Großunternehmen eingehend auseinander und versucht, daraus relevante Anregungen für deutsche Unternehmen zu erarbeiten. Dabei wurden mehrere im deutschen Wissensmanagement bisher kaum berücksichtigte Betrachtungsperspektiven von interkulturellen Ansätzen über die Sozialpsychologie und die Sprachwissenschaften bis hin zum strategischen Management und Personalmanagement zu einem ganzheitlichen interdisziplinären Konzept integriert. Dementsprechend orientiert sich das Buch an der Interessenlage nicht nur der Japanexperten, sondern vielmehr aller betrieblichen Entscheidungsträger im deutschen Personal- und Wissensmanagement.

Aus dem Inhalt: Welche Rolle können bei der Definition der Identität zwischenmenschliche Beziehungen spielen? · Wodurch unterscheiden sich kognitive und sozio-emotionale Fähigkeiten von Individualisten und Kontextualisten? · Was leisten ‚Company Men' in ökonomischen Organisationen? · Welchen Einfluß üben personalwirtschaftliche Routinen auf die Fähigkeit der Unternehmen zur Wissenshandhabung im einzelnen aus? · Mit welchen Mitteln lassen sich nachhaltige Vorteile im Innovationswettbewerb erzielen?

Frankfurt/M · Berlin · Bern · Bruxelles · New York · Oxford · Wien
Auslieferung: Verlag Peter Lang AG
Jupiterstr. 15, CH-3000 Bern 15
Telefax (004131) 9402131
*inklusive Mehrwertsteuer
Preisänderungen vorbehalten